2019年12月26日,人力资源社会保障部党组书记、部长张纪南出席全国人力资源社会保障工作会议暨优质服务窗口表彰大会并作工作报告。

2019年4月24日至26日,人力资源社会保障部党组书记、部长张纪南带队赴四川省甘孜藏族自治州调研深度贫困地区人社扶贫工作。

2019年5月23日至24日,人力资源社会保障部党组书记、部长张纪南在山东省调研职业技能提升行动、人社信息化等工作。

2019年4月27日,人力资源社会保障部部长张纪南在北京会见国际劳工组织总干事盖·莱德,共同签署"一带一路"框架下南南合作谅解备忘录。

2019年7月23日,中央纪委国家监委驻人力资源社会保障部纪检监察组组长、人力资源社会保障部党组成员耿文清在人力资源社会保障部"不忘初心、牢记使命"主题教育活动中为部机关同志讲党课。

2019年12月13日,中央纪委国家监委驻人力资源社会保障部纪检监察组组长、人力资源社会保障部党组成员耿文清在安徽省金寨技师学院调研。

2019年1月18日，人力资源社会保障部党组成员、副部长邱小平在国务院新闻办公室举行的国务院政策例行吹风会上介绍保障农民工工资支付工作有关情况，并答记者问。

2019年3月29日，人力资源社会保障部党组成员、副部长邱小平主持召开国家协调劳动关系三方会议第24次会议并作总结讲话。

2019年1月17日,人力资源社会保障部党组成员、副部长汤涛出席第十四届高技能人才表彰大会并讲话。

2019年4月13日至14日,人力资源社会保障部党组成员、副部长汤涛在西藏自治区拉萨市就技能扶贫、人才人事扶贫、援助西藏技师学院建设等工作开展调研。

2019年6月13日,人力资源社会保障部党组成员、副部长游钧出席第二届全国创业就业服务展示交流活动并讲话。

2019年4月18日,人力资源社会保障部党组成员、副部长游钧出席"2019年北京市民营企业招聘月"校园招聘会,并主持召开民营企业暨高校毕业生座谈会。

2019年2月12日，人力资源社会保障部党组成员、副部长张义珍出席2019年"春风行动"暨安徽省"2+N"招聘活动启动仪式并讲话。

2019年1月16日至17日，人力资源社会保障部党组成员、副部长张义珍在云南省昆明市调研困难人员就业、公共就业服务和人社服务窗口作风建设等情况。

2019年11月21日,人力资源社会保障部党组成员、副部长张义全出席四川省成都市深化构建和谐劳动关系综合配套改革试点启动会并讲话。

2019年10月23日,人力资源社会保障部党组成员、副部长张义全在湖北省宜昌市调研保障农民工工资支付、根治欠薪工作。

2019年2月25日,人力资源社会保障部召开脱贫攻坚专项巡视整改工作推进会。

2019年2月26日,人力资源社会保障部在云南省昆明市召开全国社会保险扶贫推进暨城乡居民养老保险工作会。

2019年3月22日,人力资源社会保障部和广东省人民政府在广州市签署《深化人力资源社会保障合作　推进粤港澳大湾区建设战略合作协议》。

2019年5月27日,以"技能合作、共同发展"为主题的"一带一路"国际技能大赛在重庆开幕,共有44个国家和地区的近700名人员参与。人力资源社会保障部部长张纪南出席开幕式并致辞。

2019年6月6日,人力资源社会保障部召开"不忘初心、牢记使命"主题教育动员大会。

2019年6月17日,人力资源社会保障部部长张纪南出席在瑞士日内瓦举行的第108届国际劳工大会,以"共商共建共享劳动世界的美好未来"为题作大会发言。

　　当地时间2019年8月22日晚，第45届世界技能大赛在俄罗斯喀山开幕。中国代表团派出63名选手参加56个项目的比赛。在随后的4天时间里，共获得16枚金牌、14枚银牌、5枚铜牌和17个优胜奖，再次荣登金牌榜、奖牌榜、团体总分第一，创下历史最好成绩。

　　2019年8月25日至29日，人力资源社会保障部部长张纪南赴俄罗斯喀山出席第45届世界技能大赛闭幕式及会旗交接仪式。

2019年10月23日至24日,人力资源社会保障部在湖北省宜昌市召开全国农民工工资支付保障制度推进会。

2019年10月31日至11月2日,2019年度人社系统窗口单位业务技能练兵比武全国赛决赛在浙江省宁波市举行。

2019年12月13日,人力资源社会保障部在北京召开全国事业单位人事管理工作座谈会。

2019年12月18日至19日,全国就业工作座谈会暨就业扶贫、农民工返乡创业工作推进会在贵州省遵义市召开。

2019年12月26日至27日,全国人力资源社会保障工作会议暨优质服务窗口表彰大会在北京召开。

中国人力资源和社会保障年鉴
（文献卷）

CHINA HUMAN RESOURCES AND SOCIAL

SECURITY YEARBOOK

2020

中国劳动社会保障出版社

中国人事出版社

图书在版编目(CIP)数据

中国人力资源和社会保障年鉴. 2020：文献卷、工作卷/人力资源和社会保障部组织编写. -- 北京：中国劳动社会保障出版社：中国人事出版社，2020

ISBN 978-7-5167-4855-8

Ⅰ.①中… Ⅱ.①人… Ⅲ.①人力资源管理-中国-2020-年鉴②社会保障-中国-2020-年鉴 Ⅳ.①F249.21-54②D632.1-54

中国版本图书馆 CIP 数据核字(2020)第 265844 号

中国劳动社会保障出版社
中国人事出版社 出版发行

(北京市惠新东街1号　邮政编码：100029)

*

北京新华印刷有限公司印刷装订　　新华书店经销

880 毫米×1230 毫米　16 开本　61.5 印张　1 彩色印张　1492 千字
2020 年 12 月第 1 版　2020 年 12 月第 1 次印刷
定价：498.00 元

读者服务部电话：(010) 64929211/84209101/64921644
营销中心电话：(010) 64962347
出版社网址：http://www.class.com.cn

版权专有　　侵权必究

如有印装差错，请与本社联系调换：(010) 81211666
我社将与版权执法机关配合，大力打击盗印、销售和使用盗版图书活动，敬请广大读者协助举报，经查实将给予举报者奖励。
举报电话：(010) 64954652

《中国人力资源和社会保障年鉴》编辑委员会成员

主　任	张纪南				
副主任	汤　涛	王少峰	游　钧	张　敏	李　忠
成　员	胡　驰	俞家栋	卢爱红	芮立新	张立新	张　莹
	张文淼	刘　康	李金生	鲁士海	尚建华	聂生奎
	李秀山	聂明隽	桂　桢	郑玄波	刘从龙	汤晓莉
	王振麒	李新旺	刘丽军	郝　斌	薛　虹	冯　怡
	刘旭刚	马　刚	吴礼舵	王　军	翟燕立	王明政
	江力平	贾怀斌	王　涛	余兴安	金维刚	程　超
	王玉军	吴剑英	王文铎	吕玉林	夏文峰	张宝忠
	赵国君	范　勇	徐　熙	沈　超	宋立民	陈振亮
	那炜清	段君明	吴　兰	沙广华	赵永峰	戴元湖
	刘国富	徐　建	林卫宠	刘三秋	梅建华	刘世伟
	刘艳红	唐白玉	陈奕威	唐云舒	王　鹏	陈元春
	胡　斌	潘　荣	杨榆坚	李富忠	张光进	周丽宁
	王定邦	孙晓军	热合满江·达吾提		李华斌	王　健
	孙志军	郑　喆	杨志宏	苏　鹏	刘　莅	卢光文
	孟宪新	王　壮	叶茂东	刘士武	胡义瑛	赵忠良
	李宗泽	陈　瑜				

《中国人力资源和社会保障年鉴》编辑部成员

主　　　编　李　忠
常务副主编　王明政
副 主 编　俞家栋　卢爱红　张立新　江力平　范　勇
成　　　员　饶志刚　袁泽春　李　宏　仲艳平

编 辑 说 明

一、《中国人力资源和社会保障年鉴（2020）》是关于人力资源和社会保障工作的专业性史料工具书。本年鉴收录了2019年度我国人力资源社会保障工作重要文献、资料和数据，记录了2019年度我国人力资源社会保障事业发展概况，客观反映了人力资源社会保障工作改革发展成就、经验以及今后需要继续研究解决的问题。本年鉴是对党政机关领导干部和各部门工作人员、人力资源社会保障系统工作者、企业领导和人力资源管理者，以及人力资源社会保障科研理论工作者有价值的参考用书和工具书。

二、本年鉴分文献卷、工作卷两卷。文献卷包括人力资源和社会保障重要文献、人力资源和社会保障大事记。工作卷包括人力资源和社会保障工作概览、全国人力资源和社会保障工作、地方人力资源和社会保障工作、人力资源和社会保障统计资料。

三、本年鉴中，全国人力资源和社会保障工作分为28个部分：就业工作、人力资源流动管理、职业能力建设、专业技术人才工作、事业单位人事管理、城镇职工养老保险、失业保险、工伤保险、城乡居民基本养老保险、社会保险经办管理、中央国家机关事业单位养老保险经办管理、社会保险基金监管、劳动关系、劳动人事争议调解仲裁、事业单位工资福利离退休工作、农民工工作和发展家庭服务业促进就业工作、人力资源和社会保障法治建设、劳动保障监察、国家表彰奖励工作、规划统计、信息化建设、科学研究、干部教育培训与系统行风窗口单位建设和评比表彰、行风建设、人力资源社会保障扶贫、新闻宣传政务信息报

编辑说明

刊与出版、国际及与港澳台地区交流合作、社团活动；地方人力资源和社会保障工作47篇。

《中国人力资源和社会保障年鉴（2020）》的编辑出版是在全国人力资源社会保障系统的共同努力下完成的。在此，向所有参加编辑出版工作的领导和同志表示衷心的感谢。

《中国人力资源和社会保障年鉴》编辑部

2020年10月

目 录

文献卷

人力资源和社会保障重要文献

一、党和国家领导人关于人力资源和社会保障工作的活动和重要指示批示

习近平：提高防控能力着力防范化解重大风险　保持经济持续健康发展
社会大局稳定（节选） ……………………………………………………（ 5 ）

习近平春节前夕在北京看望慰问基层干部群众（节选） ………………（ 6 ）

习近平：为实现我国探月工程目标乘胜前进　为推动世界航天事业发展
继续努力（节选） ………………………………………………………（ 7 ）

习近平：在解决"两不愁三保障"突出问题座谈会上的讲话（节选） …（ 8 ）

习近平：在纪念五四运动100周年大会上的讲话（节选） ………………（ 9 ）

习近平：贯彻新发展理念推动高质量发展　奋力开创中部地区崛起新局
面（节选） ………………………………………………………………（ 10 ）

习近平在内蒙古考察并指导开展"不忘初心、牢记使命"主题教育
（节选） …………………………………………………………………（ 11 ）

习近平：发展职业教育，我支持你们！ ……………………………………（ 12 ）

习近平：推动形成优势互补高质量发展的区域经济布局（节选） ………（ 13 ）

习近平在河南考察时强调　坚定信心埋头苦干奋勇争先　谱写新时代中
原更加出彩的绚丽篇章（节选） ………………………………………（ 14 ）

习近平对我国选手在世界技能大赛取得佳绩作出重要指示强调　弘扬精
益求精的工匠精神　激励广大青年走技能成才技能报国之路　李克强
作出批示 …………………………………………………………………（ 15 ）

目 录

习近平在中央政治局第十八次集体学习时强调 把区块链作为核心技术自主创新重要突破口 加快推动区块链技术和产业创新发展（节选） ……（16）

习近平在上海考察时强调 深入学习贯彻党的十九届四中全会精神 提高社会主义现代化国际大都市治理能力和水平（节选） ……（17）

李克强在第十三届全国人民代表大会第二次会议上作政府工作报告（节选） ……（18）

李克强：在国家科学技术奖励大会上的讲话（节选） ……（20）

李克强会见采访全国两会的中外记者并回答提问（节选） ……（21）

李克强：加快培养国家发展急需的各类技术技能人才 让更多有志青年在创造社会财富中实现人生价值（节选） ……（22）

李克强在国务院第二次廉政工作会议上的讲话（节选） ……（23）

李克强对部署推进职业技能提升行动电视电话会议作出重要批示强调 提供更有针对性的技能培训服务 努力推进建设知识型、技能型、创新型劳动者大军 胡春华出席会议并讲话 ……（24）

李克强：更大力度推进改革开放 奋力实现东北全面振兴（节选） ……（25）

李克强主持召开部分省份稳就业工作座谈会强调 把就业优先放在经济发展更加突出位置（节选） ……（26）

韩正：确保企业社保缴费实际负担有实质性下降 ……（27）

胡春华：切实做好农民工工作 大力解决拖欠农民工工资问题 ……（28）

胡春华：扎实做好高技能人才工作 为高质量发展提供坚实人才支撑 ……（29）

胡春华：为世界奉献一届富有新意、影响深远的技能大赛 ……（30）

胡春华：狠抓专项巡视发现问题整改 切实提高脱贫攻坚质量成效 ……（31）

胡春华强调 扎实推动构建中国特色和谐劳动关系 ……（32）

胡春华强调 推动根治拖欠农民工工资问题 着力做好农民工就业创业工作 ……（33）

二、中共中央、国务院文件

中共中央办公厅　国务院办公厅印发《关于促进中小企业健康发展的指导意见》 …………………………………………………………（37）

中共中央办公厅　国务院办公厅印发《关于解决部分退役士兵社会保险问题的意见》 ………………………………………………………（41）

中共中央办公厅　国务院办公厅印发《关于促进劳动力和人才社会性流动体制机制改革的意见》 ……………………………………………（43）

国务院关于修改部分行政法规的决定（国务院令第710号） …………（46）

国务院关于印发国家职业教育改革实施方案的通知（国发〔2019〕4号） ………………………………………………………………………（48）

国务院关于进一步做好稳就业工作的意见（国发〔2019〕28号） ……（55）

国务院办公厅关于推进养老服务发展的意见（国办发〔2019〕5号）…（59）

国务院办公厅关于全面推进生育保险和职工基本医疗保险合并实施的意见（国办发〔2019〕10号） ……………………………………………（66）

国务院办公厅关于印发降低社会保险费率综合方案的通知（国办发〔2019〕13号） …………………………………………………………（68）

国务院办公厅关于促进3岁以下婴幼儿照护服务发展的指导意见（国办发〔2019〕15号） ……………………………………………………（70）

国务院办公厅关于印发职业技能提升行动方案（2019—2021年）的通知（国办发〔2019〕24号） ……………………………………………（75）

国务院办公厅关于促进家政服务业提质扩容的意见（国办发〔2019〕30号） ………………………………………………………………………（80）

国务院办公厅关于促进平台经济规范健康发展的指导意见（国办发〔2019〕38号） …………………………………………………………（85）

国务院办公厅关于成立国务院就业工作领导小组的通知（国办函〔2019〕38号） …………………………………………………………（89）

国务院办公厅关于成立国务院根治拖欠农民工工资工作领导小组的通知（国办函〔2019〕79号） ……………………………………………（91）

三、人力资源和社会保障部领导的讲话和文章

在人力资源社会保障部"不忘初心、牢记使命"主题教育动员大会上的
　　讲话 …………………………………………………………… 张纪南（95）
以党的政治建设为统领　切实加强机关党的建设 ………………… 张纪南（101）
坚持和完善统筹城乡的民生保障制度 ……………………………… 张纪南（104）
坚定信心　奋发有为　为全面建成小康社会积极贡献人社力量——在全
　　国人力资源和社会保障工作会议上的讲话 …………………… 张纪南（108）
履行纪检监察职责忠诚践行"两个维护"　扎实做好人社系统全面从严
　　治党工作——在人社系统2019年党风廉政建设工作座谈会上的讲话
　　……………………………………………………………………… 耿文清（118）
在部年终务虚会上的讲话 …………………………………………… 耿文清（122）
在脱贫攻坚巡视整改大学习大讨论大反思活动动员会上的讲话 … 邱小平（125）
深入学习和全面贯彻落实习近平总书记重要指示精神　扎实高效组织实
　　施职业技能提升行动——在推进职业技能提升行动和"三区三州"
　　职业技能大赛工作电视电话会议上的讲话 …………………… 汤　涛（128）
深化改革　规范管理　强化服务　推动事业单位人事管理工作再上新台阶
　　——在全国事业单位人事管理工作座谈会上的讲话 ………… 汤　涛（133）
防范化解重大风险　推动经办转型升级　全力以赴做好2019年社会保
　　险各项工作——在全国社会保险局长会议上的讲话 ………… 游　钧（138）
锐意进取　积极作为　全力以赴稳就业惠民生——在全国就业工作座谈
　　会上的讲话 ……………………………………………………… 游　钧（152）
在全国人力资源服务标准化技术委员会第二届三次工作会议上的讲话
　　……………………………………………………………………… 张义珍（158）
在农民工工资支付保障制度推进会上的讲话 ……………………… 张义全（161）
在部分省市人社扶贫工作座谈会上的讲话 ………………………… 张义全（164）

四、人力资源和社会保障部文件

人力资源社会保障部关于废止《社会保险登记管理暂行办法》的决定

（人力资源和社会保障部令第 39 号） ………………………………（169）

职称评审管理暂行规定（人力资源和社会保障部令第 40 号）…………（170）

香港澳门台湾居民在内地（大陆）参加社会保险暂行办法（人力资源
　　和社会保障部、国家医疗保障局令第 41 号）………………………（174）

人力资源社会保障部关于修改部分规章的决定（人力资源和社会保障部
　　令第 42 号）………………………………………………………………（177）

人力资源社会保障部关于修改部分规章的决定（人力资源和社会保障部
　　令第 43 号）………………………………………………………………（178）

中共中央组织部　人力资源社会保障部关于印发《事业单位人事管理回
　　避规定》的通知（人社部规〔2019〕1 号）……………………………（180）

人力资源社会保障部关于印发《社会保险领域严重失信人名单管理暂行
　　办法》的通知（人社部规〔2019〕2 号）………………………………（183）

中共中央组织部　人力资源社会保障部关于印发《事业单位工作人员培
　　训规定》的通知（人社部规〔2019〕4 号）……………………………（186）

人力资源社会保障部　国务院扶贫办关于深入推进技能脱贫千校行动的
　　实施意见（人社部发〔2019〕2 号）……………………………………（189）

人力资源社会保障部关于印发《新生代农民工职业技能提升计划
　　（2019—2022 年）》的通知（人社部发〔2019〕5 号）………………（193）

人力资源社会保障部关于充分发挥市场作用促进人才顺畅有序流动的意
　　见（人社部发〔2019〕7 号）……………………………………………（196）

人力资源社会保障部　财政部关于深化会计人员职称制度改革的指导意
　　见（人社部发〔2019〕8 号）……………………………………………（201）

人力资源社会保障部　财政部关于进一步加强人力资源社会保障窗口单
　　位经办队伍建设的意见（人社部发〔2019〕13 号）…………………（206）

人力资源社会保障部　工业和信息化部关于深化工程技术人才职称制度
　　改革的指导意见（人社部发〔2019〕16 号）…………………………（209）

人力资源社会保障部　教育部　司法部　卫生健康委　国资委　医疗保
　　障局　全国总工会　全国妇联　最高人民法院关于进一步规范招聘行

为促进妇女就业的通知（人社部发〔2019〕17号） …………………………（215）

人力资源社会保障部　中国民用航空局关于深化民用航空飞行技术人员职称制度改革的指导意见（人社部发〔2019〕19号） ……………（217）

人力资源社会保障部关于取消部分规范性文件设定的证明材料的决定（人社部发〔2019〕20号） ………………………………………………（224）

人力资源社会保障部　财政部关于2019年调整退休人员基本养老金的通知（人社部发〔2019〕24号） ………………………………………（234）

人力资源社会保障部　教育部关于印发《职业技能等级证书监督管理办法（试行）》的通知（人社部发〔2019〕34号） ……………………（235）

人力资源社会保障部　财政部　税务总局　国家医保局关于贯彻落实《降低社会保险费率综合方案》的通知（人社部发〔2019〕35号） …（237）

人力资源社会保障部　科技部关于深化自然科学研究人员职称制度改革的指导意见（人社部发〔2019〕40号） ………………………………（240）

人力资源社会保障部　国家发展改革委　财政部　国务院扶贫办关于做好易地扶贫搬迁就业帮扶工作的通知（人社部发〔2019〕47号） …（245）

人力资源社会保障部关于深化经济专业人员职称制度改革的指导意见（人社部发〔2019〕53号） ……………………………………………（248）

人力资源社会保障部　国家发展改革委　工业和信息化部　财政部　民政部　国务院国资委　能源局　全国总工会关于切实做好化解过剩产能中职工安置工作的通知（人社部发〔2019〕56号） ……………（253）

人力资源社会保障部　教育部　公安部　财政部　中国人民银行关于做好当前形势下高校毕业生就业创业工作的通知（人社部发〔2019〕72号） ………………………………………………………………（255）

人力资源社会保障部关于做好技工院校招生工作的指导意见（人社部发〔2019〕76号） …………………………………………………………（258）

人力资源社会保障部　最高人民法院　中华全国总工会　中华全国工商业联合会　中国企业联合会/中国企业家协会关于实施"护薪"行动全力做好拖欠农民工工资争议处理工作的通知（人社部发〔2019〕

80号）……………………………………………………………………（261）

人力资源社会保障部关于印发《城乡居民基本养老保险经办规程》的通知（人社部发〔2019〕84号）……………………………………………（265）

人力资源社会保障部关于进一步规范人力资源市场秩序的意见（人社部发〔2019〕87号）……………………………………………………………（273）

人力资源社会保障部　教育部关于深化中等职业学校教师职称制度改革的指导意见（人社部发〔2019〕89号）…………………………………（277）

人力资源社会保障部关于改革完善技能人才评价制度的意见（人社部发〔2019〕90号）……………………………………………………………（283）

人力资源社会保障部　财政部关于进一步精简证明材料和优化申办程序充分便利就业补贴政策享受的通知（人社部发〔2019〕94号）………（286）

人力资源社会保障部关于建立全国统一的社会保险公共服务平台的指导意见（人社部发〔2019〕103号）……………………………………………（289）

人力资源社会保障部　中国社会科学院关于深化哲学社会科学研究人员职称制度改革的指导意见（人社部发〔2019〕109号）…………………（293）

人力资源社会保障部　中国外文局关于深化翻译专业人员职称制度改革的指导意见（人社部发〔2019〕110号）…………………………………（298）

人力资源社会保障部　农业农村部关于深化农业技术人员职称制度改革的指导意见（人社部发〔2019〕114号）…………………………………（302）

人力资源社会保障部关于第二批取消部分规章规范性文件设定的证明材料的决定（人社部发〔2019〕115号）……………………………………（308）

人力资源社会保障部　教育部关于做好技工院校招生工作的通知（人社部发〔2019〕119号）……………………………………………………（315）

人力资源社会保障部　国家文物局关于进一步加强文博事业单位人事管理工作的指导意见（人社部发〔2019〕120号）…………………………（316）

人力资源社会保障部　国家文物局关于深化文物博物专业人员职称制度改革的指导意见（人社部发〔2019〕122号）…………………………（319）

人力资源社会保障部　财政部关于做好公益性岗位开发管理有关工作的

通知（人社部发〔2019〕124号）……（324）

人力资源社会保障部　国家卫生健康委关于做好尘肺病重点行业工伤保险有关工作的通知（人社部发〔2019〕125号）……（327）

人力资源社会保障部　财政部　农业农村部关于进一步推动返乡入乡创业工作的意见（人社部发〔2019〕129号）……（329）

人力资源社会保障部关于进一步支持和鼓励事业单位科研人员创新创业的指导意见（人社部发〔2019〕137号）……（332）

人力资源社会保障部关于发布《劳动定员定额标准的结构和编写规则》行业标准的通知（人社部函〔2019〕11号）……（335）

人力资源社会保障部关于发布《轨道交通装备制造业劳动定额专用电机线圈绕制》等22项轨道交通装备制造业行业标准的通知（人社部函〔2019〕12号）……（336）

人力资源社会保障部　共青团中央关于实施青年就业启航计划的通知（人社部函〔2019〕36号）……（339）

人力资源社会保障部关于贯彻落实《国家职业教育改革实施方案》精神的通知（人社部函〔2019〕37号）……（342）

人力资源社会保障部　国务院扶贫办关于进一步做好就业扶贫工作的通知（人社部函〔2019〕64号）……（344）

人力资源社会保障部关于企业年金基金管理机构资格延续的通知（人社部函〔2019〕152号）……（346）

人力资源社会保障部办公厅　自然资源部办公厅关于颁布贵金属首饰与宝玉石检测员等3个国家职业技能标准的通知（人社厅发〔2019〕4号）……（347）

人力资源社会保障部办公厅　应急管理部办公厅关于颁布应急救援员国家职业技能标准的通知（人社厅发〔2019〕8号）……（348）

人力资源社会保障部办公厅　工业和信息化部办公厅关于颁布信息通信网络机务员等12个国家职业技能标准的通知（人社厅发〔2019〕9号）……（349）

人力资源社会保障部办公厅　农业农村部办公厅　粮食和储备局办公室
　　关于颁布农产品食品检验员国家职业技能标准的通知（人社厅发
　　〔2019〕11号） ……………………………………………………………… (351)
人力资源社会保障部办公厅　农业农村部办公厅关于颁布沼气工国家职
　　业技能标准的通知（人社厅发〔2019〕12号） ………………………… (352)
中共中央组织部办公厅　人力资源社会保障部办公厅关于印发《事业单
　　位工作人员申诉案件办理规则》的通知（人社厅发〔2019〕17号）
　　……………………………………………………………………………… (353)
人力资源社会保障部办公厅关于实施中国—卢森堡社会保障协定的通知
　　（人社厅发〔2019〕36号） ……………………………………………… (357)
人力资源社会保障部办公厅关于全面开展电子社会保障卡应用工作的通
　　知（人社厅发〔2019〕45号） …………………………………………… (364)
人力资源社会保障部办公厅关于颁布劳动关系协调员等16个国家职业
　　技能标准的通知（人社厅发〔2019〕47号） …………………………… (368)
人力资源社会保障部办公厅　市场监管总局办公厅　统计局办公室关于
　　发布人工智能工程技术人员等职业信息的通知（人社厅发〔2019〕
　　48号） ……………………………………………………………………… (370)
人力资源社会保障部办公厅　水利部办公厅关于颁布河道修防工等4个
　　国家职业技能标准的通知（人社厅发〔2019〕50号） ………………… (374)
人力资源社会保障部办公厅　交通运输部办公厅关于颁布筑路工等2个
　　国家职业技能标准的通知（人社厅发〔2019〕52号） ………………… (375)
人力资源社会保障部办公厅　自然资源部办公厅　交通运输部办公厅关
　　于颁布工程测量员国家职业技能标准的通知（人社厅发〔2019〕53
　　号） ………………………………………………………………………… (376)
人力资源社会保障部办公厅　自然资源部办公厅关于颁布大地测量员等
　　7个国家职业技能标准的通知（人社厅发〔2019〕54号） …………… (377)
人力资源社会保障部办公厅　粮食和储备局办公室关于颁布（粮油）
　　仓储管理员等4个国家职业技能标准的通知（人社厅发〔2019〕56

号）…………………………………………………………………………………（378）

人力资源社会保障部办公厅　中医药局办公室关于颁布中药炮制工等 2 个国家职业技能标准的通知（人社厅发〔2019〕57 号）……………………（379）

人力资源社会保障部办公厅　民政部办公厅关于颁布孤残儿童护理员等 3 个国家职业技能标准的通知（人社厅发〔2019〕58 号）…………………（380）

人力资源社会保障部办公厅　公安部办公厅关于颁布保安员国家职业技能标准的通知（人社厅发〔2019〕60 号）……………………………………（381）

人力资源社会保障部办公厅　应急管理部办公厅关于颁布消防设施操作员国家职业技能标准的通知（人社厅发〔2019〕63 号）……………………（382）

人力资源社会保障部办公厅　财政部办公厅关于降低在京中央国家机关事业单位基本养老保险单位缴费比例的通知（人社厅发〔2019〕65 号）…………………………………………………………………………………（383）

人力资源社会保障部办公厅关于在"三区三州"等深度贫困地区单独划定护士等职业资格考试合格标准有关事项的通知（试行）（人社厅发〔2019〕77 号）………………………………………………………………（384）

人力资源社会保障部办公厅关于实施中国—日本社会保障协定的通知（人社厅发〔2019〕81 号）………………………………………………………（386）

人力资源社会保障部办公厅关于加强养老金产品管理有关问题的通知（人社厅发〔2019〕85 号）………………………………………………………（393）

人力资源社会保障部办公厅　民政部办公厅关于颁布养老护理员国家职业技能标准的通知（人社厅发〔2019〕92 号）……………………………（396）

人力资源社会保障部办公厅关于职工基本养老保险关系转移接续有关问题的补充通知（人社厅发〔2019〕94 号）……………………………………（397）

人力资源社会保障部办公厅　财政部办公厅关于印发《就业补助资金使用监管暂行办法》的通知（人社厅发〔2019〕98 号）……………………（399）

人力资源社会保障部办公厅关于颁布纺织纤维梳理工等 46 个国家职业技能标准的通知（人社厅发〔2019〕101 号）……………………………（401）

人力资源社会保障部办公厅关于印发《人力资源社会保障部关于在自由

贸易试验区开展"证照分离"改革全覆盖试点的实施方案》的通知（人社厅发〔2019〕103号） …………………………………………（404）

人力资源社会保障部办公厅关于颁布工业固体废物处理处置工等24个国家职业技能标准的通知（人社厅发〔2019〕107号） …………（410）

人力资源社会保障部办公厅 中国民用航空局综合司关于颁布民航乘务员等3个国家职业技能标准的通知（人社厅发〔2019〕110号） ……（412）

人力资源社会保障部办公厅 国家邮政局办公室关于颁布快递员等2个国家职业技能标准的通知（人社厅发〔2019〕111号） …………（413）

人力资源社会保障部办公厅 交通运输部办公厅关于颁布水上救生员等4个国家职业技能标准的通知（人社厅发〔2019〕114号） ………（414）

人力资源社会保障部办公厅 国家林业和草原局办公室关于颁布林业有害生物防治员国家职业技能标准的通知（人社厅发〔2019〕115号）
…………………………………………………………………………（415）

人力资源社会保障部办公厅 中华全国供销合作总社办公厅关于颁布纤维检验员等2个国家职业技能标准的通知（人社厅发〔2019〕116号） ……………………………………………………………………（416）

人力资源社会保障部办公厅 财政部办公厅关于做好职业技能提升行动专账资金使用管理工作的通知（人社厅发〔2019〕117号） …………（417）

人力资源社会保障部办公厅 交通运输部办公厅 国家铁路局综合司关于颁布轨道列车司机国家职业技能标准的通知（人社厅发〔2019〕121号） ……………………………………………………………………（419）

人力资源社会保障部办公厅关于机关事业单位养老保险关系转移接续办法实施后相关政策衔接问题的复函（人社厅函〔2019〕19号） ……（420）

人力资源社会保障部办公厅关于进一步开展人力资源服务机构助力脱贫攻坚行动的通知（人社厅函〔2019〕54号） …………………………（421）

人力资源社会保障部办公厅关于动员组织各类专家助力脱贫攻坚活动的通知（人社厅函〔2019〕69号） ……………………………………（423）

五、联合发文

国家发展改革委　商务部　教育部　人力资源社会保障部　全国妇联印发关于开展家政服务业提质扩容"领跑者"行动试点工作的通知（发改社会〔2019〕1182号） ……………………………………（427）

教育部办公厅等十四部门关于印发《职业院校全面开展职业培训　促进就业创业行动计划》的通知（教职成厅〔2019〕5号） ………………（433）

财政部　税务总局　人力资源社会保障部　国务院扶贫办关于进一步支持和促进重点群体创业就业有关税收政策的通知（财税〔2019〕22号） ……………………………………………………………………（437）

财政部　退役军人部　人力资源社会保障部　医保局　民政部　税务总局关于解决部分退役士兵社会保险问题中央财政补助资金有关事项的通知（财社〔2019〕81号） ……………………………………（439）

住房和城乡建设部　人力资源社会保障部关于印发建筑工人实名制管理办法（试行）的通知（建市〔2019〕18号） ………………………（441）

国家卫生健康委　国家发展改革委　民政部　财政部　人力资源社会保障部　生态环境部　应急部　国务院扶贫办　国家医保局　全国总工会关于印发尘肺病防治攻坚行动方案的通知（国卫职健发〔2019〕46号） ……………………………………………………………………（444）

国家卫生健康委员会　财政部　人力资源和社会保障部　国家市场监督管理总局　国家中医药管理局关于加强医疗护理员培训和规范管理工作的通知（国卫医发〔2019〕49号） ………………………………（450）

国家卫生健康委　中央编办　国家发展改革委　教育部　财政部　人力资源社会保障部　国家中医药局关于做好农村订单定向免费培养医学生就业安置和履约管理工作的通知（国卫科教发〔2019〕56号） …（455）

国家卫生健康委　国家发展改革委　教育部　民政部　财政部　人力资源社会保障部　国家医保局　国家中医药局关于建立完善老年健康服务体系的指导意见（国卫老龄发〔2019〕61号） ………………（459）

应急管理部　人力资源社会保障部关于印发《注册安全工程师职业资格

制度规定》和《注册安全工程师职业资格考试实施办法》的通知
（应急〔2019〕8号） ……………………………………………………（463）

应急管理部　人力资源和社会保障部　教育部　财政部　国家煤矿安全
监察局关于高危行业领域安全技能提升行动计划的实施意见（应急
〔2019〕107号） ………………………………………………………（470）

国家税务总局　人力资源社会保障部　国务院扶贫办　教育部关于实施
支持和促进重点群体创业就业有关税收政策具体操作问题的公告（国
家税务总局公告2019年第10号） ……………………………………（474）

市场监管总局　人力资源社会保障部关于印发《注册计量师职业资格制
度规定》《注册计量师职业资格考试实施办法》的通知（国市监计量
〔2019〕197号） ………………………………………………………（477）

国家医保局　人力资源社会保障部关于印发《国家基本医疗保险、工伤
保险和生育保险药品目录》的通知（医保发〔2019〕46号） ………（482）

国家邮政局办公室　人力资源社会保障部办公厅关于加强快递从业人员
职业技能培训的通知（国邮办函〔2019〕255号） …………………（484）

国家卫生健康委　民政部　国家发展改革委　教育部　财政部　人力资
源社会保障部　自然资源部　住房城乡建设部　市场监管总局　国家
医保局　国家中医药局　全国老龄办关于深入推进医养结合发展的若
干意见（国卫老龄发〔2019〕60号） …………………………………（486）

人力资源和社会保障大事记

2019年人力资源和社会保障大事记 ……………………………………（493）

工作卷

人力资源和社会保障工作概览

2019年人力资源和社会保障工作情况 ………………………………… (529)

全国人力资源和社会保障工作

就业工作 ………………………………… (535)
人力资源流动管理 ………………………………… (541)
职业能力建设 ………………………………… (544)
专业技术人才工作 ………………………………… (550)
事业单位人事管理 ………………………………… (552)
城镇职工养老保险 ………………………………… (554)
失业保险 ………………………………… (556)
工伤保险 ………………………………… (558)
城乡居民基本养老保险 ………………………………… (560)
社会保险经办管理 ………………………………… (562)
中央国家机关事业单位养老保险经办管理 ………………………………… (565)
社会保险基金监管 ………………………………… (568)
劳动关系 ………………………………… (571)
劳动人事争议调解仲裁 ………………………………… (573)
事业单位工资福利离退休工作 ………………………………… (575)
农民工工作和发展家庭服务业促进就业工作 ………………………………… (577)
人力资源和社会保障法治建设 ………………………………… (579)

劳动保障监察 ··· (581)

国家表彰奖励工作 ··· (583)

规划统计 ·· (586)

信息化建设 ··· (588)

科学研究 ·· (591)

干部教育培训与系统行风窗口单位建设和评比表彰 ············ (596)

行风建设 ·· (599)

人力资源社会保障扶贫 ··· (601)

新闻宣传政务信息报刊与出版 ··· (604)

国际及与港澳台地区交流合作 ··· (612)

社团活动 ·· (614)

地方人力资源和社会保障工作

北京市 ··· (635)

天津市 ··· (639)

河北省 ··· (643)

山西省 ··· (648)

内蒙古自治区 ·· (652)

辽宁省 ··· (656)

　沈阳市 ·· (661)

　大连市 ·· (664)

吉林省 ··· (669)

　长春市 ·· (674)

黑龙江省 ·· (677)

　哈尔滨市 ··· (680)

目 录

上海市 …… (684)

江苏省 …… (688)

 南京市 …… (693)

浙江省 …… (697)

 杭州市 …… (700)

 宁波市 …… (706)

安徽省 …… (710)

福建省 …… (716)

 厦门市 …… (722)

江西省 …… (728)

山东省 …… (736)

 济南市 …… (741)

 青岛市 …… (746)

河南省 …… (750)

湖北省 …… (754)

 武汉市 …… (759)

湖南省 …… (763)

广东省 …… (767)

 广州市 …… (775)

 深圳市 …… (781)

广西壮族自治区 …… (786)

海南省 …… (791)

重庆市 …… (796)

四川省 …… (800)

 成都市 …… (804)

贵州省 …… (807)

云南省	（811）
西藏自治区	（816）
陕西省	（820）
西安市	（824）
甘肃省	（828）
青海省	（834）
宁夏回族自治区	（840）
新疆维吾尔自治区	（844）
新疆生产建设兵团	（848）

人力资源和社会保障统计资料

（一）综合 （857）

国内生产总值增长及构成	（857）
全国分城乡就业人员年末人数及构成	（858）
全国分产业就业人员年末人数及构成	（859）
分登记注册类型城镇单位就业人员构成	（860）
分登记注册类型城镇单位就业人员年末人数	（861）
分行业城镇单位在岗职工年末人数（1995—2002年）	（863）
分行业城镇单位在岗职工年末人数（2003—2011年）	（864）
分行业城镇单位在岗职工年末人数（2012—2019年）	（865）
分登记注册类型城镇单位在岗职工平均工资及增长情况	（866）
城镇非私营单位在岗职工平均工资	（866）
分行业城镇单位在岗职工平均工资（1995—2002年）	（868）
分行业城镇单位在岗职工平均工资（2003—2011年）	（869）
分行业城镇单位在岗职工平均工资（2012—2019年）	（870）

分地区城镇单位就业人员在岗职工平均工资（2019年） …… （871）
居民消费价格指数和商品零售价格指数 …… （873）
城乡居民收入及增长情况 …… （874）

（二）就业与失业 …… （875）

分地区城镇非私营单位就业人员年末人数（2019年） …… （875）
分地区城镇非私营单位在岗职工年末人数（2019年） …… （876）
分地区城镇私营个体就业人员年末人数（2019年） …… （877）
历年全国城镇登记失业人数及登记失业率 …… （878）
分地区城镇登记失业人数及登记失业率（2019年） …… （879）
分地区城镇登记失业基本情况（2019年） …… （880）

（三）技工教育、职业培训与技能鉴定 …… （882）

历年技工院校综合情况 …… （882）
分地区技工院校综合情况（2019年） …… （885）
分地区技工院校培训情况（2019年） …… （888）
分地区就业训练中心综合情况（2019年） …… （890）
分地区民办职业培训机构综合情况（2019年） …… （891）
分地区职业技能鉴定综合情况（2019年） …… （892）

（四）劳动关系与监察 …… （896）

历年劳动人事争议仲裁案件处理情况 …… （896）
分地区劳动人事争议仲裁案件处理情况（2019年） …… （900）
劳动保障监察情况（2019年） …… （903）

（五）社会保障 …… （904）

历年全国社会保险基金收支及累计结余 …… （904）
历年全国基本养老保险基金收支及累计结余 …… （906）
历年全国参加城镇职工基本养老保险职工及离退休人数 …… （908）
历年全国基本养老保险待遇水平 …… （909）

历年分地区城镇职工基本养老保险参保人数……………………………（911）

分地区城镇职工基本养老保险情况（2019年）…………………………（917）

历年全国养老金社会化发放人数……………………………………………（918）

分地区养老金社会化发放人数（2019年）…………………………………（919）

历年分地区基本医疗保险参保人数…………………………………………（920）

分地区职工基本医疗保险参保人数（2019年）……………………………（924）

分地区基本医疗保险参保人数（2019年）…………………………………（925）

分地区基本医疗保险基金情况（2019年）…………………………………（926）

历年分地区失业保险参保人数………………………………………………（927）

分地区失业保险基金情况（2019年）………………………………………（931）

历年分地区工伤保险基本情况………………………………………………（932）

分地区工伤保险基金情况（2019年）………………………………………（936）

分地区工伤认定情况（2019年）……………………………………………（937）

分地区劳动能力鉴定情况（2019年）………………………………………（938）

历年分地区生育保险基本情况………………………………………………（939）

分地区城乡居民基本养老保险情况（2019年）……………………………（943）

文献卷

人力资源和社会保障重要文献

一、党和国家领导人关于人力资源和社会保障工作的活动和重要指示批示

习近平：提高防控能力着力防范化解重大风险　保持经济持续健康发展社会大局稳定（节选）

省部级主要领导干部坚持底线思维着力防范化解重大风险专题研讨班 21 日上午在中央党校开班。中共中央总书记、国家主席、中央军委主席习近平在开班式上发表重要讲话强调，坚持以新时代中国特色社会主义思想为指导，全面贯彻落实党的十九大和十九届二中、三中全会精神，深刻认识和准确把握外部环境的深刻变化和我国改革发展稳定面临的新情况新问题新挑战，坚持底线思维，增强忧患意识，提高防控能力，着力防范化解重大风险，保持经济持续健康发展和社会大局稳定，为决胜全面建成小康社会、夺取新时代中国特色社会主义伟大胜利、实现中华民族伟大复兴的中国梦提供坚强保障。

要切实解决中小微企业融资难融资贵问题，加大援企稳岗力度，落实好就业优先政策。要加大力度妥善处理"僵尸企业"处置中启动难、实施难、人员安置难等问题，加快推动市场出清，释放大量沉淀资源。各地区各部门要采取有效措施，做好稳就业、稳金融、稳外贸、稳外资、稳投资、稳预期工作，保持经济运行在合理区间。（新华社北京 2019 年 1 月 21 日电）

习近平春节前夕在北京看望慰问基层干部群众（节选）

中华民族传统节日农历春节来临之际，中共中央总书记、国家主席、中央军委主席习近平在北京看望慰问基层干部群众，考察北京冬奥会、冬残奥会筹办工作，向全国各族人民致以美好的新春祝福，祝各族人民幸福安康，祝伟大祖国繁荣吉祥。

习近平来到一个快递服务点，看望仍在工作的"快递小哥"。看到总书记来了，正在工作的"快递小哥"十分惊喜。习近平同他们亲切握手，询问他们工作生活情况，并祝他们春节快乐。习近平指出，"快递小哥"工作很辛苦，起早贪黑、风雨无阻，越是节假日越忙碌，像勤劳的小蜜蜂，是最辛勤的劳动者，为大家生活带来了便利。习近平强调，要坚持就业优先战略，把解决人民群众就业问题放在更加突出的位置，努力创造更多就业岗位。（新华社北京 2019 年 2 月 1 日电）

习近平：为实现我国探月工程目标乘胜前进 为推动世界航天事业发展继续努力（节选）

中共中央总书记、国家主席、中央军委主席习近平20日下午在北京人民大会堂会见探月工程嫦娥四号任务参研参试人员代表。

习近平强调，实践告诉我们，伟大事业都成于实干。新时代是奋斗者的时代。新时代是在奋斗中成就伟业、造就人才的时代。我们要激励更多科学大家、领军人才、青年才俊和创新团队勇立潮头、锐意进取，以实干创造新业绩，在推进伟大事业中实现人生价值，不断为实现中华民族伟大复兴的中国梦奠定更为坚实的基础、作出新的更大的贡献。（新华社北京2019年2月20日电）

习近平：在解决"两不愁三保障"突出问题座谈会上的讲话（节选）

为解决好"怎么扶"问题，我们提出要实施"五个一批"工程，即发展生产脱贫一批、易地搬迁脱贫一批、生态补偿脱贫一批、发展教育脱贫一批、社会保障兜底一批，还有就业扶贫、健康扶贫、资产收益扶贫等，总的就是因地因人制宜，缺什么就补什么，能干什么就干什么，扶到点上扶到根上。

提高脱贫质量。脱贫既要看数量，更要看质量，不能到时候都说完成了脱贫任务，过一两年又大规模返贫。要多管齐下提高脱贫质量，巩固脱贫成果。要严把贫困退出关，严格执行退出的标准和程序，确保脱真贫、真脱贫。要把防止返贫摆在重要位置，适时组织对脱贫人口开展"回头看"，对返贫人口和新发生贫困人口及时予以帮扶。要探索建立稳定脱贫长效机制，强化产业扶贫，组织消费扶贫，加大培训力度，促进转移就业，让贫困群众有稳定的工作岗位。要做好易地扶贫搬迁后续帮扶。要加强扶贫同扶志扶智相结合，让脱贫具有可持续的内生动力。（2019年4月16日，《求是》杂志2019年第16期）

习近平：在纪念五四运动100周年大会上的讲话（节选）

新时代中国青年要练就过硬本领。青年是苦练本领、增长才干的黄金时期。"青春虚度无所成，白首衔悲亦何及。"当今时代，知识更新不断加快，社会分工日益细化，新技术新模式新业态层出不穷。这既为青年施展才华、竞展风采提供了广阔舞台，也对青年能力素质提出了新的更高要求。不论是成就自己的人生理想，还是担当时代的神圣使命，青年都要珍惜韶华、不负青春，努力学习掌握科学知识，提高内在素质，锤炼过硬本领，使自己的思维视野、思想观念、认识水平跟上越来越快的时代发展。

新时代中国青年要增强学习紧迫感，如饥似渴、孜孜不倦学习，努力学习马克思主义立场观点方法，努力掌握科学文化知识和专业技能，努力提高人文素养，在学习中增长知识、锤炼品格，在工作中增长才干、练就本领，以真才实学服务人民，以创新创造贡献国家！

（新华社北京2019年4月30日电）

习近平：贯彻新发展理念推动高质量发展奋力开创中部地区崛起新局面（节选）

中共中央总书记、国家主席、中央军委主席习近平5月20日至22日在江西考察，主持召开推动中部地区崛起工作座谈会并发表重要讲话。他强调，要坚持以新时代中国特色社会主义思想为指导，全面贯彻党的十九大和十九届二中、三中全会精神，贯彻新发展理念，在供给侧结构性改革上下更大功夫，在实施创新驱动发展战略、发展战略性新兴产业上下更大功夫，积极主动融入国家战略，推动高质量发展，不断增强中部地区综合实力和竞争力，奋力开创中部地区崛起新局面。

做好民生领域重点工作，做好脱贫攻坚工作，创造更多就业岗位，加快补齐民生短板，完善社会保障体系，创新社会治理。

要坚持以人民为中心的发展思想，从群众最关心的问题入手，坚持尽力而为、量力而行，落实各项惠民政策，做好普惠性、基础性、兜底性民生建设。要对就业困难人员及时提供就业指导和技能培训，确保他们就业有门路、生活有保障。（新华社南昌2019年5月22日电）

习近平在内蒙古考察并指导开展"不忘初心、牢记使命"主题教育（节选）

中共中央总书记、国家主席、中央军委主席习近平近日在内蒙古考察并指导开展"不忘初心、牢记使命"主题教育时强调，要牢记初心和使命，贯彻以人民为中心的发展思想，落实新发展理念，做好稳增长、促改革、调结构、惠民生、防风险、保稳定各项工作，不断增强各族群众的获得感、幸福感、安全感，把祖国北部边疆这道风景线打造得更加亮丽。

要切实保障和改善民生，着力解决教育、就业、社保、医疗、住房等各方面存在的突出问题、紧迫问题，坚决打赢三大攻坚战，把脱贫攻坚重心向深度贫困地区聚焦，重点攻克"三保障"面临的难题，确保如期全面建成小康社会。（新华社呼和浩特 2019 年 7 月 16 日电）

习近平：发展职业教育，我支持你们！

20日下午，习近平总书记考察了张掖市山丹培黎学校。习近平强调，西北地区因自然条件限制，发展相对落后。区域之间发展条件有差异，但在机会公平上不能有差别。要解决这个问题，关键是要发展教育，特别是职业教育。我国经济要靠实体经济作支撑，这就需要大量专业技术人才，需要大批大国工匠。因此职业教育大有可为。三百六十行，行行出状元。希望你们继承优良传统，与时俱进，大有前途。我支持你们！（新华社"新华视点"微博2019年8月21日）

习近平：推动形成优势互补高质量发展的区域经济布局（节选）

尽快实现养老保险全国统筹。养老保险全国统筹对维护全国统一大市场、促进企业间公平竞争和劳动力自由流动具有重要意义。要在确保2020年省级基金统收统支的基础上，加快养老保险全国统筹进度，在全国范围内实现制度统一和区域间互助共济。

要加快转变政府职能，大幅减少政府对资源的直接配置，强化事中事后监管，给市场发育创造条件。要支持和爱护本地和外来企业成长，弘扬优秀企业家精神。东北振兴的关键是人才，要研究更具吸引力的措施，使沈阳、大连、长春、哈尔滨等重要城市成为投资兴业的热土。要加强对领导干部的正向激励，树立鲜明用人导向，让敢担当、善作为的干部有舞台、受褒奖。（习近平总书记2019年8月26日在中央财经委员会第五次会议上的讲话，《求是》杂志2019年第24期）

习近平在河南考察时强调坚定信心埋头苦干奋勇争先 谱写新时代中原更加出彩的绚丽篇章（节选）

中共中央总书记、国家主席、中央军委主席习近平近日在河南考察时强调，要认真贯彻落实党中央决策部署，坚持稳中求进工作总基调，坚持新发展理念，统筹做好稳增长、促改革、调结构、惠民生、防风险、保稳定各项工作，打好三大攻坚战，促进经济持续健康发展和社会和谐稳定，不断增强人民群众获得感、幸福感、安全感，在中部地区崛起中奋勇争先，谱写新时代中原更加出彩的绚丽篇章。

习近平强调，要切实保障和改善民生，坚持尽力而为、量力而行，办好群众所急、所需、所盼的民生实事。要聚焦"三山一滩"特别是大别山革命老区等深度贫困地区和特殊贫困群体实施攻坚，着力解决"两不愁三保障"突出问题。要出台更多鼓励就业创业的措施，重点解决好高校毕业生、退役军人、下岗职工、农民工、返乡人员等重点人群的就业问题。（新华社郑州2019年9月18日电）

习近平对我国选手在世界技能大赛取得佳绩作出重要指示强调 弘扬精益求精的工匠精神 激励广大青年走技能成才技能报国之路 李克强作出批示

中共中央总书记、国家主席、中央军委主席习近平近日对我国技能选手在第45届世界技能大赛上取得佳绩作出重要指示，向我国参赛选手和从事技能人才培养工作的同志们致以热烈祝贺。

习近平强调，劳动者素质对一个国家、一个民族发展至关重要。技术工人队伍是支撑中国制造、中国创造的重要基础，对推动经济高质量发展具有重要作用。要健全技能人才培养、使用、评价、激励制度，大力发展技工教育，大规模开展职业技能培训，加快培养大批高素质劳动者和技术技能人才。要在全社会弘扬精益求精的工匠精神，激励广大青年走技能成才、技能报国之路。

习近平指出，我国将举办2021年上海第46届世界技能大赛。要做好各项筹备和组织工作，加强同各国在技能领域的交流互鉴，展示我国职业技能培训成就和水平，努力办成一届富有新意、影响广泛的世界技能大赛。

中共中央政治局常委、国务院总理李克强作出批示指出，技能人才是国家的宝贵资源，是促进产业升级、推动高质量发展的重要支撑。要坚持以习近平新时代中国特色社会主义思想为指导，贯彻党中央、国务院决策部署，更加重视技能人才培养，实施好职业技能提升行动，紧扣需求发展现代职业教育、办好技工院校，完善技术工人职业发展机制和政策，使更多社会需要的技能人才、大国工匠不断涌现，依托大众创业、万众创新，促进新动能成长壮大和就业增加。同时，要加强技能领域国际合作，做好第46届世界技能大赛筹办工作，推动形成广大青年学习技能、报效国家的浓厚氛围。

第45届世界技能大赛参赛总结大会23日在北京举行。中共中央政治局委员、国务院副总理胡春华在会上宣读了习近平重要指示和李克强批示并致辞。他在致辞中指出，技能人才是我国人才队伍的重要组成部分，要采取更加有力的措施为广大技能劳动者成长成才创造条件。要开展大规模职业技能培训，健全培养、使用、评价、激励机制，全力办好在上海举办的第46届世界技能大赛。希望参赛选手坚守初心，在技能成才、技能报国的道路上取得更大成绩，作出更大贡献。

世界技能大赛每两年举办一届，被誉为"世界技能奥林匹克"。今年8月，在俄罗斯喀山举行的第45届世界技能大赛上，我国选手共获得16金14银5铜和17个优胜奖，位列金牌榜、奖牌榜、团体总分第一名。第46届世界技能大赛将于2021年9月在上海举行。
（新华社北京2019年9月23日电）

习近平在中央政治局第十八次集体学习时强调 把区块链作为核心技术自主创新重要突破口 加快推动区块链技术和产业创新发展（节选）

中共中央政治局 10 月 24 日下午就区块链技术发展现状和趋势进行第十八次集体学习。

习近平强调，要强化基础研究，提升原始创新能力，努力让我国在区块链这个新兴领域走在理论最前沿、占据创新制高点、取得产业新优势。要推动协同攻关，加快推进核心技术突破，为区块链应用发展提供安全可控的技术支撑。要加强区块链标准化研究，提升国际话语权和规则制定权。要加快产业发展，发挥好市场优势，进一步打通创新链、应用链、价值链。要构建区块链产业生态，加快区块链和人工智能、大数据、物联网等前沿信息技术的深度融合，推动集成创新和融合应用。要加强人才队伍建设，建立完善人才培养体系，打造多种形式的高层次人才培养平台，培育一批领军人物和高水平创新团队。（新华社北京 2019 年 10 月 25 日电）

习近平在上海考察时强调 深入学习贯彻党的十九届四中全会精神 提高社会主义现代化国际大都市 治理能力和水平（节选）

习近平指出，城市治理是推进国家治理体系和治理能力现代化的重要内容。衣食住行、教育就业、医疗养老、文化体育、生活环境、社会秩序等方面都体现着城市管理水平和服务质量。要牢记党的根本宗旨，坚持民有所呼、我有所应，把群众大大小小的事情办好。要推动城市治理的重心和配套资源向街道社区下沉，聚焦基层党建、城市管理、社区治理和公共服务等主责主业，整合审批、服务、执法等方面力量，面向区域内群众开展服务。要推进服务办理便捷化，优化办事流程，减少办理环节，加快政务信息系统资源整合共享。要推进服务供给精细化，找准服务群众的切入点和着力点，对接群众需求实施服务供给侧改革，办好一件件民生实事。（新华社上海2019年11月3日电）

李克强在第十三届全国人民代表大会第二次会议上作政府工作报告（节选）

今年经济社会发展的主要预期目标是：国内生产总值增长6%~6.5%；城镇新增就业1100万人以上，城镇调查失业率5.5%左右，城镇登记失业率4.5%以内；居民消费价格涨幅3%左右；国际收支基本平衡，进出口稳中提质；宏观杠杆率基本稳定，金融财政风险有效防控；农村贫困人口减少1000万以上，居民收入增长与经济增长基本同步；生态环境进一步改善，单位国内生产总值能耗下降3%左右，主要污染物排放量继续下降。

就业优先政策要全面发力。就业是民生之本、财富之源。今年首次将就业优先政策置于宏观政策层面，旨在强化各方面重视就业、支持就业的导向。当前和今后一个时期，我国就业总量压力不减、结构性矛盾凸显，新的影响因素还在增加，必须把就业摆在更加突出位置。稳增长首要是为保就业。今年城镇新增就业要在实现预期目标的基础上，力争达到近几年的实际规模，既保障城镇劳动力就业，也为农业富余劳动力转移就业留出空间。只要就业稳、收入增，我们就更有底气。

明显降低企业社保缴费负担。下调城镇职工基本养老保险单位缴费比例，各地可降至16%。稳定现行征缴方式，各地在征收体制改革过程中不得采取增加小微企业实际缴费负担的做法，不得自行对历史欠费进行集中清缴。继续执行阶段性降低失业和工伤保险费率政策。今年务必使企业特别是小微企业社保缴费负担有实质性下降。加快推进养老保险省级统筹改革，继续提高企业职工基本养老保险基金中央调剂比例、划转部分国有资本充实社保基金。我们既要减轻企业缴费负担，又要保障职工社保待遇不受影响、养老金合理增长并按时足额发放，使社保基金可持续、企业与职工同受益。

多管齐下稳定和扩大就业。扎实做好高校毕业生、退役军人、农民工等重点群体就业工作，加强对城镇各类就业困难人员的就业帮扶。对招用农村贫困人口、城镇登记失业半年以上人员的各类企业，三年内给予定额税费减免。加强对灵活就业、新就业形态的支持。坚决防止和纠正就业中的性别和身份歧视。实施职业技能提升行动，从失业保险基金结余中拿出1000亿元，用于1500万人次以上的职工技能提升和转岗转业培训。健全技术工人职业发展机制和政策。加快发展现代职业教育，既有利于缓解当前就业压力，也是解决高技能人才短缺的战略之举。改革完善高职院校考试招生办法，鼓励更多应届高中毕业生和退役军人、下岗职工、农民工等报考，今年大规模扩招100万人。扩大高职院校奖助学金覆盖面、提高补助标准，加快学历证书和职业技能等级证书互通衔接。改革高职院校办学体制，加强师资队伍建设，提高办学质量。引导一批普通本科高校转为应用型大学。中央财政大幅增加对高职院校的投入，地方财政也要加强支持。设立中等职业教育国家奖学金。支持企业和社会力量兴办职业教育，加快产教融合实训基地建设。我们要以现代职业教育的大改革大发展，加快培养国家发展急需的各类技术技能人才，让更多青年凭借一技之长实现人生价值，让三百六十行人才荟萃、繁星璀璨。

进一步把大众创业万众创新引向深入。鼓励更多社会主体创新创业，拓展经济社会发展空间，加强全方位服务，发挥双创示范基地带动作用。强化普惠性支持，落实好小规模纳税人增值税起征点从月销售额3万元提高到10万元等税收优惠政策。改革完善金融支持机制，设立科创板并试点注册制，鼓励发行双创金融债券，扩大知识产权质押融资，支持发展创业投资。改革完善人才培养、使用、评价机制，优化归国留学人员和外籍人才服务。把面向市场需求和弘扬人文精神结合起来，善聚善用各类人才，中国创新一定能更好发展，为人类文明进步作出应有贡献。

要根治拖欠农民工工资问题，抓紧制定专门行政法规，确保付出辛劳和汗水的农民工按时拿到应有的报酬。

完善社会保障制度和政策。推进多层次养老保障体系建设。继续提高退休人员基本养老金。落实退役军人待遇保障，完善退役士兵基本养老、基本医疗保险接续政策。适当提高城乡低保、专项救助等标准，加强困境儿童保障。加大城镇困难职工脱困力度。提升残疾预防和康复服务水平。我们要尽力为群众救急解困、雪中送炭，基本民生的底线要坚决兜牢。
（中国政府网，2019年3月16日）

李克强：在国家科学技术奖励大会上的讲话（节选）

我们要深化科技体制改革，激发科技人员创新创造活力。科技创新最重要的因素是人。要围绕调动科技人员积极性，以更大的决心和力度把科技体制改革引向深入，完善科研管理、科技评价奖励等制度，为科研主体简除烦苛、松绑放权。创新科技投入政策和经费管理制度，扩大科研人员在技术路线选择、资金使用、团队组建、成果转化等方面的自主权。落实好以增加知识价值为导向的分配政策，实行更加灵活多样的薪酬激励制度。青年人正处于创新创造的黄金时期，要不拘一格大胆使用。积极帮助留学归国人员解决好落户、住房、子女就学等后顾之忧。要弘扬科学家精神，严守科研伦理规范，加强科研诚信和学风建设，扎扎实实做事。我国科技人才队伍规模是世界上最大的，只要把他们的积极性充分激发出来，就一定能创造更多世界领先的科技成果，把我国创新发展水平提升到一个新高度。

我们要优化创新生态，着力激发全社会创新潜能。我国人力人才资源丰富，这是创新发展的最大"富矿"。要大力营造公平包容的创新创业环境，健全政策支持体系，优化创新创业服务，打造促进资源整合共享的开放平台，提升双创水平。对新兴产业实施包容审慎监管，努力降低创新创业的制度性成本。加快构建知识产权创造、保护、运用、服务体系，严厉打击侵权假冒行为，使创新者的合法权益得到切实有力的保护。要大力营造尊重知识、支持创新、追求卓越的环境条件，让亿万人民的无穷创造潜能更好释放出来。（新华社北京2019年1月8日电）

李克强会见采访全国两会的中外记者并回答提问（节选）

在中国现代化进程中，就业会始终是一个巨大的压力。我们每年城镇需就业的新增劳动力1 500多万，未来几年不会减，而且还要给几百万新进城农民工提供打工的机会。今年我们确定要确保新增城镇就业人数在1 100万人以上，并要力争实现去年的实际规模，也就是1 300万人以上的就业。所以，我们把就业优先的政策首次和财政政策、货币政策并列为宏观政策。财政和货币政策不管是减税还是降低实际利率水平等，在很大程度上都是围绕着就业来进行的。有了就业，才会有收入，才会有社会财富的创造。

我们说保持经济运行在合理区间，首先是要保就业，不让经济滑出合理区间，就是不能出现"失业潮"。我们要多措并举，对一些重点人群要继续努力保障他们就业，像大学毕业生、复转军人、转岗职工等。今年的高校毕业生又达834万，比去年还多，创历史新高。我们还要确保不出现零就业家庭，对那些吸纳劳动力比较多的企业要给政策优惠支持。我们还要推动创新创业创造，用好大众创业、万众创新平台，提供更多的就业岗位。就业好不好，这本身也是经济好不好的一个重要体现。

政府工作报告主要讲了保障城镇新增就业，这里我想特别强调一下农民工就业。中国现在有2.8亿多农民工，而且每年是以百万计的数量在增长。他们是许多产业行业的主力军，农民的收入大部分来自于打工收入。农民工的身后可以说有无数家庭的期待。讲到这里，我就想起几年前到我国东北一个中型城市的建设枢纽工地上去考察，有一个印象至今挥之不去。在寒冷的天气里农民工在施工，其中有一位农民工跟我岁数差不多大，我和他对话，他就希望一条：多加班，多挣钱。我说为什么？他说他的一个孩子考上了重点大学，他要挣钱使孩子安心学习，并且学习好。我从他的眼神里看到他对下一代、对未来的期待。

我们中华民族几千年生生不息，这40年来有如此巨大变化，教育的确起了巨大支撑作用。所以我们要善待农民工，不仅要给他们提供打工的机会，而且要保障他们应有的所得。现在不时发生农民工被欠薪的问题，我们要立法规，坚决打击那些恶意欠薪的行为，确保农民工打工有机会，而且合法权益得到保障，要看到他们是无数家庭的希望。（新华社北京2019年3月15日电）

李克强：加快培养国家发展急需的各类技术技能人才 让更多有志青年在创造社会财富中实现人生价值（节选）

全国深化职业教育改革电视电话会议4月4日在京召开。中共中央政治局常委、国务院总理李克强作出重要批示。批示指出：发展现代职业教育，是提升人力资源素质、稳定和扩大就业的现实需要，也是推动高质量发展、建设现代化强国的重要举措。要坚持以习近平新时代中国特色社会主义思想为指导，认真贯彻党中央、国务院决策部署，结合完成今年扩招100万人的任务，瞄准市场需求和推动中国制造、中国服务迈向中高端，进一步改革完善职业教育制度体系，积极鼓励企业和社会力量兴办职业教育，补上突出短板，推动产教融合，着力培育发展一批高水平职业院校和品牌专业，加快培养国家发展急需的各类技术技能人才，完善人才评价激励机制，持续推进职业技能提升行动，让更多有志青年成长为能工巧匠，在创造社会财富中实现人生价值，为经济社会持续健康发展提供更好的人力人才资源保障。（新华社北京2019年4月4日电）

李克强在国务院第二次廉政工作会议上的讲话（节选）

要认真落实降低社保费率政策，确保企业明显减负、职工待遇不受影响。2015年以来，国务院已经5次降低或阶段性降低社保费率，但目前我国社保费率与国际水平相比总体还是偏高。企业觉得负担重，就会想办法避费逃费，也衍生出一些不公平甚至权力寻租问题。此外，有的领域社保基金还有大量结余，使用效率也不高。降低社保费率，有利于企业特别是小微企业发展，有利于增加就业，也有利于公平缴费、扩大参保面。按照有关部署要求，这项改革5月1日起就要正式实施，各地区、各部门一定要认真抓好落实。从目前看，小微企业是就业的主渠道，他们对社保缴费负担能否降低还是有担忧的。所以，我们要坚决做到"两个不得、一个务必"，即不得采取增加小微企业实际缴费负担的做法，不得自行对历史欠费进行集中清缴，务必使企业特别是小微企业社保缴费负担有实质性下降。目前，尽管有些省份企业职工基本养老保险基金出现了当期收不抵支情况，但全国总体上是收大于支，累计结余近5万亿元，我们还有战略储备性的全国社会保障基金权益近2万亿元，而且将继续划转部分国有资本充实社保基金，应该说具备比较强的支付保障能力。经过精算分析，养老保险费率降低后，不会影响职工待遇，养老金按时足额发放是有保障的，也不会影响养老保险制度的正常运行和可持续性。一些地方如果出现问题，首先要自己想办法，不要老盯着中央调剂基金或者中央财政。当然对困难确实大且自身工作做到位的地方，中央也会给予适当支持。今年企业职工基本养老保险中央调剂基金规模超过6 000亿元，可以用来帮助一些地区弥补养老基金支付缺口，但我们不希望都用到弥补那些当期收不抵支的地区。要看到，降低社保缴费后，算下账来钱是够的。如果缺口还是大，就说明其中可能有管理不到位、不作为等现象，甚至存在腐败问题。社保基金是百姓的保命钱，决不允许挤占挪用，决不允许出现任何腐败行为。（新华社北京2019年5月7日电）

李克强对部署推进职业技能提升行动电视电话会议作出重要批示强调 提供更有针对性的技能培训服务 努力推进建设知识型、技能型、创新型劳动者大军 胡春华出席会议并讲话

部署推进职业技能提升行动电视电话会议5月23日在京召开。会议深入学习贯彻习近平总书记重要指示精神，认真落实李克强总理重要批示要求，对职业技能提升行动进行安排部署，进一步推动做好职业技能培训工作。

中共中央政治局常委、国务院总理李克强作出重要批示。批示指出：开展大规模职业技能培训，是提升劳动者就业创业能力、缓解结构性就业矛盾、促进扩大就业的重要举措，是经济迈向高质量发展的重要支撑。要坚持以习近平新时代中国特色社会主义思想为指导，认真贯彻党中央、国务院决策部署，围绕落实好就业优先政策、促进比较充分的就业，用好1 000亿元失业保险基金和其他培训资金，扎实高效实施职业技能提升行动。适应经济转型升级需要和市场需求，完善培训内容，提高培训质量，为企业在岗职工、困难企业转岗职工、就业重点群体和贫困劳动力等提供更有针对性的技能培训服务，加大高危行业从业人员安全技能培训力度。进一步深化职业技能培训领域"放管服"改革，尊重规律，充分调动企业、职业院校和社会培训机构等参与培训的积极性，强化培训资金监管，提高使用效率，努力推进建设知识型、技能型、创新型劳动者大军，为促进经济持续健康发展和就业稳定作出新贡献！

中共中央政治局委员、国务院就业工作领导小组组长胡春华出席会议并讲话。他强调，开展大规模职业技能培训，根本目的是要提高劳动者的职业技能、职业素质和就业创业能力。分析今年的就业形势，首先要着眼于把职工稳定在岗位上，加强在岗培训，防止把待岗转岗职工推向社会。要把无技能和技能不足群体作为培训重点，切实加大帮扶力度。要努力调动各类培训机构的积极性和主动性，形成踊跃参与的良好局面。要坚持以市场为导向，以满足劳动者就业需求、企业用人需求为目标，针对不同就业群体精心设计培训内容。要切实做好培训组织工作，完善培训资源市场配置、劳动者按需选择、政府激励引导和监管服务的工作机制，加快建立社会化、市场化的职业技能培训评价体系。（新华社北京2019年5月23日电）

李克强：更大力度推进改革开放 奋力实现东北全面振兴（节选）

6月6日，中共中央政治局常委、国务院总理、国务院振兴东北地区等老工业基地领导小组组长李克强主持召开领导小组会议，研究部署进一步推动东北振兴工作。

李克强说，推进东北振兴要坚持以人民为中心的发展思想，切实做好保障和改善民生工作。要多措并举保持经济平稳运行，深入实施创新驱动发展战略，加快新旧动能转换，积极承接产业转移，国家将推动建立区域间产业转移税收分享机制，不断增强经济内生动力，提高保障和改善民生的能力，保证基本养老金按时足额发放，继续做好医疗、棚改等方面的基本民生保障工作。特别要全面落实就业优先政策，做好援企稳岗、转岗安置等工作，大力开展多种形式的"双创"，把就业平台打造得更宽更扎实，确保就业大局稳定，着力提升当地就业率。要创造拴心留人条件，完善激励制度，以待遇留人；强化服务保障，以感情留人；营造公平公正环境，以环境留人；打造干事创业平台，以事业留人，让各类人才安心安身安业、投身东北振兴。（新华社北京2019年6月6日电）

李克强主持召开部分省份稳就业工作座谈会强调 把就业优先放在经济发展更加突出位置（节选）

李克强说，面对极为错综复杂的国际国内形势，在以习近平同志为核心的党中央坚强领导下，今年我国经济运行延续总体平稳、稳中有进，前7个月城镇新增就业867万人，成绩来之不易。但7月份全国城镇调查失业率上升，必须高度重视。就业是最大的民生，是发展的优先目标。我国每年需要在城镇就业的新成长劳动力有1500万人左右，还要考虑300万农业富余劳动力转移就业，必须充分认识就业工作的艰巨性和形势的复杂性，把稳就业放在突出位置。各地区各部门要坚持以习近平新时代中国特色社会主义思想为指导，按照党中央、国务院部署，做好当前"六稳"工作首先是稳就业，要实施好就业优先政策，着力稳经济、拓岗位、兜底线，保持经济运行在合理区间，促进比较充分就业、推动高质量发展。

李克强说，要夯实稳就业的基础，把支持实体经济的政策落实到位，把扩大有效需求的举措落实到位，把激发市场主体活力的改革落实到位。加大稳企稳岗力度，尤其要支持劳动密集型企业和暂时困难企业渡过难关。确保减税降费政策不打折扣落地见效，着力缓解民营、小微企业融资困难。拓展扩大最终需求，加快补短板、增后劲、惠民生项目建设。聚焦企业关切，加大"放管服"改革、优化营商环境力度，努力保持新注册市场主体增长态势，提高企业活跃度，带动更多就业。

李克强说，发挥新产业新业态促进拓展新就业岗位的作用。深入推进大众创业、万众创新，发挥创业带动就业的倍增效应。利用国内市场大的优势，推动"互联网+"、数字经济、平台经济等在更多领域发展，大力发展养老、托幼、健康等现代服务业，壮大新动能，释放巨大就业潜力。

李克强说，要精心组织开展职业培训，用好失业保险基金结余中拿出的1000亿元资金，加快实施职工技能提升和转岗转业培训，只要有需求、用得好，资金还可以再增加。抓紧做好今年高职院校扩招工作。在当前形势下，还要发挥全国2000多所技工院校作用，扩大招生规模，并纳入各地统一的招生平台，培养更多技能人才，缓解就业结构性矛盾。各地各相关部门要压实稳就业责任，加强协调配合，密切跟踪就业形势。突出抓好高校毕业生、退役军人、农民工等重点群体就业。做好城镇各类困难人员就业帮扶和托底安置工作，兜住民生底线。（新华社哈尔滨2019年8月19日电）

韩正：确保企业社保缴费实际负担有实质性下降

降低社会保险费率工作会议 3 日在北京召开。会议以习近平新时代中国特色社会主义思想为指导，贯彻落实中央经济工作会议和《政府工作报告》要求，部署实施降低社会保险费率和 2019 年企业职工基本养老保险基金中央调剂等工作。中共中央政治局常委、国务院副总理韩正出席会议并讲话。

韩正表示，降低社会保险费率是党中央、国务院作出的重大决策部署，是减轻企业负担、完善社会保险制度的重要举措，充分考虑了社保基金的承受度和可持续性，具有可行性和可操作性。各地区各有关部门要切实担起责任，精心组织实施，把好事办实，把实事办好，确保企业社保缴费实际负担有实质性下降。

韩正强调，各地区要落实好基本养老保险单位缴费比例可降至 16% 的要求，科学制定本地区降费率的具体方案。要实施好企业职工基本养老保险基金中央调剂制度，逐步加大中央调剂力度。要加快推进养老保险省级统筹，逐步统一养老保险政策，为推进全国统筹创造良好条件。养老金是退休职工的"保命钱"，要扎实做好资金保障和待遇落实工作，确保广大退休职工养老金按时足额发放。要深化基本养老保险制度改革，研究完善多缴多得、长缴多得机制，不断提高养老保险制度的科学性和可持续性。

中共中央政治局委员、国务院副总理胡春华主持会议。人力资源社会保障部、财政部、税务总局和吉林省、江苏省、重庆市有关负责同志作了发言。各省区市人民政府、新疆生产建设兵团和国务院有关部门单位负责人参加会议。（新华社北京 2019 年 4 月 3 日电）

胡春华：切实做好农民工工作 大力解决拖欠农民工工资问题

国务院农民工工作领导小组会议暨保障农民工工资支付工作电视电话会议1月11日在北京召开。中共中央政治局委员、国务院副总理胡春华出席会议并讲话。他强调，要认真贯彻习近平总书记重要指示精神，按照党中央、国务院的决策部署，切实做好农民工工作，加大力度解决拖欠农民工工资问题。

胡春华指出，要着眼于实现到2020年农民工工资基本无拖欠的目标，摸清欠薪底数，突出工程建设重点领域，加大执法力度，维护社会稳定。要扎实做好春节前清欠工作，有针对性地推动解决各类问题，有效维护农民工权益，让广大农民工过上一个欢乐祥和的春节。

胡春华强调，当前我国发展面临的环境十分错综复杂，做好农民工工作的重要性更加凸显，各地区、各有关部门要切实负起责任，确保各项工作部署尽早落地见效。要拿出更多务实举措，通过稳定企业生产经营、创造更多就业机会、支持农民工返乡创业、加强职业技能培训等，努力促进农民工就业创业，为保持就业大局稳定打下坚实基础。要落实和完善相关措施，抓好已在城镇就业的农业转移人口的落户工作，保障农民工随迁子女平等接受教育，推动更多农民工参加职工社会保险，引导积极参与社区活动和社会治理，提高住房安全保障水平，使农民工更好地融入城市。（新华社北京2019年1月11日电）

胡春华：扎实做好高技能人才工作 为高质量发展提供坚实人才支撑

高技能人才座谈会1月17日在北京召开。中共中央政治局委员、国务院副总理胡春华出席会议并讲话。他强调，要认真学习贯彻习近平总书记重要指示精神，按照党中央、国务院的决策部署，采取更加有力的措施，扎实做好新时代高技能人才工作，更好地服务于经济社会发展大局。

胡春华指出，党的十八大以来，高技能人才工作取得明显成效，有力促进了产业升级和技术创新，但高技能人才供给与需求之间的结构性矛盾仍然突出，人才培养体系不健全，社会认识还存在偏差。要创新人才评价使用机制，选好用好高技能人才，充分发挥他们的关键作用。要加大职业技能培训力度，优化整合各类教育培训资源，发挥企业、教育培训组织和各类商会、协会、社区组织等主体的作用，加强对农民工、未就业大学生、退役军人、失业人员等群体的培训，有效增加高技能人才供给。要切实提升高技能人才的待遇和社会地位，加强宣传报道，营造劳动光荣、技能宝贵、创造伟大的良好社会风尚。

胡春华强调，广大高技能人才要把自身发展与国家发展更好地结合起来，努力践行精益求精的工匠精神，大胆探索创新、勇于攻克技术难关，善于传技育人、培养更多的高技能人才，在技能报国的道路上不断取得新的成绩。

（新华社北京2019年1月17日电）

胡春华：为世界奉献一届富有新意、影响深远的技能大赛

第46届世界技能大赛工作领导小组第一次全体会议1月30日在北京召开。国务院副总理、第46届世界技能大赛工作领导小组组长胡春华出席会议并讲话。他强调，要认真学习贯彻习近平总书记重要指示精神，按照党中央、国务院的决策部署，扎实做好各项筹办工作，为世界奉献一届富有新意、影响深远的世界技能大赛。

胡春华指出，世界技能大赛代表着职业技能发展的世界先进水平。成功举办第46届世界技能大赛，有利于深化我国与世界各国的交流合作，提高我国技能人才培养水平，在全社会更好地推广技能运动、弘扬工匠精神。要创新办赛方式，体现中国特色、世界水平，广泛传播世界技能发展理念，深入普及技能运动，带动全国民众尤其是近2亿青少年关注、热爱、投身技能活动，为世界技能运动留下丰厚遗产。

胡春华强调，要加强与世界技能组织的沟通协调，建立完善协调机制，扎实推动重点工作任务落实，高标准筹建世界技能博物馆，打造技能项目精品工程。要坚持廉洁办赛，确保筹办工作风清气正、勤俭节约。领导小组各成员单位要加强统筹协调，确保如期完成各项筹办任务。

第46届世界技能大赛将于2021年在中国上海市举行。（新华社北京2019年1月30日电）

胡春华：狠抓专项巡视发现问题整改 切实提高脱贫攻坚质量成效

中共中央政治局委员、国务院扶贫开发领导小组组长胡春华1日在京主持召开国务院扶贫开发领导小组全体会议，传达学习习近平总书记关于强化巡视整改的重要指示精神，部署开展中央脱贫攻坚专项巡视发现问题整改工作。他强调，脱贫攻坚已经进入决战决胜、攻城拔寨的关键节点，要深入贯彻习近平总书记关于扶贫工作的重要论述，进一步统一思想、提高站位、强化政治担当，不折不扣抓好专项巡视发现问题整改，切实用好专项巡视成果，确保高质量完成脱贫攻坚任务。

胡春华强调，专项巡视是对脱贫攻坚的警醒和触动，更是改进工作的重要契机，要扎实做好巡视整改工作，促进精准脱贫攻坚。要切实把脱贫攻坚作为当前最紧迫、最现实的重大政治任务，尽锐出战、真抓实干，推动各项政策举措有效落实。要压实整改责任，被巡视地方和单位一把手要亲自抓，认真制定整改方案和工作清单，逐项对账销号，绝不能走过场打折扣搞变通。要立足职能职责，以问题为导向，及时调整优化政策举措，重点解决好实现"两不愁三保障"面临的突出问题，加大深度贫困地区和特殊贫困群体脱贫攻坚力度。要用好巡视成果，举一反三，全面排查梳理，提高帮扶工作精准度和有效性，改进工作作风，推动脱贫攻坚提质增效。（新华社北京2019年2月1日电）

胡春华强调　扎实推动构建中国特色和谐劳动关系

全国构建和谐劳动关系先进表彰会11日在北京召开。中共中央政治局委员、国务院副总理胡春华出席会议并讲话。他强调，要深入贯彻落实习近平总书记重要指示精神，按照党中央、国务院的决策部署，扎实推动构建中国特色和谐劳动关系，促进经济增长、就业和劳动关系稳定，增进社会和谐，更好服务经济社会发展大局。

胡春华指出，劳动者既是经济社会的建设者，也是发展成果的共享者，要把解决广大职工最关心、最直接、最现实的利益问题作为根本出发点和落脚点，切实保障好劳动者在劳动报酬、职业培训、职业安全卫生保护、休息休假等各方面的基本权益，特别要切实解决拖欠农民工工资等问题。要充分发挥劳动关系协商协调机制的作用，不断扩大集体协商和集体合同制度的覆盖范围，推广职工代表大会、厂务公开等做法，创新协调劳动关系三方机制，增强协商协调的实效性、权威性。要加强劳动关系矛盾纠纷事前预防、事中化解和应急处置，有效防范化解劳动关系矛盾和风险。政府、群团组织、企业、劳动者等各方面要共同努力，以受表彰单位为榜样，形成共建和谐劳动关系的强大合力。

会议由全国人大常委会副委员长、中华全国总工会主席王东明主持，全国政协副主席、全国工商联主席高云龙出席会议。（新华社北京2019年7月11日电）

胡春华强调 推动根治拖欠农民工工资问题 着力做好农民工就业创业工作

全国农民工工作暨保障农民工工资支付工作电视电话会议13日在京召开。中共中央政治局委员、国务院副总理胡春华出席会议并讲话。他强调，要深入学习贯彻习近平总书记重要指示精神，按照党中央、国务院决策部署，推动根治拖欠农民工工资问题取得更大成效，着力做好农民工就业创业和公共服务工作。

胡春华指出，根治拖欠农民工工资问题，是党中央、国务院确定的一项重点任务。要以出台《保障农民工工资支付条例》为契机，以法治手段推动根治欠薪问题。要以工程建设领域为重点，抓好春节前集中清欠，着力解决存量问题。要加快实现工资支付保障制度全覆盖，从源头上防止发生新的拖欠。要严格执法检查，营造有利于根治欠薪的良好氛围。

胡春华强调，要切实做好农民工就业创业工作，采取措施加大援企稳岗力度，努力把农民工稳定在就业岗位上。要积极支持农民工返乡创业，以创业带动就业。要加强职业技能培训，提升农民工的就业能力。要做好就业服务，及时向失业农民工提供帮助。要进一步放宽落户条件，让有意愿、有能力在城市落户的农民工尽快落户。要重点解决随迁子女教育问题，逐步提高社保、医疗等保障水平，加快基本公共服务均等化，推动进城农民工更好融入城市。（新华社北京2019年12月13日电）

二、中共中央、国务院文件

中共中央办公厅 国务院办公厅印发《关于促进中小企业健康发展的指导意见》

[新华社北京4月7日电 近日,中共中央办公厅、国务院办公厅印发了《关于促进中小企业健康发展的指导意见》,并发出通知,要求各地区各部门结合实际认真贯彻落实。]

中小企业是国民经济和社会发展的生力军,是扩大就业、改善民生、促进创业创新的重要力量,在稳增长、促改革、调结构、惠民生、防风险中发挥着重要作用。党中央、国务院高度重视中小企业发展,在财税金融、营商环境、公共服务等方面出台一系列政策措施,取得积极成效。同时,随着国际国内市场环境变化,中小企业面临的生产成本上升、融资难融资贵、创新发展能力不足等问题日益突出,必须引起高度重视。为促进中小企业健康发展,现提出如下意见。

一、指导思想

以习近平新时代中国特色社会主义思想为指导,全面贯彻党的十九大和十九届二中、三中全会精神,坚持和完善我国社会主义基本经济制度,坚持"两个毫不动摇",坚持稳中求进工作总基调,坚持新发展理念,以供给侧结构性改革为主线,以提高发展质量和效益为中心,按照竞争中性原则,打造公平便捷营商环境,进一步激发中小企业活力和发展动力。认真实施中小企业促进法,纾解中小企业困难,稳定和增强企业信心及预期,加大创新支持力度,提升中小企业专业化发展能力和大中小企业融通发展水平,促进中小企业健康发展。

二、营造良好发展环境

(一)进一步放宽市场准入。坚决破除各种不合理门槛和限制,在市场准入、审批许可、招标投标、军民融合发展等方面打造公平竞争环境,提供充足市场空间。不断缩减市场准入负面清单事项,推进"非禁即入"普遍落实,最大程度实现准入便利化。

(二)主动服务中小企业。进一步深化对中小企业的"放管服"改革。继续推进商事制度改革,推动企业注册登记、注销更加便利化。推进环评制度改革,落实环境影响登记表备案制,将项目环评审批时限压缩至法定时限的一半。落实好公平竞争审查制度,营造公平、开放、透明的市场环境,清理废除妨碍统一市场和公平竞争的各种规定和做法。主动服务企业,对企业发展中遇到的困难,要"一企一策"给予帮助。

(三)实行公平统一的市场监管制度。创新监管方式,寓监管于服务之中。避免在安监、环保等领域微观执法和金融机构去杠杆中对中小企业采取简单粗暴的处置措施。深入推进反垄断、反不正当竞争执法,保障中小企业公平参与市场竞争。坚决保护企业及其出资人的财产权和其他合法权益,任何单位和个人不得侵犯中小企业财产及其合法收益。严格禁止各种刁难限制中小企业发展的行为,对违反规定的问责追责。

三、破解融资难融资贵问题

（一）完善中小企业融资政策。进一步落实普惠金融定向降准政策。加大再贴现对小微企业支持力度，重点支持小微企业 500 万元及以下小额票据贴现。将支小再贷款政策适用范围扩大到符合条件的中小银行（含新型互联网银行）。将单户授信 1 000 万元及以下的小微企业贷款纳入中期借贷便利的合格担保品范围。

（二）积极拓宽融资渠道。进一步完善债券发行机制，实施民营企业债券融资支持工具，采取出售信用风险缓释凭证、提供信用增进服务等多种方式，支持经营正常、面临暂时流动性紧张的民营企业合理债券融资需求。探索实施民营企业股权融资支持工具，鼓励设立市场化运作的专项基金开展民营企业兼并收购或财务投资。大力发展高收益债券、私募债、双创专项债务融资工具、创业投资基金类债券、创新创业企业专项债券等产品。研究促进中小企业依托应收账款、供应链金融、特许经营权等进行融资。完善知识产权质押融资风险分担补偿机制，发挥知识产权增信增贷作用。引导金融机构对小微企业发放中长期贷款，开发续贷产品。

（三）支持利用资本市场直接融资。加快中小企业首发上市进度，为主业突出、规范运作的中小企业上市提供便利。深化发行、交易、信息披露等改革，支持中小企业在新三板挂牌融资。推进创新创业公司债券试点，完善创新创业可转债转股机制。研究允许挂牌企业发行可转换公司债。落实创业投资基金股份减持比例与投资期限的反向挂钩制度，鼓励支持早期创新创业。鼓励地方知识产权运营基金等专业化基金服务中小企业创新发展。对存在股票质押风险的企业，要按照市场化、法治化原则研究制定相关过渡性机制，根据企业具体情况采取防范化解风险措施。

（四）减轻企业融资负担。鼓励金融机构扩大出口信用保险保单融资和出口退税账户质押融资，满足进出口企业金融服务需求。加快发挥国家融资担保基金作用，引导担保机构逐步取消反担保，降低担保费率。清理规范中小企业融资时强制要求办理的担保、保险、评估、公证等事项，减少融资过程中的附加费用，降低融资成本；相关费用无法减免的，由地方财政根据实际制定鼓励降低取费标准的奖补措施。

（五）建立分类监管考核机制。研究放宽小微企业贷款享受风险资本优惠权重的单户额度限制，进一步释放商业银行投放小微企业贷款的经济资本。修订金融企业绩效评价办法，适当放宽考核指标要求，激励金融机构加大对小微企业的信贷投入。指导银行业金融机构夯实对小微业务的内部激励传导机制，优化信贷资源配置、完善绩效考核方案、适当降低利润考核指标权重，安排专项激励费用；鼓励对小微业务推行内部资金转移价格优惠措施；细化小微企业贷款不良容忍度管理，完善授信尽职免责规定，加大对基层机构发放民营企业、小微企业贷款的激励力度，提高民营企业、小微企业信贷占比；提高信贷风险管控能力、落实规范服务收费政策。

四、完善财税支持政策

（一）改进财税对小微企业融资的支持。落实对小微企业融资担保降费奖补政策，中央财政安排奖补资金，引导地方支持扩大实体经济领域小微企业融资担保业务规模，降低融资担保成本。进一步降低创业担保贷款贴息的政策门槛，中央财政安排资金支持地方给予小微企业创业担保贷款贴息及奖补，同时推进相关统计监测和分析工作。落实金融机构单户授信 1 000 万元及以下小微企业和个体工商户贷款利息收入免征增值税政策、贷款损失准备金所得税税前扣除政策。

（二）减轻中小企业税费负担。清理规范涉企收费，加快推进地方涉企行政事业性收费零收费。推进增值税等实质性减税，对小微企业、科技型初创企业实施普惠性税收减免。根据实际情况,降低社会保险费率,支持中小企业吸纳就业。

(三)完善政府采购支持中小企业的政策。各级政府要为中小企业开展政府采购项下融资业务提供便利,依法及时公开政府采购合同等信息。研究修订政府采购促进中小企业发展暂行办法,采取预算预留、消除门槛、评审优惠等手段,落实政府采购促进中小企业发展政策。在政府采购活动中,向专精特新中小企业倾斜。

(四)充分发挥各类基金的引导带动作用。推动国家中小企业发展基金走市场化、公司化和职业经理人的制度建设道路,使其支持种子期、初创期成长型中小企业发展,在促进中小企业转型升级、实现高质量发展中发挥更大作用。大力推进国家级新兴产业发展基金、军民融合产业投资基金的实施和运营,支持战略性新兴产业、军民融合产业领域优质企业融资。

五、提升创新发展能力

(一)完善创新创业环境。加强中央财政对中小企业技术创新的支持。通过国家科技计划加大对中小企业科技创新的支持力度,调整完善科技计划立项、任务部署和组织管理方式,大幅度提高中小企业承担研发任务的比例。鼓励大型企业向中小企业开放共享资源,围绕创新链、产业链打造大中小企业协同发展的创新网络。推动专业化众创空间提升服务能力,实现对创新创业的精准支持。健全科技资源开放共享机制,鼓励科研机构、高等学校搭建网络管理平台,建立高效对接机制,推动大型科研仪器和实验设施向中小企业开放。鼓励中小企业参与共建国家重大科研基础设施。中央财政安排资金支持一批国家级和省级开发区打造大中小企业融通型、专业资本集聚型、科技资源支撑型、高端人才引领型等特色载体。

(二)切实保护知识产权。运用互联网、大数据等手段,通过源头追溯、实时监测、在线识别等强化知识产权保护,加快建立侵权惩罚性赔偿制度,提高违法成本,保护中小企业创新研发成果。组织实施中小企业知识产权战略推进工程,开展专利导航,助推中小企业技术研发布局,推广知识产权辅导、预警、代理、托管等服务。

(三)引导中小企业专精特新发展。支持推动中小企业转型升级,聚焦主业,增强核心竞争力,不断提高发展质量和水平,走专精特新发展道路。研究制定专精特新评价体系,建立动态企业库。以专精特新中小企业为基础,在核心基础零部件(元器件)、关键基础材料、先进基础工艺和产业技术基础等领域,培育一批主营业务突出、竞争力强、成长性好的专精特新"小巨人"企业。实施大中小企业融通发展专项工程,打造一批融通发展典型示范和新模式。围绕要素汇集、能力开放、模式创新、区域合作等领域分别培育一批制造业双创平台试点示范项目,引领制造业融通发展迈上新台阶。

(四)为中小企业提供信息化服务。推进发展"互联网+中小企业",鼓励大型企业及专业服务机构建设面向中小企业的云制造平台和云服务平台,发展适合中小企业智能制造需求的产品、解决方案和工具包,完善中小企业智能制造支撑服务体系。推动中小企业业务系统云化部署,引导有基础、有条件的中小企业推进生产线智能化改造,推动低成本、模块化的智能制造设备和系统在中小企业部署应用。大力推动降低中西部地区中小企业宽带专线接入资费水平。

六、改进服务保障工作

(一)完善公共服务体系。规范中介机构行为,提升会计、律师、资产评估、信息等各方面中介服务质量水平,优先为中小企业提供优质高效的信息咨询、创业辅导、技术支持、投资融资、知识产权、财会税务、法律咨询等服务。加强中小企业公共服务示范平台建设和培育。搭建跨部门的中小企业政策信息互联网发布平台,及时汇集涉及中小企业的法律法规、创新创业、财税金融、权益保护等各类政策和政府服务信息,实现中小企业政策信息一站式服务。建立完善对中小企业的统计调查、监测分析和定期发布制度。

(二)推动信用信息共享。进一步完善小微企业名录,积极推进银商合作。依托国家企业信用信息公示系统和小微企业名录,建立完善小微企业数据库。依托全国公共信用信息共享平台建设全国中小企业融资综合信用服务平台,开发"信易贷",与商业银行共享注册登记、行政许可、行政处罚、"黑名单"以及纳税、社保、水电煤气、仓储物流等信息,改善银企信息不对称,提高信用状况良好中小企业的信用评分和贷款可得性。

(三)重视培育企业家队伍。继续做好中小企业经营管理领军人才培训,提升中小企业经营管理水平。健全宽容失败的有效保护机制,为企业家成长创造良好环境。完善人才待遇政策保障和分类评价制度。构建亲清政商关系,推动企业家参与制定涉企政策,充分听取企业家意见建议。树立优秀企业家典型,大力弘扬企业家精神。

(四)支持对外合作与交流。优化海关流程、简化办事手续,降低企业通关成本。深化双多边合作,加强在促进政策、贸易投资、科技创新等领域的中小企业交流与合作。支持有条件的地方建设中外中小企业合作区。鼓励中小企业服务机构、协会等探索在条件成熟的国家和地区设立"中小企业中心"。继续办好中国国际中小企业博览会,支持中小企业参加境内外展览展销活动。

七、强化组织领导和统筹协调

(一)加强支持和统筹指导。各级党委和政府要认真贯彻党中央、国务院关于支持中小企业发展的决策部署,积极采取有针对性的措施,在政策、融资、营商环境等方面主动帮助企业解决实际困难。各有关部门要加强对中小企业存在问题的调研,并按照分工要求抓紧出台解决办法,同时对好的经验予以积极推广。加强促进中小企业发展工作组织机构和工作机制建设,充分发挥组织领导、政策协调、指导督促作用,明确部门责任和分工,加强监督检查,推动政策落实。

(二)加强工作督导评估。国务院促进中小企业发展工作领导小组办公室要加强对促进中小企业健康发展工作的督导,委托第三方机构定期开展中小企业发展环境评估并向社会公布。各地方政府根据实际情况组织开展中小企业发展环境评估。

(三)营造良好舆论氛围。大力宣传促进中小企业发展的方针政策与法律法规,强调中小企业在国民经济和社会发展中的重要地位和作用,表彰中小企业发展和服务中小企业工作中涌现出的先进典型,让企业有更多获得感和荣誉感,形成有利于中小企业健康发展的良好社会舆论环境。

中共中央办公厅 国务院办公厅印发
《关于解决部分退役士兵社会保险问题的意见》

[新华社北京4月28日电 近日，中共中央办公厅、国务院办公厅印发了《关于解决部分退役士兵社会保险问题的意见》，并发出通知，要求各地区各部门结合实际认真贯彻落实。]

广大退役士兵曾经为国防和军队建设作出贡献，在党和政府的重视关怀下，总体上得到了妥善安置，受到社会的尊崇和优待。但是，一些退役士兵未能及时参加基本养老、基本医疗保险或参保后因企业经营困难、下岗失业等原因缴费中断，享受养老、医疗保障待遇面临困难。为保证退役士兵享有的保障待遇与服役贡献相匹配、与经济社会发展水平相适应，切实维护他们的切身利益，现提出如下意见。

一、总体要求

以习近平新时代中国特色社会主义思想为指导，紧紧围绕统筹推进"五位一体"总体布局和协调推进"四个全面"战略布局，贯彻新发展理念，践行以人民为中心的发展思想，在既有制度框架内，抓住主要矛盾，坚持问题导向，深挖制度潜力，创新政策措施，依法合理解决广大退役士兵最关心最直接最现实的利益问题，完善基本养老、基本医疗保险参保和接续政策，使他们退休后能够享受相关待遇，共享经济社会改革发展成果，切实感受到党和政府的关怀与优待，体会到社会尊崇。

二、政策措施

以政府安排工作方式退出现役的退役士兵，适用以下政策。

（一）允许参保和补缴

未参加社会保险的允许参保。退役士兵入伍时未参加城镇职工基本养老、基本医疗保险的，入伍时间视为首次参保时间；2012年7月1日《中华人民共和国军人保险法》实施前退役的，军龄视同为基本养老保险、基本医疗保险缴费年限；在《中华人民共和国军人保险法》实施后退役、国家给予军人退役基本养老保险补助的，军龄与参加基本养老保险、基本医疗保险的缴费年限合并计算。

参保后缴费中断的允许补缴。退役士兵参加基本养老保险出现欠缴、断缴的，允许按不超过本人军龄的年限补缴，补缴免收滞纳金。达到法定退休年龄、基本养老保险累计缴费年限（含军龄）未达到国家规定最低缴费年限的，允许延长缴费至最低缴费年限；2011年7月1日《中华人民共和国社会保险法》实施前首次参保、延长缴费5年后仍不足最低缴费年限的，允许一次性缴费至最低缴费年限。达到法定退休年龄、城镇职工基本医疗保险累计缴费年限（含军龄）未达到国家规定年限的，可以缴费至国家规定年限。

退役士兵参加工伤保险、失业保险、生育保险存在的问题，各地按规定予以解决。

（二）补缴责任和要求

退役士兵参加社会保险缴纳费用，原则上单位缴费部分由所在单位负担，个人缴费部分由个人负担。

原单位已不存在或缴纳确有困难的，由原单位上级主管部门负责补缴；上级主管部门不存在或无力缴纳的，由安置地退役军人事务主管部门申请财政资金解决。政府补缴年限不超过本人军龄。上述单位缴费财政补助部分由中央、省、市、县四级承担，安置地省级政府承担主体责任，中央财政对地方给予适当补助。

对于个人缴费部分，个人属于最低生活保障对象、特困人员的，地方政府对其个人缴费予以适当补助。

（三）缴费工资基数和费率

城镇职工基本养老保险。缴费工资基数由安置地按照补缴时上年度职工平均工资的60%予以确定，单位和个人缴费费率按补缴时安置地规定执行，相应记录个人权益。

城镇职工基本医疗保险。缴费工资基数由参保地按照补缴时上年度职工平均工资的60%予以确定，单位和个人缴费费率按参保地规定执行。

（四）参保和补缴手续

建立"一门受理、协同办理"的经办机制。需要参加社会保险或补缴社会保险费的退役士兵持本人有效身份证件和相关退役证明，到安置地退役军人事务主管部门登记军龄、提出申请。安置地退役军人事务主管部门将相关认定信息及证明材料分别提供给安置地（或参保地）社会保险、医疗保险及相关征收机构办理参保和补缴手续。

三、加强组织领导

（一）健全工作机制。地方各级政府各有关部门要强化政治责任和使命担当，建立党委和政府统一领导，退役军人事务部门统筹协调，财政、人力资源社会保障、医疗保障、税务、审计等相关部门各司其职、密切配合的工作机制。国家层面建立由退役军人事务部牵头、有关部门参加的部际联席会议制度。

（二）加强督导落实。各地要对照本意见要求，对符合条件的退役士兵登记造册，制定方案，核算资金，确保政策落实到位。其中，涉及基本养老保险的补缴工作，要结合实际加快工作进度，争取尽快完成工作任务。各地要实行工作进展情况通报制度，对因工作不到位、责任不落实未能完成任务的，要倒查责任、严肃追责。

（三）强化帮扶援助。对于达到法定退休年龄，按照本意见缴费后仍未达到最低缴费年限的，各地要采取多种有效措施予以帮助。要积极通过教育培训、推荐就业、扶持创业等方式，帮助退役士兵就业创业。对于年龄偏大、扶持后仍就业困难的退役士兵，符合条件的，优先通过政府购买的公共服务岗位帮扶就业。有就业能力的退役士兵应主动就业创业，用工单位和退役士兵应依法缴纳社会保险费。

本意见适用于施行前出现的未参保和断缴问题。各省区市各有关部门要根据本地区本系统实际制定具体落实措施，实施过程中的重大问题、重要情况要及时向党中央、国务院报告。

中共中央办公厅　国务院办公厅印发《关于促进劳动力和人才社会性流动体制机制改革的意见》

[新华社北京12月25日电　近日，中共中央办公厅、国务院办公厅印发了《关于促进劳动力和人才社会性流动体制机制改革的意见》，并发出通知，要求各地区各部门结合实际认真贯彻落实。]

合理、公正、畅通、有序的社会性流动，是经济持续健康发展的有力支撑，是社会和谐进步的重要标志，是实现人的全面发展的必然要求。党的十九大报告提出，要破除妨碍劳动力、人才社会性流动的体制机制弊端，使人人都有通过辛勤劳动实现自身发展的机会。为深入贯彻落实党的十九大精神，促进劳动力和人才社会性流动体制机制改革，现提出如下意见。

一、总体要求

以习近平新时代中国特色社会主义思想为指导，全面贯彻党的十九大和十九届二中、三中、四中全会精神，坚持和加强党的全面领导，坚持以人民为中心的发展思想，立足基本国情，把握发展规律，注重市场引领、政府引导，注重改革发力、服务助力，搭建横向流动桥梁、纵向发展阶梯，激发全社会创新创业创造活力，构建合理、公正、畅通、有序的社会性流动格局，引导个人发展融入国家富强、民族复兴进程，促进经济持续健康发展、社会公平正义、国家长治久安。

二、推动经济高质量发展，筑牢社会性流动基础

（一）实施就业优先政策创造流动机会。坚持把稳定和扩大就业作为经济社会发展的优先目标，将就业优先政策置于宏观政策层面，加强政策协调配合，确保经济运行在合理区间，统筹发展资本密集型、技术密集型、知识密集型和劳动密集型产业，创造更充分的流动机会。培育和壮大经济发展新动能，发展新一代信息技术、高端装备、数字创意等新兴产业，实施传统产业智能化改造提升工程，培育智慧农业、现代物流等产业，提供更高质量流动机会。研究机器人、人工智能等技术对就业影响的应对办法。

（二）推动区域协调发展促进流动均衡。建立健全城乡融合发展体制机制和政策体系，推进新型城镇化建设和乡村振兴战略实施，引导城乡各类要素双向流动、平等交换、合理配置。统筹区域协调发展，建立区域合作机制、区域互助机制、区际利益补偿机制，支持中西部、东北地区培育优势特色产业，促进区域间流动机会均衡。优化行政区划设置，以中心城市和城市群为主体构建大中小城市和小城镇协调发展格局，拓宽城市间流动空间。

（三）推进创新创业创造激发流动动力。加强基础学科建设，深化产教融合，加快高层次技术技能型人才培养，开展跨学科和前沿科

学研究，推进高水平科技成果转化，厚植创新型国家建设根基。进一步规范行政程序、行政行为和自由裁量权，营造便捷高效、公平竞争、稳定透明的营商环境，压缩企业开办时间，发挥银行、小额贷款公司、创业投资、股权和债券等融资渠道作用，提高民营企业和中小微企业融资可获得性，促进各种所有制经济健康稳定发展。高质量建设一批创业培训（实训）基地、创业孵化基地和农村创新创业园，鼓励劳动者通过创业实现个人发展。

三、畅通有序流动渠道，激发社会性流动活力

（四）以户籍制度和公共服务牵引区域流动。全面取消城区常住人口300万以下的城市落户限制，全面放宽城区常住人口300万至500万的大城市落户条件。完善城区常住人口500万以上的超大特大城市积分落户政策，精简积分项目，确保社会保险缴纳年限和居住年限分数占主要比例。推进基本公共服务均等化，常住人口享有与户籍人口同等的教育、就业创业、社会保险、医疗卫生、住房保障等基本公共服务。稳妥有序探索推进门诊费用异地直接结算，提升就医费用报销便利程度。进一步发挥城镇化促进劳动力和人才社会性流动的作用，全面落实支持农业转移人口市民化的财政政策，推动城镇建设用地增加规模与吸纳农业转移人口落户数量挂钩，推动中央预算内投资安排向吸纳农业转移人口落户数量较多的城镇倾斜。

（五）以用人制度改革促进单位流动。加大党政人才、企事业单位管理人才交流力度，进一步畅通企业、社会组织人员进入党政机关、国有企事业单位渠道。降低艰苦边远地区基层公务员招录门槛，合理设置基层事业单位招聘条件，对退役军人、村（社区）干部等可进行专项或单列计划招录招聘。完善并落实基本养老保险关系跨地区跨制度转移接续办法。

（六）以档案服务改革畅通职业转换。流动人员人事档案可存放在公共就业服务机构、公共人才服务机构等档案管理服务机构，存档人员身份不因档案管理服务机构的不同发生改变。与单位解除劳动关系的大中专毕业生，可凭与原单位解除劳动关系证明、新单位接收证明转递档案。加快档案管理服务信息化建设，推进档案信息全国联通，逐步实现档案转递线上申请、异地通办。研究制定各类民生档案服务促进劳动力和人才社会性流动的具体举措。

四、完善评价激励机制，拓展社会性流动空间

（七）拓展基层人员发展空间。完善艰苦边远地区津贴政策，落实高校毕业生到艰苦边远地区高定工资政策。加快推行县以下事业单位管理岗位职员等级晋升制度，优化基层和扶贫一线教育、科技、医疗、农技等事业单位中高级专业技术岗位设置比例。根据不同职业、不同岗位、不同层次人才特点和职责，坚持共通性与特殊性、水平业绩与发展潜力、定性与定量评价相结合，实行差异化评价。

（八）加大对基层一线人员奖励激励力度。创新基层人才激励机制，对长期在基层一线和艰苦边远地区工作的人才，加大爱岗敬业表现、实际工作业绩、工作年限等评价权重。完善新时代劳动模范和先进工作者评选办法，增加基层单位、一线岗位、技能人才评先选优比例。研究提高技术技能人才表彰规格和层级的具体标准和类型。贯彻落实促进科技成果转化法有关规定，研究制定科研人员获得的职务科技成果转化现金奖励计入当年本单位绩效工资总量、但不受总量限制且不纳入总量基数的具体操作办法。

（九）拓宽技术技能人才上升通道。推进职业资格与职称、职业技能等级制度有效衔接，推动实现技能等级与管理、技术岗位序列相互比照，畅通新职业从业人员职业资格、职称、职业技能等级认定渠道。鼓励用人单位建立首席技师、特级技师等岗位，建立技能人才聘期制和积分晋级制度。支持用人单位打破学

历、资历等限制，将工资分配、薪酬增长与岗位价值、技能素质、实绩贡献、创新成果等因素挂钩。

五、健全兜底保障机制，阻断贫困代际传递

（十）推进精准扶贫促进贫困群体向上流动。坚持因村因户因人精准施策，聚焦"三区三州"等深度贫困地区和特殊贫困群体，深入推进产业、就业、社会保险、健康、教育扶贫工作，确保如期打赢脱贫攻坚战。积极应对外部环境变化、市场波动、产业结构变化对脱贫地方和脱贫人口的冲击，及时跟进研究针对性扶持政策措施。研究制定收入水平略高于建档立卡贫困户的群体支持政策。

（十一）推进教育优先发展保障起点公平。推进城乡义务教育一体化发展，实现县域内校舍建设、师资配备、生均公用经费基准定额等标准统一。落实国家学生资助政策，保障家庭经济困难学生、残疾学生等受教育权利。健全以居住证为主要依据的随迁子女义务教育入学政策，确保居住证持有人在居住地依法享受义务教育。继续实施支援中西部地区招生协作计划、重点高校招收农村和贫困地区学生专项计划、职业教育东西协作行动计划及技能脱贫千校行动，在贫困县对口支援建设一批中等职业学校（含技工学校），增加农村地区、贫困地区、贫困家庭学生上大学的机会和接受优质高等教育的机会。

（十二）推进公平就业保障困难人员发展机会。建设统一开放、竞争有序的人力资源市场，保障城乡劳动者享有平等的就业权利，依法纠正身份、性别等就业歧视现象。强化公共就业服务，构建多元化供给体系、多渠道供给机制，逐步实现就业扶持政策常住人口全覆盖。加强就业援助，精准识别就业援助对象，制定个性化援助计划，实施优先扶持和重点帮助。对通过市场渠道难以实现就业的困难人员，可通过公益性岗位予以安置，确保零就业家庭动态"清零"。

（十三）强化社会救助提高困难群众流动能力。推进城乡低保统筹发展，健全低保标准动态调整机制，确保农村低保标准达到国家扶贫标准。全面落实特困人员救助供养制度，进一步加强和改进临时救助工作，切实保障困难群众基本生活。推进未成年人社会保护和农村留守儿童关爱保护工作，加强孤儿和事实无人抚养儿童基本生活保障工作，强化对困境儿童的生活、教育、安全等全方位保障服务。

六、组织实施

（十四）加强组织领导。各地区各有关部门要充分认识促进劳动力和人才社会性流动的重要意义，紧扣人民群众现实需求，聚焦关键问题，形成工作合力，结合实际抓好各项政策措施的贯彻落实。

（十五）强化法治保障。健全促进劳动力和人才社会性流动领域法律法规，清理妨碍流动的法律法规和政策性文件。认真落实"谁执法谁普法"普法责任制，加强促进劳动力和人才社会性流动相关法律法规学习宣传，积极开展以案释法。加强行政执法和仲裁队伍建设，保障劳动力和人才合法流动权益。

（十六）营造良好氛围。开展多渠道宣传，培育和践行社会主义核心价值观，营造尊重劳动、尊重知识、尊重人才、尊重创造的浓厚氛围，形成"幸福都是奋斗出来的"舆论环境，为实现"两个一百年"奋斗目标、实现中华民族伟大复兴的中国梦集聚强大动力。

国务院关于修改部分行政法规的决定

(2019年3月24日国务院令第710号公布 自公布之日起施行)

为了依法推进简政放权、放管结合、优化服务改革,深入推进"互联网+政务服务"和政务服务"一网通办",国务院对与政务服务"一网通办"不相适应的有关行政法规进行了清理。经过清理,国务院决定:对6部行政法规的部分条款予以修改。

一、将《城市道路管理条例》第三十三条第一款修改为:"因工程建设需要挖掘城市道路的,应当提交城市规划部门批准签发的文件和有关设计文件,经市政工程行政主管部门和公安交通管理部门批准,方可按照规定挖掘。"

二、将《社会保险费征缴暂行条例》第八条修改为:"企业在办理登记注册时,同步办理社会保险登记。

"前款规定以外的缴费单位应当自成立之日起30日内,向当地社会保险经办机构申请办理社会保险登记。"

三、将《住房公积金管理条例》第十三条第二款修改为:"单位应当向住房公积金管理中心办理住房公积金缴存登记,并为本单位职工办理住房公积金账户设立手续。每个职工只能有一个住房公积金账户。"

第十四条修改为:"新设立的单位应当自设立之日起30日内向住房公积金管理中心办理住房公积金缴存登记,并自登记之日起20日内,为本单位职工办理住房公积金账户设立手续。

"单位合并、分立、撤销、解散或者破产的,应当自发生上述情况之日起30日内由原单位或者清算组织向住房公积金管理中心办理变更登记或者注销登记,并自办妥变更登记或者注销登记之日起20日内,为本单位职工办理住房公积金账户转移或者封存手续。"

第十五条修改为:"单位录用职工的,应当自录用之日起30日内向住房公积金管理中心办理缴存登记,并办理职工住房公积金账户的设立或者转移手续。

"单位与职工终止劳动关系的,单位应当自劳动关系终止之日起30日内向住房公积金管理中心办理变更登记,并办理职工住房公积金账户转移或者封存手续。"

四、将《互联网上网服务营业场所管理条例》第十一条第二款修改为:"申请人完成筹建后,应当向同级公安机关申请信息网络安全审核。公安机关应当自收到申请之日起20个工作日内作出决定;经实地检查并审核合格的,发给批准文件。申请人还应当依照有关消防管理法律法规的规定办理审批手续。"

第三款修改为:"申请人取得信息网络安全和消防安全批准文件后,向文化行政部门申请最终审核。文化行政部门应当自收到申请之日起15个工作日内依据本条例第八条的规定作出决定;经实地检查并审核合格的,发给《网络文化经营许可证》。"

第四款修改为:"对申请人的申请,有关部门经审查不符合条件的,或者经审核不合格的,应当分别向申请人书面说明理由。"

五、将《不动产登记暂行条例》第十五条第一款修改为："当事人或者其代理人应当向不动产登记机构申请不动产登记。"

六、将《城市房地产开发经营管理条例》第八条修改为："房地产开发企业应当自领取营业执照之日起30日内，提交下列纸质或者电子材料，向登记机关所在地的房地产开发主管部门备案：

"（一）营业执照复印件；

"（二）企业章程；

"（三）企业法定代表人的身份证明；

"（四）专业技术人员的资格证书和聘用合同。"

本决定自公布之日起施行。

国务院关于印发国家职业教育改革实施方案的通知

国发〔2019〕4号

各省、自治区、直辖市人民政府，国务院各部委、各直属机构：

现将《国家职业教育改革实施方案》印发给你们，请认真贯彻执行。

2019年1月24日

国家职业教育改革实施方案

职业教育与普通教育是两种不同教育类型，具有同等重要地位。改革开放以来，职业教育为我国经济社会发展提供了有力的人才和智力支撑，现代职业教育体系框架全面建成，服务经济社会发展能力和社会吸引力不断增强，具备了基本实现现代化的诸多有利条件和良好工作基础。随着我国进入新的发展阶段，产业升级和经济结构调整不断加快，各行各业对技术技能人才的需求越来越紧迫，职业教育重要地位和作用越来越凸显。但是，与发达国家相比，与建设现代化经济体系、建设教育强国的要求相比，我国职业教育还存在着体系建设不够完善、职业技能实训基地建设有待加强、制度标准不够健全、企业参与办学的动力不足、有利于技术技能人才成长的配套政策尚待完善、办学和人才培养质量水平参差不齐等问题，到了必须下大力气抓好的时候。没有职业教育现代化就没有教育现代化。为贯彻全国教育大会精神，进一步办好新时代职业教育，落实《中华人民共和国职业教育法》，制定本实施方案。

总体要求与目标：坚持以习近平新时代中国特色社会主义思想为指导，把职业教育摆在教育改革创新和经济社会发展中更加突出的位置。牢固树立新发展理念，服务建设现代化经济体系和实现更高质量更充分就业需要，对接科技发展趋势和市场需求，完善职业教育和培训体系，优化学校、专业布局，深化办学体制改革和育人机制改革，以促进就业和适应产业发展需求为导向，鼓励和支持社会各界特别是企业积极支持职业教育，着力培养高素质劳动者和技术技能人才。经过5~10年左右时间，职业教育基本完成由政府举办为主向政府统筹管理、社会多元办学的格局转变，由追求规模扩张向提高质量转变，由参照普通教育办学模式向企业社会参与、专业特色鲜明的类型教育转变，大幅提升新时代职业教育现代化水平，为促进经济社会发展和提高国家竞争力提供优质人才资源支撑。

具体指标：到2022年，职业院校教学条件基本达标，一大批普通本科高等学校向应用型转变，建设50所高水平高等职业学校和150个骨干专业（群）。建成覆盖大部分行业领域、具有国际先进水平的中国职业教育标准体系。企业参与职业教育的积极性有较大提升，培育数以万计的产教融合型企业，打造一批优秀职业教育培训评价组织，推动建设300个具有辐射引领作用的高水平专业化产教融合实训基地。职业院校实践性教学课时原则上占总课时一半以上，顶岗实习时间一般为6个月。"双师型"教师（同时具备理论教学和实践教学能力的教师）占专业课教师总数超过一半，分专业建设一批国家级职业教育教师教学创新团队。从2019年开始，在职业院校、应用型本科高校启动"学历证书+若干职业技能等级证书"制度试点（以下称1+X证书制度试点）工作。

一、完善国家职业教育制度体系

（一）健全国家职业教育制度框架。

把握好正确的改革方向，按照"管好两端、规范中间、书证融通、办学多元"的原则，严把教学标准和毕业学生质量标准两个关口。将标准化建设作为统领职业教育发展的突破口，完善职业教育体系，为服务现代制造业、现代服务业、现代农业发展和职业教育现代化提供制度保障与人才支持。建立健全学校设置、师资队伍、教学教材、信息化建设、安全设施等办学标准，引领职业教育服务发展、促进就业创业。落实好立德树人根本任务，健全德技并修、工学结合的育人机制，完善评价机制，规范人才培养全过程。深化产教融合、校企合作，育训结合，健全多元化办学格局，推动企业深度参与协同育人，扶持鼓励企业和社会力量参与举办各类职业教育。推进资历框架建设，探索实现学历证书和职业技能等级证书互通衔接。

（二）提高中等职业教育发展水平。

优化教育结构，把发展中等职业教育作为普及高中阶段教育和建设中国特色职业教育体系的重要基础，保持高中阶段教育职普比大体相当，使绝大多数城乡新增劳动力接受高中阶段教育。改善中等职业学校基本办学条件。加强省级统筹，建好办好一批县域职教中心，重点支持集中连片特困地区每个地（市、州、盟）原则上至少建设一所符合当地经济社会发展和技术技能人才培养需要的中等职业学校。指导各地优化中等职业学校布局结构，科学配置并做大做强职业教育资源。加大对民族地区、贫困地区和残疾人职业教育的政策、金融支持力度，落实职业教育东西协作行动计划，办好内地少数民族中职班。完善招生机制，建立中等职业学校和普通高中统一招生平台，精准服务区域发展需求。积极招收初高中毕业未升学学生、退役军人、退役运动员、下岗职工、返乡农民工等接受中等职业教育；服务乡村振兴战略，为广大农村培养以新型职业农民为主体的农村实用人才。发挥中等职业学校作用，帮助部分学业困难学生按规定在职业学校完成义务教育，并接受部分职业技能学习。

鼓励中等职业学校联合中小学开展劳动和职业启蒙教育，将动手实践内容纳入中小学相关课程和学生综合素质评价。

（三）推进高等职业教育高质量发展。

把发展高等职业教育作为优化高等教育结构和培养大国工匠、能工巧匠的重要方式，使城乡新增劳动力更多接受高等教育。高等职业学校要培养服务区域发展的高素质技术技能人才，重点服务企业特别是中小微企业的技术研发和产品升级，加强社区教育和终身学习服务。建立"职教高考"制度，完善"文化素质+职业技能"的考试招生办法，提高生源质量，为学生接受高等职业教育提供多种入学方式和学习方式。在学前教育、护理、养老服务、健康服务、现代服务业等领域，扩大对初中毕业生实行中高职贯通培养的招生规模。启动实施中国特色高水平高等职业学校和专业建设计划，建设一批引领改革、支撑发展、中国特色、世界水平的高等职业学校和骨干专业（群）。根据高等学校设置制度规定，将符合条件的技师学院纳入高等学校序列。

（四）完善高层次应用型人才培养体系。

完善学历教育与培训并重的现代职业教育体系，畅通技术技能人才成长渠道。发展以职业需求为导向、以实践能力培养为重点、以产学研用结合为途径的专业学位研究生培养模式，加强专业学位硕士研究生培养。推动具备条件的普通本科高校向应用型转变，鼓励有条件的普通高校开办应用技术类型专业或课程。开展本科层次职业教育试点。制定中国技能大赛、全国职业院校技能大赛、世界技能大赛获奖选手等免试入学政策，探索长学制培养高端技术技能人才。服务军民融合发展，把军队相关的职业教育纳入国家职业教育大体系，共同做好面向现役军人的教育培训，支持其在服役期间取得多类职业技能等级证书，提升技术技能水平。落实好定向培养直招士官政策，推动地方院校与军队院校有效对接，推动优质职业教育资源向军事人才培养开放，建立军地网络教育资源共享机制。制订具体政策办法，支持适合的退役军人进入职业院校和普通本科高校接受教育和培训，鼓励支持设立退役军人教育培训集团（联盟），推动退役、培训、就业有机衔接，为促进退役军人特别是退役士兵就业创业作出贡献。

二、构建职业教育国家标准

（五）完善教育教学相关标准。

发挥标准在职业教育质量提升中的基础性作用。按照专业设置与产业需求对接、课程内容与职业标准对接、教学过程与生产过程对接的要求，完善中等、高等职业学校设置标准，规范职业院校设置；实施教师和校长专业标准，提升职业院校教学管理和教学实践能力。持续更新并推进专业目录、专业教学标准、课程标准、顶岗实习标准、实训条件建设标准（仪器设备配备规范）建设和在职业院校落地实施。巩固和发展国务院教育行政部门联合行业制定国家教学标准、职业院校依据标准自主制订人才培养方案的工作格局。

（六）启动1+X证书制度试点工作。

深化复合型技术技能人才培养培训模式改革，借鉴国际职业教育培训普遍做法，制订工作方案和具体管理办法，启动1+X证书制度试点工作。试点工作要进一步发挥好学历证书作用，夯实学生可持续发展基础，鼓励职业院校学生在获得学历证书的同时，积极取得多类职业技能等级证书，拓展就业创业本领，缓解结构性就业矛盾。国务院人力资源社会保障行政部门、教育行政部门在职责范围内，分别负责管理监督考核院校外、院校内职业技能等级证书的实施（技工院校内由人力资源社会保障行政部门负责），国务院人力资源社会保障行政部门组织制定职业标准，国务院教育行政部门依照职业标准牵头组织开发教学等相关标准。院校内培训可面向社会人群，院校外培训也可面向在校学生。各类职业技能等级证书具有同等效力，持有证书人员享受同等待遇。院校内实施的职业技能等级证书分为初级、中级、高级，是职业技能水平的凭证，反映职业活动和个人职业生涯发展所需要的综合能力。

（七）开展高质量职业培训。

落实职业院校实施学历教育与培训并举的法定职责，按照育训结合、长短结合、内外结合的要求，面向在校学生和全体社会成员开展职业培训。自2019年开始，围绕现代农业、先进制造业、现代服务业、战略性新兴产业，推动职业院校在10个左右技术技能人才紧缺领域大力开展职业培训。引导行业企业深度参与技术技能人才培养培训，促进职业院校加强专业建设、深化课程改革、增强实训内容、提高师资水平，全面提升教育教学质量。各级政府要积极支持职业培训，行政部门要简政放权并履行好监管职责，相关下属机构要优化服务，对于违规收取费用的要严肃处理。畅通技术技能人才职业发展通道，鼓励其持续获得适应经济社会发展需要的职业培训证书，引导和支持企业等用人单位落实相关待遇。对取得职业技能等级证书的离校未就业高校毕业生，按规定落实职业培训补贴政策。

（八）实现学习成果的认定、积累和转换。

加快推进职业教育国家"学分银行"建设，从2019年开始，探索建立职业教育个人学习账号，实现学习成果可追溯、可查询、可转换。有序开展学历证书和职业技能等级证书所体现的学习成果的认定、积累和转换，为技术技能人才持续成长拓宽通道。职业院校对取得若干职业技能等级证书的社会成员，支持其根据证书等级和类别免修部分课程，在完成规定内容学习后依法依规取得学历证书。对接受职业院校学历教育并取得毕业证书的学生，在参加相应的职业技能等级证书考试时，可免试部分内容。从2019年起，在有条件的地区和高校探索实施试点工作，制定符合国情的国家资历框架。

三、促进产教融合校企"双元"育人

（九）坚持知行合一、工学结合。

借鉴"双元制"等模式，总结现代学徒制和企业新型学徒制试点经验，校企共同研究制定人才培养方案，及时将新技术、新工艺、新规范纳入教学标准和教学内容，强化学生实习实训。健全专业设置定期评估机制，强化地方引导本区域职业院校优化专业设置的职责，原则上每5年修订1次职业院校专业目录，学校依据目录灵活自主设置专业，每年调整1次专业。健全专业教学资源库，建立共建共享平台的资源认证标准和交易机制，进一步扩大优质资源覆盖面。遴选认定一大批职业教育在线精品课程，建设一大批校企"双元"合作开发的国家规划教材，倡导使用新型活页式、工作手册式教材并配套开发信息化资源。每3年修订1次教材，其中专业教材随信息技术发展和产业升级情况及时动态更新。适应"互联网+职业教育"发展需求，运用现代信息技术改进教学方式方法，推进虚拟工厂等网络学习空间建设和普遍应用。

（十）推动校企全面加强深度合作。

职业院校应当根据自身特点和人才培养需要，主动与具备条件的企业在人才培养、技术创新、就业创业、社会服务、文化传承等方面开展合作。学校积极为企业提供所需的课程、师资等资源，企业应当依法履行实施职业教育的义务，利用资本、技术、知识、设施、设备和管理等要素参与校企合作，促进人力资源开发。校企合作中，学校可从中获得智力、专利、教育、劳务等报酬，具体分配由学校按规定自行处理。在开展国家产教融合建设试点基础上，建立产教融合型企业认证制度，对进入目录的产教融合型企业给予"金融+财政+土地+信用"的组合式激励，并按规定落实相关税收政策。试点企业兴办职业教育的投资符合条件的，可按投资额一定比例抵免该企业当年应缴教育费附加和地方教育附加。厚植企业承担职业教育责任的社会环境，推动职业院校和行业企业形成命运共同体。

（十一）打造一批高水平实训基地。

加大政策引导力度，充分调动各方面深化职业教育改革创新的积极性，带动各级政府、企业和职业院校建设一批资源共享，集实践教学、社会培训、企业真实生产和社会技术服务于一体的高水平职业教育实训基地。面向先进制造业等技术技能人才紧缺领域，统筹多种资源，建设若干具有辐射引领作用的高水平专业化产教融合实训基地，推动开放共享，辐射区域内学校和企业；鼓励职业院校建设或校企共建一批校内实训基地，提升重点专业建设和校企合作育人水平。积极吸引企业和社会力量参与，指导各地各校借鉴德国、日本、瑞士等国家经验，探索创新实训基地运营模式。提高实训基地规划、管理水平，为社会公众、职业院校在校生取得职业技能等级证书和企业提升人力资源水平提供有力支撑。

（十二）多措并举打造"双师型"教师

队伍。

从2019年起，职业院校、应用型本科高校相关专业教师原则上从具有3年以上企业工作经历并具有高职以上学历的人员中公开招聘，特殊高技能人才（含具有高级工以上职业资格人员）可适当放宽学历要求，2020年起基本不再从应届毕业生中招聘。加强职业技术师范院校建设，优化结构布局，引导一批高水平工科学校举办职业技术师范教育。实施职业院校教师素质提高计划，建立100个"双师型"教师培养培训基地，职业院校、应用型本科高校教师每年至少1个月在企业或实训基地实训，落实教师5年一周期的全员轮训制度。探索组建高水平、结构化教师教学创新团队，教师分工协作进行模块化教学。定期组织选派职业院校专业骨干教师赴国外研修访学。在职业院校实行高层次、高技能人才以直接考察的方式公开招聘。建立健全职业院校自主聘任兼职教师的办法，推动企业工程技术人员、高技能人才和职业院校教师双向流动。职业院校通过校企合作、技术服务、社会培训、自办企业等所得收入，可按一定比例作为绩效工资来源。

四、建设多元办学格局

（十三）推动企业和社会力量举办高质量职业教育。

各级政府部门要深化"放管服"改革，加快推进职能转变，由注重"办"职业教育向"管理与服务"过渡。政府主要负责规划战略、制定政策、依法依规监管。发挥企业重要办学主体作用，鼓励有条件的企业特别是大企业举办高质量职业教育，各级人民政府可规定给予适当支持。完善企业经营管理和技术人员与学校领导、骨干教师相互兼职兼薪制度。2020年初步建成300个示范性职业教育集团（联盟），带动中小企业参与。支持和规范社会力量兴办职业教育培训，鼓励发展股份制、混合所有制等职业院校和各类职业培训机构。建立公开透明规范的民办职业教育准入、审批制度，探索民办职业教育负面清单制度，建立健全退出机制。

（十四）做优职业教育培训评价组织。

职业教育包括职业学校教育和职业培训，职业院校和应用型本科高校按照国家教学标准和规定职责完成教学任务和职业技能人才培养。同时，也必须调动社会力量，补充校园不足，助力校园办学。能够依据国家有关法规和职业标准、教学标准完成的职业技能培训，要更多通过职业教育培训评价组织（以下简称培训评价组织）等参与实施。政府通过放宽准入，严格末端监督执法，严格控制数量，扶优、扶大、扶强，保证培训质量和学生能力水平。要按照在已成熟的品牌中遴选一批、在成长中的品牌中培育一批、在有需要但还没有建立项目的领域中规划一批的原则，以社会化机制公开招募并择优遴选培训评价组织，优先从制订过国家职业标准并完成标准教材编写，具有专家、师资团队、资金实力和5年以上优秀培训业绩的机构中选择。培训评价组织应对接职业标准，与国际先进标准接轨，按有关规定开发职业技能等级标准，负责实施职业技能考核、评价和证书发放。政府部门要加强监管，防止出现乱培训、滥发证现象。行业协会要积极配合政府，为培训评价组织提供好服务环境支持，不得以任何方式收取费用或干预企业办学行为。

五、完善技术技能人才保障政策

（十五）提高技术技能人才待遇水平。

支持技术技能人才凭技能提升待遇，鼓励企业职务职级晋升和工资分配向关键岗位、生产一线岗位和紧缺急需的高层次、高技能人才倾斜。建立国家技术技能大师库，鼓励技术技能大师建立大师工作室，并按规定给予政策和资金支持，支持技术技能大师到职业院校担任兼职教师，参与国家重大工程项目联合攻关。积极推动职业院校毕业生在落户、就业、参加机关事业单位招聘、职称评审、职级晋升等方面与普通高校毕业生享受同等待遇。逐步提高技术技能人才特别是技术工人收入水平和地位。机关和企事业单位招用人员不得歧视职业院校毕业生。国务院人力资源社会保障行政部门会同有关部门，适时组织清理调整对技术技能人才的歧视政策，推动形成人人皆可成才、人人尽展其才的良好环境。按照国家有关规定加大对职业院校参加有关技能大赛成绩突出毕业生的表彰奖励力度。办好职业教育活动周和世界青年技能日宣传活动，深入开展"大国工匠进校园"、"劳模进校园"、"优秀职校生校园分享"等活动，宣传展示大国工匠、能工巧匠和高素质劳动者的事迹和形象，培育和传承好工匠精神。

（十六）健全经费投入机制。

各级政府要建立与办学规模、培养成本、办学质量等相适应的财政投入制度，地方政府要按规定制定并落实职业院校生均经费标准或公用经费标准。在保障教育合理投入的同时，优化教育支出结构，新增教育经费要向职业教育倾斜。鼓励社会力量捐资、出资兴办职业教育，拓宽办学筹资渠道。进一步完善中等职业学校生均拨款制度，各地中等职业学校生均财政拨款水平可适当高于当地普通高中。各地在继续巩固落实好高等职业教育生均财政拨款水平达到12 000元的基础上，根据发展需要和财力可能逐步提高拨款水平。组织实施好现代职业教育质量提升计划、产教融合工程等。经费投入要进一步突出改革导向，支持校企合作，注重向中西部、贫困地区和民族地区倾斜。进一步扩大职业院校助学金覆盖面，完善补助标准动态调整机制，落实对建档立卡等家庭经济困难学生的倾斜政策，健全职业教育奖学金制度。

六、加强职业教育办学质量督导评价

（十七）建立健全职业教育质量评价和督导评估制度。

以学习者的职业道德、技术技能水平和就业质量，以及产教融合、校企合作水平为核心，建立职业教育质量评价体系。定期对职业技能等级证书有关工作进行"双随机、一公开"的抽查和监督，从2019年起，对培训评价组织行为和职业院校培训质量进行监测和评估。实施职业教育质量年度报告制度，报告向社会公开。完善政府、行业、企业、职业院校等共同参与的质量评价机制，积极支持第三方机构开展评估，将考核结果作为政策支持、绩效考核、表彰奖励的重要依据。完善职业教育督导评估办法，建立职业教育定期督导评估和专项督导评估制度，落实督导报告、公报、约谈、限期整改、奖惩等制度。国务院教育督导委员会定期听取职业教育督导评估情况汇报。

（十八）支持组建国家职业教育指导咨询委员会。

为把握正确的国家职业教育改革发展方向，创新我国职业教育改革发展模式，提出重大政策研究建议，参与起草、制订国家职业教育法律法规，开展重大改革调研，提供各种咨询意见，进一步提高政府决策科学化水平，规划并审议职业教育标准等，在政府指导下组建国家职业教育指导咨询委员会。成员包括政府人员、职业教育专家、行业企业专家、管理专家、职业教育研究人员、中华职业教育社等团体和社会各方面热心职业教育的人士。通过政府购买服务等方式，听取咨询机构提出的意见建议并鼓励社会和民间智库参与。政府可以委托国家职业教育指导咨询委员会作为第三方，对全国职业院校、普通高校、校企合作企业、培训评价组织的教育管理、教学质量、办学方式模式、师资培养、学生职业技能提升等情况，进行指导、考核、评估等。

七、做好改革组织实施工作

（十九）加强党对职业教育工作的全面领导。

以习近平新时代中国特色社会主义思想特别是习近平总书记关于职业教育的重要论述武装头脑、指导实践、推动工作。加强党对教育事业的全面领导，全面贯彻党的教育方针，落实中央教育工作领导小组各项要求，保证职业教育改革发展正确方向。要充分发挥党组织在职业院校的领导核心和政治核心作用，牢牢把握学校意识形态工作领导权，将党建工作与学校事业发展同部署、同落实、同考评。指导职业院校上好思想政治理论课，实施好中等职业学校"文明风采"活动，推进职业教育领域"三全育人"综合改革试点工作，使各类课程与思想政治理论课同向同行，努力实现职业技能和职业精神培养高度融合。加强基层党组织建设，有效发挥基层党组织的战斗堡垒作用和共产党员的先锋模范作用，带动学校工会、共青团等群团组织和学生会组织建设，汇聚每一位师生员工的积极性和主动性。

（二十）完善国务院职业教育工作部际联席会议制度。

国务院职业教育工作部际联席会议由教育、人力资源社会保障、发展改革、工业和信息化、财政、农业农村、国资、税务、扶贫等单位组成，国务院分管教育工作的副总理担任召集人。联席会议统筹协调全国职业教育工作，研究协调解决工作中重大问题，听取国家职业教育指导咨询委员会等方面的意见建议，部署实施职业教育改革创新重大事项，每年召开两次会议，各成员单位就有关工作情况向联席会议报告。国务院教育行政部门负责职业教育工作的统筹规划、综合协调、宏观管理，国务院教育行政部门、人力资源社会保障行政部门和其他有关部门在职责范围内，分别负责有关的职业教育工作。各成员单位要加强沟通协调，做好相关政策配套衔接，在国家和区域战略规划、重大项目安排、经费投入、企业办学、人力资源开发等方面形成政策合力。推动落实《中华人民共和国职业教育法》，为职业教育改革创新提供重要的制度保障。

国务院关于进一步做好稳就业工作的意见

国发〔2019〕28号

各省、自治区、直辖市人民政府，国务院各部委、各直属机构：

就业是民生之本、财富之源。当前我国就业形势保持总体平稳，但国内外风险挑战增多，稳就业压力加大。为全力做好稳就业工作，现提出以下意见。

一、总体要求

以习近平新时代中国特色社会主义思想为指导，全面贯彻党的十九大和十九届二中、三中、四中全会精神，坚持把稳就业摆在更加突出位置，强化底线思维，做实就业优先政策，健全有利于更充分更高质量就业的促进机制，坚持创造更多就业岗位和稳定现有就业岗位并重，突出重点、统筹推进、精准施策，全力防范化解规模性失业风险，全力确保就业形势总体稳定。

二、支持企业稳定岗位

（一）加大援企稳岗力度。阶段性降低失业保险费率、工伤保险费率的政策，实施期限延长至2021年4月30日。参保企业面临暂时性生产经营困难且恢复有望、坚持不裁员或少裁员的失业保险稳岗返还政策，以及困难企业开展职工在岗培训的补贴政策，实施期限均延长至2020年12月31日。

（二）加强对企业金融支持。落实普惠金融定向降准政策，释放的资金重点支持民营企业和小微企业融资。鼓励银行完善金融服务民营企业和小微企业的绩效考核激励机制，增加制造业中小微企业中长期贷款和信用贷款。对扩大小微企业融资担保业务规模、降低小微企业融资担保费率等政策性引导较强的地方进行奖补。发挥各级政府中小企业工作领导小组的协调作用，支持中小企业发展，增加就业。发挥各级金融监管机构作用，鼓励银行为重点企业制定专门信贷计划，对遇到暂时困难但符合授信条件的企业，不得盲目抽贷、断贷。

（三）引导企业开拓国内市场。完善省际间信息沟通、收益分享等机制，鼓励中西部和东北地区各类产业园区与东部产业转出地区加强对接，及时掌握有转移意愿的企业清单。推广工业用地长期租赁、先租后让、租让结合和弹性年期供应方式，降低物流和用电用能成本，有条件的地区可加大标准厂房建设力度并提供租金优惠，推动制造业跨区域有序转移。搭建跨部门综合服务平台，加强企业产销融通对接，重点支持相关企业对接国内各大电商平台和各行业、各区域大宗采购项目，支持企业拓展国内市场销售渠道。

（四）规范企业裁员行为。支持企业与职工集体协商，采取协商薪酬、调整工时、轮岗轮休、在岗培训等措施，保留劳动关系。对拟进行经济性裁员的企业，指导其依法依规制定和实施职工安置方案，提前30日向工会或全体职工说明相关情况，依法依规支付经济补偿，偿还拖欠的职工工资，补缴欠缴的社会保险费。

三、开发更多就业岗位

（五）挖掘内需带动就业。实施社区生活服务业发展试点，开展家政服务业提质扩容"领跑者"行动试点工作，深入推进家政培训提升行动和家政服务领域信用建设专项行动。加强旅游公共设施建设，推进区域医疗中心建设，开展支持社会力量发展普惠托育服务专项行动。支持养老服务业发展，通过政府购买服务等方式，支持养老服务机构向重点人群提供服务。鼓励汽车、家电、消费电子产品更新消费，有力有序推进老旧汽车报废更新，鼓励限购城市优化机动车限购管理措施。培育国内服务外包市场，支持行政事业单位、国有企业采购专业服务。

（六）加大投资创造就业。合理扩大有效投资，适当降低部分基础设施等项目资本金比例，加快发行使用地方政府专项债券，确保精准投入补短板重点项目。实施城镇老旧小区改造、棚户区改造、农村危房改造等工程，支持城市停车场设施建设，加快国家物流枢纽网络建设。深入实施新一轮重大技术改造升级工程。

（七）稳定外贸扩大就业。研究适时进一步降低进口关税和制度性成本，扩大出口信用保险覆盖面、合理降低保费，确保审核办理正常退税平均时间在10个工作日以内。发挥行业协会、商会、中介机构等作用，引导企业增强议价能力，鼓励提供公益法律服务。建设国际营销服务体系，加快跨境电子商务综合试验区建设，做大做强外贸综合服务企业。

（八）培育壮大新动能拓展就业空间。加快5G商用发展步伐，深入推进战略性新兴产业集群发展工程，加强人工智能、工业互联网等领域基础设施投资和产业布局。支持科技型企业开展联合技术攻关，完善首台（套）重大技术装备示范应用扶持政策，支持科技型企业到海外投资。加快落实促进平台经济规范健康发展的指导意见，促进新产业新业态新模式快速发展。

四、促进劳动者多渠道就业创业

（九）鼓励企业吸纳就业。降低小微企业创业担保贷款申请条件，当年新招用符合条件人员占现有职工比例下调为20%，职工超过100人的比例下调为10%。对企业吸纳登记失业半年以上人员就业且签订1年以上劳动合同并按规定缴纳社会保险的，有条件的地区可给予一次性吸纳就业补贴，实施期限为2020年1月1日至12月31日。

（十）扶持创业带动就业。持续推进简政放权、放管结合、优化服务改革，进一步优化营商环境，鼓励和支持更多劳动者创业创新。加大创业担保贷款政策实施力度，建立信用乡村、信用园区、创业孵化示范载体推荐免担保机制。实施"双创"支撑平台项目，引导"双创"示范基地、专业化众创空间等优质孵化载体承担相关公共服务事务。鼓励支持返乡创业，年度新增建设用地计划指标优先保障县以下返乡创业用地，支持建设一批农民工返乡创业园、农村创新创业和返乡创业孵化实训基地，建设一批县级农村电商服务中心、物流配送中心和乡镇运输服务站。实施返乡创业能力提升行动，加强返乡创业重点人群、贫困村创业致富带头人、农村电商人才等培训培育。对返乡农民工首次创业且正常经营1年以上的，有条件的地区可给予一次性创业补贴。

（十一）支持灵活就业和新就业形态。支持劳动者通过临时性、非全日制、季节性、弹性工作等灵活多样形式实现就业。研究完善支持灵活就业的政策措施，明确灵活就业、新就业形态人员劳动用工、就业服务、权益保障办法，启动新就业形态人员职业伤害保障试点，抓紧清理取消不合理限制灵活就业的规定。对就业困难人员享受灵活就业社会保险补贴政策期满仍未实现稳定就业的，政策享受期限可延长1年，实施期限为2020年1月1日至12月31日。

（十二）加强托底安置就业。加大对就业困难人员的就业援助力度，鼓励围绕补齐民生短板拓展公益性岗位。对从事公益性岗位政策期满仍未实现稳定就业的，政策享受期限可延长1年，实施期限为2020年1月1日至12月31日。在农村中小型基础设施建设、农村危房改造中实施以工代赈，组织建档立卡贫困人口参与工程项目建设。

（十三）稳定高校毕业生等青年就业。继续组织实施农村教师特岗计划、"三支一扶"计划等基层服务项目。公开招聘一批乡村教师、医生、社会工作者充实基层服务力量。扩大征集应届高校毕业生入伍规模。扩大就业见习规模，适当提高补贴标准，支持企业开发更多见习岗位。

五、大规模开展职业技能培训

（十四）大力推进职业技能提升行动。落实完善职业技能提升行动政策措施，按规定给予职业培训补贴和生活费补贴。针对不同对象开展精准培训，全面开展企业职工技能提升培训或转岗转业培训，组织失业人员参加技能培训或创业培训，实施农民工、高校毕业生、退役军人、建档立卡贫困人口、残疾人等重点群体专项培训计划。支持职业院校（含技工院校）积极承担相应培训任务。

（十五）扩大技能人才培养培训规模。推进落实职业院校奖助学金调整政策，扩大高职院校奖助学金覆盖面、提高补助标准，设立中等职业教育国家奖学金。推进各地技师学院、技工学校纳入职业教育统一招生平台。组织城乡未继续升学的初高中毕业生、20岁以下有意愿的登记失业人员参加劳动预备制培训，按规定给予培训补贴，对其中的农村学员和困难家庭成员给予生活费补贴，实施期限为2020年1月1日至12月31日。

（十六）加强职业培训基础能力建设。启动国家产教融合建设试点，加强公共实训基地和产教融合实训基地建设。支持各类企业和职业院校（含技工院校）合作建设职工培训中心、企业大学和继续教育基地，鼓励设备设施、教学师资、课程教材等培训资源共建共享。实施新职业开发计划，加大职业技能标准和职业培训包开发力度，建立急需紧缺职业目录编制发布制度。

六、做实就业创业服务

（十七）推进就业服务全覆盖。劳动年龄内、有劳动能力、有就业要求、处于失业状态的城乡劳动者可在常住地进行失业登记，申请享受基本公共就业服务。健全就业信息监测系统，开放线上失业登记入口，实现失业人员基本信息、求职意愿和就业服务跨地区共享。加强重大项目、重大工程、专项治理对就业影响跟踪应对，对涉及企业关停并转的，主管部门要及时将企业信息提供给当地人力资源社会保障部门；对可能造成规模性失业的，要同步制定应对措施。

（十八）加强岗位信息归集提供。政府投资项目产生的岗位信息、各方面开发的公益性岗位信息，在本单位网站和同级人力资源社会保障部门网站公开发布。健全岗位信息公共发布平台，市级以上公共就业人才服务机构要在2020年3月底前实现岗位信息在线发布，并向省级、国家级归集，加快实现公共机构岗位信息区域和全国公开发布。

（十九）强化常态化管理服务。实施基层公共就业服务经办能力提升计划，建立登记失业人员定期联系和分级分类服务制度，每月至少进行1次跟踪调查，定期提供职业介绍、职业指导、创业服务，推介就业创业政策和职业培训项目，对其中的就业困难人员提供就业援助。加强重点企业跟踪服务，提供用工指导、政策咨询、劳动关系协调等服务和指导。公共就业人才服务机构、经营性人力资源服务机构和行业协会提供上述服务的，有条件的地区可根据服务人数、成效和成本等，对其给予就业创业服务补助。

七、做好基本生活保障

（二十）更好发挥失业保险作用。对符合领取失业保险金条件的人员，及时发放失业保险金。对领取失业保险金期满仍未就业且距离法定退休年龄不足1年的人员，可继续发放失业保险金直至法定退休年龄。对失业保险金发放出现缺口的地区，采取失业保险调剂金调剂、地方财政补贴等方式予以支持。

（二十一）做好困难人员生活保障。对符合条件的生活困难下岗失业人员，发放临时生活补助。对生活困难的失业人员及家庭，按规定纳入最低生活保障、临时救助等社会救助范围。对实现就业的低保对象，可通过"低保渐退"等措施，增强其就业意愿和就业稳定性。

八、加强组织保障

（二十二）完善工作组织协调机制。县级以上地方政府要切实履行稳就业主体责任，建立政府负责人牵头、相关部门共同参与的工作组织领导机制，明确目标任务、工作责任和督促落实机制，统筹领导和推进本地区稳就业工作和规模性失业风险应对处置，压实促进就业工作责任。

（二十三）完善资金投入保障机制。积极投入就业补助资金，统筹用好失业保险基金、工业企业结构调整专项奖补资金等，用于企业稳定岗位、鼓励就业创业、保障基本生活等稳就业支出。有条件的地方可设立就业风险储备金，用于应对突发性、规模性失业风险。

（二十四）完善就业形势监测机制。持续抓好就业常规统计，提升数据质量和时效性，多维度开展重点区域、重点群体、重点行业、重点企业就业监测。加强移动通信、铁路运输、社保缴纳、招聘求职等大数据比对分析，健全多方参与的就业形势研判机制。

（二十五）完善突发事件处置机制。各地区要第一时间处置因规模性失业引发的群体性突发事件，防止矛盾激化和事态扩大。处置过程中，当地政府可根据需要与可能、统筹不同群体就业需求，依法依规制定临时性应对措施。

（二十六）完善舆论宣传引导机制。大力宣传党中央、国务院稳就业决策部署和支持就业创业政策措施，引导广大劳动者树立正确的劳动观、价值观，选树一批促进就业创业工作典型经验、典型人物，发掘一批在中西部和东北地区、艰苦边远地区、城乡基层就业创业的先进典型，及时开展表彰激励。牢牢把握信息发布和舆论引导主动权，做好舆情监测研判，建立重大舆情沟通协调和应急处置机制，消除误传误解，稳定社会预期。

2019年12月13日

国务院办公厅关于推进养老服务发展的意见

国办发〔2019〕5号

各省、自治区、直辖市人民政府，国务院各部委、各直属机构：

党中央、国务院高度重视养老服务，党的十八大以来，出台了加快发展养老服务业、全面放开养老服务市场等政策措施，养老服务体系建设取得显著成效。但总的看，养老服务市场活力尚未充分激发，发展不平衡不充分、有效供给不足、服务质量不高等问题依然存在，人民群众养老服务需求尚未有效满足。按照2019年政府工作报告对养老服务工作的部署，为打通"堵点"，消除"痛点"，破除发展障碍，健全市场机制，持续完善居家为基础、社区为依托、机构为补充、医养相结合的养老服务体系，建立健全高龄、失能老年人长期照护服务体系，强化信用为核心、质量为保障、放权与监管并重的服务管理体系，大力推动养老服务供给结构不断优化、社会有效投资明显扩大、养老服务质量持续改善、养老服务消费潜力充分释放，确保到2022年在保障人人享有基本养老服务的基础上，有效满足老年人多样化、多层次养老服务需求，老年人及其子女获得感、幸福感、安全感显著提高，经国务院同意，现提出以下意见。

一、深化放管服改革

（一）建立养老服务综合监管制度。制定"履职照单免责、失职照单问责"的责任清单，制定加强养老服务综合监管的相关政策文件，建立各司其职、各尽其责的跨部门协同监管机制，完善事中事后监管制度。健全"双随机、一公开"工作机制，加大对违规行为的查处惩戒力度，坚持最严谨的标准、最严格的监管、最严厉的处罚、最严肃的问责。市场监管部门要将企业登记基本信息共享至省级共享平台或省级部门间数据接口；民政部门要及时下载养老机构相关信息，加强指导和事中事后监管。加快推进养老服务领域社会信用体系建设，2019年6月底前，建立健全失信联合惩戒机制，对存在严重失信行为的养老服务机构（含养老机构、居家社区养老服务机构，以及经营范围和组织章程中包含养老服务内容的其他企业、事业单位和社会组织）及人员实施联合惩戒。养老服务机构行政许可、行政处罚、抽查检查结果等信息按经营性质分别通过全国信用信息共享平台、国家企业信用信息公示系统记于其名下并依法公示。（民政部、发展改革委、人民银行、市场监管总局按职责分工负责，地方各级人民政府负责）

（二）继续深化公办养老机构改革。充分发挥公办养老机构及公建民营养老机构兜底保障作用，在满足当前和今后一个时期特困人员集中供养需求的前提下，重点为经济困难失能（含失智，下同）老年人、计划生育特殊家庭老年人提供无偿或低收费托养服务。坚持公办养老机构公益属性，确定保障范围，其余床位允许向社会开放，研究制定收费指导标准，收益用于支持兜底保障对象的养老服务。探索具备条件的公办养老机构改制为国有养老服务企业。制定公建民营养老机构管理办法,细化评审标准和遴选规则,加强合同执行情况监管。公建民营养老机构运营方应定期向委托部门报告机构资产情况、运营情况,及时报告突发重大情况。(民政部、发展改革委、财政部、中央编办、国资委、卫生健康委按职责分工负责,地方各级人民政府负责)

(三)解决养老机构消防审验问题。依照《建筑设计防火规范》,做好养老机构消防审批服务,提高审批效能。对依法申报消防设计审核、消防验收和消防备案的养老机构,主动提供消防技术咨询服务,依法尽快办理。各地要结合实际推行养老服务行业消防安全标准化管理,注重分类引导,明确养老机构建筑耐火等级、楼层设置和平面布置、防火分隔措施、安全疏散和避难设计、建筑消防设施、消防管理机构和人员、微型消防站建设等配置要求,推动养老机构落实消防安全主体责任,开展隐患自查自改,提升自我管理水平。农村敬老院及利用学校、厂房、商业场所等举办的符合消防安全要求的养老机构,因未办理不动产登记、土地规划等手续问题未能通过消防审验的,2019年12月底前,由省级民政部门提请省级人民政府组织有关部门集中研究处置。具备消防安全技术条件的,由相关主管部门出具意见,享受相应扶持政策。(应急部、住房城乡建设部、自然资源部、民政部、市场监管总局按职责分工负责,地方各级人民政府负责)

(四)减轻养老服务税费负担。聚焦减税降费,养老服务机构符合现行政策规定条件的,可享受小微企业等财税优惠政策。研究非营利性养老服务机构企业所得税支持政策。对在社区提供日间照料、康复护理、助餐助行等服务的养老服务机构给予税费减免扶持政策。落实各项行政事业性收费减免政策,落实养老服务机构用电、用水、用气、用热享受居民价格政策,不得以土地、房屋性质等为理由拒绝执行相关价格政策。(财政部、税务总局、发展改革委、市场监管总局按职责分工负责,地方各级人民政府负责)

(五)提升政府投入精准化水平。民政部本级和地方各级政府用于社会福利事业的彩票公益金,要加大倾斜力度,到2022年要将不低于55%的资金用于支持发展养老服务。接收经济困难的高龄失能老年人的养老机构,不区分经营性质按上述老年人数量同等享受运营补贴,入住的上述老年人按规定享受养老服务补贴。将养老服务纳入政府购买服务指导性目录,全面梳理现行由财政支出安排的各类养老服务项目,以省为单位制定政府购买养老服务标准,重点购买生活照料、康复护理、机构运营、社会工作和人员培养等服务。(财政部、民政部、卫生健康委按职责分工负责,地方各级人民政府负责)

(六)支持养老机构规模化、连锁化发展。支持在养老服务领域着力打造一批具有影响力和竞争力的养老服务商标品牌,对养老服务商标品牌依法加强保护。对已经在其他地方取得营业执照的企业,不得要求其在本地开展经营活动时必须设立子公司。开展城企协同推进养老服务发展行动计划。非营利性养老机构可在其登记管理机关管辖区域内设立多个不具备法人资格的服务网点。(市场监管总局、知识产权局、民政部、发展改革委按职责分工负责,地方各级人民政府负责)

(七)做好养老服务领域信息公开和政策指引。建立养老服务监测分析与发展评价机制,完善养老服务统计分类标准,加强统计监测工作。2019年6月底前,各省级人民政府公布本行政区域现行养老服务扶持政策措施清单、养老服务供需信息或投资指南。制定养老服务机构服务质量信息公开规范,公开养老服务项目清单、服务指南、服务标准等信息。集中清理废除在养老服务机构公建民营、养老设施招投标、政府购买养老服务中涉及地方保护、排斥营利性养老服务机构参与竞争等妨碍统一市场和公平竞争的各种规定和做法。(统计局、发展改革委、民政部、财政部、市场监管总局按职责分工负责,各省级人民政府负责)

二、拓宽养老服务投融资渠道

（八）推动解决养老服务机构融资问题。畅通货币信贷政策传导机制，综合运用多种工具，抓好支小再贷款等政策落实。对符合授信条件但暂时遇到经营困难的民办养老机构，要继续予以资金支持。切实解决养老服务机构融资过程中有关金融机构违规收取手续费、评估费、承诺费、资金管理费等问题，减少融资附加费用，降低融资成本。鼓励商业银行探索向产权明晰的民办养老机构发放资产（设施）抵押贷款和应收账款质押贷款。探索允许营利性养老机构以有偿取得的土地、设施等资产进行抵押融资。大力支持符合条件的市场化、规范化程度高的养老服务企业上市融资。支持商业保险机构举办养老服务机构或参与养老服务机构的建设和运营，适度拓宽保险资金投资建设养老项目资金来源。更好发挥创业担保贷款政策作用，对从事养老服务行业并符合条件的个人和小微企业给予贷款支持，鼓励金融机构参照贷款基础利率，结合风险分担情况，合理确定贷款利率水平。（人民银行、财政部、银保监会、证监会、自然资源部按职责分工负责）

（九）扩大养老服务产业相关企业债券发行规模。根据企业资金回流情况科学设计发行方案，支持合理灵活设置债券期限、选择权及还本付息方式，用于为老年人提供生活照料、康复护理等服务设施设备，以及开发康复辅助器具产品用品项目。鼓励企业发行可续期债券，用于养老机构等投资回收期较长的项目建设。对于项目建成后有稳定现金流的养老服务项目，允许以项目未来收益权为债券发行提供质押担保。允许以建设用地使用权抵押担保方式为债券提供增信。探索发行项目收益票据、项目收益债券支持养老服务产业项目的建设和经营。（发展改革委、人民银行、银保监会、证监会按职责分工负责）

（十）全面落实外资举办养老服务机构国民待遇。境外资本在内地通过公建民营、政府购买服务、政府和社会资本合作等方式参与发展养老服务，同等享受境内资本待遇。境外资本在内地设立的养老机构接收政府兜底保障对象的，同等享受运营补贴等优惠政策。将养老康复产品服务纳入中国国际进口博览会招展范围，探索设立养老、康复展区。（民政部、发展改革委、商务部按职责分工负责）

三、扩大养老服务就业创业

（十一）建立完善养老护理员职业技能等级认定和教育培训制度。2019年9月底前，制定实施养老护理员职业技能标准。加强对养老服务机构负责人、管理人员的岗前培训及定期培训，使其掌握养老服务法律法规、政策和标准。按规定落实养老服务从业人员培训费补贴、职业技能鉴定补贴等政策。鼓励各类院校特别是职业院校（含技工学校）设置养老服务相关专业或开设相关课程，在普通高校开设健康服务与管理、中医养生学、中医康复学等相关专业。推进职业院校（含技工学校）养老服务实训基地建设。按规定落实学生资助政策。（人力资源社会保障部、教育部、财政部、民政部、市场监管总局按职责分工负责，地方各级人民政府负责）

（十二）大力推进养老服务业吸纳就业。结合政府购买基层公共管理和社会服务，在基层特别是街道（乡镇）、社区（村）开发一批为老服务岗位，优先吸纳就业困难人员、建档立卡贫困人口和高校毕业生就业。对养老服务机构招用就业困难人员，签订劳动合同并缴纳社会保险费的，按规定给予社会保险补贴。加强从事养老服务的建档立卡贫困人口职业技能培训和就业指导服务，引导其在养老服务机构就业，吸纳建档立卡贫困人口就业的养老服务机构按规定享受创业就业税收优惠、职业培训补贴等支持政策。对符合小微企业标准的养老服务机构新招用毕业年度高校毕业生，签订1年以上劳动合同并缴纳社会保险费的，按规定给予社会保险补贴。落实就业见习补贴政策，对见习期满留用率达到50%以上的见习单位，

适当提高就业见习补贴标准。（人力资源社会保障部、教育部、财政部、民政部、扶贫办按职责分工负责，地方各级人民政府负责）

（十三）建立养老服务褒扬机制。研究设立全国养老服务工作先进集体和先进个人评比达标表彰项目。组织开展国家养老护理员技能大赛，对获奖选手按规定授予"全国技术能手"荣誉称号，并晋升相应职业技能等级。开展养老护理员关爱活动，加强对养老护理员先进事迹与奉献精神的社会宣传，让养老护理员的劳动创造和社会价值在全社会得到尊重。（人力资源社会保障部、民政部、卫生健康委、广电总局按职责分工负责）

四、扩大养老服务消费

（十四）建立健全长期照护服务体系。研究建立长期照护服务项目、标准、质量评价等行业规范，完善居家、社区、机构相衔接的专业化长期照护服务体系。完善全国统一的老年人能力评估标准，通过政府购买服务等方式，统一开展老年人能力综合评估，考虑失能、失智、残疾等状况，评估结果作为领取老年人补贴、接受基本养老服务的依据。全面建立经济困难的高龄、失能老年人补贴制度，加强与残疾人两项补贴政策衔接。加快实施长期护理保险制度试点，推动形成符合国情的长期护理保险制度框架。鼓励发展商业性长期护理保险产品，为参保人提供个性化长期照护服务。（民政部、财政部、卫生健康委、市场监管总局、医保局、银保监会、中国残联按职责分工负责）

（十五）发展养老普惠金融。支持商业保险机构在地级以上城市开展老年人住房反向抵押养老保险业务，在房地产交易、抵押登记、公证等机构设立绿色通道，简化办事程序，提升服务效率。支持老年人投保意外伤害保险，鼓励保险公司合理设计产品，科学厘定费率。鼓励商业养老保险机构发展满足长期养老需求的养老保障管理业务。支持银行、信托等金融机构开发养老型理财产品、信托产品等养老金融产品，依法适当放宽对符合信贷条件的老年人申请贷款的年龄限制，提升老年人金融服务的可得性和满意度。扩大养老目标基金管理规模，稳妥推进养老目标证券投资基金注册，可以设置优惠的基金费率，通过差异化费率安排，鼓励投资人长期持有养老目标基金。养老目标基金应当采用成熟稳健的资产配置策略，控制基金下行风险，追求基金资产长期稳健增值。（银保监会、证监会、人民银行、住房城乡建设部、自然资源部按职责分工负责）

（十六）促进老年人消费增长。开展全国老年人产品用品创新设计大赛，制定老年人产品用品目录，建设产学研用协同的成果转化推广平台。出台老年人康复辅助器具配置、租赁、回收和融资租赁办法，推进在养老机构、城乡社区设立康复辅助器具配置服务（租赁）站点。开展系统的营养均衡配餐研究，开发适合老年人群营养健康需求的饮食产品，逐步改善老年人群饮食结构。（民政部、发展改革委、工业和信息化部、科技部、卫生健康委按职责分工负责）

（十七）加强老年人消费权益保护和养老服务领域非法集资整治工作。加大联合执法力度，组织开展对老年人产品和服务消费领域侵权行为的专项整治行动。严厉查处向老年人欺诈销售各类产品和服务的违法行为。广泛开展老年人识骗防骗宣传教育活动，提升老年人抵御欺诈销售的意识和能力。鼓励群众提供养老服务领域非法集资线索，对涉嫌非法集资行为及时调查核实、发布风险提示并依法稳妥处置。对养老机构为弥补设施建设资金不足，通过销售预付费性质"会员卡"等形式进行营销的，按照包容审慎监管原则，明确限制性条件，采取商业银行第三方存管方式确保资金管理使用安全。（市场监管总局、公安部、民政部、卫生健康委、人民银行、银保监会、广电总局按职责分工负责，地方各级人民政府负责）

五、促进养老服务高质量发展

（十八）提升医养结合服务能力。促进现有医疗卫生机构和养老机构合作，发挥互补优势，简化医养结合机构设立流程，实行"一个窗口"办理。对养老机构内设诊所、卫生所（室）、医务室、护理站，取消行政审批，实行备案管理。开展区域卫生规划时要为养老机构举办或内设医疗机构留出空间。医疗保障部门要根据养老机构举办和内设医疗机构特点，将符合条件的按规定纳入医保协议管理范围，完善协议管理规定，依法严格监管。具备法人资格的医疗机构可通过变更登记事项或经营范围开展养老服务。促进农村、社区的医养结合，推进基层医疗卫生机构和医务人员与老年人家庭建立签约服务关系，建立村医参与健康养老服务激励机制。有条件的地区可支持家庭医生出诊为老年人服务。鼓励医护人员到医养结合机构执业，并在职称评定等方面享受同等待遇。（卫生健康委、民政部、中央编办、医保局按职责分工负责）

（十九）推动居家、社区和机构养老融合发展。支持养老机构运营社区养老服务设施，上门为居家老年人提供服务。将失能老年人家庭成员照护培训纳入政府购买养老服务目录，组织养老机构、社会组织、社工机构、红十字会等开展养老照护、应急救护知识和技能培训。大力发展政府扶得起、村里办得起、农民用得上、服务可持续的农村幸福院等互助养老设施。探索"物业服务+养老服务"模式，支持物业服务企业开展老年供餐、定期巡访等形式多样的养老服务。打造"三社联动"机制，以社区为平台、养老服务类社会组织为载体、社会工作者为支撑，大力支持志愿养老服务，积极探索互助养老服务。大力培养养老志愿者队伍，加快建立志愿服务记录制度，积极探索"学生社区志愿服务计学分"、"时间银行"等做法，保护志愿者合法权益。（民政部、发展改革委、财政部、卫生健康委、住房城乡建设部、教育部、共青团中央、中国红十字会总会按职责分工负责）

（二十）持续开展养老院服务质量建设专项行动。继续大力推动质量隐患整治工作，对照问题清单逐一挂号销账，确保养老院全部整治过关。加快明确养老机构安全等标准和规范，制定确保养老机构基本服务质量安全的强制性国家标准，推行全国统一的养老服务等级评定与认证制度。健全养老机构食品安全监管机制。扩大养老服务综合责任保险覆盖范围，鼓励居家社区养老服务机构投保雇主责任险和养老责任险。（民政部、卫生健康委、应急部、市场监管总局、银保监会按职责分工负责）

（二十一）实施"互联网+养老"行动。持续推动智慧健康养老产业发展，拓展信息技术在养老领域的应用，制定智慧健康养老产品及服务推广目录，开展智慧健康养老应用试点示范。促进人工智能、物联网、云计算、大数据等新一代信息技术和智能硬件等产品在养老服务领域深度应用。在全国建设一批"智慧养老院"，推广物联网和远程智能安防监控技术，实现24小时安全自动值守，降低老年人意外风险，改善服务体验。运用互联网和生物识别技术，探索建立老年人补贴远程申报审核机制。加快建设国家养老服务管理信息系统，推进与户籍、医疗、社会保险、社会救助等信息资源对接。加强老年人身份、生物识别等信息安全保护。（工业和信息化部、民政部、发展改革委、卫生健康委按职责分工负责）

（二十二）完善老年人关爱服务体系。建立健全定期巡访独居、空巢、留守老年人工作机制，积极防范和及时发现意外风险。推广"养老服务顾问"模式，发挥供需对接、服务引导等作用。探索通过公开招投标方式，支持有资质的社会组织接受计划生育特殊家庭、孤寡、残疾等特殊老年人委托，依法代为办理入住养老机构、就医等事务。积极组织老年人开展有益身心健康的活动。重视珍惜老年人的知识、技能、经验和优良品德，发挥老年人的专长和作用，鼓励其在自愿和量力的情况下，从事传播文化和科技知识、参与科技开发和应用、兴办社会公益事业等社会活动。（民政部、卫生健康委、人力资源社会保障部按职责分工负责，地方各级人民政府负责）

（二十三）大力发展老年教育。优先发展社区老年教育，建立健全"县（市、区）—乡镇（街道）—村（居委会）"三级社区老年教育办学网络，方便老年人就近学习。建立全国老年教育公共服务平台，鼓励各类教育机构通过多种形式举办或参与老年教育，推进老年教育资源、课程、师资共享，探索养教结合新模式，为社区、老年教育机构及养老服务机构等提供支持。积极探索部门、行业企业、高校所举办老年大学服务社会的途径和方法。（教育部、卫生健康委、中央组织部、民政部按职责分工负责）

六、促进养老服务基础设施建设

（二十四）实施特困人员供养服务设施（敬老院）改造提升工程。将补齐农村养老基础设施短板、提升特困人员供养服务设施（敬老院）建设标准纳入脱贫攻坚工作和乡村振兴战略。从2019年起实施特困人员供养服务设施（敬老院）改造提升工程，积极发挥政府投资引导作用，充分调动社会资源，利用政府和社会资本合作、公建民营等方式，支持特困人员供养服务设施（敬老院）建设、改造升级照护型床位，开辟失能老年人照护单元，确保有意愿入住的特困人员全部实现集中供养。逐步将特困人员供养服务设施（敬老院）转型为区域性养老服务中心。（民政部、发展改革委按职责分工负责，地方各级人民政府负责）

（二十五）实施民办养老机构消防安全达标工程。从2019年起，民政部本级和地方各级政府用于社会福利事业的彩票公益金，采取以奖代补等方式，引导和帮助存量民办养老机构按照国家工程建设消防技术标准配置消防设施、器材，针对重大火灾隐患进行整改。对因总建筑面积较小或受条件限制难以设置自动消防系统的建筑，加强物防、技防措施，在服务对象住宿、主要活动场所和康复医疗用房安装独立式感烟火灾探测报警器和局部应用自动喷水灭火系统，配备应急照明设备和灭火器。（财政部、民政部、应急部按职责分工负责）

（二十六）实施老年人居家适老化改造工程。2020年底前，采取政府补贴等方式，对所有纳入特困供养、建档立卡范围的高龄、失能、残疾老年人家庭，按照《无障碍设计规范》实施适老化改造。有条件的地方可积极引导城乡老年人家庭进行适老化改造，根据老年人社会交往和日常生活需要，结合老旧小区改造等因地制宜实施。（民政部、住房城乡建设部、财政部、卫生健康委、扶贫办、中国残联按职责分工负责，地方各级人民政府负责）

（二十七）落实养老服务设施分区分级规划建设要求。2019年在全国部署开展养老服务设施规划建设情况监督检查，重点清查整改规划未编制、新建住宅小区与配套养老服务设施"四同步"（同步规划、同步建设、同步验收、同步交付）未落实、社区养老服务设施未达标、已建成养老服务设施未移交或未有效利用等问题。完善"四同步"工作规则，明确民政部门在"四同步"中的职责，对已交付产权人的养老服务设施由民政部门履行监管职责，确保养老服务用途。对存在配套养老服务设施缓建、缩建、停建、不建和建而不交等问题的，在整改到位之前建设单位不得组织竣工验收。按照国家相关标准和规范，将社区居家养老服务设施建设纳入城乡社区配套用房建设范围。对于空置的公租房，可探索允许免费提供给社会力量，供其在社区为老年人开展日间照料、康复护理、助餐助行、老年教育等服务。市、县级政府要制定整合闲置设施改造为养老服务设施的政策措施；整合改造中需要办理不动产登记的，不动产登记机构要依法加快办理登记手续。推进国有企业所属培训中心和疗养机构改革，对具备条件的加快资源整合、集中运营，用于提供养老服务。凡利用建筑面积1 000平方米以下的独栋建筑或者建筑物内的部分楼层改造为养老服务设施的，在符合国家相关标准的前提下，可不再要求出具近期动迁计划说明、临时改变建筑使用功能说明、环评审批文件或备案回执。对养老服务设施总量不足或规划滞后的，应在城市、镇总体规划编制或修改时予以完善，有条件的地级以上城市应当编制养老服务设施专项规划。（住房城乡建设部、自然资源部、生态环境部、民政部、国资委按职责分工负责，地方各级人民政府负责）

（二十八）完善养老服务设施供地政策。举办非营利性养老服务机构，可凭登记机关发给的社会服务机构登记证书和其他法定材料申请划拨供地，自然资源、民政部门要积极协调落实划拨用地政策。鼓励各地探索利用集体建设用地发展养老服务设施。存量商业服务用地等其他用地用于养老服务设施建设的，允许按照适老化设计要求调整户均面积、租赁期限、车位配比及消防审验等土地和规划要求。（自然资源部、住房城乡建设部、民政部按职责分工负责，地方各级人民政府负责）

国务院建立由民政部牵头的养老服务部际联席会议制度。各地、各有关部门要强化工作责任落实，健全党委领导、政府主导、部门负责、社会参与的养老服务工作机制，加强中央和地方工作衔接。主要负责同志要亲自过问，分管负责同志要抓好落实。将养老服务政策落实情况纳入政府年度绩效考核范围，对落实养老服务政策积极主动、养老服务体系建设成效明显的，在安排财政补助及有关基础设施建设资金、遴选相关试点项目方面给予倾斜支持，进行激励表彰。各地要充实、加强基层养老工作力量，强化区域养老服务资源统筹管理。

2019年3月29日

国务院办公厅关于全面推进生育保险和职工基本医疗保险合并实施的意见

国办发〔2019〕10号

各省、自治区、直辖市人民政府，国务院各部委、各直属机构：

全面推进生育保险和职工基本医疗保险（以下统称两项保险）合并实施，是保障职工社会保险待遇、增强基金共济能力、提升经办服务水平的重要举措。根据《中华人民共和国社会保险法》有关规定，经国务院同意，现就两项保险合并实施提出以下意见。

一、指导思想

以习近平新时代中国特色社会主义思想为指导，全面贯彻党的十九大和十九届二中、三中全会精神，认真落实党中央、国务院决策部署，统筹推进"五位一体"总体布局和协调推进"四个全面"战略布局，坚持以人民为中心，牢固树立新发展理念，遵循保留险种、保障待遇、统一管理、降低成本的总体思路，推进两项保险合并实施，实现参保同步登记、基金合并运行、征缴管理一致、监督管理统一、经办服务一体化。通过整合两项保险基金及管理资源，强化基金共济能力，提升管理综合效能，降低管理运行成本，建立适应我国经济发展水平、优化保险管理资源、实现两项保险长期稳定可持续发展的制度体系和运行机制。

二、主要政策

（一）统一参保登记。参加职工基本医疗保险的在职职工同步参加生育保险。实施过程中要完善参保范围，结合全民参保登记计划摸清底数，促进实现应保尽保。

（二）统一基金征缴和管理。生育保险基金并入职工基本医疗保险基金，统一征缴，统筹层次一致。按照用人单位参加生育保险和职工基本医疗保险的缴费比例之和确定新的用人单位职工基本医疗保险费率，个人不缴纳生育保险费。同时，根据职工基本医疗保险基金支出情况和生育待遇的需求，按照收支平衡的原则，建立费率确定和调整机制。

职工基本医疗保险基金严格执行社会保险基金财务制度，不再单列生育保险基金收入，在职工基本医疗保险统筹基金待遇支出中设置生育待遇支出项目。探索建立健全基金风险预警机制，坚持基金运行情况公开，加强内部控制，强化基金行政监督和社会监督，确保基金安全运行。

（三）统一医疗服务管理。两项保险合并实施后实行统一定点医疗服务管理。医疗保险经办机构与定点医疗机构签订相关医疗服务协议时，要将生育医疗服务有关要求和指标增加到协议内容中，并充分利用协议管理，强化对生育医疗服务的监控。执行基本医疗保险、工伤保险、生育保险药品目录以及基本医疗保险诊疗项目和医疗服务设施范围。

促进生育医疗服务行为规范。将生育医疗

费用纳入医保支付方式改革范围，推动住院分娩等医疗费用按病种、产前检查按人头等方式付费。生育医疗费用原则上实行医疗保险经办机构与定点医疗机构直接结算。充分利用医保智能监控系统，强化监控和审核，控制生育医疗费用不合理增长。

（四）统一经办和信息服务。两项保险合并实施后，要统一经办管理，规范经办流程。经办管理统一由基本医疗保险经办机构负责，经费列入同级财政预算。充分利用医疗保险信息系统平台，实行信息系统一体化运行。原有生育保险医疗费用结算平台可暂时保留，待条件成熟后并入医疗保险结算平台。完善统计信息系统，确保及时全面准确反映生育保险基金运行、待遇享受人员、待遇支付等方面情况。

（五）确保职工生育期间的生育保险待遇不变。生育保险待遇包括《中华人民共和国社会保险法》规定的生育医疗费用和生育津贴，所需资金从职工基本医疗保险基金中支付。生育津贴支付期限按照《女职工劳动保护特别规定》等法律法规规定的产假期限执行。

（六）确保制度可持续。各地要通过整合两项保险基金增强基金统筹共济能力；研判当前和今后人口形势对生育保险支出的影响，增强风险防范意识和制度保障能力；按照"尽力而为、量力而行"的原则，坚持从实际出发，从保障基本权益做起，合理引导预期；跟踪分析合并实施后基金运行情况和支出结构，完善生育保险监测指标；根据生育保险支出需求，建立费率动态调整机制，防范风险转嫁，实现制度可持续发展。

三、保障措施

（一）加强组织领导。两项保险合并实施是党中央、国务院作出的一项重要部署，也是推动建立更加公平更可持续社会保障制度的重要内容。各省（自治区、直辖市）要高度重视，加强领导，有序推进相关工作。国家医保局、财政部、国家卫生健康委要会同有关方面加强工作指导，及时研究解决工作中遇到的困难和问题，重要情况及时报告国务院。

（二）精心组织实施。各地要高度重视两项保险合并实施工作，按照本意见要求，根据当地生育保险和职工基本医疗保险参保人群差异、基金支付能力、待遇保障水平等因素进行综合分析和研究，周密组织实施，确保参保人员相关待遇不降低、基金收支平衡，保证平稳过渡。各省（自治区、直辖市）要加强工作部署，督促指导各统筹地区加快落实，2019年底前实现两项保险合并实施。

（三）加强政策宣传。各统筹地区要坚持正确的舆论导向，准确解读相关政策，大力宣传两项保险合并实施的重要意义，让社会公众充分了解合并实施不会影响参保人员享受相关待遇，且有利于提高基金共济能力、减轻用人单位事务性负担、提高管理效率，为推动两项保险合并实施创造良好的社会氛围。

2019年3月6日

国务院办公厅关于印发降低社会保险费率综合方案的通知

国办发〔2019〕13号

各省、自治区、直辖市人民政府，国务院各部委、各直属机构：

《降低社会保险费率综合方案》已经国务院同意，现印发给你们，请认真贯彻执行。

降低社会保险费率，是减轻企业负担、优化营商环境、完善社会保险制度的重要举措。各地区各有关部门要以习近平新时代中国特色社会主义思想为指导，全面贯彻党的十九大和十九届二中、三中全会精神，坚持稳中求进工作总基调，坚持新发展理念，统筹考虑降低社会保险费率、完善社会保险制度、稳步推进社会保险费征收体制改革，密切协调配合，抓好工作落实，确保企业特别是小微企业社会保险缴费负担有实质性下降，确保职工各项社会保险待遇不受影响、按时足额支付。

2019年4月1日

降低社会保险费率综合方案

为贯彻落实党中央、国务院决策部署，降低社会保险（以下简称社保）费率，完善社保制度，稳步推进社保费征收体制改革，制定本方案。

一、降低养老保险单位缴费比例

自2019年5月1日起，降低城镇职工基本养老保险（包括企业和机关事业单位基本养老保险，以下简称养老保险）单位缴费比例。各省、自治区、直辖市及新疆生产建设兵团（以下统称省）养老保险单位缴费比例高于16%的，可降至16%；目前低于16%的，要研究提出过渡办法。各省具体调整或过渡方案于2019年4月15日前报人力资源社会保障部、财政部备案。

二、继续阶段性降低失业保险、工伤保险费率

自2019年5月1日起，实施失业保险总费率1%的省，延长阶段性降低失业保险费率的期限至2020年4月30日。自2019年5月1日起，延长阶段性降低工伤保险费率的期限至2020年4月30日，工伤保险基金累计结余可支付月数在18至23个月的统筹地区可以现行费率为基础下调20%，累计结余可支付月数在24个月以上的统筹地区可以现行费率为基础下调50%。

三、调整社保缴费基数政策

调整就业人员平均工资计算口径。各省应以本省城镇非私营单位就业人员平均工资和城镇私营单位就业人员平均工资加权计算的全口径城镇单位就业人员平均工资，核定社保个人缴费基数上下限，合理降低部分参保人员和企业的社保缴费基数。调整就业人员平均工资计算口径后，各省要制定基本养老金计发办法的过渡措施，确保退休人员待遇水平平稳衔接。

完善个体工商户和灵活就业人员缴费基数政策。个体工商户和灵活就业人员参加企业职工基本养老保险，可以在本省全口径城镇单位就业人员平均工资的60%至300%之间选择适当的缴费基数。

四、加快推进养老保险省级统筹

各省要结合降低养老保险单位缴费比例、调整社保缴费基数政策等措施，加快推进企业职工基本养老保险省级统筹，逐步统一养老保险参保缴费、单位及个人缴费基数核定办法等政策，2020年底前实现企业职工基本养老保险基金省级统收统支。

五、提高养老保险基金中央调剂比例

加大企业职工基本养老保险基金中央调剂力度，2019年基金中央调剂比例提高至3.5%，进一步均衡各省之间养老保险基金负担，确保企业离退休人员基本养老金按时足额发放。

六、稳步推进社保费征收体制改革

企业职工基本养老保险和企业职工其他险种缴费，原则上暂按现行征收体制继续征收，稳定缴费方式，"成熟一省、移交一省"；机关事业单位社保费和城乡居民社保费征管职责如期划转。人力资源社会保障、税务、财政、医保部门要抓紧推进信息共享平台建设等各项工作，切实加强信息共享，确保征收工作有序衔接。妥善处理好企业历史欠费问题，在征收体制改革过程中不得自行对企业历史欠费进行集中清缴，不得采取任何增加小微企业实际缴费负担的做法，避免造成企业生产经营困难。同时，合理调整2019年社保基金收入预算。

七、建立工作协调机制

国务院建立工作协调机制，统筹协调降低社保费率和社保费征收体制改革相关工作。县级以上地方政府要建立由政府负责人牵头，人力资源社会保障、财政、税务、医保等部门参加的工作协调机制，统筹协调降低社保费率以及征收体制改革过渡期间的工作衔接，提出具体安排，确保各项工作顺利进行。

八、认真做好组织落实工作

各地区各有关部门要加强领导，精心组织实施。人力资源社会保障部、财政部、税务总局、国家医保局要加强指导和监督检查，及时研究解决工作中遇到的问题，确保各项政策措施落到实处。

国务院办公厅关于促进 3 岁以下婴幼儿照护服务发展的指导意见

国办发〔2019〕15 号

各省、自治区、直辖市人民政府，国务院各部委、各直属机构：

3 岁以下婴幼儿（以下简称婴幼儿）照护服务是生命全周期服务管理的重要内容，事关婴幼儿健康成长，事关千家万户。为促进婴幼儿照护服务发展，经国务院同意，现提出如下意见。

一、总体要求

（一）指导思想。以习近平新时代中国特色社会主义思想为指导，全面贯彻党的十九大和十九届二中、三中全会精神，按照统筹推进"五位一体"总体布局和协调推进"四个全面"战略布局要求，坚持以人民为中心的发展思想，以需求和问题为导向，推进供给侧结构性改革，建立完善促进婴幼儿照护服务发展的政策法规体系、标准规范体系和服务供给体系，充分调动社会力量的积极性，多种形式开展婴幼儿照护服务，逐步满足人民群众对婴幼儿照护服务的需求，促进婴幼儿健康成长、广大家庭和谐幸福、经济社会持续发展。

（二）基本原则。

家庭为主，托育补充。人的社会化进程始于家庭，儿童监护抚养是父母的法定责任和义务，家庭对婴幼儿照护负主体责任。发展婴幼儿照护服务的重点是为家庭提供科学养育指导，并对确有照护困难的家庭或婴幼儿提供必要的服务。

政策引导，普惠优先。将婴幼儿照护服务纳入经济社会发展规划，加快完善相关政策，强化政策引导和统筹引领，充分调动社会力量积极性，大力推动婴幼儿照护服务发展，优先支持普惠性婴幼儿照护服务机构。

安全健康，科学规范。按照儿童优先的原则，最大限度地保护婴幼儿，确保婴幼儿的安全和健康。遵循婴幼儿成长特点和规律，促进婴幼儿在身体发育、动作、语言、认知、情感与社会性等方面的全面发展。

属地管理，分类指导。在地方政府领导下，从实际出发，综合考虑城乡、区域发展特点，根据经济社会发展水平、工作基础和群众需求，有针对性地开展婴幼儿照护服务。

（三）发展目标。到 2020 年，婴幼儿照护服务的政策法规体系和标准规范体系初步建立，建成一批具有示范效应的婴幼儿照护服务机构，婴幼儿照护服务水平有所提升，人民群众的婴幼儿照护服务需求得到初步满足。

到 2025 年，婴幼儿照护服务的政策法规体系和标准规范体系基本健全，多元化、多样化、覆盖城乡的婴幼儿照护服务体系基本形成，婴幼儿照护服务水平明显提升，人民群众的婴幼儿照护服务需求得到进一步满足。

二、主要任务

（一）加强对家庭婴幼儿照护的支持和

指导。

全面落实产假政策，鼓励用人单位采取灵活安排工作时间等积极措施，为婴幼儿照护创造便利条件。

支持脱产照护婴幼儿的父母重返工作岗位，并为其提供信息服务、就业指导和职业技能培训。

加强对家庭的婴幼儿早期发展指导，通过入户指导、亲子活动、家长课堂等方式，利用互联网等信息化手段，为家长及婴幼儿照护者提供婴幼儿早期发展指导服务，增强家庭的科学育儿能力。

切实做好基本公共卫生服务、妇幼保健服务工作，为婴幼儿家庭开展新生儿访视、膳食营养、生长发育、预防接种、安全防护、疾病防控等服务。

（二）加大对社区婴幼儿照护服务的支持力度。

地方各级政府要按照标准和规范在新建居住区规划、建设与常住人口规模相适应的婴幼儿照护服务设施及配套安全设施，并与住宅同步验收、同步交付使用；老城区和已建成居住区无婴幼儿照护服务设施的，要限期通过购置、置换、租赁等方式建设。有关标准和规范由住房城乡建设部于2019年8月底前制定。鼓励通过市场化方式，采取公办民营、民办公助等多种方式，在就业人群密集的产业聚集区域和用人单位完善婴幼儿照护服务设施。

鼓励地方各级政府采取政府补贴、行业引导和动员社会力量参与等方式，在加快推进老旧居住小区设施改造过程中，通过做好公共活动区域的设施和部位改造，为婴幼儿照护创造安全、适宜的环境和条件。

各地要根据实际，在农村社区综合服务设施建设中，统筹考虑婴幼儿照护服务设施建设。

发挥城乡社区公共服务设施的婴幼儿照护服务功能，加强社区婴幼儿照护服务设施与社区服务中心（站）及社区卫生、文化、体育等设施的功能衔接，发挥综合效益。支持和引导社会力量依托社区提供婴幼儿照护服务。发挥网格化服务管理作用，大力推动资源、服务、管理下沉到社区，使基层各类机构、组织在服务保障婴幼儿照护等群众需求上有更大作为。

加大对农村和贫困地区婴幼儿照护服务的支持，推广婴幼儿早期发展项目。

（三）规范发展多种形式的婴幼儿照护服务机构。

举办非营利性婴幼儿照护服务机构的，在婴幼儿照护服务机构所在地的县级以上机构编制部门或民政部门注册登记；举办营利性婴幼儿照护服务机构的，在婴幼儿照护服务机构所在地的县级以上市场监管部门注册登记。婴幼儿照护服务机构经核准登记后，应当及时向当地卫生健康部门备案。登记机关应当及时将有关机构登记信息推送至卫生健康部门。

地方各级政府要将需要独立占地的婴幼儿照护服务设施和场地建设布局纳入相关规划，新建、扩建、改建一批婴幼儿照护服务机构和设施。城镇婴幼儿照护服务机构建设要充分考虑进城务工人员随迁婴幼儿的照护服务需求。

支持用人单位以单独或联合相关单位共同举办的方式，在工作场所为职工提供福利性婴幼儿照护服务，有条件的可向附近居民开放。鼓励支持有条件的幼儿园开设托班，招收2至3岁的幼儿。

各类婴幼儿照护服务机构可根据家庭的实际需求，提供全日托、半日托、计时托、临时托等多样化的婴幼儿照护服务；随着经济社会发展和人民消费水平提升，提供多层次的婴幼儿照护服务。

落实各类婴幼儿照护服务机构的安全管理主体责任，建立健全各类婴幼儿照护服务机构安全管理制度，配备相应的安全设施、器材及安保人员。依法加强安全监管，督促各类婴幼儿照护服务机构落实安全责任，严防安全事故发生。

加强婴幼儿照护服务机构的卫生保健工作。认真贯彻保育为主、保教结合的工作方针,为婴幼儿创造良好的生活环境,预防控制传染病,降低常见病的发病率,保障婴幼儿的身心健康。各级妇幼保健机构、疾病预防控制机构、卫生监督机构要按照职责加强对婴幼儿照护服务机构卫生保健工作的业务指导、咨询服务和监督检查。

加强婴幼儿照护服务专业化、规范化建设,遵循婴幼儿发展规律,建立健全婴幼儿照护服务的标准规范体系。各类婴幼儿照护服务机构开展婴幼儿照护服务必须符合国家和地方相关标准和规范,并对婴幼儿的安全和健康负主体责任。运用互联网等信息化手段对婴幼儿照护服务机构的服务过程加强监管,让广大家长放心。建立健全婴幼儿照护服务机构备案登记制度、信息公示制度和质量评估制度,对婴幼儿照护服务机构实施动态管理。依法逐步实行工作人员职业资格准入制度,对虐童等行为零容忍,对相关个人和直接管理人员实行终身禁入。婴幼儿照护服务机构设置标准和管理规范由国家卫生健康委制定,各地据此做好婴幼儿照护服务机构核准登记工作。

三、保障措施

(一)加强政策支持。充分发挥市场在资源配置中的决定性作用,梳理社会力量进入的堵点和难点,采取多种方式鼓励和支持社会力量举办婴幼儿照护服务机构。鼓励地方政府通过采取提供场地、减免租金等政策措施,加大对社会力量开展婴幼儿照护服务、用人单位内设婴幼儿照护服务机构的支持力度。鼓励地方政府探索试行与婴幼儿照护服务配套衔接的育儿假、产休假。创新服务管理方式,提升服务效能水平,为开展婴幼儿照护服务创造有利条件、提供便捷服务。

(二)加强用地保障。将婴幼儿照护服务机构和设施建设用地纳入土地利用总体规划、城乡规划和年度用地计划并优先予以保障,农用地转用指标、新增用地指标分配要适当向婴幼儿照护服务机构和设施建设用地倾斜。鼓励利用低效土地或闲置土地建设婴幼儿照护服务机构和设施。对婴幼儿照护服务设施和非营利性婴幼儿照护服务机构建设用地,符合《划拨用地目录》的,可采取划拨方式予以保障。

(三)加强队伍建设。高等院校和职业院校(含技工院校)要根据需求开设婴幼儿照护相关专业,合理确定招生规模、课程设置和教学内容,将安全照护等知识和能力纳入教学内容,加快培养婴幼儿照护相关专业人才。将婴幼儿照护服务人员作为急需紧缺人员纳入培训规划,切实加强婴幼儿照护服务相关法律法规培训,增强从业人员法治意识;大力开展职业道德和安全教育、职业技能培训,提高婴幼儿照护服务能力和水平。依法保障从业人员合法权益,建设一支品德高尚、富有爱心、敬业奉献、素质优良的婴幼儿照护服务队伍。

(四)加强信息支撑。充分利用互联网、大数据、物联网、人工智能等技术,结合婴幼儿照护服务实际,研发应用婴幼儿照护服务信息管理系统,实现线上线下结合,在优化服务、加强管理、统计监测等方面发挥积极作用。

(五)加强社会支持。加快推进公共场所无障碍设施和母婴设施的建设和改造,开辟服务绿色通道,为婴幼儿出行、哺乳等提供便利条件,营造婴幼儿照护友好的社会环境。企业利用新技术、新工艺、新材料和新装备开发与婴幼儿照护相关的产品必须经过严格的安全评估和风险监测,切实保障安全性。

四、组织实施

(一)强化组织领导。各级政府要提高对发展婴幼儿照护服务的认识,将婴幼儿照护服务纳入经济社会发展相关规划和目标责任考核,发挥引导作用,制定切实管用的政策措施,促进婴幼儿照护服务规范发展。

(二)强化部门协同。婴幼儿照护服务发展工作由卫生健康部门牵头,发展改革、教育、公安、民政、财政、人力资源社会保障、自然资源、住房城乡建设、应急管理、税务、市场监管等部门要按照各自职责,加强对婴幼儿照护服务的指导、监督和管理。积极发挥工会、共青团、妇联、计划生育协会、宋庆龄基金会等群团组织和行业组织的作用，加强社会监督，强化行业自律，大力推动婴幼儿照护服务的健康发展。

（三）强化监督管理。加强对婴幼儿照护服务的监督管理，建立健全业务指导、督促检查、考核奖惩、安全保障和责任追究制度，确保各项政策措施、规章制度落实到位。按照属地管理和分工负责的原则，地方政府对婴幼儿照护服务的规范发展和安全监管负主要责任，制定婴幼儿照护服务的规范细则，各相关部门按照各自职责负监管责任。对履行职责不到位、发生安全事故的，要严格按照有关法律法规追究相关人员的责任。

（四）强化示范引领。在全国开展婴幼儿照护服务示范活动，建设一批示范单位，充分发挥示范引领、带动辐射作用，不断提高婴幼儿照护服务整体水平。

附件：促进3岁以下婴幼儿照护服务发展工作部门职责分工

2019年4月17日

附件

促进3岁以下婴幼儿照护服务发展工作部门职责分工

发展改革部门负责将婴幼儿照护服务纳入经济社会发展相关规划。

教育部门负责各类婴幼儿照护服务人才培养。

公安部门负责监督指导各类婴幼儿照护服务机构开展安全防范。

民政部门负责非营利性婴幼儿照护服务机构法人的注册登记，推动有条件的地方将婴幼儿照护服务纳入城乡社区服务范围。

财政部门负责利用现有资金和政策渠道，对婴幼儿照护服务行业发展予以支持。

人力资源社会保障部门负责对婴幼儿照护服务从业人员开展职业技能培训，按规定予以职业资格认定，依法保障从业人员各项劳动保障权益。

自然资源部门负责优先保障婴幼儿照护服务机构和设施建设的土地供应，完善相关规划规范和标准。

住房城乡建设部门负责规划建设婴幼儿照护服务机构和设施，完善相关工程建设规范和标准。

卫生健康部门负责组织制定婴幼儿照护服务的政策规范，协调相关部门做好对婴幼儿照护服务机构的监督管理，负责婴幼儿照护卫生保健和婴幼儿早期发展的业务指导。

应急管理部门负责依法开展各类婴幼儿照护服务场所的消防监督检查工作。

税务部门负责贯彻落实有关支持婴幼儿照护服务发展的税收优惠政策。

市场监管部门负责营利性婴幼儿照护服务机构法人的注册登记，对各类婴幼儿照护服务机构的饮食用药安全进行监管。

工会组织负责推动用人单位为职工提供福利性婴幼儿照护服务。

共青团组织负责针对青年开展婴幼儿照护相关的宣传教育。

妇联组织负责参与为家庭提供科学育儿指导服务。

计划生育协会负责参与婴幼儿照护服务的宣传教育和社会监督。

宋庆龄基金会负责利用公益机构优势，多渠道、多形式参与婴幼儿照护服务。

国务院办公厅关于印发职业技能提升行动方案（2019—2021年）的通知

国办发〔2019〕24号

各省、自治区、直辖市人民政府，国务院各部委、各直属机构：

《职业技能提升行动方案（2019—2021年）》已经国务院同意，现印发给你们，请认真贯彻执行。

2019年5月18日

职业技能提升行动方案（2019—2021年）

为贯彻落实党中央、国务院决策部署，实施职业技能提升行动，制定以下方案。

一、总体要求和目标任务

（一）总体要求。以习近平新时代中国特色社会主义思想为指导，全面贯彻党的十九大和十九届二中、三中全会精神，把职业技能培训作为保持就业稳定、缓解结构性就业矛盾的关键举措，作为经济转型升级和高质量发展的重要支撑。坚持需求导向，服务经济社会发展，适应人民群众就业创业需要，大力推行终身职业技能培训制度，面向职工、就业重点群体、建档立卡贫困劳动力（以下简称贫困劳动力）等城乡各类劳动者，大规模开展职业技能培训，加快建设知识型、技能型、创新型劳动者大军。

（二）目标任务。2019年至2021年，持续开展职业技能提升行动，提高培训针对性实效性，全面提升劳动者职业技能水平和就业创业能力。三年共开展各类补贴性职业技能培训5000万人次以上，其中2019年培训1500万人次以上；经过努力，到2021年底技能劳动者占就业人员总量的比例达到25%以上，高技能人才占技能劳动者的比例达到30%以上。

二、对职工等重点群体开展有针对性的职业技能培训

（三）大力开展企业职工技能提升和转岗转业培训。企业需制定职工培训计划，开展适应岗位需求和发展需要的技能培训，广泛组织

岗前培训、在岗培训、脱产培训，开展岗位练兵、技能竞赛、在线学习等活动，大力开展高技能人才培训，组织实施高技能领军人才和产业紧缺人才境外培训。发挥行业、龙头企业和培训机构作用，引导帮助中小微企业开展职工培训。实施高危行业领域安全技能提升行动计划，化工、矿山等高危行业企业要组织从业人员和各类特种作业人员普遍开展安全技能培训，严格执行从业人员安全技能培训合格后上岗制度。支持帮助困难企业开展转岗转业培训。在全国各类企业全面推行企业新型学徒制、现代学徒制培训，三年培训100万新型学徒。推进产教融合、校企合作，实现学校培养与企业用人的有效衔接。鼓励企业与参训职工协商一致灵活调整工作时间，保障职工参训期间应有的工资福利待遇。

（四）对就业重点群体开展职业技能提升培训和创业培训。面向农村转移就业劳动者特别是新生代农民工、城乡未继续升学初高中毕业生（以下称"两后生"）等青年、下岗失业人员、退役军人、就业困难人员（含残疾人），持续实施农民工"春潮行动"、"求学圆梦行动"、新生代农民工职业技能提升计划和返乡创业培训计划以及劳动预备培训、就业技能培训、职业技能提升培训等专项培训，全面提升职业技能和就业创业能力。对有创业愿望的开展创业培训，加强创业培训项目开发、创业担保贷款、后续扶持等服务。围绕乡村振兴战略，实施新型职业农民培育工程和农村实用人才带头人素质提升计划，开展职业农民技能培训。

（五）加大贫困劳动力和贫困家庭子女技能扶贫工作力度。聚焦贫困地区特别是"三区三州"等深度贫困地区，鼓励通过项目制购买服务等方式为贫困劳动力提供免费职业技能培训，并在培训期间按规定通过就业补助资金给予生活费（含交通费，下同）补贴，不断提高参训贫困人员占贫困劳动力比重。持续推进东西部扶贫协作框架下职业教育、职业技能培训帮扶和贫困村创业致富带头人培训。深入推进技能脱贫千校行动和深度贫困地区技能扶贫行动，对接受技工教育的贫困家庭学生，按规定落实中等职业教育国家助学金和免学费等政策；对子女接受技工教育的贫困家庭，按政策给予补助。

三、激发培训主体积极性，有效增加培训供给

（六）支持企业兴办职业技能培训。支持各类企业特别是规模以上企业或者吸纳就业人数较多的企业设立职工培训中心，鼓励企业与职业院校（含技工院校，下同）共建实训中心、教学工厂等，积极建设培育一批产教融合型企业。企业举办或参与举办职业院校的，各级政府可按规定根据毕业生就业人数或培训实训人数给予支持。支持企业设立高技能人才培训基地和技能大师工作室，企业可通过职工教育经费提供相应的资金支持，政府按规定通过就业补助资金给予补助。支持高危企业集中的地区建设安全生产和技能实训基地。

（七）推动职业院校扩大培训规模。支持职业院校开展补贴性培训，扩大面向职工、就业重点群体和贫困劳动力的培训规模。在院校启动"学历证书+若干职业技能等级证书"制度试点工作，按《国务院关于印发国家职业教育改革实施方案的通知》（国发〔2019〕4号）规定执行。在核定职业院校绩效工资总量时，可向承担职业技能培训工作的单位倾斜。允许职业院校将一定比例的培训收入纳入学校公用经费，学校培训工作量可按一定比例折算成全日制学生培养工作量。职业院校在内部分配时，应向承担职业技能培训工作的一线教师倾斜，保障其合理待遇。

（八）鼓励支持社会培训和评价机构开展职业技能培训和评价工作。不断培育发展壮大社会培训和评价机构，支持培训和评价机构建立同业交流平台，促进行业发展，加强行业自律。民办职业培训和评价机构在政府购买服务、校企合作、实训基地建设等方面与公办同类机构享受同等待遇。

（九）创新培训内容。加强职业技能、通用职业素质和求职能力等综合性培训，将职业道德、职业规范、工匠精神、质量意识、法律意识和相关法律法规、安全环保和健康卫生、就业指导等内容贯穿职业技能培训全过程。坚持需求导向，围绕市场急需紧缺职业开展家政、养老服务、托幼、保安、电商、汽修、电工、妇女手工等就业技能培训；围绕促进创业开展经营管理、品牌建设、市场拓展、风险防控等创业指导培训；围绕经济社会发展开展先进制造业、战略性新兴产业、现代服务业以及循环农业、智慧农业、智能建筑、智慧城市建设等新产业培训；加大人工智能、云计算、大数据等新职业新技能培训力度。

（十）加强职业技能培训基础能力建设。有条件的地区可对企业、院校、培训机构的实训设施设备升级改造予以支持。支持建设产教融合实训基地和公共实训基地，加强职业训练院建设，积极推进职业技能培训资源共建共享。大力推广"工学一体化"、"职业培训包"、"互联网+"等先进培训方式，鼓励建设互联网培训平台。加强师资建设，职业院校和培训机构实行专兼职教师制度，可按规定自主招聘企业技能人才任教。加快职业技能培训教材开发，规范管理，提高教材质量。完善培训统计工作，实施补贴性培训实名制信息管理，探索建立劳动者职业培训电子档案，实现培训评价信息与就业社保信息联通共享，提供培训就业一体化服务。

四、完善职业培训补贴政策，加强政府引导激励

（十一）落实职业培训补贴政策。对贫困家庭子女、贫困劳动力、"两后生"、农村转移就业劳动者、下岗失业人员和转岗职工、退役军人、残疾人开展免费职业技能培训行动，对高校毕业生和企业职工按规定给予职业培训补贴。对贫困劳动力、就业困难人员、零就业家庭成员、"两后生"中的农村学员和城市低保家庭学员，在培训期间按规定通过就业补助资金同时给予生活费补贴。符合条件的企业职工参加岗前培训、安全技能培训、转岗转业培训或初级工、中级工、高级工、技师、高级技师培训，按规定给予职业培训补贴或参保职工技能提升补贴。职工参加企业新型学徒制培训的，给予企业每人每年4 000元以上的职业培训补贴，由企业自主用于学徒培训工作。企业、农民专业合作社和扶贫车间等各类生产经营主体吸纳贫困劳动力就业并开展以工代训，以及参保企业吸纳就业困难人员、零就业家庭成员就业并开展以工代训的，给予一定期限的职业培训补贴，最长不超过6个月。

（十二）支持地方调整完善职业培训补贴政策。符合条件的劳动者在户籍地、常住地、求职就业地参加培训后取得证书（职业资格证书、职业技能等级证书、专项职业能力证书、特种作业操作证书、培训合格证书等）的，按规定给予职业培训补贴，原则上每人每年可享受不超过3次，但同一职业同一等级不可重复享受。省级人力资源社会保障部门、财政部门可在规定的原则下结合实际调整享受职业培训补贴、生活费补贴人员范围和条件要求，可将确有培训需求、不具有按月领取养老金资格的人员纳入政策范围。市（地）以上人力资源社会保障部门、财政部门可在规定的原则下结合实际确定职业培训补贴标准。县级以上政府可对有关部门各类培训资金和项目进行整合，解决资金渠道和使用管理分散问题。对企业开展培训或者培训机构开展项目制培训的，可先行拨付一定比例的培训补贴资金，具体比例由各省（区、市）根据实际情况确定。各地可对贫困劳动力、去产能失业人员、退役军人等群体开展项目制培训。

（十三）加大资金支持力度。地方各级政府要加大资金支持和筹集整合力度，将一定比例的就业补助资金、地方人才经费和行业产业发展经费中用于职业技能培训的资金，以及从失业保险基金结余中拿出的1 000亿元，统筹用于职业技能提升行动。各地拟用于职业技能提升行动的失业保险基金结余在社会保障基金财政专户中单独建立"职业技能提升行动专账",用于职工等人员职业技能培训,实行分账核算、专款专用,具体筹集办法由财政部、人力资源社会保障部另行制定。企业要按有关规定足额提取和使用职工教育经费,其中60%以上用于一线职工培训,可用于企业"师带徒"津贴补助。落实将企业职工教育经费税前扣除限额提高至工资薪金总额8%的税收政策。推动企业提取职工教育经费开展自主培训与享受政策开展补贴性培训的有机衔接,探索完善相关机制。有条件的地区可安排经费,对职业技能培训教材开发、师资培训、教学改革以及职业技能竞赛等基础工作给予支持,对培训组织动员工作进行奖补。

(十四)强化资金监督管理。要依法加强资金监管,定期向社会公开资金使用情况,加强监督检查和专项审计工作,加强廉政风险防控,保障资金安全和效益。对以虚假培训等套取、骗取资金的依法依纪严惩,对培训工作中出现的失误和问题要区分不同情况对待,保护工作落实层面干事担当的积极性。

五、加强组织领导,强化保障措施

(十五)强化地方政府工作职责。地方各级政府要把职业技能提升行动作为重要民生工程,切实承担主体责任。省级政府要建立职业技能提升行动工作协调机制,形成省级统筹、部门参与、市县实施的工作格局。各省(区、市)要抓紧制定实施方案,出台政策措施,明确任务目标,进行任务分解,建立工作情况季报、年报制度。市县级政府要制定具体贯彻落实措施。鼓励各地将财政补助资金与培训工作绩效挂钩,加大激励力度,促进扩大培训规模,提升培训质量和层次,确保职业技能提升行动有效开展。

(十六)健全工作机制。在国务院就业工作领导小组框架下,健全职业技能提升行动工作协调机制,充分发挥行业主管部门等各方作用,形成工作合力。人力资源社会保障部门承担政策制定、标准开发、资源整合、培训机构管理、质量监管等职责,制定年度工作计划,分解工作任务,抓好督促落实。发展改革部门要统筹推进职业技能培训基础能力建设。教育部门要组织职业院校承担职业技能培训任务。工业和信息化、住房城乡建设等部门要发挥行业主管部门作用,积极参与培训工作。财政部门要确保就业补助资金等及时足额拨付到位。农业农村部门负责职业农民培训。退役军人事务部门负责协调组织退役军人职业技能培训。应急管理、煤矿安监部门负责指导协调化工、矿山等高危行业领域安全技能培训和特种作业人员安全作业培训。国资监管部门要指导国企开展职业技能培训。其他有关部门和单位要共同做好职业技能培训工作。支持鼓励工会、共青团、妇联等群团组织以及行业协会参与职业技能培训工作。

(十七)提高培训管理服务水平。深化职业技能培训工作"放管服"改革。对补贴性职业技能培训实施目录清单管理,公布培训项目目录、培训和评价机构目录,方便劳动者按需选择。地方可采取公开招投标等方式购买培训服务和评价服务。探索实行信用支付等办法,优化培训补贴支付方式。建立培训补贴网上经办服务平台,有条件的地区可对项目制培训探索培训服务和补贴申领告知承诺制,简化流程,减少证明材料,提高服务效率。加强对培训机构和培训质量的监管,健全培训绩效评估体系,积极支持开展第三方评估。

(十八)推进职业技能培训与评价有机衔接。完善技能人才职业资格评价、职业技能等级认定、专项职业能力考核等多元化评价方式,动态调整职业资格目录,动态发布新职业信息,加快国家职业标准制定修订。建立职业技能等级认定制度,为劳动者提供便利的培训与评价服务。从事准入类职业的劳动者必须经培训合格后方可上岗。推动工程领域高技能人才与工程技术人才职业发展贯通。支持企业按规定自主开展职工职业技能等级评价工作,鼓励企业设立首席技师、特级技师等,提升技能人才职业发展空间。

（十九）加强政策解读和舆论宣传。各地区、各有关部门要加大政策宣传力度，提升政策公众知晓度，帮助企业、培训机构和劳动者熟悉了解、用足用好政策，共同促进职业技能培训工作开展。大力弘扬和培育工匠精神，落实提高技术工人待遇的政策措施，加强技能人才激励表彰工作，积极开展各类职业技能竞赛活动，营造技能成才良好环境。

国务院办公厅关于促进家政服务业提质扩容的意见

国办发〔2019〕30号

各省、自治区、直辖市人民政府，国务院各部委、各直属机构：

家政服务业是指以家庭为服务对象，由专业人员进入家庭成员住所提供或以固定场所集中提供对孕产妇、婴幼儿、老人、病人、残疾人等的照护以及保洁、烹饪等有偿服务，满足家庭生活照料需求的服务行业。近年来，我国家政服务业快速发展，但仍存在有效供给不足、行业发展不规范、群众满意度不高等问题。家政服务业作为新兴产业，对促进就业、精准脱贫、保障民生具有重要作用。为促进家政服务业提质扩容，实现高质量发展，经国务院同意，现提出以下意见。

一、采取综合支持措施，提高家政从业人员素质

（一）支持院校增设一批家政服务相关专业。原则上每个省份至少有1所本科高校和若干职业院校（含技工院校，下同）开设家政服务相关专业，扩大招生规模。开展1+X证书制度试点，组织家政示范企业和职业院校共同编制家政服务职业技能等级标准及大纲，开发职业培训教材和职业培训包，支持家政服务相关专业学生在获得学历证书的同时，取得家政服务类职业技能等级证书。（教育部会同人力资源社会保障部、商务部等负责）

（二）市场导向培育一批产教融合型家政企业。到2022年，全国培育100家以上产教融合型家政企业，实现城区常住人口100万以上的地级市家政服务培训能力全覆盖。各地要以较低成本向家政企业提供闲置厂房、社区用房等作为家政服务培训基地，共享职业院校、社区教室等培训资源。（地方各级人民政府，发展改革委、教育部、商务部负责）

（三）政府支持一批家政企业举办职业教育。将家政服务列为职业教育校企合作优先领域，打造一批校企合作示范项目。支持符合条件的家政企业举办家政服务类职业院校，各省（区、市）要设立审批绿色通道，简化流程优化服务。推动30家以上家政示范企业、50所以上有关院校组建职业教育集团。对符合条件的家政类产教融合校企合作项目，优先纳入中央预算内投资支持范围。（教育部、发展改革委、财政部、商务部、人力资源社会保障部、地方各级人民政府负责）

（四）提高失业保险基金结余等支持家政培训的力度。将家政服务纳入职业技能提升行动工作范畴，并把灵活就业家政服务人员纳入培训补贴范围。所需资金按规定从失业保险基金支持职业技能提升行动专项资金中列支。地方各级政府要加大筹资力度，积极使用就业补助资金、地方人才经费和行业产业发展经费等支持家政服务培训。（人力资源社会保障部会同财政部等负责，地方各级人民政府负责）

（五）加大岗前培训和"回炉"培训工作力度。对新上岗家政服务人员开展岗前培训，在岗家政服务人员每两年至少得到1次"回炉"培训。组织30所左右院校和企业引进国际先进课程设计和教学管理体系。组织实施巾帼家政服务专项培训工程，开展家政培训提升行动，确保到2020年底前累计培训超过500万人次。（商务部、发展改革委、教育部、人力资源社会保障部、全国总工会、全国妇联等按职责分工负责）

二、适应转型升级要求，着力发展员工制家政企业

（六）员工制家政企业员工根据用工方式参加相应社会保险。大力发展员工制家政企业，员工制家政企业是指直接与消费者（客户）签订服务合同，与家政服务人员依法签订劳动合同或服务协议并缴纳社会保险费（已参加城镇职工社会保险或城乡居民社会保险均认可为缴纳社会保险费），统一安排服务人员为消费者（客户）提供服务，直接支付或代发服务人员不低于当地最低工资标准的劳动报酬，并对服务人员进行持续培训管理的企业。员工制家政企业应依法与招用的家政服务人员签订劳动合同，按月足额缴纳城镇职工社会保险费；家政服务人员不符合签订劳动合同情形的，员工制家政企业应与其签订服务协议，家政服务人员可作为灵活就业人员按规定自愿参加城镇职工社会保险或城乡居民社会保险。（人力资源社会保障部、医保局、商务部负责）

（七）灵活确定员工制家政服务人员工时。家政企业及用工家庭应当保障家政服务人员休息权利，具体休息或者补偿办法可结合实际协商确定，在劳动合同或家政服务协议中予以明确。（人力资源社会保障部、商务部、全国总工会，地方各级人民政府负责）

（八）对员工制家政企业实行企业稳岗返还和免费培训。对不裁员或少裁员的员工制家政企业按规定返还失业保险费，为符合条件的员工制家政企业员工提供免费岗前培训和"回炉"培训。（人力资源社会保障部、财政部按职责分工负责，地方各级人民政府负责）

（九）重点城市率先支持员工制家政企业发展。北京、上海等大中型以上城市要率先发展员工制家政企业，加大社保补贴力度，利用城市现有设施改造作为员工制家政服务人员集体宿舍。各地支持有条件的员工制家政企业提供职工集体宿舍，园区配建职工宿舍优先面向员工制家政服务人员。（相关地方人民政府负责）

三、强化财税金融支持，增加家政服务有效供给

（十）提高家政服务业增值税进项税额加计抵减比例。研究完善增值税加计抵减政策，进一步支持家政服务业发展。（财政部、税务总局按职责分工负责）

（十一）扩大员工制家政企业免征增值税的适用范围。对与消费者（客户）、服务人员签订服务协议，代发服务人员劳动报酬，对服务人员进行持续培训管理，并建立业务管理系统的家政企业提供的家政服务免征增值税。（财政部、税务总局、商务部等按职责分工负责）

（十二）开展家政服务"信易贷"试点。依托全国信用信息共享平台，引导和鼓励商业银行在市场化和商业自愿的前提下为信用状况良好且符合条件的家政企业提供无抵押、无担保的信用贷款。（发展改革委、人民银行、银保监会按职责分工负责，地方各级人民政府负责）

（十三）拓展发行专项债券等多元化融资渠道。支持符合条件的家政企业发行社会领域产业专项债券。鼓励地方运用投资、基金等组合工具，支持家政企业连锁发展和行业兼并重组。（发展改革委、商务部、人民银行、银保监会按职责分工负责，地方各级人民政府负责）

四、完善公共服务政策，改善家政服务人员从业环境

（十四）加强社保补贴等社会保障支持。对家政企业招用就业困难人员或毕业年度高校毕业生并缴纳社会保险费的，按规定予以社保补贴。（人力资源社会保障部、地方各级人民政府负责）

（十五）支持发展家政商业保险。进一步研究家政服务商业综合保险方案。鼓励家政企业参保雇主责任保险，为员工投保意外伤害保险、职业责任保险。鼓励保险公司开发专门的家政服务责任保险、意外伤害保险产品。鼓励有条件的地区组织家政企业和从业人员统一投保并进行补贴。（商务部、银保监会，地方各级人民政府负责）

（十六）保障家政从业人员合法权益。最大限度把家政从业人员组织到工会中，探索适合家政从业人员特点的入会形式、建会方式和工作平台。完善家政从业人员维权服务机制，保障其合法权益，促进实现体面劳动。（全国总工会负责）

（十七）积极推动改善家政从业人员居住条件。各地应将符合条件的家政从业人员纳入公租房保障范围，有条件的地方可集中配租，家政从业人员通过市场租房居住的，政府对符合条件的给予租赁补贴。支持各地采取多种方式帮助解决家政从业人员改善居住条件的需求。（住房城乡建设部、财政部，地方各级人民政府负责）

（十八）畅通家政从业人员职业发展路径。引导家政企业将员工学历、技能水平与工资收入、福利待遇、岗位晋升等挂钩。支持家政从业人员通过高职扩招专项考试、专升本等多种渠道提升学历层次。（人力资源社会保障部、教育部、商务部按职责分工负责，地方各级人民政府负责）

（十九）表彰激励优秀家政从业人员。五一劳动奖章、五一巾帼标兵、三八红旗手（集体）、城乡妇女岗位建功先进个人（集体）、青年文明号等评选表彰要向家政从业人员倾斜，对获得上述奖励以及在世界技能大赛和国家级一类、二类职业技能大赛中获奖的家政从业人员，纳入国家高技能人才评定范围，并在积分落户等方面给予照顾。加大家政服务业典型案例宣传力度。（商务部、人力资源社会保障部、全国总工会、全国妇联、共青团中央、发展改革委等按职责分工负责，相关地方人民政府负责）

五、健全体检服务体系，提升家政服务人员健康水平

（二十）分类制定家政服务人员体检项目和标准。研究制定科学合理的家政服务人员体检项目和标准，育婴员、养老护理员等职业应实行更加严格的岗前健康体检，其他从业人员上岗前应按所从事家政服务类别进行体检。（商务部会同卫生健康委负责）

（二十一）更好为家政服务人员提供体检服务。从事体检的医院或体检机构要明示收费标准，做好体检记录，缩短体检报告制作时间。（卫生健康委、商务部按职责分工负责，地方各级人民政府负责）

六、推动家政进社区，促进居民就近享有便捷服务

（二十二）支持家政企业在社区设置服务网点。家政企业在社区设置服务网点，其租赁场地不受用房性质限制，水电等费用实行居民价格。支持依托政府投资建设的城乡社区综合服务设施（场地）设立家政服务网点，有条件的地区可减免租赁费用。（商务部、住房城乡建设部、发展改革委，地方各级人民政府负责）

（二十三）加大社区家庭服务税费减免力度。落实好支持养老、托幼、家政等社区家庭服务业发展的税费优惠政策。（财政部、税务总局按职责分工负责）

七、加强平台建设，健全家政服务领域信用体系

（二十四）建立家政服务信用信息平台系统。中央财政通过服务业发展资金支持家政服务领域信用体系建设。依托全国信用信息共享平台，全量归集家政企业、从业人员、消费者的基础信息和信用信息，并按规定向相关部门及家政企业充分共享金融、税务、司法等可公开信用信息。探索建立全国家政企业和从业人员社会评价互动系统。（商务部、发展改革委、财政部按职责分工负责）

（二十五）优化家政服务信用信息服务。建立家政从业人员个人信用记录注册、跟踪评价和管理制度。开通家政从业人员职业背景信息验证核查渠道。依托"信用中国"网站、信用类应用程序（APP）等，按规定提供家政企业、从业人员的身份认证、信誉核查、信用报告等信息。（商务部、发展改革委、公安部按职责分工负责）

（二十六）加大守信联合激励和失信联合惩戒力度。基于全国信用信息共享平台建立联合奖惩系统，对在家政服务过程中存在违法违规和严重失信行为的家政企业及从业人员实行联合惩戒。开展家政企业公共信用综合评价，对信用等级较高的企业减少监管频次，提供融资、租赁、税收等便利服务。开展家政服务领域信用建设专项行动。（商务部、发展改革委按职责分工负责）

八、加强家政供需对接，拓展贫困地区人员就业渠道

（二十七）建立家政服务城市与贫困县稳定对接机制。把家政服务作为劳动力输出地区各类职业技能实训基地重要培训内容，在中西部人口大省重点打造一批家政服务人才培训基地。（人力资源社会保障部、商务部、全国总工会、全国妇联等按职责分工负责）

（二十八）建立健全特殊人群家政培养培训机制。对困难学生、失业人员、贫困劳动力等人群从事家政服务提供支持。推进"雨露计划"。为去产能失业人员、建档立卡贫困劳动力免费提供家政服务培训。（地方各级人民政府负责）

九、推进服务标准化，提升家政服务规范化水平

（二十九）健全家政服务标准体系。开展家政服务国家标准修订工作。完善行业标准体系。研究制定家政电商、家政教育、家政培训等新业态服务标准和规范。推进家政服务标准化试点专项行动。（商务部、市场监管总局等负责）

（三十）推广使用家政服务合同示范文本。规范家政服务三方权利义务关系，推广使用合同示范文本。家政企业应与消费者签订家政服务协议，公开服务项目和收费标准，明确服务内容清单和服务要求。（商务部会同人力资源社会保障部等负责）

（三十一）加快建立家政服务人员持证上门制度。政府通过多种方式，逐步实现统一为每一位合格的家政从业人员免费发放"居家上门服务证"，并在公共信息平台上实施诚信监管。鼓励各地参照上海等城市的先进经验，探索建立覆盖全域的家政持证上岗模式。（地方各级人民政府负责）

（三十二）开展家政服务质量第三方认证。家政企业要开展优质服务承诺，公开服务质量信息。开展家政服务质量监测。建立家政服务质量第三方认证制度。对家政企业开展考核评价并进行动态监管。（商务部、市场监管总局按职责分工负责）

（三十三）建立家政服务纠纷常态化多元化调解机制。进一步畅通"12315"互联网平台等消费者诉求渠道，发挥家政行业协会、消费者权益保护组织等作用，建立家政服务纠纷常态化多元化调解机制。（商务部、市场监管总局、全国总工会按职责分工负责）

十、发挥规范示范作用，促进家政服务业可持续发展

（三十四）建立健全家政服务法律法规。加强家政服务业立法研究。充分发挥家政行业协会作用，制定完善行业规范。各地要制定或者修改完善家政服务领域法规、规章、规范性文件和标准。（商务部，地方各级人民政府负责）

（三十五）促进家政服务业与相关产业融合发展。推动家政服务业与养老、育幼、物业、快递等服务业融合发展。大力发展家政电商、"互联网+家政"等新业态。培育以专业设备、专用工具、智能产品研发制造为支撑的家政服务产业集群。（商务部，地方各级人民政府负责）

（三十六）培育家政服务品牌和龙头企业。各地要培育一批具有区域引领和示范效应的龙头企业，形成家政服务业知名品牌。实施家政服务业提质扩容"领跑者"行动。（发展改革委、商务部，地方各级人民政府负责）

国务院建立由发展改革委、商务部牵头的部际联席会议制度，各省级人民政府要建立家政服务工作协调机制，各地要把推动家政服务业提质扩容列入重要工作议程，构建全社会协同推进的机制，确保各项政策措施落实到位。

2019 年 6 月 16 日

国务院办公厅关于
促进平台经济规范健康发展的指导意见

国办发〔2019〕38号

各省、自治区、直辖市人民政府，国务院各部委、各直属机构：

互联网平台经济是生产力新的组织方式，是经济发展新动能，对优化资源配置、促进跨界融通发展和大众创业万众创新、推动产业升级、拓展消费市场尤其是增加就业，都有重要作用。要坚持以习近平新时代中国特色社会主义思想为指导，深入贯彻落实党的十九大和十九届二中、三中全会精神，持续深化"放管服"改革，围绕更大激发市场活力，聚焦平台经济发展面临的突出问题，遵循规律、顺势而为，加大政策引导、支持和保障力度，创新监管理念和方式，落实和完善包容审慎监管要求，推动建立健全适应平台经济发展特点的新型监管机制，着力营造公平竞争市场环境。为促进平台经济规范健康发展，经国务院同意，现提出以下意见。

一、优化完善市场准入条件，降低企业合规成本

（一）推进平台经济相关市场主体登记注册便利化。放宽住所（经营场所）登记条件，经营者通过电子商务类平台开展经营活动的，可以使用平台提供的网络经营场所申请个体工商户登记。指导督促地方开展"一照多址"改革探索，进一步简化平台企业分支机构设立手续。放宽新兴行业企业名称登记限制，允许使用反映新业态特征的字词作为企业名称。推进经营范围登记规范化，及时将反映新业态特征的经营范围表述纳入登记范围。（市场监管总局负责）

（二）合理设置行业准入规定和许可。放宽融合性产品和服务准入限制，只要不违反法律法规，均应允许相关市场主体进入。清理和规范制约平台经济健康发展的行政许可、资质资格等事项，对仅提供信息中介和交易撮合服务的平台，除直接涉及人身健康、公共安全、社会稳定和国家政策另有规定的金融、新闻等领域外，原则上不要求比照平台内经营者办理相关业务许可。（各相关部门按职责分别负责）指导督促有关地方评估网约车、旅游民宿等领域的政策落实情况，优化完善准入条件、审批流程和服务，加快平台经济参与者合规化进程。（交通运输部、文化和旅游部等相关部门按职责分别负责）对仍处于发展初期、有利于促进新旧动能转换的新兴行业，要给予先行先试机会，审慎出台市场准入政策。（各地区、各部门负责）

（三）加快完善新业态标准体系。对部分缺乏标准的新兴行业，要及时制定出台相关产品和服务标准，为新产品新服务进入市场提供保障。对一些发展相对成熟的新业态，要鼓励龙头企业和行业协会主动制定企业标准，参与制定行业标准，提升产品质量和服务水平。

（市场监管总局牵头，各相关部门按职责分别负责）

二、创新监管理念和方式，实行包容审慎监管

（一）探索适应新业态特点、有利于公平竞争的公正监管办法。本着鼓励创新的原则，分领域制定监管规则和标准，在严守安全底线的前提下为新业态发展留足空间。对看得准、已经形成较好发展势头的，分类量身定制适当的监管模式，避免用老办法管理新业态；对一时看不准的，设置一定的"观察期"，防止一上来就管死；对潜在风险大、可能造成严重不良后果的，严格监管；对非法经营的，坚决依法予以取缔。各有关部门要依法依规夯实监管责任，优化机构监管，强化行为监管，及时预警风险隐患，发现和纠正违法违规行为。（发展改革委、中央网信办、工业和信息化部、市场监管总局、公安部等相关部门及各地区按职责分别负责）

（二）科学合理界定平台责任。明确平台在经营者信息核验、产品和服务质量、平台（含APP）索权、消费者权益保护、网络安全、数据安全、劳动者权益保护等方面的相应责任，强化政府部门监督执法职责，不得将本该由政府承担的监管责任转嫁给平台。尊重消费者选择权，确保跨平台互联互通和互操作。允许平台在合规经营前提下探索不同经营模式，明确平台与平台内经营者的责任，加快研究出台平台尽职免责的具体办法，依法合理确定平台承担的责任。鼓励平台通过购买保险产品分散风险，更好保障各方权益。（各相关部门按职责分别负责）

（三）维护公平竞争市场秩序。制定出台网络交易监督管理有关规定，依法查处互联网领域滥用市场支配地位限制交易、不正当竞争等违法行为，严禁平台单边签订排他性服务提供合同，保障平台经济相关市场主体公平参与市场竞争。维护市场价格秩序，针对互联网领域价格违法行为特点制定监管措施，规范平台和平台内经营者价格标示、价格促销等行为，引导企业合法合规经营。（市场监管总局负责）

（四）建立健全协同监管机制。适应新业态跨行业、跨区域的特点，加强监管部门协同、区域协同和央地协同，充分发挥"互联网+"行动、网络市场监管、消费者权益保护、交通运输新业态协同监管等部际联席会议机制作用，提高监管效能。（发展改革委、市场监管总局、交通运输部等相关部门按职责分别负责）加大对跨区域网络案件查办协调力度，加强信息互换、执法互助，形成监管合力。鼓励行业协会商会等社会组织出台行业服务规范和自律公约，开展纠纷处理和信用评价，构建多元共治的监管格局。（各地区、各相关部门按职责分别负责）

（五）积极推进"互联网+监管"。依托国家"互联网+监管"等系统，推动监管平台与企业平台联通，加强交易、支付、物流、出行等第三方数据分析比对，开展信息监测、在线证据保全、在线识别、源头追溯，增强对行业风险和违法违规线索的发现识别能力，实现以网管网、线上线下一体化监管。（国务院办公厅、市场监管总局等相关部门按职责分别负责）根据平台信用等级和风险类型，实施差异化监管，对风险较低、信用较好的适当减少检查频次，对风险较高、信用较差的加大检查频次和力度。（各相关部门按职责分别负责）

三、鼓励发展平台经济新业态，加快培育新的增长点

（一）积极发展"互联网+服务业"。支持社会资本进入基于互联网的医疗健康、教育培训、养老家政、文化、旅游、体育等新兴服务领域，改造提升教育医疗等网络基础设施，扩大优质服务供给，满足群众多层次多样化需求。鼓励平台进一步拓展服务范围，加强品牌建设，提升服务品质，发展便民服务新业态，延伸产业链和带动扩大就业。鼓励商品交易市场顺应平台经济发展新趋势、新要求，提升流

通创新能力，促进产销更好衔接。（教育部、民政部、商务部、文化和旅游部、卫生健康委、体育总局、工业和信息化部等相关部门按职责分别负责）

（二）大力发展"互联网+生产"。适应产业升级需要，推动互联网平台与工业、农业生产深度融合，提升生产技术，提高创新服务能力，在实体经济中大力推广应用物联网、大数据，促进数字经济和数字产业发展，深入推进智能制造和服务型制造。深入推进工业互联网创新发展，加快跨行业、跨领域和企业级工业互联网平台建设及应用普及，实现各类生产设备与信息系统的广泛互联互通，推进制造资源、数据等集成共享，促进一二三产业、大中小企业融通发展。（工业和信息化部、农业农村部等相关部门按职责分别负责）

（三）深入推进"互联网+创业创新"。加快打造"双创"升级版，依托互联网平台完善全方位创业创新服务体系，实现线上线下良性互动、创业创新资源有机结合，鼓励平台开展创新任务众包，更多向中小企业开放共享资源，支撑中小企业开展技术、产品、管理模式、商业模式等创新，进一步提升创业创新效能。（发展改革委牵头，各相关部门按职责分别负责）

（四）加强网络支撑能力建设。深入实施"宽带中国"战略，加快 5G 等新一代信息基础设施建设，优化提升网络性能和速率，推进下一代互联网、广播电视网、物联网建设，进一步降低中小企业宽带平均资费水平，为平台经济发展提供有力支撑。（工业和信息化部、发展改革委等相关部门按职责分别负责）

四、优化平台经济发展环境，夯实新业态成长基础

（一）加强政府部门与平台数据共享。依托全国一体化在线政务服务平台、国家"互联网+监管"系统、国家数据共享交换平台、全国信用信息共享平台和国家企业信用信息公示系统，进一步归集市场主体基本信息和各类涉企许可信息，力争 2019 年上线运行全国一体化在线政务服务平台电子证照共享服务系统，为平台依法依规核验经营者、其他参与方的资质信息提供服务保障。（国务院办公厅、发展改革委、市场监管总局按职责分别负责）加强部门间数据共享，防止各级政府部门多头向平台索要数据。（发展改革委、中央网信办、市场监管总局、国务院办公厅等相关部门按职责分别负责）畅通政企数据双向流通机制，制定发布政府数据开放清单，探索建立数据资源确权、流通、交易、应用开发规则和流程，加强数据隐私保护和安全管理。（发展改革委、中央网信办等相关部门及各地区按职责分别负责）

（二）推动完善社会信用体系。加大全国信用信息共享平台开放力度，依法将可公开的信用信息与相关企业共享，支持平台提升管理水平。利用平台数据补充完善现有信用体系信息，加强对平台内失信主体的约束和惩戒。（发展改革委、市场监管总局负责）完善新业态信用体系，在网约车、共享单车、汽车分时租赁等领域，建立健全身份认证、双向评价、信用管理等机制，规范平台经济参与者行为。（发展改革委、交通运输部等相关部门按职责分别负责）

（三）营造良好的政策环境。各地区各部门要充分听取平台经济参与者的诉求，有针对性地研究提出解决措施，为平台创新发展和吸纳就业提供有力保障。（各地区、各部门负责）2019 年底前建成全国统一的电子发票公共服务平台，提供免费的增值税电子普通发票开具服务，加快研究推进增值税专用发票电子化工作。（税务总局负责）尽快制定电子商务法实施中的有关信息公示、零星小额交易等配套规则。（商务部、市场监管总局、司法部按职责分别负责）鼓励银行业金融机构基于互联网和大数据等技术手段，创新发展适应平台经济相关企业融资需求的金融产品和服务，为平台经济发展提供支持。允许有实力有条件的互联网平台申请保险兼业代理资质。（银保监会等相关部门按职责分别负责）推动平台经济监管与服务的国际交流合作，加强政策沟通，为平台企业走出去创造良好外部条件。（商务部等相关部门按职责分别负责）

五、切实保护平台经济参与者合法权益，强化平台经济发展法治保障

（一）保护平台、平台内经营者和平台从业人员等权益。督促平台按照公开、公平、公正的原则，建立健全交易规则和服务协议，明确进入和退出平台、商品和服务质量安全保障、平台从业人员权益保护、消费者权益保护等规定。（商务部、市场监管总局牵头，各相关部门按职责分别负责）抓紧研究完善平台企业用工和灵活就业等从业人员社保政策，开展职业伤害保障试点，积极推进全民参保计划，引导更多平台从业人员参保。加强对平台从业人员的职业技能培训，将其纳入职业技能提升行动。（人力资源社会保障部负责）强化知识产权保护意识。依法打击网络欺诈行为和以"打假"为名的敲诈勒索行为。（市场监管总局、知识产权局按职责分别负责）

（二）加强平台经济领域消费者权益保护。督促平台建立健全消费者投诉和举报机制，公开投诉举报电话，确保投诉举报电话有人接听，建立与市场监管部门投诉举报平台的信息共享机制，及时受理并处理投诉举报，鼓励行业组织依法依规建立消费者投诉和维权第三方平台。鼓励平台建立争议在线解决机制，制定并公示争议解决规则。依法严厉打击泄露和滥用用户信息等损害消费者权益行为。（市场监管总局等相关部门按职责分别负责）

（三）完善平台经济相关法律法规。及时推动修订不适应平台经济发展的相关法律法规与政策规定，加快破除制约平台经济发展的体制机制障碍。（司法部等相关部门按职责分别负责）

涉及金融领域的互联网平台，其金融业务的市场准入管理和事中事后监管，按照法律法规和有关规定执行。设立金融机构、从事金融活动、提供金融信息中介和交易撮合服务，必须依法接受准入管理。

各地区、各部门要充分认识促进平台经济规范健康发展的重要意义，按照职责分工抓好贯彻落实，压实工作责任，完善工作机制，密切协作配合，切实解决平台经济发展面临的突出问题，推动各项政策措施及时落地见效，重大情况及时报国务院。

2019年8月1日

国务院办公厅关于成立国务院就业工作领导小组的通知

国办函〔2019〕38号

各省、自治区、直辖市人民政府，国务院各部委、各直属机构：

为进一步加强对就业工作的组织领导和统筹协调，凝聚就业工作合力，更好实施就业优先政策，国务院决定成立国务院就业工作领导小组（以下简称领导小组），作为国务院议事协调机构，国务院就业工作部际联席会议同时撤销。现将有关事项通知如下：

一、主要职责

贯彻落实党中央、国务院关于就业工作的重大决策部署；统筹协调全国就业工作，研究解决就业工作重大问题；研究审议拟出台的就业工作法律法规、宏观规划和重大政策，部署实施就业工作改革创新重大事项；督促检查就业工作有关法律法规和政策措施的落实情况、各地区和各部门任务完成情况，交流推广经验；完成党中央、国务院交办的其他事项。

二、组成人员

组　　长：胡春华　国务院副总理
副组长：张纪南　人力资源社会保障部部长
　　　　丁向阳　国务院副秘书长
　　　　胡祖才　发展改革委副主任
　　　　翁铁慧　教育部副部长
　　　　余蔚平　财政部副部长
　　　　方永祥　退役军人部副部长
成　　员：徐南平　科技部副部长
　　　　王江平　工业和信息化部副部长
　　　　孙力军　公安部副部长
　　　　詹成付　民政部副部长
　　　　游　钧　人力资源社会保障部副部长
　　　　易　军　住房城乡建设部副部长
　　　　韩　俊　农业农村部副部长
　　　　钱克明　商务部副部长
　　　　潘功胜　人民银行副行长
　　　　任洪斌　国资委副主任
　　　　孙瑞标　税务总局副局长
　　　　唐　军　市场监管总局副局长
　　　　李晓超　统计局副局长
　　　　欧青平　扶贫办副主任
　　　　魏地春　全国总工会副主席
　　　　傅振邦　共青团中央书记处书记
　　　　章冬梅　全国妇联书记处书记
　　　　程　凯　中国残联副理事长
　　　　谢经荣　全国工商联副主席

三、其他事项

（一）领导小组办公室设在人力资源社会保障部，承担领导小组日常工作。办公室主任由人力资源社会保障部副部长游钧兼任，办公室成员由领导小组成员单位有关司局负责同志担任。领导小组成员因工作变动需要调整的，由所在单位向领导小组办公室提出，按程序报领导小组组长批准。

（二）领导小组实行工作会议制度，工作会议由组长或其委托的副组长召集，根据工作需要定期或不定期召开，必要时邀请其他有关部门人员参加。

2019年5月14日

国务院办公厅关于成立国务院根治拖欠农民工工资工作领导小组的通知

国办函〔2019〕79号

各省、自治区、直辖市人民政府，国务院各部委、各直属机构：

为进一步加强对根治拖欠农民工工资工作的组织领导和统筹协调，维护广大农民工合法权益，国务院决定成立国务院根治拖欠农民工工资工作领导小组（以下简称领导小组），作为国务院议事协调机构。现将有关事项通知如下：

一、主要职责

贯彻落实党中央、国务院关于根治拖欠农民工工资工作的重大决策部署；统筹协调全国根治拖欠农民工工资工作；研究审议根治拖欠农民工工资工作重大政策措施；督促检查根治拖欠农民工工资工作有关法律法规和政策措施的落实情况、各地区和各部门任务完成情况；完成党中央、国务院交办的其他事项。

二、组成人员

组　长：胡春华　国务院副总理
副组长：张纪南　人力资源社会保障部部长
　　　　丁向阳　国务院副秘书长
　　　　胡祖才　发展改革委副主任
　　　　孙力军　公安部副部长
　　　　余蔚平　财政部副部长
　　　　易　军　住房城乡建设部副部长
成　员：郭卫民　中央宣传部部务会成员
　　　　王江平　工业和信息化部副部长
　　　　刘振宇　司法部副部长
　　　　张义全　人力资源社会保障部副部长
　　　　王广华　自然资源部副部长
　　　　戴东昌　交通运输部副部长
　　　　蒋旭光　水利部副部长
　　　　韩　俊　农业农村部副部长
　　　　朱鹤新　人民银行副行长
　　　　孟建民　国资委副主任
　　　　孙瑞标　税务总局副局长
　　　　唐　军　市场监管总局副局长
　　　　李晓超　统计局副局长
　　　　范小毛　信访局副局长
　　　　苏全利　铁路局副局长
　　　　董志毅　民航局副局长
　　　　刘贵祥　高法院审判委员会副部级专职委员
　　　　张雪樵　高检院副检察长
　　　　魏地春　全国总工会副主席

三、其他事项

（一）领导小组办公室设在人力资源社会保障部，承担领导小组日常工作。办公室主任由人力资源社会保障部副部长张义全兼任，办公室成员由领导小组成员单位有关司局级负责同志担任。领导小组成员因工作变动需要调整的，由所在单位向领导小组办公室提出，按程序报领导小组组长批准。

（二）领导小组实行工作会议制度，工作会议由组长或其委托的副组长召集，根据工作需要定期或不定期召开，参加人员为领导小组成员，必要时可邀请其他有关部门人员参加。

2019年8月3日

三、人力资源和社会保障部领导的讲话和文章

在人力资源社会保障部"不忘初心、牢记使命"主题教育动员大会上的讲话

张纪南

(2019年6月6日)

党的十九大决定,以县处级以上领导干部为重点,在全党开展"不忘初心、牢记使命"主题教育。5月31日,中央召开主题教育工作会议。会上,习近平总书记从践行党的根本宗旨、实现党的历史使命的高度,深刻阐述了中国共产党人的初心和使命,对开展主题教育提出明确要求,作出全面部署,为在全党开展主题教育指明了方向,提供了根本遵循。部党组认真学习领会习近平总书记重要讲话精神,坚决贯彻落实中央要求,研究制定我部主题教育实施方案,成立专门领导小组,健全工作机制。今天会议的主要任务,是对我部深入开展主题教育进行动员部署。

一、深刻认识开展主题教育的重大意义,把思想和行动统一到中央决策部署上来

为中国人民谋幸福,为中华民族谋复兴,是中国共产党人的初心和使命。开展"不忘初心、牢记使命"主题教育,是以习近平同志为核心的党中央统揽伟大斗争、伟大工程、伟大事业、伟大梦想作出的重大部署。习近平总书记指出,今年是中华人民共和国成立70周年,也是我们党在全国执政的第70个年头,在这个时刻开展主题教育,正当其时。我们必须深刻认识开展主题教育的重大意义,不折不扣落实中央决策部署,扎实推进人力资源社会保障事业改革发展。

第一,深刻认识开展主题教育是用习近平新时代中国特色社会主义思想武装全党的迫切需要,努力做到学思用贯通、知信行统一。政治上的坚定、党性上的坚定都离不开理论上的坚定。我们党始终坚持把马克思主义基本原理与中国革命、建设和改革发展的实际紧密结合,不断推进理论到实践的伟大创新,取得一系列丰硕成果。特别是党的十八大以来,以习近平同志为核心的党中央带领全党和全国各族人民取得改革开放和社会主义现代化建设的历史性成就,创立了习近平新时代中国特色社会主义思想,从理论和实践结合上系统回答了新时代坚持和发展什么样的中国特色社会主义、怎样坚持和发展中国特色社会主义这个重大时代课题,为新时代伟大实践提供了行动指南,是我们党必须长期坚持的指导思想。开展主题教育,就是要教育引导广大党员干部持续加深对习近平新时代中国特色社会主义思想和党中央大政方针的理解,在原有学习的基础上

取得新进步,增强贯彻落实的自觉性和坚定性,提高运用党的创新理论指导实践、推动工作的能力。近年来,我们始终把学习贯彻习近平新时代中国特色社会主义思想作为重大政治任务和头等大事,努力学懂弄通做实,用以指导推动人社工作,取得了明显成效,但同党中央的要求相比还存在差距。我们的理论学习迫切需要往深里走、往心里走、往实里走,进一步加强理论武装,筑牢信仰之基、补足精神之钙、把稳思想之舵。

第二,深刻认识开展主题教育是推进新时代党的建设的迫切需要,切实增强我部各级党组织的先进性纯洁性。党的先进性纯洁性是我们党的本质属性,是党的创造力凝聚力战斗力的重要源泉。我们党坚持党要管党、全面从严治党,不断提高党的执政能力和领导水平,确保党始终成为中国特色社会主义事业坚强领导核心。开展主题教育,就是要贯彻新时代党的建设总要求,实现自我净化、自我完善、自我革新、自我提高,努力把各级党组织建设得更加坚强有力,确保党的路线方针政策和决策部署得到坚决贯彻落实。部里基层党组织建得强不强、作用发挥得好不好,直接关系到能否把党中央关于人社工作的决策部署落实到位。这就要求我们进一步加强党的建设,增强党的意识、政治机关意识,发挥党组织的政治优势、组织优势、制度优势,切实提升组织力,努力把基层党组织建设成为推进人社事业发展的战斗堡垒。

第三,深刻认识开展主题教育是保持党同人民群众血肉联系的迫切需要,切实增强党员干部的宗旨意识和群众观念。全心全意为人民服务是我们党的根本宗旨,与人民心心相印、与人民同甘共苦、与人民团结奋斗,是我们党始终立于不败之地的根本保证。我们党始终坚持以人民为中心,把人民对美好生活的向往作为我们的奋斗目标,切实践行发展为了人民、发展依靠人民、发展成果由人民共享。开展主题教育,就是要继续教育引导广大党员干部自觉践行党的根本宗旨,把群众观点、群众路线深深植根于思想中、具体落实到行动上,着力解决群众最关心最直接最现实的利益问题,不断增强人民群众对党的信任和信心,筑牢党长期执政最可靠的阶级基础和群众根基。我们自觉践行以人民为中心的发展思想,始终把在发展中保障和改善民生、不断增进民生福祉作为根本任务,坚守底线、突出重点、完善制度、引导预期,努力增强群众的获得感、幸福感、安全感。但也要看到,人社领域一些关系民生的重大制度和政策还不够成熟完善,一些体制机制还不够健全,工作作风也有待进一步改进。这就要求我们教育引导党员干部始终把人民放在心中最高位置,增进与人民群众的感情,着力解决群众的操心事、烦心事,多谋民生之利、多解民生之忧,让全体人民更多更公平享有改革发展成果。

第四,深刻认识开展主题教育是实现党的十九大确定的目标任务的迫切需要,进一步提振党员干部勇于担当、干事创业的精气神。党的十九大提出的"两个一百年"的奋斗目标,是人民对美好生活向往的集中体现,是当代中国共产党人最重要最现实的使命担当。党的十九大对人社工作作出部署,明确了实现更高质量和更充分就业、全面建成多层次社会保障体系、加快建成人力资源强国、积极构建中国特色和谐劳动关系等目标任务。开展主题教育,就是要更好发挥党员干部担当作为的积极性,充分激发干事创业的热情,切实肩负起中央赋予我们的光荣使命,为把党的十九大绘就的宏伟蓝图变为美好现实贡献人社力量。近年来,我们主动担当作为,在探索中前行,在改革中突破,为民生改善、社会进步、经济发展和改革开放宏伟事业作出了积极贡献。但是也要看到,有的工作进展不平衡,创造性开展工作还有待进一步加强,一些干部能力素质和精神状态与新形势新任务新要求不完全适应。这就要求我们教育引导党员干部勇担职责使命,以更高的站位、更强的本领、更优的作风、更好的精神状态,扎实做好人社工作,创造无愧于新时代的新业绩。

二、准确把握目标要求，高质量开展好主题教育

党中央对这次主题教育的总要求、目标任务、方法步骤都作出了明确规定。这次主题教育的根本任务，就是深入学习贯彻习近平新时代中国特色社会主义思想，锤炼忠诚干净担当的政治品格，团结带领全国各族人民为实现伟大梦想共同奋斗。目标任务，就是贯彻"守初心、担使命，找差距、抓落实"的总要求，做到"理论学习有收获、思想政治受洗礼、干事创业敢担当、为民服务解难题、清正廉洁作表率"。这是根据新时代党的建设任务、针对党内存在的突出问题、结合这次主题教育的特点提出来的，体现了党对新时代党员干部思想、政治、作风、能力、廉政方面的基本要求。我们必须坚持高标准、严要求，按照中央把学习教育、调查研究、检视问题、整改落实贯穿主题教育全过程的工作安排，高质量开展好主题教育，确保不虚、不空、不偏，取得实实在在的成效。

第一，学习教育，要着力在"根"字上下功夫。我们工作中存在的一些突出问题，从根源上说都是思想上的问题，开展主题教育就是要以思想教育打头，强化理论武装，聚焦解决思想根子问题。我们必须自觉对标对表，不断加深对习近平新时代中国特色社会主义思想的理解，增强学习贯彻的自觉性、针对性、实效性。一是原原本本学。认认真真读原著、学原文、悟原理，是搞好这次主题教育的基础。广大党员干部特别是领导干部要原原本本学习党的十九大报告和党章，学习《习近平关于"不忘初心、牢记使命"重要论述选编》《习近平新时代中国特色社会主义思想学习纲要》，及时跟进学习习近平总书记最新重要讲话文章，深刻理解习近平新时代中国特色社会主义思想的科学体系、丰富内涵、实践要求，掌握蕴含其中的马克思主义立场观点方法，领悟这一思想的政治意义、政治信仰、政治智慧、政治品格。二是认真学习习近平总书记关于人社工作的重要论述和指示批示精神。要安排专题学习讨论，深入领会对人社事业改革发展提出的理念、原则、思路、举措，提高运用科学理论解决实际问题的能力。三是创新学习方式方法。要精心组织好党组理论学习中心组和部属各单位专题学习、党员领导干部集中辅导、读书班、示范培训班、知识竞赛和主题教育展览，深入开展革命传统教育、形势政策教育、先进典型教育和警示教育，扎实开展主题教育大讨论。学习教育过程中，要发扬理论联系实际的学风，把学习研讨同守初心、担使命结合起来，同研究解决人社事业改革发展的突出问题结合起来，通过组织各具特色的学习讨论，切实做到学有所思、学有所获、学有所成。

第二，调查研究，要着力在"实"字上下功夫。通过调查研究来查摆问题，是这次主题教育的一个鲜明特色。当前，人社领域面临复杂多变的形势和严峻挑战，改革发展稳定任务十分繁重。同时，人社工作政策性很强，各地情况千差万别，也面临着许多涉及群众切身利益的热点难点焦点问题。我们必须把调查研究的过程作为加深对党的创新理论领悟的过程，作为保持同人民群众血肉联系的过程，作为推动事业发展的过程。要大兴调查研究之风，提高调研实效，了解民情、掌握实情，搞清楚问题是什么、症结在哪里，拿出破解难题的实招、硬招。一是要切实组织好集中调研。要聚焦党的政治建设和稳就业、社保降费率、职业技能提升、人社扶贫、治欠保支、行风建设等专题开展大调研，了解情况、查摆问题、分析症结、听取意见，推动党中央决策部署和习近平总书记重要指示批示精神的落实，推动人民群众反映强烈的突出问题的解决。二是统筹安排好部属各单位的相关调研。各单位要针对本领域存在的突出问题，深入开展调研，形成专题调研报告，列出问题清单，交流调研成果。要针对行风建设问题认真组织开展暗访调研，组织青年干部开展"根在基层——做一周基层人社人"调研实践。在调研过程中，

要接地气,一竿子插到底,切实掌握第一手材料。要善于解剖"麻雀",不仅要发现、观察和跟踪问题,还要由表及里,透过现象看本质。要研究建立一套搞好调查研究的工作机制和办法,使调研始终聚焦问题、有的放矢,切实提高调研实效。

第三,检视问题,要着力在"准"字上下功夫。敢于直面问题、勇于修正错误是我们党的显著特点和优势。要教育党员干部以刀刃向内的自我革命精神,广泛听取意见,认真检视反思,把问题找准、把根源挖深,明确努力方向和改进措施,为整改提供精准靶向。一是自己找。党组成员和各单位党员领导干部查摆问题,首先要把自己摆进去,把职责摆进去,坚持问题导向,对照习近平新时代中国特色社会主义思想和党中央决策部署,对照党章党规,对照初心使命,查摆自身不足,查摆工作短板。不同的单位情况不一样,问题也多种多样,既有共性问题也有差异性问题,既有老问题也有新问题,既有改革发展稳定方面的问题,也有领导班子和领导干部党性党风方面的问题。要主动查找出来,列出问题清单。二是广泛听。到群众中去,真心实意听取群众意见,是找准问题的有效途径。党组将通过集中大调研、关注网络舆情、发放征求意见表、召开座谈会、开展谈心谈话、设立意见箱等方式听取地方人社部门、人民群众和部内干部职工的意见建议。各单位要结合实际,广开言路,畅通渠道,既要"面对面",让干部群众直接提意见,也要"背靠背",让他们敢开口、敢于提意见。部内相关职能部门要结合纪检监察、巡视、督查、干部考察、年度考核、党建述职等情况,对部属各单位领导班子及成员提出意见。三是剖析透。要认真检视反思,把问题找准、把根源找深,对症下药,明确努力方向。检视问题要防止大而化之、隔靴搔痒,避重就轻、避实就虚;防止以上级指出的问题代替自身查找的问题、以班子问题代替个人问题、以他人问题代替自身问题、以工作业务问题代替思想政治问题、以旧问题代替新问题。

第四,整改落实,要着力在"效"字上下功夫。整改落实关键看成效,这是检验主题教育质量的重要标准。要坚持边学边查边改,切实做到立查立改、即知即改,能够当下改的,明确时限和要求,按期整改到位;一时解决不了的,盯住不放,明确阶段目标,持续整改。一是扎实开展专项整治。按照中央统一部署,重点整治落实党中央决策部署阳奉阴违、不担当不作为、违反中央八项规定精神、层层加重基层负担、领导干部配偶子女及其配偶违规经商办企业问题。专项整治情况要以适当方式向党员干部群众进行通报,对专项整治中发现的违纪违法问题,要严肃查处。二是推动党中央大政方针贯彻落实。要对贯彻习近平总书记关于人社工作重要论述和指示批示精神、对贯彻党的十九大以来党中央关于人社工作重大决策部署进行一次全面梳理,对存在的落实不到位、不扎实问题进行全面整改,切实把习近平总书记要求和指示批示件件抓到位、党中央重大决策部署项项落到底。要精心组织实施稳就业攻坚行动、降费率专项行动、职业技能提升行动、人社扶贫攻坚行动、治欠保支攻坚行动、全国人社行风建设专项行动、全民社保信息化工程等专项行动和工程,完善体制机制,集中攻坚克难,确保党中央决策部署在人社领域不折不扣贯彻落实。三是推动"为群众办实事"措施落实。各单位要针对为群众排忧解难的实事,制定具体措施,列出时间表、路线图,一把手负责,切实抓到位。要紧密结合实际,不搞一刀切。同时,要召开一次高质量的专题民主生活会,组织班子成员联系思想和工作实际,聚焦突出问题,认真进行检视反思和党性剖析,深入开展批评和自我批评。自我批评要见人见事见思想,相互批评要真点问题,达到红脸出汗、排毒治病的效果。

三、加强组织领导,确保主题教育取得扎实成效

开展"不忘初心、牢记使命"主题教育,是一项重大政治任务。我们必须把主题教育摆

在首要位置，切实增强责任感和紧迫感，精心组织、周密安排、扎实推进。

第一，提高政治站位。这次主题教育，时间紧、任务重、要求高。能不能抓到位，是对党员领导干部政治站位高不高、政治能力强不强，对我部政治生态好不好、巩固和增强党执政基础的作用发挥得够不够的重要检验。我们必须认真学习领会习近平总书记重要讲话精神，深刻领会开展主题教育的时代背景、重大意义、总要求、目标任务和方法步骤，切实把思想和行动统一到习近平总书记的重要讲话精神上来，自觉做习近平新时代中国特色社会主义思想的坚定信仰者、忠诚实践者，不断增强"四个意识"、坚定"四个自信"、做到"两个维护"。

第二，压实主体责任。按照中央要求，部里成立主题教育领导小组。作为党组书记，我履行第一责任人的职责。党组成员也要履行"一岗双责"。各单位一把手是本单位第一责任人，班子成员要落实"一岗双责"。各级领导干部要发挥"头雁效应"，防止只抓下级、不抓自身。第一责任人要亲自谋划、亲自研究、亲自推动，带头学习理论、开展调研、检视问题、整改落实，为班子和党员干部做好榜样。班子成员既要率先垂范，也要加强对分管领域的指导督促。主题教育领导小组办公室要切实发挥职能作用，加强统筹谋划，强化督促检查，认真做好组织协调等工作。

第三，坚持问题导向。这次主题教育，体现了鲜明的问题意识。要坚持问题导向，奔着问题去，跟着问题走，重点查找理论学习、思想政治、干事创业、为民服务、清正廉洁等方面存在的突出问题，做到直面问题、聚焦问题、刨根问题、解决问题。要找准问题的表现，包括党组和司两级班子有什么表现，各个处室有什么表现，部领导身上有什么表现，司处级干部身上有什么表现。要深入分析问题产生的原因，从政治角度观察问题、分析问题，从世界观和党性上分析深层次原因。要研究提出解决问题的有效措施，无论单位、班子还是个人，都要针对存在的问题自己先开出方子，有什么问题就解决什么问题，什么问题突出就着重解决什么问题。

第四，体现特色思路。人社工作是重要的民生工作，为民服务特点突出，这与守初心高度契合。开展主题教育，要充分体现行业特色、时代特色、实践特色，找准问题的特征和特殊背景，结合职责定位和业务特点，利用自身的优势和特长来解决问题，形成工作的特点、亮点。要突出民生改善、为民服务，聚焦群众最关心、最现实的利益问题，让群众看到真变化、真改进，得到真实惠，形成我们主题教育的特色。

第五，务求取得实效。开展主题教育必须落到解决问题上来。要看问题解决了没有，包括单位、班子、个人存在的问题，地方提出和干部群众反映的意见建议，是否得到了解决和落实。要看对工作是否有促进，是否提高了工作效率，提升了工作水平，各项重点工作是否有突破。要看精神面貌是否有明显改观，每位党员干部的正气、锐气、朝气怎么样，是否把精力用在干事创业上。要看是否建立了长效机制，主题教育成效能否转化成为党员干部长期自觉的行动，能否转化成为改进工作、为民服务的常态化长效化机制，能否把好经验好做法上升为制度规定。同时，要把开展主题教育同树立正确的选人用人导向结合起来，与部里开展的特色党建结合起来。这里，我特别强调，要把反对形式主义的要求贯穿到主题教育全过程，切实减轻基层负担，决不能一边反形式主义，一边又不知不觉地搞形式主义。

第六，加强宣传引导。要加大宣传力度，充分阐释主题教育的重大意义、总要求和目标任务，精准解读主题教育各项要求，把党员干部思想和行动统一到中央精神上来。要运用部属各种媒体，采取多种形式，激发广大党员干部的积极性主动性，为主题教育营造良好氛围。要及时宣传部属各单位的好经验好做法，积极选树人社服务标兵、人社扶贫先进典型事例和身边优秀典型事迹等先进典型，形成学先进、当先进的良好风尚。对那些搞形式、走过场、敷衍应付的，该点名的点名，该曝光的曝光。要通过"案例分析会"、警示教育等形式进行负面典型剖析，发挥负面典型警示作用。

开展主题教育，要坚持两手抓、两促进，与推进"两学一做"学习教育常态化制度化结合起来，与推动我部中心工作结合起来，防止"两张皮"。主题教育，重在推进正在做的事情。当前，人社领域重点就是要扎扎实实推进相关工程行动取得实效。尤其是要按照中央要求，把稳就业摆在更加突出位置，紧盯重点群体、重点行业、重点区域，加强形势分析研判，加强政策储备，积极采取有力措施，确保就业大局稳定。我们必须把党员干部在主题教育中焕发出来的工作热情，转化为聚精会神做好人社工作的实际行动，以优异成绩庆祝中华人民共和国成立70周年。

以党的政治建设为统领
切实加强机关党的建设

张纪南

习近平总书记指出,中央和国家机关离党中央最近,服务党中央最直接,对机关党建乃至其他领域党建具有重要风向标作用。深化全面从严治党、进行自我革命,必须从中央和国家机关严起、从机关党建抓起。人力资源社会保障部党组深入学习贯彻习近平新时代中国特色社会主义思想,坚决落实习近平总书记重要指示批示精神,以党的政治建设为统领,全面提高机关党建质量,为人力资源和社会保障事业创新发展提供坚强保障。

旗帜鲜明讲政治　切实抓好政治机关建设

部党组坚持以习近平新时代中国特色社会主义思想为指导,牢牢把握人社工作的政治属性,旗帜鲜明讲政治,教育引导党员干部充分认识人社部首先是政治机关,第一属性是政治性,第一要求是讲政治,不断增强"四个意识",坚定"四个自信",做到"两个维护"。第一,突出政治建设的首要地位。坚决抓好学习贯彻习近平新时代中国特色社会主义思想这个首要政治任务,领导干部坚持讲党课,理论学习中心组每年25次左右集中学习研讨,在"学、议、行"上下功夫,带动全部学习。把贯彻落实习近平总书记重要指示批示和党中央决策部署作为最重要的政治责任。党组书记及时主持党组会传达学习,专题研究部署,建立落实台账,其他党组成员分兵把口、一线督战,有关责任单位加强督查调研、现场核查,深入评估进展情况和实际效果,确保落实到位。第二,突出民心这个最大的政治。民生连着民心,民心是最大的政治。人社领域就业、社会保障、劳动关系等工作离老百姓最近、同老百姓生活最密切,事关老百姓的切身利益,事关党的执政根基。部党组通过学习研讨、调查研究等多种形式,教育引导党员干部深刻领会我们党因初心而生、为使命而行和全心全意为人民服务的根本宗旨,始终站稳人民立场,把赢得民心民意作为各项工作的出发点和落脚点,紧紧依靠人民,不断造福人民,厚植党执政的群众基础。第三,突出选人用人的政治标准。贯彻新时期好干部标准,坚持把政治标准放在首位,不断完善干部选拔任用、考核评价机制,制定修订干部交流等有关制度,强化正确用人导向。同时,加强党员干部的政治历练,注重在完成重大政治任务中锻炼队伍、考察干部,同等条件下优先提拔任用经受住重大政治任务考验且实绩突出的干部。

紧密联系实际　以机关党建推动人社工作创新发展

坚持以党的政治建设为统领,推动机关党建与业务工作深度融合、相互促进,防止"两张皮"。第一,贴紧中心工作,践行以人民为中心的发展思想。人社工作全部工作对象涉及人,大部分工作内容涉及民生。部党组切实贯彻以人民为中心的发展思想,以"1+6"

专题学习为牵引推进实际工作,其中"1"是以部机关党的政治建设为统领,"6"是以稳就业、社保降费率、职业技能提升、人社扶贫、治欠保支、系统行风建设等为重点,教育引导党员干部深刻领会其核心要义、精神实质和实践要求,始终把人民放在心中最高的位置,心怀为民之情,恪守为民之责,主动深入群众,密切联系群众,做到想群众之所想、急群众之所急、解群众之所困、办群众之所需,不断增强人民群众的获得感、幸福感、安全感。第二,贴紧业务工作实际,强化干部担当作为。结合"不忘初心、牢记使命"主题教育,开展"守初心担使命,人民在我心中"大讨论,举办党支部书记、青年党员干部专题培训,组织比武练兵和知识竞赛,既提高认识,又增强本领。制定出台人社部关于进一步激励干部新时代新担当新作为的实施意见,教育引导党员干部深刻理解有多大担当才能干多大事业、尽多大责任才会有多大成就,增强直面问题、破解难题的担当精神。倡导"伸手揽活、出手相助、接手担责",形成做好工作的合力。抽调人员成立工作专班,推进专项工作,在实际工作中检验党员党性、考验干部能力、强化责任担当。加大工作力度,紧扣群众关心事、操心事、烦心事,积极主动为群众办实事解难题,与当前正在做的事紧密结合,列出30件为民办实事清单,实行动态管理、挂账销号。加大"放管服"改革力度,清理取消84件次证明材料,开展18个服务事项告知承诺制试点,进一步压缩社保卡制发周期,上线运行国家社会保险公共服务平台,让参保群众查询信息、办理事项更加便捷,在党员干部履职尽责、为民服务的实际工作中体现机关党建的成效。第三,贴紧党员干部实际,加强思想政治工作和作风建设。开展基层党组织和党员干部队伍调研,定期分析党员干部思想状况,重视做好思想政治工作,并针对基层党组织多样化、党员干部群体差异化的特点,增强工作针对性和实效性。制定印发进一步加强谈心谈话的实施意见,充分发挥谈心谈话的作用,对党员干部做到岗位变动必谈、组织处理必谈、家庭变故必谈、发现苗头性问题必谈"四必谈",防止以一般性沟通和集体谈话代替一对一的思想政治工作。加强党员的教育管理监督,严肃认真开展党内政治生活,落实"三会一课"等制度。加强作风建设,改进调查研究,注重专题调研与暗访调查、蹲点调研相结合,深入基层一线、"一竿子插到底",组织赴全国70多个市、120多个县、近450家人社系统服务窗口,开展"四不两直"暗访调研,查找群众办事遇到的痛点难点堵点,及时发现和纠正窗口单位工作作风、服务能力等方面的问题。重视加强青年干部队伍建设,组织青年干部开展"根在基层——做一周基层人社人"蹲点调研,进行"人社窗口服务微观察""人社政策落实深访谈""人社工作社会影响细调查",到"三区三州"等深度贫困地区、定点扶贫县挂职锻炼,拜人民为师,向实践学习。成立青年理论学习小组,创新青年学习载体,线上线下结合,形成浓厚学习氛围。

层层传导压力　严格落实"一岗双责"

抓好机关党建,必须强化抓机关党建是本职、不抓机关党建是失职、抓不好机关党建是渎职的理念,把各级领导干部党建责任压紧压实。关键是牵住责任制这个"牛鼻子",层层传导压力。第一,坚持"书记抓、抓书记"。部党组牢固树立抓党建是主责、是天职的意识,抓严抓实机关党建,发挥"头雁效应"。作为部机关党建第一责任人,切实扛起全面从严治党的政治责任,做到机关党建的重要部署亲自研究、突出问题亲自过问、重点工作亲自督查。压紧压实基层党组织书记抓党建责任,定期听取汇报,加强督促检查,严格党建述职评议考核,加大党建工作考核权重,党建考核未评为"好"的,年度考核不能评为"优秀"。第二,坚持"一岗双责"落到实处。明确机关党建责任,把"一岗双责"落到一把手、班子成员,落到基层党组织书记、委员。部党组经常听取机关党委工作汇报,审议部机关党建工作要点和专项工作方案，每年召开机关党建工作会议和人社系统党风廉政建设会议，定期对部机关全面从严治党形势进行分析，查找问题，剖析原因，有针对性提出改进措施。党组成员每季度对分管单位的党建和业务工作进行"双调度"，做到党建与业务工作"两手抓、双促进"。对部属各单位进行党建和业务"双述职""双考核"，既述党建也述业务，既考核党建责任制履行情况，也考核业务工作完成情况。组织开展党建和业务特色工作"双评选"，各单位晒出"土特产""一招鲜"，评出先进、比出干劲，推动党建和业务双创新、双驱动。举办"人社讲坛"，既讲业务又讲党建，促进党建与业务深度融合、相互促进。第三，坚持严小严早严预防。部党组坚持严字当头，拧紧螺丝。带头执行中央八项规定精神，注重抓早抓小、防微杜渐，抓住带有典型性、看似小事小节的问题不放，以身边事、身边人开展经常性警示教育，做到警钟长鸣。用好监督执纪"四种形态"，着重在用好第一种形态上下功夫，坚持早提醒、早打招呼，每逢节假日、出差出访、举办会议、干部招考、援派挂职等重要时间节点，都发出廉政提醒，让干部时刻绷紧纪律这根弦。部属各单位立足职能职责，梳理排查廉政风险点，提出防控措施，抓好廉政风险防控。落实《中国共产党问责条例》，制定具体问责办法，对落实党建责任不力、党员干部发生问题的有关单位领导干部严肃问责。

（本文原载于《旗帜》2019年第10期）

坚持和完善统筹城乡的民生保障制度

张纪南

党的十九届四中全会《关于坚持和完善中国特色社会主义制度、推进国家治理体系和治理能力现代化若干重大问题的决定》（以下简称《决定》）提出，坚持和完善统筹城乡的民生保障制度，满足人民日益增长的美好生活需要。必须充分认识其重大意义，准确把握精神实质、丰富内涵和基本要求，全面完成各项目标任务。

一、充分认识坚持和完善统筹城乡的民生保障制度的重大意义

（一）坚持和完善统筹城乡的民生保障制度，是践行全心全意为人民服务根本宗旨的具体体现。带领人民创造美好生活，是我们党始终不渝的奋斗目标。增进人民福祉、促进人的全面发展是我们党立党为公、执政为民的本质要求。民生保障制度涉及群众面最广、涉及群众利益最深、涉及群众的问题最具体。我们党坚持把人民利益摆在至高无上的地位，把保障和改善民生作为重要的政治责任，在改革创新中不断完善民生保障制度体系，领导我国社会主义现代化建设取得辉煌成就，人民群众获得感幸福感安全感不断增强，这是我们党始终保持强大号召力、向心力、凝聚力的根本所在。坚持和完善统筹城乡的民生保障制度，坚持以人民为中心，努力让人民过上更好生活，进一步彰显党的根本宗旨和根本立场，也将使我们党长期执政的群众根基更加牢靠。

（二）坚持和完善统筹城乡的民生保障制度，是适应我国社会主要矛盾转化的必然选择。保障和改善民生没有终点，只有连续不断的新起点。新时代我国社会主要矛盾已经转化为人民日益增长的美好生活需要和不平衡不充分的发展之间的矛盾，人民对美好生活需要的内涵不断丰富、层次不断提升，过去是解决"有没有"的问题，现在更多的是解决"好不好"的问题。这些都对做好民生工作提出了新的更高要求。坚持和完善统筹城乡的民生保障制度，推进各项制度更加成熟定型，有利于解决好人民群众最关心最直接最现实的利益问题，不断补齐民生领域短板，夯实民生保障基础，满足人民多层次多样化需求。

（三）坚持和完善统筹城乡的民生保障制度，是实现"两个一百年"奋斗目标的重大任务。党的十九大对实现"两个一百年"奋斗目标作出战略部署，提出到建党一百年时建成社会更加和谐、人民生活更加殷实的小康社会，到新中国成立一百年时全体人民共同富裕的目标基本实现，我国人民将享有更加幸福安康的生活。幼有所育、学有所教、劳有所得、病有所医、老有所养、住有所居、弱有所扶等方面都是重要的民生福祉，是实现人的全面发展的重要基石，是推进民生保障建设的重大任务。坚持和完善统筹城乡的民生保障制度，采取针对性更强、覆盖面更大、效果更明显的举措，使人民生活更加充实、更有保障、更可持续，将充分展现社会主义制度优越性，这也是推动实现"两个一百年"奋斗目标的应有之义。

二、深刻理解坚持和完善统筹城乡的民生保障制度的基本要求

（一）顺应人民对美好生活的新期待。这是坚持和完善统筹城乡的民生保障制度的出发点和落脚点。人民对美好生活的新期待，突出表现在拥有更好的教育、更稳定的工作、更满意的收入、更可靠的社会保障、更高水平的医疗卫生服务、更舒适的居住条件、更优美的环境、更丰富的精神文化生活等。民之所盼、政之所向。坚持和完善民生保障制度，必须把实现好、维护好、发展好最广大人民的根本利益作为最高标准，把人民群众关心的事当作大事，多谋民生之利、多解民生之忧，坚持问题导向，适应实践发展要求，回应群众现实需求，顺应群众内心期盼，抓紧制定满足人民对美好生活新期待必备的制度。

（二）促进社会公平正义。这是坚持和完善统筹城乡的民生保障制度的基本取向。社会公平正义，是新时代中国特色社会主义制度的内在要求，也是保障和改善民生的核心价值，关系能否实现共同富裕的目标。坚持和完善民生保障制度，必须始终牢牢把握公平正义这一尺度，更好保障人民群众基本民生权益，健全国家基本公共服务制度体系，努力实现权利公平、机会公平、规则公平，让改革发展成果更多更公平惠及全体人民，走共同富裕道路，使社会充满生机活力而又长期保持稳定。

（三）坚持尽力而为、量力而行。这是坚持和完善统筹城乡的民生保障制度的重大原则。尽力而为，强调党和政府的责任担当和主动作为。量力而行，强调实事求是和一切从实际出发。我国仍处于并将长期处于社会主义初级阶段的基本国情没有变，我国是世界最大发展中国家的国际地位没有变，民生保障水平要与经济发展水平相适应。坚持和完善民生保障制度，必须在发展中保障和改善民生，在做大"蛋糕"的基础上努力分好"蛋糕"，从那些现实条件下可以做到的事情做起，不做超越发展阶段和财力水平的事情，既不裹足不前、铢施两较，也不好高骛远、寅吃卯粮，一件事情接着一件事情办、一年接着一年干，锲而不舍推进民生保障的可持续发展。

（四）坚决兜牢民生底线。这是坚持和完善统筹城乡的民生保障制度的重要基础。兜牢民生底线，是保障和改善民生、维护社会和谐稳定的根基。坚持和完善民生保障制度，必须充分发挥社会政策托底功能，坚持全覆盖、突出保基本，注重加强普惠性、基础性、兜底性民生建设，聚焦困难群体，围绕民生短板，织密扎牢民生保障"安全网"，着力防范和化解重大风险，始终牢牢守住保障群众基本生活和基本权益这一民生底线。

（五）充分激发社会各方面的积极性。这是坚持和完善统筹城乡的民生保障制度的实现途径。人民是享受民生改善成果的主体，更是实现民生改善目标的主体。党和政府承担着保障和改善民生的基本职责，但不能包打天下，要充分调动社会各方面广泛参与进来，把保障和改善民生的工作方向与群众的自身奋斗统一起来。坚持和完善民生保障制度，必须最大限度调动群众的奋斗精神和创造潜能，激发民智、汇聚民力，尊重群众首创精神，创新公共服务提供方式，鼓励支持社会力量兴办公益事业，不断促进全体人民各尽其能、各得其所。

三、准确把握坚持和完善统筹城乡的民生保障制度的重点任务

（一）健全有利于更充分更高质量就业的促进机制。就业是民生之本，是人民群众改善生活的基本前提和基本途径。当前和今后一个时期，我国就业总量压力依然存在，结构性矛盾日益突出，新的影响因素不断增加。《决定》提出健全有利于更充分更高质量就业的促进机制，这是坚持和完善劳动就业制度的总体目标。促进"更充分"就业表明，在我国这样一个近14亿人口和9亿劳动力的大国，不断扩大就业、创造更多岗位始终是一个重大战略问题。促进"更高质量"就业，是让劳动者实现体面劳动、全面发展的重要基础。实现这一总体目标，重点任务主要包括：一是实施就业优先政策。建立就业目标导向优先机制，强化以就业为底线的区间调控。建立宏观政策联动机制，推动引导宏观政策支持就业，围绕稳定和促进就业综合发力，促进经济增长与扩大就业良性循环。建立就业影响评估机制，在产业转型升级、实施重大项目工程时，同步评估对就业的影响。二是健全公共就业服务制度，完善城乡均等的公共就业服务体系，提升公共就业服务水平。三是健全终身职业技能培训制度，面向城乡全体劳动者，贯穿工作学习生涯，提供普惠性、均等化的终身职业技能培训。四是完善重点群体就业支持体系，加大对高校毕业生、贫困劳动者、去产能职工等群体就业帮扶力度。健全就业援助制度，对就业困难人员实行托底帮扶。五是建立促进创业带动就业、多渠道灵活就业机制，优化政策环境，降低创业成本，形成政府激励创业、社会支持创业、劳动者勇于创业的格局。六是健全劳动关系协调机制，完善政府、工会、企业共同参与的协商协调机制，保障劳动者合法权益，构建和谐劳动关系。七是健全法律制度和监督机制，消除城乡、性别、身份、行业等一切影响平等就业的制度障碍，坚决防止和纠正就业歧视，营造公平就业制度环境。

（二）构建服务全民终身学习的教育体系。百年大计，教育为本。当前，教育供给还存在不足，教育公平有待增强，群众在教育方面还面临难题。《决定》提出构建服务全民终身学习的教育体系，这是坚持和完善教育制度的总体目标。"服务全民"，就是教育要面向全体人民，体现公平性。"终身学习"，就是教育要覆盖人的整个生命周期，体现持续性。实现这一总体目标，重点任务主要包括：一是全面贯彻党的教育方针，聚焦办好人民满意教育，完善立德树人体制机制，深化教育领域综合改革，培养德智体美劳全面发展的社会主义建设者和接班人。二是推动城乡义务教育一体化发展，加强农村义务教育，努力缩小城乡义务教育差距，促进教育权利和机会的公平。三是健全学前教育机制，扩大普惠性学前教育资源，健全特殊教育机制，健全普及高中阶段教育保障机制，促进普通高中多样化发展。四是完善职业技术教育、高等教育、继续教育统筹协调发展机制，加快一流大学和一流学科建设，优化创新型、复合型、应用型和技术技能型人才培养机制，打造符合国情的终身教育体系。五是加强政府、家庭、学校和社会联动，构建覆盖城乡的家庭教育指导服务体系。六是发挥网络教育和人工智能优势，创新教育和学习方式，支持和规范民办教育、合作办学，加快发展面向每个人、适合每个人、更加开放灵活的教育体系，建设学习型社会。

（三）完善覆盖全民的社会保障体系。社会保障是民生安全网、社会稳定器，与人民幸福安康息息相关，关系国家长治久安。随着我国人口老龄化，迫切需要进一步增强社会保障制度的可持续性。《决定》提出完善覆盖全民的社会保障体系，这是坚持和完善社会保障制度的总体目标。"覆盖全民"，就是要把更多的群众纳入保障范围，健全保障项目，努力做到法定人员全覆盖。实现这一总体目标，重点任务主要包括：一是健全基本养老保险制度。实施全民参保计划，努力实现应保尽保，适当加强中央在养老保险方面的事权，建立养老保险基金中央调剂制度，在完善省级统筹的基础上加快建立基本养老保险全国统筹制度。建立健全科学合理的待遇调整机制，稳步提高保障水平。二是健全基本医疗保险制度，全面建成统一的城乡居民医保制度和大病保险制度，稳步提高医疗保障水平，深化支付方式改革，建立医保目录动态调整机制，推动药品招采制度和医疗服务价格改革。三是完善失业、工伤保险制度，维护失业人员和工伤人员的基本权益。四是加快建立全国统一的社会保险公共服务平台，加快落实社保转移接续、异地就医结算制度，推进社保卡更广泛应用。五是规范社保基金管理，堵塞制度漏洞，保持打击欺诈骗保的高压态势。六是构建多层次社会保障体系,加快发展职业(企业)年金,鼓励发展商业养老保险、补充医疗保险等,满足群众不同层次需求。七是统筹完善社会救助、社会福利、慈善事业、优抚安置等制度,健全退役军人工作体系和保障制度,完善农村留守儿童和妇女、老年人关爱服务体系,健全残疾人帮扶制度。八是坚决打赢脱贫攻坚战,巩固脱贫攻坚成果,建立解决相对贫困的扶弱帮困长效机制。九是加快建立多主体供给、多渠道保障、租购并举的住房制度,大力发展住房租赁市场,因地制宜发展共有产权住房,继续加快棚户区改造和公租房建设。

(四)强化提高人民健康水平的制度保障。增进人民健康福祉,事关人的全面发展、社会全面进步。随着疾病谱、生态环境、生活方式等变化,医疗卫生事业发展还面临一些突出矛盾,群众看病就医也还存在不少难题。《决定》提出强化提高人民健康水平的制度保障,这是坚持和完善卫生健康制度的总体目标。"提高人民健康水平",就是要把人民健康作为民族昌盛和国家富强的重要标志。实现这一总体目标,重点任务主要包括:一是坚持关注生命全周期、健康全过程,完善国民健康政策,实施健康中国行动,让广大人民群众享有公平可及、系统连续的健康服务。二是深化医药卫生体制改革,健全基本医疗卫生制度,加快现代医院管理制度改革,建立完善分级诊疗制度,完善药品供应保障制度,建设综合监管制度,促进医疗卫生工作重心下移、资源下沉,健全重特大疾病医疗保险和救助制度,提高公共卫生服务、医疗服务、医疗保障、药品供应保障水平。三是坚持以基层为重点、预防为主、防治结合、中西医并重。加强公共卫生防疫和重大传染病防控,建立健全适合中医药发展的政策、管理、标准、评价体系,打造中医药和西医药相互协调发展的中国特色卫生健康发展模式,传承创新发展中医药事业。四是加强生育政策评估和人口形势分析研判,优化生育政策,促进人口均衡发展。五是积极应对人口老龄化,健全医疗卫生机构与养老机构合作机制,加快建设居家社区机构相协调、医养康养相结合的养老服务体系,努力让更多的老年人享有幸福安宁的生活。

(本文原载于《〈中共中央关于坚持和完善中国特色社会主义制度、推进国家治理体系和治理能力现代化若干重大问题的决定〉辅导读本》)

坚定信心 奋发有为
为全面建成小康社会积极贡献人社力量

——在全国人力资源和社会保障工作会议上的讲话

张纪南

（2019年12月26日）

  这次会议的主要任务是，以习近平新时代中国特色社会主义思想为指导，全面贯彻党的十九大和十九届二中、三中、四中全会精神，落实中央经济工作会议精神，总结工作，分析形势，研究部署明年重点任务，扎实推进人社事业改革发展。下面，我讲四个问题。

一、砥砺实干、锐意进取，2019年人力资源和社会保障工作取得积极成效

  今年是新中国成立70周年，大事多、喜事多、难事也多。一年来，在以习近平同志为核心的党中央坚强领导下，各级人社部门自觉提高政治站位、强化使命担当，坚持稳中求进，围绕中心、服务大局，抓重点、攻难点、创亮点，圆满完成年度目标任务，各项重点工作取得新成效，改革创新取得新进展，为民服务实现新提升，为经济社会发展大局做出了积极贡献。

  第一，顶压前行、齐心协力，多措并举稳就业，就业局势保持总体稳定。坚决贯彻落实中央决策部署，把稳就业作为重大政治任务和头等大事，积极应对中美经贸摩擦影响，紧盯重点地区、重点行业和重点企业，落实和完善就业优先政策，加强政策储备，健全工作机制，开展百日攻坚，预计全年城镇新增就业1 300万人以上，超额完成目标任务，这将是连续第7年保持在1 300万人以上，城镇调查失业率和登记失业率都处于预期目标之内。各地区、各有关部门认真落实促进高校毕业生就业创业新举措，扎实推进去产能和处置"僵尸企业"职工分流安置、农民工转移就业和返乡创业、退役军人就业创业、就业困难人员帮扶等工作，重点群体就业保持稳定。失业保险援企稳岗加力增效，预计全年向100万户企业返还400亿元，惠及职工6 000万人次。扎实推进就业政策落实服务落地，有序开展"10+N"专项活动，组织招聘会数万场，免费服务超亿人次，全面实施《人力资源市场暂行条例》，推动发展人力资源服务产业，为广大劳动者求职就业搭建平台。制定促进劳动力和人才社会性流动体制机制改革的意见和充分发挥市场作用促进人才顺畅有序流动的意见，进一步拓展了劳动者流动就业空间。组织开展"最美基层高校毕业生"学习宣传活动，引导高校毕业生扎根基层。今年就业工作取得的成绩，成为我国经济平稳运行的有力支撑和突出亮点，成为维护社会和谐稳定的重要基础。

第二，强化督导、稳步推进，降费率成效明显，社会保障制度改革取得新突破。积极推进社保降费率、调费基，预计全年降费超过4 100亿元，实现企业降成本、市场增活力、个人得实惠。持续推进全民参保计划，预计年底养老、失业、工伤保险参保人数分别达到9.65亿人、2.05亿人、2.55亿人，三项保险基金累计结余6.7万亿元。养老保险制度改革取得突破，长期可持续发展有了可靠的制度性安排。明确规范养老保险省级统筹制度的标准和时间要求，13个省份实现省级统收统支。养老保险基金中央调剂力度加大，22个省份净受益。基金投资运营规模超过1万亿元，划转部分国有资本充实社保基金取得积极进展，可持续的物质基础更加均衡充足。企业和机关事业单位退休人员基本养老金继续调整，10个省份增加城乡居民养老保险基础养老金，退休人员和老年人保障水平有了新的提高。失业保险、工伤保险省级统筹取得阶段性成效。加强社保基金运行监测和风险防控，基金管理运行有序平稳。

第三，立足职能、乘势而上，技能人才发展打开新局面，人才人事各项工作扎实推进。在第45届世界技能大赛上，我国选手取得历史最好成绩。习近平总书记作出重要指示，予以充分肯定。各地党委、政府高位推动，系统上下迅速兴起学习贯彻热潮，崇尚技能的社会氛围更加浓厚，技能人才发展取得新的成效。积极推进职业技能提升行动，将其作为缓解结构性就业矛盾的关键举措，作为加快技能人才队伍建设的重要抓手，筹集专账资金，制订计划、分解任务、加强调度，共筹集专账资金1 100多亿元，全年完成各类补贴性培训超过1 600万人次，超额完成1 500万人次的目标任务。推动将技工院校纳入统一招生平台，预计全年扩招11万人。开展职业技能等级认定试点，发布13个新职业信息，颁布143个国家职业技能标准。组织开展第十四届中华技能大奖等评选表彰活动。全面落实深化职称制度改革任务，加快推进分系列职称改革工作，扎实推进各项专技人才工程计划项目组织实施。事业单位人事管理配套制度更加完善，县以下事业单位管理岗位职员等级晋升制度试点工作顺利完成，事业单位收入分配制度改革深入推进。会同相关部门开展国家级和部级表彰奖励，特别是圆满完成了庆祝新中国成立70周年表彰奖励的有关重要任务。

第四，持续发力、健全机制，根治欠薪取得扎实成效，劳动关系保持总体和谐稳定。紧扣根治欠薪，健全工作机制，制定出台保障农民工工资支付条例，组织领导和法制保障进一步加强。开展省级政府考核通报，10个省份被评为A级，3个省份被评为C级。会同相关部门组织实施夏季专项行动和冬季攻坚行动，全面落实各项保障工资支付制度，强化欠薪信用惩戒，紧盯"两清零"目标，层层压实监管责任，拖欠农民工工资问题得到遏制。今年前11个月，查处各类欠薪案件、涉及人数、金额同比分别下降34.1%、51.4%、52.7%，连续4年较大幅度下降。面对劳动关系领域矛盾风险复杂的局面，强化形势分析研判，健全风险防控机制，加强对企业劳动用工的指导规范和服务，深入推进和谐劳动关系创建活动，健全调解仲裁和监察执法机制，劳动关系保持总体和谐稳定。国有企业工资决定机制改革、国有企业负责人薪酬制度改革稳步推进，最低工资标准调整评估机制进一步健全。

第五，靶向定位、精准施策，全力推进人社扶贫，各项政策措施落地见效。围绕抓好中央脱贫攻坚专项巡视问题整改和各项扶贫任务落实，聚焦"三区三州"等深度贫困地区，着力在"精准"和"攻坚"上下功夫，进一步压实责任，完善政策措施，狠抓工作落实。积极拓宽贫困劳动力就业门路，累计帮扶农村贫困人口实现就业1 192万人，比去年底增加204万人。落实为贫困人员代缴城乡居民养老保险费和贫困老人领取城乡居民养老保险待遇有关政策，未参加基本养老保险的贫困人员由去年同期的766万人下降到2 800多人。特别是加大对"三区三州"等深度贫困地区政策倾斜和资金支持力度,中央财政就业补助资金分配首次戴帽下达 36.5 亿元,同比增加 90.3%。在中央关怀、各地支持下,西藏首个技师学院建成并开始招生。单独划定"三区三州"专技人员职业资格考试合格分数线,开展"定向评价、定向使用"职称评审和岗位聘用,举办"三区三州"职业技能大赛,开展"三区三州"事业单位脱贫攻坚专项奖励,组织开展 100 个示范性专家服务团助力脱贫攻坚服务活动,促进人才、智力、技术等要素向贫困地区流动。

第六,聚焦问题、较真碰硬,系统行风有了新转变,群众满意度实现新提升。全面深化"放管服"改革,围绕"清、减、压"持续发力,在国务院部门中率先发布审批服务事项清单,30 个省份制定公布全省统一的事项清单和办事指南。大力推行当场办结、限时办结等服务模式,全力推行"社保经办异地业务不用跑、无谓证明材料不用交、重复表格信息不用填",新取消 42 项证明事项材料,在 18 个事项中开展告知承诺制试点,大力压缩社保卡办卡时限。针对"证明材料多、排队时间久、办结时限长、工作纪律差、热线不好打、设施不便民"等 6 个方面问题,部署开展专项整改提升。"看得懂算得清"政策解读从养老保险领域向其他领域拓展。标准化信息化建设进一步加快,发布国家标准 4 项、行业标准 23 项。全面加强窗口单位经办队伍建设,宣传培树 100 位人社服务标兵,组织开展业务技能练兵比武,举办了省际邀请赛和全国赛,以赛促学、以比促练。在全系统营造了"比学赶帮超"的良好风气,整体提升了系统窗口单位业务技能。

第七,夯实基础、强化支撑,"互联网+人社"深入实施,信息化建设持续推进。积极推进金保工程二期建设,决策科学化、管理精准化、服务人本化水平有效提升。社保卡累计持卡人数超过 13 亿人,开通 100 多项持卡应用,电子社保卡签发近 9 000 万张。业务协同平台完成部省对接,初步形成全国协同共享机制。12333 电话咨询服务量超过 1 亿次,国家社会保险公共服务平台、全国统一的网上服务大厅和"掌上12333"移动应用上线运行,部分业务实现"一网通办"、网上办、移动办,群众办事更加便捷。加强人社扶贫信息平台动态监测和信息数据比对,力保扶贫精准施策。加强对重复领取、服刑人员违规领取、死亡冒领、违规一次性缴费、违规提前退休等信息的筛查,强化数据稽核。全国全民参保登记库建设得到加强,实现参保基础数据集中管理。

今年,系统上下按照中央要求,紧密结合人社工作实际,创新方式方法,扎实开展"不忘初心、牢记使命"主题教育。全面学习领会,突出以人民为中心的发展思想这个重点;紧紧围绕践行根本宗旨,体现人社部门民生特点;边学边查边改,聚焦群众的关心事操心事烦心事这个难点。以实施"1+6"专题为牵引,坚持以机关党的政治建设为统领,推动实施稳就业、降费率、职业技能提升、根治欠薪、人社扶贫、行风建设等 6 个专项行动,既把握目标方向,又落实落具体,上下联动、合力整改,集中精力解决了一批群众和基层反映强烈的突出问题,有力推动了工作开展,取得了实际成效。

这些成绩的取得,根本在于以习近平同志为核心的党中央坚强领导,根本在于习近平新时代中国特色社会主义思想的科学指导,离不开各级党委、政府的高度重视和有力推动,离不开各有关部门、有关方面的支持配合,也是各级人社部门共同努力的结果。在此,我代表部党组向各有关部门和有关方面,向全系统干部职工致以崇高的敬意和衷心的感谢!

同时,也要清醒地认识到,与中央要求、群众期盼相比,我们工作中还存在不少问题和薄弱环节,人社领域还有一些深层次的矛盾和问题。就业创业政策体系有待完善,社保激励约束机制需要继续健全,人才人事工作还不能很好适应发展需要,构建和谐劳动关系有待加强,系统行风建设也还要继续加大力度。一些重点任务进展不平衡,基层基础依然薄弱,政策落实力度也还需要持续提升,等等。这些都需要我们在今后工作中切实加以改进和解决。

二、统一思想、对标对表,准确把握面临的新形势新任务新要求

对于做好当前和今后一个时期的工作,中央明确提出了一系列要求。尤其是党的十九届四中全会对坚持和完善中国特色社会主义制度、推进国家治理体系和治理能力现代化作出重大决策部署,中央经济工作会议分析了形势并确定了明年经济工作的总体要求和重点任务。我们必须切实把思想和行动统一到中央对形势的科学判断和对工作的部署要求上来,增强思想自觉政治自觉行动自觉。

第一,深刻把握中央要求,明确方向坐标,切实增强工作的全局性战略性系统性。中央的要求,既有需要总体把握、管全局的,也有需要重点推动抓落实的,既有近期的,也有关系长远制度建设的,为我们推进工作提供了原则方向和重要遵循。

一要坚定制度自信,提升治理效能。党的十九届四中全会全面系统总结了我国国家制度和国家治理体系的13个方面显著优势。这些显著优势,具有厚重的历史逻辑、深刻的理论逻辑和丰富的实践逻辑。要充分认识和深刻把握这些优势,结合实际和特点,切实发挥好运用好,转化为治理效能。要按照全会要求,坚持和完善13个方面的根本制度、基本制度、重要制度,着力固根基、扬优势、补短板、强弱项,构建系统完备、科学规范、运行有效的制度体系。特别是要把党的领导制度放在首要位置,突出其统领地位。我们必须充分认识到,中国共产党领导是中国特色社会主义最本质的特征,是中国特色社会主义制度的最大优势,要把党的领导落实到国家治理各领域各方面各环节。

二要胸怀"两个大局",强化战略思维。中华民族伟大复兴的战略全局和世界百年未有之大变局,关乎国家的前途命运,是我们谋划各项工作的基本出发点。我们要精准定位所处的历史坐标与世界坐标,把人社工作放在大局中去思考、去推动,时时聚焦大局、处处服务大局,既为实现伟大梦想担当使命,又紧紧抓住重大机遇、应对风险挑战,立足职能,突出人社工作切入点、着力点,不折不扣贯彻落实好中央大政方针和决策部署。

三要坚定不移贯彻新发展理念,推动高质量发展。新时代抓发展,必须更加突出发展理念。我们要坚定不移贯彻创新、协调、绿色、开放、共享的新发展理念,把注意力集中到解决各种不平衡不充分的问题上,树立全面、整体的观念,坚决杜绝形形色色的形式主义、官僚主义。要进一步厘清发展思路、把牢发展方向、找准发展着力点,牢固树立正确的政绩观。

四要把握科学方法,提高做好经济工作的针对性。中央明确要求,必须科学稳健把握宏观政策逆周期调节力度,增强微观主体活力,把供给侧结构性改革主线贯穿于宏观调控全过程;必须从系统论出发优化经济治理方式,加强全局观念,在多重目标中寻求动态平衡;必须善于通过改革破除发展面临的体制机制障碍,激活蛰伏的发展潜能,让各类市场主体在科技创新和国内国际市场竞争的第一线奋勇拼搏;必须强化风险意识,牢牢守住不发生系统性风险的底线。这4个"必须",是做好当前工作、应对风险挑战的科学方法,也是实践证明行之有效的宝贵经验,我们要深刻领会,切实贯彻落实。

第二,深刻把握面临的复杂形势,充分认识我国发展的有利条件,切实增强做好工作的主动性前瞻性。当前,我国正面对国内外风险挑战明显上升的复杂局面。从国内看,我国正处在转变发展方式、优化经济结构、转换增长动力的攻关期,结构性、体制性、周期性问题相互交织,"三期叠加"影响持续深化,经济下行压力持续加大,一些长期积累的矛盾和问题逐步显现。从国际看,世界经济增长持续放缓,仍处在国际金融危机后的深度调整期,经贸摩擦影响复杂,对我国发展带来许多不确定不稳定因素。可以说，国内国外、长期短期的矛盾问题相互碰撞，经济问题、社会问题和政治问题相互关联，这些都会对人社领域各项工作带来深刻影响，首当其冲的就是就业，对劳动关系、社会保障、人才人事等工作的影响也逐步显现。

把握形势，既要看到存在的困难和问题，更要看到我国仍处于重要战略机遇期，具备许多积极因素和发展优势。要充分认识到，我国经济稳中向好、长期向好的基本趋势没有改变。特别是我们有党的坚强领导和中国特色社会主义制度的显著优势，有改革开放以来积累的雄厚物质技术基础，有超大规模的市场优势和内需潜力，有庞大的人力资本和人才资源。这4个"有"，彰显了做好各项工作的最大底气。我们必须科学研判形与势、把握危与机、认清"变"与"不变"，既牢固树立忧患意识和底线思维，充分估计面临的困难，又充分把握发展的机遇和有利条件，坚定信心、保持定力，集中精力做好自己的事。

第三，深刻把握全面建成小康社会目标任务，担当作为、履职尽责，切实增强政治责任感、历史使命感和现实紧迫感。明年是党和国家事业发展中具有特殊重要意义的一年，既是全面建成小康社会收官之年、脱贫攻坚决胜之年，也是"十三五"规划收官之年。实现这些奋斗目标，是明年全党工作的重中之重，人社部门肩负重大的政治责任、承担重要的工作任务。全面建成小康社会，是"三步走"战略目标的关键一步，是我们党向人民作出的庄严承诺，是开启全面建设社会主义现代化强国新征程的坚实基础。人社领域的工作在其中具有很重的分量。贫困人口脱贫，是全面建成小康社会的底线任务和标志性指标。经过长期努力特别是党的十八大以来，脱贫攻坚取得了决定性进展，现在已经到了一个重要关口。人社部门承担着就业增收、保障生活、智力支持等扶贫职责任务，责任重大、使命光荣。同时，"十三五"规划确定的人社领域的目标任务，既有重要指标，又有重大政策、重大改革举措和重大工程项目，也都要在明年全面完成。这些都是硬任务硬要求，不能打任何折扣，更不能有丝毫懈怠。

根据中央明确的一系列目标任务，立足人社部门的职能职责，我们必须着眼于坚持和完善统筹城乡的民生保障制度，推进人社领域各项制度体系建设，着眼于深化供给侧结构性改革，坚持"巩固、增强、提升、畅通"的方针，推进人社领域各项工作提质增效。要着力健全有利于更充分更高质量就业的促进机制，稳定就业总量，改善就业结构，提升就业质量，突出抓好重点群体就业工作，促进贫困劳动力就业增收，千方百计稳住就业局势。着力完善覆盖全民的社会保障体系，确保养老金按时足额发放，加快推进养老保险全国统筹，继续阶段性降低费率，切实兜住基本生活底线。着力加快技能人才发展，完善科技人才发现、培养、激励机制，注重引进海外人才，培养造就更多更优秀的人才。着力构建和谐劳动关系，健全劳动关系协调机制，加强劳动关系矛盾纠纷多元预防调处化解，构建合理的工资收入分配格局，促进广大劳动者实现体面劳动、全面发展。

三、攻坚克难、开拓进取，全面推进人力资源和社会保障工作

做好明年工作的总体要求是：以习近平新时代中国特色社会主义思想为指导，全面贯彻党的十九大和十九届二中、三中、四中全会精神，坚决贯彻党的基本理论、基本路线、基本方略，增强"四个意识"、坚定"四个自信"、做到"两个维护"，紧扣全面建成小康社会目标任务，坚持稳中求进工作总基调，坚持新发展理念，坚持以供给侧结构性改革为主线，坚持以改革开放为动力，把稳就业作为重中之重，统筹推进社会保障、人才人事、劳动关系、人社扶贫、行风建设等工作，着力促改革、惠民生、防风险、保稳定，为全面建成小康社会和"十三五"规划圆满收官做出积极贡献。

第一，狠抓政策落实，盯住重点群体，全

力以赴确保就业局势稳定。就业是民生之本、财富之源，事关社会大局稳定。今年的目标任务完成得比较好，明年还要继续努力保持今年的水平，做到这一点，我们还要付出更加艰辛的努力。明年就业形势依然严峻复杂，需要在城镇就业的新成长劳动力仍然保持在1 500万人以上，结构性矛盾的问题仍然突出。做好就业工作，关键是"稳"字当头。"稳"，就是要把稳就业作为第一位的工作和重大政治责任，想尽一切办法、用尽一切手段，千方百计确保就业局势总体稳定。一是稳就业政策要落地见效。国务院已制定出台新的稳就业政策，这是连续第二年制定实施具有针对性、含金量较高的有效举措。要抓紧建立健全工作机制，主动对接相关部门，紧密结合实际，细化操作办法，优化办理流程，用好用足就业资金和专项奖补资金，发挥政策最大效应。坚持包容审慎原则，鼓励新业态新模式发展，抓紧研究清理限制灵活就业的不合理规定，进一步扩大就业增长空间。二是稳企稳岗稳就业。持续深入落实降低社会保险费率等措施，加大援企稳岗力度。企业在、岗位在，就业就有保障。从实践看，稳企稳岗措施的效果是很明显的。中央决定将阶段性降低失业和工伤保险费率、失业保险稳岗返还、在岗培训补贴政策到期后再延长一年。这项工作重在做实做细，切实减轻企业负担，鼓励企业不裁员、少裁员。三是稳步加快技能提升。深入开展职业技能提升行动。这是推进劳动力资源供给侧改革、促进就业扩量提质的重要措施。当前，我国就业结构性矛盾最突出的问题就是技能人才短缺。一方面，培养结构失衡，"普职比"逐年下降。另一方面，行业分布失衡，技能劳动者多集中于传统制造业，新兴产业和现代服务业严重不足。要充分发挥政府引导作用、企业主体作用和技工院校基础作用，根据不同群体的特点，提供有针对性的职业技能培训，创新培训补贴政策落实机制，加大工作推进力度，提升资金使用质量，确保完成补贴培训人次不低于1 700万的目标。四是稳定重点群体就业。突出高校毕业生这个群体，离校前精心组织政策服务进校园，离校后启动百日攻坚行动，持续推进就业创业促进、基层成长、青年见习、三支一扶、就业启航等计划。要加大困难人员帮扶力度，实施就业援助专项行动，规范公益性岗位管理，确保零就业家庭动态清零。稳妥做好去产能职工安置、下岗失业人员、农民工、退役军人等就业创业工作。五是稳妥防控失业风险。持续加强就业失业形势监测预警，继续盯紧重点时段、重点地区、重点行业和重点企业，及时发现风险隐患，精准采取措施，坚决守住不发生规模性失业风险的底线。要协同有关部门，加强重大政策、重大项目、专项治理中就业影响评估，做好政策储备和应对预案。同时，要强化创业就业服务，建立促进创业带动就业、多渠道灵活就业机制，加强公共就业服务体系建设，提升就业服务能力。实施人力资源服务业高质量发展行动，紧紧围绕稳就业，不断完善政策措施，推动人力资源市场建设，培育具有示范引领作用的行业领军企业，加强产业园区建设，强化行业监管，提升发展质量。

第二，持续深化改革，强化基金监管，健全完善社会保障体系。社会保障具有普惠性、基础性、兜底性作用。做好社会保障工作要突出一个"保"字。"保"，就是要充分发挥社会政策的托底功能，推进制度可持续发展，盯住关键时点和重点群体，切实保障好群众基本生活。一是保发放，特别是确保基本养老金按时足额发放。保发放，省级政府担负着主体责任。各地要构建省市县联动的风险预警机制，加强基金运行动态监测和精算分析，做好基金收支和运行情况分析，按要求规范养老保险缴费政策，多渠道筹集资金确保当期发放。同时，要发挥失业保险保生活的基本功能，切实保障失业人员基本生活。二是保统筹层次提升到位。实施社会保险统筹层次提升行动。继续实施并完善基金中央调剂制度，加大调剂力度，对收支困难省份给予更多支持。全面推进养老保险省级统筹，确保2020年底前全部实现基金省级统收统支，并及时进行验收。研究制定全国统筹实施方案和具体实施办法。加快推进失业保险省级统筹，推进工伤保险基金省级统筹按时到位。三是保改革落实落地。积极稳妥推进基本养老金合理调整机制、机关事业单位养老保险制度改革、社保费征收职能划转等任务。四是保基金安全。强化基金监管，建立完善政策、经办、信息、监督四位一体的风险防控体系，提升监管手段和效能，堵塞制度和管理漏洞，加大打击力度，严格防控基金管理风险。做好社会保险领域严重失信人名单管理工作，构建以信用为基础的新型监管机制。同时，要持续完善全国统一的社会保险公共服务平台，全面实施全民参保计划。新业态已成为近年来吸纳就业的重要渠道，要积极探索建立新就业形态职业伤害保障制度，保护从业人员劳动权益，促进平台经济健康发展。积极构建多层次社会保障体系，做好基本养老保险基金和企业年金、职业年金投资运营工作，推动养老保险第三支柱发展。

第三，彰显人社特色，服务经济社会发展，全面加强人才队伍建设和人事管理工作。推动经济社会发展，迫切需要加强人才队伍建设。当前，人才总量不足、结构不合理的问题依然突出。做好人才人事工作要强调一个"促"字。"促"，就是立足职责、主动作为，坚持问题导向、需求导向、市场导向，完善人才发展体制机制和发展环境，促进人才创新创造活力充分释放。一是增强机遇意识，促进技能人才加快发展。深入学习贯彻习近平总书记重要指示批示精神，肩负起推进技能人才发展的使命担当。推动各方面更加重视支持技能人才发展，全方位、大力度推进相关工作。加大技能人才发展体制机制改革力度，健全完善技能人才评价体系，深化技能人员职业资格制度改革，建立并推行职业技能等级制度，建立由国家职业技能标准、行业企业评价规范、专项职业能力考核规范等构成的多层次、相互衔接的职业标准体系。加大职业技能竞赛的组织力度。大力发展技工教育，千方百计做好技工院校扩招工作，加强一流技工院校建设，全面提高技工学校办学质量水平。二是落实国家重大战略，促进专技人才发展。聚焦创新驱动发展等国家战略，整合优化政策和服务，系统支持高层次人才服务发展。加强高层次人才选拔培养、发挥作用、表彰激励、联系服务工作。持续深入推进职称制度改革，全面完成各个职称系列改革任务，加快推进职称评审信息化服务平台建设。各地要抓紧制定完善相关配套政策，确保职称制度改革政策措施有效落地。要完善专业技术人员职业资格制度，动态实施国家职业资格目录。优化归国留学人员和外籍人才服务，改革完善博士后制度。健全急需紧缺人才目录编制发布制度，不断提升人才资源流动配置效能。三是深化事业单位人事制度和工资制度改革，促进事业单位增强发展活力。加快事业单位人事管理配套制度建设，细化支持和鼓励创业创新政策措施，落实高层次人才工资分配激励政策。健全事业单位岗位绩效工资制度，全面推进公立医院薪酬制度改革，保障义务教育教师工资待遇，探索体现行业特点的事业单位工资制度。积极稳妥推进中央有关事业单位实施绩效工资工作，研究建立事业单位薪酬调查比较制度，常态化做好院士退休工作。同时，进一步完善国家表彰奖励制度体系。认真做好全面建成小康社会、全国劳动模范和先进工作者表彰奖励工作，扎实推进省部级表彰奖励、创建示范活动的规范管理和表彰奖励获得者管理服务。注重表彰奖励工作基础建设，不断提高制度化、科学化、规范化水平。

第四，提升治理效能，有效维护权益，确保劳动关系总体和谐稳定。构建和谐劳动关系，是社会治理的重要内容。维护劳动关系和谐稳定要聚焦一个"治"字。"治"，就是要贴紧形势发展变化，合理把握维护劳动者权益和促进企业发展的利益平衡，强化系统治理、依法治理、综合治理、源头治理。一是坚持治在根上，深入实施根治欠薪行动。《保障农民工工资支付条例》的颁布实施为有效解决欠薪提供了强有力的法律依据，要加强宣传贯彻，结合实际制定完善配套措施，以最大力度、最快速度把法律的作用发挥出来。最近，已经组织开展冬季攻坚行动，国务院专门召开电视电话会议进一步提出要求。要会同相关部门层层压实责任，狠抓各项措施落实，持续发力，确保取得实效。要以条例的实施为契机，继续巩固提升根治欠薪工作成效，坚持标本兼治，坚持把功夫下在平时，保持治理恶意欠薪的高压态势，建立健全欠薪零容忍的制度体系、监管有效的工作格局、惩处有力的执法机制。要健全目标责任制，将根治欠薪工作纳入政府考核和监督内容。二是提升治理能力，积极构建和谐劳动关系。实施劳动关系"和谐同行"能力提升行动。加强劳动关系领域风险治理能力建设，建立完善劳动关系形势研判、风险监测预警和应急处置机制，有效防范和妥善处置群体性事件。加强调整劳动关系能力建设，推动完善和实施劳动关系法律法规，健全协调劳动关系三方机制，深入开展和谐劳动关系创建活动，推进深化构建和谐劳动关系综合配套改革，提高劳动争议调解仲裁和劳动保障监察能力。加强劳动关系公共服务能力建设，改进和完善对企业劳动用工和工资分配的指导服务，提升企业依法用工、自主协调以及化解劳动关系矛盾纠纷的能力。同时，继续全面实行劳动合同制度，推行集体协商工作。全面推进国有企业工资决定机制改革，继续做好国有企业负责人薪酬制度改革工作。加强企业工资宏观调控工作。加强农民工工作的统筹协调，推进完善新生代新业态农民工权益维护政策制度。

第五，巩固扶贫成果，拓展脱贫成效，为脱贫攻坚决战决胜做出积极贡献。明年是脱贫攻坚决胜之年。困扰中华民族几千年的绝对贫困问题即将历史性地得到解决。越是吃劲的时候越是要一鼓作气，越是最后时刻越是要响鼓重槌。要看到，人社扶贫工作仍然存在一些薄弱环节，巩固扶贫成效任务依然繁重。做好人社扶贫工作要把握一个"紧"字。"紧"，就是紧盯工作目标要求，紧盯"三区三州"等深度贫困地区，紧盯贫困劳动力就业增收这个重点，拧紧螺丝、再紧一扣。一是加紧工作节奏，全力以赴啃"硬骨头"。强化时效意识，咬定目标，集中优势兵力全力突击，把政策、资金、培训等资源重点用在"三区三州"深度贫困地区及贫中之贫、困中之困上，着力抓好专项巡视和"回头看"整改落实，确保坚决完成中央赋予的各项扶贫工作任务。二是抓紧政策落实，强化跟踪问效。对已经出台的整改举措、专项政策，特别是"三区三州"等深度贫困地区专项政策，要加大督导检查力度，全面梳理排查，看一看落实得怎么样、有没有偏差，是否对症下药、精准有效，确保工作务实、过程扎实、结果真实，脱真贫、真脱贫。三是注重紧密衔接，健全长效机制。在巩固脱贫攻坚成果的基础上，抓紧完善后续扶持措施，对于刚脱离贫困线的群众，做到"扶上马，送一程"。加强与乡村振兴战略衔接，保持人社扶贫政策的连续性稳定性。特别要强化对易地扶贫搬迁安置区群众的就业帮扶，防止出现搬迁群众集中失业问题。

第六，突出标本兼治，注重纠建并举，持续深入加强系统行风建设。加强系统行风建设，讲的是政治、为的是民生、检验的是党性、体现的是对人民群众的感情。推进系统行风建设要注重一个"优"字。"优"，就是要对标中央要求和群众需求，坚持问题导向，以队伍建设和信息化建设为支撑，确保政策"最先一公里"接地气、"最后一公里"有温度，进一步形成优良行风。一是优服务，持续推进"清、减、压"。着力破解创新创业、人才服务、社保等方面存在的痛点难点问题。抓好事项清单和办事指南的落实落地、动态调整，加大对同类或相近事项整合力度，进一步简化优化服务流程。持续推进"减证便民"，抓好取消证明事项的落实，推广告知承诺制。开展服务事项快办行动，聚焦群众反映强烈的社保关系转移接续、工伤认定、社保卡办理、培训补贴申领、失业保险金申领等事项，压缩办事时限。二是优素质，加强窗口单位队伍能力建设。常态化开展业务技能练兵比武，培树和宣传"人社知识通"，对窗口单位经办人员开展多种形式的业务培训，营造学政策、钻业务、练技能、强服务的良好氛围。创新服务模式，建立人社公共服务规范承诺制。继续深入开展"人社服务标兵"主题宣传活动，发挥典型示范作用。三是优手段，大力实施信息化建设行动。建立健全人社公共服务标准体系，加快推进"互联网+政务服务"，整合分散的信息系统，大力推广应用实体社保卡和电子社保卡，统筹推进人社政务服务平台建设，建设好社会保险公共服务平台，依托业务协同平台，加快推动跨业务、跨部门、跨层级信息共享和业务协同，基本实现重点领域和高频事项"一网一门一次"办理。同时，强化常态化监督。持续强化窗口单位调研暗访，对行风建设六个问题专项整改情况及时进行"回头看"。用好投诉举报平台，及时受理群众反映问题，定期分析研判。

明年，还将组织编制"十四五"规划。"十四五"时期是我国全面建设社会主义现代化国家新征程的开局起步期，按照国家统一部署要求，编制好人社事业发展规划意义重大而深远。要在做好"十三五"规划实施总结评估基础上，深入研判发展环境，加强重大问题研究，进一步厘清思路，提出事业发展的总体要求和主要目标，精准谋划重大任务、重大政策和重大工程项目。各地也要认真做好相关工作，努力将重要指标和项目列入当地经济社会发展总体规划。

四、坚持问题导向目标导向结果导向，坚决把各项工作抓实抓好抓到位

做好明年各项工作意义重大。各级人社部门要切实提高政治站位，观大势、谋全局、抓大事，贴紧中央要求，贴紧群众需要，贴紧工作实际，牢记职责使命，勇于担当作为，以时不我待、只争朝夕的奋斗精神，全力以赴抓好各项工作落实。

第一，提高政治站位，强化政治意识，提升政治能力。人社部门作为国家机关，本身就属于政治上层建筑，有着鲜明的政治属性。各项人社工作政治属性也都很强，就业、社保、劳动关系、人才人事等工作都关系民生、连着民心，民心是最大的政治。我们做好工作，就是构筑民心工程，就是厚植党的执政根基。这些都决定了人社部门首先是政治机关，从事的是政治工作，执行的是政治任务，政治性是第一属性，讲政治是第一要求。要坚持政治标准，严守政治规矩，坚决把做到"两个维护"体现在贯彻党中央决策部署的行动上。面对复杂严峻的形势，要保持顽强的斗争精神，提高斗争本领，攻坚克难，奋发有为。要坚持和加强党的集中统一领导，把党的路线、方针、政策同本部门的具体实际结合起来，加强重点工作的对接，坚决完成党赋予的各项工作任务。要强化为民服务的政治责任，民生部门强化政治意识，就要扎实践行以人民为中心的发展思想，增强群众观念，树牢宗旨意识。要坚持让党中央放心和让人民群众满意的有机统一，巩固拓展"不忘初心、牢记使命"主题教育成果，把保障和改善民生作为一份沉甸甸的职责使命，努力增强人民群众的获得感幸福感安全感。要涵养良好政治生态，持之以恒正风肃纪，严格落实主体责任和监督责任，坚持严管与厚爱相结合。特别要针对人社业务的重点领域、关键环节，进一步健全廉政风险预警、纠错整改、内外监督和责任追究机制，形成有效的防控体系，保证风清气正，干部秉公用权、廉洁从政。要提升政治能力，加强思想淬炼、政治历练、实践锻炼、专业训练，不断增强政治敏锐性和政治鉴别力。民生无小事，人社各项工作政治敏感度非常高。必须从大处着眼、小处着手，提高从政治上看待问题、把握问题、分析问题、解决问题的能力。

第二，胸怀全局，求真务实，持续深入贯彻落实新发展理念。新发展理念是适应我国发展进入新阶段、社会主要矛盾发生变化的必然要求，具有很强的战略性、纲领性、引领性。要突出深化供给侧结构性改革，从源头上解决人社领域存在的结构性问题。更加注重解决就业结构性矛盾，大规模开展职业技能培训，着力改善劳动力供给，解决"有人没事干，有事没人干"的问题。要下力气解决好技能人才的结构性问题,特别是培养结构和行业分布结构失衡的问题。改善人才供给结构,做大做强高层次创新人才和高技能人才两支队伍,在人才评价和激励机制上下功夫,助推解决"卡脖子"问题,提升产业链水平。要加强统筹协调,各项政策措施要前后保持衔接,还要做到循序渐进,推进全民共享、全面共享、共建共享、渐进共享。要兼顾各方面、各区域的利益关切,增强关联性互动性,妥善平衡和处理利益关系。要树立全局观念、整体意识,统筹考虑人社政策对其他方面的影响,防止单打独斗、只顾一点不顾其余。特别是要增强政策措施的科学性,正确把握和妥善处理工作中面临的"两难"问题。同时,对其他方面重大政策出台和调整,也要进行综合影响评估,特别是加强对就业影响的分析,及时反映情况、提出意见建议,积极主动加以引导。要求真务实,杜绝形形色色的形式主义、官僚主义。民生工作直接与老百姓见面、对账,来不得半点虚假。要有真抓的实劲、敢抓的狠劲、善抓的巧劲、长抓的韧劲,精心用心、聚焦聚力,全始全终把各项工作做深做细做到位。要坚持从实际出发,切不可为了完成工作任务搞"急就章""一刀切",坚决杜绝弄虚作假。

第三,聚焦民生,守正创新,扎实推进人社领域制度体系建设。人社领域的制度体系,与群众切身利益密切相关,是为群众办实事、办好事,情况也比较复杂,还有一大特点就是许多事情都要花钱、都是刚性的。这就要求我们在制定和完善制度时,遵循民生工作规律,提高针对性、把握特殊性,科学务实推进。重点是要把握"六个坚持"。一要坚持以顺应人民对美好生活的新期待为出发点和落脚点,适应实践发展要求,回应群众现实需求,抓紧制定相关必备的制度。二要坚持以促进社会公平正义为基本取向,牢牢把握公平正义这一尺度,努力实现权利公平、机会公平、规则公平,让改革发展成果更多更公平惠及全体人民。三要坚持尽力而为、量力而行的重大原则,既要主动担当作为、尽心尽力,又要实事求是、一切从实际出发,从那些现实条件下可以做到的事情做起,不做超越发展阶段和财力水平的事情。四要坚持以兜牢民生底线为重要基础,推进全覆盖,突出保基本,注重加强兜底性民生建设,聚焦弱势群体,围绕民生短板,织密扎牢民生保障"安全网"。五要坚持以充分激发社会各方面的积极性为实现途径,最大限度调动群众的奋斗精神和创造潜能,激发民智、汇聚民力,尊重群众首创精神,不断促进全体人民各尽其能、各得其所。六要坚持以实践检验为根本标准,老老实实按客观规律办事,切实解决影响和制约发展的体制机制问题,不为图一时之快、取一时之得而留下隐患,确保制度符合实际、经得起群众评判和历史检验。要全面梳理党的十八届三中、五中全会和党的十九大确定的各项改革任务落实情况,与四中全会提出的要求贯通起来,紧密结合实际,形成改革任务清单,一项一项抓好贯彻落实。

第四,源头防范,积极应对,坚决兜牢不发生系统性区域性风险的底线。必须增强底线思维,强化"底板"意识,保持对潜在风险的警惕性和紧迫感,主动出手、抓早抓小、有效化解。要认真梳理各领域各方面的风险隐患,加强分析研判,做到心中有数、心里有底。紧紧盯住自身的矛盾、问题和风险,紧紧盯住外部环境带来的风险,想全、想细、想到万一,做到防患于未然。要完善应对预案,积极稳妥处置。强化责任体系,及时准确传导工作责任,做到上下联动。各地要切实担负起风险防控的主体责任、属地责任,特别是要及时报告情况,第一时间到位,第一时间处置。要及时主动发声,回应社会关切,注重时度效,牢牢把握工作主动权。

同志们,做好明年人力资源社会保障工作使命光荣、责任重大。我们要更加紧密地团结在以习近平同志为核心的党中央周围,坚定信心,勇于担当,扎实工作,坚决完成好明年各项任务,为全面建成小康社会、实现第一个百年奋斗目标作出积极贡献。

履行纪检监察职责忠诚践行"两个维护"扎实做好人社系统全面从严治党工作

——在人社系统2019年党风廉政建设工作座谈会上的讲话

耿文清

（2019年3月21日）

2019年是新中国成立70周年，是打赢脱贫攻坚战的关键之年。召开此次会议，很有意义，也很重要。对于深入学习贯彻习近平新时代中国特色社会主义思想和党的十九大精神，贯彻落实十九届中央纪委三次全会工作部署具有重要意义。下面，我结合人社系统实际和驻部纪检监察组2018年以来的工作，讲三个方面的意见。

一、认真履行纪检监察双重职责，不断强化政治监督，有力推动部政治生态持续好转

2018年以来，在中央纪委国家监委的坚强领导和部党组的大力支持下，驻部纪检监察组严格贯彻全面从严治党新要求，切实落实深化派驻机构改革新任务，顺利推进各项工作。

（一）提高站位、服务大局，积极推进中央脱贫攻坚决策部署在人社系统贯彻落实。牢固树立"四个意识"，坚决落实"两个维护"，不断强化对党中央重大决策部署，尤其是脱贫攻坚任务落实情况的监督检查。按照中央纪委关于2018年至2020年开展扶贫领域腐败和作风问题专项治理的工作方案，有效开展人社扶贫领域腐败和作风问题专项治理。认真学习赵乐际同志在中央第二轮巡视工作动员部署会上的讲话，主动接受和积极配合中央脱贫攻坚专项巡视。及时制定整改工作方案、监督工作方案和党支部结对帮扶工作方案，建立完善"双报告"和"月约谈"制度。结合部里开展的"大学习大讨论大反思"活动，利用春节过后三天时间和3月中旬，分别全覆盖约谈部属各单位相关负责同志。

（二）周密部署、细化落实，认真贯彻关于深化中央纪委国家监委派驻机构改革的意见。意见是深入学习贯彻习近平新时代中国特色社会主义思想和党的十九大精神，深入推进全面从严治党向纵深发展，健全党和国家监督体系的重要举措，是进一步推动派驻监督向全覆盖和高质量发展的重要保证，是我们深入做好派驻纪检监察工作的重要遵循。赵乐际、杨晓渡等同志先后在深化中央纪委国家监委派驻机构改革动员部署会、驻党政机关纪检监察组负责人会议等场合，提出了明确要求，部署了具体任务。我们及时制定《关于建立健全驻人力资源和社会保障部纪检监察组与人力资源和社会保障部党组四项协调机制的意见》，会同部机关党委、人事司等部门进一步摸清监察对象底数,并首次将部属社团秘书长列入廉政谈话范围。

(三)坚守定位、同向发力,督促推动部党组积极开展人社系统行风建设。按照中央纪委国家监委持续整治群众身边的腐败和作风问题有关要求,充分发挥"近距离、全天候、常态化"的监督优势,以部里开展的加强系统行风建设为重要抓手,认真履行"监督的再监督"职责。我和组里局级干部分别带队,对部属各单位党政主要负责同志逐一进行谈话,要求"管行业必须管行风""谁主管谁负责",不断夯实作风建设主体责任。各地按照部党组和驻部纪检监察组的要求,严格落实责任,层层传导压力,形成了良好工作格局,行风建设初见成效。

(四)聚焦职责、守正创新,着力在日常监督、长期监督上下功夫。立足监督第一职责,不断延伸监督触角,创新监督方式,让监督从严从紧、常在常态。一是对部属9家社团进行全覆盖监督调研,以调研促监督,边调研边监督。调研情况形成报告后,在部党组会上进行了通报,纪南同志给予充分肯定。有关情况已向中央纪委国家监委作了汇报。二是由我组牵头,会同部机关党委、人事司成立监督调研组,对部属某单位开展了驻点调研,提出具体意见建议。部党组充分采纳了我们的意见。三是对部属各单位领导班子2017年度和2018年度民主生活会进行全覆盖监督,进一步严肃党内政治生活。四是对涉及机构改革的20家单位直接深入办公现场,对领导班子进行面对面提醒,不断强化监督的时效性和针对性。

(五)实事求是、不枉不纵,依规依纪依法做好问题线索处置工作。2018年,给予8人党纪处分、5人诫勉谈话、9人批评教育,问责2家单位领导班子。工作中,始终把政治纪律和政治规矩摆在首位,不断突出党内审查的政治性。综合分析有关问题的不同性质和情节轻重,审慎提出处理意见。主动征求中央纪委国家监委有关部门、中央和国家机关纪检监察工委的意见,确保政治效果、纪法效果和社会效果有机统一。认真落实监督执纪工作规则要求,坚决守住办案安全的底线,确保案件质量。

(六)惩前毖后、治病救人,妥善开展受处理党员干部后续教育工作。坚持"一把钥匙开一把锁",有针对性地做思想政治工作,定期与受处理党员干部和所在单位党组织负责人谈话,持续跟踪了解受处理党员干部的悔错改错情况,督促所在单位积极帮扶,共同努力使"病树回春"。经过组织的耐心教育、严格考察和干部的自身努力,部里先后有3名受过处分的同志重新得到提拔、使用,2名受到留党察看的同志也已如期恢复党员权利。

二、准确把握人社系统全面从严治党和党风廉政建设面临的形势和任务,进一步增强使命感责任感

当前,反腐败斗争已经取得压倒性胜利,但对形势的严峻性和复杂性一点也不能低估。为深入推进人社系统的全面从严治党和反腐败工作,要着重认识到以下几点。

第一,必须深刻认识到要用人社系统全面从严治党新成效来践行"两个维护"。人社部门作为重要的民生部门,工作点多、量大、线长、面广,容易产生热点、焦点、沸点甚至爆点。比如,"两金一试"就是我们需要重点关注的领域之一,稍有不慎,就容易引发社会广泛关注。正因为人社工作事关老百姓的切身利益,人民群众对全面从严治党的成效会有比较直观的感受,都会从自身事、身边事对全面从严治党和党风廉政建设进行评判。我们要不断提高政治站位和政治觉悟,继续深入推进人社系统全面从严治党,继续深入推进党风廉政建设和反腐败斗争,用实际行动践行"两个维护",确保党中央政令一致畅通到基层,确保党中央决策部署有效落实在"最后一公里"。

第二,必须清醒认识到人社系统消减腐败存量、遏制腐败增量的任务仍然很重。2018年全国纪检监察机关共立案审查人社系统案件5 069件,处分4 563人,比2017年分别增长

30.4%和22.4%；2018年，部里又有20余名同志受到不同程度的处理。一方面说明了反腐败力度不断加大，执纪执法越来越严，另一方面也说明人社系统全面从严治党和反腐败斗争形势依然严峻复杂，决不可掉以轻心。比如，2018年我们严肃查处了部属某单位违反中央八项规定精神的问题。该单位多名参会同志，因违反廉洁纪律受到党纪处分、诫勉谈话、批评教育等处理。教训非常深刻，值得深刻反思。

第三，必须充分认识到日常监督的重要性。聚焦主责主业并不是聚焦办案，而是监督执纪问责、监督调查处置两项职责一体推进，其中监督是基本职责、第一职责。从目前来看，部分纪检监察干部一定程度上还存在不想监督、不敢监督、不善监督的情况。不想监督，主要是对监督的重要性认识不足，存在"以办案论英雄"的潜在思想意识；不敢监督，主要是觉得与驻在部门的干部低头不见抬头见，开展监督时拉不下脸面；不善监督，主要是监督的抓手有限，办法不多。我们要坚持目标导向、问题导向，充分发挥近距离、全天候、常态化的优势，把日常监督实实在在做起来、做到位。

三、把握"稳"的内涵，强化"进"的措施，为人社事业健康发展提供纪法保证

我们要以改革创新精神不断激发内生动力，推动新时代派驻人社系统纪检监察工作不断向高质量发展，为党的十九大精神和十九届中央纪委三次全会工作部署在人社系统落地生根保驾护航。

（一）在政治监督上从严。按照《中共中央关于加强党的政治建设的意见》，监督和督促驻在部门党组以党的政治建设为统领，坚决维护习近平总书记核心地位，坚决维护党中央权威和集中统一领导。驻部纪检监察组将按照习近平总书记关于中央和国家机关推进党的政治建设的要求，时刻紧盯贯彻落实习近平新时代中国特色社会主义思想和党中央重大决策部署有关情况，着力防范政治站位不高、政治意识不强等问题，全力推动完成"一个带头""三个表率"、建设"模范机关"的目标任务。各派驻纪检监察组也要牢牢把握"两个维护"这一最高政治原则，监督督促驻在部门思想理论武装始终如一、政治纪律落实落细始终如一、管党治党追责问责始终如一。

（二）在脱贫攻坚巡视整改上从严。习近平总书记在今年全国两会期间，针对脱贫攻坚工作发出了"不获全胜、决不收兵"的号召。我们要以滚石上山、爬坡过坎的精神状态把脱贫攻坚任务完成好、落实好。驻部纪检监察组将继续做好"工程监理"，把派驻监督和巡视监督有机结合起来，强化监督检查和跟踪问效。进一步完善与部党组的沟通协调机制和各项监督机制，加强主动监督、及时提醒，推动深入贯彻落实打赢脱贫攻坚战三年行动指导意见和巡视整改要求。督促各单位深入开展"不忘初心、牢记使命"主题教育，把脱贫攻坚作为重要实践载体，切实增强紧迫感责任感使命感。持续深入开展腐败和作风问题专项治理，对扶贫领域违规违纪行为从快从严进行处理。

（三）在作风建设上从严。十九届中央纪委三次全会将持续督查落实中央八项规定及其实施细则精神，深化集中整治形式主义、官僚主义成果作为重要任务，严肃查处空泛表态、应景造势、敷衍塞责、出工不出力等问题。人社系统服务事项多、窗口单位多、业务量大，公共服务系统工作人员超百万人，作风好坏直接关系到党和政府的形象，影响着老百姓的切身利益。我们要把贯彻"以人民为中心"的发展思想和持续整治群众身边的腐败和作风问题结合起来，充分认识到行风问题就是群众身边的作风问题，聚焦群众的痛点、难点、焦点持续发力。在座的机关党委书记要认真履行主体责任，派驻纪检监察组负责同志要认真履行监督责任，做到各司其职、同向发力。

（四）在日常监督上从严。监督行在日常、效在持续。要紧紧围绕驻在部门领导班子及其成员和下一级干部这一重点，围绕重大工程、重点领域、关键岗位，精准发现问题，精准把握政策，精准作出处置。加强贯彻落实习近平总书记关于人社工作的重要指示批示，以及党中央决策部署落实情况的监督检查，做到党中央重大决策部署到哪里，监督检查就跟进到哪里。加强对各单位和党员干部遵守党章党规党纪和宪法法律、坚持民主集中制、选拔任用干部等情况的监督，持续营造风清气正的政治生态。充分发挥主观能动性，密切结合人社部门重点工作，延伸监督触角，拓宽监督渠道，用好用足第一种形态，实施动态、深入、精准监督。

（五）在纪法约束上从严。始终保持反腐败高压态势，坚持执纪必严、违纪必究。在纪法贯通、法法衔接的要求下，我们更要认识到讲证据是讲政治的应有之义，要坚持证据"严丝合缝"，程序"滴水不漏"，以扎实的证据标准和严格的取证程序为"事实清楚"奠定基础。坚持"一案双查"，既追究直接责任人责任，也对相关单位和负责同志进行问责。注重谈话和函询相结合，加大谈话函询和函询结果复核力度，对不如实说明、边谈边犯、边询边犯的严肃处理。把增强对公权力和公职人员的监督全覆盖、有效性作为着力点，把法定监察对象全部纳入监督范围。

（六）在自身建设上从严。坚持政治建组、本领强组、担当立组，切实做到"经得起磨砺、顶得住压力、打得了硬仗"。把政治建设摆在首位，在增强"四个意识"、践行"两个维护"上忠诚坚定、作出表率。严格依规依纪依法，认真执行党纪处分条例、监督执纪工作规则和国家监察法等规定，高度重视审查调查特别是"走读式"谈话安全工作，牢固树立没有安全这个"1"，其他一切都是"0"的思想。进一步提升履职能力和水平，不断加强纪检监察专业知识和人社业务的学习。各派驻纪检监察组要确保无论机构怎么变，工作任何时候都不能断，并自觉接受监督。

同志们，我们要在党中央和中央纪委国家监委的坚强领导下，在部党组的大力支持下，贯通协调、形成合力，以自我斗争和改革创新精神继续推进全面从严治党，坚决打赢人社领域脱贫攻坚战役，以优异成绩迎接新中国70周年华诞。

在部年终务虚会上的讲话

耿文清

（2019年11月27日）

2019年，在部党组的带领下，在大家的共同努力下，部机关党的建设尤其是政治建设不断加强，政治生态持续向好，全面从严治党、党风廉政建设和反腐败工作取得了新的进展。前段时间，驻部纪检监察组与部党组进行了部全面从严治党情况专题会商，分析问题，研判形势，明确了下一步工作重点。大家要按照部党组的要求，扎实做好相关工作。

下面，我讲五点意见。

一、深入践行习近平新时代中国特色社会主义思想，学习贯彻好党的十九届四中全会精神

当前，深入学习贯彻党的十九届四中全会精神是我们的首要政治任务。《中共中央关于坚持和完善中国特色社会主义制度、推进国家治理体系和治理能力现代化若干重大问题的决定》和习近平总书记所作的说明，清晰、系统地阐述了"中国之治"的制度密码，更与时俱进地提出了完善和发展的前进方向和工作要求。部党组已对学习贯彻做了重点部署，希望大家高度重视，同学习贯彻习近平新时代中国特色社会主义思想和党的十九大精神，同持续巩固"不忘初心、牢记使命"主题教育成果紧密结合起来，创造性地学习好、贯彻好、落实好，特别是要推动各项人社制度更加成熟、更加定型。驻部纪检监察组在加强自身学习贯彻的同时，将其作为政治监督的重要任务，督促推动落实。

现在，"不忘初心、牢记使命"主题教育"回头看"已经开始。大家要利用学习贯彻党的十九届四中全会精神这一契机，围绕主题教育"找差距"中列出的清单，一项一项对标对表，在"抓落实"上见真章、求实效。

二、正确认识反腐败斗争形势，始终保持永远在路上的冷静和清醒

对目前反腐败斗争形势怎么看？我们要把握两句话：一句是反腐败斗争取得压倒性胜利，一句是对形势的严峻性和复杂性一点也不能低估。下一步，我们将继续保持惩治腐败高压态势，对腐败增量发现一起、查处一起、坚决打住；对腐败存量，坚持两个"优先查处"，即对已经充分暴露的优先查处，对已成为全面从严治党、反腐败障碍的优先查处，比如违反政治纪律或者违反中央八项规定精神的，在党的十八大尤其是十九大之后不收敛、不收手的，在脱贫攻坚等重点领域发生腐败和作风问题的。

需要强调的是，监督工作不仅仅是惩治少数违纪违法干部，还要保护坚持原则、认真履职的干部。党的十八大以来，我组查处的违纪违法案件，问题线索绝大多数来源于信访举报，对我们加强纪法监督、净化干部队伍起到

了非常积极的作用。但是也发现，有些举报只是乱扣帽子而没有具体内容，可转化为问题线索的比例不高。这种现象在干部提拔或评先评优时更加集中、更加明显。我们要加强对党员干部的教育引导，要本着对党负责、对工作负责、对当事人负责的态度正确行使权力，不能诬告陷害、打击报复。对于那些捕风捉影、没有可查性线索的举报，我们将加大直接了结力度。对于诬告和陷害他人的，一经查实，严肃处理。同时，坚持为敢于担当、不谋私利的干部澄清是非、撑腰鼓劲。

三、坚决落实好习近平总书记关于人社工作重要指示批示精神和党中央重大决策部署，用实际行动践行"两个维护"

习近平总书记对人社工作高度重视，作出了一系列重要指示批示，为我们做好工作提供了根本遵循。部党组坚持"人社部首先是政治机关"的定位，坚决贯彻落实习近平总书记的重要指示批示精神和党中央重大决策部署，坚决将讲政治、顾大局、拥核心、真看齐落实到具体人社工作当中，认真部署，扎实推进。

同时，驻部纪检监察组坚持党中央重大决策部署到哪里，监督检查就跟进到哪里，将政治监督具体化、常态化。比如，对脱贫攻坚专项巡视整改工作开展专项监督，由我负总责，副组长和其他局级干部划片包干、责任到人，建立"责任制+清单制"工作制度，采取月约谈、双报告、深入调研、重点督促等方式，对部属各单位进行全覆盖监督。今年9月，我们还召开了"三区三州"所在的省区派驻人社厅（局）纪检监察组开展脱贫攻坚专项监督工作座谈会，加大了上下贯通、一体推进力度。此外，根治拖欠农民工工资问题、降低社保费率、稳就业、技能培训等工作进展良好，部党组和各单位都付出了艰辛努力。

但是应该看到，我们的工作仍未大功告成，还有许多工作要做，而且越往后"骨头"越难"啃"，越需要我们发扬斗争精神，增强斗争本领，加大攻坚克难的力度。我们既不能因为工作完成得差不多了而产生懈怠心理和过关心态，也不能因为剩下的工作难度加大而滋生畏难情绪。

四、以钉钉子精神打好作风建设持久战，坚决克服形式主义官僚主义

当前，面上"四风"问题总体得到遏制，但远未到高枕无忧的时候，隐性变异禁而不绝，反弹回潮隐患犹存。特别是形式主义、官僚主义，是党内存在的突出问题，是阻碍党的路线方针政策和党中央决策部署贯彻落实的大敌。开会办班、外出调研时容易出现违反中央八项规定精神的问题，而公款旅游、违规吃喝、私车公用、乱发津补贴等问题比较突出，需要引起大家的高度重视。另外，还存在搞变通、打"擦边球"现象，也需要大家高度警惕。

下一步，要坚决防止享乐主义和奢靡之风反弹回潮，对搞变通、打"擦边球"现象零容忍。同时，把整治形式主义、官僚主义摆在更加突出的位置。中央纪委明确要求要从坚持政治原则、严明政治纪律的高度来审视形式主义、官僚主义问题。大家要按照《中共中央办公厅关于解决形式主义突出问题为基层减负的通知》和部党组有关要求，坚决防止只喊口号不抓落实、慢作为乱作为、漠视群众利益等问题。此外，要进一步做好领导干部利用名贵特产、特殊资源谋取私利专项整治工作。我们将开展抽查。

五、主体责任监督责任共同发力，一体推进不敢腐、不能腐、不想腐的机制建设

一体推进"三不"机制建设，是全面从严治党从治标为主向标本兼治转变的重要原则和方法论。党的十九届四中全会对构建一体推进"三不"机制建设提出了明确要求。贯彻好这一要求，是各级党组织的共同责任，需要主体责任、监督责任协同发力。我们在坚决惩治腐败的同时，积极做好以案促改工作。各单位领导班子尤其是党政一把手要切实履行"一岗双责"。

一要严管厚爱，防早防小。各单位领导与本单位同志离得最近、看得最清，具有随时随地进行提醒和教育的优势，要将这个优势充分发挥出来，力争将问题消灭在萌芽或初发状态。

二要不断完善制度，强化制度执行。制度不完善的要抓紧补上。有了制度，还要强化制度执行，不能让制度成为"稻草人"。

三要扎实开展警示教育，以案示警。部里和系统发生的违纪违法典型案件，都是我们进行警示教育的重要案例，均值得我们警醒和反思。

在座各位作为本单位党政一把手，要以身作则、以上率下，学在前、做在前、严在前。同时，要发挥好纪委书记（纪检委员）的作用，充分支持他们的工作。

感谢大家对驻部纪检监察组工作的支持，也欢迎大家向我们提出宝贵意见建议。

在脱贫攻坚巡视整改大学习大讨论大反思活动动员会上的讲话

邱小平

（2019年2月11日）

部党组决定，春节后上班第一周，在全部范围内开展脱贫攻坚巡视整改大学习大讨论大反思活动，这是部党组抓好脱贫攻坚专项巡视整改工作的一项重要举措，目的是通过这项活动，进一步提高认识、统一思想、明确思路、狠抓整改。下面，受纪南同志委托，我代表部党组讲三点意见。

一、深入学习领会习近平总书记关于巡视工作重要讲话精神，切实提高对巡视整改工作重要性紧迫性的认识

习近平总书记多次强调，巡视是党章规定的重要制度，是党内监督的战略性制度安排，在脱贫攻坚进入决战决胜、攻坚拔寨的关键节点，开展这次脱贫攻坚专项巡视，非常必要、很有意义。总书记强调，巡视发现问题的目的是解决问题，发现问题不解决，比不巡视的效果还坏，巡视反馈了，整改不落实，就是对党不忠诚，就是对人民不负责。总书记强调，脱贫攻坚，加强党的领导是根本，中央单位要把脱贫攻坚作为分内职责，加强对本部门本行业脱贫攻坚的组织领导。中央巡视工作领导小组成员杨晓超同志在反馈会议上，对学习贯彻习近平总书记关于巡视工作重要讲话精神、做好整改工作提出了明确要求。吴海英同志代表中央第十巡视组全面反馈了对我部开展脱贫攻坚专项巡视的意见。我们必须深入学习领会习近平总书记重要讲话精神，认真贯彻落实中央关于巡视整改的各项要求，切实提高对巡视整改工作重要性紧迫性的认识。

一是深刻认识巡视整改是树牢"四个意识"、践行"两个维护"的重要体现。开展脱贫攻坚专项巡视，是贯彻党中央关于打赢脱贫攻坚战三年行动部署要求的重大举措，是坚持以人民为中心、着力发现和推动解决侵害群众利益问题的具体实践。中央第十巡视组反馈的意见是经过中央政治局常委会研究的，体现的是党中央对部党组的要求。我们必须从坚持和加强党的全面领导、加强党的建设、全面从严治党的政治高度来认识这个问题，把整改是否到位作为检验党员干部政治站位高不高、政治意识强不强，关键时候能不能贴得紧、跟得上、使上劲的重要标准和"试金石"，以抓好巡视整改的实际行动体现"四个意识"、践行"两个维护"。

二是深刻认识巡视整改是推进人社扶贫工作提质提效的重要契机。人社扶贫事关脱贫攻坚大局，事关人民群众的民生福祉，事关党的群众基础和执政基础。中央巡视组反馈的意见，指出了人社扶贫工作存在的4个方面36

个问题，实事求是、切中要害、一针见血。我们必须增强责任感和紧迫感，把巡视整改作为贯彻落实党中央脱贫攻坚重大决策部署的过程，把解决巡视反馈问题作为推进人社扶贫工作的切入点、发力点、聚焦点，坚决履职尽责、完成任务，确保打赢脱贫攻坚战的重大战略部署在人社领域得到坚决贯彻落实。

三是深刻认识巡视整改是推进全面从严治党向纵深发展的重要抓手。从巡视反馈的情况来看，我部在推进人社扶贫工作中存在的突出问题，既有思想认识方面的问题，也有政策体系不够完善、不够精准的问题，还有抓落实不到位、不彻底、工作不够深入、作风不扎实等问题。归根到底是落实全面从严治党政治责任不够自觉和有力，压力传导不到位、不到底。我们必须准确把握全面从严治党要求，紧紧扭住巡视指出的问题，紧紧围绕整改重点任务，坚持把"严"字落到实处，切实严到自己、实到具体，层层压实党建责任，推动党建、业务双创新、双驱动、双促进。

二、深入开展大学习大讨论大反思活动，明确巡视整改的方向和措施

开展大学习大讨论大反思活动，目的就是深化全体党员干部对巡视反馈问题的认识，深刻反思产生这些问题的深层次原因，明确推进巡视整改工作的方向，研究制定有针对性的整改措施，凝聚共识、凝心聚力、强化担当、全力以赴，坚决打赢人社扶贫攻坚战。巡视发现了问题并不可怕，关键要引起重视、引起警觉，进一步统一思想、提高站位、立足职能、强化整改。按照部党组的要求，各单位在活动中要做好5项工作。

一是组织党员干部深入学习研讨。要采取中心组学习、专题研讨会等多种方式，组织全体党员干部深入学习领会习近平总书记关于巡视工作重要讲话精神和扶贫工作重要论述，深入学习领会党中央脱贫攻坚决策部署，认真学习领会中央第十巡视组反馈意见和杨晓超同志在反馈会议上的讲话精神，认真学习领会纪南同志在反馈会议上的表态发言和第37次部党组会有关要求，切实把思想和行动统一到中央精神上来，统一到部党组要求上来。要通过学习研讨，学出使命，学出责任，学出担当，进一步增强"四个自信"，树牢"四个意识"，坚定彻底整改的决心和必胜的信心。

二是召开巡视整改反思会。在深入学习研讨的基础上，各单位要召开一次巡视整改反思会。党员领导干部要围绕"深刻反思巡视反馈问题，明确巡视整改方向和措施"这个主题，以习近平新时代中国特色社会主义思想为指引，自觉与党中央要求对标对表，聚焦巡视发现的问题，从思想上查找根源，从行动上查找差距，反思自身存在的问题，思考整改过程中自己能做什么，对部里整改工作有什么意见建议，真认账、真反思、真整改、真负责，切实增强巡视整改的思想自觉、政治自觉和行动自觉。

三是列出问题清单。各单位要对照习近平总书记关于巡视工作重要讲话精神和党中央脱贫攻坚决策部署，对照巡视反馈意见，对照部党组有关要求，主动认领问题，对号入座、逐一核查，把巡视反馈意见涉及本单位的问题找全、找准、找实。同时，要进一步深挖本单位扶贫工作存在的突出问题，列出问题清单。

四是列出整改措施清单。各单位要针对问题清单，逐项研究提出整改措施，列出整改措施清单。部扶贫工作领导小组各专项组牵头单位要制定本专项组整改措施清单。整改措施要明确目标任务、明确成果形式、明确责任人、明确完成时限，确保可检查、可考核、能见实效。这里要特别强调的是，4月部党组要向中央报告巡视整改工作进展情况，各单位在制定整改措施清单时，都要提出一批3月底前能够立行立改、见到阶段性成效的措施。

五是列出思路建议清单。各单位要从人社扶贫工作大局出发，对部党组抓好巡视整改工作提出意见建议，多出好主意，多出"金点子"，并列出思路建议清单。要把巡视整改作为推进全面从严治党、打赢人社扶贫攻坚战的

重要抓手，集思广益，举一反三，既理清本单位为人社扶贫工作做实事的工作思路和措施，又为部党组集中全面整改工作建言献策，提出有针对性、可操作的具体思路建议，共同谋划做好巡视整改"后半篇文章"。

三、强化组织领导和责任落实，确保大学习大讨论大反思活动取得扎实成效

大学习大讨论大反思活动的任务十分明确，时间只有一周，各单位要把开展这项活动作为推进巡视整改工作的一项重要政治任务，抓紧抓好抓出实效。

一是广泛动员，压实责任。大学习大讨论大反思的过程既是统一思想的过程，也是压实责任的过程。各单位要高度重视，广泛动员全体党员干部积极参与、充分讨论，精心组织学习研讨、深刻反思、建言献策，不断提高思想认识，不断提高政治站位。一把手要切实担负起本单位巡视整改第一责任人的责任，直接抓、抓具体、抓到底。要把整改责任传导给班子所有成员，传导给各处室负责人，传导给全体干部职工，该谁整改的就由谁整改，该谁负责的就由谁负责，形成层层传导压力、层层落实责任的强大合力。部党组巡视整改工作方案和台账征求意见稿已印发各单位，大家要在此基础上，按照只做加法、不做减法的要求，进一步研究制定高质量的具体问题清单、整改措施清单、思路建议清单，出实招、出硬招，想全想细想到万一，一个问题一个问题提出整改措施，为巡视整改工作取得扎实成效打下良好的基础。

二是聚焦问题，立行立改。做好这次中央专项巡视整改工作，时间紧、任务重，各单位要坚持边反思边整改。对问题明确、思路清晰、措施可行的，要立行立改、马上解决，尽早启动、尽早见效。对问题、思路和措施还需要进一步细化完善的，也要抓紧时间研究论证，稳步推进整改，限时完成任务。整改工作要力戒形式主义、官僚主义，实行整改销号制度，做到整改不到位的不销号，确保问题条条要整改、件件有着落。

三是强化监督，跟踪问效。部党组明确，部领导要加强对分管单位开展活动的审核把关、督促检查，并至少参加一家分管单位的巡视整改反思会。负责扶贫工作专项组牵头任务的部领导要组织研究制定本专项组整改措施清单，加强指导把关。各单位要主动向分管领导汇报活动开展情况，及时搞好对接。机关党委、部扶贫办将派员随机参加部分单位的巡视整改反思会，进行现场督导。对各单位报送的3个清单将进行综合评估，评估结果作为年度党建考核评优、"双十佳"评选和扶贫工作年度考核等的重要参考。机关党委（纪委）要加强监督，对整改不积极、不主动，应付了事、敷衍塞责的，要严肃问责。各单位的巡视整改工作都要主动、全程接受驻部纪检监察组的监督。

部党组将在大学习大讨论大反思活动的基础上，进一步修改完善巡视整改工作方案，对巡视整改工作进行再部署再推动。各单位要以开展脱贫攻坚巡视整改大学习大讨论大反思活动为契机，推动建立整改落实常态化、长效化机制。

同志们，巡视整改工作是我部当前一项重大的政治任务，我们要进一步提高政治站位，从"四个意识""两个维护"和对人民负责的政治高度来认识和落实整改任务，以果断的整改行动和切实的整改成效，向党中央交一份满意的答卷，向人民群众交一份满意的答卷。

深入学习和全面贯彻落实习近平总书记重要指示精神 扎实高效组织实施职业技能提升行动

——在推进职业技能提升行动和"三区三州"职业技能大赛工作电视电话会议上的讲话

汤 涛

（2019年9月29日）

今天，我们召开推进职业技能提升行动和"三区三州"职业技能大赛工作电视电话会议。会议主要任务是深入学习习近平总书记的重要指示精神，全面贯彻落实党中央、国务院决策部署，推动全国各地快速扎实高效开展职业技能提升行动；创新开展技能扶贫工作，部署"三区三州"职业技能大赛工作。刚才，河北、安徽、陕西、新疆、云南从不同角度，分别介绍了职业技能提升行动和开展"三区三州"职业技能竞赛有关工作情况。5个省份的发言内容很好，各有特色，体现了人社部门担当作为的精神风貌。

同志们，推进职业技能提升行动，大规模开展职业技能培训是党中央、国务院的重大战略部署，我们务必举全人社系统之力组织实施好。下面，我就深入推进职业技能提升行动和"三区三州"职业技能大赛讲几点意见。

一、深入学习领会习近平总书记的重要指示精神，切实增强组织实施职业技能提升行动的责任感、使命感

9月22日，习近平总书记、李克强总理分别对我国技能选手在第45届世界技能大赛取得佳绩作出重要指示、批示。习近平总书记强调，劳动者素质对一个国家、一个民族发展至关重要。技术工人队伍是支撑中国制造、中国创造的重要基础，对推动经济高质量发展具有重要作用。要健全技能人才培养、使用、评价、激励制度，大力发展技工教育，大规模开展职业技能培训，加快培养大批高素质劳动者和技术技能人才。要在全社会弘扬精益求精的工匠精神，激励广大青年走技能成才、技能报国之路。李克强总理批示指出，技能人才是国家的宝贵资源，是促进产业升级、推动高质量发展的重要支撑。要坚持以习近平新时代中国特色社会主义思想为指导，贯彻党中央、国务院决策部署，更加重视技能人才培养，实施好职业技能提升行动，紧扣需求发展现代职业教育、办好技工院校，完善技术工人职业发展机制和政策，使更多社会需要的技能人才、大国工匠不断涌现，依托大众创业、万众创新，促进新动能成长壮大和就业增加。

习近平总书记的重要指示和李克强总理批示，站在党和国家事业发展的高度，对技能人才发展提出明确要求，具有很强的政治性、思想性、针对性、指导性，为做好技能人才工作指明了前进方向，提供了根本遵循和强大动力。我们倍受鼓舞、倍感温暖、倍觉振奋，倍增做好新时代职业能力建设各项工作的动力和信心。各级人社部门要切实提高政治站位，深刻认识实施职业技能提升行动的政治意义，把思想和行动统一到习近平总书记重要指示精神和党中央国务院决策部署上来，深入领会技术工人对推动经济高质量发展的重要作用，深入领会大规模开展职业技能培训、培养大批高素质劳动者和技术技能人才的重点任务，深入领会弘扬精益求精的工匠精神、激励广大青年走技能成才技能报国之路的深远意义，把深入学习宣传贯彻落实习近平总书记重要指示精神同高效实施职业技能提升行动，作为当前和今后一个时期的重要政治任务，切实增强政治意识、全局意识，切实增强实施职业技能提升行动的主动性、自觉性、坚定性，努力开创职业能力建设工作新局面。

二、职业技能提升行动有序推进，取得阶段性成果

5月23日，国务院部署推进职业技能提升行动电视电话会议后，我部全面贯彻落实党中央、国务院部署要求，会同相关部门启动实施职业技能提升行动。经过各地努力，32个省份目前全部制定出台实施方案。

（一）加大组织推动力度。我部成立职业技能提升行动领导小组，张纪南部长亲任组长，我和游钧同志任副组长，15位部内司局和直属单位主要负责同志任成员，领导小组下设工作专班，从部内7家单位抽调人员集中办公。印发《2019年职业技能提升行动分地区培训计划》，明确各地培训任务。印发《职业技能提升行动方案（2019—2021年）重点任务分工》，明确国务院部门任务分工。财政部会同我部印发《关于做好失业保险基金支持职业技能提升行动资金管理工作的通知》（财社〔2019〕79号），明确1 000亿失业保险基金结余的提取和管理办法，并建立培训任务和资金使用月调度制度。发展改革委、卫生健康委、邮政局会同我部出台家政服务人员、医疗护理人员和快递人员专项培训计划，教育部、工业和信息化部、应急部、退役军人部、国务院扶贫办正在抓紧起草培训计划，工青妇残联等积极推动贯彻落实。各省区市普遍组建了专门的领导机构和工作队伍，明确任务分解，抓紧推动工作。

（二）各地完成筹集专账资金开始启动培训工作。资金筹集和支出有四种模式：一是省级统收统支，如北京、上海。二是省级统收、分级支出，如天津、黑龙江等7省份。三是分级筹集、分级支出并省级调剂，如河北、内蒙古等21省份。四是分级筹集、分级支出，如浙江、江西。这四种模式既保证了地方使用的灵活性，也能够支撑不同层级所需资金，确保技能提升行动顺利开展。

（三）在国家政策基础上积极进行改革创新。各地结合实际，进一步细化实化政策，如制定公布培训目录及补贴标准、专项能力培训目录及补贴标准、技能鉴定补贴标准等一揽子实施细则；调整完善职业培训补贴政策，提高培训补贴标准，简化培训补贴程序；围绕经济社会发展，制定新职业新技能培训专项工程（计划）；优化培训管理流程，实施"最多跑一次""一次办好"便捷服务；在培训内容中设消防、安全、保密、艾滋病预防、非法集资防范等专题培训；利用大数据、社保"一卡通"加强对培训资金的监管。有的省还在行动专账资金和就业补助资金中专门安排了实训基地建设、职业技能竞赛等资金，政策力度很大。

三、打好四季度职业技能提升行动攻坚战，全力推进职业能力建设重点工作

各级人社部门要迅速行动，掀起认真学习和全面贯彻习近平总书记重要指示精神的热潮，以"冲锋总攻"的工作姿态，强力推进职业技能提升行动，在四季度集中力量全力攻坚克难，把培训工作切实有效开展起来。同时，借职业技能提升行动的东风，聚焦"加快培养大批高素质劳动者和技术技能人才"的目标，坚持能力导向、市场导向、问题导向，全力做好高技能人才表彰激励、技工教育发展、技能人才评价改革、职业资格改革、职业技能竞赛、技能人才宣传等相关配套工作，提升职业能力建设工作整体水平。

（一）提高认识，加强组织领导。一是再动员再部署再推进。各级人社部门要以高度的政治责任感，将全面贯彻习近平总书记重要指示精神与组织实施职业技能提升行动紧密结合起来，与"不忘初心、牢记使命"主题教育紧密结合起来。目前，当务之急是全国上下动起来，加快进度、加强力度，全面开展职业技能提升行动各项工作。二是压实主体责任。各地人社部门主要负责同志要履行第一责任人职责，层层压实主体责任，将职业技能提升行动作为一项重要工作，列入重要议事日程组织推动，真正做到认识到位、措施到位、工作到位。三是强化组织实施。各地要成立职业技能提升行动领导和工作机构，负责对职业技能提升行动的宏观指导、政策协调和组织推动。要形成各司其职、密切配合的工作机制，动员社会各方面力量的广泛参与，共同做好大规模开展职业技能培训的工作。

（二）突出重点，推动职业技能提升行动扩面提质增效。一是扩大培训规模和数量。各级人社部门要认真落实实施方案的工作任务目标，充分调动各方面开展培训的积极性和主动性，用足用好职业技能提升行动资金，确保完成今年和今后三年的培训数量和培训人次任务。突出大规模开展企业职工技能提升和转岗转业培训、就业重点群体的技能提升培训和创业培训、贫困劳动力和贫困家庭子女就业技能培训等。二是确保和提升培训质量。要以企业为重点，大力组织实施职工培训，扩大新型学徒制培养规模。大力实施与就业紧密联系的培训模式，坚持劳动者缺什么就补什么、就业急需什么就培训什么，切实增强培训针对性、实用性、有效性。三是支持企业兴办职业技能培训。支持困难企业和输美产品相关企业开展职工培训，鼓励企业与技工院校共建实训中心、教学工厂等，积极建设培育一批产教融合型企业培训基地。

（三）夯实工作基础，进一步强化保障机制。一是加强培训补贴实名制信息系统建设。要实施补贴性培训实名制信息管理，完善培训统计工作，建立劳动者职业培训电子档案，提供培训就业一体化服务。制定并动态公布培训补贴目录及标准表、专项能力培训目录及补贴标准、鉴定补贴目录及标准等。二是大力推广"工学一体化""职业培训包""互联网+"等培训方式，加强职业技能培训师资、教材建设。要建立培训质量监控体系，严把培训质量关，切实提高职业培训质量。三是强化资金监督管理。要依法加强资金监管，定期向社会公开资金使用情况，加强监督检查和专项审计工作，保障资金安全和效益。

（四）压实工作责任，强化调度督导和考核问责。在征求各地意见的基础上，部里总体上按各地资金量的20%左右进行测算，印发年底前有关培训资金支出的指导计划，希望各地抓紧组织培训抓紧支出资金。

（五）借机借势借力，全力做好职业能力建设各项工作。一是全面推动技工教育改革发展，办好技工院校。要坚持以提高质量、促进就业、服务发展为导向，以提高劳动者综合职业技能为核心，以培养高素质劳动者和技术技能人才为目标，把技工院校打造成为技能人才培养的主阵地。制定出台大力发展技工教育的政策措施，将技工院校招生纳入统一招生平台，进一步扩大招生规模，加大投入力度，落

实技工院校高级工班以上毕业生学历待遇，着力破解招生难、资金缺、待遇差等发展难题。要继续推动校企合作，全面推进工学一体化课程教学改革，加快教材和专业开发，拓展生产实习指导教师来源，完善绩效工资分配制度，提升技工院校办学实力和内涵，引导更多青年学生读技校、学技能，走技能成才、技能报国之路。二是大力开展职业技能竞赛，全面推广普及技能运动。健全职业技能竞赛制度，完善以世界技能大赛为引领、国内技能大赛为主体、企业岗位练兵技术比武为基础的职业技能竞赛体系，提高职业技能竞赛的科学化、规范化水平和社会影响力。借鉴世界技能大赛集中、开放办赛模式，探索举办面向全国企业职工和院校师生、与国际先进水平接轨的全国技能大赛。全力办好2021年第46届世界技能大赛，通过参加世界技能大赛或定期举办"一带一路"国际技能大赛，深化我国与其他国家和地区在职业技能领域的交流合作。围绕重大战略、重大工程、重大项目、重点产业，推动各地、各行业企业广泛开展各级各类职业技能竞赛活动，实现以赛促学、以赛促训、以赛促评、以赛促奖，引领带动技能人才队伍建设工作新发展，促进优秀技能人才脱颖而出。三是改革完善技能人才评价制度，畅通技能人才发展通道。落实"放管服"改革要求，深化技能人员职业资格制度改革，完善国家职业资格目录；建立并推行职业技能等级制度，由企业等用人单位和社会培训评价组织按规定开展职业技能等级认定，为技能人才提供全方位评价服务。推动人才评价与使用紧密结合，逐步打破身份、学历等限制，实现技能人才录用招聘、定岗定级、职务职称评聘、薪酬福利等方面与干部、管理和专业技术人员享受同等待遇。落实工程技术领域高技能人才与工程技术人才职业发展贯通政策，促进人才合理流动。加强国家职业技能标准开发和新职业发布工作，引导就业创业，促进经济社会发展。四是加强技能人才表彰激励，营造技能人才成长良好社会氛围。发挥党委政府引领作用，加大技能人才表彰奖励力度，提高优秀高技能人才表彰奖励层次，激发技能人才干事创业的积极性、主动性、创造性。以高技能领军人才为重点，加强服务保障，提高政治待遇、经济待遇、社会待遇。坚持市场导向，完善符合技能人才特点的企业工资分配制度，指导企业深化工资分配制度改革，建立企业技能人才工资正常增长机制，引导企业科学确定技能人才工资水平并实现合理增长。

同志们，借此机会，我再强调一下"三区三州"职业技能大赛工作。技能扶贫是我部重要扶贫措施之一。为贯彻落实党中央、国务院脱贫攻坚的决策部署，切实落实技能扶贫工作安排，我部决定在云南省举办2019年"三区三州"职业技能大赛，同期举行技能中国行、第45届世界技能大赛先进事迹报告会等活动。刚才，云南省人社厅介绍了大赛筹备情况。为确保效果，大赛计划于11月上中旬举行。前期，部职业能力司、技术指导中心赴云南进行了实地调研，与有关省（区）进行了沟通，最终确定了焊工、中式烹调师、汽车维修工、砌筑工、育婴员、养老护理员、镶贴工、餐厅服务员和客房服务员9个比赛项目。为办好此次大赛，我提三点要求：一是提高思想认识，高度重视大赛工作。各有关地方要通过举办和参加职业技能竞赛，进一步推动各地党委和政府重视技能人才培养、重视技能脱贫工作，推动贫困地区特别是"三区三州"等深度贫困地区群众了解技能、学习技能，以技能助就业、助脱贫。"三区三州"省（区）要从讲政治的高度重视大赛工作，按照部里要求做好准备工作。二是精心组织筹备，全力做好办赛参赛工作。从刚才云南省人社厅汇报的情况来看，各方面筹备工作正紧锣密鼓推进，但也存在着一些困难，距离比赛只有40多天时间，扣除节假日，实际只有1个月准备时间。各地要突出问题导向，加强谋划，明确职责，详细了解各参赛项目情况，尽可能多地组织选手参赛和参加技能展示交流等活动。部职业能力司要加强统筹协调，及时掌握了解筹备进展情况，及时协调处理重大问题、困难。技术指导中心要抓紧下发技术文件，严格评判标准，做好技术预案，对不可测因素，研究提出解决办法和应对措施。云南省要重点做好服务保障等工作，确保大赛安全有序进行。三是精心组织观摩，加大宣传工作力度。这次大赛是首次针对"三区三州"地区开展的职业技能赛事，各有关省区要在条件允许的情况下，组织各级人社部门、技工院校、贫困家庭现场观摩，并切实加强赛事宣传工作，层层发动，组织报名和参训。部宣传中心和云南省要协调各级各类宣传媒体，采取多种方式宣传，宣传职业技能竞赛对于技能人才培养、助力脱贫攻坚工作的重大意义和示范引领作用，宣传技能脱贫、技能就业、技能成才的理念，营造尊重技能、学习技能、技能报国、技能脱贫的浓厚氛围。

同志们，实施职业技能提升行动，大规模开展职业技能培训是党中央、国务院赋予我们的神圣职责，也是职业技能培训转型升级的历史机遇。我们要深入学习和全面贯彻落实习近平总书记重要指示精神，大力推动职业技能培训工作实现新的发展，为促进就业和建设现代化经济体系做出更大贡献！

深化改革 规范管理 强化服务 推动事业单位人事管理工作再上新台阶

——在全国事业单位人事管理工作座谈会上的讲话

汤 涛

（2019年12月13日）

根据部党组要求，按照部会议计划安排，今天我们召开全国事业单位人事管理工作座谈会。会议的主要任务是深入学习贯彻习近平新时代中国特色社会主义思想和党的十九届四中全会精神，总结工作，明确任务，对做好今后一个时期事业单位人事管理工作提出要求。下面，我讲三方面意见。

一、深入学习贯彻习近平新时代中国特色社会主义思想和党的十九届四中全会精神，充分认识做好事业单位人事管理工作的重要性和紧迫性

党的十八大以来，习近平总书记对人力资源和社会保障工作、事业单位改革发展工作作出了一系列重要指示批示。今年10月，党的十九届四中全会召开，对坚持和完善中国特色社会主义制度、推进国家治理体系和治理能力现代化作出了决策部署。总书记系列重要指示批示精神和四中全会精神，是我们做好当前和今后一个时期事业单位人事管理工作的行动指南，我们要认真学习领会，抓好贯彻落实。

（一）坚持以人民为中心的发展思想，满足人民日益增长的美好生活需要。

习近平总书记强调，人民对美好生活的向往，就是我们的奋斗目标。党的十九届四中全会提出，增进人民福祉、促进人的全面发展是我们党立党为公、执政为民的本质要求。进入新时代，我国社会的主要矛盾已经发生变化，人民群众期盼更好的教育、更高水平的医疗卫生服务、更丰富的精神文化生活，对公共服务提出了更高要求。要加快推进事业单位人事制度改革，加强事业单位人事管理工作，充分调动事业单位工作人员的积极性，最大限度释放科教文卫等事业单位的活力，为广大人民群众提供更多更好的公共服务。

（二）聚天下英才而用之，建设高素质专业化干部队伍。

习近平总书记强调，党和人民事业要不断发展，就要把各方面人才更好使用起来，聚天下英才而用之。党的十九届四中全会提出，"尊重知识、尊重人才，加快人才制度和政策创新，支持各类人才为推进国家治理体系和治理能力现代化贡献智慧和力量"。事业单位是党执政兴国的重要力量,是为社会提供公共服务的主力军,完善事业单位人事管理制度、加强事业单位高素质专业化工作人员队伍建设是国家治理体系和治理能力现代化的重要内容。要构建更加科学完备的政策法规体系、更加务实高效的管理体制、更加灵活完善的用人机制,把各方英才集聚到党和国家事业中来,培养造就一支高素质专业化事业单位工作人员队伍。

(三)坚决打赢脱贫攻坚战,助力全面建成小康社会。

习近平总书记强调,脱贫攻坚战进入决胜的关键阶段,务必一鼓作气、顽强作战,不获全胜决不收兵。党的十九届四中全会提出,坚决打赢脱贫攻坚战,巩固脱贫攻坚成果,建立解决相对贫困的长效机制。脱贫攻坚的标准,就是稳定实现贫困人口"两不愁三保障",发展教育和医疗卫生事业,对于打赢脱贫攻坚战、巩固脱贫攻坚成果,建立解决相对贫困的长效机制意义重大。要引导和鼓励更多的人才向艰苦边远地区和基层一线流动,促进义务教育和基层医疗卫生事业发展,并在岗位聘用、等级晋升、奖励等方面主动帮助他们排忧解难,充分发挥事业单位及其工作人员在脱贫攻坚、全面建成小康社会中不可替代的作用。

(四)全面加强党的领导,坚持党管干部、党管人才,坚持全面从严治党。

习近平总书记强调,要坚持党对一切工作的领导。党政军民学、东西南北中,党是领导一切的。党的十九届四中全会提出,健全党的全面领导制度。完善党领导人大、政府、政协、监察机关、审判机关、检察机关、武装力量、人民团体、企事业单位、基层群众自治组织、社会组织等制度,健全各级党委(党组)工作制度,确保党在各种组织中发挥领导作用。事业单位是公立机构,工作人员是公职人员,是党的干部队伍和人才队伍的重要组成部分,要坚持党管干部、党管人才原则,把全面加强党的领导贯穿于进、管、出、考、奖、罚等事业单位人事管理的全过程。要切实落实全面从严治党的要求,加强事业单位人事管理制度建设,严管与厚爱相结合,激励与约束并重,激励事业单位工作人员遵纪守法、担当作为、干事创业。

"时代是出卷人,我们是答卷人,人民是阅卷人。"人社部门要适应时代的新要求,顺应人民的新期待,认真贯彻落实总书记重要指示批示精神和党中央决策部署,交出让党中央放心、让人民群众满意的答卷。

二、全面总结近年来事业单位人事管理工作,切实做好下一步重点工作

近年来,事业单位人事管理工作亮点纷呈。一是落实党中央决策部署,职员等级晋升制度试点工作顺利完成。去年7月,中央深改委审议通过了《关于开展县以下事业单位管理岗位职员等级晋升制度试点工作的实施意见》,确定在12个省(区)的15个县(市、区)开展试点。今年,部里会同中组部、中编办、财政部,组织开展了试点工作,并于7月召开总结评估会议,8月向中央报送了评估报告。从评估情况来看,试点政策有效解决了县以下事业单位管理人员晋升空间窄、待遇低的问题,有效激发了基层干部职工的积极性,也为制度全面推行打下了良好基础。二是配套规章制度密集出台,制度体系更加完善。今年是事业单位人事管理制度建设的丰收年,出台了回避规定、培训规定、申诉办案规则、消防员管理办法、文博行业人事管理指导意见等系列配套规章和政策文件,考核规定、监督规定也将出台。三是落实创新驱动发展战略,鼓励科研人员创新创业和高层次人才招聘工作取得新进展。指导各地落实鼓励支持高校、科研院所科研人员创新创业的政策,有效调动了科研人员"双创"的积极性主动性创造性。落实党中央国务院决策部署,在总结各地实践经验的基础上,研究制定了进一步支持和鼓励科研人员创新创业的"升级版"政策文件,近期即将出台。主动服务国家重大战略,指导海南

制定出台外国人招聘政策、指导广东制定出台粤港澳大湾区港澳居民招聘政策，并指导两地做好组织实施工作。四是加大扶贫政策供给并狠抓落实，人事扶贫工作取得阶段性积极成效。加大人事扶贫倾斜性政策供给，加大对政策落实的指导、督促和检查，指导贫困地区开展专项招聘工作，今年前7个月各省区市艰苦边远地区县乡基层事业单位共组织招聘2 000余次，已实际招聘14.5万人。组织开展了"三区三州"等深度贫困地区事业单位脱贫攻坚专项奖励，共嘉奖个人30 606名、集体1 660个，记功个人3 439名、集体436个，记大功个人62名、集体43个，有效激励了"三区三州"事业单位工作人员扎根基层，在脱贫攻坚第一线担当作为、干事创业。

做好今后一个时期的事业单位人事管理工作，要以习近平新时代中国特色社会主义思想为指导，全面贯彻落实党的十九大和十九届二中、三中、四中全会精神，全面加强党的领导，以加强制度建设和队伍建设、推进国家治理体系和治理能力现代化为主线，以深化"放管服"改革、激发事业单位活力和调动事业单位工作人员积极性主动性创造性为重点，进一步健全完善权责清晰、机制灵活、严管厚爱结合、激励约束并重，符合分类推进事业单位改革要求和人才成长规律的事业单位人事管理制度，建设一支政治过硬、本领高强的高素质专业化工作人员队伍，为促进公共事业发展、全面建成小康社会提供人事人才保障。

（一）进一步落实创新驱动发展战略，鼓励和支持事业单位科研人员创新创业。

支持和鼓励科研人员创新创业是党中央、国务院的决策部署，对于推动科技创新和科技成果向现实生产力转化以创新驱动发展意义重大。2017年，部里印发了《关于支持和鼓励事业单位专业技术人员创新创业的指导意见》。政策实施两年多来，在有效解决科研人员后顾之忧、调动科研人员"双创"热情，推动科技创新、促进科技成果向现实生产力转化等方面，发挥了积极作用。

但在实施中，也发现了一些问题和不足：一是一些政策措施有待进一步细化和完善；二是一些高校、科研院所推动"双创"政策落实缺乏主动性；三是一些地区人社部门、主管部门和事业单位把握政策尺度存在偏差，有的过严，符合条件人员出不去，有的过宽，不符合条件人员搭车享受优惠政策，甚至出现了新的类似"吃空饷"情况。针对以上问题，落实国务院要求，今年以来，部里在深入调研评估的基础上，研究起草了《关于进一步支持和鼓励事业单位科研人员创新创业的指导意见》，近期将会出台，为今后进一步开展好事业单位"双创"工作，提供更具针对性、操作性的政策措施。

新文件出台后，各地要切实抓好贯彻落实工作，既要充分支持和鼓励符合条件的科研人员创新创业并给予政策保障，同时也要避免一哄而起，对事业单位正常开展工作造成不利影响，尤其不能放松监管，并注重加强宣传引导，确保政策执行不走样。

（二）服务科教兴国和人才强国大局，做好高层次紧缺人才公开招聘工作。

自2006年事业单位公开招聘制度全面实施以来，全国已有6 000多万人次参加公开招聘，实际聘用800多万人，在从源头上确保人员高素质、专业化方面发挥了不可替代的作用。近几年来，落实中央要求，适应事业发展需要，在总结基层探索实践基础上，公开招聘政策不断创新发展，针对高层次人才、高技能人才、基层急需紧缺人才，出台了专门政策，设立了"绿色通道"，明确可以采用直接考察的方式招聘。经过多年实践，公开招聘已成为事业单位进人主渠道，"公开、平等、竞争、择优"原则已经深入人心，被基层群众称为与高考、公务员考录并列的"阳光工程"。

就事业单位公开招聘，习近平总书记从完善社会公平保障体系的高度做过专门论述，强调要"落实事业单位公开招聘制度和国有企业分级分类公开招聘制度，做到信息公开、过程公开、结果公开，创造平等竞争的就业环境，治理就业的隐形门槛"。公开招聘的前提是"公开"，公开是为了公平，公开确保权力在阳光下运行，接受人民群众监督，最大程度地避免事业单位作为公共机构在选人用人上的不正之风和腐败行为。公开招聘的目的是"择优"，平等、竞争是为了择优，从源头上确保关系人民群众最关心、最直接、最现实利益的公共服务机构选人用人的高素质和专业化，从而使人民群众享受到高质量和高效率的公共服务。

公开招聘制度的建立是多年来深化事业单位人事制度改革的重要成果，"公开、平等、竞争、择优"的原则，即统一性必须坚持。同时，公开招聘要充分体现多样性，不同类型的行业、不同类型的单位、不同类型的岗位，特点规律不同，需求不同。对于人员供大于求的一般性、通用性岗位，选择余地大，多选一，更适用统一性强和强调公平、竞争中择优的招聘方式。对于供不应求的高层次专技人才、高技能人才、基层急需紧缺人才，不是"我选人"，而是"人选我"，且岗位急需，专业性强，则要简化不必要的比、选程序，建立人才的绿色通道，注重强化快速、便捷的服务。

近些年各地高度重视引才、用才工作，我们人社部门服从服务于这一大局，在各级党委政府的领导下，积极主动配合好人才引进工作。但实践中，也出现过个别地方人社部门墨守成规，没有处理好一般和特殊的关系，对人才引进工作造成了负面影响。对此，各级人社部门一定要提高政治站位，统一思想，提高认识，切实服务人才工作大局。在引才工作中，也要注意把握引才与用才的关系。前一段时间一些地区出现了恶性"挖人"、"人才大战"，中央有关部门高度重视，下发了专门的通知，再次强调要以用为本，紧紧围绕本地区经济社会发展需要引进人才，切实发挥人才效能，不简单将引进人才数量、层次与人才工作绩效挂钩。

（三）助力打赢脱贫攻坚战，进一步推进人事扶贫工作。

2020年，是打赢脱贫攻坚战收官之年，是决战决胜之年。我们要进一步提高政治站位，坚决落实党中央决策部署，立足本职，全力以赴落实好各项人事扶贫倾斜政策。各地人社部门要重点围绕解决贫困地区基层事业单位招人难、留人难问题，狠抓政策落实，为打赢脱贫攻坚战作出贡献。一是要突出重点，围绕实现"两不愁三保障"的迫切需要，重点保障贫困地区特别是深度贫困地区基层教育、医疗卫生机构的进人需求。二是要立足"引得进、留得住、用得好"，全面落实各项人事扶贫倾斜政策。要落实艰苦边远地区基层事业单位公开招聘"三放宽一允许"的优惠政策，支持"三区三州"等深度贫困地区基层事业单位设置特设岗位、设置"定向评价、定向使用"中高级专业技术岗位、适当上调专业技术中高级岗位结构比例等引进急需人才，引导人才向艰苦边远地区和基层一线流动。要指导地方加快推进贫困地区全科医生特设岗位计划等倾斜政策实施，稳定贫困地区事业单位工作人员特别是专业技术人员队伍。三是要加大激励力度。指导各地特别是贫困地区全面落实奖励规定，加大对扎根基层扶贫一线、奉献艰苦边远地区的事业单位工作人员的奖励力度。2020年部里计划集中组织开展一次全国事业单位工作人员脱贫攻坚专项奖励，通过立标杆、树典型，发挥典型示范引领作用，激励事业单位工作人员在脱贫攻坚中干事创业、建功立业。

三、守正创新，做好新时代事业单位人事管理工作

做好新时代事业单位人事管理工作，要坚决贯彻落实习近平总书记重要指示批示精神和党中央决策部署，提高政治站位，在大局下定位，在大局下谋划和推进我们的工作。

（一）加强组织领导，完善工作机制。人社部门是事业单位人事综合管理部门，要在党委政府领导下，切实履行好综合管理职责，配

合各级党委组织部门形成协调合作的工作机制，共同研究重大问题，共同制定政策法规，共同加强工作指导，共同抓好督促检查。要加强与机构编制部门、财政部门及行业主管部门的沟通协作，形成良好工作机制。要加强对事业单位主管部门和事业单位的工作指导和培训，及时总结推广经验，帮助解决困难和问题。

（二）深化"放管服"改革，强化监督指导。要结合深化事业单位改革，落实相关政策规定，根据不同行业、不同类别、不同层级、不同规模事业单位的差异性，进一步明确"政事分开"的权责边界，包括事业单位用人自主权的权责清单，把该管的管好，把该放的放到位。没有国家政策依据的事前审批事项要清理取消。同时，要落实习近平总书记强调的"既要放也要接，'自由落体'不行，该管的事没人管了不行"的要求，积极稳妥处理好统与分、管与放的界限和尺度，有序推进。人社部门要充分发挥好制定政策、指导规范、监督检查的职能作用，不缺位、不越位、不错位、要到位。要加强对事业单位和主管部门的工作指导和监督管理，把人事管理监督作为重要抓手，加强事中事后监督，用监督来督促人事管理制度执行，用监督来保证人事管理制度执行效果，彰显制度效能。

（三）切实转变作风，增强服务意识。去年以来，部党组将加强系统行风建设作为一项重要工作来抓，提出了"正行风、树新风，打造群众满意的人社服务"的总体要求，并在全系统服务窗口单位开展练兵比武活动。各地人社部门按照中央的决策部署和部党组的要求，切实转变作风，人社系统的行风建设取得了积极成效，得到了人民群众和社会各界的充分肯定。目前，各地正在按照党中央的统一部署开展"不忘初心、牢记使命"主题教育，要主动对标中央要求，提高政治站位、认真检视问题、切实抓好整改落实。要坚持问题导向，扎实推进作风建设，整治形式主义和官僚主义，着力简化办事程序，压缩办事时间。对主管部门、事业单位和下级事业单位人事综合管理部门反映强烈的问题，要举一反三，拿出务实管用的真招实招，及时回应基层关切，切实增强服务意识，提高服务质量和效率，用心用情打造人民群众满意的人社服务。

同志们，做好事业单位人事管理工作，任务艰巨，责任重大。我们要坚持以习近平新时代中国特色社会主义思想为指导，全面落实党中央、国务院的部署和要求，以更加饱满的精神状态和更加扎实的工作作风，推动事业单位人事管理工作再上新台阶！

防范化解重大风险 推动经办转型升级 全力以赴做好2019年社会保险各项工作

——在全国社会保险局长会议上的讲话

游 钧

（2019年2月27日）

这次全国社保局长会议的主要任务是，以习近平新时代中国特色社会主义思想为指引，全面贯彻党的十九大和十九届二中、三中全会精神，落实中央经济工作会议和全国人力资源和社会保障工作会议部署，总结工作，分析形势，研究部署2019年重点任务。下面，我讲三方面意见。

一、认真总结2018年社会保险工作取得的进展

2018年是改革开放40周年，也是全面贯彻落实党的十九大精神的开局之年。面对错综复杂的国内外形势，面对艰巨繁重的社保改革任务，全国社保系统在部党组和各级党委、政府的坚强领导下，全面贯彻落实党中央、国务院决策部署，迎难而上，开拓进取，各项工作都取得了积极进展。

（一）社保改革蹄疾步稳，持续推进。

一是全民参保计划全面实施。2018年，部党组对全民参保计划发出新动员，做出新部署，各级社保经办机构谋"全"而动，向"深"而行，工作重点从登记转向精准扩面。部里会同国家医保局印发了全面实施全民参保计划的指导意见，各地聚焦灵活就业人员、建档立卡贫困人员、农民工、新业态从业人员等重点群体，分类推进，不断提升扩面精准性。加强国家全民参保数据库建设，与公安、扶贫等部门建立跨部门信息共享机制，实现了全民参保数据的集中和动态管理。建立了全民参保工作季度调度通报制度，上下沟通协同更加顺畅。截至2018年底，国家库已有13.4亿人的基础信息；城镇职工基本养老保险、城乡居民基本养老保险参保人数分别达到41 848万人、52 392万人，参加基本养老保险人数比上年末增加2 692万人；工伤保险参保人数达到23 868万人，推进建设项目参加工伤保险工作仍保持良好态势，新开工工程建设项目参保率达99.03%；失业保险参保人数达到19 643万人。全民参保计划助推参保扩面效果显著。

二是统一平台建设迈出关键步伐。按照党的十九大报告重要改革举措实施规划，扎实推进全国统一的社会保险公共服务平台建设顶层设计，确立了统一平台建设目标路径和年度分解任务。研究起草了统一平台建设的指导意见，着力健全统一平台的组织架构、技术支撑、标准规范、业务协同、风险防控等体系规划，开展了总体架构、整体流程及技术框架等方面的设计。按照边规划边建设的指导原则，启动了全国社保卡线上身份认证与支付结算服务平台项目，搭建了统一平台门户网站，优化完善经办业务管理，为全面开展统一平台建设打下良好基础，中央改革办对我部稳步推进统一平台建设工作也给予充分肯定。

三是社保制度改革持续推进。全面实施企业职工基本养老保险基金中央调剂制度，有效缓解地区间基金不平衡的结构性矛盾；养老保险省级统筹加速推进、持续巩固，为实现全国统筹奠定了坚实基础。继续推进机关事业单位养老保险制度改革，目前各地普遍开始全面征收机关事业单位养老保险费并发放待遇，30个省份和新疆兵团启动了中央驻地方单位参保工作。2018年初确定的继续阶段性降费率政策，全年共降低企业成本约1 840亿元。工伤保险省级统筹取得新突破，工伤预防有序推进、稳步实施。16个省份出台了城乡居民基本养老保险待遇确定和基础养老金正常调整机制的实施意见。划转国有资本充实社保基金工作落地实施，为筹集资金开辟了新渠道。

四是机构改革平稳有序。我们与有关部门开展协作，与税务总局签订合作备忘录，先后6次组织参加会议和集中办公，研究征收体制改革相关问题。印发共享平台建设方案和贯彻落实国务院常务会议精神切实做好稳定社保费征收工作的紧急通知，稳定社会预期。医保分立在中央层面的工作基本完成，目前正加紧与国家医保局研究相关业务合作方式，做好衔接。地方层面人员转隶、业务边界确定工作紧锣密鼓推进，各地在划转前配合医保系统做好相关工作，确保了工作平稳有序。机构改革期间，全国社保系统基本做到了"工作不断、思想不乱、队伍不散、干劲不减"。

（二）系统行风建设破立并举，不断深入。

一是直面问题，全面取消领取社会保险待遇资格集中认证。制定印发了全面取消集中认证的通知和领取社会保险待遇资格确认经办规程，部署利用信息比对和社会化服务开展领取待遇资格认证工作，启动境外人员资格认证基础信息采集，构建"寓认证于无形"的认证服务新模式。目前各地已基本掌握了按照新模式开展资格认证工作的经办流程、方法步骤和服务要求，领取社会保险待遇资格认证工作已全面进入优化转型阶段。

二是全面排查，扎实开展"解民忧　转作风"专项行动。深入开展"解民忧　转作风"专项行动，在全系统全面开展问题排查，建立整改台账，明确整改措施、责任人和时限，一件件整改、一件件销号。针对20个堵点问题和可以取消的19类35项办事材料，努力实现群众办事异地业务"不用跑"、无谓证明材料"不用交"、重复表格信息"不用填"。2018年，全国总体已有23个省份取消19类35项办事材料，平均完成率超过50%，22个省份清理堵点问题完成率超过50%，提前完成了全年目标任务。各级社保经办机构配合有关部门进一步压缩企业开办时间，不再单独核发社会保险登记证，逐步采用统一社会信用代码进行登记管理。与市场监管等部门共同推进企业注销便利化，根据一体化政务服务平台共享的企业注销信息，对没有社保欠费的企业同步进行社保登记注销，降低企业办事成本，积极优化营商环境。

三是重点突破，社保关系转移接续流程再造工作平稳启动。针对群众反映强烈的转移接续问题，我们组织工作专班，梳理问题清单，制定工作方案，研究确定企业职工养老保险关系转移接续业务模式调整的基本思路，全面开展了转移系统超期业务清理工作。2018年，全国城镇职工养老保险关系跨省转移接续270.39万人次，转移资金807.67亿元；城乡养老保险制度衔接19.81万人次，转移资金10.74亿元。

四是着眼长远，部门间的数据共享和分析应用得到加强。部里与铁路、民航、银联、公安、司法、移民等部门建立了数据共享交换机制，下发了4 944万条具备待遇领取资格人员信息，以服务资格认证工作。积极尝试探索相关数据在数据稽核、全民参保等业务领域的应用。与发展改革委等28个部门共同出台社保领域失信联合惩戒合作备忘录，探索建立"事前承诺—信用管理—联合惩戒"的信用管理体制，利用信用管理手段完善堵塞风险隐患工作机制，探索推动社保经办实现路径转换。

五是强化立法，加快出台社会保险经办管理服务条例。部里起草了《社会保险经办管理服务条例》草案，先后多轮征求了社会公众、有关部委、部内司局和各地的意见。目前条例草案经部务会审议通过，已正式报送国务院，进入了国务院法制部门推动的立法程序。条例的出台将为提升社会保险经办管理服务能力和质量，加强基金风险防控，堵后门、断后路，提供更加坚实的法制保障。

（三）社保基金风险防控工作全面部署，强力推进。

一是深入开展社会保险经办风险管理专项行动，保持风险防控高压态势。各地深入贯彻落实加强基金管理风险防控工作的意见和全国社会保险基金监管工作座谈会要求，继续开展风险管理专项行动，组织各地开展风险管理省级互查活动。切实加强内控制度建设，完善信息报告机制，深入开展基金管理风险警示教育活动，强化基金监督，加大监督检查力度。

二是聚焦重点领域、重点问题，堵塞风险漏洞。对贫困地区基金管理风险防控工作作了重点部署，建立了贫困地区要情报告机制，指导贫困地区织密扎牢社保安全网。进一步规范养老保险待遇发放数据向银行传送方式，部署开展全面取消社银手工报盘专项整改，尽快消除养老保险待遇发放数据离库操作风险。推进全面取消业务手工办理，进一步堵塞风险漏洞。针对现金收取和管理方面的突出问题，强化监管，确保基金安全。

三是探索开展数据稽核。深入推进风险防控措施"进规程、进系统"，提升监管实效。制定了养老保险待遇领取人员信息核实工作方案，全面部署各地开展疑点数据核实。与国家人口库数据进行全面比对，按照风险等级高低分批次将720万疑点数据通过查询比对系统下发各地核实反馈，提升经办风险防控精细化水平。针对关于开展审计问题核查整改工作的通知，在推进9省养老保险审计问题整改的基础上，全面开展审计问题核查整改，基金风险防控由表及里、由浅入深。

（四）各项重点工作全面推进，落实稳健。

一是基金运行总体平稳。2018年社保基金征缴企稳向好，基本养老保险和工伤保险基金总收入、征缴收入、总支出分别达到54 857亿元、40 229亿元、47 820亿元，基金累计结余58 800亿元。养老保险基金投资运营工作顺利开展，会同财政部对分批启动城乡居民养老保险基金委托投资工作做出部署。截至2018年底，已有17个省（区、市）政府与全国社保基金理事会签署8 580亿元委托投资合同，已经到账6 050亿元，较好地实现了既定的工作目标，基金可持续能力进一步增强。

二是各项待遇水平不断提高。2018年企业退休人员养老金连续第14次调整，企业和机关事业单位退休人员养老金第3次同步调整，工作推进总体平稳。城乡居民养老保险待遇确定和基础养老金正常调整机制建立，全国城乡居民基本养老保险基础养老金最低标准提高至每人每月88元，于去年9月底基本发放到位。22个省份在中央提标基础上进一步提高了省级城乡居保基础养老金，目前全国月人均养老金达到150元，其中基础养老金134元。工伤保险待遇调整工作有条不紊，23个省份已按照文件要求做好待遇调整工作。失业保险金水平不断提高，山东等省已建立失业保险金调整机制，2018年23个省份上调失业保险金标准，全年失业保险金月发放水平1 266元，5个省份失业保险金标准达到最低工资标准的90%。

三是社保扶贫工作强化兜底，聚焦精准。各级社保部门认真贯彻落实中央和部脱贫攻坚三年行动方案，按照厅发111号文件要求，聚焦精准、聚焦深度贫困地区，积极落实社保扶贫代缴政策，不断提升贫困地区社保经办服务能力，社保扶贫工作取得积极成效。部里定期与国务院扶贫办交换建档立卡贫困人口数据，并与社保联网监测、全民参保、持卡人员基础信息数据比对分析，下发各地使用，支持各地开展社保扶贫工作。截至2018年第四季度，全国应享受代缴城乡居民基本养老保险的贫困人员3 600.11万人，已落实代缴政策2 727万人（其中"三区三州"应代缴320.49万人，已落实191.99万人）。全国60岁以上享受城乡居民养老保险待遇的贫困老年居民2 189万人，4 900多万贫困人员直接受益。"三区三州"全年发放失业保险金1.3亿元，为失业人员代缴医疗保险费3 059.9万元；向2 936户企业发放稳岗补贴1.5亿元，惠及职工32.8万人；发放技能提升补贴402.2万元，惠及职工2 348人次。

四是社保卡服务不断提升。全国社保卡持卡人数达到12.27亿人，普及率达88%，23个省份已先行启动第三代社保卡发放和应用。全国社保卡线上身份认证与支付结算服务平台已上线部分功能，28个省份的213个地区已接入。2018年4月，第一张全国统一的电子社保卡落地青岛，截至2019年1月25日，28个省份的239个地区已上线电子社保卡，累计签发300万张，标志着社保卡多元化服务生态圈初步孕育形成。部社保卡持卡人员库的人员基础信息达13.9亿人，社保卡基础信息达11.9亿张，接入省市两级业务系统303个，有效支撑了跨地区用卡和基础信息共享。各地积极拓展电子社保卡应用场景，查询社保权益记录、办理待遇资格认证、人社公共服务办事凭证、就医购药支付结算、办理参保缴费等应用相继上线，同时通过多项民生服务精准发力，将电子社保卡逐步嵌入各地政务服务、智慧城市、金融服务等应用场景。

五是全面加强年金管理工作。印发规范职业年金基金管理运营的通知，指导地方规范推进有关工作。加强年金市场监管和机构合规性监管，提高年金管理合同和养老金产品备案审核力度。完成部分企业基金管理机构资格调整工作，着手研究起草建立养老保险第三支柱的政策文件。截至2018年第三季度末，全国建立企业年金企业84 452个，参加职工2 352.26万人，积累基金14 223.17亿元；参加职业年金人数2 385万，已归集职业年金基金累计结余4 017.9亿元。企业年金和职业年金规模不断扩大，监管体系逐步完备。

2018年全国社保系统面临的改革任务很重，地方的同志压力也很大，但是全系统的同志们克服困难，迎难而上，改革创新，各项工作基本达到预期目标，事业取得了新的发展。这些成绩的取得，离不开党中央、国务院的科学决策，离不开部党组的坚强领导和各级党委、政府的大力支持，更离不开全系统广大干部职工的辛勤工作和无私奉献。在此，我代表部党组向关心支持社保事业发展的各级领导、向全系统干部职工致以衷心的感谢和崇高的敬意！

二、深入学习贯彻习近平总书记关于防范和化解重大风险的重要论述，积极应对社保领域面临的风险挑战

习近平总书记在1月21日省部级主要领导干部坚持底线思维，着力防范化解重大风险专题研讨班上发表重要讲话。总书记强调，要深刻认识和准确把握外部环境的深刻变化和我国改革发展稳定面临的新情况新问题新挑战，坚持底线思维，增强忧患意识，着力防范化解重大风险，保持经济持续健康发展和社会大局稳定。总书记指出，当前，我国经济形势总体上是好的，但经济发展面临的国际环境和国内条件都在发生深刻而复杂的变化，推进供给侧结构性改革过程中不可避免会遇到一些困难和挑战，经济运行稳中有变、变中有忧，既要保持战略定力，推动我国经济发展沿着正确方向前进；又要增强忧患意识，未雨绸缪，精准研判、妥善应对可能出现的重大风险。具体到社保领域，2019年是新中国成立70周年，是全面建成小康社会的关键之年，这是做好2019年社保工作的最大形势。强化民生兜底保障功能，确保群众基本生活底线，不断增强人民群众的获得感、幸福感、安全感，这是做好2019年社保工作的最大要求。面对当今世界波谲云诡的国际形势、复杂敏感的周边环境、艰巨繁重的改革发展稳定任务，各类风险因素不断积聚，很可能在新中国成立70周年大庆的时间节点加速释放，我们既要高度警惕"黑天鹅"，也要防范"灰犀牛"，这是做好2019年社保工作的最大挑战。全面梳理社保领域风险隐患，坚持稳中求进工作总基调，针对突出问题，打好重点战役，这是做好2019年社保工作的最大任务。

防范化解重大风险，首先要正确认识风险，风险在哪儿、现状如何、趋势怎样，各类风险中的主要风险是什么，在主要风险中哪些矛盾是主要的。对诸如此类问题要做到心中有数，才能未雨绸缪、应对有方。为此，我们务必要强化风险意识，常观大势、常思大局，科学预见形势发展走势和隐藏其中的风险挑战，确保2019年社保领域不出现引起负面热议以及引发群体性利益诉求、冲击社会认知底线的社保舆情问题。要提高风险化解能力，透过复杂现象把握本质，抓住要害、找准原因，提高战略思维、历史思维、辩证思维、创新思维、法治思维、底线思维能力，坚持稳中求进的总基调，把握好社保改革的节奏和力度，把步子迈得更稳更坚实，在群众反映的突出问题上拿出切实可行的实招硬招和真招。要完善风险防控机制，建立健全风险研判机制、决策风险评估机制、风险防控协同机制、风险防控问责机制，特别是要建立社保风险防控快速响应机制，强化上下联动、快速反应，一级抓一级、层层抓落实。

防范和化解社保领域的重大风险，要重点把握好以下几个方面。

（一）要准确把握改革任务推进的力度和节奏。

一是要着力解决好基金中央调剂制度实施后贡献省份和受益省份的积极性问题，避免出现"逆操作"。企业职工基本养老保险基金中央调剂制度改革是迈向全国统筹的关键一步，也是解决养老保险区域性结构失衡的重要措施。这一改革涉及地方利益调整和责任变化，既要避免贡献省份扩面和征缴动力下滑，积极性退缩；又要避免受益省份产生依赖思想，突击"搭便车"，违规补缴、违规审批提前退休等现象，应该说，在设计中央调剂办法时，我们就充分考虑到这个问题。要建立一套养老保险考核奖惩机制，激励各地积极担当起扩面征缴、确保发放的主体责任，要落实防范惩治统计造假的各项要求，全力防范因利益驱动带来的统计造假、弄虚作假行为。二是要避免落实机关事业单位养老保险改革不到位带来的风险。机关事业单位养老保险改革启动五年来，工作推进取得了一定成果，但仍存在一些各界反映强烈的问题。比较突出的是改革以来新退休人员的待遇尚未按照新办法计发，引起退休人员不满，以及部分地区的待遇"飘高"，存在风险隐患。有些地区对这项工作的紧迫性认识不足，对做好待遇平稳衔接的重要性认识还不到位，对出现问题的风险估计不足，仍存在等靠、攀比和观望心理。职业年金投资运营进度较慢、管理不规范也是重点问题，有的省份迟迟未对归集账户进行规范，巨额资金仍"体外循环"；有的省份同时在多家银行开立多个归集账户，不仅增加了对账难度，也存在寻租风险；有的省份无视基金全程托管的要求，违规将已托管的职业年金基金从归集户中转出，存入其他银行，这些都是改革的"心腹之患"。三是要确保机构改革期间群众办事不受影响。如何落实好党中央、国务院优化协同高效的要求，确保机关事业单位和城乡居民各项保险费征缴职能顺利移交，企业职工社会保险费征收职能划转工作平稳有序，还需要付出更多努力。医保分立，各地工作推进中还存在各种各样的衔接问题。工伤保险的独立经办能力仍有待加强，稳定机构、稳定人员、稳定业务是当前工伤保险工作的重中之重。失业保险经办机构碎片化情况严重，五类经办机构并存的现象导致失业保险待遇申领标准不一，程序烦琐，证明材料过多。在改革的过渡期和磨合期，一旦参保人员的合法权益得不到保障，极易引发信访和舆情风险。

（二）要稳慎把控好制度运行中的风险。

目前，养老保险基金收支总体平衡、收大于支，确保了待遇按时发放。但是，各地区养老保险基金区域性结构失衡依然突出，各省份之间负担不均衡，同一省份的市、县之间也不均衡，部分地区当期收不抵支形势严峻，2019年受各方面因素的影响，这一风险还有加剧的趋势。从收入方面看，2019年我国依然面临中美贸易摩擦带来的经济下行压力，部分企业在市场波动、经济起伏、结构调整中遇到了一些困难和问题，一些出口型企业及其产业链上的企业受到冲击，下一步影响可能会从就业端向社保端进一步传导；中央调剂制度实施，部分地区为争取更多利益，存在违规乱开口子，违规补缴的现象；各险种征收职能划转还需要进一步磨合，这些都可能对企业职工养老保险基金征缴带来不利影响。特别是，2019年将要执行降低社会保险费率综合方案，这是完善社保制度的重要内容，事关改革发展稳定全局。党中央、国务院高度重视方案的出台实施工作，中央领导同志多次作出重要指示批示，我们必须积极抓好贯彻落实工作。从支出方面看，近年来人口老龄化高峰到来，而且今年将继续同步调整机关事业单位和企业职工基本养老金，职工养老保险基金刚性支出将继续上升，基金支撑能力面临严峻考验。同时，当前基金安全形势依然严峻，仍然处于基金案件高发期、风险隐患排查期、存量风险消化期，制度运行中的管理风险要格外重视。基金的远忧与近忧、结构与总量、潜在风险与显性风险矛盾并存，特别是基金安全出现了一些新情况、新问题，"内鬼"作案比例提高，改系统改数据等新型案件频发等，值得我们高度关注，并及时采取切实的防范措施。

（三）政策执行不到位引发的新风险在积聚酝酿。

一是部分机关事业单位编制外人员没有参加企业养老保险，也无法进入机关事业单位养老保险参保范围，容易引发群体性风险。二是为解决历史遗留问题，部分地区出台了补缴政策，甚至扩大补缴范围，乱开口子。2016年，部里印发132号文要求各地立即停止自行扩大一次性补缴适用人群范围，但部分地区执行仍不到位，并且中央调剂制度实施后，出于地方利益考量，部分地区出现了违规补缴抬头的趋势，损害了基金的安全和中长期平衡。三是特殊工种认定存在难度以及部分地区特殊工种退休审批管理把关不严，容易引起不同性质企业间的攀比，也容易引起"心理失衡"的群访事件发生或基金流失风险。四是跨省流动就业人员转移接续养老保险关系时，一次性缴纳养老保险费超过3年（含）的，部分地区无法按照5号文要求，提供相应具有法律效力证明一次性缴费期间存在劳动关系的文书，成为影响养老保险关系转移接续的堵点问题。五是退役军人社会保障中存在的风险要着力防范。我们既要提高政治站位，维护好退役军人的合法权益，为让军人成为全社会尊崇的职业作出贡献，也要担起社保主管部门的责任。既要避免引起其他群体的攀比，也要着力规避部分退役人员材料造假，违规操作、把关不严的风险。同时，退役军人失业保险关系转移接续和待遇享受问题也在逐渐显现，需稳慎处理。六是工伤保险领域存在的历史遗留问题、政策不明确和过高利益诉求相互交织的矛盾，导致尘肺病、环卫工人等群体信访、诉讼风险攀升。七是征地社保工作中存在政策未落实到人的问题，老农保遗留问题也未完全处置到位。以上这些风险积聚到一定程度，遇到适合的内、外部环境，很可能演变为群体性事件，我们务必高度警觉，及早应对。

（四）积极应对随时可能出现的社会舆情风险。

当前党中央、国务院深化"放管服"改

革力度空前，部党组强力推进行风建设，取得初步成效。但是，从国务院大督查网民留言情况反映的问题来看，当前社保系统行风建设方面的风险隐患依然不容小觑，影响群众办事效率的痛点、难点和堵点问题还不同程度地存在。尤其是社保费征收职责划转后，因企业或个人的参保登记、缴费等业务事项分别由不同部门负责，"多门跑腿"问题容易引起群众不满，从而引发舆论关注。类似"九旬老人生存认证""方章圆章"等冲击社会认知底线的问题根源尚未彻底清除，还有可能以其他形式表现出来，给系统形象带来巨大损害。失业登记等环节导致失业保险金申领手续复杂，申领失业保险金等待期过长，影响人民群众的获得感。同时，便民政策的实施和落地需要一个过程，在一些地方可能会存在"老办法没停、新办法没用"的断档期，在此期间，如果再出现负面的舆情事件，将会给我们带来很大被动和压力。

面对如此众多、错综复杂的各种大小风险，我们是回避不了、逃避不掉的，要始终保持高度警醒，主动作为，迎难而上。首先必须解决好思想认识问题，不解决"怎么看"就无法解决"怎么办"，看不到、看不全、看不透风险就是最大的风险。同时，我们还必须以科学的方法化解风险，要坚持"两点论"和"重点论"相统一，把握好开展工作的力度、次序和节奏。树立全局观，坚持统筹兼顾、外松内紧，区分轻重缓急，在兼顾一般的同时紧紧抓住、优先解决主要矛盾和矛盾的主要方面，以重点突破带动整体推进，在整体推进中实现重点突破。要兼顾长远和当前，在优先着力化解当前亟待解决的问题风险的同时也要谋划长远，刨根溯源，全力以赴把防范和化解社保领域风险防控工作做实做细做好，做到位。习近平总书记强调各级领导干部要敢于担当、敢于斗争，保持斗争精神、增强斗争本领，以"踏平坎坷成大道，斗罢艰险又出发"的顽强意志，应对好每一场重大风险挑战。我们之所以把风险防控作为贯穿2019年全年工作的主线，就是基于风险防控斗争的复杂性和严峻性做出的全局性安排，我们社保系统的同志们要充分领会习近平总书记敢于斗争的精神，全力打好社会保险风险防控防御战、攻坚战、歼灭战，切实做好防范化解社保领域重大风险各项工作。

做好防范化解社保领域重大风险工作，从短期来看，主要是要抓紧梳理业务风险点，形成风险清单和应对预案，压实责任，狠抓落实，逐一排解。从长远看，关键还是要摆脱传统的路径依赖，通过信息技术手段，推动社保经办向数字化转型，借势借机借力，向数字化要人、要效率、要能力，实现对社会保险的有效管理。可以说，社保经办工作实现数字化转型既是防范化解社保领域风险的需要，也是今后做好社保工作的必然选择。我们要对此有充分的认识和思考，必须尽快、尽早谋划和部署，越早越主动。要切实转变思想观念，提高认识，摆脱长期以来形成的路径依赖，积极营造用数据说话、用数据判断、用数据决策的良好氛围，推动社保经办踏上真正意义上的数字化转型之旅。要充分掌握数据资源。积极开展创新探索，在合法前提下加大与其他部门行业数据共享交换的力度，推进业务协同和系统融合，形成数据治理良好生态，把数据做实、做精、做细。要形成数据分析应用能力。善于在各个业务环节使用数据，把数据作为推动各项业务的源动力，挖掘数据潜力，让数据说话，用数据分析风险、提升感知能力、优化服务方式。以数据应用促资源整合，以数据应用推动经办管理服务模式的转型，做到数据"取之于民、用之于民"。数字化转型关乎社保经办工作的发展方向，需要我们社保经办系统久久为功，持续推动，更需要部省通力合作，群策群力，以启山林。我相信数字化转型必将为社保经办打开一条广阔的通道。

三、坚定信心，稳中求进，全力以赴做好2019年社会保险各项工作

做好2019年社会保险工作的总体要求是：

以习近平新时代中国特色社会主义思想为指导，全面贯彻党的十九大和十九届二中、三中全会精神，坚持以人民为中心的发展思想，坚持稳中求进的工作总基调，着力抓重点、补短板、强弱项、防风险、稳预期，以防范和化解社保领域风险为主线，以落实社保改革任务、系统行风建设、社保扶贫为重点，在发展中保障和改善民生，不断增强人民群众的获得感、幸福感和安全感，为新中国成立70周年营造良好社会氛围，为全面建成小康社会做出积极贡献。

（一）改革任务落实要"稳"。

一是扎实推动中央调剂制度和省级统筹实施。在稳步实施基金中央调剂制度的基础上，加快完善养老保险省级统收统支，为全国统筹奠定基础。部里正抓紧制定2019年中央调剂方案，确保中央调剂基金按时足额缴拨到位，各级社保经办机构要落实好中央调剂制度要求，做好调剂基金预算编制及会计核算，按时上解、下拨调剂资金。各地要进一步完善企业职工基本养老保险省级统筹经办管理，完善省级统筹标准，规范基金收支管理，确保2020年底前全面实现基金省级统收统支。同时，还要构建推动高质量发展的统计体系，健全统计监测，强化监督，建立健全防范和惩治社会保险统计造假、弄虚作假的工作机制，加大问责追责力度，严肃查处统计违法行为，用更加坚实的统计基础确保中央调剂制度和省级统筹"行稳致远"。

二是全面落实机关事业单位养老保险制度。去年12月，部里专门印发了加快推进机关事业单位养老保险制度改革的通知，召开了视频会进行部署，各地要按照要求，切实抓好落实。要加快推进新办法计发待遇的落地实施，未启动发放的省份必须尽快启动，今年要全面实施按新办法兑现待遇工作。各地要着力防范年度间待遇"飘高"的风险，同类人员年度间待遇水平要按照"大体平衡、略有增长"的基本原则，做好平稳衔接，切实防范和化解可能存在的风险。要规范职业年金管理，加快职业年金市场化投资运营，在计划建立、机构评选、合同签订、资金分配等投资运营前期准备的关键环节上尽快实现突破，强化职业年金基金归集账户管理，统一职业年金待遇支付方式。要做好信息化建设应用，加快系统建设，补齐功能短板，加强系统联网应用，全力推进机关事业单位参保人员社保卡发放和应用，通过社保卡银行账户发放养老保险待遇，方便退休人员领取养老金。

三是稳妥实施降低社会保险费率综合方案。各地社保部门一定要认真学习领会总书记以及中央领导同志对降低社会保险费率工作的要求，将落实方案作为一项政治任务去抓，统一思想，提高认识，主动与财政、税务等部门加强协调配合，务必稳妥做好方案实施工作。特别要注意的是，降低缴费比例和规范养老保险缴费是综合方案的"两翼"，不能偏废，在降费率的同时，还要切实抓好规范缴费工作。各省份要统一规范个体工商户和灵活就业人员参保政策适用范围，企业不得要求职工以灵活就业人员身份参保缴费；统一全省基本养老保险单位缴费比例，低于全省统一标准的地区要逐步规范；统一养老保险缴费工资基数指标口径和个人缴费基数上下限标准，并做好计发办法的平稳过渡。

四是稳定缴费方式，平稳推进征收职能划转。各地区要按照中央的部署，稳妥做好征收职能划转工作，机关事业单位和城乡居民社会保险费的征收，要按照既定的时间节点如期划转。对于企业职工基本养老保险和企业职工其他险种，暂按现行征收体制继续征收。目前是税务部门代征的，继续由税务部门代征；目前由社保经办机构征收的，仍由社保经办机构征收。在此期间，各地人社、税务、医保等部门间要加强沟通配合，各司其职，避免出现工作空档。各地人社部门要与相关部门建立工作协调机制，统筹协调划转过渡期间的工作衔接、规范征管、夯实基础等重点工作。充分利用人社部门现有信息系统和工作基础，加快推动部门间信息共享平台建设，为顺利移交创造基础条件。要妥善分类处理欠费，各地在征收体制改革过程中应妥善处理企业历史欠费，对于正常征收工作中的欠费和有缴费能力的，要做到能追缴的坚决追缴，防止个人权益因企业恶意欠缴行为受到侵害。社保费征收职责划转工作情况复杂，要做好宣传引导，纾解企业焦虑，增强企业信心和经济活力，稳定社会预期。要避免办事流程复杂化，对于办事地点、程序、所需材料发生调整的，要广泛宣传，避免企业群众多头跑路。此外，征缴职能划转后各地要持续按照要求稳妥做好职业年金基金归集和投资运营工作，避免征收体制改革对职业年金工作正常开展的不利影响。

五是完善工伤保险、失业保险经办管理服务体制机制。针对机构改革后工伤保险经办存在的问题，部里在充分调研的基础上提出了健全的设想和考虑，希望各地相向而行，共同努力，切实解决好这个问题。各级经办机构要聚焦具体经办主业，解决力量薄弱、权责划分不清晰等问题，建立融工伤认定、劳动能力鉴定、经办服务为一体的工伤保险综合机构。同时，把经办管理队伍建立起来至关重要，经办人员素质要好，专业化程度要高，机构改革中特别要注重拴心留人。要保障工作的连续性和稳定性，重点解决好工伤医疗费用直接结算所面临的问题，做好协议机构管理工作，确保改革期间工伤保险工作平稳运行。失业保险方面，针对目前失业保险经办机构碎片化，群众多头跑路现象依然存在的问题，部里正在准备推进失业保险金"畅通领、安全办"，目的是切实提高失业保险经办服务水平和群众满意度，同时加大基金安全风险防控。各地社保经办机构要按照要求，加大失业保险经办服务供给，主动受理失业保险相关业务，并加强与公共就业服务机构的信息共享；做好办理失业登记和发放失业保险金等业务，提升失业保险网上经办服务能力，全面加快失业保险经办"一网、一门、一次"的改革步伐。

六是进一步抓好退役军人养老保险工作。各地要认真学习领会中央领导同志的批示指示精神，精准落实中办、国办文件要求，既要维护好退役军人的养老保险权益，也要严格把关，严格经办，依法依规办事，实现政策的有序衔接，避免因政策前后不一产生新的矛盾。要坚持贡献与待遇对等原则。充分考虑退役士兵服役经历和国防贡献，明确入伍时间视为首次参保时间，给予他们相应的优待；基本养老保险出现欠缴、断缴的，允许按不超过本人军龄的年限补缴，并免收滞纳金，明确补缴与服役贡献挂钩，形成正确的政策导向。单位补缴部分所需资金原则上由企业或主管部门承担，中央及各级财政负责兜底。要严格执行全国统一的补缴标准，符合条件的退役士兵补缴养老保险的，缴费工资基数由安置地按照补缴时上年度职工平均工资的60%确定，单位和个人缴费费率按补缴费安置地规定执行，并相应记录个人权益。退役士兵欠缴、断缴情况复杂，统一补缴的标准，有利于各地操作落实，也可避免出现补缴退役士兵个体之间、地区之间存在不平衡的问题，另一方面要与其他正常参保缴费的企业职工水平大体持平，避免引起其他群体的攀比。

（二）风险防控工作要"牢"。

习近平总书记强调，防范化解重大风险，是各级党委、政府和领导干部的政治职责，大家要坚持守土有责、守土尽责，既要有防范风险的先手，也要有化解风险挑战的高招；既要打好防范和抵御风险的有准备之战，也要打好化险为夷、转危为机的战略主动战。各级社保部门要按照中央的要求，始终牢牢守住风险防控的底线，把防范化解社保领域重大风险工作做实做细做好。

一是抓早抓小，严防死守，全力以赴打好"防御战"。防范化解重大风险，关键在防。防，就要防得住，不让风险发生，或者把风险消灭在萌芽状态；防，就要准备好，对于不可控的风险做好化解的准备，把损失减少到最低。2019年要在社保系统上下普遍开展风险防控教育，引导系统上下全方位开展风险隐患大排查和自查自纠工作，牢固树立有风险没有及时发现是失职、发现风险没有及时提示和处置是渎职的观念，尽可能多一分谋划，多一分准备。要建立健全风险预警和评估机制，抓早抓小，防患于未然。要层层传导压力，压实基层责任，始终保持风险防控的高压态势。要通过加强系统联网应用，提升风险防范能力。要全面推进持卡库、养老保险参保待遇状态比对查询系统、社保关系转移系统联网应用工作，实现人员基础信息的校准、转移业务线上办理，防止跨地区跨制度领取待遇，堵塞单靠本地难以防范的风险漏洞。

二是主动出击，精准施策，集中精力打好"攻坚战"。各级社保部门要主动担当担责，面对风险问题敢于亮剑，面对矛盾敢于迎难而上，面对危机敢于挺身而出。要聚焦群众反映强烈，带有普遍性的风险隐患，积极化解应对，快速处置，不能"坐等问题的到来"，更不能让"星星之火形成燎原之势"。要按照"谁的孩子谁抱走"的原则，加强分类管理，精准施策，避免部门间、管理层级间的相互推诿和扯皮。目前社保经办领域中的许多风险问题，有些是经办方面的问题，但也有一些是政策端没有出口，在执行和落实层面表现出来的，还有些是基层在执行和落实过程中有偏差造成的。针对不同情况，既要精准施策，对症下药，又要打好组合拳，使政策与经办、部里与基层形成合力，共同破解风险隐患方面的突出问题。

三是统筹兼顾，奋发有为，持之以恒打好"歼灭战"。各级社保部门应当聚焦重点，抓住"牛鼻子"，做到综合考虑、权衡利弊、分类施策，"审大小而图之，酌缓急而布之，连上下而通之，衡内外而施之"。要密切关注舆情动态，及时做好政策储备和应对化解工作，做到"不添乱"。全方位做好舆情应对工作，做好正面宣传解读，凝聚各方共识，营造良好氛围，针对可能出现的炒作和热议，要提前做好应对化解预案。要把基金风险防控放在更加突出的位置，做到"不出事"。揪"内鬼"和防"外贼"两手都要抓，要大力加强数据稽核，发现和纠正重复参保、死亡冒领等违规发放问题，全面落实取消社银手工报盘、取消手工业务、规范现金业务等各项要求，倒逼内控机制建设。要把风险防控的重点放到市县一级，要从制度层面转向执行层面，从注重内部控制转向全面风险防控。

（三）系统行风建设要"优+"。

2019年，社保系统必须持之以恒将"正行风、树新风，打造群众满意的人社服务"行动推向深入。要坚持底线思维、问题导向、特色思路，全面排查可能引起社会热议、冲击社会认知底线的行为，聚焦产生行风问题的根源，严防死守，坚决不给党中央、国务院"添乱"。

一是持之以恒，继续深入开展社保行风建设。各地要利用各种机会，对行风建设进行再部署再动员，把行风建设的压力再次传导下去，层层压实责任，压茬推进工作落实。全系统要继续深入开展问题大排查，建立问题整改台账，明确整改措施、整改责任人和整改时限，加强工作调度，一件件整改、一件件销号，做到纠建并举。关注便民政策的实施和落地过程中在一些地方可能存在的"破而未立"断档现象，强化风险意识，加强舆情引导，增强敏锐性，控制系统风险，以满足群众期盼作为工作出发点和落脚点，用真抓实干增强群众享受社保服务的获得感、幸福感、安全感，保持行风建设工作驰而不息，不断深入。

二是刨根溯源，着力解决深层次体制机制问题。国务院大督查指出各地社保经办机构普遍存在资源分散、机构林立、名称不统一、信息系统碎片化等问题，并提出整改要求。下一步部里将继续推动《社会保险经办管理服务条例》立法进程，进一步明确社保经办机构的法律地位、职责定位，提出更加明确的要求，为精简证明材料，堵后门、断后路提供坚实法治保障。近期，部里还专门会同财政部印发了《关于进一步加强人力资源社会保障窗口单位经办队伍建设的意见》，各地务必利用好这一重大政策利好，结合本地实际抓好落实。要加强资源整合，解决群众办事要进多扇门、来回跑的问题，建立更加高效的经办管理服务体系，为实现全国无差别经办奠定基础。要合理配置人员，统筹用好编制内资源，拓宽人员供给渠道，解决基层经办机构服务人次比高的问题。要提升服务能力，加强干部队伍建设，强化对地方经办机构队伍的培训，建立常态化培训机制，提升培训质量，加大对贫困地区经办机构培训倾斜，提升服务意识和服务质量。要规范服务行为，逐步打造名称统一、标识统一、柜台统一、着装统一的窗口服务品牌，推进服务标准化建设，严格工作纪律，完善考核机制，形成典型示范，发现并形成一批可复制、可推广的社保经办行风建设经验。要完善保障措施，改善硬件条件，提升信息化水平，保障工资待遇，拓宽发展空间，注重人文关怀，使社保经办窗口一线工作人员安下心、坐得住、流得动、有归属感。

三是练兵比武，不断提升社保经办队伍战斗力。纪南部长在部务虚会和人社工作会上多次强调，我们必须贴紧形势变化，贴紧事业发展需要，聚焦重点难点，瞄准目标要求，着力打造一支政治过硬、本领过硬、作风过硬的干部队伍。为全面提升人社窗口单位经办队伍能力素质，夯实行风建设基础，今年部里将举办全国人社窗口单位业务技能练兵比武活动，以比促练、以练促用，培育选拔一批政治过硬、业务精通、作风优良的服务能手。目前，部里已印发通知进行部署，希望各级社保经办机构和基层服务平台的工作人员广泛参与到活动中来，各地要把握好练兵比武活动的目的，把握好练兵比武活动的范围，确保单位岗位全覆盖、各级机构全覆盖、编制内外全覆盖；把握好练兵比武活动的效果，以赛促学、以学致用，要充分借练兵比武活动反思、完善政策的制定，改进、提升业务服务的效能。同时，各地要把握好练兵比武活动的要求，既要严格按照活动时间节点的要求执行到位，也要做到程序步骤规范有序，这项活动省里可谓是"多线作战"，7月底前要完成省内练兵比武，9月要参加全国赛，部分省份还将在6月中下旬参加浙江省宁波市举办的省际邀请赛。为此，各级社保经办机构要高度重视，狠抓落实，力争在社保领域多出能手、多出标兵，赛出新时代社保经办人的风采，取得优异成绩。还要以此活动为契机，在练兵比武中，多培养"一口清""事事通""问不倒"的业务尖兵，营造学政策、钻业务、练技能、强服务的良好氛围，带动社保经办队伍人员素质和服务水平整体提升。

（四）经办管理服务要"新"。

对于转变管理服务方式工作，中央有要求，我们有承诺，群众有期盼，舆论有监督。各地必须树立互联网和大数据思维，抓紧推动"互联网+人社"2020行动计划落地，提升信息共享和业务协同水平，重视数据管理应用，"让数据跑路、说话"，充分挖掘并发挥数据作用和价值，把社保经办机构打造成数据的管理应用中心，深入推动社保经办数字化转型。

一是全民参保计划要以大数据应用为支撑，向"精准"要成效。全民参保计划要在2020年基本实现法定人员全覆盖，2019年必须进入"倒计时"状态。要进一步巩固全民参保登记成果，将重心从"登记"向各类未参保群体扩面转移。要进一步抓好数据动态管理、分析和应用，聚焦建档立卡贫困人口、灵活就业人员、新业态从业人员等重点人群分类施策，精准识别未参保人员和未参保原因，有针对性地推进参保扩面工作。要探索建立激励机制，抓好全面实施全民参保计划指导意见的落实，以更广泛的社会发动、更精准的技术手段，打一场全民参保攻坚战。要积极探索将非本地户籍灵活就业人员纳入参保范围，落实为建档立卡未标注脱贫的贫困人口、低保对象、特困人员等困难群体代缴城乡居保费和60岁以上贫困人员享受城乡居保待遇政策。同时，脱贫攻坚已经到了攻坚拔寨的冲刺阶段，社保扶贫也必须充分利用数据，聚焦精准、全面发力。

二是加快推动全国统一的社会保险公共服

务平台建设，强化信息化基础支撑。2019年，统一平台建设将从规划设计走向落地实施，为2020年平台的基本建成打下坚实基础。各地要按照统一规划设计，编制社会保险公共服务事项目录清单和办事指南，统一服务形象、流程和规范。在统一门户基础上继续推动社保关系转移接续、异地自助认证、网上查询等系统优化升级，实现社保公共服务平台上线运行。建立全国一体化运行调度监控和异地业务协查机制，整合经办资源，创新管理体制，全面推广实施综合柜员制。进一步健全部省协同服务机制，完善公共服务渠道，扩展服务内容，建立实体窗口、互联网平台、12333电话咨询、自助服务等多种服务渠道为一体的公共服务信息平台，服务事项成熟一个、推广一个，确保统一平台平稳有序推进，支持跨地区、跨层级、跨部门业务协同办理。

三是寓管理于服务之中，全面推动资格认证、信用管理、数据稽核等工作取得新进展。各地要继续落实"寓认证于无形"的认证服务新模式，积极利用跨部门数据共享和信息比对开展资格认证工作，及时下载使用部级比对数据，做好数据的核实反馈，全面推行远程自助认证，依托社会化服务工作开展认证信息核实。各地要加快探索建立"事前承诺—信用管理—联合惩戒"的社保信用体系建设，积极做好社保严重失信黑名单认定和管理工作，建立以信用承诺和信用公示为核心的新型管理方式，把更多的精力从事前审核逐步转移到加强事中事后监管上来。积极开展跨部门业务协同共享，确保各项联合惩戒措施落实到位。要继续深入推动利用数据比对发现异常数据，通过对疑点数据逐个核实，查找风险漏洞，并采取有力措施，形成震慑。同时，各地还要继续探索扩大社保大数据在全民参保、五证合一、转移接续等方面的运用，努力满足人民对美好生活的新期盼。

四是强化社会保障卡应用，提升服务水平。社保卡是社保经办服务的载体，要充分发挥社保卡身份凭证、信息记录、自助查询、缴费和待遇领取等功能，以待遇领取用卡为抓手，逐步实现养老保险各业务环节全面应用社保卡，并以此带动其他人社领域用卡工作。今年6月底前，各地要实现新增养老保险待遇领取人使用社保卡领取养老保险待遇；今年年底前，要基本实现享受养老保险待遇人使用社保卡领取养老保险待遇。要认真抓好实现养老保险参保人员发卡全覆盖、使用社保卡银行账户缴纳养老保险费和领取养老保险待遇、拓展社保卡在养老保险业务中的应用、联合社保卡合作银行延伸服务、利用社保卡开展大数据分析等重点任务，特别是要加快推动利用电子社保卡提供养老保险服务，实现服务线上化、移动化。2020年底前，要全面实现养老保险全流程使用社保卡，进一步提升养老保险数字化管理服务水平，同时向其他险种、其他人社服务领域全面推广社保卡应用。

（五）共享发展成果要"为"。

迎接新中国成立70周年，社保部门必须进一步强化兜底保障功能，兜牢群众基本生活底线。确保各项社会保险待遇按时足额发放，是最大的政治任务，也是底线、红线，丝毫不能出现差错。同时，还要主动作为，积极释放更多政策红利，为参保群众送上民生大礼包。

一是建立职工社会保险待遇正常调整机制，扎实做好调待工作。部里和各地要研究建立职工基本养老保险待遇正常调整机制，推动基本养老保险待遇水平随经济发展而逐步提高，不断增强参保职工获得感。今年，我们还要继续同步调整企业和机关事业单位退休人员基本养老金，实现企业15连调、企业和机关事业单位同步4连调，为1.1亿多退休人员送上民生礼包。要继续抓好工伤保险调待工作，2018年没有调待的，2019年必须在预算中进行安排落实，维护好工伤保险参保职工的正当权益。要循序渐进提高失业保险金标准，指导各地建立失业保险金标准正常调整机制，加大失业保障力度。各级社保经办机构必须把好事办好，切实落实好政策，真正把党和政府的民生温暖传递给每一位参保群众。

二是扎实做好城乡居民养老保险待遇调整工作。今年，部分还没有出台建立城乡居民养老保险待遇确定和基础养老金正常调整"两个机制"政策文件的地区，要尽快出台文件，提高发文层级，争取省委省政府发文。同时，部里还将会同财政部提出2019年基础养老金最低标准调整方案，各地去年没有调整省级养老金标准的，今年要抓紧调整；去年已经调整了省级养老金标准的，今年还要积极协调相关部门，争取再次调整，努力让政策红利惠及1.6亿的老年城乡居民。此外，各地还要持之以恒，继续做好被征地农民社会保障工作。

三是扎实做好工伤保险参保扩面工作。各地要进一步扩大工伤保险覆盖范围，扎牢织密工伤保险保障网。要抓好工程建设领域参保，总结利用经验，积极应对工作新变化、新挑战，创新思路、完善机制、强化措施，确保新开工工程建设项目的参保率保持在90%以上。要抓好高风险行业参保，要深入企业，讲清政策、分析利弊，充分发挥浮动费率和工伤预防工作的政策吸引力，实现从"要我参保"到"我要参保"的转变。要抓好小微企业等民营经济体的参保工作，各地要结合实际认真落实，解决好这个老大难问题。要抓好新业态从业人员参保，今年部里拟选取部分城市开展试点，目标是在试点基础上研究制定面上的新政策。各地可以结合自身实际，选取工作基础好、基金结余多的市县，自行试点。

（六）社保宣传要"明"。

在当今社会环境下，要高度重视社保宣传工作，讲好社保故事，传播社保好声音，树立先进典型，弘扬社保正能量，提升宣传深度、广度。

一是要加强主题宣传。按照中央和各地庆祝新中国成立70周年宣传工作要求，结合加强行风建设、社保扶贫、全民参保计划等各项业务领域重点工作，加强社会保险领域成就宣传、典型宣传等正面宣传。把社会保险事业成就放在国家经济社会发展大局中去考量，大力宣传新中国成立70年来，社保领域取得的历史性成就和给人民群众带来的更多获得感，加强与主流媒体的合作，唱响礼赞新中国、奋进新时代的昂扬旋律。

二是要加强政策宣传。强化政策解读，不断丰富政策宣传手段，创新宣传方式，要善于运用微信、手机APP等新媒体，以卡通漫画等可视性强、群众喜闻乐见、通俗易懂的形式宣传解读政策，贴近百姓、深入基层开展宣传，针对群体特征精准宣传。特别是，要学会为老百姓"算账"，下一步，要在全国范围内进一步优化养老保险缴费记录查询和待遇测算服务，在全系统开展养老保险待遇"看得懂、算得清"工作，要用通俗的语言、真实的身边案例、客观的收益率和替代率数据把党和政府的惠民政策讲明白、讲清楚。要抓好新的法律法规和规章制度的宣传解读，准确把握宣传基调和尺度，讲清讲透政策出台的背景、意义、主要内容以及给广大人民群众带来的实惠，澄清模糊认识，引导群众理性认知，切实提高社会保险宣传的覆盖面、可及性和有效性。

三是加强典型宣传。将寻找"最美社保人"系列活动纳入"人社服务标兵"主题宣传活动，结合优质服务窗口评比表彰和业务技能练兵比武等活动，精心选树社保经办系统先进典型，挖掘典型事例，扩大社保精神的影响力。要更好地掌握宣传推介典型的方式方法，积极改进手段媒介，转换语言文风，要让老百姓爱听、信服，不能搞成"内部表彰"。要通过典型宣传激励系统广大干部职工见贤思齐、奋发有为，展现系统干部队伍的良好服务形象。

四是加强国际合作和对外宣传。深入开展社保领域国际合作，以港澳台居民在内地（大陆）参保暂行规定出台、国际劳工组织成立百年等活动为契机，全方位宣传我们的社保工作理念、政策体系、制度框架和发展成就，树立良好国际形象。进一步抓好外国人在华参保政策落实和双边协定执行工作，为参保人提供优质高效便捷服务，为提升我国经济对外开放水平，优化营商环境做出积极贡献。

五是提升舆情应对处置能力。围绕重点工作和重大政策举措的出台，着眼社会关切和舆论热点，加强统筹策划和议题设置，主动开展舆论引导。要善于把握宣传引导规律，特别是网络传播规律，提高用网治网水平，善用"互联网思维"，占领网络信息传播制高点，构建舆论引导新格局。密切关注舆情动态，准确研判，制定科学预案，加强舆情处置回应，诚恳接受媒体和群众批评，做到不回避、不拖延、不推诿、不敷衍，自觉接受监督，积极改进工作，主动出击，化危机为契机，维护好社保部门的公众形象。

东西南北中，党政军民学，党是领导一切的。各级社保部门在工作中必须坚持和加强党的全面领导，进一步加强党的建设，坚定不移地推动全面从严治党，认真落实全面从严治党主体责任和监督责任。把党的政治建设摆在首位，强化"四个意识"，坚决做到"两个维护"，严肃党内政治生活，扎实有效开展形式多样的党建活动，深入推进"两学一做"学习教育常态化制度化。各级社保部门的负责人要严格履行"一岗双责"，坚持党建与业务同部署、同落实、同检查。强化宗旨意识，深入开展"不忘初心、牢记使命"主题教育，真正做到把人民放在心中最高位置，倾听人民呼声，回应人民期待。坚决反对官僚主义、形式主义，全面推进作风建设常态化长效化。加强干部教育培训，全面增强执政本领，建设高素质专业化干部队伍。深入推进党风廉政建设和反腐败工作，全面贯彻落实《中国共产党纪律处分条例》，打造忠诚干净担当的干部队伍，为完成各项改革任务提供坚强的政治、组织和纪律保障。

同志们，习近平总书记在庆祝改革开放40周年大会上强调，全党全国各族人民要将改革开放进行到底，不断实现人民对美好生活的向往，在新时代创造中华民族新的更大奇迹。在改革开放再出发，建成社会主义现代化强国，实现中华民族伟大复兴的接力跑中，社保工作使命光荣，任务艰巨。让我们更加紧密地团结在以习近平同志为核心的党中央周围，在习近平新时代中国特色社会主义思想的指引下，坚定信心、振奋精神、开拓进取、扎实工作，圆满完成社保各项工作任务，以优异成绩迎接新中国成立70周年！

锐意进取　积极作为
全力以赴稳就业惠民生

——在全国就业工作座谈会上的讲话

游　钧

（2019 年 12 月 19 日）

这次会议的主要任务是，以习近平新时代中国特色社会主义思想为指导，深入贯彻党的十九届四中全会和中央经济工作会议精神，全面落实党中央、国务院稳就业决策部署，总结工作，分析形势，研究部署 2020 年重点任务。刚才，7 个省份作了交流发言，从落实政策、优化服务、促进创业、推进就业扶贫等方面介绍了好的经验做法，听了很受启发，各地要加强相互学习借鉴。国家统计局孟灿文副司长介绍了调查失业率有关情况，让人社系统的同志对这个就业核心指标有了更深入的了解，对科学研判形势、努力把失业率控制在较低水平很有意义。就业司的同志解读了最新就业文件精神，对大家理解把握政策内涵、抓好贯彻落实会有所帮助。下面，我讲几点意见。

一、深入学习领会习近平总书记关于就业工作重要论述，坚决贯彻落实十九届四中全会精神，进一步增强做好就业工作的责任感使命感

党中央对就业问题高度重视，始终把就业工作摆在突出位置。党的十八大以来，习近平总书记在许多重要场合、重要会议、调研考察中反复强调要做好就业工作，作出一系列重要指示。习近平总书记多次强调，就业是民生之本，是最大的民生工程、民心工程、根基工程，牵动着千家万户的生活，任何时候都要抓好。就业状况是衡量经济发展速度合理性的重要基准，稳住就业能够为改革发展提供充足的回旋空间。就业是社会稳定的重要保障，如果就业问题处理不好，就会造成严重的社会问题。习近平总书记指出，解决好就业问题，是党和政府义不容辞的责任，要做好"六稳"工作，把稳就业摆在突出位置，实施就业优先政策，切实做好百姓就业这篇文章。今年以来，习近平总书记还就应对大规模失业风险、促进青年就业、做好去产能和处置"僵尸企业"职工安置、支持农民工返乡创业等作出重要批示。

前不久召开的党的十九届四中全会，习近平总书记就坚持和完善中国特色社会主义制度、推进国家治理体系和治理能力现代化作出全面部署，主题重大、意义深远，系统总结的 13 个显著优势，进一步坚定了道路自信和制度自信；深化部署的目标要求和 13 项任务，擘画了中国之治的宏伟蓝图。四中全会还首次将就业作为民生保障制度第一项任务，明确提出健全有利于更充分更高质量就业的促进机制，构建了中国特色就业制度基本框架：要坚持就业是民生之本，实施就业优先政策；完善重点群体就业支撑体系、公共就业服务和终身职业技能培训制度；巩固就业困难人员托底帮扶和公平就业制度；发展创业带动就业、多渠道灵活就业机制。这是做好新时代就业工作的重要遵循。

上周召开的中央经济工作会议，着眼全面建成小康社会，对2020年经济工作作出重大部署，对于确保如期实现全面建成小康社会目标具有重大意义。会议对做好明年就业工作提出明确要求。在工作定位上，强调要把稳就业作为重中之重，稳增长首要是为保就业。在工作着力点上，要求稳定就业总量，改善就业结构，提升就业质量，并且要突出抓好高校毕业生、下岗失业人员、农民工、退役军人等重点群体就业工作，确保零就业家庭动态清零。在政策落实上，强调就业优先政策要加大力度，健全财政、货币、就业等政策协同和传导落实机制，多措并举保持就业形势稳定。这为做好明年就业工作指明了方向。

学习是理论坚定、政治清醒的前提，是干事创业、推动工作的动力。我们必须始终以习近平新时代中国特色社会主义思想为指导，把学习贯彻习近平总书记关于就业工作的重要论述和学习贯彻四中全会、中央经济工作会议精神紧密结合起来，进一步提高政治站位，从事关人民群众对美好生活的向往、事关"两个一百年"奋斗目标和中华民族伟大复兴中国梦实现的战略高度，充分认识做好就业工作的极端重要性，坚持问题导向，注重守正创新，尽快将制度安排破题成策，使实践成果更好上升为制度规范，使制度优势更好转化为治理效能，确保就业局势总体稳定，更好服务改革发展大局。

二、顶压前行，2019 年就业工作成绩显著

即将过去的2019年，是近年少有的就业形势波动承压的一年。面对国内外风险挑战明显上升的复杂局面，系统上下团结一心、拼搏奋斗，顶压前行、攻坚克难，实现了就业形势持续稳定。主要就业指标好于预期，城镇新增就业提前两个月完成全年目标，连续7年保持在1 300万人以上；预计年末全国城镇调查失业率在5.1%左右，城镇登记失业率在3.6%左右，均低于预期控制目标。重点群体就业总体稳定，各地11月底共登记2019届未就业毕业生204万人，实现就业159万人；11月末2 000个定点监测村在外务工人数同比增长2%。市场供求基本平衡，今年以来百城公共就业服务机构市场求人倍率始终高于1.2。可以说，就业工作已成为今年经济运行的突出亮点，为新中国70周年华诞献上了厚礼，为保障改善民生奠定了基础，为改革发展稳定做出了贡献。盘点今年工作，主要呈现五个特点。

一是就业优先导向愈发鲜明。中央层面密集部署，党中央坚持将稳就业摆在"六稳"之首，国务院升格成立就业工作领导小组，全国人大开展就业促进法执法检查，全国政协将就业优先政策作为双周协商会重要议题。地方层面空前重视，29个省份升格成立领导小组，党委政府主要负责同志多次专题调研部署，辽宁省省长还亲自担任就业领导小组组长。

二是政策协同发力效果凸显。各地全部出台国发39号文件实施办法，稳企业稳岗位、强培训抓服务、兜底线防风险的政策体系进一步丰富完善。全面启动政策落实服务落地专项行动，梳理公布政策、服务、机构三项清单，推动惠企利民政策加快落地见效。1—10月共降低社会保险费3 216亿元，预计全年将超4 000亿元；共返还失业保险费317亿元，惠及企业86万户；截至三季度末创业担保贷款余额1 381亿元，同比增长32.7%；预计全年发放各项就业创业政策补贴共约1亿人次。

三是就业服务成效更加显著。"10+N"就业服务系列专项活动持续开展,"春风行动"、民营企业招聘周、金秋招聘月等各有特色,亮点纷呈。成功举办第二届创业就业服务展示交流活动,宣传推广典型,发挥示范作用。全年共组织各类招聘会数万场,开展免费职业介绍、职业指导超1亿人次,有效提升了市场热度,贡献了就业温度。

四是重点群体措施聚焦聚力。紧盯高校毕业生离校季关键时段,实施百日攻坚。7月,提前两个月完成部门信息交接,出台文件实现政策扩面和服务创新,首次发出致毕业生的公开信;8月,提前一个月启动就业服务行动,同步上线就业指导系列公开课,力促青年失业率明显回落。统筹推进各类群体就业,加强农民工常住地就业服务,促进返乡创业,持续开展就业援助,实现零就业家庭动态清零。

五是应对经贸摩擦周密有序。会同部门和地方开展多轮"一对一"入企访谈和农民工、毕业生问卷调查,加强电信运营、铁路客运、网络招聘、社会保险等大数据比对分析,捕捉就业形势苗头性变化。建立上下联动机制,健全部门间信息交换和形势会商横向协调机制,研究完善稳就业政策预案。许多地方还提早准备了群体性事件预防处置方案,及时妥善处置企业规模裁员问题。

事非经过不知难。回顾2019年的就业工作,成绩值得肯定,过程倍感艰辛,所取得的经验更加弥足珍贵。一是高度重视为关键。习近平总书记今年对就业工作先后作出5次重要批示。李克强总理作出28次批示,先后主持召开2次国务院常务会和部分省份稳就业座谈会,研究部署促进就业政策措施。胡春华副总理多次专题听取就业工作汇报,提出明确要求。从中央到地方,高度重视、一线督战的局面前所未有,稳就业工作的政治保障坚实有力。二是聚焦重点强抓手。聚焦重点地区、重点群体、重点时段,靶向施策、精准发力,使牵涉面广、工作头绪多的就业工作有了着力点,实现了以点带面,事半功倍。三是开拓创新提效果。系统上下积极探索、勇于创新,开辟新路径,推出新举措,有效应对了就业领域不断出现的新情况、新问题,使就业成为经济下行中一抹亮色。

这些成绩和经验的取得,根本在于以习近平同志为核心的党中央坚强领导,在于习近平新时代中国特色社会主义思想的科学指引。同时,也得益于各地区各部门的倾力作为和鼎力支持,更得益于全国就业战线同志们的担当奋斗,充分体现了就业系统践行"不忘初心、牢记使命"的为民情怀,充分体现了就业铁军迎难而上、战之能胜的优良传统和敢打敢拼、不怕牺牲的过硬作风。在此,我代表部党组向财政部、农业农村部、国家统计局、国务院扶贫办等部门的同志,向广大就业战线的同志们表示崇高的敬意和衷心的感谢!

三、树牢底线思维,充分认识面临的风险挑战

综合调研监测和各方信息,当前就业局势总体平稳,但走弱态势明显,部分领域风险有所集聚,在经济下行压力加大、多重因素影响下,就业还将进一步承压,明年就业形势将是近年来最为复杂、最为严峻的一年。主要表现在:一是外部冲击不容忽视,二是就业增长动力减弱,三是失业风险攀升集聚,四是重点群体任务艰巨,五是区域行业矛盾增多。

面对风险挑战,各地要进一步增强忧患意识和底线思维,善于用望远镜、显微镜观察就业领域的苗头性倾向性问题,做到及时预警、未雨绸缪,从最坏处着想,向最好处努力,妥善做好应对各种困难局面的准备。需要特别警惕的是,我国就业形势长期保持稳定,乐观情绪普遍存在,容易忽视稳定背后的风险、繁荣背后的挑战。当然,我们也要看到,我国经济稳中向好、长期向好的基本趋势没有改变,中央对稳就业高度重视,资金密集投入,政策持续出台,各地区各部门勠力同心,将为稳就业提供坚实基础和保障。

四、坚持稳中求进，全力以赴做好稳就业工作

2020年是全面建成小康社会和"十三五"规划收官之年，将要实现第一个百年奋斗目标，在党和国家事业发展进程中具有重要里程碑意义。就业是民生之本、财富之源、发展之基，做好明年稳就业工作意义重大。要坚持以习近平新时代中国特色社会主义思想为指导，全面贯彻党的十九大和十九届二中、三中、四中全会精神，认真落实中央经济工作会议要求，坚持稳中求进工作总基调，把稳就业作为重大政治责任，多措并举、供需发力，突出重点、兜牢底线，统筹推进、压实责任，全面完成就业目标任务，全力防范规模性失业风险，全力确保就业局势总体稳定。工作考虑可概括为"一二三四"。具体为：

（一）实现一个目标——全面完成就业目标任务。关于明年就业主要目标任务，目前考虑与今年基本保持一致。这是中央对就业工作的硬要求，对稳定社会预期、稳定发展大局至关重要，必须不折不扣完成。要全面实现目标，压实责任是关键，以下四个方面是重要切入点。一是组织领导。就业工作领导小组是各级政府履行稳就业责任、抓实稳就业工作的重要机制和有力手段。目前还有3个省份尚未成立，还是要积极争取。同时，要推动市县建立政府负责同志牵头、相关部门共同参与的领导机制。要充分发挥领导小组作用，加强统筹协调、督促落实和正向激励，最大化汇聚各方合力，推动形成齐抓共管、协同作战、上下联动的局面。二是资金保障。就业资金是保障就业政策落实、工作推进的生命线。今年中央财政安排就业补助资金539亿元，近期又下达150亿元稳就业专项奖补资金。同时，失业保险基金拿出1138亿元用于实施技能提升行动，特殊稳岗返还政策还将延续实施一年，失业保险稳就业支出还将加大。资金投入力度前所未有，彰显了中央稳就业的决心，更为做好工作提供了坚实保障。要加强资金统筹使用，坚持加强安全监管和提高使用效益并重，结合实际明确重点支持方向，把钱用到刀刃上、花出真效果。另外，针对明年就业压力加大的情况，有条件的地方还要建立就业风险储备金，以备不时之需。在这里，我再强调一点，中央财政最近两年加大了就业补助资金投入，各地绝不能因此挤压或减少投入，要努力确保地方各级财政的投入不减少，甚至有提高。三是形势监测。监测研判是把准就业形势、明确工作打法的重要基础。要抓好就业常规统计，多维度开展重点区域、重点行业、重点企业用工监测，加强大数据比对分析，健全多方参与的研判机制，探索建立就业岗位调查制度。同时，提高统计数据质量，加强核查比对，杜绝虚报造假，新增就业数据要注重与调查失业率、GDP增速等的相互印证。四是队伍建设。履行好稳就业重大职责，必须坚持发扬和强化就业铁军精神。要聚焦政治建设，确保系统干部增强"四个意识"、坚定"四个自信"、做到"两个维护"，提高对稳就业重大政治责任的认识，不折不扣把党中央重要决策部署落到实处。要突出作风行风建设，坚持真抓实干，敢于攻坚克难，把政策落实、就业服务等工作抓实抓细抓具体，破解影响群众就业创业的重点难点问题，力戒形式主义、官僚主义。要加强能力建设，实施基层公共就业服务经办能力提升计划，广泛开展业务培训、技能比武，提升专业能力和专业精神，造就一批专家里手。

（二）把准两个着力点——稳岗位、扩岗位。岗位稳，就业才能稳；岗位增，就业才能增。稳定岗位，要围绕"降、返、补"精耕细作。继续抓好社会保险降费工作，加大失业保险稳岗返还力度，用足用好支持企业吸纳就业的各项补贴政策。特别是积极落实好国务院新出台的企业吸纳失业半年以上人员的补贴政策，鼓励企业直接雇用、长期雇用更多劳动者，有效缩短失业人员择业期。通过综合施策彰显政府稳岗决心，着力稳定企业发展预期，提振企业用工信心。扩大岗位，既要依靠经济拉动，也要发挥就业部门职能扶持创业和开发岗位。要加大创业政策扶持力度，加强创业载体建设，实施创业服务能力提升计划，组织好各类创新创业活动，抓紧将新出台的返乡创业支持政策落实落地，充分发挥创业带动就业倍增效应。要准确把握新出台的公益性岗位文件精神，抓紧出台实施细则，围绕补齐民生短板，拓展公益性岗位，促进合理健康可持续发展，将公益性岗位打造为应对失业风险的黏合剂、缓冲器，兜牢就业保障底线。

（三）突出三大重点群体——高校毕业生、农民工、就业困难人员。稳住重点群体，就稳住了就业大局。要以百日攻坚行动为抓手，全力促进高校毕业生就业创业。继续把高校毕业生等青年就业摆在首位，加强与教育部门协同配合，加大政策服务保障。离校前，重点做好人社服务进校园活动，将更多优质公共就业创业服务资源向校内延伸，帮助更多毕业生在毕业前落实就业岗位。离校后，发力实施百日攻坚行动，全面交接摸排信息，发出政策服务指引公开信，密集推出就业指导系列活动，落实实名制服务举措，努力化解毕业季大学生失业率急升风险。同时持续实施青年见习、就业启航计划，帮扶失业青年就业。要以实施"春风行动"为抓手，应对农民工就业压力。明年农民工失业问题可能成为重大风险点，春节前后更突出。部里已决定"春风行动"和就业援助月统筹实施，时间拉长为一个季度，内容确定为走访调查、招聘服务、政策宣讲、项目推介等六方面。各地要精心谋划，打造亮点，形成特色，扩大活动影响力，提升寒冬中的就业热度，暖人心、稳预期。要以实施就业援助专项行动为抓手，帮扶困难人员尽快实现就业。面对复杂严峻形势，困难人员就业势必难上加难，必须全年持续予以关注。要进一步加大就业援助力度，及时提供"一对一"帮扶，综合运用政策扶持、援助服务、公岗安置、权益维护等措施，确保困难人员生活有保障、就业有出路，确保零就业家庭动态清零。此外，沿江有关省份要在前期工作基础上，按照全面覆盖、突出重点、分类施策的原则，抓紧做好长江退捕渔民转岗就业创业工作，让退捕渔民尽快找到谋生新路。

（四）夯实四项支撑——就业政策、就业服务、技能培训、兜底保障。要发挥好政策稳就业促就业的促进作用。要立足当前，抓好现行政策特别是新一轮稳就业政策的贯彻落实。深入实施政策落实服务落地行动，强化政策宣传，积极推广短视频、口袋书，逐一亮出政策清单，推行马上办、网上办、最多跑一次，最大程度便捷劳动者和企业享受政策。要着眼长远，健全完善就业优先制度，清理取消限制就业不合理规定，研究明确"十四五"就业规划，加速构建更加成熟更加定型的就业政策体系。要发挥好就业服务促进供需匹配的润滑作用。近年来，公共就业服务制度、体系不断健全，但与劳动者求职就业、企业招聘用工需求还有不少差距，服务理念、服务手段需进一步加强。公共就业服务机构要转变观念，强化主动服务。一方面要落实常住地失业登记，开放线上失业登记入口，拓宽失业人员求助渠道。一方面要建立就业岗位信息归集机制，健全公共招聘信息发布平台，加快岗位信息全国和区域公开发布。同时，强化日常服务，注重集中服务，统筹开展好"10+N"公共就业服务招聘活动，确保月月有招聘、时时有服务，提高匹配效率。在保障劳动者和企业享受免费基本公共就业服务的同时，还要积极发挥市场服务机构在促进人力资源匹配中的作用。要发挥好技能培训提升就业能力的增效作用。强化职业技能培训是化解就业结构性矛盾的"牛鼻子"。今年习近平总书记对我国技能选手在第45届世界技能大赛取得佳绩作出重要指示。要切实落实总书记重要指示精神，共同做好技能人才培养工作，特别要配合实施好职业技能提升行动，探索岗位需求预测，将登记失业人员、企业停产停工和规模裁员等信息及时推送培训机构，用培训稳就业、促就业。要发挥好失业保险等生活救助政策的兜底作用。要切实发挥失业保险保生活、防失业、促就业的功能，对符合条件的失业人员，及时兑现失业保险待遇。明年领金期满仍未就业,且距退休年龄不足1年的人员,失业保险待遇可延长至退休。同时,会同相关部门健全工作机制,发挥好临时生活补助、社会救助托底线、救急难功能,帮助困难失业人员解决生活难题。

五、聚焦全面小康,打好打赢就业扶贫攻坚战

习近平总书记指出,脱贫攻坚已到了决战决胜、全面收官的关键阶段。今年以来,各地认真贯彻中央关于打赢脱贫攻坚战的决策部署,将就业扶贫作为重大政治任务,把巡视整改作为重要政治责任,尽锐出战,就业扶贫取得积极进展。截至11月底累计帮扶建档立卡贫困劳动力就业1 192万人,较上年底增加205万人。扶贫车间吸纳、有组织劳务输出、公益性岗位安置等有组织实现就业人数不断增加。在此过程中,就业扶贫政策体系进一步健全,就业扶贫服务机制日臻完善,就业扶贫成为助力打赢脱贫攻坚战的重要力量。

同时,脱贫攻坚已到了最吃劲的时候,仍有部分有意愿的贫困劳动力没有实现就业,"三区三州"脱贫攻坚任务依然艰巨,易地扶贫搬迁后续帮扶仍需加强,经济波动下贫困劳动力就业更易受到冲击。各级就业部门必须再接再厉、一鼓作气,不获全胜、决不收兵,以高质量就业服务推动高质量脱贫,以就业扶贫助力打赢脱贫攻坚决胜之战。

一是深入巩固就业扶贫工作成效。要对照党中央如期打赢脱贫攻坚战目标要求和具体任务,继续找差距、补短板、抓落实。根据农村贫困劳动力就业信息平台数据,动态摸排贫困劳动力就业失业状态,全面落实就业扶贫政策,确保各项工作经得起检验。

二是聚焦攻克深度贫困地区和易地扶贫搬迁难题。"三区三州"等深度贫困地区和易地扶贫搬迁地区产业发展落后,就业容量有限,是难中之难,也是最大的风险隐患。必须集中兵力、倾尽全力,加大资金倾斜,投入最优惠的政策和最大的工作力度,促进相关地区贫困劳动力尽快实现就业增收,打好深度贫困歼灭战。

三是研究建立就业扶贫长效机制。2020年是脱贫攻坚收官之年,也是承前启后之年。解决绝对贫困问题,对应全面建成小康社会;而解决相对贫困问题,则对应全面建设中国特色社会主义强国。当前,各部门正在开展帮扶相对贫困人口相关政策研究,2020年后就业扶贫怎么干,也需要尽快破题。各地要全面梳理现有就业扶贫政策,研究政策衔接延续问题,构建统筹城乡的困难群体就业帮扶长效机制。

同志们,做好新形势下的就业工作,责任重大,使命光荣。让我们更加紧密地团结在以习近平同志为核心的党中央周围,满怀对人民群众的深厚感情,勇于担当、真抓实干,在稳就业方面多谋良策、多出实招,为决胜全面建成小康社会、实现第一个百年奋斗目标作出应有贡献。

在全国人力资源服务标准化技术委员会第二届三次工作会议上的讲话

张义珍

（2019年1月4日）

今天，我们召开全国人力资源服务标准化技术委员会（以下简称标委会）第二届三次工作会议，深入落实党的十九大精神和人社系统行风建设有关任务部署，贯彻实施《人力资源市场暂行条例》和《关于推进全方位公共就业服务的指导意见》，切实推进人力资源服务标准化建设。在此，我对各位委员为人力资源服务标准化工作所作出的努力和贡献表示感谢！

标委会成立以来，在士秋、小建、长星三位主任委员领导下，全体委员齐心协力，积极发挥职能作用，围绕人力资源服务领域的需求，在标准体系建设、标准研制、标准宣贯和标委会组织建设等方面做了大量的工作，取得了积极的成效。开展人力资源服务标准体系重大课题研究，优化了顶层设计；出台了18项国家标准，行业标准化服务水平逐步提升；推进人力资源服务标准推广实施，提升了行业标准化意识；凝聚了一批标准化专家，培训了一批标准化骨干，推动了人力资源服务标准化队伍专业化发展；探索了政府推动、市场引导、机构为主的工作机制，为人力资源服务标准化建设奠定了基础。

近年来，党中央、国务院对标准化工作的重视程度前所未有。习近平总书记在给第39届国际标准化组织大会的贺信中指出："中国将积极实施标准化战略，以标准助力创新发展、协调发展、绿色发展、开放发展、共享发展。"李克强总理在大会上指出"标准化水平的高低，反映了一个国家产业核心竞争力乃至综合实力的强弱"，突显了标准化工作的基础性和战略性地位。2018年修订实施的《标准化法》提出"加强标准化工作，提升产品和服务质量"，明确将"服务业以及社会事业"列为标准化对象。去年颁布的《人力资源市场暂行条例》提出"国家加强人力资源服务标准化建设，发挥人力资源服务标准在行业引导、服务规范、市场监管等方面的作用"，首次将人力资源服务标准化工作上升到立法层面。近期出台的《关于推进全方位公共就业服务指导意见》提出，要推动标准化服务，在人员配备、设备设施、服务流程、服务指南等方面健全公共就业服务标准体系。这一系列新思想、新要求、新部署，为人力资源服务标准化工作提供了新的切入点、着力点和增长点。标委会要紧紧抓住这一发展机遇，通观全局、统筹兼顾，突出重点、把握关键，着力加强人力资源服务标准化建设。

一、提高政治站位，强化人力资源服务标准化工作的责任担当

深刻学习领会党的十九大精神，全面准确把握新时代人力资源服务标准化工作的新形势、新要求、新任务。要准确把握新时代人力资源服务标准化工作的新定位。深入贯彻习近平新时代中国特色社会主义思想，牢固树立"四个意识"，坚定"四个自信"，围绕人力资源社会保障工作大局，坚持统筹规划、分类指导、需求优先、务求实效的原则，按照系统管理、重点突破、整体提升的基本思路，以发挥市场在人力资源配置中的决定性作用为导向，以人力资源服务标准化规划为引导，着力健全人力资源服务标准体系，进一步加强公共就业和人才服务标准化建设，加快推进人力资源服务标准化工作。要充分认识新时代做好人力资源服务标准化工作的重要性。习近平总书记强调，人才是第一资源。围绕人力资源的开发利用形成的人力资源服务业，是生产性服务业和现代服务业的重要组成部分，对推动经济发展、促进就业创业和优化人才配置具有重要作用。加强人力资源服务标准化建设是提升我国人力资源服务整体水平，提高公共人力资源服务质量，规范人力资源服务市场秩序，建立专业化、信息化、产业化、国际化的人力资源服务体系的重要手段。要切实增强新时代做好人力资源服务标准化工作的责任感。聚焦人力资源服务业发展战略需求，以提高人力资源服务质量和效益为中心，结合人力资源服务标准化改革创新发展的实践加强调查研究。统筹协调、形成合力，以修订人力资源服务标准体系为契机，找准标准化工作的着力点，提出路线图，明确时间表。建立统一协调、多方参与、运行高效的工作机制，提升人力资源服务标准的引领性、适用性和有效性，努力推动人力资源服务标准化工作取得新成效。

二、强化以人民为中心的发展思想，发挥人力资源服务标准化工作的作用

习近平总书记多次指出，必须坚持以人民为中心的发展思想。我们在标准化工作中要深入理解和切实践行以人民为中心的发展思想，准确把握和全面贯彻习近平新时代中国特色社会主义思想。人社系统行风建设事关践行以人民为中心的发展思想，事关党中央、国务院决策部署的贯彻落实，事关人社事业的持续健康发展。发挥人力资源服务标准化支撑作用，提升人民群众服务的满意度。部党组号召全系统加强行风建设，标委会要把"正行风、树新风，打造群众满意的人社服务"的总要求贯彻在标准的调研、制定、宣贯等全过程中，特别是标准制定的内容要围绕人社系统清权、减权、晒权、制权四个环节来论证和提出，围绕治痛点、疏堵点来设计标准流程，以标准化促进公共服务均等化、普惠化、便捷化，增强群众幸福感获得感。强化人力资源服务标准化的引领作用，提升人民群众办事的舒适度。加强行风建设的关键是"切实精简流程、优化服务，让群众办事更加透明高效、舒心顺心。"标委会要认真贯彻落实这一要求，健全公共服务标准体系，充分发挥标准"树标杆"的引领作用和"划底线"的兜底作用。以标准化促进行风建设，简化优化人力资源服务流程，方便基层群众办事创业，推进基层服务平台建设，树立窗口服务品牌，通过全业务、多渠道的标准化人力资源服务，努力创新和改进人力资源服务，提升人力资源服务形象。加强人力资源服务标准化的规范作用，提升人民群众服务的便捷度。面向老百姓的事、面向企业的事，必须删繁就简、规范优化，体现为民导向。人力资源服务标准化工作要从"在事项和流程上做好'减法'和在监管和服务上做好'加法'"两方面下功夫，急用先行，明确整合、简化办事事项和程序，优化再造流程，创新服务方式，推进集成服务，保障基本需求，加强窗口建设的技术手段。

三、实施创新驱动，确保人力资源服务标准化工作的提质增效

创新是做好人力资源服务标准化工作的动力源泉，要创新工作方法，创新工作方式，创新工作内容，切实以创新促人力资源服务标准化工作。要完善顶层设计，深化标准改革。着力健全人力资源服务标准体系，进一步精简优化政府主导制定的标准，把政府单一供给的现行人力资源服务标准体系，转变为由政府主导制定的标准和市场自主制定的标准共同构成的新型人力资源服务标准体系。摸清人力资源服务行业标准化需求，加大市场自主制定标准的有效供给，努力推动人力资源服务标准化工作取得新成果。要加强重点研究，优化标准供给。要以积极贯彻落实条例为契机，为推进人社系统行风建设提供技术支撑，进一步加强公共就业和人才服务窗口建设，围绕服务人员、服务场所、设施设备、档案管理、质量评价，以及信息化建设等重点方面开展标准研制工作，提升标准研究能力，增强人力资源服务标准化事业发展内生动力。对于填补行风建设需要空白的标准要优先制定，对现行有效但不适应新要求的标准要抓紧修订，对提升人力资源服务水平的标准要积极开展研究。要做好系统布局，推动标准实施。要着眼长远，规划蓝图，提出人力资源服务标准化工作的主要目标和重点任务，确保各项工作既要具备较强的可实施性，也要体现全局性、长期性、前瞻性。积极实施"标准化+"行动，发挥"标准化+"的引领效应、催化效应、倍增效应。要加强标准宣贯，通过宣传，扩大社会对标准的认知度；开展标准宣贯培训，夯实标准化基础，进一步增强做好标准化工作的责任感；编写标准宣贯教材，为标准的实施推广提供指导和实用指南。要扎实推进标准实施，通过政府推动、市场引导、机构实施的模式有序开展，选树贯标典型，发挥示范引领作用，带动全行业积极实施国家标准。

做好人力资源服务标准化工作，离不开各位委员的支持、参与和努力。希望各位委员以高度负责的态度、勇于创新的精神、扎扎实实的作风，创新性地做好人力资源服务标准化工作，做新时代人力资源服务工作的勇于实践者、不懈奋斗者。具体要做到"三个一"：一是开展一次调查研究。人力资源服务标准是行业规律的体现，是一门科学，有其独特的专业性，各位委员要深入加强研究，了解人力资源服务的发展现状，掌握其发展存在的问题，洞悉其发展趋势，挖掘人力资源服务标准化需求，积极为标委会献言献策。二是提出一项标准项目建议。根据人力资源服务标准化的需求，按照"急用先定、急用先推"的原则提出一项人力资源服务标准项目建议，提交标委会审议和主管部门批准后，积极开展标准研制工作，切实推进人力资源服务标准化建设。三是反馈一份标准实施情况。我们已经制定出台了《公共就业服务 总则》《人力资源服务机构能力指数》等18项国家标准，基本涵盖了人力资源服务的各个领域，对促进人力资源服务业健康发展具有重要的意义和作用。各位委员要做先行者，当急先锋，要积极推广应用各项标准，充分发挥标准的作用和价值，提升自身服务水平和质量，为政府加强行业监管、行业协会加强行业自律、引导行业健康发展提供有利抓手，将标准实施情况及时反馈给标委会。

同时，标委会秘书处要切实发挥作用，做好组织沟通协调，提供好各项服务，加强自身建设，提升业务能力和水平，制订科学的工作计划，确保人力资源服务标准化工作高效有序开展。

最后，预祝本次会议取得圆满成功，谢谢大家。

在农民工工资支付保障制度推进会上的讲话

张义全

（2019年10月23日）

今天我们召开农民工工资支付保障制度推进会，主要任务是，围绕学习贯彻习近平总书记重要指示精神，总结农民工工资支付保障制度推进情况，交流部分地区和单位在推进制度落实中的典型经验，并对当前根治欠薪工作重点任务进行部署。下面，我讲三点意见。

一、从政治高度充分认识根治欠薪的重要意义

党中央、国务院始终高度重视根治欠薪工作，我们要坚决地、不折不扣地把这项工作做好。

（一）这是以人民为中心的发展思想的具体体现。目前，全国农民工总量为2.88亿人，占全国二、三产业从业者的49%，已成为我国职工队伍的主体。做好保障农民工工资支付工作，事关人民的根本利益，事关我们党执政的群众基础，是与我们党把人民对美好生活的向往作为奋斗目标相一致的，是与我们党坚持以人民为中心的发展思想相一致的。人力资源社会保障部门作为重要的民生部门，首先是政治机关，要把做好根治欠薪工作，作为检验我们政治站位高不高、"四个意识"强不强、"两个维护"践行得好不好、和人民群众感情深不深的试金石，作为考验我们关键时候能不能攻坚克难的一条重要标准。我们务必要深刻领会习近平总书记重要指示精神，以更加坚决的态度、更加强烈的担当、更加顽强的韧劲、更加有力的举措，打好治欠组合拳。

（二）这是维护社会公平正义，促进社会和谐稳定的必然要求。改革开放40年来，大批农村劳动力进入城市，通过辛勤付出，推进了我国工业化、城镇化、现代化伟大进程，为经济社会发展做出了不可替代的贡献。但伴随着我国经济社会的飞速发展，拖欠农民工工资的问题也是如影随形。农民工通过劳动付出取得报酬是天经地义的，农民工能否足额拿到工资，是实现经济社会健康发展、维护社会公平正义的必然要求，事关打赢脱贫攻坚战、全面建成小康社会目标的实现。人力资源社会保障部门作为社会公平正义的维护者，就是要切实保障劳动者参与经济社会发展、更多更好分享发展成果的权利。

（三）这是保障和改善民生，提升人民群众特别是农民工群体的获得感、幸福感、安全感的重要举措。我们大多数农民都是靠外出打工养家糊口，打工收入已经成为农村家庭经济的主要来源，一个农民工外出务工，往往承担着整个家庭的希望。可以说，农民工工资是保命钱、活命钱、养命钱，是提升农民工群体获得感、幸福感、安全感的重要基础。我们要以对党和人民高度负责的态度，把根治欠薪作为最重要的民生工作，作为为民服务解难题的重要内容，贴紧中央要求，贴紧群众期盼，采取有效措施抓紧抓好，让农民工能按时足额拿到工资。特别是临近年底，要确保农民工领到工钱高高兴兴返乡过节。

有党中央的坚强领导，有各级党委政府的重视支持，有多年以来特别是近年来治欠保支工作打下的坚实基础，我们要坚定信心，带着对农民工兄弟的深厚感情，敢于面对挑战、敢于担当作为，真正扛起保障农民工劳动报酬权益的政治责任，锲而不舍，真抓实干，全力确保根治欠薪目标的实现。

二、认真总结根治欠薪工作取得的积极成效

人力资源社会保障部党组在"不忘初心、牢记使命"主题教育中将"根治欠薪"列入"1+6"专项行动中加以重点推动。总的来看，我们从以下6个方面着手，扎实推进根治欠薪工作。

（一）加强组织领导，凝聚根治欠薪工作合力。8月3日，成立了国务院根治拖欠农民工工资工作领导小组。我们从有关成员单位抽调人员组成根治欠薪问题工作专班，切实做到尽锐出战。各地也要通过成立领导小组、增加相关成员单位、进一步明确治欠职责分工，完善本地区保障农民工工资支付议事协调机构，切实加强对根治欠薪工作的组织领导。

（二）加快立法进程，为根治欠薪提供法治保障。今年的政府工作报告明确提出，要根治欠薪问题，抓紧制定专门行政法规。人力资源社会保障部会同司法部起草了《保障农民工工资支付条例（草案）》，拟将多年实践中行之有效的治欠措施上升为法律规定，进一步规范企业工资支付行为，并加大对拖欠工资违法行为的惩处力度。各地积极参与条例的起草工作，提出了大量富有建设性的意见建议。目前，条例立法已完成公开征求社会意见，得到了社会的广泛支持和认可，为顺利实施打下良好基础。发布后，我们还将专题部署和组织宣传贯彻工作。

（三）强化源头治理，全面落实各项工资支付保障制度。各地全面推行农民工工资专用账户管理、实名制管理、总包委托银行代发等制度。经过努力，截至今年9月，农民工工资专用账户、实名制管理、工资保证金等制度在工程建设项目中的覆盖率均有提升，应急周转金制度基本做到全覆盖。

（四）组织夏季行动，推动欠薪问题的及时解决。为把功夫下在平时，年中我们在全国出动执法人员全面清查工程建设领域农民工工资支付情况，督促落实工资支付保障制度，发现并及时处置一大批欠薪隐患，并对历史欠薪存量案件进行集中清理。通过夏季专项行动，基本达到了根治欠薪问题"冬病夏治"的目标。

（五）畅通举报投诉渠道，加大监察执法和调解仲裁力度。为进一步畅通欠薪问题举报投诉渠道，今年6月，我部开通"根治欠薪进行时"专栏，司法部开通"农民工欠薪求助绿色通道"，广泛接收拖欠农民工工资问题线索，并向社会公布了全国省市两级劳动保障监察举报投诉电话、邮箱，坚决做到有案必立、有案必查、查必有果。各地劳动争议调解仲裁机构优先受理农民工欠薪案件，切实做到优先开庭、及时裁决、快速结案。

（六）实施联合惩戒，对欠薪违法行为形成有力震慑。各地充分运用重大欠薪案件社会公布、"黑名单"管理、欠薪入罪等惩戒手段和惩罚措施，加大对欠薪违法行为的惩处力度。今年以来，我部共公布两批次重大欠薪案件，涉及20家企业；发布三批次拖欠农民工工资"黑名单"，涉及180家企业和个人。我们还会同领导小组有关成员单位，通过召开专题新闻发布会等形式广泛开展宣传，充分发挥"黑名单"管理、欠薪入罪等措施的惩戒效果，收到良好的社会反响。

三、扎实推进根治欠薪各项措施落实落地

当前，全面建成小康社会、实现第一个百年奋斗目标进入关键时期。在这个时间节点，坚决贯彻习近平总书记重要指示精神具有更加重要更加现实的意义。我们要把思想和行动统一到总书记重要指示精神上来,切实增强责任感和紧迫感,坚决打好治欠保支的攻坚战。

(一)加强协同配合,确保完成今年的工资支付保障制度建设任务。根据治欠保支三年行动计划和根治农民工欠薪 2019 行动计划,各项工资支付保障制度要实现工程建设领域全覆盖。各地要对照工作目标,加快制度推进进度,加强制度间衔接配套,增强制度实施中的协同配合,确保完成制度建设任务。

(二)按照统一部署,组织开展"根治欠薪冬季攻坚行动"。从 2019 年 11 月中旬至 2020 年春节前,拟在全国组织开展 2019 年度根治欠薪冬季攻坚行动。各地要高度重视,精心组织,扎实做好攻坚行动两阶段工作。一是从 11 月中旬到月底的集中宣传和自查阶段,各地要采用多种形式宣传根治拖欠农民工工资问题的重要意义,普及劳动保障法律法规知识,切实提高企业依法支付农民工工资的自觉性,增强农民工依法理性维权的意识,营造维护农民工劳动报酬权益的良好舆论环境。二是从今年 12 月至明年春节前的执法检查阶段,各省级根治拖欠农民工工资工作协调机制要在党委政府领导下,采取有力措施加强预警监测,集中力量清理化解历史存量欠薪问题,坚决防止发生新欠。

(三)加大惩处力度,继续保持对欠薪违法行为的高压态势。要对欠薪违法行为坚持零容忍态度,依法依规重拳惩处,对违法者继续保持高压态势。一是加强拖欠农民工工资"黑名单"管理,对符合纳入"黑名单"管理条件的企业和有关人员要做到"应纳尽纳"并予以公示,实现部门之间信息共享和联合惩戒,使其"一处失信,处处受限"。二是加大重大欠薪违法行为社会公布力度。2020 年春节前,对重大欠薪违法案件加大社会公布频次,部、省两级人力资源社会保障部门至少公布两次以上,对情节特别严重、引起社会关注的重大案件随时公布。

(四)认真开展新闻宣传和加强舆情引导,营造良好舆论环境。要通过召开新闻发布会、开展现场法律咨询、治欠宣传进工地等方式,广泛宣传工资支付法规政策,并公开曝光重大欠薪案件和"黑名单",进一步扩大根治欠薪工作宣传的覆盖面和影响力,形成不敢欠、不能欠的高压态势。

在部分省市人社扶贫工作座谈会上的讲话

张义全

（2019年11月20日）

2019年是我国脱贫攻坚关键之年，也是人力资源社会保障系统脱贫攻坚专项巡视整改年。今年1月，中央巡视组向我部反馈了巡视意见，从部里到地方各级人社部门迅速展开了巡视问题整改，持续加大扶贫工作力度，取得了积极进展。按照部党组统一部署，由我负责联系指导吉林、黑龙江、江西、海南、重庆、青海六省市的扶贫工作情况。结合各省工作进展情况，我谈两点体会。

一、六省市人社扶贫工作取得积极成效

六省市人社部门认真贯彻落实党中央、国务院有关决策部署，坚持把脱贫攻坚巡视反馈问题整改与整体人社扶贫工作结合起来，各项人社扶贫政策举措得到深入落实，重点工作有序推进。

（一）加强组织领导，层层压实责任。各地人社厅局强化政治担当，健全完善领导体制和工作机制，安排专门力量承担脱贫攻坚任务，推动扶贫任务分级管理。重庆健全责任体系，建立了局党组成员包区县指导推动人社扶贫，创建"领导小组+专项小组+定点包干"的责任体系。青海省、市、县三级人社部门均成立以主要负责同志为组长的扶贫工作领导小组，从目标任务、责任主体、履职尽责、考核奖惩等方面构建了责任明晰、各负其责、齐抓共管的人社扶贫责任体系。

（二）聚焦薄弱环节，狠抓问题整改。各地人社厅局行动迅速，主动全面认领存在问题，对照发现问题，深入剖析根源，认真制定整改方案，细化责任分工，真正做到从政治高度审视脱贫攻坚、对待问题整改、落实整改措施，确保了人社扶贫和问题整改工作同安排、同部署、同落实。江西根据整改要求，联合省扶贫办对"江西省精准脱贫大数据管理平台"进行数据全面清理规范，完善了对就业扶贫车间、就业扶贫公益性岗位的动态管理。海南指导督促各级人社部门采用挂图作战、销号管理的方式，明确责任人，列出时间表，扎实推进整改工作。

（三）创新工作思路，精准实施就业帮扶。各地人社厅局深入研究新情况、分析新形势，立足当地自然环境、资源禀赋、人文历史等特点，坚持特色思维，创造出许多好经验好做法。吉林结合当地经济发展实际，建立了"工厂式""基地式""居家式"等灵活多样的车间模式，既规范了扶贫车间建设，又突出了带贫减贫效果。重庆发挥市场作用，探索与中国铁路公司、顺丰速运公司开展合作，为贫困人员提供了稳定性高、工资待遇好的优质就业岗位。

（四）发挥统筹协调作用，合力解决突出难题。各地人社厅局充分发挥统筹协调作用，借势借机借力对需要多个部门共同解决的问

题，主动介入、不等不靠，按照部门职责分工，加强配合协作，合力攻坚，形成立足人社着眼全局的扶贫工作格局，破解了部分政策在基层落实的难题。黑龙江人社厅牵头组织对公益性岗位开发、资金筹措渠道进行全面摸排，会同扶贫、农业农村、交通、民政、林草等部门进行专题研究，合力解决有关问题。

二、扎实推进人社扶贫攻坚工作向纵深发展

到2020年历史性地解决中华民族千百年来的绝对贫困问题，让现行标准下的贫困人口同全国一道迈入小康社会，是我们必须完成的重大任务。当前，脱贫攻坚进入决胜的关键阶段，我们必须集中火力，尽锐出战，全力以赴做好人社扶贫攻坚工作。

（一）进一步强化政治责任和担当。党的十九届四中全会公报提出，要坚决打赢脱贫攻坚战，建立解决相对贫困的长效机制。近期，习近平总书记在第六个国家扶贫日就打赢脱贫攻坚战作出重要指示。党中央、国务院高位推进，目标具体，要求明确。我们必须进一步统一思想、提高认识，深入学习贯彻习近平总书记有关重要指示精神和四中全会精神，用实干把中央的要求不折不扣落实到人社扶贫攻坚领域。

（二）巩固拓展整改成果。年底前中央将开展脱贫攻坚专项巡视整改"回头看"，对地方也将开展2019年脱贫攻坚成效考核工作，这是对人社系统整改成效的全面检验，各地要作为今明两年一项重大政治任务，自觉对标对表各项整改要求，全面摸排整改情况，及时找不足、补短板，确保明年上半年整改到位。对还需要一定时间落实的长期任务，要明确阶段性整改目标，创造条件扎实推进解决。同时，深度贫困地区和深度贫困问题是决定脱贫攻坚进展和成效的关键，各地要瞄准深度贫困地区脱贫攻坚突出问题和重点任务精准施策、聚力攻坚，坚决攻克深度贫困堡垒。

（三）健全人社扶贫长效机制。建立健全稳定脱贫的长效机制，不仅影响打赢脱贫攻坚战的进程与质量，对于2020年后促进贫困地区经济社会可持续发展、减缓相对贫困具有重要作用。目前看，随着乡村振兴战略的持续推进，农村就业创业环境越来越好，对生产要素的吸引力也在不断增强，给农民工就地就近就业和返乡创业带来了大量新机遇。各地要统筹脱贫攻坚与乡村振兴战略，立足人社职能职责巩固精准扶贫成效，既保持现有人社扶贫政策的延续性、稳定性，又积极探索有效防止返贫和解决相对贫困的长效机制，持续推动经济社会发展和群众生活改善。要注重通过培训增加贫困地区劳动力内生动力，激励贫困户积极参加培训，提高贫困人口就业和增收能力。要把农民工等群体返乡创业作为助力脱贫攻坚、培育农村发展新动能的重要举措，优化创业培训，提升跟踪服务，提供资金支撑，不断拓宽农村居民增收新领域。

（四）深入挖掘和培树先进典型。脱贫攻坚以来，各级人社部门充分发挥人社特长，探索创造了许多人社扶贫经验和做法，有力地推动了人社扶贫工作开展。今年人社系统开展了2019年人社扶贫典型事例征集展示，从各地上报的100多个扶贫典型事例中选出了20个，通过多种方式宣传，取得良好社会反响。各地要以人社扶贫政策落实成效、典型经验做法及优秀扶贫干部等内容为重点，继续深度挖掘系统内的新做法新成效新经验，总结和宣传推广一批扶贫攻坚取得重大进展、人社扶贫发挥重要作用的先进典型，让人物活起来，让典型动起来，做到人社扶贫工作既有情怀又有温度，为全面打赢脱贫攻坚战营造浓厚氛围。

（五）把全面从严治党要求贯穿人社扶贫工作全过程。中央对扶贫工作有着严格的责任体系、监督体系、评估体系和考核体系，也有明确的纪律要求。各地在扶贫过程中，既要严防人社扶贫资金、项目等出问题，又要防止数字脱贫、虚假脱贫等问题，确保人社扶贫工作务实、脱贫过程扎实、脱贫结果真实。要强化抓落实促攻坚的工作导向，坚决防止以日常工作代替扶贫工作。要把扶贫攻坚作为人社系统干部的一次重大考验,进一步锤炼过硬作风,以作风的全面提振,为打赢脱贫攻坚战提供坚强保证。

同志们,打赢人社扶贫攻坚战,责任重大、使命光荣。让我们以习近平新时代中国特色社会主义思想为指导,以高度的政治责任感和强烈的担当精神,坚决完成好人社扶贫各项任务,为打赢脱贫攻坚战做出积极贡献!

四、人力资源和社会保障部文件

人力资源社会保障部关于废止《社会保险登记管理暂行办法》的决定

(经 2019 年 4 月 22 日人力资源社会保障部第 24 次部务会审议通过
2019 年 4 月 28 日人力资源和社会保障部令第 39 号公布
自公布之日起生效)

为了推进"多证合一、一照一码"登记制度改革,根据《国务院办公厅关于加快推进与政务服务"一网通办"不相适应的法规规章修订等工作的通知》(国办函〔2018〕69号)要求,人力资源社会保障部决定,对《社会保险登记管理暂行办法》(劳动和社会保障部令第 1 号)予以废止。本决定自公布之日起生效。

职称评审管理暂行规定

(经2019年6月14日人力资源社会保障部第26次部务会讨论通过
2019年7月1日人力资源和社会保障部令第40号公布
自2019年9月1日起施行)

第一章 总 则

第一条 为规范职称评审程序，加强职称评审管理，保证职称评审质量，根据有关法律法规和国务院规定，制定本规定。

第二条 职称评审是按照评审标准和程序，对专业技术人才品德、能力、业绩的评议和认定。职称评审结果是专业技术人才聘用、考核、晋升等的重要依据。

对企业、事业单位、社会团体、个体经济组织等（以下称用人单位）以及自由职业者开展专业技术人才职称评审工作，适用本规定。

第三条 职称评审坚持德才兼备、以德为先的原则，科学公正评价专业技术人才的职业道德、创新能力、业绩水平和实际贡献。

第四条 国务院人力资源社会保障行政部门负责全国的职称评审统筹规划和综合管理工作。县级以上地方各级人力资源社会保障行政部门负责本地区职称评审综合管理和组织实施工作。

行业主管部门在各自职责范围内负责本行业的职称评审管理和实施工作。

第五条 职称评审标准分为国家标准、地区标准和单位标准。

各职称系列国家标准由国务院人力资源社会保障行政部门会同行业主管部门制定。

地区标准由各地区人力资源社会保障行政部门会同行业主管部门依据国家标准，结合本地区实际制定。

单位标准由具有职称评审权的用人单位依据国家标准、地区标准，结合本单位实际制定。

地区标准、单位标准不得低于国家标准。

第二章 职称评审委员会

第六条 各地区、各部门以及用人单位等按照规定开展职称评审，应当申请组建职称评审委员会。

职称评审委员会负责评议、认定专业技术人才学术技术水平和专业能力，对组建单位负责，受组建单位监督。

职称评审委员会按照职称系列或者专业组建，不得跨系列组建综合性职称评审委员会。

第七条 职称评审委员会分为高级、中级、初级职称评审委员会。

申请组建高级职称评审委员会应当具备下列条件：

（一）拟评审的职称系列或者专业为职称评审委员会组建单位主体职称系列或者专业；

（二）拟评审的职称系列或者专业在行业内具有重要影响力，能够代表本领域的专业发展水平；

（三）具有一定数量的专业技术人才和符

合条件的高级职称评审专家；

（四）具有开展高级职称评审的能力。

第八条 国家对职称评审委员会实行核准备案管理制度。职称评审委员会备案有效期不得超过3年，有效期届满应当重新核准备案。

国务院各部门、中央企业、全国性行业协会学会、人才交流服务机构等组建的高级职称评审委员会由国务院人力资源社会保障行政部门核准备案；各地区组建的高级职称评审委员会由省级人力资源社会保障行政部门核准备案；其他用人单位组建的高级职称评审委员会按照职称评审管理权限由省级以上人力资源社会保障行政部门核准备案。

申请组建中级、初级职称评审委员会的条件以及核准备案的具体办法，按照职称评审管理权限由国务院各部门、省级人力资源社会保障行政部门以及具有职称评审权的用人单位制定。

第九条 职称评审委员会组成人员应当是单数，根据工作需要设主任委员和副主任委员。按照职称系列组建的高级职称评审委员会评审专家不少于25人，按照专业组建的高级职称评审委员会评审专家不少于11人。各地区组建的高级职称评审委员会的人数，经省级人力资源社会保障行政部门同意，可以适当调整。

第十条 职称评审委员会的评审专家应当具备下列条件：

（一）遵守宪法和法律；

（二）具备良好的职业道德；

（三）具有本职称系列或者专业相应层级的职称；

（四）从事本领域专业技术工作；

（五）能够履行职称评审工作职责。

评审专家每届任期不得超过3年。

第十一条 各地区、各部门和用人单位可以按照职称系列或者专业建立职称评审委员会专家库，在职称评审委员会专家库内随机抽取规定数量的评审专家组成职称评审委员会。

职称评审委员会专家库参照本规定第八条进行核准备案，从专家库内抽取专家组成的职称评审委员会不再备案。

第十二条 职称评审委员会组建单位可以设立职称评审办事机构或者指定专门机构作为职称评审办事机构，由其负责职称评审的日常工作。

第三章 申报审核

第十三条 申报职称评审的人员（以下简称申报人）应当遵守宪法和法律，具备良好的职业道德，符合相应职称系列或者专业、相应级别职称评审规定的申报条件。

申报人应当为本单位在职的专业技术人才，离退休人员不得申报参加职称评审。

事业单位工作人员受到记过以上处分的，在受处分期间不得申报参加职称评审。

第十四条 申报人一般应当按照职称层级逐级申报职称评审。取得重大基础研究和前沿技术突破、解决重大工程技术难题，在经济社会各项事业发展中作出重大贡献的专业技术人才，可以直接申报高级职称评审。

对引进的海外高层次人才和急需紧缺人才，可以合理放宽资历、年限等条件限制。

对长期在艰苦边远地区和基层一线工作的专业技术人才，侧重考查其实际工作业绩，适当放宽学历和任职年限要求。

第十五条 申报人应当在规定期限内提交申报材料，对其申报材料的真实性负责。

凡是通过法定证照、书面告知承诺、政府部门内部核查或者部门间核查、网络核验等能够办理的，不得要求申报人额外提供证明材料。

第十六条 申报人所在工作单位应当对申报材料进行审核，并在单位内部进行公示，公示期不少于5个工作日，对经公示无异议的，按照职称评审管理权限逐级上报。

第十七条 非公有制经济组织的专业技术人才申报职称评审，可以由所在工作单位或者人事代理机构等履行审核、公示、推荐等程序。

自由职业者申报职称评审，可以由人事代理机构等履行审核、公示、推荐等程序。

第十八条 职称评审委员会组建单位按照申报条件对申报材料进行审核。

申报材料不符合规定条件的，职称评审委员会组建单位应当一次性告知申报人需要补正的全部内容。逾期未补正的，视为放弃申报。

第四章 组织评审

第十九条 职称评审委员会组建单位组织召开评审会议。评审会议由主任委员或者副主任委员主持，出席评审会议的专家人数应当不少于职称评审委员会人数的2/3。

第二十条 职称评审委员会经过评议，采取少数服从多数的原则，通过无记名投票表决，同意票数达到出席评审会议的评审专家总数2/3以上的即为评审通过。

未出席评审会议的评审专家不得委托他人投票或者补充投票。

第二十一条 根据评审工作需要，职称评审委员会可以按照学科或者专业组成若干评议组，每个评议组评审专家不少于3人，负责对申报人提出书面评议意见；也可以不设评议组，由职称评审委员会3名以上评审专家按照分工，提出评议意见。评议组或者分工负责评议的专家在评审会议上介绍评议情况，作为职称评审委员会评议表决的参考。

第二十二条 评审会议结束时，由主任委员或者主持评审会议的副主任委员宣布投票结果，并对评审结果签字确认，加盖职称评审委员会印章。

第二十三条 评审会议应当做好会议记录，内容包括出席评委、评审对象、评议意见、投票结果等内容，会议记录归档管理。

第二十四条 评审会议实行封闭管理，评审专家名单一般不对外公布。

评审专家和职称评审办事机构工作人员在评审工作保密期内不得对外泄露评审内容，不得私自接收评审材料，不得利用职务之便谋取不正当利益。

第二十五条 评审专家与评审工作有利害关系或者其他关系可能影响客观公正的，应当申请回避。

职称评审办事机构发现上述情形的，应当通知评审专家回避。

第二十六条 职称评审委员会组建单位对评审结果进行公示，公示期不少于5个工作日。

公示期间，对通过举报投诉等方式发现的问题线索，由职称评审委员会组建单位调查核实。

经公示无异议的评审通过人员，按照规定由人力资源社会保障行政部门或者职称评审委员会组建单位确认。具有职称评审权的用人单位，其经公示无异议的评审通过人员，按照规定由职称评审委员会核准部门备案。

第二十七条 申报人对涉及本人的评审结果不服的，可以按照有关规定申请复查、进行投诉。

第二十八条 不具备职称评审委员会组建条件的地区和单位，可以委托经核准备案的职称评审委员会代为评审。具体办法按照职称评审管理权限由国务院各部门、省级人力资源社会保障行政部门制定。

第二十九条 专业技术人才跨区域、跨单位流动时，其职称按照职称评审管理权限重新评审或者确认，国家另有规定的除外。

第五章 评审服务

第三十条 职称评审委员会组建单位应当建立职称评价服务平台，提供便捷化服务。

第三十一条 职称评审委员会组建单位应当加强职称评审信息化建设，推广在线评审，逐步实现网上受理、网上办理、网上反馈。

第三十二条 人力资源社会保障行政部门建立职称评审信息化管理系统，统一数据标准，规范评审结果等数据采集。

第三十三条 人力资源社会保障行政部门在保障信息安全和个人隐私的前提下，逐步开放职称信息查询验证服务，积极探索实行职称评审电子证书。电子证书与纸质证书具有同等效力。

第六章 监督管理

第三十四条 人力资源社会保障行政部门和行业主管部门应当加强对职称评审工作的监督检查。

被检查的单位、相关机构和个人应当如实提供与职称评审有关的资料，不得拒绝检查或者谎报、瞒报。

第三十五条 人力资源社会保障行政部门和行业主管部门通过质询、约谈、现场观摩、查阅资料等形式，对各级职称评审委员会及其组建单位开展的评审工作进行抽查、巡查，依据有关问题线索进行倒查、复查。

第三十六条 人力资源社会保障行政部门和行业主管部门应当依法查处假冒职称评审、制作和销售假证等违法行为。

第三十七条 职称评审委员会组建单位应当依法执行物价、财政部门核准的收费标准，自觉接受监督和审计。

第七章 法律责任

第三十八条 违反本规定第八条规定，职称评审委员会未经核准备案、有效期届满未重新核准备案或者超越职称评审权限、擅自扩大职称评审范围的，人力资源社会保障行政部门对其职称评审权限或者超越权限和范围的职称评审行为不予认可；情节严重的，由人力资源社会保障行政部门取消职称评审委员会组建单位职称评审权，并依法追究相关人员的责任。

第三十九条 违反本规定第十三条、第十五条规定，申报人通过提供虚假材料、剽窃他人作品和学术成果或者通过其他不正当手段取得职称的，由人力资源社会保障行政部门或者职称评审委员会组建单位撤销其职称，并记入职称评审诚信档案库，纳入全国信用信息共享平台，记录期限为3年。

第四十条 违反本规定第十六条规定，申报人所在工作单位未依法履行审核职责的，由人力资源社会保障行政部门或者职称评审委员会组建单位对直接负责的主管人员和其他直接责任人员予以批评教育，并责令采取补救措施；情节严重的，依法追究相关人员责任。

违反本规定第十七条规定，非公有制经济组织或者人事代理机构等未依法履行审核职责的，按照前款规定处理。

第四十一条 违反本规定第十八条规定，职称评审委员会组建单位未依法履行审核职责的，由人力资源社会保障行政部门对其直接负责的主管人员和其他直接责任人员予以批评教育，并责令采取补救措施；情节严重的，取消其职称评审权，并依法追究相关人员责任。

第四十二条 评审专家违反本规定第二十四条、第二十五条规定的，由职称评审委员会组建单位取消其评审专家资格，通报批评并记入职称评审诚信档案库；构成犯罪的，依法追究刑事责任。

职称评审办事机构工作人员违反本规定第二十四条、第二十五条规定的，由职称评审委员会组建单位责令不得再从事职称评审工作，进行通报批评；构成犯罪的，依法追究刑事责任。

第八章 附 则

第四十三条 涉密领域职称评审的具体办法，由相关部门和单位参照本规定另行制定。

第四十四条 本规定自2019年9月1日起施行。

香港澳门台湾居民在内地（大陆）参加社会保险暂行办法

（经人力资源社会保障部部务会、国家医疗保障局局务会审议通过 2019年11月29日人力资源和社会保障部、国家医疗保障局令第41号公布 自2020年1月1日起施行）

第一条 为了维护在内地（大陆）就业、居住和就读的香港特别行政区、澳门特别行政区居民中的中国公民和台湾地区居民（以下简称港澳台居民）依法参加社会保险和享受社会保险待遇的合法权益，加强社会保险管理，根据《中华人民共和国社会保险法》（以下简称社会保险法）等规定，制定本办法。

第二条 在内地（大陆）依法注册或者登记的企业、事业单位、社会组织、有雇工的个体经济组织等用人单位（以下统称用人单位）依法聘用、招用的港澳台居民，应当依法参加职工基本养老保险、职工基本医疗保险、工伤保险、失业保险和生育保险，由用人单位和本人按照规定缴纳社会保险费。

在内地（大陆）依法从事个体工商经营的港澳台居民，可以按照注册地有关规定参加职工基本养老保险和职工基本医疗保险；在内地（大陆）灵活就业且办理港澳台居民居住证的港澳台居民，可以按照居住地有关规定参加职工基本养老保险和职工基本医疗保险。

在内地（大陆）居住且办理港澳台居民居住证的未就业港澳台居民，可以在居住地按照规定参加城乡居民基本养老保险和城乡居民基本医疗保险。

在内地（大陆）就读的港澳台大学生，与内地（大陆）大学生执行同等医疗保障政策，按规定参加高等教育机构所在地城乡居民基本医疗保险。

第三条 用人单位依法聘用、招用港澳台居民的，应当持港澳台居民有效证件，以及劳动合同、聘用合同等证明材料，为其办理社会保险登记。在内地（大陆）依法从事个体工商经营和灵活就业的港澳台居民，按照注册地（居住地）有关规定办理社会保险登记。

已经办理港澳台居民居住证且符合在内地（大陆）参加城乡居民基本养老保险和城乡居民基本医疗保险条件的港澳台居民，持港澳台居民居住证在居住地办理社会保险登记。

第四条 港澳台居民办理社会保险的各项业务流程与内地（大陆）居民一致。社会保险经办机构或者社会保障卡管理机构应当为港澳台居民建立社会保障号码，并发放社会保障卡。

港澳台居民在办理居住证时取得的公民身份号码作为其社会保障号码；没有公民身份号码的港澳居民的社会保障号码，由社会保险经办机构或者社会保障卡管理机构按照国家统一规定编制。

第五条 参加社会保险的港澳台居民，依法享受社会保险待遇。

第六条 参加职工基本养老保险的港澳台居民达到法定退休年龄时，累计缴费不足15年的，可以延长缴费至满15年。社会保险法实施前参保、延长缴费5年后仍不足15年的，可以一次性缴费至满15年。

参加城乡居民基本养老保险的港澳台居民，符合领取待遇条件的，在居住地按照有关规定领取城乡居民基本养老保险待遇。达到待遇领取年龄时，累计缴费不足15年的，可以按照有关规定延长缴费或者补缴。

参加职工基本医疗保险的港澳台居民，达到法定退休年龄时累计缴费达到国家规定年限的，退休后不再缴纳基本医疗保险费，按照国家规定享受基本医疗保险待遇；未达到国家规定年限的，可以缴费至国家规定年限。退休人员享受基本医疗保险待遇的缴费年限按照各地规定执行。

参加城乡居民基本医疗保险的港澳台居民按照与所在统筹地区城乡居民同等标准缴费，并享受同等的基本医疗保险待遇。

参加基本医疗保险的港澳台居民，在境外就医所发生的医疗费用不纳入基本医疗保险基金支付范围。

第七条 港澳台居民在达到规定的领取养老金条件前离开内地（大陆）的，其社会保险个人账户予以保留，再次来内地（大陆）就业、居住并继续缴费的，缴费年限累计计算；经本人书面申请终止社会保险关系的，可以将其社会保险个人账户储存额一次性支付给本人。

已获得香港、澳门、台湾居民身份的原内地（大陆）居民，离开内地（大陆）时选择保留社会保险关系的，返回内地（大陆）就业、居住并继续参保时，原缴费年限合并计算；离开内地（大陆）时已经选择终止社会保险关系的，原缴费年限不再合并计算，可以将其社会保险个人账户储存额一次性支付给本人。

第八条 参加社会保险的港澳台居民在内地（大陆）跨统筹地区流动办理社会保险关系转移时，按照国家有关规定执行。港澳台居民参加企业职工基本养老保险的，不适用建立临时基本养老保险缴费账户的相关规定。已经领取养老保险待遇的，不再办理基本养老保险关系转移接续手续。已经享受退休人员医疗保险待遇的，不再办理基本医疗保险关系转移接续手续。

参加职工基本养老保险的港澳台居民跨省流动就业的，应当转移基本养老保险关系。达到待遇领取条件时，在其基本养老保险关系所在地累计缴费年限满10年的，在该地办理待遇领取手续；在其基本养老保险关系所在地累计缴费年限不满10年的，将其基本养老保险关系转回上一个缴费年限满10年的参保地办理待遇领取手续；在各参保地累计缴费年限均不满10年的，由其缴费年限最长的参保地负责归集基本养老保险关系及相应资金，办理待遇领取手续，并支付基本养老保险待遇；如有多个缴费年限相同的最长参保地，则由其最后一个缴费年限最长的参保地负责归集基本养老保险关系及相应资金，办理待遇领取手续，并支付基本养老保险待遇。

参加职工基本养老保险的港澳台居民跨省流动就业，达到法定退休年龄时累计缴费不足15年的，按照本条第二款有关待遇领取地的规定确定继续缴费地后，按照本办法第六条第一款办理。

第九条 按月领取基本养老保险、工伤保险待遇的港澳台居民，应当按照社会保险经办机构的规定，办理领取待遇资格认证。

按月领取基本养老保险、工伤保险、失业保险待遇的港澳台居民丧失领取资格条件后，本人或者其亲属应当于1个月内向社会保险经办机构如实报告情况。因未主动报告而多领取的待遇应当及时退还社会保险经办机构。

第十条 各级财政对在内地（大陆）参加城乡居民基本养老保险和城乡居民基本医疗保险（港澳台大学生除外）的港澳台居民，按照与所在统筹地区城乡居民相同的标准给予补助。

各级财政对港澳台大学生参加城乡居民基本医疗保险补助政策按照有关规定执行。

第十一条 已在香港、澳门、台湾参加当地社会保险,并继续保留社会保险关系的港澳台居民,可以持相关授权机构出具的证明,不在内地(大陆)参加基本养老保险和失业保险。

第十二条 内地(大陆)与香港、澳门、台湾有关机构就社会保险事宜作出具体安排的,按照相关规定办理。

第十三条 社会保险行政部门或者社会保险费征收机构应当按照社会保险法的规定,对港澳台居民参加社会保险的情况进行监督检查。用人单位未依法为聘用、招用的港澳台居民办理社会保险登记或者未依法为其缴纳社会保险费的,按照社会保险法等法律、行政法规和有关规章的规定处理。

第十四条 办法所称"港澳台居民有效证件",指港澳居民来往内地通行证、港澳台居民居住证。

第十五条 本办法自2020年1月1日起施行。

人力资源社会保障部关于修改部分规章的决定

（经2019年8月23日人力资源社会保障部第32次部务会审议通过，并商市场监管总局同意 2019年12月9日人力资源和社会保障部令第42号公布 自公布之日起施行）

根据《国务院办公厅关于做好证明事项清理工作的通知》（国办发〔2018〕47号）要求，人力资源社会保障部再次对现行有效的部门规章设定的证明事项材料进行了全面清理。经商市场监管总局同意，人力资源社会保障部决定对《人才市场管理规定》和《失业保险金申领发放办法》的部分条款予以修改：

一、对《人才市场管理规定》作出修改

将第七条第一款修改为："设立人才中介服务机构，可以通过信函、电报、电传、传真、电子数据交换和电子邮件等方式向政府人事行政部门提出申请，并按本规定第六条的要求提交有关证明材料，但学历证明除外。其中设立固定人才交流场所的，须做专门的说明。"

二、对《失业保险金申领发放办法》作出修改

删去第五条中的"参加失业保险及缴费情况证明"。

本决定自公布之日起施行。

《人才市场管理规定》《失业保险金申领发放办法》根据本决定作相应修改，重新公布。

人力资源社会保障部关于修改部分规章的决定

（经2019年12月31日人力资源社会保障部第40次部务会审议通过，并商商务部、市场监管总局同意 2019年12月31日人力资源和社会保障部令第43号公布 自公布之日起施行）

根据《中华人民共和国外商投资法》的规定，按照国务院关于进一步扩大对外开放、优化营商环境的要求，人力资源社会保障部对相关部门规章进行了清理。经商商务部、市场监管总局同意，人力资源社会保障部决定对3件规章的部分条款予以修改：

一、对《人才市场管理规定》作出修改

（一）删去第十一条。

（二）删去第三十三条第二款。

二、对《中外合资人才中介机构管理暂行规定》作出修改

（一）将规章名称修改为《外商投资人才中介机构管理暂行规定》。

（二）将第二条修改为"本规定所称外商投资人才中介机构，是指全部或者部分由外国投资者投资，依照中国法律在中国境内经登记、许可设立的人才中介机构。"

（三）删去第三条第一款、第二款。

（四）删去第六条第（一）项；

删去第六条第（三）项中的"其中外方合资者的出资比例不得低于25%，中方合资者的出资比例不得低于51%"。

（五）删去第七条第一款中的"并报国务院人事行政部门备案"；

删去第七条第二款。

（六）将第八条第（二）项修改为"管理制度草案与章程"；

删去第八条第（三）项。

（七）删去第九条第二款中的"报国务院人事行政部门备案"。

（八）将第十条第（五）项修改为"人才培训"；

在第十条中增加一项"（六）人才信息网络服务"。

（九）将第十三条修改为"外商投资人才中介机构设立分支机构、变更机构名称、法定代表人和经营场所，应当自工商登记或者变更登记办理完毕之日起15日内，书面报告人事行政部门。"

（十）删去第十四条第一款中的"国务院人事行政部门"；

删去第十四条第二款中的"报国务院人事行政部门"。

（十一）将第十八条第一款修改为"香港特别行政区、澳门特别行政区、台湾地区投资者投资设立人才中介机构，参照本规定执行。法律法规另有规定的，依照其规定执行"；

删去第十八条第二款、第三款。

三、对《中外合资中外合作职业介绍机构设立管理暂行规定》作出修改

（一）将规章名称修改为《外商投资职业

介绍机构设立管理暂行规定》。

（二）将第二条修改为"本规定所称外商投资职业介绍机构，是指全部或者部分由外国投资者投资，依照中国法律在中国境内经登记、许可设立的职业介绍机构。"

（三）删去第三条第二款中的"经省级人民政府外经贸行政部门（以下简称省级外经贸行政部门）批准"；

删去第三条第三款。

（四）将第五条第（一）项修改为"为中外求职者和用人单位、居民家庭提供职业介绍服务"；

在第五条中增加一项"（五）根据国家有关规定从事互联网职业信息服务"。

（五）将第六条修改为"拟设立的外商投资职业介绍机构应当具有一定数量具备职业介绍资格的专职工作人员，有明确的业务范围、机构章程、管理制度，有与开展业务相适应的固定场所、办公设施。"

（六）删去第七条。

（七）将第八条修改为"第七条 设立外商投资职业介绍机构，应当依法到拟设立企业住所所在地国家工商行政管理总局授权的地方工商行政管理局申请登记注册，领取营业执照。"

（八）将第九条第（一）项修改为"设立申请书"；

将第九条第（二）项修改为"机构章程和管理制度草案"；

将第九条第（五）项修改为"拟任负责人的基本情况、身份证明"。

（九）将第十一条修改为"第十条 外商投资职业介绍机构设立分支机构，应当自工商登记办理完毕之日起15日内，书面报告劳动保障行政部门"。

（十）将第十三条修改为"第十二条 香港特别行政区、澳门特别行政区投资者在内地以及台湾地区投资者在大陆投资设立职业介绍机构，参照本规定执行。法律法规另有规定的，依照其规定执行。"

同时，将规章中涉及"中外合资人才中介机构"、"中外合资中外合作职业介绍机构"的表述均修改为"外商投资人才中介机构"、"外商投资职业介绍机构"；对涉及外商投资人才中介机构、外商投资职业介绍机构设立审批、监督管理权限的规定，均由省级劳动人事行政部门调整为县级以上劳动人事行政部门。

此外，对条文顺序和个别文字作相应调整和修改。

本决定自公布之日起施行。

《人才市场管理规定》《中外合资人才中介机构管理暂行规定》《中外合资中外合作职业介绍机构设立管理暂行规定》根据本决定作相应修改，重新公布。

中共中央组织部
人力资源社会保障部关于印发
《事业单位人事管理回避规定》的通知

人社部规〔2019〕1号

各省、自治区、直辖市党委组织部、政府人力资源社会保障厅（局），新疆生产建设兵团党委组织部、人力资源社会保障局，中央和国家机关各部委、各人民团体组织人事部门，部分高等学校党委：

为规范事业单位人事管理工作，维护人事管理公平公正，根据《事业单位人事管理条例》及有关法律法规，中央组织部、人力资源社会保障部共同研究制定了《事业单位人事管理回避规定》，现印发给你们，请结合本地区、本部门实际认真贯彻执行。

2019年9月18日

事业单位人事管理回避规定

第一章 总 则

第一条 为规范事业单位人事管理工作，维护人事管理公平公正，根据《事业单位人事管理条例》及有关法律法规，制定本规定。

第二条 坚持以习近平新时代中国特色社会主义思想为指导，贯彻落实全面从严治党要求，坚持党管干部、党管人才原则，以公正廉洁高效履职为准则，加强事业单位人事管理回避工作，加强对任职岗位和履职情况的监督约束，促进社会事业健康发展。

第三条 本规定所称事业单位人事管理回避包括岗位回避和履职回避。

第四条 事业单位人事管理工作所有参与方以及可能影响公正的特定关系人需要回避的，适用本规定。

事业单位领导人员回避按照本规定执行，法律法规另有规定的，从其规定。

第五条 事业单位、主管部门、事业单位人事综合管理部门按照干部人事管理权限，负责事业单位人事管理回避的执行和监督。

第二章 岗 位 回 避

第六条 事业单位工作人员凡有下列亲属

关系的，不得在同一事业单位聘用至具有直接上下级领导关系的管理岗位，不得在其中一方担任领导人员的事业单位聘用至从事组织（人事）、纪检监察、审计、财务工作的岗位，也不得聘用至双方直接隶属于同一领导人员的从事组织（人事）、纪检监察、审计、财务工作的内设机构正职岗位：

（一）夫妻关系；

（二）直系血亲关系，包括祖父母、外祖父母、父母、子女、孙子女、外孙子女；

（三）三代以内旁系血亲关系，包括叔伯姑舅姨、兄弟姐妹、堂兄弟姐妹、表兄弟姐妹、侄子女、甥子女；

（四）近姻亲关系，包括配偶的父母、配偶的兄弟姐妹及其配偶、子女的配偶及子女配偶的父母、三代以内旁系血亲的配偶；

（五）其他亲属关系，包括养父母子女、形成抚养关系的继父母子女及由此形成的直系血亲、三代以内旁系血亲和近姻亲关系。

前款所称同一事业单位，是指依法登记的同一事业单位法人。

第七条 本规定所称直接上下级领导关系包括：

（一）领导班子正职与副职；

（二）同一内设机构正职与副职；

（三）上级正职、副职与下级正职；

（四）单位无内设机构的，其正职、副职与其他管理人员以及从事审计、财务工作的专业技术人员；

（五）内设机构无下一级单位的，其正职、副职与其他管理人员以及从事审计、财务工作的专业技术人员。

第八条 事业单位工作人员岗位回避按照以下程序办理：

（一）本人提出回避申请，或者有关单位、人员提出回避要求。

（二）所在单位或者主管部门按照干部人事管理权限在1个月内作出回避决定。作出回避决定前，应当听取需要回避人员及相关人员的意见。

（三）回避决定作出后，及时通知申请人，需要回避的，应当自回避决定作出之日起1个月内调整至相应岗位，并变更或者重新订立聘用合同。

第九条 岗位等级不同的一般由岗位等级较低的一方回避；岗位等级相同或者岗位类别不同的，根据工作需要和实际情况决定其中一方回避。

第十条 因地域、专业、工作性质特殊等因素，需要灵活执行岗位回避政策的，可由省级以上事业单位人事综合管理部门、中央和国家机关各部门结合实际作出具体规定。

第三章　履职回避

第十一条 事业单位工作人员应当回避的履职活动包括：

（一）岗位设置、公开招聘、聘用解聘（任免）、考核考察、奖励、处分、交流、人事争议处理、出国（境）审批；

（二）人事考试、职称评审、人才评价；

（三）招生考试、项目评审、成果评选、资金审批与监管；

（四）其他应当回避的履职活动。

第十二条 事业单位工作人员履行第十一条所列职责时，有下列情形之一的，应当回避，不得参加相关调查、考察、讨论、评议、投票、评分、审核、决定等活动，也不得以任何方式施加影响：

（一）涉及本人利害关系的；

（二）涉及与本人有本规定第六条所列亲属关系人员的利害关系的；

（三）其他可能影响公正履行职责的。

第十三条 事业单位工作人员履职回避按照以下程序办理：

（一）本人或利害关系人提出回避申请，或者有关单位提出回避要求。

（二）本人所在单位或者主管部门按照干部人事管理权限作出回避决定。其中，成立聘用工作组织、考核工作组织、申诉公正委员会、学术委员会等专项工作组织的，工作组织负责人的回避由成立该工作组织的单位决定，工作组织其他工作人员的回避可授权工作组织负责人决定。作出回避决定前，应当听取需要回避的人员及相关人员的意见。

（三）根据回避决定需要回避的，应当自回避决定作出之日起退出相关工作。

回避决定应当及时作出。回避决定作出前，本人可视情况确定是否先行退出相关履职活动。

第十四条　事业单位外请专家及其他人员参加本规定第十一条所列相关活动时，具有本规定第十二条所列情形的，应当回避。回避办理程序一般参照本规定第十三条进行。回避决定由邀请单位或者授权其组织（人事）部门、专项工作组织负责人作出。

第四章　管理与监督

第十五条　按照干部人事管理权限应当由事业单位作出或者授权作出回避决定的，特殊情况下，主管部门或者事业单位人事综合管理部门可以直接作出。

第十六条　事业单位工作人员必须服从回避决定，无正当理由拒不服从的，视情节轻重依法依规给予组织处理或处分。所在单位、主管部门负责督促回避决定落实到位。

事业单位工作人员应当主动报告应回避的情形。有需要回避的情形不及时报告或者有意隐瞒的，予以批评教育；造成不良后果的，依法依规给予组织处理或处分。

第十七条　事业单位外请专家及其他人员有需要回避的情形不及时报告或者有意隐瞒造成不良后果的，有关部门予以记录，在一定期限内不得邀请其参加相关活动；适用组织处理或处分的，可建议有关部门按照干部人事管理权限依法依规给予组织处理或处分。

第十八条　由于相关人员隐瞒应当回避情形，造成工作结果不公正的，按照国家有关规定取消或者撤销获取的资质、资格、荣誉、奖金、学籍、岗位、项目、资金等。

第十九条　事业单位及其主管部门对拟新进人员和拟调整岗位人员，应当依据本规定严格审查把关，避免形成回避关系。对因婚姻、岗位变化等新形成的回避关系，应当及时予以调整。

事业单位违反本规定的，由同级事业单位人事综合管理部门或者主管部门责令限期改正；逾期不改正的，按照干部人事管理权限对负有领导责任和直接责任的人员依法依规给予组织处理或处分。

第二十条　对个人、组织据实反映本规定所列各类需要回避情形的，有关单位、部门应当按照干部人事管理权限及时处理。

第五章　附　　则

第二十一条　主管部门对所属事业单位实施人事管理工作需要回避的，参照本规定执行，法律法规另有规定的，从其规定。

第二十二条　机关工勤人员的回避，参照本规定执行。

第二十三条　本规定由中共中央组织部、人力资源社会保障部负责解释。

第二十四条　本规定自 2020 年 1 月 1 日起施行。

人力资源社会保障部关于印发《社会保险领域严重失信人名单管理暂行办法》的通知

人社部规〔2019〕2号

各省、自治区、直辖市及新疆生产建设兵团人力资源社会保障厅（局）：

《社会保险领域严重失信人名单管理暂行办法》已经2019年10月21日人力资源社会保障部第36次部务会审议通过，现印发给你们，请遵照执行。

2019年10月28日

社会保险领域严重失信人名单管理暂行办法

第一条 为推进社会保险领域信用体系建设，保障社会保险基金安全运行，切实维护用人单位和参保人员合法权益，根据《国务院关于建立完善守信联合激励和失信联合惩戒制度 加快推进社会诚信建设的指导意见》（国发〔2016〕33号）和《国务院办公厅关于加快推进社会信用体系建设 构建以信用为基础的新型监管机制的指导意见》（国办发〔2019〕35号）等有关规定，制定本办法。

第二条 基本养老保险、失业保险和工伤保险（以下简称社会保险）领域有严重失信行为的用人单位、社会保险服务机构及其有关人员、参保及待遇领取人员等严重失信人名单管理工作，适用本办法。

第三条 人力资源社会保障部负责指导监督全国社会保险严重失信人名单管理工作。

县级以上地方人力资源社会保障部门根据职责负责本辖区内社会保险严重失信人名单的具体实施管理工作。

第四条 社会保险严重失信人名单实行"谁认定、谁负责"，遵循依法依规、公平公正、客观真实、动态管理的原则。

第五条 用人单位、社会保险服务机构及其有关人员、参保及待遇领取人员等，有下列情形之一的，县级以上地方人力资源社会保障部门将其列入社会保险严重失信人名单：

（一）用人单位不依法办理社会保险登记，经行政处罚后，仍不改正的；

（二）以欺诈、伪造证明材料或者其他手段违规参加社会保险，违规办理社会保险业务超过20人次或从中牟利超过2万元的；

（三）以欺诈、伪造证明材料或者其他手段骗取社会保险待遇或社会保险基金支出，数额超过1万元，或虽未达到1万元但经责令退回仍拒不退回的；

（四）社会保险待遇领取人丧失待遇领取资格后，本人或他人冒领、多领社会保险待遇超过6个月或者数额超过1万元，经责令退回仍拒不退回，或签订还款协议后未按时履约的；

（五）恶意将社会保险个人权益记录用于与社会保险经办机构约定以外用途，或者造成社会保险个人权益信息泄露的；

（六）社会保险服务机构不按服务协议提供服务，造成基金损失超过10万元的；

（七）用人单位及其法定代表人或第三人依法应偿还社会保险基金已先行支付的工伤保险待遇，有能力偿还而拒不偿还、超过1万元的；

（八）法律、法规、规章规定的其他情形。

第六条 社会保险经办机构按照国务院关于建立证明事项告知承诺制的有关规定，在办理社会保险事项时，以书面（含电子文本，下同）形式将法律法规中规定的证明义务、证明内容以及被列入严重失信人名单的风险提示等一次性告知当事人，当事人书面承诺已经符合告知的条件、标准、要求，愿意承担不实承诺法律责任的，社会保险经办机构不再索要有关证明而依据当事人承诺办理相关事项。

社会保险经办机构应通过各级在线政务服务平台、数据共享交换平台、信用信息共享平台、政府部门内部核查和部门间行政协助等方式对当事人承诺内容予以核查。当事人违背承诺，存在本办法第五条规定情形的，列入社会保险严重失信人名单。

第七条 人力资源社会保障部门拟将当事人列入严重失信人名单的，应当事先书面告知当事人拟列入的事实、理由、依据、惩戒措施、期限等，以及其享有陈述申辩的权利。经复核，当事人的申辩理由不成立或逾期未提出申辩的，应当作出列入决定，并通知当事人。列入决定应当列明：

（一）当事人基本信息，包括法人和其他组织名称及其统一社会信用代码，法定代表人或单位负责人姓名及其身份号码，相关责任人姓名及其身份号码；

（二）列入事实、理由、依据、期限、惩戒措施、作出列入决定的人力资源社会保障部门名称、联系方式；

（三）当事人权利救济途径和救济期限等；

（四）整改方式和期限、信用修复方式等名单退出方式告知等。

第八条 人力资源社会保障部门应当自作出列入决定之日起7个工作日内，在人力资源社会保障门户网站、"信用中国"等相关媒介上公示社会保险严重失信人名单信息。

第九条 人力资源社会保障部门应当自作出列入决定之日起7个工作日内，上传社会保险严重失信人名单信息至人力资源社会保障信用信息平台和全国信用信息共享平台，由相关部门依据《关于对社会保险领域严重失信企业及其有关人员实施联合惩戒的合作备忘录》（发改财经〔2018〕1704号）规定实施联合惩戒。

第十条 因发生第五条第（一）项、第（四）项、第（六）项、第（七）项规定情形被纳入社会保险严重失信人名单的，联合惩戒期限为1年，期满自动移出社会保险严重失信人名单。

因发生第五条第（二）项、第（三）项、第（五）项、第（八）项规定情形或再次发生第五条规定情形被纳入社会保险严重失信人名单的，联合惩戒期限为3年，期满自动移出社会保险严重失信人名单。

第十一条 人力资源社会保障部门按照国务院有关部门关于失信行为限期整改制度的规定，对首次因发生第五条第（一）项、第（四）项、第（六）项、第（七）项规定情形被纳入社会保险严重失信人名单的失信主体，可结合实际以适当方式督促其在3个月内整改。失信主体整改到位后，可提请人力资源社会保障部门确认，人力资源社会保障部门应在30个工作日内核查确认，将其提前移出社会保险严重失信人名单。

第十二条 未按时整改的失信主体，可以按照国务院有关部门关于信用修复的规定，主动纠正失信行为、消除不良影响，向人力资源社会保障部门申请信用修复，并提供已经履行义务和书面信用承诺等相关资料。人力资源社会保障部门在收到修复申请60个工作日内核查确认后，将其提前移出社会保险严重失信人名单。

第十三条 失信主体被移出社会保险严重失信人名单的，相关部门联合惩戒措施即行终止。

第十四条 人力资源社会保障部门将失信主体移出社会保险严重失信人名单的，应当通过人力资源社会保障门户网站、"信用中国"等相关媒介予以公示。

第十五条 当事人对被列入社会保险严重失信人名单不服的，可依法提起行政复议或行政诉讼。

第十六条 人力资源社会保障部门工作人员在实施社会保险严重失信人名单管理过程中，滥用职权、玩忽职守、徇私舞弊的，依法予以处理。

第十七条 本办法自印发之日起施行。

中共中央组织部 人力资源社会保障部关于印发《事业单位工作人员培训规定》的通知

人社部规〔2019〕4号

各省、自治区、直辖市及新疆生产建设兵团党委组织部、政府人力资源社会保障厅（局），中央和国家机关各部委、各人民团体组织人事部门，部分高等学校党委：

为推进事业单位工作人员培训工作科学化、制度化、规范化，培养造就高素质专业化事业单位工作人员队伍，根据《干部教育培训工作条例》、《事业单位人事管理条例》和有关法律法规，中央组织部、人力资源社会保障部共同研究制定了《事业单位工作人员培训规定》，现印发给你们，请结合本地区、本部门实际认真贯彻执行。

2019年11月28日

事业单位工作人员培训规定

第一章 总 则

第一条 为推进事业单位工作人员培训工作科学化、制度化、规范化，培养造就高素质专业化事业单位工作人员队伍，根据《干部教育培训工作条例》、《事业单位人事管理条例》和有关法律法规，制定本规定。

第二条 事业单位及其主管部门、人事综合管理部门根据工作需要，组织事业单位工作人员开展培训，适用本规定。

事业单位领导人员的培训，另有规定的，从其规定。

第三条 事业单位工作人员培训工作坚持以习近平新时代中国特色社会主义思想为指导，以坚定理想信念宗旨为根本，以全面增强公共服务本领为重点，突出政治训练、政治历练，强化专业能力、专业精神，坚持政治统领、服务大局，坚持分类分级、全员覆盖，坚持精准效能、按需施训，坚持依法治教、从严管理，增强培训的系统性、持续性、针对性、有效性。

第四条 坚持将学习贯彻习近平新时代中国特色社会主义思想摆在事业单位工作人员培训最突出的位置，教育引导事业单位工作人员增强"四个意识",坚定"四个自信",做到"两个维护"。完善培训内容体系,重点提升事业单位工作人员的理想信念、思想觉悟、职业道德和综合素养。管理人员培训,注重提高管理能力、专业水平和职业素养;专业技术人员培训,注重提高专业技术水平和创新创造创业能力;工勤技能人员培训,注重提高职业技能水平和实际操作能力。加强对中青年骨干特别是高层次、急需紧缺人才的培训。

第五条 事业单位工作人员培训分为岗前培训、在岗培训、转岗培训和专项培训,根据不同行业、不同类型、不同岗位特点,按照规定的方式进行。

第六条 事业单位工作人员有接受培训的权利和义务,一般每年度参加各类培训的时间累计不少于90学时或者12天。

事业单位工作人员培训情况应当作为其考核的内容和岗位聘用、等级晋升的重要依据之一。

第二章 岗前培训

第七条 对事业单位新聘用工作人员应当进行岗前培训,以提高适应单位和岗位工作的能力。

对新引进的高层次人才,可以根据实际情况灵活安排岗前培训。

第八条 事业单位工作人员岗前培训内容包括公共科目和专业科目。公共科目包括应当普遍掌握的政治理论、法律法规、政策知识、行为规范、纪律要求等。专业科目包括所聘或者拟聘岗位所需的理论、知识、技术、技能等。

第九条 岗前公共科目培训由事业单位人事综合管理部门编制计划,统一组织或者委托专门培训机构组织,或者授权主管部门、事业单位按规定组织,一般采取脱产培训方式进行。岗前专业科目培训由主管部门或者事业单位组织,一般采取脱产培训、网络培训、以师带徒等方式进行。

第十条 岗前培训一般在工作人员聘用之日起6个月内完成,最长不超过12个月,累计时间不少于40学时或者5天。

第三章 在岗培训

第十一条 正常在岗的事业单位工作人员应当定期参加在岗培训,以增强思想政治素质、培育职业道德、更新知识结构、提高工作能力。

第十二条 管理人员在岗培训内容包括公共科目和专业科目。公共科目参照本规定第八条执行,专业科目包括所聘岗位需要更新的政策法规、理论知识和管理实务,包括公共管理、财务、资产、人事、外事、安全、保密、信息化等。

第十三条 管理人员在岗期间公共科目培训由主管部门负责,统一组织或者委托专门培训机构组织,一般采取脱产培训、网络培训、在职自学等方式进行,在一个聘期内至少参加一次不少于20学时或者3天的公共科目脱产培训。

第十四条 管理人员在岗期间专业科目培训由主管部门负责,统一组织或者委托专门培训机构组织,或者授权事业单位按规定组织,一般采取脱产培训、网络培训、集体学习等方式进行。

第十五条 专业技术人员、工勤技能人员在岗培训分别按照继续教育、职业技能培训等相关规定执行,注重加强政治理论、职业道德、爱国奉献精神等方面培训。

第四章 转岗培训

第十六条 对岗位类型发生变化或者岗位职责任务发生较大变化的事业单位工作人员应当进行转岗培训,以提高适应新岗位职责任务的能力。

第十七条 岗位类型发生变化的,转岗培训内容根据其拟聘或者所聘岗位类型,按照本规定第四条执行。岗位类型不变但岗位职责任务发生较大变化的,转岗培训内容根据实际情况确定。

转岗培训的方式由事业单位或者主管部门

自主确定。

第十八条 转岗培训一般应当在岗位类型或者岗位职责任务发生变化前完成，根据工作需要，也可在发生变化后3个月内完成，累计时间不少于40学时或者5天。

第五章 专项培训

第十九条 对参加重大项目、重大工程、重大行动等特定任务的事业单位工作人员应当进行专项培训，以适应完成特定任务的要求。

第二十条 专项培训的内容和方式由任务组织方根据该工作任务的实际需要确定，可以采取团队集训等办法进行。

第二十一条 事业单位新聘用工作人员参加专项培训的，其培训时间可计入本规定第十条规定的岗前培训累计时间中。

第六章 培训管理与纪律

第二十二条 培训经费按照国家有关规定列支。

加强事业单位工作人员培训经费管理，厉行节约，勤俭办学，提高经费使用效益。培训经费应当严格用于工作人员的培训工作，严禁挪作他用。

第二十三条 各级事业单位人事综合管理部门应当根据师资条件、人员素质、办学基本条件、教学管理水平、教学质量等条件，重点联系一批专门培训机构，加强统筹协调，保持培训工作相对稳定。

从事事业单位工作人员培训工作的授课人员，必须拥护中国共产党的领导，不得传播违反党的理论和路线方针政策、违反中央决定的错误观点。培训组织方要对师资人选和培训内容进行严格把关。

中央事业单位人事综合管理部门会同有关行业主管部门和行业组织，根据不同行业、不同类型、不同岗位特点，加强课程和教材体系建设。

第二十四条 事业单位工作人员培训实行登记管理。事业单位应当建立和完善工作人员培训档案，对工作人员参加培训的种类、内容、时间和考试考核结果等情况进行登记。

第二十五条 健全组织调训制度，加强统筹协调，避免和防止多头调训、重复培训、长期不训等问题。探索"错峰"调训和分段式培训，缓解工学矛盾。

第二十六条 事业单位及其主管部门应当按照本规定和培训计划组织培训，加强培训管理。培训工作应当注重培训实效，不得层层委托，不得走过场。

第二十七条 事业单位人事综合管理部门、主管部门应当对事业单位开展工作人员培训工作进行监督，制止和纠正违反本规定的行为。

上级事业单位人事综合管理部门应当对下级事业单位人事综合管理部门开展培训相关工作进行监督，制止和纠正违反本规定的行为。

第二十八条 事业单位工作人员必须严格遵守学习培训和廉洁自律各项规定，完成规定的培训任务。事业单位工作人员因故未按规定参加培训或者未达到培训要求的，应当及时补训。事业单位工作人员无正当理由不参加培训，视情节轻重，给予批评教育直至组织处理或者处分。参加培训期间违反培训有关规定和纪律的，视情节轻重，给予批评教育直至组织处理或者处分。

第七章 附 则

第二十九条 机关工勤人员的培训，参照本规定执行。

第三十条 各省、自治区、直辖市事业单位人事综合管理部门，以及中央和国家机关各部门可以根据本规定，结合实际情况制定实施细则。

第三十一条 本规定由中共中央组织部、人力资源社会保障部负责解释。

第三十二条 本规定自2020年1月1日起施行。

人力资源社会保障部 国务院扶贫办关于深入推进技能脱贫千校行动的实施意见

人社部发〔2019〕2号

各省、自治区、直辖市及新疆生产建设兵团人力资源社会保障厅（局）、扶贫办：

为贯彻落实党中央、国务院关于打赢脱贫攻坚战的战略部署，人力资源社会保障部、国务院扶贫办在全国组织技工院校开展技能脱贫千校行动，面向建档立卡贫困家庭学生和劳动者开展技工教育和职业培训，收到较好效果。根据党中央、国务院关于打赢脱贫攻坚战三年行动的指导意见要求，为进一步发挥技工教育和职业培训服务社会功能，人力资源社会保障部、国务院扶贫办决定在前期工作的基础上，进一步聚焦重点、精准施策，深入推进技能脱贫千校行动，现提出以下实施意见。

一、总体要求

（一）指导思想。以习近平新时代中国特色社会主义思想为指导，全面贯彻党的十九大和十九届二中、三中全会精神，深入落实党中央、国务院关于打赢脱贫攻坚战的决策部署，紧紧围绕精准扶贫的战略部署，以技工院校和职业培训机构（以下简称"技工院校"）为主要工作载体，切实加强技能扶贫工作，深入推进技能脱贫千校行动，着力提升建档立卡贫困家庭应、往届"两后生"和具备劳动能力人员的就业创业能力，以更精准的举措、超常规的力度，强化培训促就业助脱贫效果，为打赢脱贫攻坚战作出积极贡献。

（二）目标任务。到2020年底，帮助每个有就读技工院校意愿的建档立卡贫困家庭应、往届"两后生"都能免费接受技工教育，每个有参加职业培训意愿的建档立卡贫困家庭劳动者都能够接受至少1次免费职业培训，全国技工院校累计新招收建档立卡贫困家庭学生7万人以上。通过深入推进技能脱贫千校行动，帮助接受技工教育或职业培训的建档立卡贫困家庭学生（学员）实现就业创业，增加劳动收入，达到"教育培训一人，就业创业一人，脱贫致富一户"的目标。

二、深入推动技工院校服务脱贫攻坚

（三）制定工作方案。各级人力资源社会保障部门要制定本地区技工院校服务脱贫攻坚工作方案，会同扶贫等有关部门进一步强化政策落实力度。充分发挥人力资源社会保障基层工作平台、基层扶贫机构、驻村工作队、"第一书记"和农村基层组织的作用，及时对建档立卡贫困家庭情况进行摸底，了解家庭成员状况，掌握就读技工院校和参加职业培训的意愿，引导组织他们参加培训。广泛发动各级各类技工院校积极承担技能扶贫任务，安排技工院校和贫困地区建立结对帮扶关系，持续增加建档立卡贫困家庭生源。

（四）确定重点院校和重点专业。进行技能脱贫千校行动重点院校和重点专业建设

（以下简称"双重点"），由省级人力资源社会保障部门于每年4月底前向社会公布双重点，供建档立卡贫困家庭学生选择就读。要将办学条件完善、教学质量好、就业率高的优质技工院校，确定为本地区承担技能扶贫重点院校。技能扶贫重点院校要将招生人数多、师资力量强、实训设备优、社会认可度高的专业纳入技能扶贫重点专业，优先招收建档立卡贫困家庭学生，优先安排实习，优先推荐就业。

（五）加强精准扶贫。各级人力资源社会保障部门、扶贫部门要做好工作对接，做好技工院校电子注册和统计信息管理系统、职业培训实名制信息管理系统与建档立卡贫困人口信息系统精准比对工作，并将有关信息及时反馈学校。各技工院校要安排专门人员每月监测建档立卡贫困家庭学生的学习和生活情况，对学习有困难的学生，要注重因材施教，采取调整专业、加强课程辅导、加大实训力度等多种方式予以指导帮助。对生活有困难的学生，要在贯彻落实各项补贴政策基础上，采取多种方式予以帮助。要创造条件帮助建档立卡贫困家庭子女就读高级工班和预备技师（技师）班，着力提升其技能水平。

（六）深化校企合作。要根据建档立卡贫困家庭的需求和特点，推动校企合作开展技能扶贫。支持技工院校与合作企业签订定向培养协议，联合招收扶贫助学订单班。全面推行企业新型学徒制，广泛动员各类企业面向建档立卡贫困家庭劳动者招收企业新型学徒，实现先就业后入学。鼓励企业根据用工需求，与贫困地区技工院校签订技能扶贫合作协议，共同确定技能人才培养方式，做好培训后就业安置。

（七）开展对口支援。建立对贫困地区特别是"三区三州"等深度贫困地区技工院校对口支援工作机制，帮扶受援单位加强专业、师资、教材等内涵建设。承担帮扶任务的技工院校要围绕重点专业进行帮扶，采取双向挂职、两地培训、委托培养和上门支教等多种方式，提高帮扶效果。2020年底前，实现"三区三州"每所技工院校至少建设一个特色优势主体专业、建立一个实训室，每名教师至少参加1次培训。

（八）鼓励社会参与。各级人力资源社会保障、扶贫部门要广泛发动社会力量积极参与技工院校技能扶贫工作。积极引导企业和社会组织开展助学援助，给予生活费补贴，提供爱心奖（助）学金等。鼓励企业提供实习岗位，优先录用符合条件的建档立卡贫困家庭学生。

三、大力开展职业技能培训服务脱贫攻坚

（九）加强培训基础能力建设。大力推行终身职业技能培训制度，完善培训政策和组织实施体系并适当向贫困地区倾斜。在贫困地区重点建设高技能人才培训基地、技能大师工作室，建成一批高技能人才培养培训、技能交流传承平台。落实投融资支持政策，加强贫困地区公共实训基地和创业孵化基地建设。

（十）努力扩大技能扶贫培训规模。针对不同困难群体开展差异化培训。对有外出转移就业意愿人员，开展引导性培训和专项技能培训、初级技能培训，帮助其掌握就业的一技之长。对订单、定向、定岗就业人员，开展岗位技能培训，帮助其培训后直接上岗。对在乡镇扶贫车间、村社代工点等就业人员和手工艺制作等居家就业人员，开展就地就近技能培训，促进就业增收。对未能继续升学并准备转移就业的应届初、高中毕业生，开展劳动预备制培训。对学习能力较强、具备一定创业条件的人员，同时开展创业培训和生产技术技能培训，全力帮扶学员实现创业就业。

（十一）优化培训方式方法。要坚持精准到户、帮扶到人，提供免费政策咨询、就业指导、技能培训等服务。技工院校要进乡镇、进社区开展上门培训。要根据建档立卡贫困家庭劳动者实际情况，灵活提供集中培训、弹性培训、课堂教学、工厂实训、多媒体资源培训等多种培训方式。大力开展互联网+培训，探索搭建"互联网+技能扶贫"公共服务平台，为贫困地区技工院校免费提供优质教学资源。建设就业创业培训服务云平台，利用互联网在线

课堂组织免费培训。

四、加大支持力度，推动技能脱贫千校行动向纵深发展

（十二）加大资金投入保障力度。各级人力资源社会保障、扶贫部门要按规定落实国家助学金和免学费、培训费、鉴定费政策，结合实际制定减免学生杂费、书本费和给予交通费、生活费补助等实施细则。对于接受技工教育的农村建档立卡贫困家庭子女，要落实每生每年3 000元左右的补助标准。鼓励承担东西扶贫协作的帮扶省市对受帮扶省市贫困家庭就读子女给予生活费补助。要改进服务方式，提高资金申领工作效率，确保各项资金及时到位。要按照统筹规划、集中使用、提高效益的要求，将中央和省级财政安排的各项贫困劳动力培训资金统筹使用，有关部门根据职责和任务做好相关培训工作。

（十三）简化职业培训补贴申领程序。各级人力资源社会保障部门要积极协调财政部门按照《财政部 人力资源社会保障部关于印发〈就业补助资金管理办法〉的通知》（财社〔2017〕164号）要求，进一步优化业务流程，积极推进网上申报、网上审核、联网核查。对能够依托管理信息系统或与相关单位信息共享等方式获得单位及个人信息的，可直接审核拨付补贴资金，不再要求单位及个人报送纸质材料。

（十四）加强教学资源支持。各级人力资源社会保障部门要指导贫困地区技工院校按照国家技能人才培养标准及一体化课程规范开展教学活动。加强新职业开发和职业标准开发，积极推广国家基本职业培训包，促进职业技能培训规范化发展。打造适应县域经济发展、满足建档立卡贫困家庭劳动者需求的优质培训项目和精品课程。完善技工院校教师在职培训和企业实践制度，举办贫困地区创业师资培训班、技工院校教师教学能力提升班和一体化师资培训班。

（十五）强化激励引导。各级人力资源社会保障部门要对取得高级工、预备技师（技师）职业资格证书或职业技能等级证书的技工院校毕业生，比照大专、本科学历，在事业单位和国有企业招聘、使用及评价等多方面落实相应政策。设立技工院校贫困家庭学生助学金，增加"技能雏鹰"奖（助）学金资助名额，并向建档立卡贫困家庭学生倾斜。技工院校绩效工资分配要向参与扶贫工作的教师加大倾斜力度。参加对口帮扶的专家、教师等支教服务期可作为基层工作经历，在评优评先、职级晋升、职称评审、岗位聘用等方面优先考虑。对于开展技能脱贫千校行动工作成效显著的技工院校，在实施国家高技能人才振兴计划项目、国家级重点技工院校建设、世界技能大赛集训基地项目、高技能人才评选表彰等工作中，优先给予支持。

五、明确工作要求，确保技能脱贫千校行动取得更大成效

（十六）层层压实工作责任。各级人力资源社会保障、扶贫部门要切实提高政治站位，将技能脱贫千校行动作为技能扶贫的重要任务，建立部级统筹、省负总责、市县抓落实的工作机制，确保政令畅通、资金到位、执行得力。各地要加强对市、县两级的工作指导，确保工作方案有效贯彻落实。各技工院校要成立专门的技能扶贫工作领导小组，由主要负责同志任组长，建立工作台账，明确责任分工，把各项政策和任务细化到人，认真组织实施。

（十七）加强工作督导和统计工作。各级人力资源社会保障部门要加强工作调度，改进工作作风，定期开展督导，推动任务落到实处。对贡献突出、成效显著的予以通报；对工作不到位、措施不得力、政策不落实、工作进展缓慢的地方，要及时予以纠正，对问题严重的要严肃问责。要及时、准确地做好技能脱贫千校行动进展情况统计工作，各省级人力资源社会保障部门要认真统计填写《技能脱贫千校行动进展情况表》（见附件），于每年12月15日前报送人力资源社会保障部。

（十八）加大宣传力度。要组织新闻媒体广泛宣传技能扶贫各项惠民政策措施，将技能脱贫千校行动政策宣传到每一户建档立卡贫困家庭。选树一批技能脱贫千校行动先进单位，树立技能脱贫千校行动典型。组织世赛选手、专家、教练、翻译等人员深入贫困地区开展报告、宣讲等活动，讲述技能扶贫、技能成才、技能报国先进事迹，引导贫困地区广大青年走技能成长成才之路。每年的国家扶贫日（10月17日）前夕，要集中组织开展技能脱贫千校行动宣传活动，有关宣传画和宣传折页可直接从人力资源社会保障部出版集团网站（www.class.com.cn）下载。

附件：技能脱贫千校行动进展情况表（略）

2019年1月8日

人力资源社会保障部关于印发《新生代农民工职业技能提升计划（2019—2022年）》的通知

人社部发〔2019〕5号

各省、自治区、直辖市和新疆生产建设兵团人力资源社会保障厅（局）：

为贯彻落实中共中央、国务院印发的《新时期产业工人队伍建设改革方案》、《乡村振兴战略规划（2018—2022年）》和《国务院关于推行终身职业技能培训制度的意见》等文件要求，加强新生代农民工职业技能培训工作，带动农民工队伍技能素质全面提升，我部研究制定了《新生代农民工职业技能提升计划（2019—2022年）》，现印发给你们，请结合实际组织实施。

2019年1月8日

新生代农民工职业技能提升计划（2019—2022年）

为贯彻落实《新时期产业工人队伍建设改革方案》、《乡村振兴战略规划（2018—2022年）》、《关于推行终身职业技能培训制度的意见》等文件要求，帮助农民工特别是新生代农民工增加受教育培训机会，提高专业技能和胜任岗位能力，将其培养成为高素质技能劳动者和稳定就业的产业工人，特制定本计划。

一、充分认识提升新生代农民工职业技能的重要意义

全国农民工总量约为2.9亿人，1980年及以后出生的新生代农民工逐渐成为农民工主体，已占农民工总量的一半以上，是社会主义现代化建设的重要力量。党的十九大以来，以新生代农民工为重点的农民工职业技能培训工作取得积极成效，但面对新的经济社会发展需求、就业形势需要和庞大的农民工总量，培训工作仍然存在制度不够健全、覆盖面不够广泛、规模不够大、针对性有效性不强、促进贫困劳动力就业脱贫的支持度不够等问题。加强新生代农民工职业技能培训工作，带动农民工队伍技能素质全面提升，是充分发挥我国人力资源优势、提高人力资本质量的重要任务，是促进就业创业、乡村振兴和扶贫脱贫的有效举措，是深化供给侧结构性改革、推动经济社会发展和新动能培育的必然要求，对于我国决胜全面建成小康社会具有重要意义。各级人力资源社会保障部门要高度重视，集中整合有关政策和资源，形成合力，面向新生代农民工大力开展职业技能培训。

二、总体要求

（一）指导思想。全面贯彻党的十九大和十九届二中、三中全会和中央经济工作会议精神，将新生代农民工职业技能培训作为实施人才强国战略、创新驱动发展战略、乡村振兴战略的具体举措和打赢脱贫攻坚战的重要抓手，围绕国家经济社会发展对高素质劳动者需求和农民工技能就业、高质量就业需要，保障就业局势稳定，聚焦新生代农民工，针对群体和时代特点，开展大规模、多层次、高质量、有保障的职业技能培训，促进多渠道转移就业，提高就业质量。

（二）目标任务。逐步形成就业导向、政策扶持、企业主导、社会参与的运行机制，健全培训需求调查、职业指导、分类培训、技能评价、就业服务协同联动的工作机制。到2022年末，努力实现新生代农民工职业技能培训"普遍、普及、普惠"的目标，即普遍组织新生代农民工参加职业技能培训，提高培训覆盖率；普及职业技能培训课程资源，提高培训可及性；普惠性补贴政策全面落实，提高各方主动参与培训积极性。

三、大规模开展多种形式的职业技能培训

（三）广泛开展就业技能培训，促进转移就业。对在公共就业服务平台登记培训愿望的农民工，在1个月内提供相应的培训信息或统筹组织参加培训，实现转移就业前掌握就业基本常识并至少掌握一项职业技能。对初次到城镇就业的新生代农民工开展必要的引导性培训。对失业和转岗人员，引导并组织参加新技能培训，帮助其尽快返岗转岗。重点根据企业岗位实际需求开展订单定岗培训，结合产业发展需求开展定向培训。

（四）大力推进岗位技能提升培训，支持岗位成才。支持企业对农民工广泛开展技能培训，重点对新生代农民工开展岗前培训、企业新型学徒制培训、岗位技能提升培训、高技能人才培训等，进一步提高其就业稳定性。围绕提高产品质量和促进安全生产，经常性开展安全知识、操作规程、规章制度培训。对具备较高职业技能和自主创新意愿的人员，特别是企业拔尖技能人才，开展岗位创新创效培训。加强劳模精神和工匠精神培育，引导新生代农民工爱岗敬业，追求精益求精。

（五）精准开展技能扶贫培训，助力脱贫攻坚。精准掌握建档立卡贫困劳动力、低保家庭劳动力、特困救助供养人员和残疾人等就业困难人员中新生代农民工的基本情况，结合扶贫项目和用工需求，优先为有培训意愿的人员提供精准技能培训服务，优先为有就读技工院校意愿的人员提供技工教育，帮助他们实现技能就业脱贫。

（六）积极开展创业创新培训，培养创业带头人。将有意愿开展创业活动和处于创业初期的农民工全部纳入创业培训服务范围，开展创业培训服务。重点对新生代农民工积极开展电子商务培训。对具备一定条件的人员开展以创办个体工商户和创办小微企业为中心的创业技能培训，提供开业指导和创业孵化、创业政策支持，提高创业成功率。对已创业人员，持续开展改善或扩大企业经营的创业能力提升培训和企业经营指导，加强创业公共服务，提升经营管理能力。

四、切实提高培训质量

（七）创新培训内容和方式，提高培训针对性有效性。根据制造业重点领域、现代服务业和乡村振兴对技能人才需要，以新生代农民工为重点，积极开展相关职业（工种）技能培训。逐步推广工学一体化、"互联网+职业培训"、职业培训包、多媒体资源培训等灵活

多样的培训方式，满足新生代农民工多样化、个性化培训需求。根据当地新生代农民工特点和产业发展实际，打造特色培训品牌。

（八）扩大培训供给，实行市场化社会化培训机制。政府投资建设的高技能人才培训基地、实训基地和创业孵化基地等，要率先做好新生代农民工职业技能培训工作，带动其他培训资源参与。逐步推进职业技能培训公共服务项目目录清单管理，政府补贴的职业技能培训项目全部向具备资质的职业院校和培训机构开放。推动落实劳动者自主选择职业培训机构和培训项目、按培训补贴标准领取补贴的政府购买服务方式。

（九）做好公共就业服务，实现培训就业一体化。多渠道公开职业培训信息，提高新生代农民工对就业趋势、培训政策、课程内容等信息的知晓度。支持职业培训机构与行业协会、大中型企业、劳务输出机构等建立联合体，开展培训就业一站式服务。推进劳务输入地与输出地联动对接，延长新生代农民工跨区域培训就业服务链条。加强就业形势监测，对就业不稳定的农民工，及时提供技能培训和就业信息服务。

五、强化保障措施

（十）加强组织领导，形成工作合力。各地要以农民工就业和培训的统计调查数据为基础，科学规划新生代农民工培训工作。做好现有各项培训政策措施的衔接融合，发挥相关部门职能优势，形成工作合力。人力资源社会保障系统就业、人力资源市场、职业培训、技工院校管理、职业技能鉴定、农民工工作、失业保险、劳动监察等部门要明确职责、密切协作，加强工作督导，及时研究解决工作中存在的问题，确保政策措施落到实处。

（十一）加大扶持力度，落实补贴政策。鼓励各地结合实际，从资金、政策等方面加大对新生代农民工职业培训和就业创业扶持力度。落实相关补贴政策，减少参训人员"先垫后支"情况，探索培训券补贴方式。对建档立卡贫困人员按规定落实免费参加技工教育和职业培训政策。会同有关部门做好《关于企业职工教育经费提取与使用管理的意见》（财建〔2006〕317号）和《关于企业职工教育经费税前扣除政策的通知》（财税〔2018〕51号）的宣传解读和政策落实，支持引导企业足额提取职工教育培训经费并合理使用。

（十二）优化社会环境，形成良好氛围。各地要采取多种方式大力宣传职业培训和技术工人待遇等政策，深入解读各项惠及农民工、培训机构、用人单位的政策措施，以新生代农民工为重点，及时总结推广农民工职业技能培训的有效经验，动员社会各界积极参与新生代农民工职业技能提升计划的实施。每年至少对乡（镇）、村有关工作人员开展1次职业培训等相关政策培训，乡（镇）、村要加强相关政策宣传讲解和典型人物事迹宣传，激发新生代农民工技能成才的内生动力。

人力资源社会保障部关于充分发挥市场作用促进人才顺畅有序流动的意见

人社部发〔2019〕7号

各省、自治区、直辖市及新疆生产建设兵团人力资源社会保障厅（局）：

为全面贯彻党的十九大和习近平总书记在全国组织工作会议上的重要讲话精神，深入落实中央《关于深化人才发展体制机制改革的意见》决策部署，充分发挥市场在人才资源配置中的决定性作用，更好发挥政府作用，促进人才顺畅有序流动，最大限度保护和激发人才活力，提高人才资源配置效率，为推进新时代中国特色社会主义建设提供坚强的人才保证，现提出如下意见：

一、总体要求

（一）重要意义

人才是第一资源，促进人才顺畅有序流动是激发人才创新创业创造活力的重要保障，是深化人才发展体制机制改革的重要任务，是实施人才强国战略的重要内容。改革开放以来，社会主义市场经济快速发展，人力资源市场体系不断完善，人才流动日益活跃，已经实现从统包统配的计划分配向市场化配置人才资源的根本性转变，取得了显著成效。但人才流动配置机制尚不健全，妨碍人才顺畅流动的体制机制性弊端尚未根除，人才无序流动的问题仍然存在。必须要站在党和国家事业发展的全局高度，充分认识促进人才顺畅有序流动配置的重要意义，按照深化人才发展体制机制改革要求，破除妨碍人才流动的各类障碍和制度藩篱，充分发挥市场在人才资源流动配置中的决定性作用，促进人才顺畅有序流动，不断解放和增强人才活力，为推动实现高质量发展，为全面建成小康社会提供有力的人才支撑和智力保障。

（二）指导思想

全面贯彻党的十九大和十九届二中、三中全会精神，以习近平新时代中国特色社会主义思想为指导，落实党中央、国务院关于深化人才发展体制机制改革、加强人才工作的总体要求，围绕实施人才强国战略和创新驱动发展战略，以促进人才顺畅有序流动、激发人才创新创业创造活力为目标，以健全人才流动配置机制为重点，以充分发挥市场决定性作用和更好发挥政府作用为保障，加快建立政府宏观调控、市场公平竞争、单位自主用人、个人自主择业、人力资源服务机构诚信服务的人才流动配置新格局，努力形成人尽其才、才尽其用的良好局面，让各类人才的创造活力竞相迸发，聪明才智充分涌流。

（三）基本原则

——坚持党管人才。充分发挥党的思想政治优势、组织优势、密切联系群众优势，进一步加强和改进党对人才流动配置工作的领导，创新人才流动体制机制，让各类人才都有施展才华的广阔天地，把各方面优秀人才集聚到党和人民的伟大奋斗中来。

——坚持服务发展。始终把服从服务党和国家事业发展作为人才流动配置工作的首要任务，牢固树立人才引领发展的战略意识，促进人才流动配置与经济社会协调发展，不断提升人才贡献率。

——坚持市场主导。坚持尊重市场经济规律和人才成长规律，加快完善统一规范、竞争有序的人力资源市场体系，充分发挥市场在人才资源配置中的决定性作用，健全人才市场供求、价格、竞争机制，保障和落实用人主体自主权，促进人才供求主体到位。

——坚持政府促进。树立正确的人才政绩观，进一步转变政府人才管理职能，更好发挥政府作用，加快建立完善人才流动配置宏观调控机制，坚决破除妨碍人才流动的体制机制性弊端，引导人才资源合理流动和优化配置。

——坚持规范有序。坚持正确的人才流动导向，坚持尊重人才流动规律，强化人才诚信意识、自律意识，引导人才依法依规良性有序流动，因地制宜制定人才政策，促进人才链与创新链、产业链精准对接，避免同质化和恶性竞争。

二、健全人才流动市场机制

（四）健全统一规范的人力资源市场体系

全面贯彻实施《人力资源市场暂行条例》，进一步健全人力资源市场体系，充分发挥市场在实现人才流动中的主渠道作用。打破城乡、地区、行业分割，消除身份、性别歧视，统一市场运行规则。持续深化政府人才公共服务管理体制改革，进一步理顺政府与市场的关系，推动公共服务与经营性服务分离。结合国家战略新兴产业布局和国家重点行业发展需要，大力发展专业性、行业性人才市场，建设一批国家级人才市场。

（五）完善人才市场供求、价格和竞争机制

深化人才资源供给侧结构性改革，建立产业发展、转型升级与人才的供求匹配机制，充分保护人才平等就业和自主择业权利。健全合理体现人才价值的收入分配机制，落实以知识、技术、管理、技能等创新要素按贡献参与分配政策，实行股权、期权等中长期激励政策，探索建立人才流动中对前期培养的补偿机制。改进人才评价机制，突出品德、能力和业绩评价导向，科学客观公正评价人才。坚持公平公正、竞争择优，规范招人用人制度，取消妨碍公平竞争、设置行政壁垒的各种规定。

（六）全面落实用人主体自主权

坚持向用人主体放权、为人才松绑，推进用人制度改革，充分尊重、保障和发挥各类用人主体在人才培养、引进、使用、评价和激励等方面的自主权，消除对用人主体的不当干预。进一步完善事业单位公开招聘制度，规范事业单位招聘行为，高校、科研院所可按规定自主制定招聘方案、设置岗位条件、发布招聘信息、组织公开招聘。事业单位可以按照国家有关规定设立流动岗位。合理增加国有企业经理层中市场化选聘职业经理人比例，畅通现有国有企业经营管理者与职业经理人身份转换通道。企业吸引优秀人才开展重大产业关键共性技术、装备和标准研发，引才所需费用可全额列入经营成本。

三、畅通人才流动渠道

（七）健全党政机关和企事业单位人才流动机制

支持引导党政人才、企业经营管理人才、专业技术人才、高技能人才等合理流动。完善公务员考录政策，有序开展公务员聘任工作。进一步畅通国有企事业单位优秀人才进入公务员队伍的渠道。完善党政人才、企业经营管理人才交流制度，扩大党政机关和国有企事业单位领导人员跨地区跨部门交流任职范围。支持和鼓励事业单位专业技术人员到企业挂职、兼职和离岗创新创业，建立健全相关制度，保障其在职称评定、工资福利、社会保障等方面的权益。

（八）畅通人才跨所有制流动渠道

加强非公有制经济组织和社会组织人才队伍建设，把非公有制经济组织和社会组织人才开发纳入各级政府人才发展规划，一视同仁、平等对待。鼓励党政机关、国有企事业单位人才向非公有制经济组织和社会组织流动。拓宽党政机关、国有企事业单位选人用人渠道，完善吸收非公有制经济组织和社会组织中的优秀人才进入党政机关、国有企业事业单位的途径。畅通非公有制经济组织、社会组织和新兴职业等领域人才申报评价渠道。

（九）完善人才柔性流动政策

强化柔性引才理念，坚持不求所有、但求所用，不求所在、但求所为。创新柔性引才方式，支持通过规划咨询、项目合作、成果转化、联合研发、技术引进、人才培养等方式，实现人才智力资源共享。鼓励高校、科研院所建立人才驿站，推行特聘教授、特聘研究员、特聘专家制度。完善柔性引才政策措施，建立以业绩为导向的柔性引才激励办法，柔性引进人才与本地同类人才在创办科技型企业、表彰奖励、科研立项、成果转化等方面可享受同等待遇。

（十）构建更加开放的国际人才交流合作机制

实行更加积极、更加开放、更加有效的人才引进政策，面向全球引进处于国际产业和科技发展前沿，具有世界眼光和深厚造诣、对华友好的各类优秀外国人才。积极开辟高端引才聚才渠道，建立国际人才资源对接平台。研究探索精准定向引进人才和走出去培养人才的有效策略和机制。简化优化出入境管理机构外国人签证证件审批，对符合条件的外国人才提供办理人才签证、工作许可和长期居留许可的便利，完善外国专家人才住房、教育、医疗等服务保障措施。加强职业资格国际互认，推进职业资格双边或多边互认。支持鼓励优秀外国留学生毕业后直接在我国创业就业。鼓励支持留学人员回国创新创业，实施留学人员回国创业启动支持计划，鼓励各地探索建立青年留学回国人员实习基地。鼓励国内高层次人才和优秀中青年专业技术人才以及企业经营管理人员参加国际学术会议和技术交流活动。事业单位可面向全球公开招聘高层次急需紧缺人才，支持企业在海外建立研发机构，面向全球自主引才用才。

四、规范人才流动秩序

（十一）强化人才流动的法制保障

加快制定人才流动相关配套法规，完善人才流动法规制度体系，落实人才流动在服务期、竞业限制、保密等方面的规定，坚决防止人才无序流动。强化人才流动工作法规与教育、科技、文化等立法的衔接，加大对知识产权、科技成果转化收益分配等保护力度。加强人才市场监管，及时依法依规查处人才流动过程中的违法违规行为。加强劳动人事争议处理效能建设，完善多元处理机制，维护人才和用人单位合法权益。

（十二）引导鼓励人才向艰苦边远地区和基层一线流动

聚焦实施乡村振兴战略和打赢脱贫攻坚战的基层人才需求，实施边远贫困地区、边疆民族地区和革命老区人才支持计划、贫困地区本土人才培养计划、人才服务基层行动计划，探索建立乡村振兴专业化人才终身培训机制，引导和支持各类人才向"三区三州"等人才薄弱地区和领域流动。进一步做好艰苦边远地区基层公务员考试录用和县乡事业单位公开招聘工作，落实乡镇机关事业单位工作人员乡镇工作补贴，提高列入艰苦边远地区津贴实施范围的机关事业单位工作人员工资收入水平。允许国有企事业单位专业技术和管理人才按有关规定在艰苦边远地区兼职并取得合法报酬。对艰苦边远地区和基层一线工作的农村专业人才，落实相关职称评审优惠政策。推进东西部干部人才交流，持续选派优秀年轻干部援藏援疆援青、到扶贫攻坚的重点县、老少边穷的艰苦地区工作，采取双向挂职、两地培训、"团队式"支援等方式加大干部人才支持力度。全面实施高校毕业生基层成长计划，持续推进农村义务教育阶段学校教师特设岗位计划、"三支一扶"计划、志愿服务西部计划和农技特岗计划等基层服务项目，推动大学生村官工作与选调生工作衔接。

（十三）深化区域人才交流开发合作

根据国家主体功能区布局，建立协调衔接的区域人才流动政策体系和交流合作机制，打破阻碍人才跨区域流动的不合理壁垒，引导人才资源按照市场需求优化空间配置。加快"一带一路"建设、京津冀协同发展、长三角、粤港澳大湾区等区域人才开发一体化进程，实现人才标准统一、信息共享，推进评价结果互认，支持海南省打造对外人才开放高地。创新区域人才交流开发合作载体，开展人才公共服务机构、人力资源服务企业和行业协会等多种形式的区域人才交流开发合作，促进与项目、资金、技术有效结合。构建区域人才交流开发合作信息网络平台，实现人才供求信息、薪酬信息、政策信息、培训信息等各类信息资源的互联互通。

（十四）维护国家重点领域人才流动秩序

研究制定国家重点领域人才流动管理办法，依法规范重点领域人才流动。面向从事涉及国家安全或掌握国家核心技术的人才，以及承担国家重点项目、重大工程的人才，探索建立国家重点领域人才信息库，完善动态管理工作机制。国家重点领域人才和在艰苦边远地区工作的人才流动，须经单位或主管部门同意。西部地区因政策倾斜获得人才计划支持的科研人员，在支持周期内离开相关岗位的，取消对其相应支持。健全国家重点领域人才激励和奖励制度，对符合条件的实施股权、期权、分红激励等中长期激励。加大重点领域人才调配工作力度，实施重大专项支持计划，着力解决国家重点发展领域的特殊急需人才需求。

（十五）建立完善政府人才流动宏观调控机制

推进政府人才管理领域"放管服"改革，强化宏观管理、政策法规制定、公共服务、监督保障职能。建立和完善政府人才管理服务权力清单、责任清单，清理和规范人才招聘、评价、流动等环节中的行政审批和收费事项。加强人才市场供求信息监测，依托人才公共服务机构、经营性人力资源服务机构和行业协会，建立健全统一、动态的人才市场监测机制，探索定期发布人才流动报告。建设全国统一的人才资源大数据平台，实现与全国信用信息共享平台、个人征信系统、"信用中国"网站等互联互通，建立完善个人信用记录形成机制。

五、完善人才流动服务体系

（十六）推进人才流动公共服务便民化

深入推进政府所属人才服务机构管理体制改革，加强人才流动公共服务的顶层设计和统筹规划，加快建立一体化的人才流动公共服务体系。完善推广人才流动公共服务国家标准体系，提高公共服务标准化水平。适时修订《流动人员人事档案管理暂行规定》。加强流动人员人事档案公共服务及基础设施建设经费保障，为流动人员提供免费基本公共服务。加强人才流动公共服务信息化建设，提升"互联网+人才服务"水平。全面加强行风建设，持续开展"减证便民"行动，加快推行人才流动公共服务"马上办、网上办、就近办、一次办"，不断提升人才流动服务水平。

（十七）加快发展人力资源服务业

按照在人力资本服务等领域培育新增长点、形成新动能的要求，制定新时代促进人力资源服务业高质量发展的政策措施。实施人力资源服务业发展行动计划，重点实施骨干企业培育计划、领军人才培养计划、产业园区建设计划和"互联网+"人力资源服务行动、"一带一路"人力资源服务行动。支持各地设立人力资源服务业发展专项资金。积极培育各类专业社会组织和人力资源服务机构，有序承接政府转移的人才培养、评价、流动、激励等职能。鼓励发展高端人才猎头等专业化服务机构，为人才流动配置提供精准化、专业化服务。鼓励行业组织和各类人力资源服务机构搭建展示、交流、合作平台，为更好促进人才流动和优化配置提供服务。

（十八）创新急需紧缺人才目录编制发布制度

建立人才需求预测预警机制，加强对重点领域、重点产业人才资源储备和需求情况的分析，强化对人才资源供给状况和流动趋势的研判。围绕重大发展战略、重大专项和重大工程，分地区、分行业、分领域创新编制急需紧缺人才目录，发挥好引才、育才指引性作用。建立职业分类动态调整机制，适时将新兴职业纳入国家职业分类，加强国家职业分类的推广和应用。支持有条件的地方利用云计算、大数据等新兴信息技术，采取授权、委托、资助或购买服务等各种方式，开展人才需求预测预警和人才目录编制。完善急需紧缺人才引进配置办法，简化优化引进程序，提高人才引进效率。

（十九）优化人才流动政策环境

加快推进户籍制度改革，全面放宽除极少数超大城市外的人才落户条件，建立健全超大城市、特大城市积分落户制度，全面放开建制镇和小城市落户限制，简化优化落户审批流程。加快推进人事制度改革，研究打破身份、学历、人事关系等制约的政策措施。加快推进机关和事业单位社会保障制度改革，落实机关事业单位与企业之间社会保险关系转移接续办法。加强公共服务体系建设，为人才在城乡、区域之间流动提供子女入学、住房安居、医疗服务、社会保险等保障。

六、保障措施

（二十）加强组织领导。在中央人才工作协调小组领导下，在中央组织部指导下，人力资源社会保障部负责协调推进人才流动配置各项工作，各有关部门各司其职，促进各项任务的落实。各级人力资源社会保障部门要高度重视人才流动配置工作，要加强统筹协调，结合实际制定符合当地经济社会发展要求的落实意见。

（二十一）完善政策措施。各级人力资源社会保障部门要按照本意见精神，坚决清理妨碍人才顺畅有序流动的体制机制障碍，废除不利于人才流动的政策规定。健全人才流动市场机制，畅通人才流动渠道，规范人才流动秩序，加强政府宏观调控，完善人才流动服务体系。

（二十二）狠抓督查落实。要认真贯彻落实促进人才流动工作部署，确保各项任务有序推进、按时完成。要加强督导检查，针对重点任务、重点举措，明确督查重点，及时跟踪问效。对督查中发现的问题，明确责任、挂号督办、限期整改，对执行不力、整改不到位的问责追责。

（二十三）强化宣传引导。大力宣传党和国家关于促进人才流动的重大方针政策、各地各部门新举措新成效、优秀人才扎根基层和创新创业的先进事迹，树立正确人才流动导向。建立健全人才荣誉制度，加强舆论引导，形成全社会关心人才、支持人才的良好氛围，引导广大人才主动投身到党和国家的伟大奋斗中来。

2019 年 1 月 11 日

人力资源社会保障部 财政部
关于深化会计人员职称制度改革的指导意见

人社部发〔2019〕8号

各省、自治区、直辖市及新疆生产建设兵团人力资源社会保障厅（局）、财政厅（局），中央和国家机关各部委、各直属机构人事部门，中央军委政治工作部干部局、后勤保障部财务局，各中央企业人事部门：

会计人员是维护社会主义市场经济秩序的重要力量。深化会计人员职称制度改革，完善符合会计工作职业特点的评价机制，对于提高会计人员专业能力，加强会计人员队伍建设，更好地服务经济高质量发展具有重要意义。为贯彻落实中共中央办公厅、国务院办公厅印发的《关于深化职称制度改革的意见》，现就深化会计人员职称制度改革提出如下指导意见。

一、总体要求

（一）指导思想

以习近平新时代中国特色社会主义思想为指导，全面贯彻落实党的十九大和十九届二中、三中全会精神，认真落实党中央、国务院决策部署，围绕人才强国战略和创新驱动发展战略，遵循会计人员成长规律，健全完善符合会计工作职业特点的职称制度，为科学评价会计人员专业能力提供制度保障，为用人单位择优聘任会计人员提供重要依据，为促进经济社会持续健康发展提供会计人才支撑。

（二）基本原则

1. 坚持服务发展。围绕新时代推进高质量发展对会计工作提出的新要求，充分发挥职称评价在会计人员能力评价方面的指挥棒和方向标作用，着力提升会计人员专业能力和职业素养，统筹推进会计人员队伍建设，为经济社会发展提供会计人才支撑。

2. 坚持科学评价。完善会计人员评价标准，科学设置评价标准条件，突出评价会计人员职业道德、能力素质和工作业绩，创新评价机制，丰富评价方式，充分调动会计人员干事创业的积极性、创造性。

3. 坚持以用为本。促进评价结果与会计人员培养、使用相结合，鼓励用人单位将选人用人制度与会计人员职称制度相衔接，引导用人单位根据工作需要择优聘任具有相应职称的会计人员。

二、主要内容

通过健全评价体系、完善评价标准、创新评价机制、促进职称制度与会计人员培养、使用相结合等措施，建立科学化、规范化、社会化的会计人员职称制度。

（一）健全评价体系

1. 完善会计人员职称层级。初级职称只设助理级，高级职称分设副高级和正高级，形成初级、中级、高级层次清晰、相互衔接、体系完整的会计人员职称评价体系。初级、中级、副高级和正高级职称名称依次为助理会计师、会计师、高级会计师和正高级会计师。

2. 会计人员各级别职称分别与事业单位专业技术岗位等级相对应。正高级对应专业技术岗位一至四级,副高级对应专业技术岗位五至七级,中级对应专业技术岗位八至十级,初级对应专业技术岗位十一至十三级。

(二) 完善评价标准

1. 突出评价会计人员职业道德。坚持把职业道德放在评价首位,引导会计人员遵纪守法、勤勉尽责、参与管理、强化服务,不断提高专业胜任能力;要求会计人员坚持客观公正、诚实守信、廉洁自律、不做假账,不断提高职业操守。完善守信联合激励和失信联合惩戒机制,违反《中华人民共和国会计法》第四十条有关规定,以及剽窃他人研究成果,存在学术不端行为的,在会计人员职称评价过程中实行"一票否决制"。对通过弄虚作假取得的职称一律撤销。

2. 充分体现会计工作职业特点。注重对会计人员能力素质和实际贡献的评价,引导会计人员全面掌握经济与管理理论、财务会计理论,熟练运用会计业务技能,不断提高专业判断和分析能力,有效参与经营管理和决策。切实改变唯学历、唯资历、唯论文、唯奖项倾向。论文不作为会计人员职称评审的限制性条件。外语和计算机应用能力不作统一要求,由用人单位或评审机构根据需要自主确定。

3. 实行国家标准、地区标准和单位标准相结合。人力资源社会保障部、财政部负责制定《会计人员职称评价基本标准条件》(附后)。各地区人力资源社会保障部门、财政部门可根据本地区经济社会发展情况,制定地区标准。具有自主评审权的用人单位可结合本单位实际,制定单位标准。地区标准、单位标准不得低于国家标准。

4. 向优秀会计人员和艰苦边远地区会计人员倾斜。对在经济社会各项事业发展中作出重大贡献的优秀会计人员,可适当放宽学历、资历、年限等条件限制,建立职称评审绿色通道。对长期在艰苦边远地区工作的会计人员,重点考察其实际工作业绩,适当放宽学历和科研能力要求,引导会计人员扎根基层。

(三) 创新评价机制

1. 丰富评价方式。综合采用考试、评审、考评结合等多种评价方式,建立适应不同层级会计工作职业特点的评价机制。助理会计师、会计师实行全国统一的会计专业技术资格考试,不断提高考试的科学性、安全性、公平性和规范性。助理会计师的考试日期、考试频次等管理权限,根据报考人数增长趋势等因素逐步下放,探索实行常态化考试、一年多考。高级会计师采取考试与评审相结合方式,正高级会计师一般采取评审方式。

2. 建立同行专家评审制度。完善评审专家遴选机制,加强评审委员会建设,积极吸纳高等院校、科研机构、大中型企事业单位的高水平会计人员担任评审专家。建立评审专家责任制,实行动态管理。各省(自治区、直辖市)、国务院有关部门、中央企业可按规定成立高级职称评审委员会。国务院有关部门和中央企业成立的高级职称评审委员会报人力资源社会保障部核准备案,其他高级职称评审委员会报省级人力资源社会保障部门核准备案。健全评审委员会工作程序和评审规则,明确界定参加评审的人员范围,加强对评审委员会的组织管理。建立评审公开制度,实行政策公开、标准公开、程序公开、结果公开,确保会计人员职称评审客观公正。

3. 下放评审权限。科学界定、合理下放职称评审权限,逐步将副高级职称评审权限下放至符合条件的企事业单位、社会组织或市地。自主评审单位组建的高级职称评审委员会应当按照管理权限报送省级以上人力资源社会保障部门核准备案。对于自主评审的单位,评审结果应当报送人力资源社会保障部门和财政部门备案。加强对自主评审工作的监管,对于不能正确行使评审权、不能确保评审质量的,将暂停自主评审工作直至收回评审权。

(四) 促进职称制度与会计人员培养、使用相结合

1. 促进职称制度与会计人员培养相结合。充分发挥职称制度对会计人员培养质量的导向作用，推动会计人员职称制度与高端会计人才培养、会计专业学位研究生教育等有机衔接。探索建立注册会计师、资产评估师等职业资格与会计专业技术资格考试相同或相近科目互认互免等衔接措施，减少重复评价，减轻会计人员负担，探索建立会计与审计、经济等属性相近职称系列（专业）的衔接措施。

2. 促进职称制度与会计人员使用相结合。用人单位应当结合用人需求，根据职称评价结果合理使用会计人员，实现职称评价结果与会计人员聘用、考核、晋升等用人制度相衔接。全面实行岗位管理的事业单位，一般应在岗位结构比例内，组织或推荐符合条件的会计人员参加职称评审，聘用具有相应职称的会计人员到相应会计岗位。不实行事业单位岗位管理的用人单位，可根据内部管理和会计工作需要，择优聘任具有相应职称的会计人员从事相关岗位会计工作。

3. 加强会计人员继续教育。继续教育是实现会计人员知识更新、能力提升的重要制度，用人单位应当保障本单位会计人员参加继续教育的权利。要按照《会计专业技术人员继续教育规定》（财会〔2018〕10号）有关要求，创新和丰富会计人员继续教育内容和手段，促进会计人员更新知识、拓展技能。

三、组织实施

会计人员职称制度改革政策性强，涉及面广，改革工作比较复杂，社会高度关注，必须按照国家统一部署要求开展工作，确保各项改革任务顺利实施。

（一）加强组织领导，抓好贯彻落实。要充分认识会计人员职称制度改革的重要意义，坚持党管人才原则，切实加强党委和政府对会计人员职称制度改革工作的统一领导。各级人力资源社会保障部门、财政部门具体负责会计人员职称制度改革的政策制定、组织实施和监督检查工作。各地、各有关部门和单位应当根据本指导意见要求，抓紧制定具体实施方案和配套办法。在推进改革过程中，要深入开展调查研究，细化工作措施，完善工作预案，确保改革顺利进行。

（二）加强政策衔接，稳妥有序推进。要抓紧清理与会计人员职称制度有关的政策文件，保证会计人员职称制度的协调统一。要妥善做好新老人员过渡和新旧政策衔接工作，确保改革顺利有序推进。国家增设正高级会计师之前，各地自行试点评审的会计系列正高级职称，要按照有关规定通过一定程序进行确认。在会计人员职称评审工作中，不得随意降低评价标准，不得擅自扩大评审范围。

（三）加强宣传引导，推动社会参与。各级人力资源社会保障部门、财政部门要加强宣传，搞好政策解读，引导会计人员积极参与会计人员职称制度改革，引导社会各有关方面支持会计人员职称制度改革，营造有利于推进改革的良好氛围。

本指导意见适用于国家机关、社会团体、公司、企业、事业单位和其他组织的会计人员。公务员符合条件的可以参加会计专业技术资格考试，但不得参加会计人员职称评审。

军队可结合自身实际制定会计人员职称评价的具体办法。

附件：会计人员职称评价基本标准条件

2019年1月11日

附件

会计人员职称评价基本标准条件

一、遵守《中华人民共和国会计法》和国家统一的会计制度等法律法规。

二、具备良好的职业道德，无严重违反财经纪律的行为。

三、热爱会计工作，具备相应的会计专业知识和业务技能。

四、按照要求参加继续教育。

五、会计人员参加各层级会计人员职称评价，除必须达到上述标准条件外，还应分别具备以下标准条件：

（一）助理会计师

1. 基本掌握会计基础知识和业务技能。
2. 能正确理解并执行财经政策、会计法律法规和规章制度。
3. 能独立处理一个方面或某个重要岗位的会计工作。
4. 具备国家教育部门认可的高中毕业（含高中、中专、职高、技校）以上学历。

（二）会计师

1. 系统掌握会计基础知识和业务技能。
2. 掌握并能正确执行财经政策、会计法律法规和规章制度。
3. 具有扎实的专业判断和分析能力，能独立负责某领域会计工作。
4. 具备博士学位；或具备硕士学位，从事会计工作满1年；或具备第二学士学位或研究生班毕业，从事会计工作满2年；或具备大学本科学历或学士学位，从事会计工作满4年；或具备大学专科学历，从事会计工作满5年。

（三）高级会计师

1. 系统掌握和应用经济与管理理论、财务会计理论与实务。

2. 具有较高的政策水平和丰富的会计工作经验，能独立负责某领域或一个单位的财务会计管理工作。

3. 工作业绩较为突出，有效提高了会计管理水平或经济效益。

4. 有较强的科研能力，取得一定的会计相关理论研究成果，或主持完成会计相关研究课题、调研报告、管理方法或制度创新等。

5. 具备博士学位，取得会计师职称后，从事与会计师职责相关工作满2年；或具备硕士学位，或第二学士学位或研究生班毕业，或大学本科学历或学士学位，取得会计师职称后，从事与会计师职责相关工作满5年；或具备大学专科学历，取得会计师职称后，从事与会计师职责相关工作满10年。

（四）正高级会计师

1. 系统掌握和应用经济与管理理论、财务会计理论与实务，把握工作规律。

2. 政策水平高，工作经验丰富，能积极参与一个单位的生产经营决策。

3. 工作业绩突出，主持完成会计相关领域重大项目，解决重大会计相关疑难问题或关键性业务问题，提高单位管理效率或经济效益。

4. 科研能力强，取得重大会计相关理论研究成果，或其他创造性会计相关研究成果，推动会计行业发展。

5. 一般应具有大学本科及以上学历或学士以上学位，取得高级会计师职称后，从事与高级会计师职责相关工作满5年。

省级高端会计人才培养工程毕业学员，视

同具备前述第 1 至第 4 项标准条件，满足第 5 项条件，即可申报评审正高级会计师职称。全国高端会计人才培养工程毕业学员，按程序由正高级职称评审委员会认定取得正高级会计师职称。

人力资源社会保障部 财政部关于进一步加强人力资源社会保障窗口单位经办队伍建设的意见

人社部发〔2019〕13号

各省、自治区、直辖市及新疆生产建设兵团人力资源社会保障厅（局）、财政厅（局）：

各级人力资源社会保障部门所属的公共就业人才服务、社保服务、劳动监察、调解仲裁、12333电话咨询服务等窗口单位经办队伍，是人力资源和社会保障政策的具体执行者和公共服务的一线提供者。近年来，人力资源社会保障窗口单位经办队伍建设取得明显成效，但与深化"放管服"改革、推进审批服务便民化等要求相比，仍存在力量薄弱、能力不足、队伍不稳、保障不健全等问题。为进一步加强人力资源社会保障窗口单位经办队伍建设，打造群众满意的人力资源社会保障服务，现提出以下意见。

一、合理配置人员

（一）统筹用好编制内资源。结合人力资源社会保障各类服务的业务内容、服务半径、服务人口等因素，统筹服务设施布局和共建共享，合理确定工作人员数量。通过经办力量下沉、编制内人员调剂等方式，充实窗口单位经办队伍。建立窗口单位从事行政管理和后台服务的在编人员到窗口一线轮岗制度。定期选派经验丰富的优秀干部到窗口一线锻炼。县级以上人力资源社会保障部门新录（聘）用公务员及事业单位工作人员试用期满后，原则上应到窗口一线锻炼、挂职或轮岗半年以上。

（二）拓宽人员供给渠道。通过购买基层社会管理和公共服务、设立社区服务岗、纳入"三支一扶"基层服务项目等方式，扩大人力资源社会保障窗口单位公共服务人员供给。支持各地人力资源社会保障部门通过政府购买社会服务等方式，推动基本人力资源社会保障公共服务提供主体多元化、提供方式多样化。把好人员"入口关"，优先招用思想品质好、服务意识强、具备一定专业知识和沟通能力的人员，优化窗口单位经办队伍年龄和专业结构。

二、提升服务能力

（三）建立常态化培训机制。将窗口单位经办队伍培训纳入各级人力资源社会保障部门年度培训计划，逐级开展培训，确保经办人员每年度参加不少于5天的专项培训。窗口单位新招用人员须岗前培训合格后上岗。将行风建设作为全国市县人力资源社会保障局长示范培训班的重要内容，各类业务培训班也要增加行风建设培训内容。鼓励地方举办窗口单位负责人示范培训班，鼓励对口援助省市开展窗口单位经办人员业务交流培训。

（四）提升培训质量。充分发挥人力资源社会保障系统培训机构、干部在线培训平台等作用，科学设计培训课程，制定培训规范，突出思想政治、政策法规、业务经办、服务意识、岗位纪律、应急处理等内容。适应"互联网+人社"和"一网、一门、一次"改革需要，大力开展信息化应用等培训。采取集中培训、岗位轮训、实践带教等方式，增强培训的针对性实效性。

（五）广泛开展练兵比武。组织开展多种形式的岗位练兵和技能比武活动，以比促练、以练促用。结合"一窗受理、集成服务"的要求，科学确定比武范围和内容，推动实现人员全覆盖、业务全覆盖。通过考政策运用能力、评业务操作能力、测"全科"受理能力，激发窗口单位经办人员学政策、钻业务、练技能、强服务的积极性和主动性，培养一批业务精、技能强、能力优的服务标兵和全能型选手。

三、规范服务行为

（六）推进服务标准化建设。健全人力资源社会保障公共服务标准体系，抓好标准贯彻落实，逐步打造名称统一、标识统一、柜台统一、着装统一的窗口服务品牌。合理划分窗口单位功能区域，实现同类窗口合并和功能重组。大力推行综合柜员制，实行一窗受理、一窗通办。优化服务流程，切实减环节、减材料、减时限，主动向社会公开服务清单、办事指南和标准化工作规程，为企业和群众办事提供清晰指引。窗口单位经办人员在履职期间应统一着工作服，工作服制作应本着简洁、大方、节约的原则，相关要求和标准可参照当地政务服务机构有关规定执行，所需经费纳入同级财政预算。

（七）严格工作纪律。窗口单位经办人员要严格按照岗位职责和工作流程，规范服务、文明服务、热情服务，全面落实"五制""四公开""三亮明"。加强对经办人员的警示教育和日常管理，工作时间不得从事与本职工作无关事宜，无特殊原因不得空岗。建立负责人值班巡查制度，结合业务办理需要对窗口单位负责人、部门主管、一线经办人员合理授权，应急处置突发事件。

（八）完善考核机制。完善窗口单位检查考核办法，注重工作实绩考核，避免简单以留痕多少评判工作好坏，避免刚安排就检查、刚部署就考核。健全窗口单位经办人员考核机制，突出对服务意识、服务能力、服务成效的考核，对经办人员在服务中出现的失误和问题要综合分析、公正处理。合理安排对窗口单位监督检查、索要材料报表的总量和频次，加大同类事项合并力度，使窗口单位经办人员从无谓事务中解脱出来，把更多时间用在抓工作落实和服务群众上。

四、完善保障措施

（九）改善硬件条件。结合政务服务窗口单位建设情况，统筹加大对人力资源社会保障窗口单位服务场所、服务设施等投入力度。落实公共就业人才服务机构提供流动人员人事档案基本公共服务所需经费，明确档案库房建设标准，加大建设力度。按照公务用车管理规定，保证劳动保障监察行政执法、基本公共服务所需用车。落实好人力资源社会保障部、财政部等部门加强劳动保障监察执法能力建设、推进12333发展促进人力资源社会保障公共服务便民化等政策措施。

（十）提升信息化水平。全面实施"互联网+人社"行动计划，大力推广网上服务、移动服务、电话服务、自助服务等形式，推动业务协同、数据共享、一网通办、一卡通办，加快形成线上办事为主、实体办事为辅、自助办事为补的经办服务新格局，在有效分流实体窗口工作量的同时，让群众"少跑"、"不跑"，不断提升服务效能。

（十一）保障工资待遇。结合事业单位实施绩效工资制度，推进工资收入与工作任务和绩效挂钩，保障窗口单位经办人员合理工资待遇。根据国家政策规定，保障劳动保障监察员、劳动人事争议仲裁员工资待遇。落实《人力资源社会保障部中央机构编制委员会办公室财政部关于加强劳动人事争议处理效能建设的意见》(人社部发〔2012〕13号),有条件的地区要逐步提高专兼职仲裁员办案补助标准。

(十二)拓展发展空间。将窗口单位作为培养、锻炼、选拔人才的重要阵地,在评比表彰、晋级晋职、绩效工资分配等方面向窗口单位及其经办人员倾斜。对业务精湛、作风优良的编外人员,在本单位公开招录(聘)时同等条件下优先录(聘)用。对服务期满考核合格的"三支一扶"基层服务项目人员,在服务单位编制内新增工作人员时可择优考核录用。

(十三)注重人文关怀。落实带薪休假、健康体检、慰问帮困等制度,帮助解决实际困难,增强经办人员的归属感、获得感。窗口单位要通过设立休息室、举办文体活动、开展谈心谈话等,为经办人员释压减负,有条件的可以邀请专业力量开展心理疏导。健全容错免责机制,支持窗口单位经办人员尽职履职、担当作为。对窗口单位经办人员受到的投诉举报,要及时核实情况,对举报不实的,应予以澄清,消除顾虑。

五、抓好组织实施

(十四)加强组织领导。各级人力资源社会保障部门要将窗口单位经办队伍建设作为系统行风建设的基础性工作,明确具体措施,层层压实责任,抓好任务落实,及时报告工作中存在的问题。加强对窗口单位党建工作的指导,有效发挥基层党组织战斗堡垒作用。加强经费保障,各级财政部门要统筹考虑辖区内服务人口、服务现状和实际需求,合理安排人力资源社会保障窗口单位所需经费。

(十五)注重典型示范。及时总结各地加强窗口单位经办队伍建设的有效做法,形成一批可复制、可推广的典型经验。开展"人社服务标兵"主题宣传活动,发现、培养和树立一批爱岗敬业、群众认可、业内公认、有社会影响力的先进典型,发挥示范带动作用。

(十六)强化服务监督。开通服务监督电话、意见箱等直接投诉渠道,落实服务场景实时监控、服务满意度评价、网络舆情研判等措施,加大调研暗访力度,推广特约监督员制度,及时发现服务中存在的短板和问题。完善问题整改、问责追责工作机制,不断提升窗口单位服务质量。

2019年1月17日

人力资源社会保障部 工业和信息化部关于深化工程技术人才职称制度改革的指导意见

人社部发〔2019〕16号

各省、自治区、直辖市及新疆生产建设兵团人力资源社会保障厅（局）、工业和信息化主管部门，中央和国家机关各部委、各直属机构人事部门，各中央企业人事部门：

工程技术人才是建设创新型国家和世界科技强国的重要力量。深化工程技术人才职称制度改革，对于提高我国原始创新能力、实现关键核心技术突破、促进产业结构优化升级具有重要意义。为贯彻落实中共中央办公厅、国务院办公厅印发的《关于深化职称制度改革的意见》，现就深化工程技术人才职称制度改革提出如下指导意见。

一、总体要求

（一）指导思想

以习近平新时代中国特色社会主义思想为指导，全面贯彻落实党的十九大和十九届二中、三中全会精神，认真落实党中央、国务院决策部署，坚定实施人才强国战略、制造强国战略和创新驱动发展战略，遵循工程技术人才成长规律，健全符合工程技术人才职业特点的职称制度，激发工程技术人才创新潜能，培养造就素质优良、结构合理、充满活力的工程技术人才队伍，为提升我国自主创新能力、加快建设创新型国家和世界科技强国提供人才支撑。

（二）基本原则

1. 坚持服务发展。围绕经济发展方式转变、产业结构调整要求，发挥人才评价"指挥棒"和风向标作用，激发工程技术人才创新创造活力，提升关键领域核心技术攻关能力，推动经济高质量发展。

2. 坚持遵循规律。遵循工程技术人才成长规律和不同发展阶段职业特点，建立科学分类、合理多元的评价体系，强化责任意识、弘扬科学精神，减少急功近利、浮夸张扬，营造潜心研究、追求卓越的制度环境。

3. 坚持科学评价。以职业分类为基础，以品德、能力、业绩为导向，分类制定评价标准，破除唯学历、唯资历、唯论文、唯奖项倾向，突出技术性、实践性和创新性，鼓励工程技术人才多出原创性高水平成果。

4. 坚持开放创新。立足我国工程技术人才队伍建设实际，充分借鉴国外人才评价创新做法，积极推动工程技术人才国际交流与合作，提高工程技术人才的专业化、职业化、国际化水平。

二、主要内容

通过健全制度体系、完善评价标准、创新评价机制、与人才培养使用相衔接、加强事中事后监管、优化公共服务等措施，形成设置合理、覆盖全面、评价科学、管理规范的工程技术人才职称制度。

（一）健全制度体系

1. 增设正高级工程师，高级职称分设副高级和正高级，初级职称分设员级和助理级。员级、助理级、中级、副高级和正高级职称名称依次为技术员、助理工程师、工程师、高级工程师和正高级工程师。

2. 建立专业设置动态调整机制。各地、各有关部门可围绕国家重大战略任务和未来产业发展方向，聚焦新技术、新工艺、新装备、新材料等战略性新兴产业，对工程系列相关评审专业进行动态调整，促进专业设置与国家战略需求和产业发展同步。

3. 实现职称制度与职业资格制度有效衔接。工程技术领域实行职业资格考试的专业，不再开展相应层级的职称评审。工程技术人才取得的工程领域职业资格，可对应相应层级的职称，并可作为申报高一级职称的条件。职业资格分级设置的，其初级（二级）、中级（一级）、高级分别对应职称的初级、中级、高级，未分级设置的一般对应中级职称，国家另有规定的除外。

4. 打通高技能人才与工程技术人才职业发展通道。按照两类人才贯通条件大体平衡、适当向高技能人才倾斜的原则，搭建高技能人才与工程技术人才成长立交桥。在工程技术领域生产一线岗位，从事技术技能工作的高技能人才，具有高级工以上职业资格或职业技能等级，符合工程技术人才职称评价基本标准条件，可参加工程系列职称评审。专业技术人才参加职业技能评价，可免于理论知识考试，注重技能水平考核，合格后取得相应技能人员职业资格证书或职业技能等级证书。

5. 工程技术人才各层级职称分别与事业单位专业技术岗位等级相对应。正高级对应专业技术岗位一至四级，副高级对应专业技术岗位五至七级，中级对应专业技术岗位八至十级，助理级对应专业技术岗位十一至十二级，员级对应专业技术岗位十三级。

（二）完善评价标准

1. 坚持德才兼备、以德为先。坚持把品德放在工程技术人才评价的首位，重点考察工程技术人才的职业道德。用人单位可通过个人述职、考核测评、民意调查等方式综合考察工程技术人才的职业操守和从业行为。对剽窃他人技术成果或伪造试验数据等学术不端行为，实行"一票否决制"，并向社会公开。对通过弄虚作假、暗箱操作等违纪违规行为取得的职称，一律予以撤销。

2. 突出评价能力和业绩。适应工程技术专业化、标准化程度高的特点，分专业领域完善工程技术人才评价标准。通用性强、适用范围广的专业评价标准由国家统一发布。重点评价工程技术人才发明创造、技术推广应用、工程项目设计、工艺流程标准开发、产品质量提升、科技成果转化等方面的能力，引导工程技术人才解决工程技术难题、实现现代工程技术突破。着力解决工程技术领域评价标准过于学术化问题，专利成果、技术报告、软课题研究报告、规划设计方案、施工或调试报告、工程试验报告、标准规范制定、行业工法等均可作为业绩成果。科学对待论文、论著等研究成果，科学引文索引、核心期刊论文发表数量、论文引用榜单和影响因子排名等仅作为评价参考，重大原创性研究成果可"一票决定"。外语和计算机应用能力不作统一要求，由用人单位或评审机构根据需要自主确定。

3. 实行国家标准、地区标准和单位标准相结合。人力资源社会保障部会同工业和信息化部等有关行业主管部门研究制定《工程技术人才职称评价基本标准条件》（附后）。各地区可根据本地区经济社会发展情况，制定地区标准。具有自主评审权的用人单位可结合本单位实际，制定单位标准。地区标准和单位标准不得低于国家标准。支持龙头企业、行业协会学会等参与制定评价标准。

（三）创新评价机制

1. 改进评价方式。建立以同行专家评议为基础的业内评价机制，注重社会和业内认可。综合采用考试、评审、考核认定、个人述职、面试答辩、实践操作、业绩展示等多种评价方式，提高职称评价的针对性和科学性。为涉密领域工程技术人才开辟特殊通道，采取特殊评价办法。对在艰苦边远地区和基层一线工作的工程技术人才，可以采取"定向评价、定向使用"的方式，重点考察其实际工作业绩，适当放宽学历、科研能力要求。

2. 畅通评价渠道。非公有制领域工程技术人才一般按照属地原则申报职称评审。各地人力资源社会保障部门和有关行业主管部门要通过驻厂设点、建立代办机构、入驻办事大厅等方式建立兜底机制，确保非公有制领域工程技术人才平等参与职称评审。要积极依托具备条件的行业协会、专业学会、公共人才服务机构等，为非公有制经济组织、社会组织和新兴职业领域工程技术人才提供职称评价服务。

3. 建立绿色通道。鼓励工程技术人才围绕国家重大战略和社会需求，潜心研究、攻坚克难，提高关键环节和重点领域创新能力。在信息、制造、能源、材料等领域突破关键核心技术、作出重大贡献的工程技术人才，可直接申报评审正高级工程师职称。对引进的海外高层次人才和急需紧缺人才，进一步打破条条框框的限制，引入国际同行评价，建立职称评审绿色通道。

（四）与人才培养使用相衔接

1. 促进职称制度与人才培养制度有效衔接。推动工程技术人才职称制度与工程类专业学位研究生教育有效衔接，获得工程类专业学位的工程技术人才，可提前1年参加相应专业职称评审，探索在相应职业资格考试中缩短工作年限要求或免试部分考试科目。结合工程技术领域人才需求和职业标准，提高工程教育质量，加快重点行业、重要专业人才培养。强化协同育人理念，充分发挥企业等用人单位的重要作用，通过校企合作办学等方式，促进评价标准与培养标准深度融合。工程技术人才应按规定参加继续教育，不断提高创新能力和专业水平。

2. 实现职称制度与用人制度有效衔接。全面实行岗位管理、工程技术人才素质与岗位职责密切相关的事业单位，一般应在岗位结构比例内开展职称评审，聘用具有相应职称的工程技术人才到相应岗位。不实行事业单位岗位管理的用人单位，可根据工作需要，择优聘任具有相应职称的工程技术人才从事相关岗位工作。健全考核制度，加强聘后管理，在岗位聘用中实现人员能上能下。

（五）加强事中事后监管

1. 建立健全各级职称评审委员会。坚持职称评审委员会核准备案制度，完善职称评审委员会工作程序和评审规则。加强职称评审委员会评价能力建设，建立评审专家动态管理机制，注重遴选能力业绩突出、声望较高的同行专家和活跃在生产一线的工程技术人才担任评委。严肃评审工作纪律，对违反评审纪律的评审专家，应及时取消评审专家资格，列入"黑名单"。各省（自治区、直辖市）、国务院有关部门、中央企业可按规定成立工程系列高级职称评审委员会。国务院有关部门和中央企业成立的高级职称评审委员会报人力资源社会保障部核准备案，其他高级职称评审委员会报省级人力资源社会保障部门核准备案。

2. 下放职称评审权限。科学界定、合理下放职称评审权限，逐步将工程系列高级职称评审权下放到工程技术人才密集、技术水平高的大型企业、事业单位。自主评审单位组建的高级职称评审委员会应当按照管理权限报省级以上人力资源社会保障部门核准备案。自主评审结果报相应人力资源社会保障部门备案。各级人力资源社会保障部门要做好职称评审结果的统计和查询验证工作。

3. 转变监督管理方式。要建立职称评审随机抽查、巡查制度，加强对职称评审全过程的监督管理，强化单位自律和外部监督。畅通意见反映渠道，对群众反映或舆情反映较强烈的问题，有针对性地进行专项核查，及时妥善处理。因评审工作把关不严、程序不规范，造成投诉较多、争议较大的，要责令限期整改；

对整改无明显改善或逾期不予整改的，暂停其评审工作直至收回评审权，并追究责任。

（六）优化公共服务

1. 健全公共服务体系。推行个人诚信承诺制度，精减申报材料，减少证明事项，优化审核、评审程序，减轻工程技术人才评审负担。加强项目评审、人才评价和机构评估等相关业务统筹，加大申报材料和业绩成果信息共享，实行材料一次报送、一表多用。加快推进职称评审信息化建设，探索实行网上申报、网上评审、网上查询验证。

2. 加强工程师资格国际互认。按照《华盛顿协议》框架规则，在健全完善工程教育专业认证基础上，在条件成熟的工程技术领域探索开展工程师资格国际互认。以国际工程联盟（IEA）、国际咨询工程师联合会（FIDIC）等国际组织为平台，主动参与国际工程师评价标准制定，加强工程技术人才国际交流。

三、组织实施

（一）提高认识，加强领导。职称制度改革涉及广大工程技术人才的切身利益，各地区、各有关部门要充分认识改革的重要性、复杂性、敏感性，加强组织领导，狠抓工作落实，确保各项改革措施落到实处。各级人力资源社会保障部门会同工业和信息化等有关行业主管部门，具体负责工程技术人才职称制度改革的政策制定、组织实施和监督检查工作。各有关部门要密切配合，相互协调，确保改革各项工作顺利推进。

（二）精心组织，稳慎实施。各地区、各有关部门要根据本指导意见，紧密结合实际，抓紧制定具体实施方案和配套办法。在推进改革过程中，要深入开展调查研究，细化工作措施，完善工作预案，确保改革顺利进行。国家增设正高级工程师之前，各地自行试点评审的工程系列正高级职称，要按有关规定通过一定程序进行确认。在改革中要认真总结经验，及时解决改革中出现的新情况、新问题，妥善处理改革、发展和稳定的关系。

（三）加强宣传，营造环境。各地区、各有关部门要加强宣传引导，搞好政策解读，充分调动工程技术人才的积极性，引导工程技术人才积极支持和参与工程技术人才职称制度改革，营造有利于工程技术人才职称制度改革的良好氛围。

本指导意见适用于机械、材料、冶金、电气、电子、信息通信、仪器仪表、能源动力、广播电视、控制工程、计算机、自动化、建设、土木、水利、测绘、气象、化工、地质、矿业、石油与天然气、纺织、轻工、交通运输、船舶与海洋、航空宇航、兵器、核工程、林业工程、城乡规划、风景园林、环境、生物、食品、安全、质量、计量、标准化等领域的工程技术人才。

附件：工程技术人才职称评价基本标准条件

2019年2月1日

附件

工程技术人才职称评价基本标准条件

一、遵守中华人民共和国宪法和法律法规。

二、具有良好的职业道德、敬业精神，作风端正。

三、热爱本职工作，认真履行岗位职责。

四、按照要求参加继续教育。

五、法律法规规定需取得职业资格的，应具备相应职业资格。

六、工程技术人才申报各层级职称，除必须达到上述基本条件外，还应分别具备以下条件：

（一）技术员

1. 熟悉本专业的基础理论知识和专业技术知识。

2. 具有完成一般技术辅助性工作的实际能力。

3. 具备大学本科学历或学士学位；或具备大学专科、中等职业学校毕业学历，在工程技术岗位上见习1年期满，经考察合格。技工院校毕业生按国家有关规定申报。

（二）助理工程师

1. 掌握本专业的基础理论知识和专业技术知识。

2. 具有独立完成一般性技术工作的实际能力，能处理本专业范围内一般性技术难题。

3. 具有指导技术员工作的能力。

4. 具备硕士学位或第二学士学位；或具备大学本科学历或学士学位，在工程技术岗位见习1年期满，经考察合格；或具备大学专科学历，取得技术员职称后，从事技术工作满2年；或具备中等职业学校毕业学历，取得技术员职称后，从事技术工作满4年。技工院校毕业生按国家有关规定申报。

（三）工程师

1. 熟练掌握并能够灵活运用本专业基础理论知识和专业技术知识，熟悉本专业技术标准和规程，了解本专业新技术、新工艺、新设备、新材料的现状和发展趋势，取得有实用价值的技术成果。

2. 具有独立承担较复杂工程项目的工作能力，能解决本专业范围内较复杂的工程问题。

3. 具有一定的技术研究能力，能够撰写为解决复杂技术问题的研究成果或技术报告。

4. 具有指导助理工程师工作的能力。

5. 具备博士学位；或具备硕士学位或第二学士学位，取得助理工程师职称后，从事技术工作满2年；或具备大学本科学历或学士学位，取得助理工程师职称后，从事技术工作满4年；或具备大学专科学历，取得助理工程师职称后，从事技术工作满4年。技工院校毕业生按国家有关规定申报。

（四）高级工程师

1. 系统掌握专业基础理论知识和专业技术知识，具有跟踪本专业科技发展前沿水平的能力，熟练运用本专业技术标准和规程，在相关领域取得重要成果。

2. 长期从事本专业工作，业绩突出，能够独立主持和建设重大工程项目，能够解决复杂工程问题，取得了较高的经济效益和社会效益。

3. 取得工程师职称后，业绩、成果要求符合下列条件之一：

（1）主持或承担研制开发的新产品、新

材料、新设备、新工艺等已投入生产,可比性技术经济指标处于国内较高水平;

(2)作为主要发明人,获得具有较高经济和社会效益的发明专利;

(3)参与的重点项目技术报告,经同行专家评议具有较高技术水平,技术论证有深度,调研、设计、测试数据齐全、准确;

(4)发表的本领域研究成果,受到同行专家认可;

(5)作为主要参编者,参与完成省部级以上行业技术标准或技术规范的编写。

4.在指导、培养中青年学术技术骨干方面发挥重要作用,能够指导工程师或研究生的工作和学习。

5.具备博士学位,取得工程师职称后,从事技术工作满2年;或具备硕士学位,或第二学士学位,或大学本科学历,或学士学位,取得工程师职称后,从事技术工作满5年。技工院校毕业生按国家有关规定申报。

6.不具备前项规定的学历、年限要求,业绩突出、作出重要贡献的,可由2名本专业或相近专业正高级工程师推荐破格申报,具体办法由各地、各有关部门和单位另行制定。

(五)正高级工程师

1.具有全面系统的专业理论和实践功底,科研水平、学术造诣或科学实践能力强,全面掌握本专业国内外前沿发展动态,具有引领本专业科技发展前沿水平的能力,取得重大理论研究成果和关键技术突破,或在相关领域取得创新性研究成果,推动了本专业发展。

2.长期从事本专业工作,业绩突出,能够主持完成本专业领域重大项目,能够解决重大技术问题或掌握关键核心技术,取得了显著的经济效益和社会效益。

3.在本专业领域具有较高的知名度和影响力,在突破关键核心技术和自主创新方面作出突出贡献,发挥了较强的引领和示范作用。

4.取得高级工程师职称后,业绩、成果要求符合下列条件之一:

(1)主持研制开发的新产品、新材料、新设备、新工艺等已投入生产,可比性技术经济指标处于国内领先水平;

(2)作为第一发明人,获得具有显著经济和社会效益的发明专利;

(3)承担的重点项目技术报告,经同行专家评议具有国内领先水平,技术论证有深度,调研、设计、测试数据齐全、准确;

(4)发表的本领域研究成果,经同行专家评议具有较高学术价值;

(5)作为第一起草人,主持完成省部级以上行业技术标准或技术规范的编写。

5.在指导、培养中青年学术技术骨干方面作出突出贡献,能够有效指导高级工程师或研究生的工作和学习。

6.一般应具备大学本科及以上学历或学士以上学位,取得高级工程师职称后,从事技术工作满5年。技工院校毕业生按国家有关规定申报。

人力资源社会保障部 教育部 司法部 卫生健康委 国资委 医疗保障局 全国总工会 全国妇联 最高人民法院关于进一步规范招聘行为促进妇女就业的通知

人社部发〔2019〕17号

各省、自治区、直辖市及新疆生产建设兵团人力资源社会保障厅（局）、教育厅（教委）、司法厅（局）、卫生健康委（卫生计生委）、国资委、医保局、总工会、妇联、人民法院：

男女平等是我国基本国策。促进妇女平等就业，有利于推动妇女更加广泛深入参加社会和经济活动，提升社会生产力和经济活力。党和政府对此高度重视，劳动法、就业促进法、妇女权益保障法等法律法规对保障妇女平等就业权利、不得实施就业性别歧视作出明确规定。当前我国妇女就业情况总体较好，劳动参与率位居世界前列，但妇女就业依然面临一些难题，尤其是招聘中就业性别歧视现象屡禁不止，对妇女就业带来不利影响。为进一步规范招聘行为，促进妇女平等就业，现就有关事项通知如下：

一、把握总体工作要求。各地要以习近平新时代中国特色社会主义思想为指导，深入贯彻男女平等基本国策，把解决就业性别歧视作为推动妇女实现更高质量和更充分就业的重要内容，坚持突出重点和统筹兼顾相结合，坚持柔性调解和刚性执法相结合，坚持积极促进和依法惩戒相结合，以规范招聘行为为重点，加强监管执法，健全工作机制，加大工作力度，切实保障妇女平等就业权利。

二、依法禁止招聘环节中的就业性别歧视。各类用人单位、人力资源服务机构在拟定招聘计划、发布招聘信息、招用人员过程中，不得限定性别（国家规定的女职工禁忌劳动范围等情况除外）或性别优先，不得以性别为由限制妇女求职就业、拒绝录用妇女，不得询问妇女婚育情况，不得将妊娠测试作为入职体检项目，不得将限制生育作为录用条件，不得差别化地提高对妇女的录用标准。国有企事业单位、公共就业人才服务机构及各部门所属人力资源服务机构要带头遵法守法，坚决禁止就业性别歧视行为。

三、强化人力资源市场监管。监督人力资源服务机构建立健全信息发布审查和投诉处理机制，切实履行招聘信息发布审核义务，及时纠正发布含有性别歧视内容招聘信息的行为，确保发布的信息真实、合法、有效。对用人单位、人力资源服务机构发布含有性别歧视内容招聘信息的，依法责令改正；拒不改正的，处1万元以上5万元以下的罚款；情节严重的人力资源服务机构，吊销人力资源服务许可证。将用人单位、人力资源服务机构因发布含有性别歧视内容的招聘信息接受行政处罚等情况纳入人力资源市场诚信记录，依法实施失信惩戒。

四、建立联合约谈机制。畅通窗口来访接待、12333、12338、12351热线等渠道，及时受理就业性别歧视相关举报投诉。根据举报投诉，对涉嫌就业性别歧视的用人单位开展联合约谈，采取谈话、对话、函询等方式，开展调查和调解，督促限期纠正就业性别歧视行为，及时化解劳动者和用人单位间矛盾纠纷。被约谈单位拒不接受约谈或约谈后拒不改正的，依法进行查处，并通过媒体向社会曝光。

五、健全司法救济机制。依法受理妇女就业性别歧视相关起诉，设置平等就业权纠纷案由。积极为遭受就业性别歧视的妇女提供法律咨询等法律帮助，为符合条件的妇女提供法律援助。积极为符合条件的遭受就业性别歧视的妇女提供司法救助。

六、支持妇女就业。加强就业服务，以女大学生为重点，为妇女提供个性化职业指导和有针对性的职业介绍，树立正确就业观和择业观。组织妇女参加适合的培训项目，鼓励用人单位针对产后返岗女职工开展岗位技能提升培训，尽快适应岗位需求。促进3岁以下婴幼儿照护服务发展，加强中小学课后服务，缓解家庭育儿负担，帮助妇女平衡工作与家庭。完善落实生育保险制度，切实发挥生育保险保障功能。加强监察执法，依法惩处侵害女职工孕期、产期、哺乳期特殊劳动保护权益行为。对妇女与用人单位间发生劳动人事争议申请仲裁的，要依法及时快速处理。

七、开展宣传引导。坚决贯彻男女平等基本国策，强化男女平等意识，逐步消除性别偏见。加大反就业性别歧视、保障妇女平等就业权利法律、法规、政策宣传，引导全社会尊重爱护妇女，引导用人单位知法守法依法招用妇女从事各类工作，引导妇女合法理性保障自身权益。树立一批保障妇女平等就业权利用人单位典型，对表现突出的推荐参加全国维护妇女儿童权益先进集体、全国城乡妇女岗位建功先进集体等创评活动。营造有利于妇女就业的社会环境，帮助妇女自立自强，充分发挥自身优势特长，在各行各业展示聪明才智，体现自身价值。

八、加强组织领导。各地区、各有关部门要高度重视促进妇女平等就业，履职尽责、协同配合，齐抓共管、综合施策。人力资源社会保障部门要会同有关部门加强对招用工行为的监察执法，引导合法合理招聘，加强面向妇女的就业服务和职业技能培训。教育部门要推进中小学课后服务。司法部门要提供司法救济和法律援助。卫生健康部门要促进婴幼儿照护服务发展。国有资产监督管理部门要加强对各级各类国有企业招聘行为的指导与监督。医疗保障部门要完善落实生育保险制度。工会组织要积极推动企业依法合规用工。妇联组织要会同有关方面组织开展相关评选表彰，加强宣传引导，加大对妇女的关心关爱。人民法院要积极发布典型案例、指导性案例，充分发挥裁判的规范、引导作用。人力资源社会保障部门、工会组织、妇联组织等部门对涉嫌就业性别歧视的用人单位开展联合约谈。

2019年2月18日

人力资源社会保障部 中国民用航空局关于深化民用航空飞行技术人员职称制度改革的指导意见

人社部发〔2019〕19号

各省、自治区、直辖市及新疆生产建设兵团人力资源社会保障厅（局），民航各地区管理局，各运输（通用）航空、服务保障公司，各机场公司，民航局直属各单位：

为贯彻落实中共中央办公厅、国务院办公厅印发的《关于深化职称制度改革的意见》，建设高素质专业化的民用航空飞行技术人才队伍，保障民航事业健康有序发展，现就深化民用航空飞行技术人员（以下简称飞行技术人员）职称制度改革提出如下指导意见。

一、总体要求

（一）指导思想

以习近平新时代中国特色社会主义思想为指导，全面贯彻落实党的十九大及十九届二中、三中全会精神，认真落实党中央、国务院决策部署，遵循飞行技术人员成长规律，健全完善符合飞行技术人员职业特点的职称制度，畅通飞行技术人员职业发展通道，更加科学客观公正地评价飞行技术人员，为推进新时代民航强国建设提供人才支撑。

（二）基本原则

1. 遵循规律，突出特点。遵循飞行技术人员成长规律，突出飞行技术职业特点，引导飞行技术人员提升专业技术能力，提升飞行技术人才队伍整体素质。

2. 统一制度，分类管理。健全完善统一的飞行技术人员职称制度，根据运输航空和通用航空飞行技术人员的不同特点，统筹兼顾不同作业形式实际，分类施策，分别评价。

3. 科学评价，激励创新。以品德、能力、业绩为导向，发挥人才评价"指挥棒"作用，激励飞行技术人员遵循飞行规律，学习钻研业务，积极总结经验，提高技术水平，保障飞行安全。

4. 以用为本，发挥作用。围绕用好用活人才，创新人才评价机制，促进人才评价与使用相结合，促进飞行技术人员职业发展。

二、主要内容

（一）健全制度体系

1. 明确评审范围。飞行技术人员职称评审范围为民用航空器驾驶人员，包括民航飞行员、领航员、飞行通信员和飞行机械员。其中，领航、飞行通信和飞行机械三类专业不再单独设置评审条件，参照飞行员条件进行评审，其飞行时间按30%折算为飞行经历时间。

2. 健全层级设置。飞行技术人员职称设初级、中级、高级，高级分设副高级和正高级。初级、中级、副高级和正高级的名称分别为三级飞行员（领航员、飞行通信员、飞行机械员）、二级飞行员（领航员、飞行通信员、飞行机械员)、一级飞行员(领航员、飞行通信员、飞行机械员)和正高级飞行员(领航员、飞行通信员、飞行机械员)。

3. 飞行技术人员职称分别与事业单位专业技术岗位等级相对应。正高级对应专业技术岗位一至四级,副高级对应专业技术岗位五至七级,中级对应专业技术岗位八至十级,初级对应专业技术岗位十一至十三级。

(二)完善评价标准

1. 坚持德才兼备,以德为先。坚持把品德放在评价飞行技术人员的首位,重点考察飞行技术人员的职业道德。用人单位通过个人述职、考核测评、民意调查等方式全面考察飞行技术人员的职业操守和从业行为。积极引导飞行技术人员践行当代民航精神。建立和完善诚信承诺和失信惩戒机制,实行申报材料造假"一票否决制",对通过弄虚作假、暗箱操作等违纪违规行为取得的职称,一律予以撤销。

2. 科学设置评审条件。以飞行技术职业属性和岗位需求为基础,以品德、能力和业绩为导向,注重考察飞行技术人员的专业性、技术性和实践性。三级飞行员、二级飞行员突出操作性和安全记录考察,论文不做限制性要求;一级飞行员、正高级飞行员注重考察实际贡献,突出实际能力,合理确定论文要求。鼓励飞行技术人员参加继续教育,参与教学和科研工作。

根据运输航空和通用航空职业特点,合理设置包括飞行总时间、飞行经历时间等在内的专业条件要求。对于通用航空转为运输航空的飞行技术人员,其从事通用航空飞行的飞行时间可以用于申报运输航空各级别职称。

3. 突出评价业绩水平和实际贡献。将飞行技术人员履行岗位职责的工作绩效和安全飞行记录作为考核重点内容,增加新技术应用、标准制定、决策咨询、公共服务等方面的业绩条件,将业绩成果的安全效益和社会效益作为职称评审的重要内容。

4. 开辟职称评审绿色通道。对于在保障飞行安全、解决重大飞行技术难题、避免重大飞行事故、挽救人民生命财产中作出重大贡献的飞行技术人员,开辟特殊通道,采取特殊方式直接申报评审高级职称。

5. 对外语和计算机应用能力不作统一要求。对通用航空飞行技术人员外语能力不作要求;运输航空飞行技术人员外语能力采用国际民航组织(ICAO)英语等级要求进行评价。对于年龄较大长期从事一线飞行技术工作的人员可不作外语要求。飞行技术人员各级别职称评审,计算机应用能力不作要求。

(三)创新评价机制

1. 完善以同行专家评审为基础的业内评价机制。加强民航飞行技术职称评审委员会专家库建设,积极吸纳拥有丰富驾驶和管理经验的优秀一线飞行员担任评审专家。评审专家库实行动态管理。进一步健全评委会工作程序和评审规则。根据飞行技术专业特点和安全要求,正高级飞行员和一级飞行员由中国民用航空局(以下简称民航局)统一组织评审,评审委员会报人力资源社会保障部核准备案。引导和鼓励具备条件的企事业单位成立二级飞行员评审委员会,经民航局核准备案后自主开展评审。

2. 促进职称制度与用人制度的有效衔接。坚持以用为本,实现职称评价结果与飞行技术人员聘用、考核、晋升等用人制度的衔接。对于一级飞行员及以下职称,在不实行岗位管理的单位中,可采用评聘分开方式;在全面实行岗位管理的事业单位中,一般应在岗位结构比例内开展评审。正高级飞行员数量由国家实行结构比例和总量控制。

(四)改进服务方式

1. 探索建立社会化职称评审服务机构。按照个人自主申报、单位择优推荐、业内公正评价、政府指导监督的社会化评审机制,探索选择有意愿、有能力的飞行技术人员服务机构、行业协会等社会组织,组建二级飞行员职称评审委员会,承担不具备评审能力的航空企事业单位的职称评审工作,畅通非公有制经济组织、社会组织、自由职业飞行技术人员职称申报渠道。社会化评审机构的评审结果报民航局备案。

2. 强化职称评审服务体系建设。进一步发挥民航专家管理办公室作用，优化管理服务流程。推进飞行技术人员职称评审信息化建设，继续加强职称申报及评审系统功能开发，逐步实现职称网上申报、审核、评审、结果公示和查询。加强行业内职称评审基础信息库建设，探索推行职称电子证书、电子专业技术档案，逐步实现职称证书网上查询验证。完善职称证书管理办法，优化办理程序，职称证书在民航行业内统一认可。

三、组织实施

（一）加强领导，落实责任。要充分认识飞行技术人员职称制度改革的重要意义，高度重视改革工作。人力资源社会保障部会同民航局负责飞行技术人员职称制度改革的政策制定、组织实施和监督检查工作，各地人力资源社会保障部门根据职能做好相关工作。充分发挥国有大型民航企业、重点事业单位专业优势，吸纳其参与评价标准制定和评审工作，引导其有序开展自主评审，将评价结果与使用有机结合。

（二）精心组织，稳慎实施。对改革前由民航局试点评审的正高级飞行员（原民航特级飞行员），要按照有关规定通过一定程序进行确认。企事业单位、社会组织经授权自主开展的二级飞行员评审工作，要严格按照本意见有关规定执行，不得随意降低评价标准条件，不得擅自扩大评审范围。

（三）强化监督，确保公平。建立职称评审公开制度，相关部门、企事业单位负责人和工作人员不得利用职务之便为本人或他人评定职称谋取利益。建立职称评审回避制度和公示制度。完善退出机制，对违反制度、程序、超范围评审及不能正确行使评审权、不能保证评审质量的，视情况责令整改或暂停评审工作，直至取消职称评审权。突出职称评审公益性，加强评价能力建设，强化自我约束和外部监督，严禁社会组织以营利为目的开展职称评审。

附件：民用航空飞行技术人员职称评价基本标准条件

2019年2月26日

附件

民用航空飞行技术人员职称评价基本标准条件

一、遵守中华人民共和国宪法和法律法规，德才兼备，爱岗敬业，具有良好的政治素质和职业道德。

二、具有相应的专业知识和技术水平，能够履行民用航空器驾驶等工作岗位职责，积极参加继续教育。

三、身心健康，具备从事飞行技术工作的身体条件。

四、民用航空飞行技术人员申报各层级职称，除必须达到上述基本条件外，还应分别具备以下标准条件：

三级飞行员

（一）飞行时间要求

1. 从事运输航空飞行的申报人员应取得

商用驾驶员执照,并取得副驾驶资格,总飞行时间不少于500小时。

2. 从事通用航空飞行的申报人员应取得商用驾驶员执照,总飞行经历时间不少于500小时。

(二)专业条件

1. 具有飞行技术专业的基础理论知识,较熟练地掌握机上设备的工作原理、使用程序和操作方法,并熟知飞行手册、有关条例细则和规章制度。

2. 具有完成一般飞行任务的技能,能正确判断和处理飞行中的特殊情况,能胜任本职工作。

(三)考核要求

本年度考核达到合格及以上,且未发生人为责任飞行事故或事故征候。

(四)学历、资历条件

符合下列条件之一:

1. 取得大学专科及以上学历或学士及以上学位,从事飞行技术专业工作满一年,经考核合格。

2. 取得高中或同等学历,从事飞行技术专业工作满四年,经考核合格。

二级飞行员

(一)飞行时间要求

1. 从事运输航空飞行的申报人员应取得航线运输驾驶员执照,总飞行时间不少于3 000小时。

2. 从事通用航空飞行的申报人员应取得商用驾驶员执照,总飞行经历时间不少于1 500小时,其中担任机长累计年限满1年,累计机长飞行经历时间不少于500小时。

(二)专业条件

1. 专业理论知识要求

(1)具有较系统的飞行技术专业基础理论知识,对某一分支领域有一定的研究,并了解相关专业的理论知识。

(2)基本掌握民航各项相关政策、法规和规章,以及本专业的技术标准、规范和程序。

(3)能了解国内外飞行专业的技术现状和发展趋势,学习新知识、新理论和新技术,并应用于实际工作。

2. 工作经历和能力要求

(1)具有一定的飞行实践经验和专业技能。

(2)具有完成较复杂飞行任务的技能,能够利用本专业理论和技术处理工作中的实际问题。

(3)在培养和提高飞行技术人员的业务技术及安全管理水平等方面有一定的指导能力,具有组织和指导三级飞行员工作的经历和能力。

3. 工作业绩要求

取得三级飞行员职称以来,取得以下业绩成果之一:

(1)参与完成经同行专家评议认为有影响的省、部级及以上相关项目一项,项目成果被采用。

(2)参与民航局组织的新技术推广应用、行业标准制定、政策决策咨询或民航公共服务等工作一项,业绩显著,获得民航业务主管部门认可。

(3)发现影响飞行安全的重大隐患,对保证飞行安全成绩突出,获得所在单位集团(总公司)认可。

(4)参与制定过公司级及以上技术标准、技术手册等,经批准已实施。

(5)获省、部级及以上相关成果奖项一项。

(6)长期坚持在一线从事飞行技术工作,工作业绩突出,且满足以下条件:

①从事运输航空飞行的申报人员累计总飞行时间达到4 000小时及以上,其中担任机长累计年限满1年,累计机长飞行经历时间达到1 000小时及以上。

②从事通用航空飞行的申报人员飞行经历时间达到2 000小时及以上,其中担任机长累计年限满2年,累计机长飞行经历时间达到1 000小时及以上。

（三）外语条件

从事通用航空飞行的申报人员，不作外语要求；从事运输航空飞行的申报人员，外语应符合下列条件之一：

1. 取得国际民航组织（ICAO）英语语言能力四级及以上合格证书。

2. 对于年满50周岁且长期从事一线飞行技术工作的申报人员，不作外语要求。

（四）考核要求

近四年年度考核达到合格及以上，且未发生人为责任飞行事故或事故征候。

（五）学历、资历条件

符合下列条件之一：

1. 具备大学专科及以上学历或学士及以上学位，取得三级飞行员职称后，从事飞行技术工作满四年。

2. 具备高中及同等学历，从事飞行技术专业工作满十年，或取得三级飞行员职称后，从事飞行技术工作满四年。

一级飞行员

（一）飞行时间要求

1. 从事运输航空飞行的申报人员应取得航线运输驾驶员执照，总飞行时间不少于6 000小时，其中担任机长累计年限满5年，累计机长飞行经历时间不少于3 000小时。

2. 从事通用航空飞行的申报人员应取得商用驾驶员执照或航线运输驾驶员执照，总飞行经历时间不少于3 000小时，其中担任机长累计年限满5年，累计机长飞行经历时间不少于2 000小时。

（二）专业条件

1. 专业理论知识要求

（1）具有系统的飞行技术专业基础理论知识，对某一分支领域有较深入的研究，并掌握相关专业的理论知识，有一定的理论水平。

（2）掌握民航各项相关政策、法规和规章，以及本专业的技术标准、规范和程序。

（3）能跟踪国内外飞行专业的技术现状和发展趋势，掌握新知识、新理论和新技术，并改进实际工作。

2. 工作经历和能力要求

（1）具有较丰富的飞行实践经验和较高水平的专业技能。

（2）具有完成复杂飞行任务的技能，能够解决本专业范围内理论和技术方面的疑难问题。

（3）在培养和提高飞行技术人员的业务技术及安全管理水平等方面有较强的指导能力，具有检查和指导二级飞行员工作和学习的能力。

3. 工作业绩要求

取得二级飞行员职称以来，取得以下业绩成果之一：

（1）主持完成经同行专家评议认为有影响的省、部级及以上相关项目一项，项目成果被采用。

（2）参与民航局组织的新技术推广应用、行业标准制定、政策决策咨询或民航公共服务等工作一项，业绩显著，获得民航业务主管部门认可。

（3）发现影响飞行安全的重大隐患，对保证飞行安全成绩显著、有较大贡献，个人荣获民航局通报嘉奖及以上奖励。

（4）作为主要执笔人之一制定过本专业技术标准、技术手册等，经民航局、民航地区管理局或其派出机构（局方）批准已实施。

（5）飞行安全纪录好，个人荣获民航局授予的安全奖励。

（6）获省、部级及以上相关成果奖项一项。

（7）长期坚持在一线从事飞行技术工作，工作业绩突出，且满足以下条件：

①从事运输航空飞行的申报人员累计总飞行时间达到8 000小时及以上，其中担任机长累计年限满5年，累计机长飞行经历时间达到4 000小时及以上，担任飞行教员累计年限满2年。

②从事通用航空飞行的申报人员飞行经历时间达到5 000小时及以上，其中担任机长累计年限满8年，累计机长飞行经历时间达到

3 000小时及以上。

（三）外语条件

从事通用航空飞行的申报人员，不做外语要求；从事运输航空飞行的申报人员，外语应符合下列条件之一：

1. 取得国际民航组织（ICAO）英语语言能力四级及以上合格证书。

2. 对于年满55周岁且长期从事一线飞行技术工作的申报人员，不做外语要求。

（四）考核要求

近五年年度考核达到合格及以上，且未发生人为责任飞行事故或事故征候。

（五）学历、资历条件

具备大学专科及以上学历或学士及以上学位，取得二级飞行员职称后，从事飞行技术工作满五年。

正高级飞行员

（一）飞行时间要求

1. 从事运输航空飞行的申报人员应取得航线运输驾驶员执照，总飞行时间不少于10 000小时，其中担任机长累计年限满10年，累计机长飞行经历时间不少于6 000小时，担任飞行教员累计年限满2年。

2. 从事通用航空飞行的申报人员应取得商用驾驶员执照或航线运输驾驶员执照，总飞行经历时间不少于5 000小时，其中担任机长累计年限满10年，累计机长飞行经历时间不少于3 000小时。

（二）专业条件

1. 专业理论知识要求

（1）具有系统、扎实的飞行技术专业基础理论知识，对某一分支领域有深入的研究，并熟练地掌握相关专业的理论知识，有较高的理论水平。

（2）熟练掌握民航各项相关政策、法规和规章，以及本专业的技术标准、规范和程序。

（3）能及时跟踪国内外飞行专业的技术现状和发展趋势，研究新知识、新理论和新技术，并指导实际工作。

2. 工作经历和能力要求

（1）具有丰富的飞行实践经验和高水平的专业技能。

（2）具有完成各种复杂飞行任务的技能，能够帮助指导和具体解决本专业范围内理论和技术方面的疑难问题。

（3）在培养和提高飞行技术人员的业务技术及安全管理水平等方面有非常强的指导能力，具有检查和督导一级飞行员工作和研究的能力。

3. 工作业绩要求

取得一级飞行员职称以来，取得以下业绩成果之一：

（1）主持完成经同行专家评议认为有影响的省、部级及以上相关项目两项，项目成果被采用。

（2）参与民航局组织的新技术推广应用、行业标准制定、政策决策咨询或民航公共服务等工作两项，业绩显著，获得民航业务主管部门认可。

（3）发现影响飞行安全的重大隐患，对保证飞行安全成绩显著、有重要贡献，个人荣获民航局二等功及以上。

（4）在飞行处于危急关头或设备面临损毁的情况下，或在抢险救灾中采取果断有效的措施，使国家财产和人民生命安危免受重大损失，成绩卓著。

（5）作为主要执笔人之一制定过两部及以上本专业技术标准、技术手册等，经民航局、民航地区管理局或其派出机构（局方）批准已实施。

（6）飞行安全纪录好，个人荣获民航局授予的安全奖励。

（7）获省、部级及以上相关成果奖项两项。

（8）长期坚持在一线从事飞行技术工作，工作业绩突出，且满足以下条件：

①从事运输航空飞行的申报人员累计总飞行时间达到12 000小时及以上，其中担任机长累计年限满10年，累计机长飞行经历时间

达到 8 000 小时及以上，担任飞行教员累计年限满 5 年。

②从事通用航空飞行的申报人员飞行经历时间达到 8 000 小时及以上，其中担任机长累计年限满 10 年，累计机长飞行经历时间达到 5 000 小时及以上。

（三）外语条件

从事通用航空飞行的申报人员，不做外语要求；从事运输航空飞行的申报人员，外语应符合下列条件之一：

1. 取得国际民航组织（ICAO）英语语言能力四级及以上合格证书。

2. 对于年满 55 周岁且长期从事一线飞行技术工作的申报人员，不做外语要求。

（四）考核要求

近五年年度考核达到合格及以上，且未发生人为责任飞行事故或事故征候。

（五）学历、资历条件

一般应具备大学本科及以上学历或学士及以上学位；取得一级飞行员职称后，从事飞行技术工作满五年。

人力资源社会保障部关于取消部分规范性文件设定的证明材料的决定

人社部发〔2019〕20号

各省、自治区、直辖市及新疆生产建设兵团人力资源社会保障厅（局）：

为贯彻落实党中央、国务院关于减证便民、优化服务的决策部署，根据《国务院办公厅关于做好证明事项清理工作的通知》（国办发〔2018〕47号）要求，人力资源社会保障部对现行有效的人力资源社会保障规范性文件设定的证明材料进行了清理。根据有关规定，决定取消73项由规范性文件设定的证明材料（见附件），现予以公布。相关证明材料自本决定公布之日起取消。

附件：取消的规范性文件设定的证明材料目录

2019年3月4日

附件

取消的规范性文件设定的证明材料目录

序号	证明	用途	依据	取消后办理方式
1	考核场地及设施设备证明材料	职业技能鉴定机构设立备案申请	《劳动部关于颁发〈职业技能鉴定规定〉的通知》（劳部发〔1993〕134号）	改为申请人书面承诺
2	管理人员、考评人员情况及资格证明材料	职业技能鉴定机构设立备案申请	《劳动部关于颁发〈职业技能鉴定规定〉的通知》（劳部发〔1993〕134号）	改为申请人书面承诺

续表

序号	证明	用途	依据	取消后办理方式
3	身份证明	申报职业技能鉴定	《劳动部关于颁发〈职业技能鉴定规定〉的通知》(劳部发〔1993〕134号)	可通过政府部门内部或部门间核查、网络核验的,不再要求提交;暂无法核查、核验的,暂时仍按原规定执行
4	结业证书	申报职业技能鉴定	《劳动部关于颁发〈职业技能鉴定规定〉的通知》(劳部发〔1993〕134号)	不再提交
5	职业资格证书	申报职业技能鉴定	《劳动部关于颁发〈职业技能鉴定规定〉的通知》(劳部发〔1993〕134号);《人力资源社会保障部办公厅关于印发〈国家职业技能标准编制技术规程(2018年版)〉的通知》(人社厅发〔2018〕26号)	可通过网络核验的,不再要求提交;暂无法通过网络核验的,暂时仍按原规定执行
6	毕业证书	申报职业技能鉴定	《劳动部关于颁发〈职业技能鉴定规定〉的通知》(劳部发〔1993〕134号);《人力资源社会保障部办公厅关于印发〈国家职业技能标准编制技术规程(2018年版)〉的通知》(人社厅发〔2018〕26号)	可通过政府部门内部或部门间核查、网络核验的,不再要求提交;暂无法核查、核验的,暂时仍按原规定执行
7	预备技师证书	申报职业技能鉴定	《劳动部关于颁发〈职业技能鉴定规定〉的通知》(劳部发〔1993〕134号);《人力资源社会保障部办公厅关于印发〈国家职业技能标准编制技术规程(2018年版)〉的通知》(人社厅发〔2018〕26号)	可通过部门内部核查或网络核验的,不再要求提交;暂无法核查、核验的,暂时仍按原规定执行
8	工作经历证明	申报职业技能鉴定	《劳动部关于颁发〈职业技能鉴定规定〉的通知》(劳部发〔1993〕134号);《人力资源社会保障部办公厅关于印发〈国家职业技能标准编制技术规程(2018年版)〉的通知》(人社厅发〔2018〕26号)	改为申请人书面承诺
9	身份证复印件	申请补发技能人员职业资格证书	《关于职业资格证书改版及核发管理工作有关问题的通知》(人社厅发〔2009〕137号)	可通过网络核验的,不再要求提交;暂无法通过网络核验的,暂时仍按原规定执行

续表

序号	证明	用途	依据	取消后办理方式
10	证书遗失作废的登报声明	申请补发技能人员职业资格证书	《关于职业资格证书改版及核发管理工作有关问题的通知》（人社厅发〔2009〕137号）	不再提交
11	身份证件	申请更正职业资格证书信息	《关于做好职业资格证书查询系统建设工作的通知》（人社厅发〔2009〕44号）	可通过政府部门内部或部门间核查、网络核验的，不再要求提交；暂无法通过核查、核验的，暂时仍按原规定执行
12	申请更正信息的证明材料	申请更正职业资格证书信息	《关于做好职业资格证书查询系统建设工作的通知》（人社厅发〔2009〕44号）	可通过政府部门内部或部门间核查、网络核验的，不再要求提交；暂无法通过核查、核验的，暂时仍按原规定执行
13	享受国务院政府特殊津贴的证明	申请高技能人才评选表彰	《人力资源社会保障部关于开展第十四届高技能人才评选表彰活动的通知》（人社部函〔2018〕13号）	通过部门内部核查或网络核验
14	获得全国技术能手的证明	申请高技能人才评选表彰	《人力资源社会保障部关于开展第十四届高技能人才评选表彰活动的通知》（人社部函〔2018〕13号）	通过网络核验
15	职业资格证书	申请高技能人才评选表彰	《人力资源社会保障部关于开展第十四届高技能人才评选表彰活动的通知》（人社部函〔2018〕13号）	可通过网络核验的，不再要求提交；暂无法通过网络核验的，暂时仍按原规定执行
16	职业资格证书	申办国家级技能大师工作室建设项目	《人力资源社会保障部 财政部关于深入推进国家高技能人才振兴计划的通知》（人社部发〔2016〕74号）	可通过网络核验的，不再要求提交；暂无法通过网络核验的，暂时仍按原规定执行
17	获得中华技能大奖的证明	申办国家级技能大师工作室建设项目	《人力资源社会保障部 财政部关于深入推进国家高技能人才振兴计划的通知》（人社部发〔2016〕74号）	通过网络核验
18	获得全国技术能手的证明	申办国家级技能大师工作室建设项目	《人力资源社会保障部 财政部关于深入推进国家高技能人才振兴计划的通知》（人社部发〔2016〕74号）	通过网络核验

续表

序号	证明	用途	依据	取消后办理方式
19	享受国务院政府特殊津贴的证明	申办国家级技能大师工作室建设项目	《人力资源社会保障部 财政部关于深入推进国家高技能人才振兴计划的通知》（人社部发〔2016〕74号）	通过部门内部核查或网络核验
20	职业资格证书	申请高技能人才享受国务院政府特殊津贴	《人力资源社会保障部关于开展2018年享受政府特殊津贴人员选拔工作的通知》（人社部函〔2018〕9号）	可通过网络核验的，不再要求提交；暂无法通过网络核验的，暂时仍按原规定执行
21	设置竞赛项目依据的国家职业（技能）标准	申报中国技能大赛	《关于进一步加强职业技能竞赛管理工作的通知》（劳社部发〔2000〕6号）	通过部门内部核查
22	职工身份证明	职业技能竞赛获奖选手奖励申报	《关于进一步加强职业技能竞赛管理工作的通知》（劳社部发〔2000〕6号）	改由赛事主办单位或参赛单位作出承诺
23	职业资格证书	申报世界技能大赛技术指导专家	《世界技能大赛参赛管理暂行办法》（人社部发〔2013〕28号）	改为网络核验或报送单位作出承诺
24	身份证复印件	境外就业和对外劳务合作人员申请换发技能人员职业资格证书	《关于职业资格证书改版及核发管理工作有关问题的通知》（人社厅发〔2009〕137号）；《人力资源社会保障部办公厅关于进一步做好技能人员职业资格证书发放管理有关工作的通知》（人社厅发〔2018〕42号）	不再提交
25	护照复印件	境外就业和对外劳务合作人员申请换发技能人员职业资格证书	《关于职业资格证书改版及核发管理工作有关问题的通知》（人社厅发〔2009〕137号）；《人力资源社会保障部办公厅关于进一步做好技能人员职业资格证书发放管理有关工作的通知》（人社厅发〔2018〕42号）	不再提交
26	职业技能鉴定许可证	申请职业技能鉴定机构质量管理体系认证	《关于扩大职业技能鉴定机构质量管理体系认证试点工作的通知》（劳社厅函〔2005〕132号）	不再提交
27	教师资格证明	申请设立技工学校审批	《人力资源社会保障部关于做好技工院校审批管理工作的通知》（人社部发〔2012〕63号）	可通过网络核验的，不再要求提交；暂无法通过网络核验的，暂时仍按原规定执行

续表

序号	证明	用途	依据	取消后办理方式
28	高技能领军人才取得的荣誉证书	为高技能领军人才设立服务窗口，提出相关服务申请	《人力资源社会保障部关于贯彻落实〈关于提高技术工人待遇的意见〉精神的通知》（人社部发〔2018〕24号）；《人力资源社会保障部关于印发〈技能人才队伍建设工作实施方案（2018—2020年）〉的通知》（人社部发〔2018〕65号）	通过网络核验
29	职业资格证书	为高技能领军人才设立服务窗口，提出相关服务申请	《人力资源社会保障部关于贯彻落实〈关于提高技术工人待遇的意见〉精神的通知》（人社部发〔2018〕24号）；《人力资源社会保障部关于印发〈技能人才队伍建设工作实施方案（2018—2020年）〉的通知》（人社部发〔2018〕65号）	可通过网络核验的，不再要求提交；暂无法通过网络核验的，暂时仍按原规定执行
30	居民身份证原件及复印件	办理工伤登记	《关于印发工伤保险经办规程的通知》（人社部发〔2012〕11号）	通过部门内部核查
31	认定工伤决定书	办理工伤登记	《关于印发工伤保险经办规程的通知》（人社部发〔2012〕11号）	通过部门内部核查
32	工伤职工停工留薪期确认通知	办理工伤登记	《关于印发工伤保险经办规程的通知》（人社部发〔2012〕11号）	通过部门内部核查
33	停工留薪期内因工伤导致死亡的，提供居民死亡医学证明书或其他死亡证明材料	办理工伤登记	《关于印发工伤保险经办规程的通知》（人社部发〔2012〕11号）	通过部门内部核查
34	用人单位意见	工伤康复治疗期延长申请	《关于印发工伤保险经办规程的通知》（人社部发〔2012〕11号）	不再提交
35	《工伤认定决定书》原件和复印件，或者其他确认工伤的文件	辅助器具更换申请	《关于印发工伤保险经办规程的通知》（人社部发〔2012〕11号）	通过部门内部核查
36	《人力资源和社会保障部关于印发工伤保险经办规程的通知》（人社部发〔2012〕11号）第六十六条第（四）项：省、自治区、直辖市经办机构规定的其他证件和资料	辅助器具配置（更换）费用申报	《关于印发工伤保险经办规程的通知》（人社部发〔2012〕11号）	不再提交
37	认定工伤决定书（包括用人单位拒不支付工伤待遇申请先行支付、涉及第三人责任申请先行支付）	先行支付申领	《关于印发工伤保险经办规程的通知》（人社部发〔2012〕11号）	通过部门内部核查

续表

序号	证明	用途	依据	取消后办理方式
38	未依法缴纳工伤保险费的用人单位，需提供：社会保险登记证、工伤保险实缴清单	先行支付申领	《关于印发工伤保险经办规程的通知》（人社部发〔2012〕11号）	通过部门内部核查
39	用人单位拒不支付工伤待遇，工伤职工或近亲属需提供：社会保险行政部门出具的用人单位拒不支付证明材料	先行支付申领	《关于印发工伤保险经办规程的通知》（人社部发〔2012〕11号）	不再提交
40	《人力资源和社会保障部关于印发工伤保险经办规程的通知》（人社部发〔2012〕11号）第七十五条第二款第（五）项：省、自治区、直辖市经办机构规定的其他资料	先行支付申领	《关于印发工伤保险经办规程的通知》（人社部发〔2012〕11号）	不再提交
41	涉及第三人责任申请先行支付的：对肇事逃逸、暴力伤害等无法确定第三人的，需提供公安机关出具的证明材料	先行支付申领	《关于印发工伤保险经办规程的通知》（人社部发〔2012〕11号）	不再提交
42	涉及第三人责任申请先行支付的：由社会保险行政部门提供的第三人不予支付的证明材料	先行支付申领	《关于印发工伤保险经办规程的通知》（人社部发〔2012〕11号）	不再提交
43	涉及第三人责任申请先行支付的：由职工基本医疗保险先行支付的情况材料	先行支付申领	《关于印发工伤保险经办规程的通知》（人社部发〔2012〕11号）	不再提交
44	《人力资源和社会保障部关于印发工伤保险经办规程的通知》（人社部发〔2012〕11号）第七十六条第（七）项：省、自治区、直辖市经办机构规定的其他资料	先行支付申领	《关于印发工伤保险经办规程的通知》（人社部发〔2012〕11号）	不再提交
45	劳动能力鉴定结论书	劳动能力鉴定登记	《关于印发工伤保险经办规程的通知》（人社部发〔2012〕11号）	通过部门内部核查
46	《人力资源和社会保障部关于印发工伤保险经办规程的通知》（人社部发〔2012〕11号）第五十五条第（二）项：省、自治区、直辖市经办机构规定的其他证件和资料	劳动能力鉴定登记	《关于印发工伤保险经办规程的通知》（人社部发〔2012〕11号）	不再提交
47	劳动能力鉴定结论	一次性工伤医疗补助金申请	《关于印发工伤保险经办规程的通知》（人社部发〔2012〕11号）	通过部门内部核查
48	劳动能力鉴定结论	伤残待遇申领（伤残津贴、一次性伤残补助金、生活护理费）	《关于印发工伤保险经办规程的通知》（人社部发〔2012〕11号）	通过部门内部核查

续表

序号	证明	用途	依据	取消后办理方式
49	开户银行许可证复印件	中央国家机关事业单位养老保险业务经办数据信息采集导入	《人力资源社会保障部关于印发〈机关事业单位工作人员基本养老保险经办规程〉的通知》（人社部发〔2015〕32号）	中央国家机关事业单位养老保险业务经办，不再提交
50	机构类型、组织机构代码变更：中华人民共和国组织机构代码证或注册登记代码证复印件	中央国家机关事业单位养老保险业务经办单位信息变更	《人力资源社会保障部关于印发〈机关事业单位工作人员基本养老保险经办规程〉的通知》（人社部发〔2015〕32号）	中央国家机关事业单位养老保险业务经办，网上办理后即时生效，不再要求提供纸质材料
51	法人变更：新的单位法定代表人或负责人的任职文件或事业单位法人证书复印件及其居民身份证复印件	中央国家机关事业单位养老保险业务经办单位信息变更	《人力资源社会保障部关于印发〈机关事业单位工作人员基本养老保险经办规程〉的通知》（人社部发〔2015〕32号）	中央国家机关事业单位养老保险业务经办，网上办理后即时生效，不再要求提供纸质材料
52	主管部门、编制人数、单位性质、经费来源变更：有关部门批复的变更文件复印件	中央国家机关事业单位养老保险业务经办单位信息变更	《人力资源社会保障部关于印发〈机关事业单位工作人员基本养老保险经办规程〉的通知》（人社部发〔2015〕32号）	中央国家机关事业单位养老保险业务经办，网上办理后即时生效，不再要求提供纸质材料
53	单位银行账号变更：开户银行许可证复印件	中央国家机关事业单位养老保险业务经办单位信息变更	《人力资源社会保障部关于印发〈机关事业单位工作人员基本养老保险经办规程〉的通知》（人社部发〔2015〕32号）	中央国家机关事业单位养老保险业务经办，不再提交
54	身份证件等相关证明材料	中央国家机关事业单位养老保险业务经办人员信息变更	《人力资源社会保障部关于印发〈机关事业单位工作人员基本养老保险经办规程〉的通知》（人社部发〔2015〕32号）	中央国家机关事业单位养老保险业务经办，网上办理后即时生效，不再要求提供纸质材料
55	工作调动人员：人事（组织）部门调动手续复印件	中央国家机关事业单位养老保险业务经办人员暂停缴费办理	《人力资源社会保障部关于印发〈机关事业单位工作人员基本养老保险经办规程〉的通知》（人社部发〔2015〕32号）	中央国家机关事业单位养老保险业务经办，网上办理后即时生效，不再要求提供纸质材料
56	辞职、解除合同人员：解除合同证明或辞职开除手续复印件	中央国家机关事业单位养老保险业务经办人员暂停缴费办理	《人力资源社会保障部关于印发〈机关事业单位工作人员基本养老保险经办规程〉的通知》（人社部发〔2015〕32号）	中央国家机关事业单位养老保险业务经办，网上办理后即时生效，不再要求提供纸质材料

续表

序号	证明	用途	依据	取消后办理方式
57	判刑、失踪人员：党政处理文件复印件	中央国家机关事业单位养老保险业务经办人员暂停缴费办理	《人力资源社会保障部关于印发〈机关事业单位工作人员基本养老保险经办规程〉的通知》（人社部发〔2015〕32号）	中央国家机关事业单位养老保险业务经办，网上办理后即时生效，不再要求提供纸质材料
58	统筹内调入人员：人事（组织）部门正式录用通知书、调令、任职文件或事业单位聘用合同等复印件	中央国家机关事业单位养老保险业务经办人员恢复缴费办理	《人力资源社会保障部关于印发〈机关事业单位工作人员基本养老保险经办规程〉的通知》（人社部发〔2015〕32号）	中央国家机关事业单位养老保险业务经办，网上办理后即时生效，不再要求提供纸质材料
59	工资关系或工资审批文件复印件	中央国家机关事业单位养老保险业务经办人员恢复缴费办理	《人力资源社会保障部关于印发〈机关事业单位工作人员基本养老保险经办规程〉的通知》（人社部发〔2015〕32号）	中央国家机关事业单位养老保险业务经办，网上办理后即时生效，不再要求提供纸质材料
60	判刑、失踪等原因解除人员：党政处理文件复印件	中央国家机关事业单位养老保险业务经办人员恢复缴费办理	《人力资源社会保障部关于印发〈机关事业单位工作人员基本养老保险经办规程〉的通知》（人社部发〔2015〕32号）	中央国家机关事业单位养老保险业务经办，网上办理后即时生效，不再要求提供纸质材料
61	参保人员居民身份证复印件	中央国家机关事业单位养老保险业务经办退休人员信息变更	《在京中央国家机关事业单位养老保险业务操作规范》	不再提交
62	其他人员根据实际情况提供相关文件复印件	中央国家机关事业单位养老保险业务经办办理定期待遇暂停	《在京中央国家机关事业单位养老保险业务操作规范》；《中央国家机关养老保险网上经办系统用户操作手册》	不再提交，改为定期待遇暂停情况说明
63	《在京中央国家机关事业单位养老保险参保人员信息变更表》以外的其他相关材料	中央国家机关事业单位养老保险业务经办退休人员发放方式变更办理	《在京中央国家机关事业单位养老保险业务操作规范》	不再提交
64	学历证明	专业技术人员资格考试资格审核	我部及有关考试行业主管部门联合印发的各项职业资格制度暂行规定中关于应试人员报考条件的规定	试行告知承诺制办理
65	从事相关专业工作年限证明	专业技术人员资格考试资格审核	我部及有关考试行业主管部门联合印发的各项职业资格制度暂行规定中关于应试人员报考条件的规定	试行告知承诺制办理

续表

序号	证明	用途	依据	取消后办理方式
66	企业营业执照复印件	社会保障卡芯片备案	《关于印发"中华人民共和国社会保障卡"管理办法的通知》（人社部发〔2011〕47号）、《人力资源社会保障部办公厅关于印发〈社会保障卡芯片备案管理办法〉的通知》（人社厅发〔2015〕109号）	通过政府部门内部或部门间核查、网络核验
67	集成电路设计企业认定证书	社会保障卡芯片备案	《关于印发"中华人民共和国社会保障卡"管理办法的通知》（人社部发〔2011〕47号）、《人力资源社会保障部办公厅关于印发〈社会保障卡芯片备案管理办法〉的通知》（人社厅发〔2015〕109号）	不再提交
68	商用密码产品销售许可证	社会保障卡芯片备案	《关于印发"中华人民共和国社会保障卡"管理办法的通知》（人社部发〔2011〕47号）、《人力资源社会保障部办公厅关于印发〈社会保障卡芯片备案管理办法〉的通知》（人社厅发〔2015〕109号）	不再提交
69	商用密码产品生产定点单位证书	社会保障卡芯片备案	《关于印发"中华人民共和国社会保障卡"管理办法的通知》（人社部发〔2011〕47号）、《人力资源社会保障部办公厅关于印发〈社会保障卡芯片备案管理办法〉的通知》（人社厅发〔2015〕109号）	不再提交
70	备案产品EAL4+产品安全资质证书	社会保障卡芯片备案	《关于印发"中华人民共和国社会保障卡"管理办法的通知》（人社部发〔2011〕47号）、《人力资源社会保障部办公厅关于印发〈社会保障卡芯片备案管理办法〉的通知》（人社厅发〔2015〕109号）	通过政府部门内部或部门间核查、网络核验
71	ISO质量体系认证证书	社会保障卡芯片备案	《关于印发"中华人民共和国社会保障卡"管理办法的通知》（人社部发〔2011〕47号）、《人力资源社会保障部办公厅关于印发〈社会保障卡芯片备案管理办法〉的通知》（人社厅发〔2015〕109号）	通过政府部门内部或部门间核查、网络核验

续表

序号	证明	用途	依据	取消后办理方式
72	企业营业执照复印件	社会保障PSAM卡销售备案	《人力资源社会保障部办公厅关于印发〈社会保障PSAM卡销售备案管理办法〉的通知》（人社厅发〔2015〕110号）	通过政府部门内部或部门间核查、网络核验
73	商用密码产品销售许可证	社会保障PSAM卡销售备案	《人力资源社会保障部办公厅关于印发〈社会保障PSAM卡销售备案管理办法〉的通知》（人社厅发〔2015〕110号）	不再提交

人力资源社会保障部 财政部
关于2019年调整退休人员基本养老金的通知

人社部发〔2019〕24号

各省、自治区、直辖市人民政府，国务院各部委、各直属机构，新疆生产建设兵团：

经国务院批准，从2019年1月1日起调整企业和机关事业单位退休人员（以下简称退休人员）基本养老金水平。现就有关事项通知如下：

一、调整范围。2018年12月31日前已按规定办理退休手续并按月领取基本养老金的退休人员。

二、调整水平。总体调整水平按照2018年退休人员月人均基本养老金的5%左右确定。

三、调整办法。继续采取定额调整、挂钩调整与适当倾斜相结合的办法，并实现企业和机关事业单位退休人员调整办法基本统一。定额调整要体现公平原则；挂钩调整要体现"长缴多得"、"多缴多得"的激励机制，可与退休人员本人缴费年限（或工作年限）、基本养老金水平等因素挂钩；对高龄退休人员、艰苦边远地区退休人员，可适当提高调整水平。继续确保企业退休军转干部基本养老金不低于当地企业退休人员平均水平。要兼顾公平与激励，合理确定定额调整、挂钩调整与适当倾斜三部分比重。

四、资金来源。调整基本养老金所需资金，参加企业职工基本养老保险的从企业职工基本养老保险基金中列支，参加机关事业单位工作人员基本养老保险的从机关事业单位基本养老保险基金中列支。对中西部地区、老工业基地、新疆生产建设兵团和在京中央国家机关及所属事业单位，中央财政予以适当补助。未参加职工基本养老保险的，调整所需资金由原渠道解决。

五、组织实施。调整退休人员基本养老金，是提高保障和改善民生水平的重要措施，体现了党中央、国务院对广大退休人员的亲切关怀。各地区要高度重视，切实加强领导，精心组织实施，加强宣传解读，正确引导舆论，确保各项工作平稳进行。要按照国务院统一部署，结合本地区实际，制定具体实施方案，于2019年5月31日前报送人力资源社会保障部、财政部审批。要严格按照两部批准的实施方案执行，切实采取措施加强养老保险基金收支管理，提前做好资金安排，把各项调整政策落实到位，确保基本养老金按时足额发放，不得发生新的拖欠。对自行提高调整水平、突破调整政策、存在违规一次性补缴或提前退休行为的地区，将予以批评问责，并相应扣减中央财政补助资金。在京中央国家机关及所属事业单位的调整方案由人力资源社会保障部、财政部制定并组织实施。

2019年3月13日

人力资源社会保障部 教育部关于印发《职业技能等级证书监督管理办法（试行）》的通知

人社部发〔2019〕34号

各省、自治区、直辖市及新疆生产建设兵团人力资源社会保障厅（局），教育厅（教委、教育局）：

现将《职业技能等级证书监督管理办法（试行）》印发给你们，请遵照执行。

2019年4月23日

职业技能等级证书监督管理办法（试行）

为了建设全社会终身教育、继续教育、职业教育培训制度体系，构建国家资历框架，提高国民素质，建立推广国家职业标准，提升职业院校（含技工院校）学生和全社会劳动者就业技能，促进国家先进制造业和现代服务业水平提升，解决目前国家经济社会发展部分重点领域技能人才十分短缺的问题，按照部门"三定"方案规定和《国家职业教育改革实施方案》（职教20条）要求，做好"学历证书+若干职业技能等级证书"制度试点工作，现就职业技能等级证书的监督管理，制定本办法。

一、动员、指导、扶持社会力量积极参与职业教育、职业培训工作。人力资源社会保障部建立完善、发掘、推荐国家职业标准，构建新时代国家职业标准制度体系。通过组织起草标准、借鉴国际先进标准、推介国内优秀企业标准等充实国家职业标准体系，逐步扩大对市场职业类别总量的覆盖面。教育部依据国家职业标准，牵头组织开发教学等相关标准。培训评价组织按有关规定开发职业技能等级标准。

二、职业技能等级证书按照"三同两别"原则管理，即"三同"是：院校外、院校内试点培训评价组织（含社会第三方机构，下同）对接同一职业标准和教学标准；两部门目录内职业技能等级证书具有同等效力和待遇；在学习成果认定、积累和转换等方面具有同一效能。"两别"是：人力资源社会保障部、教育部分别负责管理监督考核院校外、院校内职业技能等级证书的实施（技工院校内由人力资源社会保障行政部门负责）；职业技能等级证书由参与试点的培训评价组织分别自行印发。

三、人力资源社会保障部、教育部分别依托有关方面，组织开展培训评价组织的招募和遴选工作，入围的培训评价组织实行目录管理。培训评价组织遴选及证书实施情况向国务院职业教育工作部际联席会议报告。两部门严格末端监督执法，定期进行"双随机、一公开"的抽查和监督。

四、人力资源社会保障部、教育部在国务院领导下开展试点工作，遇到具体问题，可通过部门协调机制解决。重大问题可通过国务院职业教育工作部际联席会议协调。

人力资源社会保障部 财政部 税务总局 国家医保局关于贯彻落实《降低社会保险费率综合方案》的通知

人社部发〔2019〕35号

各省、自治区、直辖市及新疆生产建设兵团人力资源社会保障厅（局）、财政厅（局）、医保局，计划单列市人力资源社会保障局、财政局、医保局，国家税务总局各省、自治区、直辖市和计划单列市税务局：

为做好《降低社会保险费率综合方案》（以下简称《方案》）的贯彻落实工作，现将有关事项通知如下：

一、深入学习领会《方案》精神

降低社会保险费率是党中央、国务院作出的重大决策部署，是实施更大规模减税降费措施的重要内容，是应对经济下行压力的重要举措，对于减轻企业负担、激发微观主体活力、促进经济增长具有重要作用，事关改革发展稳定全局。各级人力资源社会保障、财政、税务、医疗保障部门要高度重视，认真组织学习，深刻领会《方案》精神，进一步提高对降低社会保险费率重要性、必要性和紧迫性的认识，切实把思想和行动统一到党中央、国务院的决策部署上来，采取有效措施抓好落实，务必使企业特别是小微企业缴费负担有实质性下降。

二、抓紧研究制定实施办法并做好组织实施工作

各地要根据《方案》精神和要求，结合本地实际情况，在党委、政府的领导下制定本地区实施办法，在组织领导、具体任务、政策措施、工作进度、监督检查等方面作出周密部署，层层压实责任，紧扣时间节点，对标对表加以推进。要严格执行《方案》有关规定，各地政策要规范统一，防止政策多样，严禁"边规范，边突破"。各部门要在党委（党组）领导下，紧紧围绕降费目标，统筹研究，明确职责，迅速行动，制定本部门的工作方案，并按照工作方案要求抓好组织实施，确保各项政策有效落地落细。

三、准确把握《方案》的有关政策

（一）关于降低养老保险单位缴费比例。各地企业职工基本养老保险单位缴费比例高于16%的，可降至16%；低于16%的，要研究提出过渡办法。省内单位缴费比例不统一的，高于16%的地市可降至16%；低于16%的，要研究提出过渡办法。目前暂不调整单位缴费比例的地区，要按照公平统一的原则，研究提出过渡方案。各地机关事业单位基本养老保险单位缴费比例可降至16%。

（二）关于继续阶段性降低失业保险费率。自2019年5月1日起，实施失业保险总费率1%的省份，延长阶段性降低失业保险费率的期限至2020年4月30日。

（三）关于继续阶段性降低工伤保险费率。按照《人力资源社会保障部 财政部关于阶段性降低社会保险费率的通知》（人社部发〔2018〕25号）已纳入降费范围的统筹地区，原则上继续实施，保持力度不减。此前未纳入降费范围但截至2018年底累计结余可支付月数达到阶段性降费条件的统筹地区，要按规定下调费率，确保将符合条件的统筹地区全部纳入降费范围。阶段性降费率期间，费率确定后，一般不做调整。

（四）关于调整就业人员平均工资计算口径。各省应以本省城镇非私营单位就业人员平均工资和城镇私营单位就业人员平均工资加权计算的全口径城镇单位就业人员平均工资，核定社保个人缴费基数上下限，合理降低部分参保人员和企业的社保缴费基数。调整就业人员平均工资计算口径后，为保证新退休人员待遇水平平稳衔接，人力资源社会保障部、财政部将提出基本养老金计发办法的过渡措施，并加强对各地的指导。

（五）关于完善个体工商户和灵活就业人员缴费基数政策。个体工商户和灵活就业人员参加企业职工基本养老保险，按照调整计算口径后的本地全口径城镇单位就业人员平均工资，核定社保个人缴费基数上下限，允许缴费人在60%至300%之间选择适当的缴费基数，以减轻其缴费负担、促进参保缴费。

（六）关于加快推进企业职工基本养老保险省级统筹。各地要逐步统一养老保险政策，完善省级统筹制度，为全国统筹打好基础。2020年底前实现企业职工基本养老保险基金省级统收统支。人力资源社会保障部、财政部将印发关于推进省级统筹的具体指导意见。

（七）关于提高企业职工基本养老保险基金中央调剂比例。为进一步均衡各省份之间养老保险基金负担，逐步提高企业职工基本养老保险基金中央调剂比例，确保企业离退休人员基本养老金按时足额发放，2019年基金中央调剂比例提高至3.5%。具体工作由人力资源社会保障部、财政部另行部署。

（八）关于稳步推进社保费征收体制改革。企业职工基本养老保险和企业职工其他险种缴费，原则上暂按现行征收体制继续征收，稳定缴费方式，"成熟一省、移交一省"；机关事业单位社保费和城乡居民社保费征管职责如期划转。人力资源社会保障、税务、财政、医保部门要抓紧推进信息共享平台建设等各项工作，切实加强信息共享，确保征收工作有序衔接。各地要按照要求，合理调整2019年社会保险基金收入预算。妥善处理好企业历史欠费问题，在征收体制改革过程中不得自行对企业历史欠费进行集中清缴，不得采取任何增加小微企业实际缴费负担的做法，避免造成企业生产经营困难，务必使企业特别是小微企业社保缴费负担有实质性下降。

四、各部门在政府协调机制下加强协作配合

各级人力资源社会保障、财政、税务、医疗保障等部门，要在地方政府的领导下，完善降低社会保险费率及征收体制改革工作协调机制，切实加强部门协作配合，协商解决社会保险费征管工作中的重点、难点问题。畅通工作协调机制，统筹做好降低社会保险费率以及征收体制改革过渡期间的工作衔接，提出具体工作安排，确保各项工作顺利进行。

五、科学做好降费核算工作

各地要共同做好社保降费政策落实情况的统计核算和效应分析，做到"心中有数""底账清晰"。要协同提高数据质量，为做好社保降费核算奠定数据基础。要协商建立统计核算分析体系，不断提高社保降费核算的全面性、准确性、时效性，确保客观反映降费效果。要联合开展社保降费政策实施情况评估，及时向上级部门报告政策运行及效应分析情况。

六、全面开展宣传工作

各地要组织各方力量，紧跟时代步伐，聚焦全媒体时代和媒体融合发展，丰富宣传形式，拓宽宣传渠道，注重宣传实效，宣传好降低社会保险费率的重大意义，总体筹划，突出重点，正确引导舆论，为社保降费政策落实落地营造良好的舆论氛围。统一明确宣传口径，紧扣时间节点，确保宣传步调一致，依托权威媒体，进一步提高社会参与度和知晓度，准确解读各项政策，针对群众关切问题解疑释惑。

七、逐级抓实培训工作

各地要充分认识进一步加强《方案》学习培训的重要性、紧迫性和长期性，针对不同类型、不同层级、不同岗位人员，做好培训安排，创新培训方式，不断增强学习培训的针对性、实效性。人力资源社会保障部、税务总局已举办落实《方案》专题培训班，对省级人力资源社会保障部门、税务部门进行联合培训，组织集中研讨。各地也要结合实际，集中组织开展不同层次的业务培训工作，帮助相关工作机构和工作人员全面、准确理解掌握政策，明确操作流程和具体要求，提高贯彻《方案》的政策水平和业务能力。

各地要加强组织领导和工作指导，周密安排部署，采取有力措施，抓好组织实施，层层压实责任，及时掌握实施情况，认真分析遇到的情况和问题，研究提出解决办法，确保各项工作平稳进行。要从本地实际出发，注重动态跟踪，认真排查风险点，制定相关预案，把工作做实做细，确保社保待遇不受影响、养老金足额发放，维护参保人合法权益，保持社会稳定。遇有重大情况和问题要及时报告人力资源社会保障部、财政部、税务总局、国家医保局。

2019年4月28日

人力资源社会保障部 科技部
关于深化自然科学研究人员职称制度改革的指导意见

人社部发〔2019〕40号

各省、自治区、直辖市及新疆生产建设兵团人力资源社会保障厅（局）、科技厅（委、局），中央和国家机关各部委、各直属机构人事部门，各中央企业人事部门：

自然科学研究人员是我国专业技术人才队伍的重要组成部分，是推进科技创新发展、建设创新型国家和世界科技强国的重要力量。为贯彻落实中共中央办公厅、国务院办公厅印发的《关于深化职称制度改革的意见》，现就深化自然科学研究人员职称制度改革提出如下指导意见。

一、总体要求

（一）指导思想

以习近平新时代中国特色社会主义思想为指导，全面贯彻党的十九大和十九届二中、三中全会精神，认真落实党中央、国务院决策部署，深入实施科教兴国战略、人才强国战略和创新驱动发展战略，以激发自然科学研究人员的积极性、创造性为核心，尊重科研人员成长规律，建立符合自然科学研究人员职业特点的职称制度，发挥好人才评价"指挥棒"和风向标作用，培养造就高水平创新型自然科学研究人员队伍，为高质量发展提供人才支撑。

（二）基本原则

1. 坚持遵循规律。遵循自然科学研究人员成长规律和科技创新规律，尊重科学研究灵感瞬间性、方式随意性、路径不确定性的特点，引导自然科学研究人员攻坚克难、追求卓越。

2. 坚持科学评价。以品德、能力、业绩为导向，科学制定评价标准，破除唯学历、唯资历、唯论文、唯奖项倾向。坚持分类评价，丰富评价方式，注重同行和业内认可，探索引入国际同行评价，客观科学公正评价科研人员。

3. 坚持鼓励创新。面向世界科技前沿、面向经济主战场、面向国家重大需求，形成并实施有利于科研人员潜心研究和创新的人才评价制度，充分释放科研人员创新活力，营造鼓励创新、宽容失败的科研氛围。

4. 坚持以用为本。着眼于用好用活人才、提高人才效能，充分发挥用人主体的主导作用，把科研人员职称评价与使用紧密结合，做到人尽其才、才尽其用，促进自然科学研究人员职业发展，满足用人单位选才用才需求。

二、主要内容

通过完善评价标准、创新评价机制、促进与用人制度有效衔接、加强职称评审监督服务等措施，进一步健全自然科学研究人员职称制度。

（一）完善评价标准

1. 坚持德才兼备、以德为先。坚持把品德放在自然科学研究人员评价的首位，通过个人述职、年度考核等方式加强对科学精神、职业道德、从业操守等方面的评价。强化科研人员的爱国情怀和社会责任，倡导追求真理、勇攀高峰的科学精神，树立勇于创新、严谨求实的学术风气，坚守道德底线，对科研不端行为实行"零容忍"。

2. 实行分类评价。根据不同类型科研活动特点，分类制定职称评价标准。对主要从事基础研究的人员，着重评价提出和解决重大科学问题、开展原创性科技创新的能力，重点考察研究成果的科学价值、学术水平和影响力等内容。对主要从事应用研究、技术开发与推广的人员，着重评价技术创新与集成能力、重大技术突破、成果转化效益、技术推广成效和对产业发展的实际贡献等。对主要从事科技咨询与科技管理服务的人员，着重评价其战略和政策研究能力、决策咨询服务水平、行业评价认可度和科技服务满意度等。

3. 推行代表作制度。将自然科学研究人员的代表性成果作为职称评审的重要内容，注重标志性成果的质量、贡献和影响力，改变片面将论文、著作、专利、资金数量等与职称评审直接挂钩的做法。丰富代表作形式，项目成果、研究报告、专著译著、技术标准规范等均可作为代表作。严格实行代表作审核制度，代表作应在本研究领域内具有较大影响力，受到同行专家的认可。

4. 实行国家标准、地区标准和单位标准相结合。人力资源社会保障部会同科学技术部等有关部门研究制定《自然科学研究人员职称评价基本标准条件》（附后）。各地区可根据本地区经济社会发展情况，制定地区标准。具有自主评审权的用人单位可结合本单位实际，制定单位标准。地区标准和单位标准不得低于国家标准。

（二）创新评价机制

1. 丰富职称评价方式。以同行专家评审为基础，注重引入市场评价和社会评价，发挥多元评价主体作用。基础和前沿技术研究人员以同行评价为主，倡导小同行评价，探索引入国际同行评价。应用研究人员、技术开发与推广人员、科技咨询人员等突出市场评价和社会评价。对特殊人才要打破常规、简化手续，采取特殊方式进行评价。注重个人评价与团队评价相结合，尊重、认可和科学评价个人在团队中的实际贡献。采取个人述职、面试答辩、业绩展示、专家评议等多种评价方式，提高职称评价的针对性和科学性。

2. 畅通职称评价渠道。进一步打破户籍、地域、身份、人事关系等制约，创造便利条件，畅通自然科学研究人员职称申报渠道。民办机构自然科学研究人员与公立机构自然科学研究人员在职称评审方面享有平等待遇。科研院所、高校等事业单位中经批准离岗创业或兼职的科研人员，3年内可在原单位按规定正常申报职称，离岗创业或兼职期内工作业绩及取得的科研成果等可作为职称评审的重要依据。

3. 建立职称评审绿色通道。对取得重大原创性研究成果或关键核心技术突破，以及在经济社会事业发展中作出重大贡献的自然科学研究人员，可直接申报评审副研究员、研究员职称。对引进的海外高层次人才和急需紧缺人才，在职称评审中可放宽资历、年限等条件限制，其在国外从事科研工作的经历和贡献可作为职称评审的依据，不把教育、工作背景简单等同于科研水平。对长期在艰苦边远地区、野外台站和基层一线工作的自然科学研究人员，侧重考察其实际工作业绩，放宽学历、论文等要求。

（三）促进职称制度与用人制度有效衔接

1. 坚持以用促评。用人单位应当结合用人需求，将职称评审结果作为岗位聘用的重要依据，实现职称制度与岗位聘用、考核、晋升等用人制度相衔接。全面实行岗位管理、专业技术人才学术技术水平与岗位职责密切相关的事业单位，一般应在岗位结构比例内开展职称评审。不实行岗位管理的单位和人员，可采用评聘分开方式，自主择优聘用具有相应职称的人员从事研究工作。

2. 加强聘后管理。坚持"按需设岗、按岗聘用、竞争择优、合同管理"的原则，结合年度考核和聘期考核结果，对不符合岗位要求、不能履行岗位职责或年度考核不合格的自然科学研究人员，可按照有关规定调整岗位、低聘或者解聘，在岗位聘用中实现人员能上能下，改变给人才贴上"永久牌"标签的做法。

（四）加强职称评审监督和服务

1. 加强职称评审委员会建设。落实各级职称评审委员会核准备案管理制度，各省（自治区、直辖市）、国务院有关部门和单位可按规定成立自然科学研究系列高级职称评审委员会。国务院有关部门和单位成立的高级职称评审委员会报人力资源社会保障部核准备案，其他高级职称评审委员会报省级人力资源社会保障部门核准备案。完善评审专家遴选机制，明确评审专家责任，强化评审考核，建立倒查追责机制，提高职称评审的公平性和权威性。

2. 进一步下放职称评审权限。科学界定、合理下放职称评审权限，逐步将自然科学研究人员高级职称评审权下放到市地或符合条件的科研单位，充分发挥科研单位在职称评审中的主导作用。推动用人单位按照管理权限自主开展职称评审。自主评审单位组建的高级职称评审委员会应当按照管理权限报省级以上人力资源社会保障部门核准备案。自主评审结果报相应人力资源社会保障部门备案。

3. 严肃职称评审工作纪律。健全职称申报诚信承诺和失信联合惩戒机制，实行学术造假"一票否决制"，对通过弄虚作假、暗箱操作等违纪违规行为取得的职称，一律予以撤销。建立职称评审公开制度，实行政策公开、标准公开、程序公开、结果公开。加强对自主评审工作的监管，对于不能正确行使评审权、不能确保评审质量的，将暂停自主评审工作直至收回评审权。

4. 优化职称评审服务。加强职称评审信息化建设，减少各类申报表格和纸质证明材料。科研项目、人才支持计划等申报材料中与职称相关的内容，可作为职称评审的参考。在团队科研项目作出贡献的科研人员，在参加职称评审时，可提供团队科研项目情况、科研单位或项目组织实施单位对其在项目中作出实际贡献的情况说明等，作为业绩证明材料。

三、组织实施

（一）提高认识，加强领导。职称制度改革涉及自然科学研究人员的切身利益，各地区、各有关部门要充分认识改革的重要意义，高度重视改革工作。各级人力资源社会保障部门会同科学技术部门负责职称政策制定、组织实施和监督检查等工作。各有关部门要密切配合，建立有效工作机制，确保改革各项工作顺利推进。

（二）周密部署、狠抓落实。各地区、各有关部门要根据本意见精神，围绕改革重点任务，紧密结合实际，抓紧制定改革具体实施方案和配套办法，明确时间表、路线图、操作流程，把各项具体改革任务落实到责任人、责任部门，确保改革举措落到实处、见到实效。

（三）加强宣传，营造环境。各地区、各有关部门要深入细致地做好政策解释和宣传引导工作，广泛听取自然科学研究人员、相关单位和社会公众意见，回应社会关切，统筹处理好改革推进工作中遇到的新情况和新问题，引导科研人员积极支持和参与改革，营造共同推进改革的良好氛围。

军队可结合自身实际制定自然科学研究人员职称评审的具体办法。

附件：自然科学研究人员职称评价基本标准条件

2019年4月23日

附件

自然科学研究人员职称评价基本标准条件

一、遵守中华人民共和国宪法和法律法规。

二、具有良好的科学道德，学风端正，恪守科研诚信，具有献身于科学研究事业的精神。

三、热爱本职工作，认真履行岗位职责。

四、按照要求参加继续教育。

五、自然科学研究人员参加各层级职称评审，除必须达到上述标准条件，还应分别具备以下基本条件：

（一）研究实习员（初级）

1. 基本掌握本学科基础理论和专业知识，初步了解本领域国内外研究现状和发展趋势。

2. 具备从事科学研究、技术应用、开发与推广、科技咨询与科技管理服务等工作的能力，能够胜任基础性工作。

3. 具备硕士学位；或具备大学本科学历或学士学位，1年见习期满，经考核合格。

（二）助理研究员（中级）

1. 系统掌握本学科基础理论和专业知识，掌握必要的研究方法或实验技术，了解本学科领域国内外研究现状和发展趋势。

2. 从事基础研究的人员，参与选定科研项目和制定研究方案，能够独立撰写研究报告或发表研究论文，取得具有科学意义或实用价值的研究成果。

从事应用研究、技术开发与推广的人员，参与研究课题、科技成果转化或技术推广项目，为解决实际应用中的问题提供理论依据或技术支持，获得一定的经济和社会效益；或在野外科学工作中获得有意义的科学积累。

从事科技咨询与科技管理服务的人员，形成一定水平的技术咨询报告并被采纳，取得一定的社会效益。

3. 能够指导初级研究人员开展工作。

4. 具备博士学位；或者具备硕士学位，取得研究实习员职称后，从事研究工作满2年；或者取得研究实习员职称后，从事研究工作满4年。

（三）副研究员（副高级）

1. 具有较强的科研能力和较丰富的研究工作积累，能够创造性地开展研究工作，是本学科领域的学术骨干。

2. 从事基础研究的人员，能够提出有较大学术影响和应用价值的研究项目，提出有效的研究途径，制定可行的研究方案，解决科研工作中有重要意义的理论问题；或能够撰写较高水平的研究报告或发表较高学术价值的研究论文。

从事应用研究、技术开发与推广的人员，作为技术骨干能够取得具有较高实用价值或较大社会和经济效益的科技成果、关键技术成果、技术推广成效等；或作为主要发明人能够取得实用新型或发明专利；或作为主要完成人撰写省级（行业）以上技术标准，并颁布实施。

从事科技咨询与科技管理服务的人员，在科技咨询和战略政策研究方面取得具有较大影响的学术成果，能够撰写较高水平的咨询报告。

3. 具有指导、培养中初级研究人员或研究生的能力。

4. 具备博士学位，取得助理研究员职称后，从事研究工作满2年；或取得助理研究员职称后，从事研究工作满5年。

（四）研究员（正高级）

1. 科研工作能力强，研究工作积累深厚，学术造诣深，学科领域活跃度和影响力强，是本学科领域的学术和技术带头人。

2. 从事基础研究的人员，作为学术带头人能够组织带领科研团队从事高水平研究工作，取得具有一定影响的原创性科技成果或具有重要学术价值的科研成果；或能够开拓新的研究领域，创造性地解决学术问题，提出的学术观点或研究方法被国内外学术界公认和广泛引用，促进学科的发展；或能够撰写具有较高影响力的研究报告或发表产生较大学术影响的研究论文。

从事应用研究、技术开发与推广的人员，作为技术带头人取得具有显著社会和经济效益的关键技术成果，或作为技术负责人主持的科技推广项目达到显著规模、获得突出效益，或在解决国民经济、国家安全和社会发展的问题上，提出有价值的新思路、新方法；或作为第一编制人撰写省级（行业）以上技术标准，或作为主要完成人撰写国家级技术标准，并颁布实施。

从事科技咨询与科技管理服务的人员，在服务宏观决策方面有较大影响力，在咨询研究的理论方面取得具有重要影响的原创性成果，能够撰写具有较高影响力的研究报告。

3. 具有指导、培养副高级及以下研究人员或研究生的能力。

4. 一般应具有大学本科以上学历或学士以上学位，取得副研究员职称后，从事研究工作满5年。

六、不具备第五条规定的学历、年限等要求，业绩突出、作出重要贡献的，可由2名以上同行专家推荐破格申报，具体办法由各地、各有关部门和单位另行制定。

人力资源社会保障部 国家发展改革委 财政部 国务院扶贫办关于做好易地扶贫搬迁就业帮扶工作的通知

人社部发〔2019〕47号

各省、自治区、直辖市及新疆生产建设兵团人力资源社会保障厅（局）、发展改革委、财政厅（局）、扶贫办（局）：

就业帮扶是易地扶贫搬迁后续扶持工作的重要内容，是帮助搬迁群众搬得出、稳得住、有就业、能致富的重要举措，关系脱贫攻坚成果巩固，关系搬迁地经济健康发展、社会和谐稳定。当前，易地扶贫搬迁工程建设已取得决定性进展，进入了以做好后续扶持为重点的新阶段，搬迁群众就业压力逐步凸显。为贯彻落实中央关于打赢脱贫攻坚战三年行动指导意见精神，按照全国易地扶贫搬迁后续扶持工作现场会要求，现就易地扶贫搬迁就业帮扶工作有关事项通知如下：

一、加强谋划部署

（一）明确工作重点。各地要把16周岁以上、有劳动能力的搬迁群众（以下简称搬迁群众），特别是建档立卡贫困劳动力作为重点人群，将城镇和工业园区安置区，特别是"三区三州"等深度贫困地区安置区、人口规模800人以上大型安置区作为重点区域，坚持普惠性政策和超常规举措并举，强化培训服务与兜底保障并重，全力做好搬迁群众的就业帮扶工作，努力促进有劳动能力和就业意愿的搬迁贫困劳动力就业创业，确保其家庭至少一人实现就业。

（二）加强摸底调查。各地要加强部门间信息共享，及时对接搬迁安置工作和搬迁群众相关情况。发改部门要及时提供易地扶贫搬迁工程项目建设及搬迁入住进展情况，扶贫部门要及时提供搬迁建档立卡贫困人口的基本信息，人社部门要开展调查，准确掌握搬迁人员就业失业情况和参加职业技能培训情况，及时将信息录入农村贫困劳动力就业信息平台、就业信息监测平台，实现动态更新。要根据摸底调查结果，锁定重点对象、重点地区，制定帮扶工作清单。

（三）统筹工作部署。各地要把就业帮扶作为易地扶贫搬迁后续扶持工作的重中之重，纳入易地扶贫搬迁工作总体部署，做到搬迁及后续扶持工作和就业帮扶工作同谋划、同部署、同推进。

二、多渠道拓宽就业门路

（四）落实配套产业扩大就业。各地要结合乡村振兴战略实施和城镇化进程，依托当地资源禀赋因地制宜发展现代特色高效农业、现代农产品加工流通业和产业旅游、文化体验、健康养生、特色手工业等新产业，推动安置区配套产业项目尽快落地。把吸纳就业能力作为发展配套产业的重要因素，重点引进适合搬迁贫困劳动力特点的劳动密集型、生态友好型企业。东西部扶贫协作、对口支援省份要动员各类企业到安置区投资兴业、创办就业扶贫车间，将就业扶贫车间带贫成效与政策支持挂钩，建立正向激励机制，培育特色优势产业，吸纳搬迁群众就业。

（五）促进安置区发展吸纳就业。各地在安置区实施的政府投资建设项目、以工代赈项目，服务安置区的社会管理和公共服务岗位，都应安排一定数量的岗位吸纳搬迁群众就业，并优先吸纳有就业意愿的搬迁贫困劳动力。要建立完善以劳奖补、劳动就业与各类帮扶措施相挂钩的联动机制，激发搬迁群众内生动力，动员引导搬迁群众到岗就业。

（六）预留场地扶持创业就业。各地应结合实际，在城镇和工业园区安置区预留生产经营场地、开辟专门区域，发展就业扶贫车间，开展贫困村创业致富带头人培育工作，以创业促就业，吸引本土人才回流返乡创业；支持个体经营、摆摊设点，力争大型集中安置区都能为创业者提供低成本创业场所。统筹利用周边土地资源，对接农民专业合作社、龙头企业，支持搬迁群众在安置区周边从事现代设施农业。

（七）组织劳务输出就业。各地要根据搬迁群众意愿和能力，强化针对性信息服务，有序组织到县内、市内、省内、省外就业，提高劳务组织化程度。将安置区作为开展有组织劳务输出服务的重点地区，指定专人负责，加强跟踪服务，努力扩大输出规模。东西部扶贫协作和对口支援省份要把接纳安置区搬迁群众就业作为劳务协作的重要内容，积极提供岗位信息，加强输出后的跟踪管理服务、劳动权益保障，促进稳定就业。

（八）落实政策兜底安置就业。各地要支持安置区各类用人单位吸纳搬迁贫困劳动力就业，鼓励贫困劳动力自谋职业、灵活就业，对缴纳社会保险的用人单位、灵活就业的贫困劳动力按规定落实定额税收减免、社会保险补贴、创业担保贷款及贴息等扶持政策。对符合条件的贫困劳动力，按规定通过公益性岗位提供兜底帮扶。

三、大规模开展职业技能培训

（九）推动培训应培尽培。各地要广泛动员搬迁群众积极参与并自主选择适合的职业技能培训项目。重点依据当地特色产业、安置区用工项目、劳务输出项目等开展就业技能培训。支持青壮年劳动力就读技工院校或参加中长期培训，帮助其掌握实现高质量就业的技能。鼓励企业和就业扶贫车间等经营主体对在岗劳动力开展各类企业职工培训或以工代训。组织学习能力较强、具备一定创业条件的人员参加创业培训。确保有培训意愿和劳动能力的搬迁群众至少接受1次职业技能培训。

（十）增强培训精准性。各地要根据搬迁群众的就业需要和技能需求，创新培训模式，通过在安置区开展就地就近培训，或组织出来集中培训等方式，满足搬迁群众培训需求。结合岗位需求和搬迁群众自身特点，开展订单式培训、定向培训、定岗培训，力争培训一人，就业一人。结合搬迁群众需要，在职业技能培训项目中可适当增加通用职业素质培养、城市生活常识、企业务工常识、国家通用语言、法律法规等培训内容。

（十一）提高培训补贴标准。各地可采取项目制等方式为搬迁群众中符合条件人员提供就业技能或创业培训，并按规定发放培训补贴和生活费补贴。有条件的地区可结合实际需要和财力水平，对培训中增加城市生活常识、国家通用语言培训等培训项目适当提高补贴标准。

四、实施属地就业服务管理

（十二）纳入政策服务体系。各地要将搬迁群众全部纳入当地公共就业服务体系，搬迁至城镇区域的，按城镇户籍人员落实就业扶持政策。精简落实政策证明材料，优化经办流程，便捷用人单位、中介机构和搬迁群众享受政策。

（十三）强化服务保障。各地要建立安置区岗位信息常态化推送机制，通过滚动屏幕、微博微信客户端、就业大篷车等多种方式，送政策、送岗位、送服务，精准推荐就业岗位和职业培训信息，确保有就业意愿的搬迁群众至少获得3个以上有针对性的岗位信息，有培训意愿的搬迁群众在1个月内获得培训信息。定期在大型安置区召开专场招聘会，有条件的可开通远程招聘面试系统，方便搬迁群众求职就业。加强职业指导，提升搬迁贫困劳动力求职能力。

（十四）优化服务供给。各地要在大型集中安置区基本公共服务设施中确定专门场所，用于设立公共就业服务站或服务窗口，在其他安置区所在地公共就业服务机构设立专门窗口，为搬迁群众提供政策咨询、业务办理等一站式服务。加强公共就业服务能力建设，通过举办培训班等方式开展业务培训，提高服务水平和质量。动员社会力量参与，通过购买社会服务等方式探索公共就业服务机构和市场主体合作、优势互补、提高服务效率。

（十五）实施万人大型集中安置区就业帮扶专项行动。

各地要以省为单位，将万人以上的大型安置区作为就业服务重点地区，派出专门的就业帮扶工作队开展专项帮扶，制定"一区一策"帮扶方案。依托各类劳务协作机制，动员公共就业服务机构、人力资源服务机构和企业等市场主体，为搬迁群众提供集中就业帮扶、省内外对接、点对点劳务对接等服务。

五、加强组织实施

（十六）压实工作责任。各地要把易地扶贫搬迁就业帮扶工作作为就业扶贫工作的重要内容，建立地方政府负总责、部门协同联动的工作机制，细化任务分工，层层压实责任，抓好抓实易地扶贫搬迁就业帮扶工作。人力资源社会保障部门要负责落实就业扶持政策，加强职业培训、就业服务和搬迁群众就业失业情况分析，做好公益性岗位开发管理工作。发展改革部门要在推进安置区建设时，充分考虑公共就业服务设施需求，支持预留创业场所，在安排以工代赈等政府投资项目时积极吸纳搬迁群众就地就近就业。各级财政部门要负责保障落实就业扶持政策所需资金以及安置区开展就业帮扶工作经费。扶贫部门要及时提供搬迁建档立卡贫困人口基本信息，统筹相关扶贫资金和东西部扶贫协作、定点扶贫资源等，支持搬迁贫困劳动力就业工作。

（十七）落实资金保障。各地要以搬迁建档立卡贫困人口为主要扶持对象，统筹使用就业补助资金等相关资金，加强就业扶贫支持力度。各地在分配一般性转移支付、专项转移支付等相关资金时，要向安置区特别是"三区三州"等深度贫困县安置区、大型安置区所在地倾斜。易地扶贫搬迁相关剩余资金可用于对搬迁建档立卡贫困人口的后续扶持。

（十八）强化风险防控。各地要进一步加强统计监测和形势研判，建立健全易地扶贫搬迁安置区失业预警机制和应急处置机制。针对万人以上大型集中安置区，实施重点监测，制定风险应对预案，有针对性采取防范措施，并及时向当地党委政府和上级人力资源社会保障部门报告。

（十九）强化作风建设。各地要把作风建设贯穿易地扶贫搬迁就业帮扶工作全过程，落实中央基层减负年工作要求，力戒形式主义、官僚主义。要强化资金监管，保障资金安全，防范廉政风险。要加强宣传引导，注重扶志、扶智相结合，激发搬迁群众内生动力，营造劳动最光荣、幸福靠奋斗的良好氛围。

各地要按照本文件精神，抓好贯彻落实，务求工作实效。有关工作进展、重大情况及时报送人力资源社会保障部、发展改革委、财政部、国务院扶贫办。

2019年5月23日

人力资源社会保障部关于深化经济专业人员职称制度改革的指导意见

人社部发〔2019〕53号

各省、自治区、直辖市及新疆生产建设兵团人力资源社会保障厅（局），国务院各部委、各直属机构人事部门，各中央企业人事部门：

经济专业人员是专业技术人才队伍的重要组成部分，是推动我国经济高质量发展的重要力量。为贯彻落实中共中央办公厅、国务院办公厅印发的《关于深化职称制度改革的意见》，现就深化经济专业人员职称制度改革提出如下指导意见。

一、总体要求

（一）指导思想。

以习近平新时代中国特色社会主义思想为指导，全面贯彻党的十九大和十九届二中、三中全会精神，认真落实党中央、国务院决策部署，按照建设现代化经济体系和深化职称制度改革总体要求，遵循经济领域人才资源开发规律，健全完善符合经济专业人员职业特点的职称制度，科学客观公正评价经济专业人员，释放经济专业人员创新创业活力，为推动我国经济高质量发展提供人才支撑。

（二）基本原则。

1. 坚持服务发展。立足经济领域各行业特点，突出经济活动的职业属性和岗位要求，引导经济专业人员提高能力素质，提升职称评价与社会主义市场经济改革的契合度，促进实体经济、科技创新、现代金融与人力资源协同发展，不断增强我国经济创新力和竞争力。

2. 坚持科学评价。分级分类完善评价标准，突出专业水平和创新实践，克服唯学历、唯资历、唯论文、唯奖项倾向，发挥人才评价"指挥棒"作用，充分调动经济专业人员积极性、创造性。

3. 坚持继承与创新相结合。巩固经济领域人才评价改革成果，总结完善经济专业技术资格考试制度，健全经济专业人员职称制度体系，创新高级经济专业人员职称评价机制，加大对非公有制经济及新兴产业的人才支撑。

4. 坚持以用为本。围绕用好用活人才，加强职称评价的科学性和针对性，提高评价结果的公信力，促进职称制度与各类用人单位人事管理制度相衔接，做到以用促评、评用结合。

二、主要内容

通过健全制度体系、完善评价标准、创新评价机制、与人才使用相衔接、强化监督管理等措施，形成以品德、能力和业绩为导向，以社会和业内认可为核心，覆盖各类经济专业人员的职称制度。

（一）健全制度体系。

1. 完善职称层级。经济专业人员职称设

初级、中级、高级，初级职称只设助理级，高级职称分设副高级和正高级。初级、中级、副高级和正高级职称名称依次为助理经济师、经济师、高级经济师、正高级经济师。

为进一步体现专业属性，部分专业的职称名称直接以专业命名。人力资源管理专业的职称名称为助理人力资源管理师、人力资源管理师、高级人力资源管理师、正高级人力资源管理师。知识产权专业的职称名称为助理知识产权师、知识产权师、高级知识产权师、正高级知识产权师。其他专业在职称名称后标注，如经济师（金融）、经济师（财政与税收）等。

2. 动态调整专业设置。根据经济社会发展和职业分类要求，适时调整经济系列专业设置。对从业人员数量较大、评价需求稳定、发展良好的工商管理、金融、人力资源管理等专业，做好专业建设，持续稳定开展评价工作；对行业发展变化较大、评价需求不断缩减、从业人员数量较小的专业，及时调整或取消；在发展势头良好、评价需求旺盛的知识产权等领域，增设新的专业；对知识结构、岗位要求相近的专业，及时进行整合。实行全国统一考试的专业设置由国家统一公布。

3. 实现职称制度与职业资格制度有效衔接。专业技术人员取得经济专业技术资格，房地产估价师、拍卖师、资产评估师、税务师职业资格和工程咨询（投资）、土地登记代理、房地产经纪、银行业等领域相关职业资格，可对应经济系列相应层级的职称，并可作为申报高一级职称的条件。探索建立经济系列与会计、审计等属性相近职称系列（专业）的衔接措施，减少重复评价，减轻经济专业人员负担。

4. 经济专业人员各级别职称分别与事业单位专业技术岗位等级相对应。正高级对应专业技术岗位一至四级，副高级对应专业技术岗位五至七级，中级对应专业技术岗位八至十级，初级对应专业技术岗位十一至十三级。

（二）完善评价标准。

1. 坚持德才兼备，以德为先。把经济专业人员职业道德放在评价首位，引导经济专业人员遵纪守法、爱岗敬业。鼓励经济专业人员不断更新知识、创新思路，提高专业素养和业务能力，积极投身现代化经济体系建设。完善经济专业人员职称评价诚信体系建设，对存在学术造假等问题的经济专业人员实行"一票否决制"。通过弄虚作假、暗箱操作等取得的职称一律撤销。

2. 以专业能力为核心，分级分类完善评价标准。按照专业分类，科学确定评价内容，满足不同层级、不同行业经济专业人员的评价需求。初、中级职称注重考察专业基础知识和实务能力；高级职称注重考察理论素养和业绩水平，突出评价在经济社会发展中的创新引领作用和取得的经济效益、社会效益。

3. 实行国家标准、地区标准、单位标准相结合。人力资源社会保障部负责制定《经济专业人员职称评价基本标准条件》（附后）。各省（自治区、直辖市）可根据本地区经济社会发展情况，制定地区标准。具有自主评审权的用人单位可结合本单位实际，制定单位标准。地区标准、单位标准不得低于国家标准。

（三）创新评价机制。

1. 丰富评价方式。经济专业人员初、中级实行以考代评的方式，不再进行相应的职称评审或认定。副高级采取考试与评审相结合方式，正高级一般采取评审方式。初级、中级、副高级考试由全国统一组织、统一科目、统一大纲。副高级和正高级职称评审坚持同行专家评议，综合运用成果展示、个人述职、履历分析、业绩考察等多种形式，确保客观公正。

2. 加强职称评审委员会建设。建立同行专家评审制度，积极吸纳财政、金融、工商管理等经济领域的权威专家，组建经济系列高级职称评审委员会。严格落实职称评审委员会核准备案制度。国务院有关部门和中央企业成立的高级职称评审委员会报人力资源社会保障部核准备案，其他高级职称评审委员会报省级人力资源社会保障部门核准备案。经济系列高级职称评审可按照国家公布的经济专业技术资格考试专业进行，也可按经营管理、财税金融、人力资源等专业类别，分类开展评审。

3. 推进社会化职称评审工作。畅通非公有制经济组织、社会组织、自由职业经济专业人员职称申报渠道。依托专业水平较高、具备较强服务能力和影响力、能够自律规范的专业化人才服务机构、行业协会学会等社会组织，吸纳非公有制经济领域同行专家组成评审委员会，开展经济系列社会化人才评价。

4. 向优秀经济专业人员和艰苦边远地区经济专业人员倾斜。对在创新经济活动方式、构建新业态、推动行业发展等方面做出重大贡献的经济专业人员，可适当放宽学历、资历等条件限制，建立职称评审绿色通道。对长期在艰苦边远地区和基层一线工作的经济专业人员，重点考察其实际工作业绩，适当放宽学历和科研能力要求，引导经济专业人员在基层一线建功立业。

（四）促进职称评价与人才使用有效衔接。

1. 促进经济专业人员职称评价与使用相结合。实现职称评价与人员聘用、考核、晋升等用人制度相衔接，做到因事设岗、按岗择人、人岗相适。建立健全经济专业人员考核制度，加强聘后管理，在岗位聘用中实现人员能上能下。

2. 加强高级职称评审服务平台建设。鼓励各地、各有关部门建立完善经济系列高级职称评审服务平台，减少各类证明材料，简化审核程序，规范评审工作流程，提高评审工作效率，提供便捷服务。

（五）强化监督管理。

1. 加强职称评价监管。各省（自治区、直辖市）人力资源社会保障部门要加强对经济专业人员职称工作的指导和监管，确保评价公开透明、公平公正。考试机构安全风险管控不力的，要严肃追责。不能正确行使评审权、不能确保评审质量的，要暂停评审工作、责令进行整改，直至收回评审权。

2. 探索建立职称申报评审诚信档案和失信黑名单制度。参评人员、工作人员、评审专家等有弄虚作假、暗箱操作等违法违规行为的，违规记录纳入信用信息共享平台，按专业技术人员信用信息管理有关规定实施联合惩戒。受到党纪、政务、行政处分的经济专业人员，在影响期内不得申报职称评审。

三、组织实施

（一）加强组织领导。经济专业人员职称制度改革是分类推进职称制度改革的重要内容，政策性强、涉及面广，各省（自治区、直辖市）人力资源社会保障部门要高度重视，加强领导，明确责任，与行业主管部门密切配合，确保经济专业人员职称制度改革平稳推进。各地在改革中要及时总结经验，出现新情况、新问题要及时研究解决，妥善处理好改革、发展和稳定的关系。

（二）稳慎推进改革。各省（自治区、直辖市）人力资源社会保障部门要结合本地区实际，落实好各项改革举措。对改革前各地自行试点评审的经济专业人员正高级职称，要按规定通过一定程序进行确认，具体办法由各地、各有关部门和单位另行制定。各层级职称评审工作严格按照本意见规定进行，不得随意降低评价标准条件、擅自扩大评审范围。

（三）做好宣传引导。各省（自治区、直辖市）人力资源社会保障部门要加强宣传引导，搞好政策解读，充分调动经济专业人员的积极性，引导广大经济专业人员积极支持和参与，营造有利于经济专业人员职称制度改革的良好氛围。

本指导意见适用于在企业、事业单位、社会团体、个体经济组织等组织中从事经济相关工作的专业技术人员。

附件：经济专业人员职称评价基本标准条件

2019年6月13日

附件

经济专业人员职称评价基本标准条件

一、遵守中华人民共和国宪法和法律法规，贯彻落实党和国家方针政策。

二、具有良好的职业道德、敬业精神。

三、热爱本职工作，认真履行岗位职责，按照要求参加继续教育。

四、经济专业人员申报各层级职称，除必须达到上述基本条件外，还应分别具备以下条件：

（一）助理经济师

1. 具有较系统的经济专业理论知识和业务技能。

2. 能够独立地对专项经济活动进行分析综合，提出建设性的意见。

3. 具备国家教育部门认可的高中毕业（含高中、中专、职高、技校）以上学历。

（二）经济师

1. 具有系统的经济专业理论知识，能够理解和正确执行国家有关方针、政策。

2. 有较丰富的经济工作实践经验，能够独立地解决较复杂的业务问题。

3. 工作业绩良好，取得一定的成果或经济效益。

4. 具备博士学位；或具备硕士学位，从事相关专业工作满1年；或具备第二学士学位或研究生班毕业，从事相关专业工作满2年；或具备大学本科学历或学士学位，从事相关专业工作满4年；或具备大学专科学历，从事相关专业工作满6年；或高中毕业或中等专业学校毕业，取得经济系列初级职称，从事相关专业工作满10年。

（三）高级经济师

1. 系统掌握经济工作专业理论、方法、技巧和相关政策法规。

2. 能够设计实施经济项目或经济活动方案，推动经济活动有序合规展开。

3. 工作业绩较为突出，能够指导助理经济师、经济师等参与经济工作的各类从业人员合理合规开展工作。

4. 有较强的理论研究能力，能够开展经济工作政策、实务研究，创新经营管理理念和专业方法。

5. 具备博士学位，取得经济师职称后，从事与经济师职责相关工作满2年；或具备硕士学位，或第二学士学位或研究生班毕业，或大学本科学历或学士学位，取得经济师职称后，从事与经济师职责相关工作满5年；或具备大学专科学历，取得经济师职称后，从事与经济师职责相关工作满10年。

（四）正高级经济师

1. 具有系统、深厚的专业理论和实务经验，熟悉与本专业相关的法律、法规或经济政策。

2. 熟练运用经济工作专业理论、方法、技巧和相关政策法规，高标准组织设计、实施和评估经济项目或活动方案，提升经济运行水平。

3. 工作业绩突出，能够指导助理经济师、经济师、高级经济师等参与经济工作的各类从业人员高效合规地开展工作，并通过专业督导，改进工作方法，提高本行业职业能力水平。

4. 具有较强的综合分析能力和解决经济

活动中重大疑难问题的能力，能够针对具体经济问题，开展经济工作政策、理论与实务研究，创新经济经营管理理念和专业方法，为本行业（地区、部门）的经营管理政策的制定提出建设性意见。

5. 一般应具备大学本科及以上学历或学士以上学位，取得高级经济师职称后，从事与高级经济师职责相关工作满5年。

五、参加高级经济师、正高级经济师评审的经济专业人员，从事经济工作近五年内，满足以下条件之一的，同等条件下可予以优先考虑：

（一）主持大中型企业的中外投融资、企业改制、兼并重组、管理创新等项目，达到预期目标；

（二）主持省部级及以上基础设施建设项目设计、技术改造方案论证、可行性评估等，得到成功实施；

（三）主持制定的重点行业规划、重要经济政策规章、重大行业标准等，经主管部门批准或采纳，颁布实施后取得了良好的经济效益和社会效益；

（四）主持完成在经济领域内具有重大影响、得到有效应用的研究报告、项目报告、行业标准、发展规划等代表性成果；

（五）主持完成的经济领域相关研究项目、研究报告等，被省部级及以上单位采纳，并转化为实施方案；

（六）主持或作为主要成员参与政府或社会组织开展的重大经济活动，取得显著成绩；

（七）主持完成的经济研究成果获省部级及以上奖励；

（八）出版的本专业学术著作或发表的专业论文，在经济领域产生较大影响，受到同行专家公认。

人力资源社会保障部 国家发展改革委 工业和信息化部 财政部 民政部 国务院国资委 能源局 全国总工会关于切实做好化解过剩产能中职工安置工作的通知

人社部发〔2019〕56号

各省、自治区、直辖市及新疆生产建设兵团人力资源社会保障厅（局）、发展改革委、工业和信息化主管部门、财政厅（局）、民政厅（局）、国资委（局）、能源局、总工会，有关中央企业：

近年来，各地区、各有关部门坚持以习近平新时代中国特色社会主义思想为指导，全面贯彻党中央、国务院决策部署，稳妥推进去产能职工安置工作，为顺利推进供给侧结构性改革、维护职工合法权益、确保社会和谐稳定作出了重要贡献。与此同时，供给侧结构性改革持续深化，做好职工安置工作仍是其中一项重要内容。为切实做好去产能职工安置工作，现就有关事项通知如下：

一、明确工作重点任务。2019年职工安置工作重点对象包括：2019年有关地区去产能任务涉及的分流职工，前期结转的未分流职工，前期分流安置后仍处于失业状态的人员。同时，要配合做好深化供给侧结构性改革重点工作涉及的职工分流工作。

二、做好实名信息管理。各地要继续做好分流职工基础台账，及时将信息录入职工安置实名制信息系统，动态跟踪分流安置进展。根据去产能计划任务锁定涉及职工分流安置的企业，通过实地调查、电话抽查、社保数据比对、用工凭证或工资发放记录核查等，对企业填报的职工信息进行摸底核实。对联系不上的职工，指导企业通过张贴公示、登报声明、上网公告等方式主动联系，并将有关情况报本地区人力资源社会保障部门核查备案。人力资源社会保障部将加强信息比对分析，确定职工动态并定期反馈地方，各地要及时联系跟进并做好服务工作。

三、妥善分流安置职工。有去产能任务和存在结转未分流职工的地区，要坚持企业主体、地方组织、依法依规，强化部门协调，指导督促企业依法制定并落实职工安置方案，妥善做好劳动关系处理和社会保险关系接续，进一步加大对企业内部分流职工的支持力度，畅通分流渠道。对因欠薪欠保等负担较重导致分流安置进度滞后的企业，督促企业及所属集团公司承担主体责任，推动上级集团公司加强专项支持，努力拓宽多元化筹资渠道，深入了解和耐心倾听职工诉求，主动细致开展思想工作，妥善有序推动问题解决。对分流职工较多、接续产业缺乏的困难地区，进一步加大就业创业攻坚力度，加强岗位信息定向推送和专场招聘，积极开展有组织劳务对接，强化针对性帮扶措施，适当加大奖补资金支持力度，积极稳妥推进职工分流安置工作。

四、巩固前期安置成果。各地要密切关注已分流安置职工情况，主动跟进、分类施策，着力提升职工安置质量。对内部分流后稳定性差甚至面临下岗失业的职工，主动对接相关企业，掌握职工技能水平、就业需求等情况，提供针对性就业服务，并按规定开展补贴性技能提升培训和转岗培训。对已经内退但面临生活费发放难的职工，督促企业强化责任意识，依法履行职工安置方案要求，确保生活费按时足额发放。对奖补资金已有支持但拒不履行法定义务、严重损害职工权益的，依法依规追究相关人员责任。对前期安置后仍处于失业状态的职工，及时办理失业登记，提供公共就业服务，纳入常住地就业创业政策扶持体系，促进其及早再就业。

五、强化兜底保障力度。各地要对符合条件的失业人员，按规定落实好失业保险待遇，简化优化发放程序。对符合条件的在岗职工、下岗职工和失业人员，及时纳入最低生活保障、临时救助和工会帮扶救助等范围。对符合就业困难人员条件的失业人员，及时纳入就业援助范围，落实好企业吸纳、灵活就业社保补贴政策，对确实难以市场化就业的，合理开发公益性岗位予以优先安置。

六、妥善化解矛盾风险。各地要切实增强底线思维，通过实地摸查、工作调度、舆情收集和信访分析等，全面排查职工分流安置过程中的风险隐患，深入跟踪分流职工思想动态，及时捕捉苗头性、倾向性问题，做好分析预判和应对准备。对可能出现的因规模性失业、劳动关系处理、社会保险关系接续等引发的突发事件，进一步建立健全预防和应急处置机制，做好政策解释和思想疏导，稳妥采取处置措施，努力把矛盾化解在萌芽状态。对职工身份界定难、安置结果攀比等问题，主动倾听职工诉求，合理的尽可能予以满足，不合理的做好引导解释，依法依规办事，力争把问题解决在基层。切实加强舆论引导，主动发声回应社会关切，着力防范化解利用职工分流安置炒作敏感事件，稳定社会预期。

七、健全长效工作机制。各地要全面梳理总结近年来去产能职工分流安置的工作经验，评估政策实施效果，配合做好深化供给侧结构性改革、国资国企改革、"僵尸企业"出清等过程中的职工分流工作。进一步健全企业主体、地方组织、部门协调的责任机制，强化去产能和职工安置工作同研究、同部署、同推动、同考核的联动机制，构建将职工安置纳入督查、激励、资金清算等工作重要依据的激励问责机制，形成经济政策与社会政策的协调联动。

各地要切实提高思想认识，坚持把职工安置作为化解过剩产能工作的重中之重，加强组织领导，落实工作责任，稳妥推进职工分流安置，切实保障职工合法权益。同时，为掌握职工分流安置进展情况，请各地人力资源社会保障部门认真填报2019年去产能职工安置计划表（附件1）、2019年职工安置进展情况表（附件2）、前期结转未分流职工安置进展情况表（附件3，仅吉林、山西、山东、陕西4省填报），第一次报送时间为7月19日，之后每季度初前5个工作日内上报。

附件：
1. 2019年去产能职工安置计划表（略）
2. 2019年职工安置进展情况表（略）
3. 前期结转未分流职工安置进展情况表（略）

2019年6月25日

人力资源社会保障部 教育部 公安部 财政部 中国人民银行关于做好当前形势下高校毕业生就业创业工作的通知

人社部发〔2019〕72号

各省、自治区、直辖市及新疆生产建设兵团人力资源社会保障厅（局）、教育厅（委、局）、公安厅（局）、财政厅（局），中国人民银行上海总部、各分行、营业管理部、各省会（首府）城市中心支行、各副省级城市中心支行，部属各高等学校、部省合建各高等学校：

促进高校毕业生就业创业，关系经济持续健康发展、民生改善和社会大局稳定。今年高校毕业生人数再创新高，促进就业任务更加繁重，必须高度重视。各地要以习近平新时代中国特色社会主义思想为指导，全面贯彻党中央、国务院关于稳就业的决策部署，落实就业优先政策，把高校毕业生就业作为重中之重，深入实施高校毕业生就业创业促进计划和基层成长计划，拓渠道、优服务、强保障，确保就业水平总体稳定、就业局势基本平稳。现就有关工作通知如下：

一、积极拓宽就业领域

（一）支持多渠道就业。鼓励高校毕业生到基层就业，对艰苦边远地区县以下基层单位服务期满并考核合格的基层服务项目人员，可通过直接考察的方式择优聘用到服务地乡镇事业单位。对小微企业吸纳离校2年内未就业高校毕业生就业的，按规定给予社会保险补贴。对离校2年内未就业高校毕业生灵活就业的，按规定给予社会保险补贴。

（二）鼓励创业带动就业。加强创新创业教育，在符合学位论文规范要求的前提下，允许本科生用创业成果申请学位论文答辩。将创业培训向校园延伸，提升大学生创新创业能力。放宽创业担保贷款申请条件，对获得市级以上荣誉称号以及经金融机构评估认定信用良好的大学生创业者，原则上取消反担保。支持高校毕业生返乡入乡创业创新，对到贫困村创业符合条件的，优先提供贷款贴息、场地安排、资金补贴。支持建设大学生创业孵化基地，对入驻实体数量多、带动就业成效明显的，给予一定奖补。

二、大力加强就业服务

（三）提前启动信息交接。教育部门和人力资源社会保障部门要在高校毕业生离校时，同步启动有就业意愿的未就业毕业生实名信息交接工作，7月底前全面完成，并确保高校毕业生个人基本信息完整和信息安全。完善实名信息服务系统，有条件的地方要建立部门信息共享的高校毕业生就业管理服务平台，及时记载就业状况、政策服务落实等内容，实现动态管理。人力资源社会保障部门要对离校未就业高校毕业生实施实名制服务，有针对性地提供岗位信息、职业指导、培训见习等服务措施。

高校要持续为离校未就业高校毕业生提供就业信息和指导等服务，及时通知他们参加线上线下校园招聘，各院系也要主动与他们联系，推荐岗位信息。

（四）强化针对性职业指导。高校要加强学生职业生涯发展教育，对低年级学生着重进行职业生涯启蒙，对高年级学生着重提升职业素质和求职技能。将组织毕业生参观公共就业创业服务机构、企业和创业园区纳入就业指导课程实践，开展模拟求职、现场观摩、职业体验等活动，增强其职业认知和职业能力。人力资源社会保障部门会同教育部门统筹资源，建立职业指导师联系毕业班制度，每个班指定一名职业指导师，讲解就业形势政策、求职方法，加强就业观念引导，促进毕业生积极就业、理性择业。加强深度贫困地区高校毕业生职业指导工作。

（五）着力推进精准服务。教育部门和高校要及时向社会发布高校毕业生相关信息，组织分层次、分类别、分行业的校园招聘活动。人力资源社会保障部门要组织公共就业人才服务进校园，将本地政策清单、服务清单、服务机构联络清单向毕业生普遍推送。加强就业信息精准投放，运用大数据技术促进供需智能匹配。对公共就业创业服务机构和高校开展的招聘活动和创业服务，按规定给予一定补贴。将留学归国人员、港澳台青年全面纳入公共就业人才服务体系，同等提供就业创业服务。

（六）充分发挥人力资源市场作用。健全统一规范、竞争有序的人力资源市场，大力发展人力资源服务业，支持发展专业化、行业化人力资源服务机构，更好满足高校毕业生多元化服务需求。落实政府购买服务机制，支持符合条件的人力资源服务机构为高校毕业生提供专场招聘、就业创业指导等公共就业创业服务。建立健全人力资源市场供求信息发布制度，及时发布职业供求、市场工资指导价位等信息，编制本地区急需紧缺人才目录并加大宣传推介，提高人力资源市场供求匹配效率。

（七）加大职业技能培训力度。将有培训需求的高校毕业生纳入职业技能提升行动，对接就业意向和重点行业领域发展需要，提供有针对性的培训项目，提升专业技能水平和社会适应能力，按规定落实职业培训补贴政策。对其中的建档立卡贫困家庭、城乡低保家庭、零就业家庭高校毕业生，按规定给予一定生活费补贴。启动"学历证书+若干职业技能等级证书"制度试点，鼓励职业院校和应用型本科高校学生在获得学历证书的同时，积极取得多个职业技能等级证书，拓展就业创业本领。

三、强化就业权益保护

（八）简化就业手续。省会及以下城市要全面放开对高校毕业生、职业院校毕业生、留学归国人员的落户限制，精简落户凭证，简化办理手续。各高校可根据实际情况决定是否安排毕业体检，有条件的地方可建立入职定点体检和体检结果互认机制，尽力避免手续繁琐、重复体检。

（九）加强招聘领域监管。加强对用人单位和人力资源服务机构招聘行为监管，禁止招聘信息发布中含有性别、民族等歧视性内容。指导用人单位根据招聘岗位需求合理制定招聘条件，对同等学历不同培养方式的高校毕业生提供同等就业机会。健全多部门执法联动机制，严肃查处"黑中介"、虚假招聘、违规检测乙肝项目等违法行为，严厉打击以求职、就业、创业为名义的信贷陷阱和传销、诈骗等违法犯罪活动，依法保护高校毕业生就业权益。

（十）规范就业签约。高校要严格执行"四不准"规定，不准以任何方式强迫毕业生签订就业协议和劳动合同，不准将毕业证书、学位证书发放与毕业生签约挂钩，不准以户档托管为由劝说毕业生签订虚假就业协议，不准将毕业生顶岗实习、见习证明材料作为就业证明材料。人力资源服务机构不得参与签订不实就业协议。就业协议签订过程中，用人单位不得签订虚假就业协议，不得出具虚假用人证明，不得随意违约。加强高校毕业生就业统计核查，健全就业状况反馈、评估机制，真实反映就业情况。

四、全力做好兜底保障

（十一）扩大就业见习规模。全面推进三年百万青年见习计划，及时摸排锁定有见习需求的高校毕业生和失业青年，有针对性地开发见习岗位，做好见习服务对接，帮助他们获得岗位实践机会。承担援藏援疆援青任务的省市要根据受援地见习对象需求，组织一批人员到内地见习。对见习期满留用率达到50%以上的见习单位，适当提高见习补贴标准。

（十二）扎实做好困难帮扶。将求职创业补贴对象范围扩大到中等职业学校（含技工院校）符合条件的困难毕业生，补贴时限从目前的毕业年度调整为毕业学年，补贴发放工作在毕业学年10月底前完成。对民办高校毕业生符合条件的，要确保同等享受政策。人力资源社会保障、教育和财政部门要做好政策申办、凭证简化、资金安排等工作，确保补贴按时发放到位。对建档立卡贫困家庭、残疾毕业生以及就业困难少数民族毕业生、长期失业青年实施"一对一"援助，量身定制求职就业计划，在深度贫困地区开展送岗位上门活动，集中帮扶高校毕业生就业。

五、狠抓工作责任落实

（十三）强化组织领导。各地要坚持以人民为中心的发展思想，把做好高校毕业生就业创业工作作为重要政治责任，健全就业工作目标责任制，层层抓好落实。人力资源社会保障部门要加强统筹谋划，协调各有关方面推动工作落地，及时解决工作中遇到的困难和问题。教育部门和高校要认真落实就业工作"一把手"工程，保障"机构、场地、人员、经费"四到位。公安、财政、银行等部门和单位要发挥职能优势，密切协作，合力促进高校毕业生就业创业。

（十四）抓好政策落实。加强就业创业政策宣传解读，运用年轻人喜闻乐见的方式，帮助高校毕业生知晓政策、用好政策。全面精简政策凭证，凡可联网查询或承诺保证事项，一律不再要求申请人出具证明。加快政策申请、审核、发放全程信息化，确保政策及时兑现。综合运用人力资源市场供求监测、大数据分析等手段，密切跟踪经济运行变化对高校毕业生就业的影响，及时采取有针对性的政策措施。

（十五）加强宣传引导。各地要深入学习贯彻习近平总书记关于新时代青年成长成才的重要论述，教育引导高校毕业生坚定爱国主义理想信念，把职业选择与国家发展相结合，面向祖国最需要的地方和基层一线建功立业。培育弘扬奋斗精神、劳动精神、工匠精神，树立一批就业创业先进典型。加强舆情监测和舆论引导，主动回应社会关切，稳定就业预期，营造关心支持高校毕业生就业创业的良好氛围。

2019年7月3日

人力资源社会保障部
关于做好技工院校招生工作的指导意见

人社部发〔2019〕76号

各省、自治区、直辖市及新疆生产建设兵团人力资源社会保障厅（局）：

为进一步加强技能人才培养工作，大力发展技工教育，现就做好技工院校招生工作提出如下意见。

一、总体要求

（一）指导思想

坚持以习近平新时代中国特色社会主义思想为指导，全面贯彻落实《国家职业教育改革实施方案》（国发〔2019〕4号）和《职业技能提升行动方案（2019—2021年）》（国办发〔2019〕24号），把发展技工教育作为缓解技能人才短缺和促进就业创业的重要举措，鼓励广大青年、各类劳动者及未就业人员就读技工院校、参加职业技能培训，着力培养高素质技能人才，为全面建成小康社会提供有力支撑。

（二）目标任务

要保持技工院校招生规模总体稳定。稳定全日制招生，扩大非全日制招生，通过拓展招生范围、降低招生门槛、采用弹性学制等方式，确保全国技工院校每年学制教育招生人数稳定在120万人以上，2019年全国技师学院力争扩招20万人，非全日制招生实现普遍增长。加强职业培训招生，鼓励技工院校积极参与职业技能提升行动，承担更多的职业技能培训任务，稳步扩大职业技能培训规模，提高培养质量，健全培养体系。技师学院主要承担高级工、预备技师（技师）培养任务，高级技工学校主要承担中级工、高级工培养任务，普通技工学校主要承担初级工、中级工培养任务。

二、扩大招生规模

（一）统筹招生工作，层层落实责任

各地要按照2019年人力资源社会保障事业发展规划要求，落实各省份技工院校招生计划，并做好任务分解工作。指导技工院校全力做好全日制、非全日制和职业培训等不同类型招生工作，科学制定招生方案，集中做好秋季招生和春季招生，鼓励开展提前招生工作。充分发挥技师学院招生主力军作用，提升技能人才培养层次，稳步提高高级工班和预备技师（技师）班招生比例。充分调动企业办、民办技工院校的积极性和主动性，按规定落实各项支持政策，积极扩大技工院校招生。经备案认可的技工院校可结合教学和职业技能培训，面向学生（学员）开展职业技能等级认定，支持学生（学员）取得相应职业技能等级证书。

（二）扩大招生对象，创新培养方式

各地要在本地区应届初高中毕业生的基础上，鼓励技工院校进一步扩大招生范围，积极面向往届初高中毕业生、贫困家庭子女及劳动力、高校毕业生、农民工、新型职业农民、企业在岗职工、待岗职工、退役军人、失业人员、灵活就业人员等各类群体广泛开展招生工作。放宽招生年龄限制，允许所有有提升技能意愿的人员就读技工院校，实现应招尽招。破除报考障碍，尽量简化报考材料和报考程序，减少现场核验环节。要区分全日制、非全日制招生和职业培训等不同培养方式，分类编制技能人才培养方案。鼓励技工院校针对不同群体开设教学点或单独编班，通过选修式模块化教学、开发远程网络教学系统等方式，进行学分制和弹性学制的探索实践。

（三）采取多种招生方式，拓展招生渠道

各地要指导技工院校加强区域合作，鼓励优质技工教育教学资源通过联合办学等方式支持欠发达技工学校，提升整体办学水平。技工院校经当地人力资源社会保障部门审批或备案同意可以设立分校、教学点以及与其他院校开展校校合作办学。要指导技工院校采用订单培养、委托培养等方式，做好订单班、定向班招生工作，要将受外贸影响较大的企业作为联合培养人才的重点，加强校企合作。要鼓励技工院校面向不同招生群体采取社会招生、扶贫招生等多种招生方式。

（四）落实职业技能提升行动，做好职业培训招生

各地要指导技工院校面向城乡各类劳动者，大规模开展以就业技能培训、岗位技能提升培训和创业培训为主要形式的职业培训，积极参与职业技能提升行动，承担高校毕业生技能就业行动、"春潮行动"、新生代农民工职业技能提升计划、失业人员和转岗职工特别职业培训计划、返乡农民工等人员创业培训计划等政府补贴性培训和企业职工培训任务，发挥好技工院校在职业技能提升行动中的重要作用。技工院校要把全面推行企业新型学徒制作为非全日制招生或职业培训招生的重点，鼓励企业与技工院校共同培养学徒。

三、加强规范管理

（一）加强招生资质核查，做好招生简章备案

各省级人力资源社会保障部门要做好本地区技工院校招生资质核查工作，及时向社会公布核查合格、当年具备全日制技工教育招生资质的技工院校名录。各地要加大对技工院校招生简章的检查力度，实行招生简章审核备案制度，招生简章中需明确学校性质、招生专业、办学层次、授课形式、学费标准、学籍管理等内容。招生简章要及时向社会公布。

（二）做好招生信息公示工作，加大监管力度

各地要进一步严肃招生纪律，规范招生秩序，严格落实招生信息公开职责。各省级人力资源社会保障部门网站要设立专栏对全省范围内所有技工院校招生简章进行公示并积极宣传。要设立并公布技工院校招生监督电话，及时宣传解释政策，加大对违规招生、虚假宣传等违法违规行为的查处力度，做到发现一起、查处一起、曝光一起，并按规定严肃问责。

（三）加强学籍管理，做好新生注册工作

技工院校实行全日制和非全日制学制教育学籍分类注册、分别管理制度。各地要按照技工院校学生学籍管理有关规定，制定和完善学籍管理制度，规范全日制学制教育学籍注册和日常管理工作流程，明确非全日制学制教育的对象范围、学制形式、考试考评等内容。加强对技工院校学籍管理工作的监督指导，做到专人负责、管理和操作。指导各地做好新生学籍电子注册工作，把网上审核和现场核实相结合，确保电子学籍注册信息真实准确。对不具备办学资质的学校和未经所在地人力资源社会保障部门审批设立的分校、教学点，以及未在所在地人力资源社会保障部门备案的合作办学学校招录的学生不得注册学籍。

四、强化工作保障

（一）加强组织领导，完善工作机制

各地要高度重视技工院校招生工作，把技工院校招生作为推动地区就业稳定、做好技能人才储备的重要工作。各级人力资源社会保障部门要建立分管领导直接组织、职业能力建设处（技工院校管理处）牵头开展、相关单位共同参与的工作机制，为做好技工院校招生工作提供组织保障。要将技工院校招生工作完成情况作为各级人力资源社会保障部门工作考核评估的重要内容。

（二）立足职能职责，落实支持政策

各地要立足就业创业、职业培训、技能评价、教师招聘、职称评聘、绩效工资、考核表彰、社会保障、劳动关系等职能职责，大力促进技工教育发展。要积极培育技工院校成为职业技能培训评价组织，面向本校学生等人员开展职业技能等级认定；鼓励支持企业和第三方培训评价机构为技工院校毕业生提供职业技能评价服务。要加强工作协调，与有关部门一道落实技工院校纳入招生平台工作、按同级职业院校落实生均拨款标准等工作。支持有条件的省份制定地方资助政策，进一步扩大免学费和助学金的覆盖范围。支持有条件的地方和技工院校设立招生工作专项经费，专款用于招生工作。

（三）做好招生宣传，提高技工院校吸引力

要将技工院校招生工作纳入人力资源社会保障部门日常宣传工作中，在基层劳动保障工作平台和公共就业服务机构设置招生平台，主动向农民工、失业人员等各类群体进行招生宣传，做好生源摸底、报名动员等工作。要充分利用世界青年技能日、世界技能大赛、国家扶贫日等重要活动节点，创新宣传形式，突出宣传重点，做好集中宣传和日常宣传，鼓励技工院校联合中小学开展劳动和职业启蒙教育，将动手实践内容纳入中小学相关课程和学生综合素质评价，进一步营造劳动光荣、技能宝贵、创造伟大的社会氛围，吸引更多人就读技工院校。

2019年7月22日

人力资源社会保障部 最高人民法院 中华全国总工会 中华全国工商业联合会 中国企业联合会/中国企业家协会 关于实施"护薪"行动全力做好拖欠农民工工资争议处理工作的通知

人社部发〔2019〕80号

各省、自治区、直辖市人力资源社会保障厅（局）、高级人民法院、总工会、工商业联合会、企业联合会/企业家协会，新疆生产建设兵团人力资源社会保障局、新疆维吾尔自治区高级人民法院生产建设兵团分院、工会、工商业联合会、企业联合会/企业家协会：

为根治拖欠农民工工资问题，切实解决劳动争议处理过程中调解结案难、调查取证难、裁审衔接难等问题，完善协商、调解、仲裁、诉讼相互协调、有序衔接的多元处理机制，依法保障农民工劳动报酬权益，决定实施"护薪"行动。现就有关事项通知如下：

一、进一步做好拖欠农民工工资争议预防协商工作

（一）加强拖欠农民工工资争议预防工作。创新发展"枫桥经验"，加大农民工工资支付法律法规宣传力度，增强用人单位法治意识和农民工依法维权意识。推动用人单位加强对农民工的人文关怀，做好农民工心理疏导工作。指导企业与农民工建立多种形式的对话沟通机制。推行劳动争议仲裁建议书、司法建议书制度，积极引导用人单位依法履行按时足额支付农民工工资义务。

（二）引导用人单位与农民工通过协商解决争议。指导用人单位完善协商规则，积极探索建立内部申诉和协商回应制度。对出现拖欠农民工工资争议的用人单位，积极引导争议双方当事人开展协商，达成和解。工会组织要切实发挥在争议协商中的作用，有效维护农民工合法权益。

二、进一步加强拖欠农民工工资争议调解工作

（一）充分发挥基层劳动争议调解组织作用。积极引导农民工通过调解方式解决争议。指导企业劳动争议调解委员会、乡镇（街道）和工会、行业商（协）会设立的劳动争议调解组织积极参与拖欠农民工工资争议调解工作。根据案件实际情况，提出灵活有效的调解意见，引导当事人选择一次性支付、分期支付等调解方案。加强乡镇（街道）劳动争议调解组织的队伍建设和基础保障，充分发挥其在劳动争议调解中的主渠道作用。

（二）加强调解与仲裁、诉讼衔接。建立健全劳动争议调解组织与劳动人事争议仲裁委员会（以下简称仲裁委员会）信息互通机制。调解成功的案件，调解组织要结合实际引导当事人进行仲裁审查确认。符合受理条件的，仲裁委员会要当场受理，并自受理之日起三个工作日内完成审查工作；调解不成的案件，调解组织要及时引导当事人进入仲裁程序，可探索建立代收仲裁申请制度。依法落实支付令规定，农民工与用人单位因支付拖欠工资达成调解协议，用人单位在协议约定期限内不履行的，农民工可持调解协议书依法向人民法院申请支付令，人民法院要依法发出支付令。

（三）妥善调处拖欠农民工工资重大集体劳动争议。各地人力资源社会保障部门要制订拖欠农民工工资重大集体劳动争议处理应急工作预案，明确应急措施、程序和保障等基本要求。发生拖欠农民工工资集体劳动争议时，人力资源社会保障部门要会同工会、企业代表组织及时介入，主动约谈用人单位，依法促成和解或调解解决。要吸收擅长处理劳动争议的律师、专家学者等社会力量参与调解。

三、进一步提高拖欠农民工工资争议仲裁质效

（一）集中办结超审限拖欠农民工工资争议仲裁案件。各地人力资源社会保障部门要制订工作方案，组织辖区内仲裁委员会对2019年7月31日以前超审限未办结的拖欠农民工工资争议案件进行全面摸底排查，组织精干力量采取优先调解、优先开庭、优先裁决等措施加快办理。要通过倒排时间表、记账销号等方式加强督查督办，在保证办案质量的前提下，于2019年9月30日前全部办结，基本杜绝拖欠农民工工资争议案件超审限现象。各地要在10月15日前，将仲裁机构处理超审限拖欠农民工工资争议案件情况统计表（附件）报送人力资源社会保障部调解仲裁管理司。

（二）畅通拖欠农民工工资争议仲裁"绿色通道"。仲裁委员会要对拖欠农民工工资争议实行全程优先处理，对符合立案条件的，当天申请，当天立案，并在三个工作日内将仲裁庭组成人员、答辩、举证、开庭等事项一次性通知当事人。加强庭前调解，可设置专门庭前调解机构、配备专门调解人员，立案时同步开展调解。落实简易处理规定，对简单小额案件实行速裁制，有条件的地区可设置专门速裁庭。仲裁庭可通过经与被申请人协商同意缩短或者取消答辩期、采用简便方式送达有关仲裁文书等措施，将审限缩短至三十日内。

（三）增强拖欠农民工工资争议仲裁处理效果。对农民工因客观原因不能自行收集的证据，仲裁委员会可根据农民工的申请依法主动予以收集。对同时涉及拖欠工资和其他仲裁请求的案件，可引导农民工就工资请求先行调解，依法发挥终局裁决、先行裁决、先予执行等制度效能，提高拖欠农民工工资争议案件仲裁终结率。严格落实集体劳动争议仲裁处理的组庭、送达等规定，稳妥处理拖欠农民工工资重大集体劳动争议。对涉及劳动者人数较多、涉及金额较大、社会影响较广的案件，仲裁机构负责人要挂牌督办。

（四）加强拖欠农民工工资争议仲裁与诉讼衔接。人力资源社会保障部门要会同人民法院共同研究拖欠农民工工资争议处理的重点问题，形成类案指导口径，统一裁审法律适用标准。人民法院在审理拖欠农民工工资争议案件中，对仲裁庭已依法质询、质证的证据，除当事人有相反证据足以推翻的以外，可不再予以当庭质证；当事人在仲裁程序中已自认的事实，在审理中又予以否认的，人民法院一般不予支持；对当事人在仲裁程序中未依法提交或拒不提交的证据，除该证据与案件基本事实有关，人民法院可不予采纳。有条件的地区，仲裁委员会与人民法院可根据案件仲裁和审理需要，建立相互协助查证制度，以便及时调取、查证相关证据材料。积极推动和落实仲裁委员会与人民法院之间的案件保全、执行联动等裁审衔接工作机制建设，确定专人负责，做好案件材料传递、信息互通等工作。

四、进一步强化拖欠农民工工资争议案件审判执行工作

（一）完善拖欠农民工工资争议案件审理机制。各级人民法院要畅通立案"绿色通道"，及时审查受理拖欠农民工工资争议案件。农民工以用人单位的工资欠条为证据直接向人民法院起诉，诉讼请求不涉及劳动关系其他争议的，可视为拖欠劳动报酬纠纷，按照普通民事案件受理。审理中，根据诚实信用、公平原则合理分配举证责任，对符合法定条件的，人民法院要主动依职权调查。要积极运用和解、调解等方式，充分发挥简易程序和小额速裁机制及时、简便、快捷的功能，降低诉讼成本、提高诉讼效率、减少矛盾冲突、切实维护农民工的合法权益。同时，对符合先予执行法定条件的，要及时裁定先予执行。

（二）加大拖欠农民工工资争议案件执行力度。各级人民法院要将拖欠农民工工资争议案件作为重点民生案件纳入速执程序，优先安排人力、物力，用足、用尽执行措施。要规范裁审执行程序衔接，积极会同各级人力资源社会保障部门，进一步强化拖欠农民工工资争议案件仲裁裁决书、调解书的执行力度。对被执行人确无履行能力、农民工确有生活困难的，要根据当地司法救助规定，及时给予执行救助。

（三）落实拖欠农民工工资争议案件保全规定。切实落实最高人民法院有关办理财产保全案件的司法解释规定，对农民工追索工资案件申请财产保全的，一般不应要求担保；对当事人没有提出申请，但存在因用人单位转移、隐匿财产等可能导致仲裁裁决、判决等难以执行的，人民法院可依职权采取保全措施；对农民工在仲裁阶段提出财产保全申请的，人民法院要依法快速审查并及时作出裁定。

五、工作要求

（一）提高政治站位。做好拖欠农民工工资争议处理工作，关系到人民群众的切身利益，关系到社会和谐稳定，是实现社会公平正义的必然要求。要坚持人民立场，坚持人民主体地位，始终把人民放在心中最高的位置，深刻认识做好拖欠农民工工资争议处理工作的极端重要性和紧迫性，将其作为树牢"四个意识"、做到"两个维护"的重要检验和一项重大政治任务来抓，进一步压紧压实责任，强化组织保障，持续依法推进，确保政治效果、法律效果与社会效果相统一。要区分情况、分类指导，对用人单位法治意识不强的，加强教育引导；对因经营困难导致拖欠农民工工资的，要将稳就业、稳企业与根治拖欠农民工工资问题有效结合；对因政府部门或国有企业拖欠工程款引发拖欠农民工工资争议的，要协调有关部门推动问题解决。

（二）加强预警监测。深入研判拖欠农民工工资争议处理的工作形势，密切关注宏观经济环境变化、新业态新模式发展等对拖欠农民工工资争议处理工作的影响，主动采取应对措施，加强风险防控。拖欠农民工工资争议多发高发地区的乡镇（街道）劳动争议调解组织要对企业进行动态监测，定期开展预警排查，存在引发群体性事件风险的，要及时向所在县（市、区）人力资源社会保障部门报告，积极采取措施防范化解。

（三）健全协同机制。根据劳动争议仲裁、劳动保障监察职责特点和优势，按照有利于及时有效维护农民工合法权益原则，引导农民工依法理性选择维权方式。仲裁机构要与劳动保障监察机构加强协调配合，完善信息共享、事实互认、情况会商、协调处置等联动工作机制，有条件的地区可实行一站受理、首问负责、分类处理等制度。进一步加强人力资源社会保障部门、人民法院、工会、企业代表组织间的沟通协调，形成齐抓共管、各负其责、互动有力的工作局面，适时对辖区内相关部门的职能发挥、工作机制落实等情况开展监督检查。

（四）做好便民服务。要积极推行流动仲裁、巡回审判等改革举措，方便农民工就近就

地维权。加强"互联网+调解仲裁"服务平台建设，发挥人民法院互联网诉讼服务优势，加强线上线下服务对接，更好为农民工提供"零跑腿"、"网上办"等服务。进一步加强调解仲裁行风建设，加快建设现代化诉讼服务体系，不断创新服务方式、提高服务水平，为农民工提供更加公开透明、高效便捷的维权服务。

（五）加强宣传引导。加强正面宣传和舆论引导，重点宣传拖欠农民工工资争议处理工作经验做法，特别是做好典型案例宣传，发挥"处理一案、警示一片"作用，为做好拖欠农民工工资争议处理工作营造良好的舆论氛围。

附件：仲裁机构处理超审限拖欠农民工工资争议案件情况统计表（略）

2019年7月26日

人力资源社会保障部关于印发《城乡居民基本养老保险经办规程》的通知

人社部发〔2019〕84号

各省、自治区、直辖市及新疆生产建设兵团人力资源社会保障厅（局）：

为贯彻落实党中央、国务院深化"放管服"改革精神，进一步为城乡居民提供更加方便快捷的服务，我部对原有的城乡居民基本养老保险经办规程进行了修订。现将修订后的《城乡居民基本养老保险经办规程》印发给你们，请认真贯彻落实。

2019年8月13日

城乡居民基本养老保险经办规程

第一章 总 则

第一条 按照党中央、国务院深入推进"放管服"改革精神，根据《国务院关于建立统一的城乡居民基本养老保险制度的意见》（国发〔2014〕8号，以下简称《意见》），为确保城乡居民基本养老保险（以下简称城乡居民养老保险）经办管理服务工作顺利实施，实现业务操作规范、方便、快捷，制定本规程。

第二条 城乡居民养老保险经办包括参保登记、保险费收缴衔接、基金申请和划拨、个人账户管理、待遇支付、保险关系注销、保险关系转移接续、基金管理、档案管理、统计管理、待遇领取资格确认、内控稽核、宣传咨询、举报受理等。

社会保险经办机构（以下简称社保机构）、乡镇（街道）事务所（中心、站）〔以下简称乡镇（街道）事务所〕、行政村（社区）村（居）民委员会协办人员〔以下简称村（居）协办员〕办理城乡居民养老保险事务适用本规程。

第三条 城乡居民养老保险实行属地化管理，社保机构、乡镇（街道）事务所具体经办，村（居）协办员协助办理。

第四条 省、自治区、直辖市及新疆生产建设兵团（以下简称省）和地市社保机构负责组织指导和监督考核本地区城乡居民养老保险经办管理服务工作，配合财政部门做好财政补助资金的结算和划拨工作；依据本规程制定本地区城乡居民养老保险业务经办管理办法；依据工作需要和制度规定参与制定本地区城乡居民养老保险基金财务管理办法和基金会计核算办法实施细则；制定本地区城乡居民养老保险内部控制和稽核制度，组织开展内部控制和稽核工作；规范、督导城乡居民养老保险待遇发放和社会化管理服务工作；编制、汇总、上报本级城乡居民养老保险基金预算和决算、财务和统计报表；推进建设统一的城乡居民养老保险经办管理信息系统（以下简称信息系统），负责城乡居民养老保险个人权益记录管理和数据应用分析工作；组织开展人员培训；负责个人账户结余基金归集和上解等工作。

县（市、区、旗，以下简称县）社保机构负责城乡居民养老保险的参保登记、保险费收缴衔接、基金申请与划拨、基金管理、个人账户建立与管理、待遇核定与支付、保险关系注销、保险关系转移接续、待遇领取资格确认、内控管理、档案管理、个人权益记录管理、数据应用分析以及咨询、查询和举报受理，编制、上报本级城乡居民养老保险基金预算和决算、财务和统计报表，并对乡镇（街道）事务所的业务经办工作进行指导和监督考核，组织开展人员培训等工作（地市社保机构直接经办城乡居民养老保险业务的参照执行，下同）。

乡镇（街道）事务所负责参保资源的调查和管理，对参保人员的参保资格、基本信息、待遇领取资格及关系转移资格等进行初审，将有关信息录入信息系统，并负责受理咨询、查询和举报、政策宣传、情况公示等工作。

村（居）协办员具体负责城乡居民养老保险参保登记、待遇领取、保险关系注销、保险关系转移接续等业务环节所需材料的收集与上报，负责向参保人员发放有关材料，通知参保人员办理补缴和待遇领取手续，并协助做好政策宣传与解释、待遇领取资格确认、摸底调查、居民基本信息采集和情况公示等工作。

第五条 城乡居民养老保险基金单独记账，独立核算，存入社会保障基金财政专户，专款专用，任何单位和个人不得挤占、挪用基金，基金结余按国家有关规定实现保值增值。

第六条 社保机构、乡镇（街道）事务所与村（居）协办员应提供方便快捷的城乡居民养老保险经办服务，包括互联网网上经办服务、自助服务和人工经办服务。互联网网上服务应进行实名验证。对行动不便的参保人员，社保机构、乡镇（街道）事务所与村（居）协办员应为其提供上门服务。

社保机构应当主动与公安、民政、卫生健康、残联、税务等部门共享数据，定期与以上部门的数据系统以及全民参保库等信息库进行数据比对（以下简称数据比对）。凡是能通过数据比对掌握的信息以及法律法规未规定由城乡居民提供的材料，社保机构不得要求城乡居民提供。

第二章　参保登记

第七条 社保机构、乡镇（街道）事务所与村（居）协办员应提供以下两种方式供城乡居民任意选择其一申请参加城乡居民养老保险：

（一）通过登录网站、自助终端、移动应用等互联网服务渠道（以下简称互联网服务渠道），上传有效身份证件、户口簿首页和本人页，填写《城乡居民基本养老保险参保登记表》（以下简称《登记表》）。

（二）携带有效身份证件和户口簿，通过户籍所在地的村（居）协办员或乡镇（街道）事务所或县社保机构等线下服务渠道（以下简称线下服务渠道）现场办理，乡镇（街道）事务所工作人员或村（居）协办员拍照上传相关信息或按规定时限将相关材料逐级上报。

第八条 县社保机构应通过数据比对等方式，对参保申请进行审核，并自收到参保申请之日起3个工作日内告知申请人审核结果。

审核通过的，县社保机构应同时在信息系

统中进行确认，留存《登记表》、有效身份证件、户口簿信息资料。

第九条 参保人员的性别、民族、居住地址、联系电话等参保登记信息发生变更时，县社保机构应允许参保人员本人通过互联网服务渠道或线下服务渠道直接填报最新信息进行变更，无需审核。

参保人员的姓名、出生日期、有效身份证件号码变更时，县社保机构应允许参保人员本人通过互联网服务渠道提出申请，填写新的《登记表》，上传变更后的有效身份证件办理变更或携带变更后的有效身份证件通过线下服务渠道现场办理变更。

第十条 县社保机构应通过数据比对等方式，对变更申请进行审核，并自收到变更申请之日起3个工作日内告知参保人员审核结果。审核通过的，应同时在信息系统中进行确认，留存新的《登记表》、有效身份证件信息资料。

第三章 保险费收缴衔接

第十一条 城乡居民养老保险费按年度缴纳，参保人员可自主选择缴费档次，确定缴费金额。

第十二条 社保机构应依据《国家税务总局办公厅 人力资源社会保障部办公厅关于印发〈社会保险费信息共享平台建设方案〉的通知》（税总办发〔2018〕123号）制定适应满足城乡居民养老保险费征收业务和数据交互需求的数据标准、业务和技术规范，开展人社部门信息共享平台的开发、部署及联调、运维等工作，并对共享平台的城乡居民养老保险数据质量管理、交换过程监控，保障参保登记信息的唯一性和有效性，保障数据交换的及时性、准确性、完整性。

第十三条 社保机构应在规定时限内向税务部门传递城乡居民养老保险参保登记数据、退费核验信息、退费信息、特殊缴费业务核定等信息，实现城乡居民养老保险费征收相关数据的省级集中交互。

第十四条 社保机构应在规定时限内接收税务部门传递的城乡居民养老保险费缴费明细数据、对账数据、特殊缴费业务入库反馈、退费申请等信息。

第十五条 社保机构应在涉及城乡居民养老保险费征收的业务稽核、统计分析、公共服务等方面，开展信息共享和业务协同。

第四章 个人账户管理

第十六条 县社保机构应为每位参保人员建立个人账户。

个人账户用于记录个人缴费、补助、资助、补贴及利息。

第十七条 县社保机构应依据税务部门传递的缴费详细数据，及时将个人缴费额和政府对个人缴费的补贴计入个人账户。

个人缴费、补助、资助按缴入国库时间记账，从次月开始计息。

第十八条 城乡居民养老保险个人账户的结息年度为每年的1月1日至12月31日。社保机构应于一个结息年度结束后对上年度的个人账户储存额进行结息。

第十九条 社保机构应当每年至少一次将参保人员的《城乡居民基本养老保险个人账户对账单》（以下简称《对账单》）通过政府网站或手机短信等多种方式告知本人，同时应提供互联网服务渠道或线下服务渠道供参保人员查询打印《对账单》。

第二十条 参保人员对个人账户记录有异议的，社保机构应允许参保人员通过线下服务渠道提供证据，提出核查申请。接到申请后，县社保机构应立即根据参保人员提供的证据开展核查，并及时告知参保人员处理结果。

第二十一条 个人账户储存额只能用于个人账户养老金支付，除出现本规程第三十七条有关情况外，不得提前支取或挪作他用。

第五章 待遇支付

第二十二条 县社保机构应定期查询即将达到待遇领取年龄的参保人员，通过数据比对生存状态、参保状态和缴费状态，调取权益记录，生成《城乡居民基本养老保险待遇领取告知书》（以下简称《告知书》），通过互联网服务渠道或线下服务渠道通知参保人员。

《告知书》应包括参保人员参保缴费情况、预估权益及待遇申领手续等信息。

第二十三条 县社保机构应允许达到待遇领取年龄的参保人员通过互联网服务渠道上传有效身份证件，提出待遇领取申请，或参保人员本人携带有效身份证件，通过线下服务渠道现场办理。

第二十四条 县社保机构应及时受理参保人员待遇领取申请，通过数据比对等方式，核实其领取城乡居民养老保险待遇资格。

对符合待遇领取条件的，县社保机构应自收到待遇领取申请之日起5个工作日内核定城乡居民养老保险待遇，生成《城乡居民基本养老保险待遇核定表》，供参保人员确认待遇计发标准。对不符合待遇领取条件的，应自收到待遇领取申请之日起5个工作日内告知原因。

第二十五条 参保人员对待遇计发标准有异议的，社保机构应允许参保人员通过线下服务渠道提供证据，提出核查申请。接到申请后，县社保机构应立即根据参保人员提供的证据开展核查。待遇计发标准有误的，县社保机构应及时重新核定待遇计发标准，并将核定结果反馈给参保人员，经参保人员确认后按新待遇标准发放待遇，并补（扣）发相应的历史待遇；待遇计发标准无误的，县社保机构应及时向参保人员说明核查结果。

第二十六条 社保机构应从参保人员符合待遇领取条件的次月开始发放城乡居民养老保险待遇。

第二十七条 县社保机构应根据待遇领取人员的待遇标准核定应发放的城乡居民养老保险待遇，按月通过信息系统生成《城乡居民基本养老保险待遇支付审批表》，送财政部门申请资金。

第二十八条 城乡居民养老保险待遇实行社会化发放。县社保机构应在待遇发放前2个工作日内将发放资金从支出户划拨至城乡居民养老保险待遇社会化发放协议服务金融机构（以下简称金融机构），并将待遇支付明细通过社银联网接口传输给金融机构。金融机构应在规定时间内将支付金额划入待遇领取人员社会保障卡银行账户，并通过社银联网接口实时传输资金支付明细给县社保机构。

第二十九条 县社保机构应对金融机构反馈的资金支付明细和支付回执凭证进行核对，核对无误后，在信息系统中进行支付确认处理，打印《城乡居民基本养老保险基金支付汇总表》（两联），并与金融机构当月出具的所有支付回执凭证进行核对，确保准确无误。对发放不成功的，社保机构应会同金融机构及时解决，并进行再次发放。

第三十条 待遇领取人员在领取待遇期间服刑的，县社保机构应参照《劳动和社会保障部办公厅关于退休人员被判刑后有关养老保险待遇问题的复函》（劳社厅函〔2001〕44号）和《关于对劳社厅函〔2001〕44号补充说明的函》（劳社厅函〔2003〕315号）相关规定进行处理。

第三十一条 社保机构应严格按照《人力资源社会保障部办公厅关于印发〈领取社会保险待遇资格确认经办规程（暂行）〉的通知》（人社厅发〔2018〕107号）的要求，及时开展参保人员领取城乡居民养老保险待遇资格确认工作。

第三十二条 村（居）协办员应于每月初将本村（居）上月死亡人员名单（含姓名、有效身份证件号码、死亡日期等基本信息）上报乡镇（街道）事务所，乡镇（街道）事务所汇总后上报县社保机构。

第三十三条 对通过第三十一条和第三十二条发现的疑似丧失城乡居民养老保险待遇领取资格人员，社保机构应当暂停待遇发放，并调查核实。对调查核实后确定仍然具备待遇领取资格的人员，社保机构应当立即恢复发放，并补发停发期间的城乡居民养老保险待遇。

第三十四条 待遇领取人员出现本规程第三十七条有关情况的，社保机构应从其出现情况的次月起停止发放城乡居民养老保险待遇。

第三十五条 对待遇领取人员死亡后被冒领的城乡居民养老保险待遇，县社保机构应按照规定责令有关人员退还。拒不退还的，县社保机构应将详细信息移交给有关部门依法处理。

第三十六条 对因未及时办理注销登记而多领取的城乡居民养老保险待遇，县社保机构直接从被注销人员的个人账户余额和丧葬补助金中抵扣；不足抵扣的，应责令有关人员予以退还；拒不退还的，县社保机构应将详细信息移交给有关部门依法处理。

第六章 注销登记

第三十七条 出现以下情形之一的应当进行注销登记，终止其城乡居民养老保险关系：参保人员死亡、丧失国籍或已享受其他基本养老保障待遇。

第三十八条 社保机构办理注销登记时，应遵循告知承诺制，不得要求参保人员、指定受益人或法定继承人提供死亡证明或关系证明等材料。

参保人员死亡的，社保机构应允许其指定受益人或法定继承人通过互联网服务渠道，上传指定受益人或法定继承人的有效身份证件，填写《城乡居民基本养老保险注销登记表》（以下简称《注销表》）作出承诺，办理注销登记，或携带其指定受益人或法定继承人本人有效身份证件，通过线下服务渠道，填写《注销表》作出承诺，现场办理。

丧失国籍或已享受其他基本养老保障待遇的，社保机构应允许参保人员通过互联网服务渠道，上传本人的有效身份证件，填写《注销表》作出承诺，办理注销登记，或参保人员携带本人有效身份证件，通过线下服务渠道，填写《注销表》作出承诺，现场办理。

第三十九条 县社保机构应通过数据比对等方式，对注销登记信息进行审核，并自收到注销登记申请的5个工作日内告知审核结果。审核通过的，应同时在信息系统中进行确认，留存《注销表》、有效身份证件信息资料和申请材料，结算被注销人员的个人账户余额和丧葬补助金额。

第七章 关系转续

第四十条 参保人员已经按规定领取城乡居民养老保险待遇的，无论户籍是否迁移，其养老保险关系不转移，继续在原参保地领取待遇，待遇领取资格确认工作按照有关规定执行。

在本县范围内迁移户籍的参保人员，不转移城乡居民养老保险关系，直接办理户籍地址变更登记手续。

第四十一条 在缴费期间，参保人员跨省、市、县转移的，转入地社保机构应允许参保人员通过互联网服务渠道，上传本人居民身份证，填写《城乡居民基本养老保险关系转入申请表》（以下简称《转入申请表》），向转入地提出关系转入申请，或参保人员携带居民身份证和变更后的户口簿通过转入地线下服务渠道，填写《转入申请表》现场办理。

第四十二条 转入地县社保机构受理转入申请后，应通过数据比对核实相关信息，并自收到转入申请的5个工作日内告知审核结果。

第四十三条 转入申请审核通过后，转入地县社保机构应在规定时限内通过社会保险关系转移系统（以下简称转移系统）向转出地县社保机构发出《城乡居民基本养老保险关系转入接收函》（以下简称《接收函》）。

转出地县社保机构通过转移系统下载《接收函》后，应及时对申请转移的参保人员相关信息进行核实，在业务系统为参保人员进行结息处理，生成《城乡居民基本养老保险关系转出审批表》（以下简称《审批表》），通过转移系统传送给转入地县社保机构，并按照第二十七至二十九条有关规定，于次月通过金融机构将参保人员个人账户储存额一次性划拨到转入地县社保机构指定的银行账户，终止申请转移人员的城乡居民养老保险关系，并按照规定保留原有记录备查。

转入地县社保机构通过转移系统下载《审批表》，确认转入的个人账户储存额足额到账后，应及时进行实收处理，通过转移系统做办结反馈处理，将参保、转移信息录入业务系统，为转入人员建立及记录个人账户，并告知转入人员个人账户记录信息。

第四十四条 参保人员对转入的个人账户记录有异议的，社保机构应允许参保人员通过线下服务渠道提供证据材料，提出核查申请。接到申请后，转入地县社保机构应及时联系转出地县社保机构进行处理，并告知参保人员处理结果。

第四十五条 转移过程中，参保人员可通过转入地的互联网服务渠道查询业务办理进度。

第八章 基金管理

第四十六条 社保机构应按照《财政部 人力资源社会保障部 国家卫生计生委关于印发〈社会保险基金财务制度〉的通知》（财社〔2017〕144号）、《财政部关于印发〈社会保险基金会计制度〉的通知》（财会〔2017〕28号）和《财政部关于印发〈新旧社会保障基金会计制度有关衔接问题的处理规定〉的通知》（财会〔2017〕29号）的规定，与税务、财政部门共同加强城乡居民养老保险基金管理。

第四十七条 社保机构应内设财务管理部门或相应专业工作岗位，分别配备专职会计和出纳。

第四十八条 城乡居民养老保险基金收入户、支出户、财政专户应在县人力资源社会保障部门、财政部门共同认定的金融机构开设。收入户用于归集城乡居民养老保险基金，暂存该账户的利息收入、转移收入及其他收入，除向财政专户划转基金、向上级经办机构缴拨基金、原渠道退回保险费收入外，不得发生其他支付业务，原则上月末无余额。支出户用于支付和转出城乡居民养老保险基金，除接收财政专户拨入的基金、上级经办机构拨付基金、暂存该账户利息收入、原渠道退回支付资金外，不得发生其他收入业务。支出户应预留1到2个月的周转资金，确保城乡居民养老保险待遇按时足额发放。

第四十九条 年度终了前，统筹地区社保机构应会同税务部门，按照规定表式、时间和编制要求，综合考虑本年预算执行情况、下一年度经济社会发展水平以及社会保险工作计划等因素，编制下一年度城乡居民养老保险基金预算草案，报同级社会保险行政部门审核汇总。

各级社保机构应严格按照批复预算执行，定期向同级财政部门和社会保险行政部门报告预算执行情况，并主动接受监督检查。

第五十条 社保机构应按照《财政部关于印发中央对地方专项转移支付管理办法的通知》（财预〔2015〕230号）的有关规定结算和申请财政补助资金。

第五十一条 年度终了，统筹地区社保机构应按照规定编制年度社会保险基金决算草案，报同级社会保险行政部门审核汇总。

第九章 统计管理

第五十二条 社保机构应设置统计工作岗位，明确工作人员职责，开展常规统计和专项统计调查等工作，按规定上报统计信息，及时准确地提供统计信息服务。

第五十三条 社保机构应按照统计报表制度，完成统计数据的采集和报表的编制、审核、汇总、上报等工作。统计报表应内容完整、数据准确、上报及时。

第五十四条 社保机构应定期整理各类业务数据，建立统计台账，实现数据来源的可追溯查询。

第五十五条 统计工作人员应做好城乡居民养老保险统计数据定期和专项分析工作，用于经办管理服务的评估与决策。

第十章 档案管理

第五十六条 城乡居民养老保险业务档案管理应按照《社会保险业务档案管理规定（试行）》进行收集、整理、归档，确保业务档案有效保管、安全完整。

第五十七条 县社保机构负责保管业务档案，应配备专门的管理人员和必要的设施、场所，确保业务档案的安全，并根据需要配备适应档案现代化管理要求的技术设备。

第五十八条 县社保机构应按《社会保险业务档案管理规定（试行）》，对城乡居民养老保险业务档案进行档案利用、鉴定和销毁，对永久和长期保管的业务档案，应定期向同级档案管理部门移交。

第五十九条 经办过程中产生的电子档案，社保机构应按照《国务院关于在线政务服务的若干规定》进行规范管理，按照档案管理要求及时以电子形式归档。电子档案可不再以纸质形式归档和移交。

第十一章 稽核内控

第六十条 社保机构应按照《社会保险稽核办法》，建立健全城乡居民养老保险稽核制度。稽核部门应对各项业务的办理和基金管理、使用情况进行日常检查，督促各个岗位人员严格履行经办程序，准确、完整记录各类信息，并按照档案管理的要求进行归档。

第六十一条 社保机构应重点稽核城乡居民养老保险的参保资格、待遇领取资格、财政补助资金到位、重复享受待遇等情况，认真核查虚报、冒领养老金情况和欺诈行为。

第六十二条 社保机构应根据《社会保险经办机构内部控制暂行办法》，健全内部控制制度，防范各类经办风险。社保机构应合理设置工作岗位，明确岗位职责，岗位之间、业务环节之间应相互监督、相互制衡，做到业务、财务分离，经办、复核等不相容岗位相互分离。社保机构还应建立责任追究制度。

第六十三条 上级社保机构要对下级社保机构的各项业务经办活动、基金收支行为等内部管理制度的执行情况进行有效监督，并对其执行制度的情况进行考评。

第十二章 宣传、咨询及举报受理

第六十四条 社保机构应通过新闻媒体及印发宣传手册等手段，采取各种通俗易懂、灵活多样的方式，有针对性地向城乡居民宣传城乡居民养老保险政策及业务办理流程。

第六十五条 社保机构和乡镇（街道）事务所应积极开展城乡居民养老保险政策咨询服务活动。实行首问负责制，及时受理咨询。

第六十六条 各级社保机构应公布举报电话和监督电话，及时受理举报，并对举报情况及时进行处理。

社保机构应建立举报奖励制度，所需资金列入同级财政预算。

第十三章 附 则

第六十七条 本规程所称有效身份证件，包括居民身份证、社会保障卡、港澳台居民居住证、外国人居留证、外国人护照等有效身份证件。

第六十八条 城乡居民养老保险与其他基本养老保险制度衔接的业务经办工作，参照《城乡养老保险制度衔接经办规程（试行）》（人社厅发〔2014〕25号）执行。

第六十九条 本规程由人力资源社会保障部负责解释。

第七十条 本规程从印发之日起实施。《人力资源社会保障部关于印发城乡居民基本养老保险经办规程的通知》（人社部发〔2014〕23号）同时废止。

附件：

1. 城乡居民基本养老保险参保登记表（略）

2. 城乡居民基本养老保险个人账户对账单（略）

3. 城乡居民基本养老保险待遇领取告知书（略）

4. 城乡居民基本养老保险待遇核定表（略）

5. 城乡居民基本养老保险基金支付审批表（略）

6. 城乡居民基本养老保险基金支付汇总表（略）

7. 城乡居民基本养老保险注销登记表（略）

8. 城乡居民基本养老保险关系转入申请表（略）

9. 城乡居民基本养老保险关系转入接收函（略）

10. 城乡居民基本养老保险关系转出审批表（略）

人力资源社会保障部
关于进一步规范人力资源市场秩序的意见

人社部发〔2019〕87号

各省、自治区、直辖市及新疆生产建设兵团人力资源社会保障厅（局），各副省级市人力资源社会保障局：

为进一步规范人力资源市场活动，严厉打击违法违规行为，维护公平竞争、规范有序的人力资源市场秩序，切实保障劳动者和用人单位合法权益，更好发挥市场在人力资源配置中的作用，为促进就业创业营造良好市场环境，现就进一步规范人力资源市场秩序提出以下意见：

一、加强日常监督管理

（一）依法规范人力资源市场活动。切实抓好《人力资源市场暂行条例》贯彻实施工作，依法规范劳动者求职、用人单位招聘、人力资源服务机构提供服务等权利义务和行为。倡导劳动者诚实求职，向用人单位和人力资源服务机构如实提供个人基本信息。监督用人单位依法开展招聘工作，依法如实发布或者提供招聘信息，不得含有歧视性内容，遵守法律法规对服务期、从业限制、保密等方面的规定，保障劳动者合法权益。推动人力资源服务机构依法经营、诚信服务，不得采取欺诈、暴力、胁迫或者其他不正当手段，不得介绍单位或者个人从事违法活动；人力资源服务机构举办现场招聘会、开展人力资源供求信息的收集和发布、提供人力资源服务外包、开展劳务派遣业务、通过互联网提供人力资源服务等服务活动，应当遵守相应的活动准则。各级人力资源社会保障部门要确保市场主体活动规范落实到位，对违法违规行为，要按照相应的法律责任进行惩处。

（二）加强市场准入管理。各级人力资源社会保障部门要依法实施劳务派遣经营许可、人力资源服务许可和备案制度，建立完善人力资源服务机构管理服务台账，为实施事中事后监管奠定坚实基础。健全完善与市场监管部门的信息沟通机制，配合市场监管部门明确经营范围与经营许可事项的对应关系，规范人力资源服务机构经营范围登记与经营许可的衔接。实行"先照后证"的事项，落实市场监管部门将经营范围涉及人力资源服务业务的市场主体信息推送至人社部门、告知人力资源服务机构在取得营业执照后应主动向人社部门依法许可备案的"双告知"工作要求，积极认领和利用市场监管部门推送的市场主体信息，督促指导企业及时办理经营许可，避免出现日常监管和执法盲区。实行"先证后照"的事项，人力资源社会保障部门应及时将市场主体许可相关信息告知市场监管部门，实现部门间精准化信息共享。加强行政许可与劳动保障监察执法之间的沟通衔接，建立并实施有关许可信息在人社部门内部（许可机构与劳动保障监察执法机构）的信息交换机制，对违反法律法规有关规定情节严重的,要依法吊销其许可证,建立正常市场退出机制,形成监管合力。

(三)完善年度报告公示制度。各级人力资源市场管理部门、劳务派遣单位管理部门要研究制定具体规程,完善人力资源服务机构按期向主管部门报送年度报告、向社会公示业务开展情况的制度。促进人力资源服务机构切实履行依法公开生产经营活动有关信息数据的法定义务,增强社会监督和协同共治。人力资源社会保障部门依法开展检查,或根据举报核查人力资源服务机构年度报告及公示信息,对未按规定报送年度报告、拒绝履行信息公示义务以及存在隐瞒情况、弄虚作假等行为的人力资源服务机构,依法依规作出处理。对人力资源服务机构名称、营业地址、法定代表人、服务范围、联系方式、设立分支机构、网站网址以及行政许可和备案及其变更、延续、行政处罚情况等年度报告有关内容,要向社会公布,接受社会监督。

(四)强化招聘活动管理。各级人力资源社会保障部门要依法严格现场招聘会管理,可结合实际实施事前报告备案制度,指导和督促人力资源服务机构制定组织实施办法、应急预案和安全保卫工作方案,核实参加招聘会单位及其招聘简章的真实性、合法性,提前将招聘会信息向社会公布,切实做好招聘会场地安全检查工作,落实安全责任。要依法规范网络招聘活动,指导和督促网络招聘平台建立完善信息发布审查制度,依法履行信息发布审核义务,加强对招聘单位的资质认证和信息发布人员的实名认证,规范信息发布流程,确保发布的信息真实、合法、有效。指导和督促网络招聘平台建立完善投诉处理机制,在网站明显位置公布投诉举报方式,接到投诉举报要及时进行调查处理,发现招聘单位或入驻平台的企业发布虚假信息或含有歧视性内容信息、夸大宣传、不具备相关资质以及有其他违法违规行为的,应当暂停或终止为其提供服务,并立即向相关监督管理部门报告。

(五)规范劳务派遣服务。各级人力资源社会保障部门应通过多种渠道和方式,加大劳务派遣相关法律法规政策宣传力度。加强对劳务派遣用工的事中事后监管,及时向社会公告劳务派遣单位取得、变更、延续、撤销、吊销、注销许可的情况。双随机抽查和专项抽查中,重点检查劳务派遣单位与被派遣劳动者劳动合同签订、被派遣劳动者同工同酬和社会保险权益落实情况等。改进监管方式,加强与市场监管、税务部门的信息共享和协同监管,建立健全信息披露、信用评价、联合惩戒等机制,更多用市场机制淘汰不规范劳务派遣单位。

(六)注重防范和化解市场秩序失范风险。各级人力资源社会保障部门要通过主动加强监督检查、组织服务对象评议行风、受理群众举报投诉等途径和方式,及时发现和纠正人力资源市场领域违规失信问题,防止苗头性问题演化为违法违规行为、个别问题蔓延为局部甚至普遍问题。要建立警示约谈制度,对服务不规范存在较高违法违规风险、人民群众举报投诉比较集中、多次发生违规失信行为等人力资源服务机构的法定代表人、主要负责人、直接责任人等,进行警示约谈,通过约谈帮助其明确法律法规有关规定,督促其及时整改纠正违规失信问题,警示其进一步增强守法诚信意识。注重发挥人力资源行业协会作用,探索依托行业协会倡议签署行业自治公约、实施"红黑名单"制度、发布行业指导价等,加强行业自律。对群众反映强烈、社会影响恶劣的违法违规突出问题,要及时开展集中整治,把影响和危害降低到最小程度。

二、加大劳动保障监察执法力度

(七)扎实开展清理整顿人力资源市场秩序专项执法行动。各级人力资源社会保障部门要加强与公安、市场监管等相关部门的协同配合,定期开展清理整顿人力资源市场秩序专项执法行动,重点排查各类人力资源服务机构发布虚假信息或含有歧视性内容信息、签订不实就业协议、违规保管流动人员人事档案、哄抬人力资源市场价格、利用职业中介和劳务派遣活动牟取不正当利益等扰乱人力资源市场秩序的违法违规行为，依法加大打击力度，净化市场环境。对群众反映强烈、社会影响恶劣的人力资源市场违法违规典型案件，依法严厉打击并及时曝光，帮助劳动者和用人单位提高维权防范意识，增强行政处罚威慑力，促进人力资源服务机构合法经营、诚信服务。

（八）加大重点领域劳动保障监察执法力度。各级人力资源社会保障部门要大力推进"双随机一公开"执法监管，认真梳理完善人力资源市场领域监管对象名单、检查事项清单，明确抽查的依据、主体、内容、方式等。随机抽查事项清单根据法律法规规章修订情况和工作实际进行动态调整，及时向社会公布，提高监管针对性和实效性。对投诉举报多、列入经营异常名录或有严重违法违规记录等情况的人力资源服务机构，要加大随机抽查力度，实施重点监管，降低市场风险。要健全与公安、市场监管等部门的日常联合执法协作机制，依法实施责令关闭或停业、吊销营业执照、吊销撤销行政许可、列入相关黑名单等惩戒措施，并将监督检查结果及行政处罚信息向社会公布，营造公平竞争的市场环境。依托互联网、大数据技术，推动"互联网+监管"信息化建设，打造市场监管大数据平台，提升监管效率，提高市场监管的智慧化、精准化水平。

三、健全信用激励约束机制

（九）深入推进人力资源服务机构诚信体系建设。落实《人力资源市场暂行条例》关于加强人力资源市场诚信建设的要求，健全完善诚信建设相关制度，广泛开展诚信主题教育和服务活动，集中整治诚信缺失突出问题，持续抓好人力资源服务机构诚信典型带动活动，在人力资源服务行业大力弘扬诚信文化，引导和促进人力资源服务机构自觉增强守法诚信意识，不断提升诚信自治水平，拓展人力资源诚信服务品牌的知名度、影响力，在行业中形成守信处处受益、失信寸步难行的共同理念和良好氛围，持续提高人民群众对人力资源诚信服务的满意度和获得感。

（十）构建守信激励和失信惩戒机制。推进信用信息在采集、共享、使用、公开等环节的依法分类管理，强化信用对人力资源服务机构的约束作用。建立健全人力资源服务机构信用评价标准和制度，探索建立诚信典型机构"红名单"、严重失信机构"黑名单"。积极协调市场监管、财政、税务、金融、新闻等部门，对守法诚信的人力资源服务机构，在市场准入、投融资、招投标、政府采购、荣誉奖励等方面实施激励措施，充分发挥"红名单"的示范激励作用。加强"黑名单"制度与市场退出等制度的衔接配合，对失信的人力资源服务机构，在安全许可、生产许可、从业资格、资质审核等方面依法予以限制或禁止；对严重违法失信的人力资源服务机构，通过依法吊销许可证等方式实行市场禁入，形成"一处失信，处处受限"的联合惩戒机制，切实发挥"黑名单"的约束惩戒作用。

四、提升公共服务水平

（十一）不断提高公共就业服务水平。各级人力资源社会保障部门要健全公共就业服务，统筹布局服务网点，推进公共就业服务向基层、农村和贫困地区延伸，推动服务覆盖城乡常住人口和各类用人单位。要不断完善公共就业服务功能，及时发布人力资源供求、市场工资指导价位、职业培训、见习岗位等信息，强化职业指导和职业介绍服务，为处于无业状态的劳动者办理失业登记，为就业困难人员以及零就业家庭的劳动者提供就业援助。要结合当地经济社会发展需求、人力资源结构特点和人力资源市场供求周期性规律，组织公共就业服务专项活动，组织地区间、城乡间劳务协作，促进劳动者求职与企业用工的对接。

（十二）加强对企业劳动用工的指导服务。各地要落实鼓励企业稳定和扩大就业的政策措施，加大就业补助、职业培训、社保补贴、援企稳岗等政策落实力度。要指导企业进一步优化劳动用工管理，引导企业建立合理的工资决定机制，合理控制人工成本。推动企业改善用工环境，加强人文关怀，提高员工对企业的认同感和归属感，降低流失率。要突出支持重点，对列为重大项目重点企业的，优先安排与职校、技工院校合作开展技能人才培养培训，优先安排劳动力技能提升培训补贴额度，优先组织参加省际和省内劳务对接。

各级人力资源社会保障部门要高度重视人力资源市场管理工作，切实加强组织领导，落实管理责任，建立协调配合的工作机制，形成工作合力。要强化风险防范意识，创新事中事后监管措施，加强公共服务体系建设，切实规范人力资源市场秩序，有效维护劳动者和用人单位合法权益，努力营造良好的市场环境，更好发挥市场在优化人力资源配置和促进就业创业中的作用。

2019年8月17日

人力资源社会保障部 教育部关于深化中等职业学校教师职称制度改革的指导意见

人社部发〔2019〕89号

各省、自治区、直辖市及新疆生产建设兵团人力资源社会保障厅（局）、教育厅（教委、教育局），国务院各部委、各直属机构人事部门，各中央企业人事部门：

中等职业学校教师是我国专业技术人才队伍的重要组成部分，是加快建设现代职业教育体系、培养高素质技术技能人才、提高职业教育质量的重要力量。为贯彻落实《中共中央 国务院关于全面深化新时代教师队伍建设改革的意见》《国家职业教育改革实施方案》《中共中央办公厅 国务院办公厅关于深化职称制度改革的意见》，现就深化中等职业学校教师职称制度改革提出如下指导意见。

一、指导思想和基本原则

（一）指导思想。

以习近平新时代中国特色社会主义思想为指导，全面贯彻落实党的十九大和十九届二中、三中全会以及全国教育大会精神，遵循职业教育特点和中等职业学校教师职业发展规律，构建分类清晰、名称统一、科学规范的中等职业学校教师职称制度，畅通中等职业学校教师职业发展通道，为加快发展现代职业教育提供制度保障和人才支撑。

（二）基本原则。

1. 坚持师德为先和能力为重相统一。以德能兼修为导向，重师德、重能力、重业绩、重贡献，激励教师提高师德修养和教书育人水平。

2. 坚持统一制度和分类评价相结合。建立统一的中等职业学校教师职称制度，对文化课、专业课教师和实习指导教师进行分类评价，发挥人才评价"指挥棒"作用，促进中等职业教育教师的专业化发展。

3. 坚持职称评审和岗位聘用相统一。创新评价机制，充分发挥用人主体的作用，促进人才评价与使用相结合，使职称制度与中等职业学校聘用制度和岗位管理制度相衔接。

4. 坚持下放权限和强化监管相结合。合理界定和下放中等职业学校教师职称评审权限，积极培育学校自主评审能力，同时加强监管、优化服务，保证职称评审质量。

二、主要内容

通过健全制度体系、完善评价标准、创新评价机制、实现职称评审与岗位聘用制度的有效衔接等措施，形成以品德、能力和业绩为导向，以社会和业内认可为核心的中等职业学校教师职称制度。

（一）健全制度体系。

1. 完善中等职业学校教师职称设置。普通中等专业学校、职业高中和成人中等专业学校均设文化课、专业课教师和实习指导教师职称类别。原来实行的中等专业学校教师职称系列和职业高中教师职称统一并入新设置的中等职业学校教师职称系列。

2. 统一职称等级和名称。文化课、专业课教师职称设初级、中级、高级。初级只设助理级，高级分设副高级和正高级，助理级、中级、副高级和正高级职称名称依次为助理讲师、讲师、高级讲师、正高级讲师。实习指导教师职称设初级、中级、高级，初级分设员级和助理级，高级分设副高级和正高级，员级、助理级、中级、副高级和正高级职称名称依次为三级实习指导教师、二级实习指导教师、一级实习指导教师、高级实习指导教师、正高级实习指导教师。

3. 统一后的中等职业学校教师职称与原中等专业学校教师、职业高中教师职称的对应关系是：原职业高中正高级教师对应正高级讲师；原中等专业学校高级讲师、职业高中高级教师对应高级讲师；原中等专业学校讲师、职业高中一级教师对应讲师；原中等专业学校助理讲师、职业高中二级教师对应助理讲师；原中等专业学校教员、职业高中三级教师可聘任为助理讲师。

4. 统一后的中等职业学校教师职称等级与事业单位专业技术岗位等级对应关系为：正高级对应专业技术岗位一至四级，副高级对应专业技术岗位五至七级，中级对应专业技术岗位八至十级，助理级对应专业技术岗位十一至十二级，员级对应专业技术岗位十三级。

（二）完善评价标准。

1. 坚持把师德放在评价的首位。坚持教书与育人相统一，言传与身教相统一，潜心问道与关注社会相统一，学术自由与学术规范相统一，引导教师以德立身，以德立学，以德施教，立德树人，爱岗敬业，为人师表。强化师德考评，实行师德问题"一票否决"。

2. 充分体现中等职业学校教师职业特点。根据职业教育教师的岗位类型和岗位特征，区别制定各类教师的评价标准，实行分类评价。注重教育教学工作实绩，注重实践教学和技术技能人才培养实绩，注重产教融合、校企合作和工学结合的教学改革实绩，注重行业企业实践经历。切实改变过分强调论文、学历、课题项目等倾向。区别不同情况，可将教研报告、教案、发明专利、参与教学标准和人才培养方案开发成果、参与学校专业建设、参与实训基地建设、指导学生实习成果、指导职业技能竞赛或教学竞赛成绩、参与行业标准研发成果等作为评价条件。注重个人评价和团队评价相结合，尊重和认可团队所有参与者的实际贡献。以实绩、贡献为导向，允许所教专业与所学专业或教师资格证标注的专业不一致的教师参与职称评审，促进双师型教师队伍建设。

3. 实行国家标准和地区标准相结合。国家制定中等职业学校教师职称评价基本标准（见附件）。各省、自治区、直辖市及新疆生产建设兵团根据本地区中等职业教育发展情况，结合现有各类中等职业学校的特点，制定不低于国家标准的具体评价标准。对于文化课、专业课教师和实习指导教师的交流，以及其他系列专业技术人员、普通高中教师和中等职业学校教师的交流等情况，各地可根据实际制定职称评审的具体办法。

4. 向优秀人才倾斜。对于少数特别优秀、具有特殊贡献的教师，各地制定完善相应的破格评审条件。对于在艰苦边远地区工作的中等职业学校教师和既承担文化课、专业课教学任务，又承担实习教学任务的教师，予以适当倾斜。对于公开招聘的具有3年以上企业工作经历并具有高职以上学历的教师，在首次评审时可参考其在企业的工作经历和业绩成果直接评定相应层级职称。

（三）创新评价机制。

1. 健全评审机制。进一步完善以同行专家评审为基础的业内评价机制，增强专家评审的公信力。加强评委会组织管理，注重遴选高水平的职业教育教学专家、一线教师、行业企业技术专家和高技能人才担任评委。健全评委会工作程序和评审规则，建立评审专家责任制。

2. 创新评价方式。探索社会和业内认可的形式，采取教学水平评价、面试答辩、专家评议、实践操作等多种评价方式，加大学校的评价权重，充分结合学校开展的日常考核评价结果，对中等职业学校教师的专业素质和教学水平进行有效评价。全面推行公开、公示制度，增加职称评审的透明度。

3. 下放评审权限。积极培育中等职业学校自主评审能力，科学界定、合理下放中等职业学校教师职称评审权限。初级、中级职称由符合条件、管理规范的中等职业学校自主组织评审，探索综合水平较高、办学规模较大的中等职业学校自主开展高级职称评审试点。对学校开展的自主评审，政府部门不再审批评审结果，改为事后备案管理。加强对自主评审工作的监管，对于不能正确行使评审权、不能确保评审质量的，暂停自主评审工作直至收回评审权。

（四）实现职称评审与岗位聘用制度的有效衔接。

1. 坚持中等职业学校教师职称评审和岗位聘用相统一。中等职业学校教师职称评审是教师岗位聘用的重要依据和关键环节，岗位聘用是职称评审结果的主要体现。中等职业学校教师职称评审，在核定的岗位结构比例内进行。中等职业学校教师竞聘更高等级的专业技术岗位，由学校推荐符合条件的教师参加评审，并按照有关规定将通过职称评审的教师聘用到相应教师岗位，并及时兑现受聘教师的工资待遇。要建立健全考核制度，加强聘后管理，在岗位聘用中实现人员能上能下。

2. 对此次改革前已经取得中等职业学校专业技术职务任职资格但未被聘用到相应岗位的人员，在聘用到相应岗位时不再需要经过评委会评审。各地要结合实际制定具体办法，同等条件下优先聘用。

3. 中等职业学校教师高级、中级、初级岗位之间的结构比例，以及高级、中级、初级岗位内部各等级的结构比例，要根据新的中等职业学校教师职称等级体系，按照国家关于中等职业学校岗位设置管理的有关规定执行。其中，正高级教师要从严控制，在确保质量的前提下逐步达到合理比例。

三、组织实施

（一）加强领导，明确职责。深化中等职业学校教师职称制度改革政策性强，牵涉面广，涉及广大教师切身利益，区域情况差别大。各地要充分认识改革的重大意义，切实加强领导，深入贯彻落实"放管服"改革精神，进一步明晰部门职责，着力构建事权人权相统一的体制机制。人力资源社会保障部门牵头推进中等职业学校教师职称制度改革，主要负责职称政策制定；教育等行业部门及学校主要负责职称评审工作的具体组织实施。各部门要密切配合，相互协商，确保中等职业学校教师职称制度改革顺利推进。

（二）周密部署，稳步实施。各地要结合自身实际，妥善做好新老人员过渡和新旧政策衔接工作。现有在岗中等专业学校、职业高中和成人中等专业学校教师，按照原专业技术职务与统一后的职称对应关系，直接过渡到统一后的职称体系，并统一办理过渡手续。对改革前各地自行试点评审的中等专业学校正高级教师，要按有关规定通过一定程序进行确认。要在平稳过渡的基础上，严格按照本意见开展新的职称评聘工作。要切实加强调查研究，充分掌握本地区中等职业学校情况、教师队伍状况，积极应对改革中遇到的新情况和新问题。要深入细致地做好政策宣传解释和思想政治工作，引导广大教师积极支持和参与改革，确保改革顺利推进。

（三）强化监管，确保公正。中等职业学校教师职称制度改革涉及教师切身利益，关乎公平正义。要严格规范职称评聘程序，按照个人申报、考核推荐、专家评审、学校聘用的基本程序进行。要健全和完善评审监督机制，建立健全职称评审回避制度、公示公开制度、随机抽查制度、责任追究制度，建立复查、投诉机制，充分发挥相关部门和广大教师的监督作用，确保评审公正规范、评审过程公开透明。

各地要及时总结经验，认真研究并解决改革中发现的新情况和新问题，妥善处理改革、发展和稳定的关系。有关改革进展情况及遇到的重要问题及时报告。

本意见适用于普通中专、职业高中、成人中专及省、市、县职业教育教研机构。

非公办中等职业学校教师可参照本意见参加职称评审。

附件：中等职业学校教师职称评价基本标准

2019 年 8 月 23 日

附件

中等职业学校教师职称评价基本标准

一、遵守国家宪法和法律，贯彻党和国家的教育方针，热爱职业教育事业，具有良好的思想政治素质和职业道德，自觉践行社会主义核心价值观，以德立身，以德立学，以德施教，立德树人，爱岗敬业，为人师表，关爱学生。

二、具备符合《教师资格条例》规定的教师资格及专业知识和教育教学能力，在教育教学一线任教，达到本地区教育行政部门及学校关于教学工作量、教育培训、教师考核等有关要求，切实履行教师岗位职责和义务。

三、身心健康，心理素质良好，能全面履行岗位职责。

四、专业课教师和实习指导教师到企业或生产服务一线实践的时间符合教育部等部门制定的《职业学校教师企业实践规定》的要求。

五、中等职业学校教师申报各层级职称，除必须达到上述基本条件外，还应具备以下条件：

（一）文化课、专业课教师

助理讲师

1. 基本掌握教育学生的原则和方法，胜任班主任或辅导员工作，积极参与学生管理工作，认真履行教书育人职责，正确教育和引导学生健康成长。

2. 具有本专业必备的知识和技能，掌握所教课程的课程标准、教材、教学原理和方法等，基本胜任教学岗位，教学效果较好。

3. 能较好组织开展学生社团、第二课堂等活动。

4. 具备硕士学位；或者具备大学本科学历或学士学位，见习 1 年期满并考核合格；或者具有 3 年以上企业工作经历并具有高职以上学历，见习 1 年期满并考核合格。

讲师

1. 较好掌握教育学生的原则和方法，认真履行教书育人职责，较好地完成班主任或辅导员工作，正确教育和引导学生健康成长。

2. 具有较扎实的专业知识和技能，独立掌握所教课程的课程标准、教材、教学原理和方法等，教学经验比较丰富，教学效果好。

3. 具有一定的组织和开展教育教学研究的能力，承担一定的教学研究任务，并在教学改革、专业建设实践中积累了一定经验。

4. 能较好地组织开展学生社团、第二课堂等活动。专业课教师积极承担校企合作、产教融合、实习实训教学等工作，具有相应专业实践能力。

5. 具备博士学位；或者具备硕士学位，并在助理讲师岗位任职满 2 年；或者具备大学本科学历或学士学位，并在助理讲师岗位任职满 4 年；或者具有 3 年以上企业工作经历并具有高职以上学历，在助理讲师岗位任职满 4 年。

高级讲师

1. 具有崇高的职业理想和信念，认真履行教书育人职责，任现职以来较出色地完成班主任或辅导员工作，班级管理经验丰富，形成可供学习借鉴的德育经验，正确教育和引导学生健康成长。

2. 具有扎实的理论基础、专业知识和技能，了解本专业发展现状和趋势，掌握先进的教育理念、教学方法，教学经验丰富，教学业绩显著，形成一定的教学特色和可供借鉴的教学经验。

3. 指导与开展教育教学研究，在教学改革、专业建设实践中取得较突出的成绩。

4. 指导青年教师组织开展学生社团、第二课堂等活动。专业课教师在校企合作、产教融合、实习实训教学等方面取得较突出成果，具有较强专业实践能力。

5. 具备博士学位，并在讲师岗位任职满 2 年；或者具备大学本科及以上学历或学士以上学位，并在讲师岗位任职满 5 年；或者具有 3 年以上企业工作经历并具有高职以上学历，在讲师岗位任职满 5 年。

正高级讲师

1. 具有崇高的职业理想和信念，认真履行教书育人职责，任现职以来出色地完成班主任或辅导员工作，班级管理经验丰富，将思想道德教育有效融入教学全过程，形成可供推广和借鉴的德育经验或模式，正确教育和引导学生健康成长。

2. 深入系统地掌握本学科基础理论、专业知识和技能，掌握国内外本专业发展现状和趋势，掌握先进的教育理念、教学方法，教学经验丰富，教学业绩卓著，教学特色鲜明，形成可供推广和借鉴的教学经验或模式。

3. 在教育教学团队中发挥关键作用，担任地市级以上专业带头人，主持和指导教育教学研究，在教育思想、专业建设、课程改革、教学方法等方面取得创造性成果，发挥示范引领作用，在指导和培养其他教师方面做出突出贡献。

4. 指导青年教师组织开展学生社团、第二课堂等活动。专业课教师在校企合作、产教融合、实习实训教学等方面取得突出成果，具有突出专业实践能力。

5. 一般应具有大学本科及以上学历或学士以上学位（从企业公开招聘的应具有高职以上学历），并在高级讲师岗位任职满 5 年。

（二）实习指导教师

三级实习指导教师

1. 基本掌握教育学生的原则和方法，胜任班主任或辅导员工作，积极参与学生管理工作，认真履行教书育人职责，正确教育和引导学生健康成长。

2. 具有教育学、心理学和教学法的基础知识，基本掌握所教专业课程的专业知识和生产实习实训教学法，能够承担本专业部分实习实训教学。

3. 了解本专业各种工具、设备结构原理以及文明生产、安全操作规程，具有相应专业实践能力。

4. 具备大学本科及以上学历或学士以上学位；或具备大学专科（高职）学历，任教 1 年期满并考核合格；或具有中等职业学校学历，任教 2 年期满并考核合格。

二级实习指导教师

1. 掌握教育学生的原则和方法，胜任班主任或辅导员工作，积极参与学生管理工作，认真履行教书育人职责，正确教育和引导学生健康成长。

2. 具有教育学、心理学和教学法的基础知识，基本掌握所教专业课程的专业知识和生产实习实训教学法，能够独立承担本专业部分实习实训教学，教学效果较好。

3. 掌握本专业各种工具、设备结构原理以及文明生产、安全操作规程，具有相应专业实践能力。

4. 具备大学本科及以上学历或学士以上学位，在三级实习指导教师岗位任职满1年；或者具备大学专科（高职）学历，在三级实习指导教师岗位任职满2年；或者具备中等职业学校学历，在三级实习指导教师岗位任职满3年。

一级实习指导教师

1. 较好掌握教育学生的原则和方法，认真履行教书育人职责，较好地完成班主任或辅导员工作，正确教育和引导学生健康成长。

2. 具有较扎实的专业知识和技能，掌握本专业的教学原理和生产实习实训教学法等，教学经验比较丰富，教学效果好。

3. 具有一定的组织和开展实习教学研究的能力，承担一定的教学研究任务，并在教学改革、专业建设实践中积累了一定经验。

4. 了解本专业工作过程或技术流程，承担校企合作、产教融合、实习实训教学等工作，具有相应专业实践能力。

5. 具有大学本科及以上学历或学士以上学位，在二级实习指导教师岗位任职满3年；或者具备大学专科（高职）学历，在二级实习指导教师岗位任职满4年；或者具备中等职业学校学历，在二级实习指导教师岗位任职满5年。

高级实习指导教师

1. 具有崇高的职业理想和信念，认真履行教书育人职责，任现职以来较出色地完成班主任或辅导员工作，班级管理经验丰富，形成可供学习借鉴的德育经验，正确教育和引导学生健康成长。

2. 具有扎实的理论基础、专业知识和精湛的操作技能，掌握先进的教育理念、教学方法，教学经验丰富，教学业绩显著，形成一定的教学特色和可供借鉴的教学经验。

3. 具有较强的组织开展实习实训教学研究、专业建设、技术革新的能力，取得较突出的成果，起到带头人的作用。

4. 掌握本专业工作过程或技术流程，在校企合作、产教融合、实习实训教学等方面取得较突出成果，具有较强专业实践能力。

5. 具有大学专科（高职）及以上学历，并在一级实习指导教师岗位任职满5年；或具有中等职业学校学历，并在一级实习指导教师岗位任职满7年。

正高级实习指导教师

1. 具有崇高的职业理想和信念，认真履行教书育人职责，任现职以来出色地完成班主任或辅导员工作，班级管理经验丰富，将思想道德教育有效融入教学全过程，形成可供推广和借鉴的德育经验或模式，正确教育和引导学生健康成长。

2. 深入系统地掌握本专业基础理论、专业知识和操作技能，掌握国内外本专业发展现状与趋势，掌握先进的教育理念、教学方法，教学经验丰富，教学业绩卓著，教学特色鲜明，形成可供推广和借鉴的教学经验或模式。

3. 在教育教学团队中发挥关键作用，担任地市级以上专业带头人，具有主持和指导教育教学研究的能力，在教育思想、专业建设、实践教学改革、教学方法等方面取得突出成绩，发挥示范引领作用，在指导和培养其他教师方面做出突出贡献。

4. 熟练掌握本专业工作过程或技术流程，在校企合作、产教融合、实习实训教学等方面取得突出成果，具有突出专业实践能力。

5. 一般应具备大学本科及以上学历或学士以上学位（从企业公开招聘的应具有高职以上学历），并在高级实习指导教师岗位任职满5年。

人力资源社会保障部
关于改革完善技能人才评价制度的意见

人社部发〔2019〕90号

各省、自治区、直辖市及新疆生产建设兵团人力资源社会保障厅（局），国务院各部委、各直属机构人事劳动保障工作机构，中央军委办公厅秘书局，有关行业组织、中央企业等人事劳动保障工作机构：

建立科学的技能人才评价制度，对于加强职业技能培训，提高劳动者素质，促进劳动者就业创业，激励引导技能人才成长成才具有重要作用。为贯彻落实《关于分类推进人才评价机制改革的指导意见》等文件精神，根据国务院推进"放管服"改革要求，现就改革完善技能人才评价制度提出如下意见。

一、总体要求

（一）指导思想。全面贯彻党的十九大和十九届二中、三中全会精神，以习近平新时代中国特色社会主义思想为指导，认真落实党中央、国务院决策部署，紧紧围绕统筹推进"五位一体"总体布局和协调推进"四个全面"战略布局，牢固树立新发展理念，深入实施人才强国战略、创新驱动发展战略和就业优先战略，加大"放管服"改革力度，加快政府职能转变，深化职业资格制度改革，建立职业技能等级制度，健全完善技能人才评价体系，形成科学化、社会化、多元化的技能人才评价机制，为实施职业技能提升行动，建设知识型、技能型、创新型劳动者大军做好支持服务。

（二）基本原则。

——坚持深化改革。围绕"放管服"改革部署要求，深化技能人才评价机制改革，进一步简政放权，推动政府职能转变，形成适应经济社会发展和技能人才发展需要的评价制度。

——坚持多元评价。完善国家职业资格目录，实行清单式管理，建立职业技能等级制度并做好与职业资格制度的衔接，规范专项职业能力考核，实行多元化技能评价。

——坚持科学公正。科学制定评价标准，注重职业道德，体现工匠精神，突出职业能力导向，强化工作业绩和贡献，推动评价工作科学、客观、公正进行。

——坚持以用为本。推动人才评价与使用激励紧密结合，引导技能人才培养培训，畅通技能人才发展通道，促进提高技能人才待遇水平和社会地位。

（三）主要目标。发挥政府、用人单位、社会组织等多元主体作用，建立健全以职业资格评价、职业技能等级认定和专项职业能力考核等为主要内容的技能人才评价制度，完善宏观管理、标准构建、组织实施、质量监管、服务保障等工作体系，形成有利于技能人才成长和发挥作用的制度环境，促进优秀技能人才脱颖而出，为经济高质量发展提供支撑。

二、改革技能人才评价制度

（四）深化技能人员职业资格制度改革。巩固职业资格改革成果，完善国家职业资格目录。对准入类职业资格，继续保留在国家职业资格目录内。对关系公共利益或涉及国家安全、公共安全、人身健康、生命财产安全的水平评价类职业资格，要依法依规转为准入类职业资格。对与国家安全、公共安全、人身健康、生命财产安全关系不密切的水平评价类职业资格，要逐步调整退出目录，对其中社会通用性强、专业性强、技术技能要求高的职业（工种），可根据经济社会发展需要，实行职业技能等级认定。

（五）建立职业技能等级制度。建立并推行职业技能等级制度，由用人单位和社会培训评价组织按照有关规定开展职业技能等级认定。符合条件的用人单位可结合实际面向本单位职工自主开展，符合条件的用人单位按规定面向本单位以外人员提供职业技能等级认定服务。符合条件的社会培训评价组织可根据市场和就业需要，面向全体劳动者开展。职业技能等级认定要坚持客观、公正、科学、规范的原则，认定结果要经得起市场检验、为社会广泛认可。

（六）规范专项职业能力考核。根据脱贫攻坚、乡村振兴、农村转移劳动力培训等工作需要，开展专项职业能力考核工作。要结合新兴产业发展、地方特色产业需要和就业创业需求，选择市场需求大、可就业创业的最小技能单元（模块）进行专项职业能力考核，作为技能人才评价的重要补充。

三、健全技能人才评价标准

（七）建立健全评价标准。国家确定职业分类，依据职业分类，建立由国家职业技能标准、行业企业评价规范、专项职业能力考核规范等构成的多层次、相互衔接的职业标准体系，作为开展技能人才评价的依据。职业资格评价要依据国家职业技能标准组织开展；职业技能等级认定要依据国家职业技能标准或行业企业评价规范组织开展；专项职业能力考核要依据经备案的考核规范组织开展。推动成熟的行业企业评价规范和专项职业能力考核规范上升为国家职业技能标准。

（八）完善标准开发机制。国家职业技能标准由人力资源社会保障部会同有关行业部门组织制定并颁布。行业企业评价规范由行业组织和用人单位参照《国家职业技能标准编制技术规程》开发。专项职业能力考核规范按照有关规定组织开发。

（九）合理确定技能等级。按照国家职业技能标准和行业企业评价规范设置的职业技能等级，一般分为初级工、中级工、高级工、技师和高级技师五个等级。企业可根据需要，在相应的职业技能等级内划分层次，或在高级技师之上设立特级技师、首席技师等，拓宽技能人才职业发展空间。

四、完善评价内容和方式

（十）突出品德、能力和业绩评价。坚持把品德作为技能人才评价的首要内容，全面考察技能人才的工匠精神、职业道德、职业操守和从业行为，强化社会责任。坚持以能力、业绩、贡献为导向，注重考核岗位工作绩效，强化生产服务成果、创新成果和实际贡献。

（十一）实行分类评价。用人单位和社会培训评价组织要根据不同类型技能人才的工作特点，实行差别化技能评价。在统一的评价标准体系框架基础上，对技术技能型人才的评价，要突出实际操作能力和解决关键生产技术难题要求，并根据需要增加新知识、新技术、新方法等方面的要求。对知识技能型人才的评价，要围绕高新技术发展需要，突出掌握运用理论知识指导生产实践、创造性开展工作要求。对复合技能型人才的评价，应根据产业结构调整和科技进步发展，突出掌握多项技能、从事多工种多岗位复杂工作要求。

（十二）创新评价方式。用人单位和社会培训评价组织可结合实际，按规定综合运用理论知识考试、技能操作考核、业绩评审、竞赛选拔、企校合作等多种鉴定考评方式，克服唯学历、唯职称、唯论文倾向，提高评价的针对性和有效性。用人单位、技工院校坚持就业导向，自主开展职业技能等级认定，或委托社会培训评价组织进行职业技能等级认定。

五、加强监督管理服务

（十三）实行目录管理。建立技能人才评价工作目录管理制度并实行动态调整。动态发布新职业信息和国家职业技能标准。职业资格及实施机构由国家职业资格目录规定。职业技能等级认定工作实行目录管理，向社会公开。中央企业由人力资源社会保障部进行遴选，纳入职业技能等级认定目录，所属子公司、分公司等分支机构由所在地省级人力资源社会保障部门给予工作支持、兑现相应待遇并进行监管；其他用人单位由所在地省级人力资源社会保障部门进行遴选，纳入属地管理。社会培训评价组织由人力资源社会保障部进行遴选，纳入职业技能等级认定目录。

（十四）规范证书发放管理。职业资格证书按规定颁发。职业技能等级证书由用人单位和社会培训评价组织颁发，由人力资源社会保障部制定编码规则，规范证书（或电子证书）样式。按规定发放的职业资格证书和职业技能等级证书纳入人才统计和认定范围，作为落实有关人才政策的依据。

（十五）完善监督管理措施。各地要做好本地区技能人才评价工作的综合管理，通过现场督查、同行监督和社会监督，采取"双随机、一公开"和"互联网+监管"等方式，加强对用人单位和社会培训评价组织及其评价活动的监督管理。建立职业技能等级认定工作质量监控体系，健全用人单位和社会培训评价组织评估机制，定期组织评估，评估结果向社会公开。

（十六）加快政府职能转变。加大技能人才评价工作改革力度，进一步明确政府、市场、用人单位、社会组织等在人才评价中的职能定位，建立权责清晰、管理科学、协调高效的人才评价管理体制。改进政府人才评价宏观管理、政策法规制定、公共服务、监督保障等工作。推进人力资源社会保障部门所属职业技能鉴定中心职能调整，逐步退出具体认定工作，转向加强质量监督、提供公共服务等工作。鼓励支持社会组织、市场机构以及企业、院校等作为社会培训评价组织，提供技能评价服务。

各地区各部门要充分认识技能人才评价制度改革的重要性，将技能人才评价制度改革纳入重要议事日程，加强组织领导，结合实际制定具体办法并指导实施。要做好与职业资格相关政策的衔接过渡，稳慎有序推进改革。各地区各部门各有关方面要加强政策解读和舆论引导，积极回应社会关切，形成全社会关心支持参与技能人才评价制度改革的良好氛围。

2019年8月19日

人力资源社会保障部 财政部关于进一步精简证明材料和优化申办程序充分便利就业补贴政策享受的通知

人社部发〔2019〕94号

各省、自治区、直辖市及新疆生产建设兵团人力资源社会保障厅（局）、财政厅（局）：

近年来，各地区认真落实就业优先政策，规范高效使用就业补助资金，努力为广大劳动者实现就业创业提供帮助和扶持，成为保持就业局势稳定、保障和改善民生的重要支撑。与此同时，部分地区、部分政策在落实过程中，仍存在证明材料偏多、审批程序繁琐等问题，影响广大劳动者、用人单位等享受政策的获得感。为进一步精简就业补贴政策证明材料和优化申办程序，便利政策申办对象享受政策，充分体现定策施策为民担当意识，现就有关事项通知如下：

一、精简证明材料

《财政部 人力资源社会保障部关于印发〈就业补助资金管理办法〉的通知》（财社〔2017〕164号）所规定申请各项就业补助资金支出项目应提交的证明材料，统一调整为按照以下要求执行：

（一）申请职业培训补贴资金根据资金的具体用途分别遵循以下要求：

1. 五类人员及《国务院办公厅关于印发职业技能提升行动方案（2019—2021年）的通知》（国办发〔2019〕24号，以下简称国办发24号文件）规定符合条件人员申请就业技能培训和创业培训补贴，应向当地人力资源社会保障部门提供以下材料：基本身份类证明（包括身份证、《就业创业证》、《就业失业登记证》、社会保障卡，政策申办对象根据实际情况选择其一提供即可，下同）原件或复印件、培训机构开具的税务发票（或行政事业性收费票据，下同）等。

2. 职业培训机构为城乡未继续升学的初高中毕业生、贫困家庭子女、城镇登记失业人员及国办发24号文件规定符合条件人员代为申请职业培训补贴的，还应提供初高中毕业证书复印件、代为申请协议。申请城市低保家庭学员生活费补贴的，城市居民最低生活保障证明材料不再提供，调整为部门协查。

3. 企业申请职工岗位技能培训、技师培训、新型学徒制培训补贴应提供培训机构开具的税务发票等。企业在开展技师培训或新型学徒制培训前，应将培训计划、培训人员花名册、劳动合同复印件报当地人力资源社会保障部门备案。

4. 职业培训机构为去产能失业人员、建档立卡贫困劳动力、退役军人开展项目制培训的，申请补贴资金应向委托培训的人力资源社会保障部门提供以下材料：基本身份类证明复印件、培训机构开具的税务发票、培训内容和教材、授课教师信息、全程授课视频资料等。

培训机构在开展项目制培训前,应将培训计划和大纲、培训人员花名册报当地人力资源社会保障部门备案。培训机构实现参培人员培训期间每日人脸识别或指纹识别打卡并提供打卡记录的,可不再提供全程授课视频资料,由培训机构归档备查。

申请上述培训补贴时,原规定的职业资格证书、职业技能等级证书不再提供,调整为人力资源社会保障部门内部核查;凭培训合格证书、专项职业能力证书申领补贴的仍需提供复印件。上述申请材料经人力资源社会保障部门审核后,对个人申请的培训补贴或生活费补贴资金,按规定支付到申请者本人社会保障卡银行账户(或其他银行账户,由申请者自主选择,下同)或个人信用账户;对企业和培训机构代为申请或直补培训机构的培训补贴资金,按规定支付到企业和培训机构的银行账户。

(二)符合条件人员申请职业技能鉴定补贴应向当地人力资源社会保障部门提供以下材料:基本身份类证明原件或复印件、职业技能鉴定机构开具的税务发票(或行政事业性收费票据)等。职业资格证书、职业技能等级证书不再提供,调整为人力资源社会保障部门内部核查;凭专项职业能力证书申领补贴的仍需提供复印件。经人力资源社会保障部门审核后,按规定将补贴资金支付到申请者本人社会保障卡银行账户。

(三)社会保险补贴实行"先缴后补",并根据资金具体用途分别遵循以下要求:

1. 招用就业困难人员的单位和招用符合条件高校毕业生的小微企业,申请社会保险补贴应向当地人力资源社会保障部门提供以下材料:基本身份类证明(或毕业证书)复印件、劳动合同复印件等。符合条件人员名单不再提供。社会保险缴费明细账(单)不再提供,调整为人力资源社会保障部门内部核查。

2. 灵活就业的就业困难人员和灵活就业的符合条件高校毕业生,申请社会保险补贴应向当地人力资源社会保障部门提供基本身份类证明(或毕业证书)原件或复印件、灵活就业证明材料等。社会保险缴费明细账(单)不再提供,调整为人力资源社会保障部门内部核查。

3. 通过公益性岗位安置就业困难人员的单位,申请社会保险补贴应向当地人力资源社会保障部门提供基本身份类证明复印件。享受社会保险补贴年限证明材料、社会保险缴费明细账(单)不再提供,调整为人力资源社会保障部门内部核查。

上述申请材料经人力资源社会保障部门审核后,按规定将补贴资金支付到单位银行账户或申请者本人社会保障卡银行账户。

(四)通过公益性岗位安置就业困难人员的单位,申请公益性岗位补贴应向当地人力资源社会保障部门提供以下材料:基本身份类证明复印件、单位发放工资明细账(单)等。享受公益性岗位补贴年限证明材料不再提供,调整为人力资源社会保障部门内部核查。经人力资源社会保障部门审核后,按规定将补贴资金支付到单位银行账户或公益性岗位安置人员本人社会保障卡银行账户。

(五)吸纳符合条件人员参加就业见习的单位,申请就业见习补贴应向当地人力资源社会保障部门提供以下材料:基本身份类证明(或毕业证书)复印件、就业见习协议书、单位发放基本生活补助明细账(单)、为见习人员办理人身意外伤害保险发票复印件等。参加就业见习人员名单不再提供。经人力资源社会保障部门审核后,按规定将补贴资金支付到单位银行账户。

(六)符合条件的毕业生所在学校申请求职创业补贴,应向当地人力资源社会保障部门提供毕业生获得国家助学贷款(或享受低保、身有残疾、建档立卡贫困家庭、贫困残疾人家庭、特困救助供养)证明材料、学籍证明复印件等。申请材料经毕业生所在学校初审和公示,报当地人力资源社会保障部门审核后,按规定将补贴资金支付到毕业生本人社会保障卡银行账户。

二、优化经办程序

各地人社、财政部门要提高补贴审核发放效率,实行材料受理单位或审批单位一次公示,不搞层层公示。实行"一次审批、全期畅领",对社会保险补贴、公益性岗位补贴、就业见习补贴等具有一定期限的支出项目,同一政策初次申请时审核相关材料,之后在政策享受期内,如相关情况和材料未发生变化,不得要求重复提供证明材料。积极推进资金管理信息系统建设,加强部门间信息互通,充分利用电子社会保障卡,推行网上申报、网上审核、联网核查、结果反馈和待遇查询,进一步优化业务办理流程。

各地人社、财政部门接到本通知后,要立即对就业补贴政策证明材料和申办程序进行排查清理,拉出清单逐项明确精简优化意见,对上述支出项目原则上不得再增加其他证明材料。有条件的地区对能依托信息系统、大数据比对、与相关单位信息共享和业务协同等方式,获得或核实政策申办对象相关信息和资料的,可在本通知基础上再行精简证明材料,最大限度便利政策享受。

2019 年 9 月 6 日

人力资源社会保障部关于建立全国统一的社会保险公共服务平台的指导意见

人社部发〔2019〕103号

各省、自治区、直辖市及新疆生产建设兵团人力资源社会保障厅（局），部属各单位：

社会保险公共服务平台是提供社会保险公共服务的载体（文中"社会保险"指养老保险、失业保险、工伤保险，下同），是党和政府联系群众的重要纽带，是人民群众体会获得感、幸福感、安全感的直接窗口。党的十八大以来，各地区认真贯彻党中央、国务院决策部署，深入推进"互联网+政务服务"，社会保险公共服务平台的规范化、信息化、专业化建设不断加强，人民群众享受到了更加便捷的服务。但同时，社会保险公共服务平台管理分散、信息系统繁杂、服务标准不统一、业务协同困难、风险防控体系不健全等问题仍然存在。为加快落实党的十九大关于建立全国统一的社会保险公共服务平台的决策部署，提升社会保险公共服务均等化和便捷化水平，现提出以下意见。

一、总体要求

（一）指导思想。全面贯彻落实党的十九大和十九届二中、三中全会精神，以习近平新时代中国特色社会主义思想为指导，坚持以人民为中心的发展思想，深入贯彻落实"放管服"改革在社会保险领域的部署要求，坚持问题导向，突出精准发力，推进审批服务便民化和"互联网+政务服务"要求，加快建立全国统一的社会保险公共服务平台，整合经办资源，创新服务模式，优化业务流程，线上线下服务深度融合，不断增强群众满意度和获得感。

（二）基本原则。

坚持统一规范。加强顶层设计，健全标准体系，逐步统一各级平台的服务形象、服务事项、服务流程和服务标准，构建全国社会保险经办服务一盘棋新格局。

坚持资源整合。聚焦经办机构分设、服务资源分散和信息共享不畅的难点和痛点，加快推进经办机构、服务场所和信息系统整合，提升经办服务能力和综合管理水平。

坚持创新引领。强化互联网、大数据、人工智能等信息技术在平台建设中的创新应用，推进业务互联互通、协同共享，优化经办服务模式。

坚持统筹联动。注重统分结合，全国整体推进、分级同步建设，形成分工负责、部门协作、上下联动、地区协同的统筹协调工作机制。

坚持风险可控。逐步完善风险防控分类与管理，加强权责分明、相互监督的岗位配备，建立健全社会保险信用管理体系，确保平台运行平稳。

（三）工作目标。以全国一体的社会保险经办服务体系和信息系统为依托，以社会保障卡为载体，以标准规范为保障，采用窗口服务、网上服务、移动服务、电话服务、自助服务等多种方式，实现全国社会保险信息系统和数据互联互通，推动跨地区、跨部门、跨层级社会保险公共服务事项的统一经办、业务协同和信息共享，及时与国家政务服务平台对接，实现"一号申请""一窗受理""一网通办"和"一卡通用"，为参保单位和人员提供全网式、全流程、无差别的方便快捷服务。

2019年底前，完成总体规划，编制社会保险公共服务事项目录清单和办事指南，逐步统一服务形象、服务事项、服务流程和服务标准，推进电子证照、电子文书、电子印章等在社会保险领域的应用，国家社会保险公共服务平台初步具备信息查询、转移接续、自助认证等功能，实现与国家政务服务平台、各地区信息平台对接。

2020年底前，整合经办机构职能，规范经办机构名称，各地区信息平台与国家社会保险公共服务平台应接尽接、网上服务事项应上尽上，平台核心的组织架构体系、技术支撑体系、标准规范体系、协同管理体系、风险防控体系不断完善，全国统一的社会保险公共服务平台基本建成。

2022年底前，全国范围内社会保险服务事项基本做到标准统一、整体联动、业务协同，全国统一的社会保险公共服务平台全面建成，线上线下深度融合，功能更加完善，服务持续优化，实现全程网上运行和监督。

二、基本架构

全国统一的社会保险公共服务平台由国家社会保险公共服务平台和地方社会保险公共服务平台组成，地方平台包括实体窗口和信息平台。

（一）国家社会保险公共服务平台。建立国家社会保险公共服务平台，作为全国统一的社会保险公共服务平台的总枢纽。国家社会保险公共服务平台统筹建设公共服务门户，与国家政务服务平台对接，实现公共服务入口、运行调度监控、数据交换共享和业务推送支撑等功能，负责跨地区、跨部门、跨层级社会保险服务数据的汇聚共享和业务协同，为各地区信息交互提供通道和支撑。逐步实现数据向国家社会保险公共服务平台集中，创新引领数据应用，支撑宏观政策决策、经办数字化转型和业务创新发展。

（二）地方社会保险公共服务平台。地方社会保险公共服务平台是全国统一的社会保险公共服务平台的具体办事平台，主要依托省、市、县以及乡镇（街道）、村（社区）基层服务平台的实体窗口和信息平台办理业务、提供服务。线下实现"一门式""一窗式"服务；线上逐步通过省级集中统一的信息平台，提供"一网式"服务。纵向推进数据向上集中，服务向下延伸，实现"同城通办""异地可办"；横向拓宽服务渠道，做好地方信息平台与政府政务服务平台、城乡社区综合服务平台的有效对接。

三、主要任务

（一）建立健全组织架构体系，推进"一门式"服务。适应规范社会保险各险种提升统筹层次的要求，按照优化协同高效的原则，整合社会保险服务资源，创新管理体制，建立与统筹层次相适应的组织体系、与服务人群和业务量挂钩的人员配置动态调整机制。优化内设机构职能，科学合理设置岗位，进行流程再造，全面推广"前台一窗受理、后台分级审核、限时办结、统一反馈"的综合柜员制经办模式，实现统筹区内一个窗口即可受理各项社会保险业务，提供"一门式"服务。推进社会保险服务事项下沉，将具备下放条件的社会保险服务事项下放到乡镇（街道）、村（社区），并逐步健全基层公共服务平台服务设施设备，实现"就近办"。主动对接社会服务资源，在确保基金安全和有效监管的前提下，充分发挥社会服务机构、银行、商业保险机构等市场资源优势，拓展社会保险服务渠道。

（二）建立健全技术支撑体系，推进"一

网通办"。优化整合已有的社会保险公共服务国家信息系统，建立统一的网上公共服务门户，结合全国统一的社会保险公共服务事项目录清单和办事指南，逐步健全在线社会保险缴费、关系转移接续、权益记录查询、待遇资格认证等服务功能。完善地方社会保险信息系统，推进省级集中，并接入国家社会保险公共服务平台，纵向实现上下级信息系统对接和互联互通，横向实现与本级政府政务服务平台对接。丰富服务手段，打通窗口服务与互联网、手机 APP、12333 电话、自助终端等服务渠道，依托全国统一的社会保险公共服务平台，推进线上线下业务一体化办理，实现社会保险公共服务事项目录清单、办事指南、办理状态等相关信息在各类渠道同源发布。

（三）建立健全标准规范体系，提供"无差别"服务。做好有关社会保险法规、部门规章和规范性文件的"立改废释"工作，推动电子证照、电子文书、电子印章等在社会保险领域的应用，消除电子化归档的法规制度障碍。编制统一的社会保险公共服务事项目录清单，规范事项名称、事项类型、设定依据、条件、材料、流程、时限等，逐步做到"同一事项、同一标准、同一编码"。在实施服务事项目录清单标准化的基础上，科学编制办事指南，实现同一层级和同一内容的办事指南标准化。以全国统一的社会保险公共服务平台需求为重点，健全相关业务、流程、信息、技术等标准，形成完善的社会保险标准体系。简化社会保险服务事项申请、受理、审查、决定、送达等流程，建立网上预审机制，推进办事材料目录化、标准化、电子化，开展在线填报、在线提交和在线审核，缩短办理时限，降低参保单位和人员办事成本。

（四）建立健全协同管理体系，提供有力保障。建立社会保险事务指挥调度监控机制，跟踪掌握全国社会保险服务联动情况，协调解决重大疑难问题，不断优化平台服务功能。完善异地业务协查机制，明确协查的内容、程序、时限要求和协查结果效力，确保地区间业务协同高效顺畅。建立部门间协调机制，加强部门协作配合，实现国家人口基础信息库、法人单位基础信息库等基础数据、部门关联业务信息和社会保险相关数据的交换共享。

（五）建立健全风险防控体系，确保平台安全运行。建立健全权责分明、相互制约的岗位责任制度，加强数据采集、录入、修改、访问、使用、保密、维护的权限管理制度，严格控制数据修改的安全风险，防止非授权访问和业务经办。建立业务数据和财务数据实时对接机制，推进业务财务一体化。建立用人单位、参保人员、社会保险服务机构及其工作人员在统一平台办理社会保险业务的信用记录，将严重失信人名单纳入全国信用信息共享平台，由相关部门实施联合惩戒。加强并规范社会保险大数据分析应用，加大对风险点的预防、发现和核查力度。完善平台运行的舆情监测，加强舆情应对处置。

（六）全面推进社会保障卡的发行应用，实现高效便捷服务。进一步扩大社会保障卡覆盖人群，基本实现"一人一卡"。加快扩展社会保障卡应用项目，普遍实现跨地区持卡应用，并与政府其他公共服务实现"一卡通用"。依托社会保障卡及持卡人员基础信息库，构建全国社会保障卡线上身份认证与支付结算服务平台，大力发展电子社会保障卡，实现对服务对象的"实名""实人""实卡"认证，做到"单点登录、全网通办"，与国家统一建设的用户身份认证体系相衔接，广泛借助合作商业银行、第三方支付平台等支付渠道，拓展社会保障卡线上支付结算模式，形成精准可信、线上线下融合的服务新形态。

四、运行机制

各级经办机构要依托全国统一的社会保险公共服务平台，向参保单位和人员提供统一便捷的服务。

（一）统一受理。全国统一的社会保险公共服务平台以实体窗口、网上服务平台、手机 APP、12333 电话和自助终端等方式对外受理业务申请。同一事项同一受理标准，线上线下"一次登录、一窗受理"。

（二）按责办理。按照"属地管理优先"和"谁主管谁负责"的原则，省、市、县各级社会保险服务平台受理的事项，由本级经办机构处置。纳入全国统一的社会保险公共服务事项目录且确需跨统筹区在实体窗口办理的事项，加强业务协同，实现异地受理、后台推送、属地办理。

（三）跟踪督办。建立督办机制，加强对全国统一的社会保险公共服务平台办理业务的跟踪、催办和督办。按照"统一规划、分级建设、分级办理"原则，开辟服务平台网上投诉专区，对接12333服务热线，及时回应平台服务中存在的问题。国家社会保险公共服务平台提供在线受理、转办、督办、反馈等全流程咨询投诉服务，地方服务平台按责办结并及时反馈，实现服务对象诉求件件有落实、事事有回应。

（四）评估评价。建立社会保险公共服务平台评估指标体系，实时监测事项、办件、业务、用户等信息数据，接受服务对象对社会保险服务事项办理情况的评价，开展评估评价数据可视化展示与多维度对比分析，实现全流程动态精准监督。将各级信息平台网络安全工作情况纳入评估指标体系，督促做好网络安全防护工作。

（五）运行管理。建立健全相关规章制度，优化运行工作流程，建立分级管理、责任明确、保障有力的全国统一的社会保险公共服务平台运行管理体系。加强各级社会保险公共服务平台的运行管理力量，统一负责平台运行管理的组织协调、督促检查、评估考核等工作，推进"一套制度管理、一支队伍保障"。

五、工作要求

（一）加强组织协调。各级人力资源社会保障部门应将全国统一的社会保险公共服务平台建设摆上重要议事日程，有计划有步骤推动落实。要根据工作需要召开工作会议，协调推进平台建设工作。

（二）加大支持力度。各地要统筹考虑辖区服务人口、服务现状和实际需求等因素，统筹利用现有资金渠道，对平台建设予以支持。采取有效措施妥善解决基层服务平台能力不足问题，确保平台的平稳运行。

（三）加强宣传引导。要加强社会保险政策服务的普及宣传，组织交流服务经验，让群众会用、用好全国统一的社会保险公共服务平台，正确引导社会预期，妥善回应公众关切，努力营造社会保险服务民生、保障民生的良好氛围。

2019年9月24日

人力资源社会保障部 中国社会科学院关于深化哲学社会科学研究人员职称制度改革的指导意见

人社部发〔2019〕109号

各省、自治区、直辖市及新疆生产建设兵团人力资源社会保障厅（局），国务院各部委、各直属机构人事部门，各中央企业人事部门：

哲学社会科学研究人员是我国专业技术人才队伍的重要组成部分，是构建中国特色哲学社会科学的中坚力量。为贯彻落实中共中央办公厅、国务院办公厅印发的《关于深化职称制度改革的意见》，现就深化哲学社会科学研究人员职称制度改革提出如下指导意见。

一、总体要求

（一）指导思想。

以习近平新时代中国特色社会主义思想为指导，全面贯彻落实党的十九大和十九届二中、三中全会精神，坚持党管人才原则，深入实施人才强国战略，遵循哲学社会科学发展规律和人才成长规律，完善符合哲学社会科学研究人员特点的职称制度，激发科研人员的积极性、创造性，为加快构建中国特色哲学社会科学、加强中国特色新型智库建设、促进经济社会高质量发展提供人才支撑。

（二）基本原则。

1. 坚持立足国情、服务发展。立足中国特色社会主义进入新时代的历史方位，坚持"双百方针"，尊重劳动、尊重知识、尊重人才、尊重创造，营造有利于科研人员发展的良好氛围，促进人才发展与经济社会发展深度融合。

2. 坚持尊重规律、科学公正。以品德、能力、业绩为导向，科学设置哲学社会科学研究人员职称评价标准，克服唯学历、唯资历、唯论文、唯奖项倾向，科学、客观、公正评价科研人员学术水平和实际贡献，让有真才实学、作出贡献的人才有成就感、获得感。

3. 坚持求真务实、改革创新。针对哲学社会科学研究人员职称制度存在的突出问题，围绕评价标准、评价机制等关键环节，精准施策、务求实效，充分激发科研人员创新活力，形成有利于"出大师、出精品"的科研环境。

4. 坚持统筹规划、分类评价。加强顶层设计，对哲学社会科学研究人员职称制度进行统筹规划，针对不同类型哲学社会科学研究人员特点，采取分类评价，提高职称评价的科学性、针对性。

二、主要内容

通过完善评价标准、创新评价机制、促进职称制度与用人制度相衔接、改进管理与服务等措施，形成设置合理、评价科学、管理规范、运转协调、服务全面的职称制度。

（一）完善评价标准。

1. 坚持德才兼备、以德为先。坚持以马

克思主义为指导,坚持为人民做学问,注重政治标准和学术标准、继承性和民族性、原创性和时代性、系统性和专业性相统一。把品德放在职称评价的首位,重点考察科研人员的政治立场、学术导向、科学精神、职业道德和从业操守。实行学术不端行为"一票否决制",建立健全职业道德考核评价办法,坚守道德底线,倡导诚实守信,强化社会责任。

2. 坚持创新和质量导向,定性和定量评价相结合。注重考察科研人员的专业性和创造性,以科研能力、理论创新、学术水平、业绩贡献等为评价重点,把是否发现新问题、运用新方法、提出新观点、构建新理论、形成新对策、取得新效益等作为衡量成果质量的主要内容。实行定量评价与定性评价相结合,对适宜量化的评价指标进行合理量化,定性评价体现导向性、专业性。注重论著质量,淡化数量要求,改变简单以出版社和刊物等级等判定成果质量、评价人才的做法,适当发挥引文数据在科研评价中的作用,避免绝对化。

3. 坚持分类评价。根据不同岗位科研人员及科研活动特点,分类制定科学合理、各有侧重的人才评价标准,避免"一刀切"。对主要从事基础研究的人员,着重评价其在创新思想理论、传承文明、推动学科建设等方面的能力和贡献;对主要从事应用研究和决策咨询研究的人员,着重评价其在为党和政府提供决策服务、解决经济和社会发展问题等方面的能力和贡献。对于同时承担教学任务的研究人员,将其师德表现和教学业绩作为重要指标。推行等效评价制,发表于中央主要媒体并产生重要影响的理论文章,以及为重要决策所采纳的建言献策成果,在职称评审中与高质量的学术论文、著作具有同等效力。

4. 推行代表作制度。将哲学社会科学研究人员的代表性成果作为职称评审的重要内容,注重标志性成果的质量、贡献和影响力。代表作应在本研究领域内处于领先水平,具有较大影响力,或产生显著社会和经济效益,受到同行专家的公认。严格实行代表作审核制度,落实回避制度,保障代表作评价的公信力。

5. 实行国家标准、地区标准和单位标准相结合。人力资源社会保障部会同中国社会科学院研究制定《哲学社会科学研究人员职称评价基本标准》(附后)。各地区可根据本地区经济社会发展情况,制定地区标准。具有自主评审权的用人单位可结合本单位实际,制定单位标准。地区标准和单位标准不得低于国家标准。

(二)创新评价机制。

1. 丰富评价方式。针对不同类型和层次人才的特点,综合采用个人总结、述职、面试答辩、成果展示等多种评价方式,提高评价的针对性和科学性。对决策咨询类成果、委托项目成果,可将使用单位、委托单位意见作为评价的重要参考。

2. 向优秀科研人员和艰苦边远地区科研人员倾斜。对取得重大基础研究突破、在经济社会发展中作出重大贡献的,可直接申报副研究员、研究员职称。对长期在艰苦边远地区和基层一线工作的哲学社会科学研究人员,侧重考察其实际工作业绩,放宽学历、论文等要求。

3. 加强评委会建设,强化同行专家评价。评审委员会由具有较高学术水平、作风正派、办事公道、群众公认的专家组成。突出同行评价在职称评审中的作用。自主评审单位的评委会中,单位外部专家应占有一定比例。根据不同学科情况,探索引入国际同行专家评价。建立以随机、回避、轮换为基本原则的评委遴选制度,严格遴选标准,明确评委职责权限,实行动态管理。健全评委会工作程序和评审规则,严肃评审纪律,加强监督管理,保证评审工作的权威性、独立性和公正性。

(三)促进职称制度与用人制度相衔接。

1. 坚持评以适用、以用促评。把职称评审结果作为使用人才的重要依据,实现职称评价结果与人才聘用、考核、晋升等用人制度有机衔接。对于全面实行岗位管理、专业技术人才学术技术水平与岗位职责密切相关的事业单位，一般应在岗位结构比例内开展职称评审。对于不实行岗位管理的单位，可根据工作需要，采用评聘分开方式。加强聘后管理，结合日常考核、年度考核及聘期考核结果，对不符合岗位要求、不能履行岗位职责或考核不合格人员，可按照有关规定调整岗位、低聘或者解聘，在岗位聘用中实现人员能上能下。

2. 促进职称评价与人才流动有效衔接。具有自主评审权限的用人单位可研究制定引进人才的职称认定办法，规范人才流动中职称评审和岗位聘用的关系。对引进的党政机关、企业等单位的优秀人才，其研究工作经历和业绩贡献可作为职称评审的依据。进一步畅通非公有制经济组织、社会组织、民间智库及自由职业研究人员职称评审通道。

（四）改进管理与服务。

1. 下放评审权限。科学界定、合理下放职称评审权限，推动高校和科研院所等人才智力密集的单位按照管理权限自主开展职称评审。自主评审单位组建的高级职称评审委员会应当按照管理权限报省级以上人力资源社会保障部门核准备案，评审结果报相应人力资源社会保障部门备案。

2. 优化评审服务。加强职称评审信息化建设，推广在线评审，逐步实现网上受理、网上办理、网上反馈，减少各类申报表格和纸质证明材料，简化申报手续和审核环节，为申报人员提供高效便捷优质的服务，运用大数据等现代信息技术，推动评审信息互通共享。对在团队科研项目中作出贡献的科研人员，在申报职称时，不要求个人提供相应业绩证明材料，可由科研单位或项目组织实施单位统一提供。

3. 加强评审监管。完善职称评审公开公示制度，实行政策公开、标准公开、程序公开、结果公开，坚持代表作等评审材料和评审结果公示制度。建立复查、投诉机制，保障申报人的合法权益。完善评审专家责任和信誉制度，实施退出和问责机制。加强对评价全过程的监督管理，采取"双随机"方式适时按一定比例开展抽查，根据抽查情况或舆情反映较强烈的问题，有针对性地进行专项巡查。对不能正确行使评审权、不能确保评审质量的，将暂停自主评审工作并限期整改，直至收回评审权。对通过弄虚作假、暗箱操作等违纪违规行为取得的职称，一律予以撤销，并记入职称评审诚信档案库。

三、组织实施

（一）加强组织领导。哲学社会科学研究人员职称制度改革政策性强，涉及面广，社会影响大。各地区、各部门要充分认识改革的重大意义，将深化职称制度改革作为加强哲学社会科学研究队伍建设，加快构建中国特色哲学社会科学的重要任务。各级人力资源社会保障部门会同有关部门负责哲学社会科学研究人员职称制度改革的政策制定、组织实施和监督检查工作。各有关部门要密切配合，相互协调，确保改革顺利推进。

（二）稳步审慎实施。各地区、各部门要按照国家统一部署要求，积极稳妥做好评审权限下放、新旧政策衔接、标准完善等各方面工作。做好工作预案，细化工作措施，妥善解决改革中出现的各种新情况和新问题。要认真总结经验，妥善处理改革、发展和稳定的关系。

（三）抓好宣传引导。各地区、各部门要深入细致地做好政策解读、舆论宣传和思想政治工作，充分调动广大科研人员的积极性、创造性，引导哲学社会科学研究人员积极支持和参与职称制度改革，引导社会有关方面支持、参与哲学社会科学研究人员职称制度改革，营造有利于改革的良好氛围。

本指导意见适用于各类哲学社会科学研究机构、高等院校、非公有制经济组织和自由职业的哲学社会科学研究人员。

附件：哲学社会科学研究人员职称评价基本标准

2019年10月11日

附件

哲学社会科学研究人员职称评价基本标准

一、遵守中华人民共和国宪法和法律法规，坚持中国共产党的领导，拥护党的基本理论、基本路线和基本方略。

二、坚持以马克思主义为指导，坚持为人民做学问，坚持实事求是、追求真理。

三、具有良好的品德修养，恪守职业道德，坚持科研诚信，遵守学术规范。

四、具备从事科研工作所需的专业知识、业务技能及语言能力。

五、具备从事科研工作必需的身心条件。

六、认真履行工作职责，完成规定的科研工作量。

七、哲学社会科学研究人员申报各层级职称，除必须达到上述基本条件外，还应分别具备以下条件：

（一）研究实习员（初级）

1. 掌握本专业基础理论，初步掌握科研工作基本方法，具备从事科学研究的能力，能够在高、中级研究人员的指导下开展科研工作。

2. 具备硕士学位或第二学士学位；或具备大学本科学历或学士学位，1年见习期满，经考核合格。

（二）助理研究员（中级）

1. 对某一学科或特定领域具有较为系统的专业知识，熟悉本学科前沿发展动态，掌握科研工作的方法，具备独立开展科研工作的能力。

2. 能够独立发表论文或撰写研究报告；参与本学科相关领域的课题或项目研究，做出一定成果。

3. 具备博士学位；或具备硕士学位或第二学士学位，取得研究实习员职称后，从事研究工作满2年；或具备大学本科学历或学士学位，取得研究实习员职称后，从事研究工作满4年。

（三）副研究员（副高级）

1. 科研能力较强，具有较扎实的学术功底和较丰富的学术积累，作为学术骨干，在本学科领域具有较大影响力。

主要从事基础研究的人员，能够对本学科某一领域有深入的创见性研究，独立撰写具有较高学术水平的专著或论文，在推动学科建设和发展方面作出较大贡献。

主要从事应用研究和决策咨询研究的人员，能够围绕党和国家事业发展大局，深入研究相关领域重要问题，形成具有较高质量的对策研究成果；或作为主要成员参与完成重要项目，取得较大经济效益和社会效益。

2. 能够根据国家需要和国内外研究现状及发展趋势，设计具有较高学术意义或应用价值的研究课题，具有指导和主持本学科领域研究工作的能力。

3. 具备博士学位，取得助理研究员职称后，从事研究工作满2年；或具备硕士学位或第二学士学位，或大学本科学历或学士学位，取得助理研究员职称后，从事研究工作满5年。

（四）研究员（正高级）

1. 科研能力强，具有扎实的学术功底和

深厚的学术造诣,作为学科带头人,在本学科领域具有重要影响力。

主要从事基础研究的人员,能够在本学科某一领域做出开创性研究或在重要理论问题上有所突破,独立撰写高水平的学术专著和高质量的学术论文,促进本学科发展,在推动理论创新、文明传承、学科建设等方面作出重要贡献。

主要从事应用研究和决策咨询研究的人员,能够围绕党和国家事业发展大局,深入研究相关领域重要问题,形成高质量的对策研究成果;或作为负责人主持完成重要项目,取得重大经济效益和社会效益。

2. 能够根据国家需要和本学科国内外研究现状及发展趋势,提出本学科领域的研究方向,设计具有重要意义或开创性研究课题,具有指导和主持研究工作的能力。

3. 一般应具有大学本科以上学历或学士以上学位,取得副研究员职称后,从事研究工作满5年。

八、不具备第七条规定的学历、年限等要求,业绩突出、作出重要贡献的,可由2名以上同行专家推荐破格申报,具体办法由各地、各有关部门和单位另行制定。

人力资源社会保障部 中国外文局关于深化翻译专业人员职称制度改革的指导意见

人社部发〔2019〕110号

各省、自治区、直辖市及新疆生产建设兵团人力资源社会保障厅（局）、外事办公室，国务院各部委、各直属机构人事部门，各中央企业人事部门：

翻译专业人员是专业技术人才队伍的重要组成部分，是推动我国对外开放和国际交流合作、增强国家文化软实力的重要力量。为贯彻落实中共中央办公厅、国务院办公厅印发的《关于深化职称制度改革的意见》，现就深化翻译专业人员职称制度改革提出如下指导意见。

一、总体要求

（一）指导思想。

以习近平新时代中国特色社会主义思想为指导，全面贯彻落实党的十九大和十九届二中、三中全会精神，认真落实党中央、国务院决策部署和深化职称制度改革总体要求，遵循翻译专业人员成长规律，健全完善符合翻译专业人员职业特点的职称制度，科学客观公正评价翻译专业人员，为培养造就高水平的翻译人才服务，为构建中国对外话语体系，推进"一带一路"建设，实现更高水平开放提供人才支撑。

（二）基本原则。

1. 坚持服务发展。围绕新时代构建中国对外话语体系对翻译工作提出的新要求，聚焦提升翻译专业人员专业能力和职业素养，扎实开展翻译人才培养与评价工作，进一步推进国际交流与合作。

2. 坚持科学公正。创新评价机制，丰富评价方式，注重职称评价的公正性和客观性，突出评价翻译专业人员的品德、能力和业绩，破除唯学历、唯资历、唯论文、唯奖项倾向，充分激发翻译专业人员的创新性和创造性。

3. 坚持以用为本。促进翻译专业学位教育、职业资格制度和职称制度相衔接，促进职称制度与用人制度相衔接，使人才培养、评价与使用相结合，更好促进翻译专业人员的职业发展。

4. 坚持与时俱进。引导翻译专业人员密切关注翻译行业发展变化，及时学习运用翻译新技术，促进人工智能技术与翻译行业深度融合，不断提升翻译质量和效率，推动翻译职称评价结果国际互认，加快翻译行业发展和中华文化对外传播。

二、主要内容

通过健全制度体系、完善评价标准、创新评价机制、促进职称制度与用人制度相衔接等措施，建立科学化、规范化的翻译专业人员职称制度。

（一）健全制度体系。

1. 统一职称名称。翻译专业人员职称设初级、中级、高级，高级分设副高级和正高级。初级、中级、副高级、正高级的名称分别为三级翻译、二级翻译、一级翻译、译审。原助理翻译、三级翻译统一对应三级翻译，原翻译、二级翻译统一对应二级翻译，原副译审、一级翻译统一对应一级翻译，原译审、资深翻译统一对应译审。

2. 完善考试体系。根据经济社会发展和行业需求，适时增加在国际交往中使用频次高、范围广、行业需求迫切、学习和从业者众多的考试语种。适时调整考试科目设置，探索开设行业类翻译考试。完善同声传译类考试，通过同声传译考试并符合相应任职条件的人员，可申报评审副高级职称。

3. 事业单位翻译专业人员职称与专业技术岗位等级相对应。译审对应专业技术岗位一至四级，一级翻译对应专业技术岗位五至七级，二级翻译对应专业技术岗位八至十级，三级翻译对应专业技术岗位十一至十三级。

（二）完善评价标准。

1. 坚持德才兼备，以德为先。坚持把品德放在评价的首位，通过年度考核、群众评议等方式加强对翻译专业人员职业道德的评价，强化翻译专业人员的爱国情怀和社会责任，倡导实事求是、精益求精的专业精神和谦虚好学、严谨求实的学术风气，突出评价翻译专业人员弘扬社会主义核心价值观、挖掘和推广中华优秀传统文化的业绩贡献。

2. 实行分类评价。坚持共通性与特殊性、水平业绩与发展潜力、定性与定量评价相结合，分类制定科学合理、各有侧重的评价标准。不把荣誉性称号作为职称评价的限制性条件，注重考察翻译专业人员的实际贡献。适应人工智能新技术推动翻译模式升级的发展趋势，注重对译后编辑能力、人机耦合与互动、创造力与分析能力等方面的考察。

3. 实行国家标准、地区标准和单位标准相结合。人力资源社会保障部和中国外文出版发行事业局（以下简称中国外文局）负责制定《翻译专业人员职称评价基本标准》（附后）。各省（区、市）可根据本地区经济社会发展情况，制定地区标准。具备自主评审权的用人单位可结合本单位实际，制定单位标准。地区标准和单位标准不得低于国家标准。

（三）创新评价机制。

1. 丰富评价方式。国家统一考试的语种，初级、中级职称实行以考代评，不再进行相应语种的职称评审或认定；副高级职称采取考试与评审相结合方式，考试成绩合格后方可参加职称评审；正高级职称一般采取专家评审方式。尚未实行国家统一考试的语种，各级别职称仍实行专家评审或认定。

2. 畅通职称评价渠道。进一步破除人才发展体制机制障碍，打破户籍、地域、所有制、身份等条件的制约，创造便利条件，通过多种渠道受理非公有制经济组织、社会组织、自由职业翻译专业人员职称申报。依托具备较强服务能力和水平的专业化人才评价机构、行业协会学会等社会组织，组建翻译系列职称社会化评审机构，推进翻译系列职称社会化评审。

3. 建立职称评审绿色通道。对在外交、经济和社会各项事业发展中作出重大贡献，推动翻译行业发展取得重要成果的翻译专业人员，可适当放宽学历、资历、年限等条件限制，直接申报评审正高级职称。

4. 明确职称评审权限。各省（区、市）、国务院有关部门、中央有关企业等可按有关规定成立翻译系列高级职称评审委员会。国务院有关部门和中央企业成立的高级职称评审委员会报人力资源社会保障部核准备案。其他高级职称评审委员会报省级人力资源社会保障部门核准备案。社会化评审机构成立的职称评审委员会按程序报相应人力资源社会保障部门核准备案，其职称评审结果纳入政府人才评价管理体系。不具备高级职称评审委员会组建条件的地区或单位，可以委托中国外文局统一评审。

5. 推动翻译职称评价结果的国际互认。

适应国家扩大对外开放需要,探索在条件成熟的国家和地区开设翻译专业资格考试考点,积极推动翻译资格评价结果国际互认,有效促进中外文化交流。

(四)促进职称制度与人才培养使用相衔接。

1. 促进翻译专业人员职称评价与人才使用相衔接。鼓励用人单位结合用人需求,根据职称评价结果合理使用翻译专业人员,实现职称评价结果与翻译专业人员聘用、考核、晋升等用人制度相衔接。对于全面实行岗位管理的事业单位,一般应在岗位结构比例内开展职称评审。不实行事业单位岗位管理的用人单位,可根据工作需要择优聘任具有相应职称的翻译专业人员。

2. 促进翻译专业人员职称评价与人才培养相结合。推动翻译专业人员职称制度与翻译专业学位教育有机衔接,充分发挥职称制度对提高翻译人才培养质量的导向作用。鼓励高校从事翻译教学与研究的教师参加翻译系列职称评审。鼓励翻译专业人员参加继续教育,更新知识,提高水平。

(五)加强职称评审监督和服务。

1. 加强职称评审委员会建设。健全职称评审委员会工作程序和评审规则,加强专家库建设,完善专家遴选机制,积极吸纳高等院校专家及从事翻译实践的专家,定期对专家库进行更新,提高职称评审的公平性和权威性。

2. 严肃职称评审工作纪律。建立职称评审公开制度,实行政策公开、标准公开、程序公开、结果公开,加强对评价全过程的监督管理。完善职称评审回避制度、公示制度,建立复查、投诉和倒查追责机制。探索建立职称评审诚信档案,对申报材料弄虚作假的实行"一票否决制"。对不能正确行使评审权、不能确保评审质量的,暂停自主评审工作直至收回评审权。

3. 优化职称评审服务。坚持公开透明、及时快捷、便民服务的原则,加快评审信息化建设,建立职称网上申报和评审系统,简化职称申报手续和审核环节,减少各类纸质证明材料。

三、组织实施

(一)加强组织领导。翻译专业人员职称制度改革是分类推进职称制度改革的重要内容,政策性强,涉及面广。各地人力资源社会保障部门和有关部门要高度重视,加强领导,明确责任,密切配合,确保翻译专业人员职称制度改革平稳推进。改革中要及时总结经验,及时研究解决新情况、新问题,妥善处理好改革、发展和稳定的关系。

(二)稳慎推进改革。各地、各有关部门要结合实际,落实好各项改革举措,妥善做好新旧政策衔接工作,按照改革前后的职称对应关系将现有翻译专业人员直接过渡到新的职称体系。在平稳过渡的基础上,严格按照本意见开展各级别新的职称评审工作。

(三)做好宣传引导。要加强宣传引导,搞好政策解读,充分调动翻译专业人员的积极性,引导广大翻译专业人员积极支持和参与翻译专业人员职称制度改革,营造有利于翻译专业人员职称制度改革的良好氛围。

本意见适用于各类语种的翻译专业人员。少数民族语言文字翻译和手语翻译参照本意见执行。

附件:翻译专业人员职称评价基本标准

2019年10月16日

附件

翻译专业人员职称评价基本标准

一、遵守中华人民共和国宪法和法律法规，贯彻落实党和国家方针政策。

二、具有良好的职业道德、敬业精神，具有推动翻译行业发展的职业使命感，具备相应的翻译专业能力和业务技能。

三、热爱本职工作，认真履行岗位职责，积极参加继续教育。

四、翻译专业人员申报各级别职称，除必须达到上述基本条件外，还应分别具备以下条件：

（一）三级翻译

能完成一般性口译或笔译工作。从事口译者应能够基本表达交谈各方原意，语音、语调基本正确；从事笔译者应表达一般难度的原文内容，语法基本正确、文字比较通顺。

（二）二级翻译

1. 具有比较系统的外语基础知识和翻译理论知识。

2. 能够独立承担本专业具有一定难度的口译或笔译工作，语言流畅、译文准确。

（三）一级翻译

1. 熟悉中国和相关语言国家的文化背景，中外文语言功底扎实。

2. 胜任范围较广、难度较大的翻译专业工作，能够承担重要场合的口译或者译文定稿工作，解决翻译工作中的疑难问题。

3. 对翻译实践或者理论有所研究，对原文有较强的理解能力，具有较强的中外文表达能力，有正式出版的译著或者公开发表的译文。

4. 翻译业绩突出，能够组织、指导三级翻译、二级翻译等翻译专业人员完成各项翻译任务。

5. 翻译业务考评和年度综合考核均为合格及以上等次。

6. 具备博士学位，取得二级翻译职称后，从事翻译工作满2年；或具备翻译相关专业硕士学位，取得二级翻译职称后，从事翻译工作满3年；或具备翻译相关专业双学士学位或研究生班毕业，取得二级翻译职称后，从事翻译工作满4年；或具备非翻译相关专业硕士学位、大学本科学历或学士学位，取得二级翻译职称后，从事翻译工作满5年；或取得同声传译翻译专业资格证书且满足上述学历和年限要求。

翻译相关专业指外国语言文学学科和翻译学科所包含的各专业，及中国语言文学学科下的中国少数民族语言文学专业。

（四）译审

1. 知识广博，熟悉中国和相关语言国家的文化背景，中外文语言功底深厚。

2. 胜任高难度的翻译专业工作，能够解决翻译专业工作中的重大疑难问题，具有较强的审定重要事项翻译稿件的能力，或者承担重要谈判、国际会议的口译工作能力。

3. 译风严谨，译文能表达原作的风格。

4. 对翻译专业理论有深入研究，组织、指导翻译专业人员出色完成各项翻译任务，在翻译人才培养方面卓有成效。

5. 翻译成果显著，翻译业务考评和年度综合考核均为合格及以上等次。

6. 一般应具备大学本科及以上学历或学士及以上学位，取得一级翻译职称后，从事翻译工作满5年。

人力资源社会保障部　农业农村部关于深化农业技术人员职称制度改革的指导意见

人社部发〔2019〕114号

各省、自治区、直辖市及新疆生产建设兵团人力资源社会保障厅（局）、农业农村（农牧）、畜牧兽医、农垦、渔业厅（局、委），国务院各部委、各直属机构人事部门，各中央企业人事部门：

农业技术人员是农业农村人才队伍的重要组成部分，是新时代实施乡村振兴战略、加快推进农业农村现代化的重要支撑力量。为深入贯彻落实中共中央办公厅、国务院办公厅印发的《关于深化职称制度改革的意见》，现就深化农业技术人员职称制度改革提出如下意见。

一、总体要求

（一）指导思想。

以习近平新时代中国特色社会主义思想为指导，全面贯彻落实党的十九大和十九届二中、三中全会精神，认真贯彻落实党中央、国务院决策部署，遵循农业农村人才成长规律，建立符合农业技术人员职业特点的职称制度，激发农业技术人员创新创造活力，培养造就素质优良、结构合理、充满活力的农业技术人员队伍，为推进实施乡村振兴战略、加快实现农业农村现代化提供有力的人才支撑。

（二）基本原则。

1. 坚持服务发展。围绕农业农村现代化发展需要，发挥人才评价的"指挥棒"和"风向标"作用，提高农业技术人员解决实际问题能力，引导农业技术人员扎根基层、服务"三农"。

2. 坚持遵循规律。遵循农业技术人员成长规律和不同职业发展阶段特点，建立科学合理的评价体系，弘扬科学精神、避免急功近利，营造注重实绩、潜心钻研的制度环境，促进农业技术人员能力素质提升。

3. 坚持科学评价。完善农业技术人员评价标准体系，以品德、能力、业绩、贡献为导向，科学设置评价标准条件，破除唯学历、唯资历、唯论文、唯奖项倾向，突出技术性、实践性和创新性，提升农业技术人员职称评审质量水平。

4. 坚持以用为本。围绕用好用活人才，促进职称评审与农业技术人员培养、使用相结合，将农业技术人员职称制度与选人用人制度相衔接，满足各类用人单位选才用才需要，鼓励人才向艰苦边远地区和基层一线流动。

二、主要改革任务

通过健全制度体系、完善评价标准、创新评价机制、促进评价与使用相结合等措施，形成设置合理、覆盖全面、评价科学、管理规范的农业技术人员职称制度。

（一）健全制度体系。

1. 增设正高级农艺师（正高级畜牧师、正高级兽医师）。农业技术人员高级职称分设副高级和正高级，初级职称分设员级和助理级。员级职称名称为农业技术员，助理级职称名称为助理农艺师（助理畜牧师、助理兽医师），中级职称名称为农艺师（畜牧师、兽医师），副高级职称名称为高级农艺师（高级畜牧师、高级兽医师），正高级职称名称为正高级农艺师（正高级畜牧师、正高级兽医师）。

2. 保留农业技术推广研究员作为正高级职称。长期在县乡及以下农业农村一线和各类涉农企业从事技术推广服务工作，取得农业系列副高级职称的专业技术人员，符合条件的可申报农业技术推广研究员职称，畅通基层农业技术人员成长成才通道。农业技术推广研究员评审由各省（自治区、直辖市）自主组织开展，人力资源社会保障部、农业农村部不再统一组织全国农业技术推广研究员职称评审。

3. 完善专业设置。各地可围绕实现农业农村现代化总目标和实施乡村振兴战略任务要求，设置农学、园艺、植物保护、水产、畜牧、兽医、农业资源环境、农业机械化、农产品加工与质量安全、农村合作组织管理等专业，并结合本地实际，对农业技术人员职称相关评审专业进行动态调整，促进专业设置与农业农村发展需求相适应。

4. 实现职称制度与职业资格制度有效衔接。通过国家执业兽医资格考试，取得执业兽医师资格，可视同具备助理兽医师职称。

（二）完善评价标准。

1. 坚持德才兼备，以德为先。坚持把品德放在农业技术人员评价的首位，重点考察农业技术人员的职业道德。通过个人述职、考核测评、群众评议等方式，全面考察农业技术人员的职业操守和从业行为，倡导科学精神，强化社会责任，坚守道德底线。对侵占他人技术成果或伪造试验数据等学术不端行为，实行"一票否决制"。对通过弄虚作假、暗箱操作等违纪违规行为为取得的职称，一律予以撤销。

2. 突出评价业绩水平和实际贡献。重点评价农业技术人员技术创新、成果转化、技术推广、标准制定、决策咨询、解决实际问题等方面的能力，专利成果、规划设计方案、标准规范、检验检测风险评估报告、项目报告、软课题研究报告等，均可作为评价能力的业绩成果。将取得的经济效益、社会效益、生态效益作为评审的重要内容，探索构建体现市场与社会认可的评价指标和方法。突出对代表性成果的评价，不搞简单量化评价，重大原创性研究成果可"一票决定"。对长期在艰苦边远地区和基层一线工作的农业技术人员，可将新理念、新技术、新品种、新工艺的推广和应用情况，对农民开展培训情况以及参与农业农村管理服务情况等作为评审的依据。

3. 实行国家标准、地区标准和单位标准相结合。人力资源社会保障部、农业农村部研究制定《农业技术人员职称评价基本标准》（附后）。各地区人力资源社会保障行政部门会同农业农村行政部门依据国家标准，结合本地区农业农村经济社会发展情况，制定地区标准；具有职称评审权的用人单位可依据国家标准、地区标准，结合本单位实际，制定单位标准。地区标准、单位标准不得低于国家标准。

（三）创新评价机制。

1. 改进评价方式。完善以同行专家评审为基础的业内评价机制，综合运用考试、评审、考核认定、个人述职、面试答辩、实践操作、业绩展示等多种评价方式，提高评价的针对性和科学性。鼓励各地对不同专业、不同层级的农业技术人员进行分组评价，提高评审工作科学化水平。

2. 畅通评价渠道。进一步打破户籍、地域、身份、档案等制约，创造便利条件，畅通农民专业合作社、家庭农场、农业企业、农业社会化服务组织等生产经营主体中农业技术人员的职称申报渠道。事业单位中经批准离岗创业或兼职的农业技术人员，离岗创业期内可在原单位按规定正常申报职称，离岗创业期间工作业绩可作为职称评审的依据。

3. 建立绿色通道。对在农业高质量发展、农民增收、重大动植物疫病防控、农业重大灾害处置及农村改革各项事业中作出重大贡献或急需紧缺的优秀农业技术人员,可适当放宽学历、资历、年限等条件限制,直接申报评审高级职称。对引进的海外高层次人才和急需紧缺人才,进一步打破条条框框的限制,探索引入国际同行评价,建立职称评审绿色通道。

4. 完善评审委员会建设。科学界定、合理下放职称评审权限,逐步将高级职称评审权下放到符合条件的地市或大型企业、科研院所等企事业单位。加强评审专家库建设,积极吸纳涉农院校、科研推广机构、检测评估认证机构、行业协会学会、农业企业等同行专家,鼓励吸纳活跃在农业农村基层一线的技术人才,实行动态管理。国务院有关部门、中央企业、全国性行业协会学会、人才交流服务机构等组建的高级职称评审委员会由国务院人力资源社会保障行政部门核准备案;各地区组建的高级职称评审委员会由省级人力资源社会保障行政部门核准备案;其他用人单位组建的高级职称评审委员会按照职称评审管理权限由省级以上人力资源社会保障行政部门核准备案。健全职称评审委员会工作程序和评审规则,严肃评审纪律,建立倒查追责机制。

5. 加强事中事后监管。建立职称评审随机抽查、巡查制度,加强对职称评审全过程的监督管理,强化单位自律和外部监督。畅通意见反馈渠道,对群众反馈或舆情反映强烈的问题,有针对性地进行专项核查,及时妥善处理。建立职称评审公开制度,实行政策公开、标准公开、程序公开、结果公开,提升评审工作透明度。

(四)促进评价与使用相结合。

1. 实现职称制度与用人制度的有效衔接。用人单位结合用人需求,根据职称评价结果合理使用农业技术人员,实现职称评价结果与农业技术人员聘用、考核、晋升等用人制度的衔接。对于全面实行岗位管理、专业技术人才学术技术水平与岗位职责密切相关的事业单位,一般应在岗位结构比例内开展职称评审。对于不实行岗位管理的单位,可根据工作需要,择优聘任具有相应职称的农业技术人员。

2. 鼓励人才向艰苦边远地区和基层一线流动。优化基层事业单位专业技术岗位结构比例,建立动态调整机制。适当增加艰苦边远地区和基层一线农业农村领域高级专业技术岗位,为农业技术人员参评高级职称创造条件。对长期扎根基层一线、作出突出贡献的农业技术人员,可适当放宽学历和任职年限要求。在艰苦边远地区和基层一线可采取"定向评价、定向使用"的方式,激励优秀农业技术人员扎根基层、建功立业。

三、加强组织实施

(一)提高认识,加强领导。职称制度改革涉及广大农业技术人员的切身利益,各地、各部门要充分认识改革的重要性、复杂性、敏感性,加强组织领导,狠抓工作落实,确保各项改革措施落到实处。各级人力资源社会保障行政部门要会同农业农村行政部门,具体负责农业技术人员职称制度改革的政策制定、组织实施和监督检查工作。各有关部门要密切配合、加强协调,确保改革各项工作顺利推进。

(二)结合实际,稳慎推进。各地要根据本意见精神,紧密结合本地实际,抓好改革政策的落地实施。在推进改革的过程中,要开展全面深入的调研,充分考虑工作中可能遇到的各种情况和问题,细化工作措施,完善工作预案,妥善处理好改革、发展和稳定的关系。

(三)加强宣传,营造环境。各地、各有关部门要加强宣传引导,做好政策解读,营造有利于改革的良好氛围。在政策制定过程中,要注重广泛征求各方意见,积极回应农业技术人员关切,引导广大农业技术人员支持和参与职称制度改革。

附件:农业技术人员职称评价基本标准

2019年10月26日

附件

农业技术人员职称评价基本标准

一、遵守中华人民共和国宪法和法律法规。

二、热爱"三农"工作，认真履行岗位职责，具有良好的职业道德、敬业精神，作风端正。

三、身心健康，具备从事农业技术相关工作的身体条件。

四、按照要求参加继续教育。

五、农业技术人员申报各层级职称，除必须达到上述基本条件外，还应分别具备以下条件：

（一）农业技术员

1. 熟悉本专业的基础理论和专业技术知识。

2. 具有完成技术辅助性工作的实际能力。

3. 具备大学本科学历或学士学位；或具备大学专科、高中（含中专、职高、技校）毕业学历，从事本专业技术工作满1年。

（二）助理农艺师（助理畜牧师、助理兽医师）

1. 掌握本专业的基础理论和专业技术知识。

2. 具有独立完成一般性技术工作的实际能力，能够处理本专业范围内一般性技术难题。

3. 能够向群众传授本专业技术知识，进行一般性技术指导或技术咨询服务工作。

4. 具有指导农业技术员的能力。

5. 具备硕士学位或第二学士学位；或具备大学本科学历或学士学位，从事本专业技术工作满1年；或具备大学专科学历，取得本系列员级职称后，从事本专业技术工作满2年；或具备高中（含中专、职高、技校）毕业学历，取得本系列员级职称后，从事本专业技术工作满4年。

（三）农艺师（畜牧师、兽医师）

1. 熟练掌握并能够灵活运用本专业的基础理论和专业技术知识，了解本专业新技术、新理念、新方法的现状和发展趋势。

2. 具有独立承担本专业范围内较复杂技术工作的能力，能够结合农业农村生产情况，解决较为复杂的实际问题。

3. 参与农业农村科研或推广项目实施、农产品质量安全检验检测、重大动植物疫病防控、农业重大灾害处置、重要农业遗传资源保护利用、行业发展规划编制、政策法规制（修）订、技术标准和规程制（修）订、重大项目可行性研究报告或技术咨询报告撰写、技术培训教材编写等；或能够结合农业农村生产实际制定技术工作规划、计划，并参与推广先进技术、科研成果，在降低成本，提高生产率，增加经济效益、社会效益、生态效益等方面作出成绩。

4. 具有指导助理农艺师（助理畜牧师、助理兽医师）的能力。

5. 具备博士学位；或具备硕士学位或第二学士学位，取得本系列助理级职称后，从事本专业技术工作满2年；或具备大学本科学历或学士学位，或具备大学专科学历，取得本系列助理级职称后，从事本专业技术工作满4年；或具备高中（含中专、职高、技校）毕业学历，取得助理级职称后，从事本专业技术工作满5年。

（四）高级农艺师（高级畜牧师、高级兽

医师)

1. 系统掌握本专业的基础理论和专业技术知识,具有跟踪本专业科技发展前沿的能力,在相关领域取得重要成果。

2. 长期从事本专业工作,业绩突出,能够解决农业农村生产中的复杂问题或重大技术问题。

3. 取得相应中级职称后,业绩、成果要求符合下列条件之一:

(1) 主持、承担研制开发或推广的新品种、新技术、新产品、新方法等,具有国内先进水平,得到一定规模的应用;

(2) 作为主要完成人,获得本专业或相关专业具有较高经济效益、社会效益、生态效益的发明或实用新型专利;

(3) 作为技术骨干,参与的农业农村重大工程、计划、项目等在本领域被广泛认可,或在重要农产品质量安全检验检测任务、重大动植物疫病防控、农业重大灾害处置、重要农业遗传资源保护利用等工作中发挥了重要技术支撑作用,或作为主要编写者,参与编写的农业农村重大政策法规、发展规划、技术标准和规程、可行性研究报告、技术咨询报告、技术培训教材等在本领域被广泛认可;

(4) 发表的本领域研究成果,受到同行专家认可。

4. 在指导、培养中青年学术技术骨干方面发挥重要作用,能够指导中级职称技术人员或研究生的工作和学习。

5. 具备博士学位,取得本系列中级职称后,从事本专业技术工作满2年;或具备大学本科学历或学士学位,或具备硕士学位或第二学士学位,取得本系列中级职称后,从事本专业技术工作满5年。

(五) 正高级农艺师(正高级畜牧师、正高级兽医师)

1. 具有深厚的专业理论功底,科研水平、学术造诣高或科学实践能力强,全面掌握本专业国内外前沿发展动态,具有引领本专业科技发展前沿的能力,取得重大理论研究成果或关键技术突破,或在相关领域取得创新性研究成果,推动了本专业发展。

2. 长期从事本专业工作,业绩突出,能够主持解决农业农村生产中的复杂问题或重大技术问题,取得了显著的经济效益、社会效益、生态效益。

3. 取得相应副高级职称后,业绩、成果要求符合下列条件之一:

(1) 主持研制开发或推广的新品种、新技术、新产品、新方法等,具有国内领先水平,得到大规模应用;

(2) 作为第一完成人,获得本专业或相关专业具有显著经济效益、社会效益、生态效益的发明或实用新型专利;

(3) 主持的农业农村重大工程、计划、项目等在本领域被广泛认可,或在重要农产品质量安全检验检测任务、重大动植物疫病防控、农业重大灾害处置、重要农业遗传资源保护利用等工作中发挥了关键性技术支撑作用,或主持编写的农业农村重大政策法规、发展规划、技术标准和规程、可行性研究报告、技术咨询报告、技术培训教材等在本领域被广泛认可;

(4) 发表的本领域研究成果,经同行专家评议具有较高学术价值。

4. 在指导、培养中青年学术技术骨干方面作出突出贡献,能够指导相应副高级职称人员或研究生的工作和学习。

5. 一般应具备大学本科及以上学历或学士及以上学位,取得本系列副高级职称后,从事本专业技术工作满5年。

(六) 农业技术推广研究员

1. 长期在县乡及以下农业农村一线和各类涉农企业从事技术推广工作,业绩突出,群众公认。

2. 具有较为全面系统的专业知识和丰富的实践经验,掌握本领域前沿发展动态,能够创造性地解决复杂的实际问题或重大技术问题。

3. 取得农业系列副高级职称后,业绩、

成果要求符合下列条件之一：

（1）主持推广的新品种、新技术、新产品、新方法等得到大规模应用，产生显著经济效益、社会效益、生态效益；

（2）作为第一完成人，获得具有重大实用价值的本专业及其相关专业发明或实用新型专利；

（3）指导实施的农业农村技术推广重大工程、计划、项目在本领域被广泛认可，或在重要农产品质量安全检验检测任务、重大动植物疫病防控、农业重大灾害处置、重要农业遗传资源保护利用等工作中发挥了关键性技术支撑作用，或主持编写的技术推广规划、技术标准和规程、可行性研究报告、技术咨询报告、技术培训教材等在本领域被广泛认可；

（4）能够为农民生产生活、农村社会服务、农产品质量安全、重大动植物疫病防控、农业重大灾害处置提供技术支撑和服务保障，在农业转型升级、农村发展繁荣、农民增收致富等方面作出突出贡献。

4. 在指导、培养农业技术推广骨干方面作出突出贡献，能够指导相应副高级职称人员的工作。

5. 一般应具备大学本科及以上学历或学士及以上学位，取得本系列副高级职称后，从事农业技术推广相关工作满5年。

六、不具备第五条规定的学历、年限等要求，业绩突出、作出重要贡献的，可由2名以上同行专家推荐破格申报，具体办法由各地、各有关部门和单位另行制定。

人力资源社会保障部关于第二批取消部分规章规范性文件设定的证明材料的决定

人社部发〔2019〕115号

各省、自治区、直辖市及新疆生产建设兵团人力资源社会保障厅（局）：

根据《国务院办公厅关于做好证明事项清理工作的通知》（国办发〔2018〕47号）要求，为进一步减证便民、优化服务，不断提升群众企业办事便利度和满意度，人力资源社会保障部决定再取消42项由规章、规范性文件设定的证明材料（见附件），现予以公布。相关证明材料自本决定公布之日起取消。

附件：
1. 部门规章设定的证明材料取消清单
2. 规范性文件设定的证明材料取消清单

2019年10月28日

附件1

部门规章设定的证明材料取消清单

序号	证明	用途	依据	取消后办理方式
1	工作人员的学历证明	办理人力资源服务许可，开展业务备案，变更名称、住所、法定代表人或者终止经营活动，设立分支机构	《人才市场管理规定》（2001年9月11日 人事部、国家工商行政管理总局令第1号 2005年3月22日第一次修订 2015年4月30日第二次修订）第六条第二项、第七条第一款	通过网上核查或根据申请人的身份证信息直接查询
2	失业保险缴费情况证明	申领失业保险金	《失业保险金申领发放办法》（2000年10月26日 劳动和社会保障部令第8号 2018年12月14日修订）第五条	通过部门内部核查

续表

序号	证明	用途	依据	取消后办理方式
3	工作期间，突发疾病抢救证明	申请工伤认定	《工伤认定办法》（2010年12月31日 人力资源社会保障部令第8号）第六条第二项	不再提交
4	工伤职工的居民身份证或者社会保障卡等其他有效身份证明复印件	工伤职工劳动能力复查鉴定申请	《工伤职工劳动能力鉴定管理办法》（2014年2月20日 人力资源社会保障部、国家卫生计生委令第21号 2018年12月14日修订）第十七条、第十九条	提交原件即可
5	《工伤认定决定书》原件和复印件	工伤职工劳动能力复查鉴定申请	《工伤职工劳动能力鉴定管理办法》（2014年2月20日 人力资源社会保障部、国家卫生计生委令第21号 2018年12月14日修订）第十七条、第十九条	通过部门内部核查
6	劳动能力鉴定委员会规定和要求的其他材料	工伤职工劳动能力复查鉴定申请	《工伤职工劳动能力鉴定管理办法》（2014年2月20日 人力资源社会保障部、国家卫生计生委令第21号 2018年12月14日修订）第十七条、第十九条	不再提交
7	工亡职工配偶未再婚证明	供养亲属抚恤金申领	《因工死亡职工供养亲属范围规定》（2003年9月23日 劳动和社会保障部令第18号）第四条第三项	改为告知承诺制，通过部门间数据共享核查
8	工亡职工供养亲属健在证明	供养亲属抚恤金申领	《因工死亡职工供养亲属范围规定》（2003年9月23日 劳动和社会保障部令第18号）第四条第五项	改为告知承诺制，通过部门间数据共享核查
9	企业营业执照、批准成立证件或其他核准执业证件	企业办理社会保险登记	《社会保险登记管理暂行办法》（1999年3月19日 劳动和社会保障部令第1号）第七条第一项	按照"五证合一"改革要求，与市场监管部门实现企业开办事项业务协同，通过部门间数据共享核查。《社会保险登记管理暂行办法》已于2019年4月28日公布废止
10	企业组织机构统一代码证书	企业办理社会保险登记	《社会保险登记管理暂行办法》（1999年3月19日 劳动和社会保障部令第1号）第七条第二项	按照"五证合一"改革要求，与市场监管部门实现企业开办事项业务协同，通过部门间数据共享核查。《社会保险登记管理暂行办法》已于2019年4月28日公布废止
11	企业信息变更证明	企业办理社会保险变更登记	《社会保险登记管理暂行办法》（1999年3月19日 劳动和社会保障部令第1号）第十条第二项	按照"五证合一"改革要求，与市场监管部门实现企业开办事项业务协同，通过部门间数据共享核查。《社会保险登记管理暂行办法》已于2019年4月28日公布废止

续表

序号	证明	用途	依据	取消后办理方式
12	营业执照复印件、法定代表人身份证复印件、开户许可证复印件、劳动合同备案证明、职工身份证复印件	企业职工养老保险单位新参保申报、职工基本信息变更	《社会保险费申报缴纳管理规定》（2013年9月26日 人力资源社会保障部令第20号）第四条	按照"五证合一"改革要求，与市场监管部门实现企业开办事项业务协同，通过部门间数据共享核查；同时，企业可通过网上平台自助填报有关信息
13	社会保险登记证	单位社会保险注销登记	《社会保险登记管理暂行办法》（1999年3月19日 劳动和社会保障部令第1号）有关规定	不再办理社会保险登记证，通过社保经办系统可核查单位注册社保账户信息。《社会保险登记管理暂行办法》已于2019年4月28日公布废止
14	企业营业执照复印件	集体合同报送审查	《集体合同规定》（2004年1月20日 劳动和社会保障部令第22号）第四十二条	改为告知承诺制或部门间信息共享
15	工会社团法人证明材料	集体合同报送审查	《集体合同规定》（2004年1月20日 劳动和社会保障部令第22号）第四十二条	改为告知承诺制

附件2

规范性文件设定的证明材料取消清单

序号	证明	用途	依据	取消后办理方式
1	职业资格证书原件	申请更正技能人员职业资格证书信息	《关于做好职业资格证书查询系统建设工作的通知》（人社厅发〔2009〕44号）附件1《职业资格证书网上查询管理办法（试行）》第八条	不再提交
2	职业资格证书（含《技术等级证书》、《技师合格证书》以及《高级技师合格证书》）原件	境外就业和对外劳务合作人员申请换发技能人员职业资格证书	《关于职业资格证书改版及核发管理工作有关问题的通知》（人社厅发〔2009〕137号）第八项	不再提交

续表

序号	证明	用途	依据	取消后办理方式
3	中方上级主管部门审批文件	申请以技能为主的国外职业资格证书及发证机构资格审核和注册	《关于对引进国外职业资格证书加强管理的通知》（劳社部发〔1998〕18号）第四条	不再提交
4	基本养老保险缴费证明	企业年金方案备案	《人力资源社会保障部办公厅关于进一步做好企业年金方案备案工作的意见》（人社厅发〔2014〕60号）附件3	通过部门内部核查
5	企业职工因病或非因工伤残劳动能力鉴定结论书	企业申请办理职工因病提前退休审批	《关于制止和纠正违反国家规定办理企业职工提前退休有关问题的通知》（劳社部发〔1999〕8号）有关规定	通过部门内部核查
6	认定工伤决定书	申领工伤待遇	《关于印发工伤保险经办规程的通知》（人社部发〔2012〕11号）有关规定	通过部门内部核查
7	属于交通事故或者城市轨道交通、客运轮渡、火车事故的，须提供相关的事故责任认定书	涉及第三人的工伤待遇申领	《关于印发工伤保险经办规程的通知》（人社部发〔2012〕11号）第七十三条第一项	通过部门内部核查
8	依靠工亡职工生前提供主要生活来源的证明	供养亲属抚恤金申领	《关于印发工伤保险经办规程的通知》（人社部发〔2012〕11号）第七十条第三项	改为告知承诺制办理
9	完全丧失劳动能力的提供劳动能力鉴定结论书	供养亲属抚恤金申领	《关于印发工伤保险经办规程的通知》（人社部发〔2012〕11号）第七十条第四项	通过部门内部核查
10	在校学生提供学校就读证明	供养亲属抚恤金申领	《关于印发工伤保险经办规程的通知》（人社部发〔2012〕11号）第七十条第六项	改为告知承诺制，通过部门间数据共享核查
11	属于遭受暴力伤害的，需提供公安机关出具的遭受暴力伤害证明和赔偿证明资料	涉及第三人的工伤待遇申领	《关于印发工伤保险经办规程的通知》（人社部发〔2012〕11号）第七十三条第二项	通过部门内部核查
12	参保人员户籍关系转移证明	办理城乡居民基本养老保险关系转移接续	《人力资源社会保障部关于印发城乡居民基本养老保险经办规程的通知》（人社部发〔2014〕23号）第四十一条	通过核实身份证件、户口簿办理。所依据文件已修订，修订后的文件为《人力资源社会保障部关于印发城乡居民基本养老保险经办规程的通知》（人社部发〔2019〕84号）

续表

序号	证明	用途	依据	取消后办理方式
13	养老金异地领取资格证明	退休人员异地领取养老金	《关于对异地居住退休人员进行领取养老金资格协助认证工作的通知》（劳社厅发〔2004〕8号）第二条	通过信息比对、远程自助认证和社会化服务等方式主动核查办理；也可通过告知承诺制办理
14	户口簿复印件	办理企业因病非因工死亡职工遗属抚恤待遇	《关于调整企业因病非因工死亡职工遗属抚恤政策有关问题的通知》（劳社秘〔2004〕193号）有关规定	不再留存复印件材料，通过部门间数据共享核查
15	出国（境）定居证明	城乡居民基本养老保险注销登记	《人力资源社会保障部关于印发城乡居民基本养老保险经办规程的通知》（人社部发〔2014〕23号）第三十六条	通过告知承诺制办理，核验相关法定证照。所依据文件已修订，修订后的文件为《人力资源社会保障部关于印发城乡居民基本养老保险经办规程的通知》（人社部发〔2019〕84号）
16	无固定收入证明	离退休（职）人员死亡后，其遗属申请领取丧葬补助费、抚恤费和供养直系亲属生活补助费	《关于印发〈基本养老保险经办业务规程（试行）〉的通知》（劳社险中心函〔2003〕38号）第六十六条第三项	通过告知承诺制办理
17	职工供养的年满16周岁直系亲属就读全日制高中证明或未实行奖学金或助学金制度的职业中学证明	离退休（职）人员死亡后，其遗属申请领取丧葬补助费、抚恤费和供养直系亲属生活补助费	《国家劳动总局关于职工子女年满十六岁后，在中学学习期间，列为供养直系亲属问题的复函》（〔76〕劳薪字95号）有关规定	通过告知承诺制、部门间核查等办理
18	医院出具的参保人死亡证明，或民政部门出具的火化证明，或公安部门出具的户籍注销证明，或能够确定指定受益人、法定继承人继承权的公证文书	城乡居民基本养老保险注销登记	《人力资源社会保障部关于印发城乡居民基本养老保险经办规程的通知》（人社部发〔2014〕23号）第三十五条、三十六条	通过告知承诺制、部门间（公安、卫健、民政）核查等办理。所依据文件已修订，修订后的文件为《人力资源社会保障部关于印发城乡居民基本养老保险经办规程的通知》（人社部发〔2019〕84号）
19	社会保险养老待遇领取证明材料	城乡居民基本养老保险注销	《人力资源社会保障部关于印发城乡居民基本养老保险经办规程的通知》（人社部发〔2014〕23号）第三十七条	通过告知承诺制办理，人社系统内部数据共享核查。所依据文件已修订，修订后的文件为《人力资源社会保障部关于印发城乡居民基本养老保险经办规程的通知》（人社部发〔2019〕84号）

续表

序号	证明	用途	依据	取消后办理方式
20	离退休人员死亡证明	办理养老保险丧葬补助金、抚恤金核定	《人力资源社会保障部关于印发机关事业单位工作人员基本养老保险经办规程的通知》（人社部发〔2015〕32号）第四十条、《关于印发基本养老保险经办业务规程（试行）的通知》（劳社险中心函〔2003〕38号）第六十六条	通过告知承诺制、部门间数据共享核查
21	供养直系亲属与死者关系证明	办理养老保险丧葬补助金、抚恤金核定	《人力资源社会保障部关于印发机关事业单位工作人员基本养老保险经办规程的通知》（人社部发〔2015〕32号）第四十条、《关于印发基本养老保险经办业务规程（试行）的通知》（劳社险中心函〔2003〕38号）第六十六条	改为告知承诺制办理，通过部门间数据共享核查
22	死亡证明材料	办理基本养老保险个人账户一次性支付核定	《人力资源社会保障部关于印发机关事业单位工作人员基本养老保险经办规程的通知》（人社部发〔2015〕32号）第四十一条、《关于印发基本养老保险经办业务规程（试行）的通知》（劳社险中心函〔2003〕38号）第六十四条和七十三条	通过告知承诺制、部门间数据共享核查
23	企业营业执照	申请实行特殊工时制度审批	《关于企业实行不定时工作制和综合计算工时工作制的审批办法》（劳部发〔1994〕503号）有关规定	部门间信息共享
24	专业技术人员职业资格证书	翻译专业资格、注册消防工程师、咨询工程师（投资）、经济专业技术资格、注册安全工程师、一级造价工程师、注册城乡规划师、一级建造师、勘察设计注册工程师等考试报名，以及免试部分考试科目	我部及有关考试行业主管部门联合印发的各项职业资格制度暂行规定中关于应试人员报考条件、免试条件的规定	改为告知承诺制。通过全国一体化在线政务服务平台、国家数据共享交换平台、政府部门内部核查和部门间行政协助等方式核验。暂无法核验的，采取网上上传材料等方式办理

续表

序号	证明	用途	依据	取消后办理方式
25	专业技术职务聘用（评聘）证明	出版、注册核安全工程师、注册计量师、注册测绘师、翻译专业资格、注册消防工程师、注册设备监理师、环境影响评价工程师、监理工程师、一级建造师等考试报名，以及免试部分考试科目	我部及有关考试行业主管部门联合印发的各项职业资格制度暂行规定中关于应试人员报考条件、免试条件的规定	改为告知承诺制。通过全国一体化在线政务服务平台、国家数据共享交换平台、政府部门内部核查和部门间行政协助等方式核验。暂无法核验的，采取网上上传材料等方式办理
26	职称评聘证明	注册安全工程师、经济专业技术资格、执业药师、注册建筑师等考试报名，以及免试部分考试科目	我部及有关考试行业主管部门联合印发的各项职业资格制度暂行规定中关于应试人员报考条件、免试条件的规定	改为告知承诺制。通过全国一体化在线政务服务平台、国家数据共享交换平台、政府部门内部核查和部门间行政协助等方式核验。暂无法核验的，采取网上上传材料等方式办理
27	专业技术人员职业资格证书丢失登报声明和单位证明	办理补发专业技术人员职业资格证书	《人事部办公厅关于更换补发专业技术资格证书有关问题的通知》（人办发〔1997〕85号）有关规定	当事人向当地发证机关提交个人补发证书申请

人力资源社会保障部 教育部
关于做好技工院校招生工作的通知

人社部发〔2019〕119号

各省、自治区、直辖市人力资源社会保障厅（局）、教育厅（教委），各计划单列市人力资源社会保障局、教育局，新疆生产建设兵团人力资源社会保障局、教育局：

为深入贯彻落实李克强总理在部分省份稳就业工作座谈会上的重要讲话精神，按照国务院常务会部署要求，把职业技能培训作为保持就业稳定、缓解结构性就业矛盾的关键举措，充分发挥技工院校作用，扩大招生规模，提高培训质量，现就做好技工院校扩招工作通知如下。

一、推进各省份技师学院、技工学校纳入职业教育统一招生平台。支持按照高校设置程序进入高等学校序列的技师学院纳入高职（专科）统一招生平台，并以××职业技术学院（××技师学院）予以明确体现，支持这些学院参与高职扩招。

二、进一步做好宣传动员工作，积极推进高职院校、中职学校、技师学院和技工学校扩大招生工作。采取有效措施，引导未进入高中阶段教育的应届初中毕业生，进入中职学校、技师学院和技工学校学习，为更多应届初中毕业生接受中等职业教育提供机会；引导动员更多符合条件的高中应届毕业生（含普通高中、中职学校、技工学校）和退役军人、下岗失业人员、农民工、新型职业农民等社会群体报考高职院校（含挂靠在高职院校的技师学院）。支持技工院校招收更多应届毕业生和社会人员接受职业教育和培训。

三、按照《职业技能提升行动方案（2019—2021年）》（国办发〔2019〕24号）要求，推动职业院校（含技工院校）扩大职业培训规模，更多承担培训工作量，按规定享受培训补贴政策。

四、按照《国家职业教育改革实施方案》（国发〔2019〕4号）要求，指导支持办学规范、质量较高的技师学院尽快达到标准要求，按照高等学校设置制度规定，纳入高等学校序列。

五、各地教育、人力资源社会保障部门要加大对违规招生、恶性竞争、虚假宣传、欺骗误导学生等行为的查处力度，营造公平良好的招生秩序。严禁招生过程中进行生源封锁和地方保护，严禁公办普通高中违规跨区域、超计划招生，严禁任何机构和个人在招生过程中向职业院校（含技工院校）或学生索要、收受任何名义的经费或实物，严禁教师干预或代替学生填报志愿。各地要设立职业院校（含技工院校）招生监督举报电话，并在当地主要媒体和本部门官网上公布。

六、各地要高度重视招生工作，把招生工作作为推动地区就业稳定、做好技能人才储备的重要工作。各级教育、人力资源社会保障部门要加强统筹配合，必要时可成立由政府分管负责同志牵头的协调机构，研究解决问题，确保扩招任务如期完成。

2019年11月7日

人力资源社会保障部 国家文物局 关于进一步加强文博事业单位人事管理工作的指导意见

人社部发〔2019〕120号

各省、自治区、直辖市人力资源社会保障厅（局）、文物局（文化和旅游厅/局），新疆生产建设兵团人力资源社会保障局、文物局：

为贯彻落实党的十九大和十九届三中全会精神，根据《中共中央办公厅 国务院办公厅印发〈关于加强文物保护利用改革的若干意见〉的通知》、《中共中央办公厅 国务院办公厅印发〈关于进一步深化事业单位人事制度改革的意见〉的通知》和《事业单位人事管理条例》（国务院令第652号）等有关政策法规，现就进一步加强文博事业单位人事管理工作提出如下指导意见。

一、总体要求

1. 指导思想。以习近平新时代中国特色社会主义思想为指导，全面贯彻党的十九大和十九届二中、三中、四中全会精神，加强党对文博事业单位的全面领导，坚持简政放权、放管结合、优化服务，强化文博事业单位公益属性，建设高素质专业化文博事业单位工作人员队伍，为文物事业发展提供强有力的人事人才支撑保障。

2. 基本原则。坚持党管干部、党管人才，贯彻落实党的干部路线方针政策；坚持正确选人用人导向，突出政治标准；坚持分级管理，充分体现文物事业发展的特点和规律；坚持严管与厚爱相结合、激励与约束并重，激励文博事业单位工作人员担当作为。

二、创新用人机制

3. 优化岗位结构。文博事业单位专业技术岗位一般不低于单位岗位总量的70%，承担较多文物修复工作的事业单位专业技术岗位比例可适当降低，不得低于50%。地方各级文博事业单位中，一级博物馆、文物保护及研究机构专业技术高级岗位比例按不超过40%控制，二级博物馆、文物保护及研究机构专业技术高级岗位比例按不超过35%控制，三级博物馆、文物保护及研究机构专业技术高级岗位比例按不超过30%控制。其他博物馆、文物保护及研究机构专业技术高级岗位比例按不超过25%控制。

4. 完善公开招聘条件和方式。拓宽引才渠道，具有特殊专长的人才参加文物保护和修复研究类专业技术岗位公开招聘的，学历要求可放宽至大学专科；参加文物保护和修复技能岗位公开招聘的，学历要求可放宽至高中、中专（含技工学校）。文博事业单位专业技术岗位、文物保护和修复技能岗位的考试，可以根据应聘人员报名、专业分布等情况适当降低开考比例，或不设开考比例，划定成绩合格线，对于急需紧缺的高层次人才，可采取直接考察的方式聘用。对文物保护和修复技能岗位的公开招聘重在"干什么、考什么",着重采取实际操作能力测试的方式进行考试。

5. 打通各类人才内部转岗通道。严格按照干部人事管理权限,以公开公平公正、竞争择优为原则,以岗位职责能力为依据,允许文博事业单位专业技术人才、工勤技能人才比照管理岗位同等资历人员条件,通过竞聘上岗等方式,转聘相应的管理岗位。从专业技术人才、工勤技能人才中选拔任用事业单位领导人员的,按照有关规定执行。

6. 科学评价人才。深化文博系列职称制度改革。坚持以品德、能力、业绩为导向,不唯学历、不唯资历、不唯论文、不唯奖项,科学评价文博事业单位专业技术人才。考古发掘报告、文物修复方案、勘探报告、保护规划设计方案、文物绘图和文物摄影作品等成果形式可替代论文要求。直接从事文物保护和修复的专业技术人才参加职称评审,可适当放宽学历要求。从事文物保护工程的高技能人才,符合条件的可参加工程技术人才职称评审。对县以下基层文物博物专业技术人员,可以实行高级专业技术岗位"定向评价、定向使用",总量控制、比例单列,不占各地高级岗位比例。促进文博系列职称制度与文博事业单位岗位聘用制度相衔接,把职称评审作为岗位聘用的重要依据和关键环节。完善文物保护工程水平评价类职业资格。根据文物保护工程工作实际,科学设置专业分类,完善各专业评价标准,充分发挥行业协会学会作用,实行全国统一考试,确保评价质量。

三、规范人事管理

7. 规范聘用合同管理。按照国家有关规定,规范聘用合同的订立、履行、变更、解除、终止,以聘用合同规范单位和工作人员双方的权利义务。根据文物工作特点,鼓励文博事业单位与工作人员订立 5 年以上期限的合同,对关键核心岗位和紧缺岗位上的工作人员,经双方协商一致,可与之订立聘用至退休的合同,鼓励其潜心研究、甘于奉献。合同履行期间,经双方协商一致,需变动岗位的,按规定变更聘用合同。单位可与主要技术负责人和专业骨干就是否完成所承担的省级以上重要文物研究、保护和修复专项任务,约定为工作人员解除聘用合同的限制性条款。

8. 加强考核工作。文博事业单位应当根据聘用合同规定的岗位职责任务,全面考核工作人员的表现,重点考核工作绩效,重点听取服务对象的意见。其中,对为单位正常运转提供支持保障的人员考核,应当听取本单位相关工作人员的意见和评价;对为公众直接提供服务的人员考核,应当采取以即时评价为主的方式进行;对其他工作人员的考核,应当根据其岗位和工作任务,听取相关单位和人员的意见。对领导人员考核,按照有关规定执行。

9. 完善奖惩制度。根据《中华人民共和国文物保护法》《中华人民共和国勋章和国家荣誉称号法》《事业单位人事管理条例》和《事业单位工作人员处分暂行规定》《事业单位工作人员奖励规定》等,对符合条件的文博事业单位工作人员,视情形给予嘉奖、记功、记大功、授予称号等奖励;对文博事业单位工作人员违反相关法律法规,非法侵占国有文物、不负责任造成珍贵文物损毁或流失、从事文物虚假鉴定获取收益或造成国有资产损失的,依法依规给予组织处理或处分,涉嫌违法犯罪的,移交司法机关处理。

四、强化能力建设

10. 健全培训机制。健全岗前培训、在岗培训、转岗培训、专项培训制度。坚持将学习贯彻习近平新时代中国特色社会主义思想摆在文博事业单位工作人员培训最突出的位置,教育引导工作人员增强"四个意识",坚定"四个自信",做到"两个维护",重点提升工作人员的理想信念、思想觉悟、职业道德和综合素养。管理人员培训,注重提高文物保护利用管理能力、专业水平和职业素养;专业技术人员培训,注重提高文物保护利用专业技术水平和依法利用文物资源参与创新创造创业的能力；工勤技能人员培训，注重提高文物修复技能水平和服务保障能力。注重培养专业能力、专业精神，根据不同岗位的要求，编制工作人员培训计划，对工作人员进行分级分类培训，切实提高文博事业单位工作人员整体素质能力。

11. 提升创新能力。文博事业单位可根据创新工作需要设置开展文物保护科技研发工作的创新岗位，岗位不足的，可按规定申请设置特设岗位，不受岗位总量和结构比例限制。创新岗位人选可以通过内部竞聘上岗或者面向社会公开招聘等方式产生，任职条件要求具有与履行岗位职责相符的研发创新能力和水平。创新岗位可探索实行灵活、弹性的工作时间，便于工作人员合理安排利用时间开展创新工作。绩效工资分配应当向在创新岗位做出突出成绩的工作人员倾斜。鼓励有条件的地方探索文博事业单位和工作人员文博创意产品收益分享机制。

12. 拓宽才智汇集机制。文博事业单位可设立流动岗位，吸引具有文物保护相关科技研发能力、文博创意产品开发和营销能力的企业人才以及具有传统技艺的民间匠人等进行兼职。流动岗位人员通过公开招聘、人才项目引进等方式被文博事业单位正式聘用的，其在流动岗位工作业绩可以作为职称评审和岗位聘用的重要依据。文博事业单位应当与流动岗位人员订立协议，明确工作期限、工作内容、工作时间、工作要求、工作条件、工作报酬、保密、成果归属等内容。

各级人力资源社会保障、文博主管部门以及文博事业单位要根据本指导意见和国家有关规定，结合实际抓好落实，促进新时代文物事业的新发展。

2019 年 11 月 6 日

人力资源社会保障部 国家文物局关于深化文物博物专业人员职称制度改革的指导意见

人社部发〔2019〕122号

各省、自治区、直辖市及新疆生产建设兵团人力资源社会保障厅（局）、文物局（文化和旅游厅/局），国务院各部委、各直属机构人事部门：

文物博物（以下简称文博）专业人员是文物保护利用和文化遗产保护传承的中坚力量，是推动、引领文博事业蓬勃发展的重要战略资源。为贯彻落实中共中央办公厅、国务院办公厅印发的《关于深化职称制度改革的意见》，现就深化文博专业人员职称制度改革提出如下指导意见。

一、总体要求

（一）指导思想。

以习近平新时代中国特色社会主义思想为指导，全面贯彻落实党的十九大和十九届二中、三中、四中全会精神，认真落实党中央、国务院决策部署，坚持党管人才原则，遵循人才成长规律，健全完善符合文博行业特点的职称制度，推动文博专业人员队伍结构更趋合理、能力素质不断提高，为促进文博事业全面发展提供人才支撑。

（二）基本原则。

1. 坚持服务发展、激励创新。创新人才评价机制，充分发挥人才评价"指挥棒"作用，促进评以适用、以用促评，激发文博专业人员创新创造创业活力，满足各类用人单位选才用才需求，服务文博事业健康持续发展。

2. 坚持遵循规律、科学评价。遵循文博人才成长规律，突出文博行业特点，以品德、能力、业绩为导向，完善评价标准，丰富评价方式，破除唯学历、唯资历、唯论文、唯奖项倾向，科学、客观、公正评价文博专业人员。

3. 坚持问题导向、精准施策。针对文博专业人员职称评价存在的突出问题，根据不同专业、层级特点，加强研究，统筹推进，引导文博专业人员提高能力素质，增强事业心和职业归属感。

二、主要改革任务

通过健全制度体系、完善评价标准、创新评价机制、强化监管、优化服务等措施，建立健全符合文博行业特点、覆盖各级各类文博专业人员的职称制度。

（一）健全制度体系。

1. 优化职称层级设置。文博专业人员职称设初级、中级、高级，初级职称只设助理级，高级职称分设副高级和正高级。初级、中级、副高级和正高级职称名称依次为助理馆员、馆员、副研究馆员和研究馆员。

2. 规范评审专业设置。根据文博行业特点，设置文物博物馆研究、文物保护、文物考古、文物利用四个专业类别。文物博物馆研究包括文物博物馆领域的基础理论研究、政策法规研究、标准规划研究、应用技术研究等；文物保护包括文物修缮、修复、复制、拓印、监测、鉴定、保管、安全等；文物考古包括考古调查、勘探、发掘等；文物利用包括陈列展示、教育传播、文创研发等。建立职称评审专业动态调整机制，根据文博行业发展实际需要，适时调整专业类别。

3. 文博专业人员各层级职称分别与事业单位专业技术岗位等级相对应。正高级对应专业技术岗位一至四级，副高级对应专业技术岗位五至七级，中级对应专业技术岗位八至十级，初级对应专业技术岗位十一至十三级。

（二）完善评价标准。

1. 坚持德才兼备、以德为先。把品德放在文博专业人员职称评价的首位，通过考核测评、群众评议等方式，全面考察文博专业人员的职业道德和从业行为，倡导科学精神，坚守道德底线。

2. 推行代表作制度。将文博专业人员的代表性成果作为职称评审的重要内容，注重标志性成果的质量、贡献和影响力。代表作包括考古报告、专业研究或技术报告、出版的著作、发表的论文，包括已实施的展览策划方案、文物修复方案、文物保护规划、文物设计方案、文物安全设计方案、文物征集鉴定评估报告等。各地可根据本地实际情况，研究制定代表作清单，确定不同专业、不同层级职称评价的代表作类别和范围。

3. 突出业绩水平和实际贡献。注重考核文博专业人员的工作绩效、创新成果，增加技术创新、专利、技术推广、标准制定、决策咨询、公共服务等评价指标的权重，将取得的社会效益和经济效益作为职称评价的重要内容。不唯学历，对在艰苦边远地区和基层一线长期从事文博工作，实践证明能胜任相应岗位要求的，可适当放宽学历要求。不唯资历，对在文博事业发展中取得重大成果、解决重大工程技术难题、作出重大贡献的，可放宽资历等条件限制，直接申报评审高级职称。对引进的海外高层次人才和急需紧缺人才，可不受资历、年限等条件限制，建立职称评审绿色通道。不唯论文，对在艰苦边远地区和基层一线工作的文博专业人员，以及实践性、操作性强、研究属性不明显的专业，淡化或不作论文要求。不唯奖项，文博领域各级各类奖项、荣誉称号等不作为职称评定的限制性条件。

4. 实行国家标准、地区标准和单位标准相结合。人力资源社会保障部会同国家文物局研究制定《文博专业人员职称评价基本标准》（附后）。各地区可根据本地区文博事业发展情况，制定地区标准。具有自主评审权的用人单位可结合本单位实际，制定单位标准。地区标准和单位标准不得低于国家标准。

（三）创新评价机制。

1. 丰富职称评价方式。建立以同行专家评审为基础的业内评价机制，灵活采用考试、评审、考核、考评结合、面试答辩、实践操作、业绩展示等多种评价方式，提高职称评价的科学性和针对性。对研究属性较强的文博专业人员，以同行学术评价为主；对应用性和技术性较强的文博专业人员，突出市场评价和社会评价。

2. 创新基层文博专业人员评价办法。鼓励文博专业人员服务基层、扎根基层，建立健全"定向评价、定向使用"制度，面向基层文博专业人员进行单独评价，评价结果限定在基层有效。根据基层一线岗位工作特点，提高技术推广、解决实际问题、基层服务年限、实际工作业绩等评价指标的权重。按有关政策规定，到基层单位从事帮扶、交流的文博专业人员，申报评审职称时可以倾斜。鼓励各地根据实际情况，积极探索适合基层文博专业人员特点的评价办法。

3. 拓展评价范围。进一步打破户籍、地域、身份、档案等制约，畅通各类文博专业人员职称评价渠道。非国有文博机构、社会组织等单位的文博专业人员可按属地原则进行申报。在文博事业单位从事专业技术工作的编制外人员可按同等条件参加文博系列职称评价。文博事业单位中经批准离岗创业或兼职的文博专业人员，在离岗创业期间与原单位在岗人员享有同等的职称评价权利，离岗创业期间所取得的业绩成果可作为职称评价的依据。

4. 下放职称评审权限。发挥用人单位在职称评审中的主导作用，逐步下放文博专业人员职称评审权限。鼓励人才智力密集的省级及以上文博单位自主开展高级职称评审；鼓励条件具备的地市级文博单位自主开展中级和初级职称评审。经授权开展自主评审的单位，实行自主评价、自主聘任，评审结果实行事后备案管理。鼓励具备条件的地区和单位，探索开展职称评审结果互认，促进人才有序流动。

5. 促进与人才使用制度相衔接。用人单位要将职称评审与人才使用相结合，对于全面实行岗位管理的文博事业单位，一般应在岗位结构比例内开展职称评审；对尚不具备条件的单位，应强化岗位聘用管理，逐步实现在岗位结构比例内开展职称评审。

（四）强化监管、优化服务。

1. 加强职称评审委员会建设。各地要按照有关规定组建各级职称评审委员会，按照程序进行核准备案后，规范开展职称评审工作。要完善评审专家遴选机制，推进评审专家共享，明确评审专家责任，强化评审考核，建立倒查追责机制。

2. 加强职称评审监督。健全职称评审公开制度，实行政策公开、标准公开、程序公开、结果公开，接受社会和群众监督。建立职称评审回避制度、公示制度和随机抽查、巡查制度，建立复查、投诉机制，强化对评审全过程的监督管理。加强对自主评审工作的监管，对不能正确行使评审权、不能确保评审质量的，将暂停自主评审工作直至收回评审权。

3. 加强职称评审服务平台建设。鼓励建立权利平等、条件平等、机会平等的职称评价公共服务平台，在文博系列政策咨询、职称申报、审核评审、查询验证等方面提供便捷化服务。合理确定申报职称所需材料种类和内容，可通过信息共享获取的，不再要求申报人另行提供，减轻文博专业人员负担。

三、加强组织实施

（一）提高认识，加强领导。文博专业人员职称制度改革是分系列推进职称制度改革的重要内容，各省（自治区、直辖市）人力资源社会保障部门和文物行政主管部门要高度重视，切实加强领导，明确改革进度和工作职责，确保文博行业职称制度改革平稳推进。

（二）周密部署，稳步实施。各省（自治区、直辖市）人力资源社会保障部门和文物行政主管部门要根据本意见精神，结合本地区实际，切实抓好改革的贯彻落实。各地在改革中要及时总结经验，发现、研究和解决改革中出现的新情况、新问题，妥善处理改革、发展和稳定的关系。

（三）加强宣传，积极引导。职称制度改革涉及广大文博专业人员的切身利益，政策性强，各级文物行政主管部门要深入细致地做好职称政策的宣传与解读，及时回应社会关切，做好舆论引导，营造有利于文博专业人员职称制度改革的良好氛围。

附件：文博专业人员职称评价基本标准

2019 年 11 月 26 日

附件

文博专业人员职称评价基本标准

一、遵守中华人民共和国宪法和法律法规。

二、具有良好的职业道德，积极为文博事业贡献力量。

三、具备履行岗位职责的能力，认真履行岗位职责，按照要求参加继续教育。

四、文博专业人员申报各层级职称，除必须达到上述标准条件外，还应分别具备以下条件：

（一）助理馆员

1. 基本掌握本领域的基础理论和专业知识，或者具有基本操作技能，基本了解文博行业发展现状和相关政策法规。

2. 基本具备从事文物博物馆研究、文物保护、文物考古、文物利用等工作的能力，能够胜任各项日常基础性工作。

3. 具备硕士学位；或者具备大学本科学历或学士学位，1年见习期满，经考察合格；或者具备大学专科学历，从事文博专业技术工作满3年；或高中毕业或中等职业学校毕业，从事文博专业技术工作满5年。

（二）馆员

1. 具有较为扎实的基础理论和专业知识，了解文博行业发展现状，在本专业技术领域内积累一定的实践经验，能够在高级专业技术人员的指导下独立开展本专业工作。

2. 在文物博物馆研究、文物保护、文物考古、文物利用等领域取得一定的研究成果；或者能够较为熟练解决常见的技术问题、取得某些技术成果；或者作为参与人完成一定的文物保护利用工作或项目，能够独立承担部分工作。

3. 具有指导助理馆员开展工作的能力。

4. 具备博士学位；或者具备硕士学位，取得助理馆员职称后，在相应专业技术岗位任职满2年；或者具备其他学历，取得助理馆员职称后，在相应专业技术岗位任职满4年。

（三）副研究馆员

1. 具有较高的专业理论水平和技术能力，具有较深的研究或丰富的实践经验，能够创造性开展工作，是专业领域内的骨干人才。

2. 在文物博物馆研究、文物保护、文物考古、文物利用等领域取得具有创新性和行业影响力的研究成果；或者具有较高的实践操作能力，参与解决关键性技术难题、取得有代表性的技术成果；或者作为主要参与人完成若干具有一定影响力的文物保护利用工作或项目。

3. 具有培养、指导馆员、助理馆员开展专业研究或实践操作的能力。

4. 具备博士学位，取得馆员职称后，在相应专业技术岗位任职满2年；或者具备其他学历，取得馆员职称后，在相应专业技术岗位任职满5年。

（四）研究馆员

1. 科研工作能力强，具有扎实的理论水平和丰富的专业知识，在相应学术、技术领域有独到见解，能够解决复杂的专业问题或指导完成重大科研任务、工程或项目，在专业领域内起带头作用和指导作用。

2. 在文物博物馆研究、文物保护、文物考古、文物利用等领域取得具有重要学术价值或广泛社会影响力的研究成果；或者具有突出的实践操作能力，成功解决关键性技术难题、取得重大影响力的技术成果；或者作为项目负责人或主要参与人完成具有广泛影响力的文物保护利用工作或项目。

3. 具有指导、培养副研究馆员、馆员等开展专业研究或实践操作的能力。

4. 一般应具有大学本科及以上学历或学士及以上学位,取得副研究馆员职称后,在相应专业技术岗位任职满5年。

人力资源社会保障部　财政部
关于做好公益性岗位开发
管理有关工作的通知

人社部发〔2019〕124号

各省、自治区、直辖市及新疆生产建设兵团人力资源社会保障厅（局）、财政厅（局）：

开发公益性岗位托底安置就业困难人员，是我国积极就业政策的重要组成，是兜牢民生底线的重要措施。为加强公益性岗位开发管理，现就有关事项通知如下：

一、把握总体要求。本通知所称公益性岗位，是指由各类用人单位开发并经人力资源社会保障部门认定，用于安置就业困难人员就业的岗位。各地要以习近平新时代中国特色社会主义思想为指导，贯彻以人民为中心的发展理念，凸显公益性岗位"托底线、救急难、临时性"属性，加强部门横向协调，健全"按需设岗、以岗聘任、在岗领补、有序退岗"管理机制，科学控制公益性岗位规模，避免福利化倾向，为广大困难群众谋福祉，为改革发展稳定作贡献。

二、科学设置岗位。公益性岗位主要包括满足公共利益和就业困难人员需要的非营利性基层公共服务类、公共管理类岗位，一般不包括机关事业单位管理类、专业技术类岗位。各地要主动调查摸底，收集用人单位需求申请，综合考虑就业困难人员需求、社会公共利益需要和资金承受能力，科学确定本地区公益性岗位数量和类别。

三、明确安置对象。公益性岗位安置对象为就业困难人员。就业困难人员指因身体状况、技能水平、家庭因素、失去土地等原因难以实现就业，以及连续失业一定时间仍未能实现就业的人员，具体范围由各省级人民政府根据本行政区域实际情况规定，并实施动态调整。各地要对就业困难人员提供个性化援助，通过组织参加职业培训、推荐企业吸纳、帮助灵活就业、扶持自主创业等方式，帮助其尽快实现就业。对仍然难以实现就业的，可纳入公益性岗位安置对象范围。根据年龄、家庭等因素，建立公益性岗位安置对象排序机制，优先安排符合岗位条件的距离法定退休年龄不足5年人员和零就业家庭成员。

四、规范岗位聘任。各地要按照"公开、公平、公正"的原则，做好公益性岗位聘任工作。向社会公开发布公益性岗位招聘公告，注明用人单位拟聘任岗位的岗位名称、薪酬待遇、工作内容、工作要求、工作地点等内容。结合就业困难人员申请和公共就业服务机构推荐等情况，确定岗位拟招用人员，并向社会公示。公示无异议的，在当地人力资源社会保障部门按规定进行就业登记和劳动用工备案。

五、保障在岗待遇。各地要指导用人单位与公益性岗位人员依法签订劳动合同，无法签订劳动合同的依法签订用工协议、劳务协议等，约定双方权利、义务。对开发公益性岗位安置就业困难人员的用人单位，给予岗位补贴和社会保险补贴，所需资金按规定列支。岗位补贴标准原则上不高于当地最低工资标准；社会保险补贴包括用人单位缴纳的基本养老保险费、基本医疗保险费、失业保险费。指导用人单位依法依规为公益性岗位人员参加工伤保险。

六、明确补贴期限。公益性岗位补贴期限不超过3年，距离退休年龄不足5年的人员可延长至退休。对补贴期满后仍然难以通过其他渠道实现就业的大龄就业困难人员、零就业家庭成员、重度残疾人等特殊困难人员，可再次按程序通过公益性岗位予以安置，岗位补贴和社会保险补贴期限重新计算，并报送省级人力资源社会保障部门和财政部门备案，累计安置次数原则上不超过2次。

七、实施后续扶持。各地要结合本地区实际，按照稳慎的要求，在确保就业局势平稳和社会和谐稳定的前提下，完善公益性岗位补贴期满人员退出帮扶办法，做好政策衔接和就业服务。对距享受补贴期满不足半年人员，及时提供有针对性的职业技能培训和职业指导、职业介绍等服务，帮助尽快实现再就业，对参加职业技能培训的可按规定给予职业培训补贴；对其中的高校毕业生，引导参加基层项目、报考机关事业单位、继续深造、推荐到企业就业有序退岗；对于用人单位开发公益性岗位安置就业困难人员并在补贴期满后转为本单位劳动合同制用工的，可按规定给予招用就业困难人员社会保险补贴。对退出公益性岗位后仍未实现就业的生活困难人员及家庭，按规定纳入最低生活保障、临时救助等社会救助范围。

八、强化岗位管理。各地要切实履行公益性岗位管理职责，科学制定岗位开发计划和实施方案，建立健全规范管理工作流程，明确各环节管理责任主体。督促用工单位履行用工管理主体责任，依法提供劳动保护和劳动条件，严格按照公益性岗位政策规定建立健全规章制度，承担日常考勤和管理工作。建立公益性岗位实名制数据库，动态掌握人员在岗情况和领取补贴情况，强化相关补贴资金监管，对安置非就业困难人员、虚报冒领骗取补贴、"吃空饷"等违法违规情形，及时纠正查处，清退违规在岗人员，严肃追究相关工作人员责任。

九、做好乡村公益性岗位开发管理。各地要在遵循公益性岗位政策总体要求的前提下，对乡村公益性岗位实施更符合乡村特点和工作实际的管理模式。结合脱贫攻坚和乡村振兴战略等重大决策部署，开发乡村公共服务类岗位，优先安置"无法离乡、无业可扶、无力脱贫"且有能力胜任岗位工作的建档立卡贫困劳动力，明确符合当地实际的岗位聘任程序。根据劳动时间、劳动强度等因素确定岗位补贴标准，原则上不高于当地城镇公益性岗位水平，为安置人员购买意外伤害商业保险，所签订的劳动合同或劳务协议最长期限不超过1年。按照"谁用人、谁管理"的原则，指导村"两委"做好在岗人员管理，避免"变相发钱"，防止福利化倾向。加强与其他乡村公益性岗位开发管理部门的横向协调，支持县级及以下人民政府统筹各类资金开发的公益性岗位，优先安置建档立卡贫困劳动力。

十、加强组织领导。各地要切实加强公益性岗位开发管理的组织领导，健全完善工作机制，加强部门协同配合。人力资源社会保障部门要会同财政部门做好公益性岗位相关政策制定，财政部门要会同人力资源社会保障部门做好资金支出使用情况的监管检查。各地要建立与其他公益性岗位开发管理部门的工作协商机制，平衡把握岗位规模和岗位待遇，支持地方人民政府在特定时期归集所有公益性岗位安置就业困难人员。各地要建立动态调整机制，根据经济社会发展状况和就业形势变化，适时调整岗位规模和安置对象范围等，确保就业局势保持稳定。

各地要严格执行相关政策，并结合工作实际制定具体实施细则；已出台相关文件的，应当根据本通知精神进行补充、修改、完善。此前发布的有关公益性岗位的政策文件，与本通知不一致的，按照本通知执行。本通知自 2020 年 1 月 1 日起实施。

2019 年 12 月 2 日

人力资源社会保障部 国家卫生健康委关于做好尘肺病重点行业工伤保险有关工作的通知

人社部发〔2019〕125号

各省、自治区、直辖市及新疆生产建设兵团人力资源社会保障厅（局）、卫生健康委：

为切实做好尘肺病重点行业和企业职工工伤保险权益保障工作，预防和减少尘肺病重点行业和企业职业伤害事故的发生，加强尘肺病工伤职工职业健康保护工作，按照国务院第46次常务会议精神，现就做好尘肺病重点行业工伤保险有关工作通知如下：

一、高度重视尘肺病工伤职工权益保障工作

党中央、国务院高度重视尘肺病患者特别是尘肺病农民工的权益保障工作。各地要以习近平新时代中国特色社会主义思想为指导，深入贯彻党的十九大以及十九届二中、三中、四中全会精神，坚持以人民为中心的发展思想，将大力推进尘肺病重点行业和企业参加工伤保险，依法落实已参保尘肺病工伤职工的工伤保险待遇作为重要任务抓好抓实。要按照预防为主、防治结合的方针，有效加强职业性尘肺病预防控制，切实保障劳动者职业健康权益。

二、开展尘肺病重点行业工伤保险扩面专项行动

自2020年开始，依据卫生健康系统粉尘危害基础数据库信息，在煤矿、非煤矿山、冶金、建材等尘肺病重点行业，开展为期三年的工伤保险扩面专项行动，原则上做到应保尽保。各地卫生健康部门要及时向人力资源社会保障部门提供粉尘危害基础数据库信息，特别是尘肺病重点行业的企业数、企业名称、地址、经营范围、法人代表、职工人数、职工个人身份信息及其工作岗位等信息的更新情况。各地人力资源社会保障部门要根据卫生健康部门粉尘危害基础数据库信息数据情况，有针对性地制定扩面专项行动工作计划，加大扩面工作实施力度，将尘肺病重点行业职工依法纳入工伤保险保障范围。

三、开展尘肺病重点行业工伤预防专项行动

自2020年开始，在煤矿、非煤矿山、冶金、建材等尘肺病重点行业开展为期三年的工伤预防专项行动，有效降低工伤发生率。各地人力资源社会保障部门要积极会同卫生健康等部门，按照人力资源社会保障部等四部门印发的《工伤预防费使用管理暂行办法》（人社部规〔2017〕13号）的规定和程序要求，结合本地区尘肺病重点行业分布的实际情况，将相关尘肺病重点行业列入本地区的年度工伤预防重点领域，合理确定本地区涉及尘肺病重点企业工伤预防项目，并切实做好项目的组织实施、绩效评估和验收等工作。粉尘危害高发企业要依法承担起尘肺病预防的主体责任，切实做好粉尘危害预防控制、组织劳动者进行职业健康检查以及尘肺病预防宣传和培训等工作。

四、进一步提升尘肺病工伤职工待遇保障能力和水平

各地要全面落实职业病防治法和《工伤保险条例》等法律法规的规定，做好职业性尘肺病人诊断和相关待遇保障工作。职业病诊断机构应严格依据相关法律法规和规章规定，对符合职业性尘肺病相关诊断标准的，及时作出职业性尘肺病诊断。对已诊断且明确参加了工伤保险的职业性尘肺病工伤职工，社会保险经办机构要按规定及时支付工伤保险待遇。要加强尘肺病工伤职工的医疗救治工作，切实将工伤保险药品目录中尘肺病用药充分用于尘肺病工伤职工的治疗，及时将符合工伤医疗诊疗规范的尘肺病治疗技术和手段纳入工伤保险基金支付范围。要加强对尘肺病工伤职工的管理服务工作，为尘肺病工伤职工依法申请工伤保险待遇提供方便快捷的支持。要认真落实好工伤保险待遇定期调整的工作机制，切实做好尘肺病工伤职工权益保障工作。

五、加强组织领导确保各项工作任务落实

各地人力资源社会保障、卫生健康等部门要切实加强组织领导、密切协调配合，在国家职业病防治工作机制的统一指导下，通过建立长效沟通机制、细化任务分工、实现信息共享等措施，将各项工作任务抓细抓实。各地特别是尘肺病重点行业相对集中的地区，要围绕做好尘肺病重点行业和企业工伤保险工作制定工作方案，加强统一调度、定期督导检查、建立信息通报等制度，确保相关工作任务在规定时限内取得实效。人力资源社会保障部、国家卫生健康委将定期对各地工作推进落实情况进行调度，并对各地工作进展情况和成效进行总结评估和交流。

各地工作中遇到的重大问题，请及时报告人力资源社会保障部、国家卫生健康委。

2019 年 12 月 2 日

人力资源社会保障部 财政部 农业农村部关于进一步推动返乡入乡创业工作的意见

人社部发〔2019〕129号

各省、自治区、直辖市及新疆生产建设兵团人力资源社会保障厅（局）、财政厅（局）、农业农村（农牧）厅（局、委）：

支持农民工、高校毕业生和退役军人等人员返乡入乡创业，是落实就业优先政策、实施乡村振兴战略、打赢脱贫攻坚战的重要举措。为贯彻落实党中央、国务院的决策部署，进一步推动返乡入乡创业工作，以创新带动创业，以创业带动就业，促进农村一二三产业融合发展，实现更充分、更高质量就业，现提出以下意见。

一、加大政策支持

（一）落实创业扶持政策。返乡入乡创业人员可在创业地享受与当地劳动者同等的创业扶持政策。对返乡入乡创业人员符合条件的，及时落实税费减免、场地安排等政策。对首次创业、正常经营1年以上的返乡入乡创业人员，可给予一次性创业补贴。对返乡入乡创业企业吸纳就业困难人员、农村建档立卡贫困人员就业的，按规定给予社会保险补贴，符合条件的可参照新型农业经营主体支持政策给予支持。

（二）落实创业担保贷款政策。加大对符合条件的返乡入乡创业人员创业担保贷款贴息支持力度。建立诚信台账和信息库，探索建立信用乡村、信用园区、创业孵化示范基地、创业孵化实训基地推荐免担保机制。落实创业担保贷款奖补政策，合理安排贴息资金。鼓励创业担保贷款担保基金运营管理机构等单位多渠道筹集资金，更好服务创业就业。开启"互联网+返乡入乡创业企业+信贷"新路径，将"政府+银行+保险"融资模式推广到返乡入乡创业。

二、提升创业培训

（三）扩大培训规模。将有培训需求的返乡入乡创业人员全部纳入创业培训范围，依托普通高校、职业院校、教育培训机构等各类优质培训资源，根据创业意向、区域经济特色和重点产业需求，开展有针对性的返乡入乡创业培训。对返乡入乡创业带头人开展创业能力提升培训，充分发挥辐射和带动作用。

（四）提升培训质量。积极探索创业培训+技能培训，创业培训与区域产业相结合的培训模式，根据返乡入乡创业人员特点，开发一批特色专业和示范性培训课程。实施培训下乡"直通车"、农民夜校、远程培训、网络培训，推动优质培训资源城乡共享，提高培训的针对性、实用性和便捷度。探索组建专业化、规模化、制度化的创业导师队伍，发挥"师带徒"效应。

（五）落实培训补贴。对参加返乡入乡创业培训的农民工、建档立卡贫困人口、大学生和退役士兵等人员，按规定落实培训补贴。有条件的地方可按规定通过项目制方式购买培训项目，为符合条件的返乡入乡创业人员提供培训。各地可结合实际需要，对师资培训、管理人员培训、管理平台开发等基础工作给予支持。

三、优化创业服务

（六）提升服务能力。依托县乡政务服务中心办事大厅设立创业服务专门窗口，为返乡入乡创业人员就地就近提供政策申请、社保接续等服务。提升基层创业服务能力，完善县以下公共就业服务机构创业服务功能，建立基层服务人员管理和培训机制。组建企业家、创业成功人士、专业技术人员等组成的专家团，向返乡入乡创业人员提供咨询指导。支持运用就业创业服务补助，向社会购买基本就业创业服务成果，引导各类市场化服务机构为返乡入乡创业提供服务，加强绩效管理。

（七）强化载体服务。加强返乡入乡创业园、创业孵化基地、农村创新创业孵化实训基地等各类返乡入乡创业载体建设，为返乡入乡创业人员提供低成本、全要素、便利化的创业服务。构建"生产+加工+科技+营销+品牌+体验"多位一体、上下游产业衔接的创业格局，打造"预孵化+孵化器+加速器+稳定器"的全产业链孵化体系，力争5~10年农村创新创业孵化实训基地覆盖全国所有县（市、区）。落实房租物业费减免、水电暖费定额补贴等优惠政策，降低入驻企业和创业者经营成本。鼓励有条件的地方，在符合条件的乡村开辟延伸寄递物流线路及网点，降低返乡入乡创业企业生产经营成本。引入天使投资、创业投资、风险投资基金等，缓解入驻企业和创业者融资难题。有条件的地区可根据入驻实体数量、孵化效果和带动就业成效，给予一定奖补。

（八）健全社会保险和社会救助机制。推进扶贫车间、卫星工厂、返乡入乡创业小微企业等按规定参加工伤保险。开展新业态从业人员职业伤害保障试点。对返乡入乡创业失败的劳动者，按规定提供就业服务、就业援助和社会救助。

四、加强人才支撑

（九）做好用工服务。建立返乡入乡创业企业用工需求信息采集制度，提供信息发布、用工指导等服务。引导返乡入乡创业企业对技能岗位招用人员积极开展培训。对返乡入乡创业的农民专业合作社、专业技术协会、手工艺传承人等机构或个人作为主体提供培训的，可按规定给予培训补贴。实施专业技术人才知识更新工程，对返乡入乡创业专业技术人才给予倾斜支持。

（十）深化招才引智。建立本地外出人员联络机制，引进一批返乡入乡人才，发掘一批"田秀才""土专家""乡创客"和能工巧匠，以乡情亲情吸引企业家、专家学者、技术技能人才等回乡创业创新，按规定为返乡入乡创业人员和引进人才及其家庭提供配套公共服务。返乡入乡创业企业招用的技术技能人才、经营管理人才，要纳入当地人才引进政策支持范围，按规定在项目申报、职称评审以及各类重点人才选拔培养奖励项目等方面予以倾斜。返乡入乡创业集中地区可设立专家服务基地。继续开展返乡入乡创业急需紧缺专业技术人才培养、技术维护培训等活动。

五、强化组织实施

（十一）加强组织领导。建立健全部门协调机制，积极争取当地政府支持，把返乡入乡创业工作摆上重要议事日程，建立协调推进机制，制定工作方案，明确任务分工，落实部门责任。健全完善调查统计制度，加强动态监测和调查分析。建立完善领导干部联系返乡入乡创业企业制度，掌握返乡入乡创业需求，及时化解难题。

（十二）加强引导扶持。结合地方资源禀

赋和产业优势，合理确定返乡入乡创业工作方向，鼓励发展"一县一品、一乡一业"创业模式，培育"一村一品"示范村镇。落实"互联网+返乡入乡创业"，实施信息进村入户工程、电子商务进农村综合示范等项目，支持返乡入乡创业人员开展技术、产品、管理模式、商业模式等创新，进一步提升返乡入乡创业效能。

（十三）强化示范带动。以劳务输出规模较大、返乡入乡创业意愿较强、工作基础和条件相对成熟的县为重点，推出一批返乡入乡创业示范县，各地在资金、政策等方面给予倾斜支持。建设一批返乡入乡创业示范载体，推动创业创新资源集聚。遴选一批创新性强、适用面广、示范性好的优质返乡入乡创业示范项目，给予跟踪帮扶。

（十四）加大宣传力度。鼓励举办返乡入乡创业大赛、项目展示交流等活动，组建返乡下乡创业联盟，大力宣传推进返乡入乡创业的政策措施、经验做法和创业典型人物，大力弘扬创业创新文化，营造鼓励创业创新的良好氛围。对为当地经济社会发展作出突出贡献、带动就业效果好的返乡入乡创业优秀带头人和优秀乡村企业家，加强典型宣传推介，并按规定予以表彰。

各地要结合实际，积极探索、大胆创新，加强对返乡入乡创业人员的政策支持和服务保障，优化返乡入乡创业环境，推动返乡入乡创业工作不断开创新局面。

2019年12月10日

人力资源社会保障部关于进一步支持和鼓励事业单位科研人员创新创业的指导意见

人社部发〔2019〕137号

各省、自治区、直辖市及新疆生产建设兵团人力资源社会保障厅（局），国务院各部委、各直属机构人事部门：

为贯彻党中央、国务院关于加快实施创新驱动发展战略、壮大新动能的精神，落实《国务院关于推动创新创业高质量发展打造"双创"升级版的意见》（国发〔2018〕32号）决策部署，现就进一步支持和鼓励高校、科研院所等事业单位聘用在专业技术岗位上的科研人员，依据《中华人民共和国促进科技成果转化法》开展科技成果研发和转化的活动（以下简称"双创"活动），提出以下指导意见。

一、支持和鼓励科研人员离岗创办企业

（一）完善离岗创办企业政策。科研人员开展"双创"活动可申请离岗创办企业，职称、年龄、资历、科技成果形式、获奖层次、获得专利与否均不作为限制离岗创办企业的条件。离岗创办企业申请应经事业单位批准，期限不超过3年，期满后创办企业尚未实现盈利的可以申请延长1次，延长期限不超过3年。离岗创办企业期限最长不超过离岗创办企业人员达到国家规定的退休年龄的年限。在同一事业单位申请离岗创办企业的期限累计不超过6年。

（二）规范聘用和岗位管理。事业单位应当与离岗创办企业人员订立离岗协议，同时相应变更聘用合同。聘用合同变更后，未执行的合同期限应与离岗协议期限一致。离岗创办企业期间空出的岗位，可按国家有关规定用于聘用急需或者紧缺人才。离岗创办企业人员返回时，如无相应岗位空缺，可暂时突破岗位总量和结构比例，将其聘用至不低于离岗创办企业时原岗位等级的岗位，通过自然消化方式逐步核销。离岗创办企业人员提出提前返回的，应提前书面报告其人事关系所在单位，单位应及时为其安排相应岗位；提出解除聘用合同的，其人事关系所在单位应及时依法解除聘用合同。

（三）保障离岗创办企业人员合法权益。允许离岗创办企业人员在所创办企业申报职称，所获得的职称可以作为其返回事业单位后参加岗位竞聘、重新订立聘用合同的参考。离岗创办企业业绩突出，其年度考核被确定为优秀档次的，不占人事关系所在单位考核优秀比例；经济效益或者社会效益显著的，可按国家有关规定给予表彰奖励。离岗创办企业人员依法继续在人事关系所在单位缴纳社会保险，其他基本待遇由各地各部门根据国家和地方有关政策结合实际确定。创办企业应当依法为离岗创办企业人员缴纳工伤保险费用，离岗创办企业人员发生工伤的，依法享受工伤保险待遇。

二、支持和鼓励科研人员兼职创新、在职创办企业

（四）维护兼职创新、在职创办企业人员在人事关系所在单位的合法权益。科研人员开展"双创"活动，可在保证保质保量完成本职工作的基础上，进行兼职创新、在职创办企业。兼职创新、在职创办企业人员继续享有参加职称评审、项目申报、岗位竞聘、培训、考核、奖励等各方面权利，工资、社会保险等各项福利待遇不受影响。经与人事关系所在单位协商一致，科研人员兼职创新或在职创办企业期间，可以实行相对灵活、弹性的工作时间。

（五）加大对兼职创新、在职创办企业人员的政策支持。兼职创新、在职创办企业人员可以在兼职单位或者创办企业申报职称。到企业兼职创新的人员，与企业职工同等享有获取报酬、奖金、股权激励的权利，国家另有规定的从其规定。兼职单位或创办企业应当依法为兼职创新、在职创办企业人员缴纳工伤保险费，其在人事关系所在单位外工作期间发生工伤的，依法享受工伤保险待遇，由相关单位或企业承担工伤保险责任。鼓励企业为兼职创新人员参加个人储蓄性养老保险提供补贴。

三、支持和鼓励事业单位选派科研人员到企业工作或者参与项目合作

（六）理顺选派人员的人事管理。事业单位根据开展"双创"活动需要，选派科研人员到企业工作或者参与项目合作，应与科研人员变更聘用合同，约定岗位职责、工作标准和考核、工资待遇等。派出单位、选派人员、派驻企业应当签订三方协议，约定选派人员的工作内容、期限、报酬、奖励等权利义务以及成果转让、开发收益等权益分配内容。合作期满，选派人员应当返回派出单位原岗位工作，或者由派出单位安排相应等级的岗位工作；所从事工作确未结束的，三方协商一致可以续签协议。选派人员在选派期间执行事业单位人事管理政策规定和派出单位的内部人事管理办法，同时遵守派驻企业的规章制度。

（七）充分调动选派人员的积极性主动性创造性。选派人员在选派期间，与派出单位在岗同类人员享有同等权益，并与派驻企业职工同等享有获取报酬、奖金的权利，国家另有规定的从其规定。选派人员在派驻企业的工作业绩应作为其职称评审、岗位竞聘、考核奖励等的主要依据，派出单位可以按照有关规定对业绩突出人员在岗位竞聘时予以倾斜。建立健全事业单位成果转化处置和收益分配政策，事业单位转化科技成果依法获得的收入全部留归本单位，可按国家有关规定对完成或者转化职务科技成果作出贡献的人员给予奖励和报酬，相关支出计入当年本单位绩效工资总量，但不受总量限制，不纳入总量基数。

四、支持和鼓励事业单位设置创新型岗位

（八）健全创新岗位设置和选人用人办法。事业单位根据开展"双创"活动需要，可根据人事综合管理部门备案后的岗位设置方案，在专业技术岗位中自主设置创新岗位。现有岗位设置方案难以满足创新工作需求的，可以按规定申请调整岗位设置方案，也可以按规定申请设置特设岗位，不受岗位总量和结构比例限制。创新岗位人选可以通过内部竞聘上岗或者面向社会公开招聘等方式产生，任职条件要求具有与履行岗位职责相符的科技研发、科技创新、科技成果推广能力和水平。其中，高层次紧缺人才可通过直接考察的方式引进。

（九）优化创新岗位科研人员管理。事业单位根据创新工作实际，可探索在创新岗位实行相对灵活、弹性的工作时间，便于科研人员合理安排利用时间开展创新工作。在创新岗位工作期间，取得的技术项目开发、科技成果推广和转化、科研社会服务成果，应作为科研人员职称评审、项目申报、岗位竞聘、考核、奖励的主要依据。事业单位绩效工资分配应向在创新岗位做出突出成绩的科研人员倾斜。对创新岗位科研人员，按照国家有关规定，经有关

部门批准可实行协议工资、项目工资等灵活多样的分配方法。创新岗位科研人员依法取得的职务科技成果转化现金奖励，计入当年本单位绩效工资总量，但不受总量限制，不纳入总量基数。

（十）动态管理流动岗位。事业单位可根据开展"双创"活动需要自主设置流动岗位，不纳入人事综合管理部门备案后的岗位设置方案，用于引进高层次紧缺人才。流动岗位人员由事业单位自主引进，不与事业单位建立人事关系，其薪酬由双方协商确定。事业单位应与流动岗位人员订立协议，明确工作期限、工作内容、工作时间、工作要求、工作条件、工作报酬、保密纪律、成果归属等内容。流动岗位人员通过公开招聘等方式被事业单位正式聘用的，其在流动岗位期间的工作业绩可以作为岗位聘用和职称评审的重要依据。

五、加强监督管理

（十一）落实领导责任。进一步强化参加"双创"活动的科研人员人事关系所在单位领导把关责任，加强事中事后监管，完善对违反政策要求的惩戒措施。事业单位应当根据国务院《关于加强和规范事中事后监管的指导意见》要求，对新技术、新产业、新业态、新模式，充分给予支持和鼓励，同时健全监管规则，创新监管方式，完善监管措施，坚守质量和安全底线，严禁简单封杀或放任不管。对掌握国家秘密和关系国家安全、社会经济发展的关键核心技术、重要信息情报等的科研人员，要引导他们到诚信记录良好、具有保密资质的国有企业、民营企业从事"双创"活动，既要适当支持，更要有效规范，并严格落实保密纪律。

（十二）规范人事管理。事业单位要切实提高政治站位，从深入贯彻实施创新驱动发展战略的高度出发，支持符合条件的科研人员以各种形式参与"双创"活动。要简化审核流程，对科研人员兼职创新、在职创办企业的申请，在不影响完成本职工作的情况下，一般应予同意，且不应随意撤销或变更；对审核同意的离岗创办企业申请，应当自审核手续完成15个工作日内与其订立离岗协议。鼓励事业单位在"双创"活动中赋予科研人员职务科技成果所有权或长期使用权。要建立健全事业单位内部人事管理制度，完善聘用合同、岗位聘用、考核奖励等各项制度，规范人事管理，不得擅自扩大离岗创办企业政策实施范围、违规设置创新型岗位，坚决杜绝不符合条件的人员违规"搭便车"，出现新的"吃空饷"问题。

（十三）严肃纪律要求。科研人员应当严格遵守国家有关规定，不得损害或侵占本单位合法权益，不得通过交叉兼职等手段规避国家收入分配政策。对离岗创办企业或者到企业工作期满无正当理由未返回的人员，按旷工处理。对欺骗组织从事非"双创"活动等各类违纪违规行为，同级人力资源社会保障部门予以记录，并按照干部人事管理权限予以纠正；对拒不改正的，终止其"双创"活动；情节严重的，依法依规给予组织处理或处分。同时，对违规获取的资金、项目、荣誉等，按照国家有关规定取消或者撤销。

各级人力资源社会保障部门要进一步提高政治站位，切实推进"放管服"改革，对事业单位科研人员参与"双创"活动不作审批或备案，对"双创"活动的经济效益指标不作要求，对科技成果转化成功率不作要求，同时加强事中事后监管，优化服务，进一步推动事业单位科研人员创新创业高质量发展。

此前与本指导意见不一致的，以本指导意见为准。

2019年12月27日

人力资源社会保障部关于发布《劳动定员定额标准的结构和编写规则》行业标准的通知

人社部函〔2019〕11号

各省、自治区、直辖市及新疆生产建设兵团人力资源社会保障厅（局），部属各单位：

《劳动定员定额标准的结构和编写规则》推荐性行业标准已经我部审核批准，标准编号是：LD/T 122—2019，现予以发布，自2019年2月1日起实施。原行业标准《劳动定员定额标准的结构和编写规则》，标准编号是：LD/T 122—2004，同时废止。

2019年1月22日

人力资源社会保障部关于发布《轨道交通装备制造业劳动定额专用电机线圈绕制》等22项轨道交通装备制造业行业标准的通知

人社部函〔2019〕12号

各省、自治区、直辖市及新疆生产建设兵团人力资源社会保障厅（局），部属各单位：

《轨道交通装备制造业劳动定额专用电机线圈绕制》等22项轨道交通装备制造业行业标准已经我部审核批准，现予以发布，自2019年2月1日起实施。原相应轨道交通装备制造业行业标准同时废止。

附件：轨道交通装备制造业劳动定额 专用电机线圈绕制等22项行业标准名称及编号

2019年1月22日

附件

轨道交通装备制造业劳动定额专用电机线圈绕制等22项行业标准名称及编号

序号	标准编号	标准名称	废止标准编号	废止标准名称
1	LD/T 71.15—2019	轨道交通装备制造业劳动定额 专用电机线圈绕制	LD/T 71.15—2000	铁路工业电机线圈工劳动定额制定
2	LD/T 71.16—2019	轨道交通装备制造业劳动定额 专用电机冲压加工	LD/T 71.16—2000	铁路工业冲压工劳动定额制定

续表

序号	标准编号	标准名称	废止标准编号	废止标准名称
3	LD/T 71.17—2019	轨道交通装备制造业劳动定额 专用电机绝缘制品制作	LD/T 71.17—2000	铁路工业电机绝缘品工劳动定额制定
4	LD/T 71.18—2019	轨道交通装备制造业劳动定额 专用电机换向器制造	LD/T 71.18—2000	铁路工业电机换向器工劳动定额制定
5	LD/T 71.19—2019	轨道交通装备制造业劳动定额 专用电机嵌线	LD/T 71.19—2000	铁路工业电机嵌线工劳动定额制定
6	LD/T 71.20—2019	轨道交通装备制造业劳动定额 专用电机装配	LD/T 71.20—2000	铁路工业电机钳工劳动定额制定
7	LD/T 71.21—2019	轨道交通装备制造业劳动定额 专用电机绝缘处理浸渍加工	LD/T 71.21—2000	铁路工业电机浸漆工劳动定额制定
8	LD/T 71.22—2019	轨道交通装备制造业劳动定额 专用齿轮铣齿加工	LD/T 71.22—2000	铁路工业制齿工劳动定额制定 第一部分：铣齿加工劳动定额制定
9	LD/T 71.23—2019	轨道交通装备制造业劳动定额 专用齿轮插齿加工	LD/T 71.23—2000	铁路工业制齿工劳动定额制定 第二部分：插齿加工劳动定额制定
10	LD/T 71.24—2019	轨道交通装备制造业劳动定额 专用齿轮滚齿加工	LD/T 71.24—2000	铁路工业制齿工劳动定额制定 第三部分：滚齿加工劳动定额制定
11	LD/T 71.25—2019	轨道交通装备制造业劳动定额 专用齿轮磨齿加工	LD/T 71.25—2000	铁路工业制齿工劳动定额制定 第四部分：磨齿加工劳动定额制定
12	LD/T 71.26—2019	轨道交通装备制造业劳动定额 专用齿轮刨齿加工	LD/T 71.26—2000	铁路工业制齿工劳动定额制定 第五部分：刨齿加工劳动定额制定
13	LD/T 71.27—2019	轨道交通装备制造业劳动定额 专用花键加工	LD/T 71.27—2000	铁路工业拉床工劳动定额制定
14	LD/T 71.29—2019	轨道交通装备制造业劳动定额 立式车床加工	LD/T 71.29—2000	铁路工业立式车床加工劳动定额制定
15	LD/T 71.30—2019	轨道交通装备制造业劳动定额 装配钳工加工	LD/T 71.30—2000	铁路工业配件钳工劳动定额制定
16	LD/T 71.31—2019	轨道交通装备制造业劳动定额 机车车辆专用管道加工	LD/T 71.31—2000	铁路工业管道工劳动定额制定
17	LD/T 71.32—2019	轨道交通装备制造业劳动定额 机车电器组装	LD/T 71.32—2000	铁路工业机车电工劳动定额制定
18	LD/T 71.34—2019	轨道交通装备制造业劳动定额 专用型材气焊加工	LD/T 71.34—2000	铁路工业气焊工劳动定额制定

续表

序号	标准编号	标准名称	废止标准编号	废止标准名称
19	LD/T 71.35—2019	轨道交通装备制造业劳动定额 镀层加工	LD/T 71.35—2000	铁路工业电镀工劳动定额制定
20	LD/T 71.36—2019	轨道交通装备制造业劳动定额 精密铸造加工	LD/T 71.36—2000	铁路工业精密铸造工劳动定额制定
21	LD/T 71.37—2019	轨道交通装备制造业劳动定额 机车车辆弹簧加工	LD/T 71.37—2000	铁路工业弹簧工劳动定额制定
22	LD/T 71.8—2019	轨道交通装备制造业劳动定额 机车车辆铆接加工	LD/T 71.8—2000	铁路工业铆工劳动定额制定

人力资源社会保障部 共青团中央关于实施青年就业启航计划的通知

人社部函〔2019〕36号

各省、自治区、直辖市及新疆生产建设兵团人力资源社会保障厅（局）、团委：

青年就业关系民生改善、经济发展和国家未来。为进一步加强对长期失业青年的就业帮扶，增强职业素养和就业意愿，提高劳动参与率，推动实现更高质量和更充分就业，人力资源社会保障部、共青团中央决定实施"青年就业启航计划"。现就有关工作通知如下：

一、指导思想

以习近平新时代中国特色社会主义思想为指导，贯彻落实党中央、国务院关于稳定和扩大就业的决策部署，聚焦长期失业青年群体，坚持市场主导与政府引导相结合，综合运用指导服务和政策激励，着力激发青年就业内生动力，提升就业创业能力，帮助他们更好适应和融入就业市场，提高人力资源配置效率，保持就业局势平稳和社会和谐稳定。

二、计划主题

就业启航，梦想扬帆。

三、目标任务

将16~35岁有劳动能力、失业一年以上的青年纳入计划，建立健全覆盖求职创业全过程的帮扶机制，着力调动失业青年就业创业的积极性、主动性，分类指导，精准施策，使有需要的失业青年都能得到相应就业政策和服务帮扶，促进其理性择业，积极就业，爱岗敬业。

四、主要措施

（一）摸清基本情况。各地要依托公共就业服务机构、基层劳动保障服务平台、共青团基层组织等，对辖区失业青年定向摸排登记，了解掌握家庭情况、失业原因、求职意向、技能水平等基本信息，将符合条件的人员都纳入计划范围。要依托现有公共就业服务信息系统，建立失业青年实名信息数据库，准确记录其就业失业状态、就业帮扶、政策落实等情况，做到实时更新、动态管理。要推进部门间业务协同、数据共享，全面掌握失业青年状况。

（二）开展实践指导。各地要依托公共就业服务机构、青年之家、青年活动中心等平台，开展青年喜欢的志愿服务、主题展览、团体职业指导等实践活动，将失业青年请出家门，创造更多与社会接触交往机会。要将劳动精神、奋斗意识融入实践活动，引导失业青年自强自立，以务实理性的态度面对就业遇到的困难。开展职业体验活动，组织参观人力资源市场、技工院校和企业园区，感受工作氛围，增强职业认知。组织职业指导师、人力资源服务专家等专业力量共同参与各类活动，现场指导解答失业青年求职困惑，帮助树立就业信心，增强就业主动性。对有求职意愿的开展一次职业素质测评，量身定制一份"就业启航计划书"，视情组织家长共同参与指导，帮助失业青年合理确定职业定位，积极理性求职。

（三）提升就业能力。各地要将有培训意愿的失业青年组织到职业技能提升行动中，根据其能力水平和就业意向，有针对性地提供培训项目，使之至少掌握一种专项技能。结合青年特点探索开展职业训练营、就业训练工场等多种形式培训，鼓励企业积极招收失业青年成为新型学徒，符合条件的提供培训补贴和生活费补贴。对希望接受技能教育的，推荐就读职业院校、技工院校。对缺乏工作经历的，提供就业见习机会，帮助积累实践经验，提升岗位适应能力，符合条件的落实见习补贴政策。

（四）扶持自主创业。各地要组织有创业意愿的失业青年参观创业园区、孵化基地、众创空间，观摩创业路演活动，感受创业氛围，激发创业源动力。开展创业创新培训，根据其创业意向、创业领域等，提供创业素质培养、企业经营管理、创业模拟实践等课程，帮助提升创业能力。落实创业扶持政策，为符合条件的失业青年提供创业担保贷款、一次性创业补贴、场租补贴等支持，降低创业成本。发挥公益性创业组织作用，引入市场化、专业化社会机构参与创业服务和创业培训，为创业青年提供低成本、便利化、开放式的服务。组织开展"中国创翼""创青春"创业大赛等活动，引导有意创业的失业青年参与其中，搭建项目与资金、技术、市场对接的平台。

（五）实施托底帮扶。各地要将建档立卡贫困家庭、城乡低保家庭、零就业家庭和残疾失业青年作为重点援助对象，建立专门台账，"一对一"开展结对帮扶，综合运用多种措施手段，帮助融入市场就业。根据自身情况和求职方向，提供专门的职业指导和心理咨询服务，组织参加专场招聘活动，优先向企业推荐，按规定落实定额减免税费、社保补贴等政策。对通过市场渠道难以实现就业且符合条件的，可通过公益性岗位予以托底安置。建立就业回访制度，依托团组织直接联系青年工作机制，开展调查回访，跟踪了解就业情况、工作生活难题、意见诉求等，积极帮助解决，促进稳定就业。

五、工作要求

（一）加强组织领导。各地要把实施青年就业启航计划作为促进青年就业创业的重要内容，根据实际制定实施方案。各级人力资源社会保障部门和共青团组织要加强协调联动，科学调配资源，推动计划取得实效。人力资源社会保障部门要发挥牵头作用，做好失业青年登记管理服务，加强工作指导和督促检查，抓好各项任务落实。共青团要充分发挥联系青年的桥梁纽带作用，动员失业青年参与计划，加强相关活动组织，发动各级团组织力量共同做好就业创业服务工作。

（二）加大服务保障。各地要动员一批熟悉青年情况、经验丰富的就业创业领域专家、企事业单位人事主管、社区（村）工作者等，组建一支"启航导师"队伍，提供专业服务力量。要将服务力量下沉，统筹利用基层平台、社区网点等资源，完善预约服务、上门服务、代理服务、远程服务等便民措施，为失业青年提供家门口的服务。要广泛动员志愿服务组织、社会工作服务机构等参与，运用政府购买服务机制给予支持，为失业青年提供多元化服务保障。

（三）强化宣传动员。各地要充分利用广播、电视、报刊和互联网等新闻媒体，持续开展内容丰富、形式多样的主题宣传报道，让失业青年知晓计划内容并积极参与。要宣传一批失业青年通过计划成功就业创业的典型，引导失业青年通过劳动实现自我价值，营造全社会共同关心、积极支持青年就业创业的良好氛围。

青年就业启航计划实施进展情况由人力资源社会保障部门负责调度汇总，省级人力资源社会保障部门每年1月和7月填写《青年就业启航计划工作情况汇总表》（详见附件），于当月前5个工作日内报送人力资源社会保障部就业促进司，每年年底报送当年计划实施情况总结。

附件：青年就业启航计划工作情况汇总表（略）

2019年3月21日

人力资源社会保障部关于贯彻落实《国家职业教育改革实施方案》精神的通知

人社部函〔2019〕37号

各省、自治区、直辖市及新疆生产建设兵团人力资源社会保障厅（局）：

党的十九大明确提出要完善职业教育和培训体系，深化产教融合、校企合作。今年1月，国务院印发《国家职业教育教育改革实施方案》（国发〔2019〕4号，以下简称《方案》），明确了推进职业教育改革的目标任务和政策措施。各级人力资源社会保障部门要按照党的十九大会议精神和《方案》要求，深刻领会推进职业教育改革的重要意义，根据《方案》确定的任务分工加强统筹协调，推动各项政策措施落到实处。现就贯彻落实《方案》工作提出如下要求：

一、深刻领会推进职业教育改革的重要意义

党中央、国务院高度重视职业教育工作，习近平总书记对发展职业教育和加强技能人才队伍建设工作作出一系列重要指示，提出明确要求。《方案》坚持以习近平新时代中国特色社会主义思想为指导，把职业教育摆在教育改革创新和经济社会发展中更加突出的位置，完善职业教育和培训体系，鼓励和支持社会各界特别是企业积极支持职业教育。《方案》明确提出，职业教育与普通教育是两种不同教育类型，具有同等重要地位，把职业教育的重要性提高到"没有职业教育的现代化就没有教育现代化"的地位。《方案》以落实和改革为主基调，提出了深化职业教育改革的路线图、时间表、任务书。各级人力资源社会保障部门要高度重视《方案》的学习和贯彻落实工作，结合实际提出切实可行的贯彻措施，全面做好技能人才培养、评价、选拔、使用、激励等工作，着力加强技能人才队伍建设，促进技能振兴与发展。

二、各级人力资源社会保障部门要主动作为，推动《方案》贯彻落实

《方案》提出完善国家职业教育制度体系、构建职业教育国家标准、促进产教融合校企"双元"育人、建设多元办学布局、完善技术技能人才保障政策、加强职业教育办学质量督导评价和做好改革组织实施工作等七个方面二十条措施，均涉及人力资源社会保障部门职责，这是国务院赋予人力资源社会保障部的重要使命。各级人力资源社会保障部门要重点做好以下工作：

一是大力发展技工教育，加快推动技工院校改革发展。围绕实施就业优先战略和人才强国战略，坚持"高端引领、校企合作、多元办学、内涵发展"的办学理念，大力推进技工院校多元办学。全面深化技工院校校企合作，深入开展一体化课程教学改革工作，加强专业建设、教材建设和师资队伍建设，积极推动技师学院纳入高等学校序列工作。二是深入推进技能人才评价制度改革，开展职业技能等级认定试点工作。建立职业资格目录动态调整机制，健全以职业资格评价、职业技能等级认定和专项职业能力考核为主要内容的技能人才评价制度。开展职业技能等级认定试点工作，建立新职业信息发布制度，组织制定修订国家职业技能标准，健全完善国家职业标准体系。三是全面推行终身职业技能培训制度和企业新型学徒制度，面向企业职工、高校毕业生、农民工、失业人员、贫困劳动力、退役军人等劳动者，大规模开展职业技能培训。四是提高技术工人待遇水平，开展高技能领军人才服务窗口建设，推动提高技术工人待遇各项政策落地见效。深入实施国家高技能人才振兴计划，加强高技能人才表彰工作力度。健全完善以企业岗位练兵为基础、以国内竞赛为主体、以世界技能大赛为龙头、国内竞赛与国际竞赛相衔接的技能竞赛体系，为更多优秀技能人才脱颖而出搭建平台。

三、加强部门协调配合，营造良好政策环境和社会氛围

《方案》提出，国务院人力资源社会保障行政部门会同有关部门，适时组织清理调整对技术技能人才的歧视政策，推动形成人人皆可成才、人人尽展其才的良好环境。各级人力资源社会保障部门要以支持职业教育发展、加强技能人才队伍建设为重点，推动工作落实。一是充分发挥人力资源社会保障部门职能作用，进一步健全完善就业创业、人事人才和社会保障等政策，为职业教育改革发展提供政策支撑。二是加强与教育、财政等有关部门的协调配合，加大资金投入和政策保障力度，着力解决技工教育办学条件、办学资金、毕业生待遇等问题。三是加强宣传工作，营造良好社会氛围。利用广播、电视、网络、报纸、杂志等各种媒体，开展多种形式的宣传活动，在全社会营造"崇尚一技之长，不唯学历凭能力"的良好氛围，不断提升技工教育和职业培训的社会影响力。

推进职业教育改革是一项长期的任务，各级人力资源社会保障部门要按照党中央、国务院的部署要求，完善政策措施，加大部门协调和组织推动力度，对《方案》贯彻落实中出现的问题也请及时向我部反馈。

2019年3月22日

人力资源社会保障部　国务院扶贫办
关于进一步做好就业扶贫工作的通知

人社部函〔2019〕64号

各省、自治区、直辖市及新疆生产建设兵团人力资源社会保障厅（局）、扶贫办（局）：

目前脱贫攻坚已经进入决胜的关键阶段。为深入贯彻习近平总书记关于扶贫工作的重要论述，全面落实党中央、国务院打赢脱贫攻坚战的决策部署，抓好脱贫攻坚专项巡视、东西部扶贫协作考核、脱贫攻坚成效考核指出问题的整改落实，全力推进就业扶贫工作，巩固就业扶贫成果，助力打赢脱贫攻坚战，现就有关事项通知如下：

一、加强政策落实。各地要围绕扶贫车间吸纳、返乡创业带动、有组织劳务输出、公益性岗位安置四条渠道，加大政策落实力度；积极开展政策宣传，公布就业扶贫政策清单、申办流程、补贴标准、服务机构及联系方式；简化优化政策补贴申领程序，精简证明材料，推动就业扶贫政策规范便捷地惠及贫困劳动力等政策享受对象。

二、提高劳务对接成效。东西部劳务协作省份要进一步健全组织发动、职业培训、就业服务、政策扶持、权益保障工作机制，积极开展有组织劳务输出。要高度重视脱贫攻坚专项巡视、东西部扶贫协作考核、脱贫攻坚成效考核中指出的问题，切实解决招聘会场次多、提供岗位多，但针对性不强、贫困劳动力实现就业不多的问题。要按需举办贫困劳动力专场招聘会，或在东西部劳务协作招聘会场设立就业扶贫招聘专区，结合实际合理确定招聘会场次和规模。加强岗位信息核查，积极收集工作年龄要求宽、技能要求低、薪酬待遇合理的就业岗位信息，确保招聘条件符合贫困劳动力实际情况。加强跟踪服务，促进招聘会上达成意向的贫困劳动力上岗就业。有条件的地方要多运用信息化手段开展远程招聘。加强信息共享，协作双方共同做好面向贫困劳动力的招聘会场次数量、招聘规模以及为贫困劳动力提供的岗位数量、实现就业人数的统计工作。

三、扶持发展扶贫车间。各地要根据当地资源禀赋、产业特点，聚焦易地扶贫搬迁大型安置区和深度贫困地区，因地制宜建好用好扶贫车间等载体，丰富载体功能，提高吸纳贫困人口就业比例，杜绝闲置浪费，促进可持续健康发展。扶贫部门要结合实际制定扶贫车间认定标准，开展扶贫车间清理核查和分类处置，对难以正常经营、脱贫成效不明显、环境污染大的扶贫车间，要及时改变用途。其中，政府投资建设或产权归集体所有的，可改建为乡村公共场所；企业或个人所有的，取消扶贫车间称号、停止享受扶贫车间扶持政策。要督促使用财政涉农整合资金建成的扶贫车间必须吸纳贫困人口就业。人社部门要对正常经营、吸纳贫困劳动力就业并开展以工代训的扶贫车间，按吸纳的实际人数落实以工代训职业培训补贴政策。

四、规范管理扶贫公益性岗位。各地要全面摸查就业扶贫公益性岗位情况,做到岗位情况清、在岗人员清、工作时长清、补贴情况清。完善公益性岗位管理制度,明确岗位安置对象、安置流程、退出机制。加强在岗人员日常管理,根据工作任务、工作时间等因素合理确定公益性岗位补贴标准。加强监督检查,对不上岗领补贴的、补贴标准与工作时间明显不匹配的、在岗人员与岗位要求严重不适合的,要及时予以纠正,避免福利化倾向。

五、提高培训后的就业创业率。各地要将有就业意愿、劳动能力的贫困劳动力纳入大规模职业技能培训行动,以就业为导向按需开展订单式培训、定向定岗培训。加强培训后的职业介绍、职业指导,促进贫困劳动力尽快上岗就业,提高参加培训人员的就业率。人社部门要积极配合扶贫部门做好贫困村创业致富带头人培育工作,及时提供创业服务、落实创业扶持政策,努力提高创业成功率。

六、做好重点地区就业扶贫工作。各地要把"三区三州"等深度贫困地区、易地扶贫搬迁大型安置区所在贫困县作为就业扶贫工作重点地区,加大支持力度。在分配就业补助资金时要向上述贫困县倾斜,结合实际适当提高政策补贴标准,加大政策落实力度。要加强公共就业服务人员队伍建设,确定专门人员开展精准就业服务。

七、加强建档立卡贫困家庭高校毕业生就业帮扶。各地要抓紧与教育部门和高校对接,及时锁定离校未就业高校毕业生中建档立卡贫困家庭人员,指定专人全程帮扶。根据就业需求和专业特点,量身定制求职就业计划,实施"一对一"援助,提供有针对性的职业指导、职业培训、就业见习等措施。在"三区三州"等深度贫困地区组织定向招聘,送岗位上门,集中帮扶实现就业。

八、巩固就业扶贫成效。各地在促进未就业贫困劳动力就业的同时,要持续关注已就业贫困劳动力的就业状况,加强劳动保障权益维护,提高就业稳定性。指导督促企业与贫困劳动力依法签订并履行劳动合同、参加社会保险、按时足额发放劳动报酬。对发生劳动人事争议的贫困劳动力,开辟仲裁绿色通道,快立、快调、快审、快结。要重点关注受经济波动影响的贫困劳动力,对有转岗需求的,及时提供转岗培训、岗位信息,帮助转岗就业;对暂时失业的,纳入属地管理,优先推荐岗位,促进尽快就业。

九、广泛动员各方力量。各地要积极发挥市场作用,探索政企合作方式,支持有积极性的企业参与就业扶贫,开展专项活动。进一步开展人力资源服务机构助力脱贫攻坚行动,为贫困劳动力提供专业化人力资源服务。组织开展就业扶贫基地征集工作,动员有积极性、用工条件较好的企业吸纳贫困劳动力就业。开展"幸福靠奋斗,劳动最光荣"主题宣传,选树一批通过就业创业实现脱贫的贫困劳动力典型,培树推广一批劳务品牌,营造崇尚劳动的良好社会氛围。

十、强化作风建设。各地要进一步提高政治站位,持续改进工作作风,力戒形式主义、官僚主义。要加强调查研究,深入基层了解情况。强化资金监管,加强跟踪问效,提高资金使用效益,防范廉政风险。对贪污浪费、挤占挪用行为严肃查处,对监管失责行为追责问责。

各地就业扶贫重大活动、重大进展、问题困难和经验做法,请及时报告。

2019年6月10日

人力资源社会保障部关于企业年金基金管理机构资格延续的通知

人社部函〔2019〕152号

根据《国务院对确需保留行政审批项目设定行政许可的决定》（国务院令第412号）、《企业年金基金管理办法》（人力资源和社会保障部令第11号）、《企业年金基金管理机构资格认定暂行办法》（劳动和社会保障部令第24号）等相关规定，近期我部组织专家对企业年金基金管理资格有效期满并提出延续申请的机构进行了评审，现将评审结果公布如下（分行业按拼音排序）。

一、延续5家企业年金基金法人受托机构资格：中国工商银行股份有限公司、招商银行股份有限公司、长江养老保险股份有限公司、泰康养老保险股份有限公司、中国人寿养老保险股份有限公司。

二、延续9家企业年金基金账户管理人资格：中国民生银行股份有限公司、中国农业银行股份有限公司、中国银行股份有限公司、中信银行股份有限公司、长江养老保险股份有限公司、平安养老保险股份有限公司、泰康养老保险股份有限公司、太平养老保险股份有限公司、中国人寿养老保险股份有限公司。

三、延续4家企业年金基金托管人资格：上海浦东发展银行股份有限公司、中国民生银行股份有限公司、中国农业银行股份有限公司、中信银行股份有限公司。

四、延续5家企业年金基金投资管理人资格：长江养老保险股份有限公司、国泰基金管理有限公司、工银瑞信基金管理有限公司、泰康资产管理有限责任公司、中国人寿养老保险股份有限公司。

2019年10月31日

人力资源社会保障部办公厅 自然资源部办公厅关于颁布贵金属首饰与宝玉石检测员等3个国家职业技能标准的通知

人社厅发〔2019〕4号

各省、自治区、直辖市及新疆生产建设兵团人力资源社会保障厅（局），自然资源主管部门：

根据《中华人民共和国劳动法》有关规定，人力资源社会保障部、自然资源部共同制定了贵金属首饰与宝玉石检测员等3个国家职业技能标准，现予颁布施行。原相应国家职业技能标准同时废止。

附件：3个国家职业技能标准目录

2019年1月7日

附件

3个国家职业技能标准目录

序号	职业编码	职业名称
1	4-08-05-03	贵金属首饰与宝玉石检测员
2	4-08-07-04	地质调查员
3	4-08-07-05	地质实验员

注：以上职业技能标准内容可在我部官网查询。

人力资源社会保障部办公厅 应急管理部办公厅关于颁布 应急救援员国家职业技能标准的通知

人社厅发〔2019〕8号

各省、自治区、直辖市及新疆生产建设兵团人力资源社会保障厅（局），应急管理厅（局）：

根据《中华人民共和国劳动法》有关规定，人力资源社会保障部、应急管理部共同制定了应急救援员国家职业技能标准，现予颁布施行。原相应国家职业技能标准同时废止。

附件：应急救援员国家职业技能标准目录

2019年1月14日

附件

应急救援员国家职业技能标准目录

序号	职业编码	职业名称
1	3-02-03-08	应急救援员

注：该职业技能标准内容可在我部官网查询。

人力资源社会保障部办公厅 工业和信息化部办公厅关于颁布信息通信网络机务员等12个国家职业技能标准的通知

人社厅发〔2019〕9号

各省、自治区、直辖市及新疆生产建设兵团人力资源社会保障厅（局），工业和信息化主管部门，各省、自治区、直辖市通信管理局：

根据《中华人民共和国劳动法》有关规定，人力资源社会保障部、工业和信息化部共同制定了信息通信网络机务员等12个国家职业技能标准，现予颁布施行。原相应国家职业技能标准同时废止。

附件：12个国家职业技能标准目录

2019年1月14日

附件

12个国家职业技能标准目录

序号	职业编码	职业名称
1	4-04-02-01	信息通信网络机务员
2	4-04-02-02	信息通信网络线务员
3	4-04-04-01	信息通信网络运行管理员
4	4-12-02-03	信息通信网络终端维修员
5	6-25-01-12	电子产品制版工

6	6-25-01-13	印制电路制作工
7	6-25-02-03	液晶显示器件制造工
8	6-25-02-05	半导体芯片制造工
9	6-25-02-06	半导体分立器件和集成电路装调工
10	6-25-03-00	计算机及外部设备装配调试员
11	6-25-04-07	广电和通信设备电子装接工
12	6-25-04-08	广电和通信设备调试工

注：以上职业技能标准内容可在我部官网查询。

人力资源社会保障部办公厅 农业农村部办公厅 粮食和储备局办公室 关于颁布农产品食品检验员 国家职业技能标准的通知

人社厅发〔2019〕11号

各省、自治区、直辖市人力资源社会保障厅（局），农业农村（农牧）、畜牧兽医、渔业、农垦厅（局、委），粮食和物资储备局（粮食局），新疆生产建设兵团人力资源社会保障局、农业局、粮食局，中国储备粮管理集团有限公司、中粮集团有限公司、中国供销集团有限公司：

根据《中华人民共和国劳动法》有关规定，人力资源社会保障部、农业农村部、粮食和储备局共同制定了农产品食品检验员国家职业技能标准，现予颁布施行。原相应国家职业技能标准同时废止。

附件：农产品食品检验员国家职业技能标准目录

2019年1月14日

附件

农产品食品检验员国家职业技能标准目录

序号	职业编码	职业名称
1	4-08-05-01	农产品食品检验员

注：该职业技能标准内容可在我部官网查询。

人力资源社会保障部办公厅农业农村部办公厅关于颁布沼气工国家职业技能标准的通知

人社厅发〔2019〕12号

各省、自治区、直辖市及新疆生产建设兵团人力资源社会保障厅（局），农业农村（农牧）厅（局、委）：

根据《中华人民共和国劳动法》有关规定，人力资源社会保障部、农业农村部共同制定了沼气工国家职业技能标准，现予颁布施行。原相应国家职业技能标准同时废止。

附件：沼气工国家职业技能标准目录

2019年1月17日

附件

沼气工国家职业技能标准目录

序号	职业编码	职业名称
1	5-05-03-01	沼气工

注：该职业技能标准内容可在我部官网查询。

中共中央组织部办公厅 人力资源社会保障部办公厅关于印发《事业单位工作人员申诉案件办理规则》的通知

人社厅发〔2019〕17号

各省、自治区、直辖市党委组织部、政府人力资源社会保障厅（局），中央和国家机关各部委、各人民团体组织人事部门，新疆生产建设兵团党委组织部、人力资源社会保障局：

为规范事业单位工作人员申诉案件办理程序，促进事业单位人事综合管理部门和主管部门公正及时处理申诉案件，根据《事业单位人事管理条例》和《事业单位工作人员申诉规定》，中央组织部、人力资源社会保障部共同研究制定了《事业单位工作人员申诉案件办理规则》，现印发给你们，请结合本地区、本部门实际认真贯彻执行。

2019年1月18日

事业单位工作人员申诉案件办理规则

第一章 总 则

第一条 为规范事业单位工作人员申诉案件办理程序，促进事业单位人事综合管理部门和主管部门公正及时处理申诉案件，根据《事业单位人事管理条例》和《事业单位工作人员申诉规定》（以下简称《申诉规定》），制定本规则。

第二条 本规则适用于事业单位工作人员申诉、再申诉案件的处理。

对监察机关作出的政务处分不服提出的申诉，按照有关规定由监察机关处理。

对事业单位领导人员的申诉案件，依照干部人事管理权限，按照有关规定办理。

第三条 处理事业单位工作人员申诉，应当坚持合法、公正、公平、及时的原则，严格权限、条件和程序，保障申诉人正当权益。

第二章 申诉案件办理工作组织

第四条 各级事业单位人事综合管理部门

和主管部门应当分别组建事业单位工作人员申诉公正委员会，负责办理事业单位工作人员的申诉、再申诉案件。

具体申诉案件的审理工作，根据实际情况，可以组建审理组负责，也可以由申诉公正委员会直接承办。

第五条 申诉公正委员会、审理组的组成人员应当是单数，不得少于3人。

申诉公正委员会设主任一名，副主任和委员若干名。主任一般由受理单位主管申诉、再申诉工作的负责人或者承担申诉、再申诉工作的内设机构负责人担任。副主任、委员由受理单位研究决定，一般由受理单位相关工作人员担任。必要时，可以吸收其他相关人员参加。

审理组一般由申诉公正委员会成员组成，必要时，可以吸收其他相关人员参加。审理组设组长，负责组织审理工作。

第六条 申诉公正委员会依法依规履行下列职责：

（一）处理管辖范围内的申诉、再申诉案件，对案件事实证据、适用政策法规、工作程序纪律等进行全面审议；

（二）审理申诉、再申诉案件；

（三）对审理组的审理工作进行指导和监督；

（四）讨论重大或者疑难的申诉、再申诉案件；

（五）法律法规规章规定的由申诉公正委员会承担或者受理单位授权的其他职责。

第七条 申诉公正委员会下设办事机构。根据实际情况，办事机构可以专门成立，也可以依托受理单位某一内设机构。

第八条 申诉公正委员会办事机构依法依规履行下列职责：

（一）对申诉、再申诉案件的申请进行审查；

（二）经申诉公正委员会批准，组建负责审理具体申诉案件工作的审理组；

（三）办理申诉、再申诉案件的文书制作和送达、档案和印章管理等；

（四）负责申诉公正委员会和审理组成员的组织、联络等工作；

（五）办理申诉公正委员会授权的其他事宜。

第九条 处理申诉案件的相关人员对工作中涉及的国家秘密、工作秘密、商业秘密和个人隐私应当保密。

第十条 申诉公正委员会、审理组、办事机构成员存在《申诉规定》第三十一条所列情形的，申诉人和被申诉单位应当自知道或者应当知道之日起3日内根据回避决定权限以书面形式提出回避申请。

申诉公正委员会主任的回避由受理单位负责人员集体决定，申诉公正委员会副主任、委员、审理组成员、办事机构成员的回避由申诉公正委员会主任决定。回避决定应当自收到回避申请之日起3日内作出。回避决定作出前，相关人员应当暂停参与案件的调查和审理。

第三章 受 理

第十一条 对申诉人提出的申诉、再申诉申请，办事机构应当填写案件登记表和收件回执，对申诉、再申诉是否符合受理条件进行审查。

第十二条 办事机构应当自接到申请书之日起15日内区别不同情况，作出如下处理：

（一）对于经审查认为符合受理条件的申诉，向申请人发送受理通知书并加盖申诉公正委员会印章。

（二）对于经审查认为不符合受理条件的申诉，向申请人发送不予受理通知书，说明不予受理的理由，并加盖申诉公正委员会印章。监察机关已受理的申诉案件，事业单位主管部门、人事综合管理部门不再受理。

（三）申请材料不齐备的，应当及时一次性告知申请人所需补正的全部材料和合理的补正期限。审查期限自收到补正材料后的次日起重新计算。申请人补正相关材料后，应予受理。无正当理由逾期不补正的，视为申请人放弃申请。

第十三条　因不可抗力或者其他正当理由，申诉人不能在规定的期限内提出申诉、再申诉的，经受理单位或者经授权的申诉公正委员会主任批准，可以延长期限。

第十四条　对于决定受理的申诉、再申诉案件，办事机构应当自决定受理之日起7日内向被申诉单位发送应诉通知书和申请书副本，并将申诉公正委员会或者审理组的组成情况及时通知申请人和被申诉单位。

第十五条　被申诉单位应当自接到通知书之日起15日内向办事机构提交答辩书和作出人事处理决定的证据、依据和其他有关材料。

办事机构应当自收到答辩书之日起7日内将答辩书副本发送申诉人。

申诉人应当自收到答辩书副本之日起7日内提出书面反馈意见，送交办事机构。未提交书面反馈意见的，不影响案件审理。

上述被申诉单位提交答辩书和作出人事处理决定的有关材料、申诉人提出书面反馈意见的方式，按照《申诉规定》第十三条执行。

第十六条　在申诉处理决定作出前，申诉人可以以书面形式撤回申诉、再申诉申请。

受理单位在接到申诉人关于撤回申诉、再申诉的书面申请后，应对撤回申请进行审查，如无违反法律法规的情形，可以同意申请人撤回申请，终结案件处理工作，并以书面形式将终结申诉、再申诉处理决定告知申诉人和被申诉单位。

第十七条　因申诉人撤回申诉、再申诉导致案件终结的，申诉人再以同一事由提起申诉、再申诉的，不予受理。

第四章　审　　理

第十八条　申诉和再申诉案件中的证据包括：

（一）申请人的陈述和被申诉单位的意见；

（二）书证；

（三）物证；

（四）视听资料；

（五）电子数据；

（六）证人证言；

（七）鉴定意见；

（八）勘验笔录、现场笔录。

第十九条　被申诉单位对作出的原人事处理决定负有举证责任，应当提供作出该决定的证据和所依据的法律法规和其他政策文件。

被申诉单位未履行举证责任的，办事机构应当责令其限期举证，无正当理由逾期提供的证据不予采纳。没有证据或者证据不足以证明被申诉单位的事实主张的，由负有举证责任的被申诉单位承担不利后果。

第二十条　受理申诉、再申诉的申诉公正委员会、审理组根据需要对申诉案件有关问题进行调查。调查一般采取书面调查、现场调查等方式进行。接受调查的单位或者个人有配合调查的义务，应当如实提供情况和证据。

第二十一条　现场调查应当制作调查笔录，调查人员不得少于2人。被调查人、证人及相关人员应当对现场调查笔录中由本人提供的情况进行确认后签名，调查人员应当在经上述人员确认并签名的调查笔录上签名。

第二十二条　申诉公正委员会或者审理组应当认真审阅案件调查笔录以及其他有关材料，根据《申诉规定》第二十一条对案件进行全面审议。

申诉人有明确要求时，申诉公正委员会或者审理组可以根据案件审理需要听取申诉人的陈述和被申诉单位的申辩。

第二十三条　申诉公正委员会或者审理组审议案件，应当制作审议笔录，由参加审议的成员签名。审议中的不同意见，应当如实记入审议笔录。

对于重大、疑难的申诉案件，审理组难以形成一致或者多数审理意见的，应当提请申诉公正委员会讨论。

第二十四条　申诉公正委员会或者审理组应当按照客观公正和少数服从多数的原则提出明确审理意见，由申诉公正委员会向受理单位提交审理报告。经申诉公正委员会批准后，也可以由审理组向受理单位提交审理报告。

第二十五条 审理报告应当载明下列内容：

（一）申诉人和被申诉单位的基本情况；

（二）申诉公正委员会、审理组成员的组成；

（三）申诉人提出申诉的事项、理由和要求；

（四）被申诉单位的答辩理由、证据和依据；

（五）审理情况概要；

（六）申诉公正委员会、审理组的审理意见。

第五章 决 定

第二十六条 受理单位应当依据申诉公正委员会的审理意见，按照《申诉规定》第二十三条规定作出处理决定。

第二十七条 受理单位应当自决定受理之日起60日内作出处理决定。案情复杂的，经申诉公正委员会主任或者副主任批准，可以适当延长，但是延长期限不得超过30日。

第二十八条 办事机构应当根据受理单位作出的申诉处理决定，按照《申诉规定》第二十四条规定制作申诉处理决定书，并自作出申诉处理决定之日起7日内将处理决定书送达申诉人和作出原人事处理决定的单位；再申诉处理决定书还应同时送达作出申诉处理决定的单位。

处理决定书的送达，按照《申诉规定》第二十六条规定执行。

第二十九条 非因违反规定程序或者权限，被责令重新处理的，作出原人事处理的单位不得以同一事实和理由作出与原人事处理基本相同的处理。

第六章 执行和归档

第三十条 除维持原人事处理的申诉处理决定外，对发生效力的申诉处理决定，原人事处理的单位应当自执行期满30日内将执行情况以书面形式报作出申诉处理决定的受理单位备案。

第三十一条 原人事处理的单位无正当理由拒不执行申诉处理决定或者打击报复申诉人的，对其负有责任的领导人员和直接责任人员，受理单位应当按照有关规定给予组织处理或者纪律处分，涉嫌违法犯罪的，按照有关法律规定移送司法机关处理。

第三十二条 受理单位应当及时将处理的申诉、再申诉案件相关材料整理归档。归档材料主要包括：申请书、登记表、收件回执、原人事处理决定、复核决定、受理（不予受理）通知书、应诉通知书、答辩书、终结通知书、调查笔录、审议笔录、审理报告、处理决定书、决定执行情况等。

第七章 附 则

第三十三条 机关工勤人员申诉、再申诉案件的处理，参照本规则执行。

第三十四条 本规则自发布之日起施行。

附件：

1. 事业单位工作人员申诉/再申诉案件登记表（略）

2. 收件回执（略）

3. 事业单位工作人员申诉/再申诉案件受理通知书（略）

4. 事业单位工作人员申诉/再申诉案件不予受理通知书（略）

5. 事业单位工作人员申诉/再申诉案件应诉通知书（略）

6. 事业单位工作人员申诉/再申诉案件答辩书（略）

7. 事业单位工作人员申诉/再申诉案件终结通知书（略）

8. 事业单位工作人员申诉/再申诉处理决定书（略）

人力资源社会保障部办公厅关于实施中国—卢森堡社会保障协定的通知

人社厅发〔2019〕36号

各省、自治区、直辖市及新疆生产建设兵团人力资源社会保障厅（局）：

2011年7月1日《中华人民共和国社会保险法》实施以来，为有效解决中国、卢森堡两国在对方国工作的人员双重缴纳社会保险费的问题，中卢两国于2017年11月27日正式签署了《中华人民共和国政府和卢森堡大公国政府社会保障协定》（以下简称《协定》）。我部与卢森堡大公国社会保障部同日签署了《关于实施中华人民共和国政府和卢森堡大公国政府社会保障协定的行政协议》（以下简称《行政协议》）。双方商定，《协定》和《行政协议》于2019年5月1日正式生效。为确保《协定》和《行政协议》的贯彻执行，现就有关问题通知如下：

一、《协定》主要内容

（一）互免险种范围。

中国为职工基本养老保险；卢森堡为涉及养老、病残和遗属的养老保险。

（二）中方适用免除在卢森堡缴纳相关社会保险费的人员。

1. 派遣人员。指受雇于中国领土上有经营场所的雇主，依其雇佣关系被雇主派往卢森堡领土上为该雇主工作的人员。

2. 自雇人员。指通常居住在中国领土上，在卢森堡或在双方国家领土上以自雇形式工作的人员。

3. 在航海船舶上受雇人员。指在悬挂中国船旗的航海船舶上受雇的人员，及通常居住在中国领土上，在悬挂卢森堡船旗的航海船舶上受雇的人员。

4. 在航空器上受雇人员。指受雇的企业总部在中国的航空器上的管理人员或机组成员。

5. 外交和领事机构人员、公务人员。外交和领事机构人员指《维也纳外交关系公约》和《维也纳领事关系公约》中定义的相关人员。

6. 例外。中卢两国主管机关或经办机构可同意就特定人员或人群的情况，对《协定》第六条至第九条作例外处理，条件是所涉及人员受中卢两国任一国法律规定管辖。

（三）卢森堡适用免除在华缴纳相关社会保险费的人员。

卢森堡适用免除在华缴纳社会保险费的人员与中方适用人员的条件类同。

（四）派遣人员和自雇人员免除缴纳社会保险费的期限。

就派遣人员和自雇人员而言，首次申请免除缴费期限最长为60个日历月。如派遣期限或自雇期限超过60个日历月，经中卢两国主管机关或经办机构同意，可予以延长。

（五）主管机关、经办机构和联络机构。

1. 主管机关：中国为人力资源社会保障部；卢森堡为负责实施涉及养老、病残和遗属的养老保险法律规定的大臣。

2. 经办机构：中国为人力资源社会保障部社会保险事业管理中心或该部指定的其他机构；卢森堡为负责实施涉及养老、病残和遗属的养老保险的全部或部分法律规定的机构或团体。

3. 联络机构：中国为人力资源社会保障部社会保险事业管理中心；卢森堡为社会保障总局。

二、依据《协定》免除缴纳相关社会保险费的管理办法

（一）中方在卢森堡人员办理免缴相关社会保险费《参保证明》的管理办法。

已在中国国内按规定参加了职工基本养老保险，并按时足额缴纳保险费的人员，可以按照以下程序办理申请免除在卢森堡缴纳相关社会保险费。

1. 申请人填写《根据中卢社会保障协定出具的〈参保证明〉申请表》（以下简称《申请表》，样式附后），并加盖所在单位公章。《申请表》可从部门户网站上下载，网址：www.mohrss.gov.cn（进入后点击："服务之窗"中的"表格下载"）。申请人也可在部门户网站查阅"中卢社会保障协定参保证明办事指南"（点击："服务之窗"中的"服务目录"）。

2. 申请人或代理人将填写后的《申请表》（一式2份）提交参保所在地的社会保险经办机构审核；经办机构在审核其参保缴费情况无误后，加盖印章并留存相关《申请表》备案。

3. 申请人或代理人将盖章后的1份《申请表》挂号或快递寄至部社保中心（地址：北京市东城区安定门外大街138号皇城国际B座，收信单位：人力资源社会保障部社保中心国际合作处，邮编：100011，电话：010-89946777）。

4. 部社保中心收到《申请表》后予以审核。如审核通过，将在15个工作日内出具并向申请人邮寄《参保证明》；如审核未通过，及时向申请人说明原因。

5. 就派遣人员和自雇人员而言，如需申请延长免除期限，应向我部社保中心提出延长免除期限申请。中卢两国主管机关或经办机构共同决定是否同意延长免除期限的申请。如同意，部社保中心向申请人出具《参保证明》；如不同意则向申请人说明原因。

6. 对于例外情况涉及人员，雇员及其雇主或自雇人员应当共同提交例外情况的书面申请。部社保中心收到申请后，由中卢两国主管机关或经办机构共同决定是否同意作例外处理。如同意，部社保中心向申请人出具《参保证明》；如不同意则向申请人说明原因。

7. 申请人向卢森堡经办机构提交《参保证明》，并申请免除缴纳相应的社会保险费。

（二）卢森堡在华人员免除缴纳相关社会保险费的管理办法。

1. 卢森堡在华人员向参保所在地社会保险经办机构提交由卢森堡经办机构出具的《参保证明》，其参保所在地社会保险经办机构审核原件，留存复印件备案。核准信息后，依据其《参保证明》上规定的期限免除其相关社会保险缴费义务。

2. 凡不能提交《参保证明》的卢森堡在华人员，各地社会保险经办机构应按《中华人民共和国社会保险法》和《在中国境内就业的外国人参加社会保险暂行办法》（人力资源社会保障部令第16号）的规定，督促其参加中国的社会保险。

3. 除《协定》规定的免缴职工基本养老保险外，卢森堡在华人员应按社会保险法和部令第16号的规定，参加中国其他社会保险险种。

以上规定自《协定》生效之日起开始执行。各级人力资源社会保障部门要高度重视此项工作，各地社会保险经办机构应本着如实、便捷的原则及时办理核准和免缴有关手续。在审核时要认真核对相关信息，防止欠费和虚假

现象发生。各地在执行中如发现问题，请及时向我部报告。

附件：

1. 中华人民共和国政府和卢森堡大公国政府社会保障协定
2. 关于实施中华人民共和国政府和卢森堡大公国政府社会保障协定的行政协议
3. 根据中国-卢森堡社会保障协定出具的《参保证明》申请表（样表）（略）
4. 中方《参保证明》（样表）（略）
5. 卢方《参保证明》（样表）（略）

2019年3月4日

附件1

中华人民共和国政府和卢森堡大公国政府社会保障协定

中华人民共和国政府和卢森堡大公国政府（以下称"缔约双方"），为发展中华人民共和国和卢森堡大公国友好关系之目的，愿加强在社会保障领域的合作，达成协议如下：

第一部分　总　则

第一条　定　义

一、为本协定之目的：

（一）"法律规定"

在中华人民共和国，系指本协定适用范围（第二条第一款第一项）所包括社会保险制度相关的法律、行政法规、部门规章、地方性法规和其他法律文件；

在卢森堡大公国，系指本协定适用范围（第二条第一款第二项）所包括社会保险制度相关的法律、规定、法定条款以及其他实施措施。

（二）"主管机关"

在中华人民共和国，系指人力资源和社会保障部；

在卢森堡大公国，系指负责实施第二条第一款第二项法律规定的大臣。

（三）"经办机构"

在中华人民共和国，系指人力资源和社会保障部社会保险事业管理中心或该部指定的其他机构；

在卢森堡大公国，系指负责实施第二条第一款第二项全部或部分法律规定的机构或团体。

（四）"领土"

在中华人民共和国，系指《中华人民共和国社会保险法》及其相关法律法规适用的领土；

在卢森堡大公国，系指卢森堡大公国领土。

二、本条中未定义的词语应具有缔约双方各自适用法律规定赋予的含义。

第二条　法律适用范围

一、本协定适用下列社会保险制度相关的法律规定：

（一）在中华人民共和国，系指职工基本养老保险；

（二）在卢森堡大公国，系指涉及养老、病残和遗属的养老保险。

二、本协定同样适用于对本条第一款所包括的法律规定进行修订、补充、合并、替代的法律规定。

三、除非本协定另有规定，本条第一款所提及的法律规定不包括缔约一方可能与第三国在社会保障方面缔结的条约或其他国际协定，及为具体实施之目的颁布的法律规定。

四、本协定不适用于建立新型社会保障制度的法律规定，除非缔约双方主管机关同意其适用。

第三条 人员适用范围

本协定适用于正在或曾经受缔约任一方法律规定管辖的人员及其家庭成员和遗属。

第四条 平等待遇

适用本协定并在缔约一方国家领土上居住的人员，依据该缔约方法律规定，应与该缔约方国民享有同等待遇并承担同等义务。

第五条 待遇输出

依据缔约一方法律规定所应给付的待遇，不得仅因受益人居住在缔约另一方或第三国领土上而减少、修改、暂停、撤销或收缴。

第二部分 关于适用法律的规定

第六条 参保义务

除非本协定另有规定，在缔约一方国家领土上受雇或自雇的人员，就此项工作而言，仅受该缔约方法律规定管辖。

第七条 派遣人员和自雇人员

一、如果雇员在缔约一方国家领土上受雇于在该缔约方国家领土上有经营场所的雇主，依其雇佣关系被雇主派往缔约另一方国家领土上为该雇主工作，则在此项工作的第一个60个日历月内继续仅适用首先提及的缔约方法律规定，如同该雇员仍在该缔约方国家领土上受雇一样。

二、如果自雇人员通常居住在缔约一方国家领土上，在缔约另一方或在缔约双方国家领土上以自雇形式工作，就此项工作而言，该自雇人员在第一个60个日历月内仅受首先提及的缔约方法律规定管辖。

三、如果派遣期限或自雇期限超过本条第一款和第二款所规定的期限，在缔约双方主管机关或经办机构同意的情况下，本条第一款和第二款中首先提及的缔约方法律规定将继续适用。继续适用的程序和期限在第十一条第一款所提及的行政协议中作出规定。

第八条 在航海船舶和航空器上受雇人员

一、在悬挂缔约任一方船旗的航海船舶上受雇的人员应仅适用该缔约方法律规定。但是，如果该雇员通常居住在缔约一方国家领土上，被派到船旗为缔约另一方的航海船舶上工作，则该雇员适用首先提及的缔约方法律规定，如同该雇员仍在该缔约方国家领土上受雇一样。

二、在航空器上受雇的管理人员或机组成员，就其雇佣关系而言，应仅适用其受雇企业总部所在地领土所属的缔约方法律规定。但是，如果该企业在缔约另一方国家领土上拥有分支机构或常设机构，且该雇员受雇于该分支机构或常设机构，则该雇员将受该分支机构或常设机构所在地领土所属的缔约方法律规定管辖。

第九条 外交和领事机构人员、公务人员

一、本协定不影响一九六一年四月十八日签订的《维也纳外交关系公约》和一九六三年四月二十四日签订的《维也纳领事关系公约》的适用。

二、缔约一方的外交使团或领馆在缔约另一方国家领土上雇佣的本地雇员，适用后提及的缔约方法律规定。

三、缔约一方的公务人员，如被派到缔约

另一方国家领土上工作，应仅受首先提及的缔约方法律规定管辖，如同该人员仍在该缔约方国家领土上工作一样。

第十条 例 外

缔约双方主管机关或由该主管机关指定的经办机构，可同意根据特定人员或人群的情况对本协定第六至九条作例外处理，条件是所涉及人员受缔约一方法律规定管辖。

第三部分 其他规定

第十一条 实施安排

一、缔约双方主管机关将签订行政协议，制定为实施本协定所必要的措施并指定联络机构。

二、缔约双方主管机关将相互通报可能会影响本协定实施的任何立法修改情况。

第十二条 信息交流和相互协助

缔约双方主管机关或经办机构应根据对方书面要求，在各自法律允许的范围内，相互免费提供实施本协定所需的信息和协助。

第十三条 证明书的出具

一、缔约双方经办机构将根据行政协议所规定的适用情形和程序出具证明书，用于证明本协定第二部分所适用的法律规定。

二、出具上述证明书的经办机构将在行政协议中作出规定。

第十四条 信息保密

缔约一方仅在得到缔约另一方同意后才可公开其所接收的信息。由缔约一方主管机关或经办机构根据本协定传送至缔约另一方主管机关或经办机构的个人信息使用时应保密，且只能专门用于实施本协定之目的。缔约一方主管机关或经办机构接收的信息应受该缔约方关于隐私保护和个人信息保密的国家法律和法规的约束。缔约一方主管机关或经办机构所接收信息的后续使用、存储及销毁均应受该缔约方关于隐私保护法律的约束。

第十五条 交流语言和认证

一、在实施本协定时，缔约双方主管机关和经办机构之间可使用其官方语言或英文进行交流。

二、缔约一方主管机关和经办机构不得仅因文件是用缔约另一方官方语言或英文写成而拒绝受理。

三、适用本协定时所需提供的文件，特别是证明书，无需办理认证或者其他类似手续。

第四部分 过渡和最终条款

第十六条 过渡条款

在适用本协定第七条时，对于在本协定生效之前已经在缔约一方国家领土上工作的人员，其派遣期限从协定生效之日起计算。

第十七条 复 审

缔约双方应在缔约一方提出要求时对本协定进行复审。

第十八条 争端解决

缔约双方关于本协定解释或适用方面的任何争端应由缔约双方主管机关或经办机构通过谈判和磋商方式解决。如争端在一定时期内未得到解决，则应通过外交途径解决。

第十九条 生 效

缔约双方应当相互书面通知已完成使本协定生效所必需的国内法律程序。本协定自最后一份通知收到之日起第四个月的第一天起生效。

第二十条 期限与终止

本协定长期有效。本协定自缔约任一方将书面终止通知发至缔约另一方之日起第12个月的最后一天起终止。

下列代表，经正式授权，在本协定上签字，以昭信守。

本协定于2017年11月27日在北京签订，一式两份，每份均用中文、法文及英文写成，三种文本同等作准。如对文本的解释发生分歧，以英文本为准。

中华人民共和国政府　　卢森堡大公国政府
　　　代表　　　　　　　　　代表

附件2

关于实施中华人民共和国政府和卢森堡大公国政府社会保障协定的行政协议

中华人民共和国与卢森堡大公国主管机关为实施于2017年11月27日签订的《中华人民共和国政府和卢森堡大公国政府社会保障协定》（以下简称"协定"），根据协定第十一条第一款，达成行政协议如下：

第一条　定　义

本行政协议中的术语与协定中所使用的含义相同。

第二条　联络机构

依据协定第十一条第一款，缔约双方主管机关指定以下机构为联络机构：

（一）在中华人民共和国，系指人力资源和社会保障部社会保险事业管理中心；

（二）在卢森堡大公国，系指社会保障总局。

第三条　表格与程序

缔约双方联络机构将共同决定关于执行协定和本行政协议的必要表格与程序。

第四条　参保证明

一、在协定第十三条所述情况下，法律规定适用的缔约一方经办机构将出具参保证明，证明在规定期限内，就某项工作而言，雇员及其雇主受该缔约方法律规定管辖。

二、本条所指的参保证明将由以下机构出具：

（一）在中华人民共和国，由人力资源和社会保障部社会保险事业管理中心出具。参保证明提供给相关个人及其雇主，并向卢森堡社会保障公共中心提供副本。

（二）在卢森堡大公国，由社会保障公共中心出具。参保证明提供给相关个人及其雇主，并向中国人力资源和社会保障部社会保险事业管理中心提供副本。

第五条　申请程序

一、首次免除期限申请程序

协定第七条第一款及第七条第二款所提及雇员、雇主或自雇人员应向缔约一方经办机构提出书面免除申请。该缔约方经办机构批准后，向雇员或自雇人员出具参保证明。参保证明样本见本行政协议附件。

二、延长免除期限申请程序

（一）协定第七条第三款所提及人员，应向适用法律规定的缔约一方主管机关或经办机构提出申请。

（二）缔约双方主管机关或经办机构共同决定是否同意延长免除期限的申请。

（三）适用法律规定的缔约一方主管机关或经办机构将向雇员、雇主或自雇人员告知申请结果。如果申请获批，适用法律规定的缔约一方经办机构将依据双方主管机关或经办机构的共同决定向雇员或自雇人员出具参保证明，并向缔约另一方经办机构提供副本。

三、协定第十条所述例外情况的申请程序：

（一）雇员及其雇主或自雇人员应当共同向其拟申请适用法律规定的缔约一方主管机关或经办机构递交例外情况的书面申请。

（二）缔约双方主管机关或经办机构将共同决定是否同意依据协定第十条对该申请作例外处理。

（三）适用法律规定的缔约一方主管机关或经办机构将向雇员、雇主或自雇人员告知申请结果。如果申请获批，适用法律规定的缔约一方经办机构将依据双方主管机关或经办机构的共同决定向雇员及其雇主或自雇人员出具参保证明，并向缔约另一方经办机构提供副本。

第六条 表格变更

本行政协议所附表格是本协议不可分割的一部分。表格变更不影响本行政协议的效力。缔约一方联络机构应就表格任何变更立即通知缔约另一方联络机构。

第七条 参保证明信息交换

缔约双方联络机构应当在次年1月31日之前相互交换依据协定第七条和第十条出具的参保证明份数的年度统计数据。统计数据应当按照缔约双方联络机构约定的格式提供。

第八条 行政协助

一、为实施协定和本行政协议所必需的行政协助应当免费提供，但缔约双方主管机关达成共识的情形除外。

二、联络机构代表将在必要时在缔约双方轮流会面，讨论协定实施相关问题。

第九条 生效、终止与修改

一、本行政协议于协定生效之日生效，直至协定终止之日。

二、经缔约双方主管机关同意，本行政协议可补充或修订。

第十条 法律义务

本行政协议只在协定及缔约双方各自法律规定框架内执行，不产生协定及缔约双方各自法律规定框架以外任何有法律约束力的新义务。

本行政协议于2017年11月27日在北京签署，一式两份，每份均用中文、法文和英文写成，三种文本同等作准。如果对文本的解释产生任何歧义，以英文本为准。

中华人民共和国	卢森堡大公国
人力资源和社会保障部	社会保障部
代表	代表

人力资源社会保障部办公厅关于全面开展电子社会保障卡应用工作的通知

人社厅发〔2019〕45号

各省、自治区、直辖市及新疆生产建设兵团人力资源社会保障厅（局）：

为加快落实党的十九大提出的"建立全国统一的社会保险公共服务平台"、"提供全方位公共就业服务"等改革任务，推动"互联网+政务服务"、"放管服"等改革要求落地，按照《"互联网+人社"2020行动计划》的有关部署，我部决定全面开展电子社会保障卡（以下简称电子社保卡）应用工作，现就有关事项通知如下：

一、重要意义

经过各级人力资源社会保障部门多年努力，社会保障卡（以下简称社保卡）已覆盖超过12亿人口，在就业服务、社保缴费与待遇领取、就医购药结算以及其他民生服务方面广泛应用，成为人民群众方便快捷享受民生服务的身份凭证和重要载体。随着社会和技术进步，特别是"互联网+"服务新业态、新趋势的发展，赋予社保卡"网卡"形态，实现社保卡线上线下融合，成为一种必然要求。

电子社保卡是社保卡的线上形态，是持卡人线上享受人社服务及其他民生服务的电子凭证和结算工具，全国统一标准、统一签发、统一管理、统一验证，与实体社保卡一一对应、唯一映射、状态相同、功能相通，依托全国社保卡线上身份认证与支付结算服务平台（以下简称全国社保卡服务平台），形成社保卡线上可信身份体系、支付服务体系和数据融合服务体系。

全面开展电子社保卡应用，提供线上线下综合服务，是落实党中央、国务院创新民生服务要求，增强人民群众幸福感、获得感、安全感的重要举措；是进一步方便人民群众，实现政务服务"一网、一门、一次"改革的重要途径；是改善社保卡持卡人服务体验，实现人力资源和社会保障业务（以下简称人社业务）线上化和移动化，提升公共服务能力的有力抓手；是发挥互联网融合发展潜力，促进社会创新发展的重要途径。各地要增强创新意识，充分认识全面开展电子社保卡应用工作的重要意义，以担当作为的责任感和紧迫感，切实落实相关工作。

二、工作目标和基本原则

（一）工作目标。

全面开通电子社保卡签发、认证和支付服务，广泛覆盖社保卡持卡人群，实现实体社保卡与电子社保卡协同并用，形成线上线下融合、跨地域全网通、多元化一体化的社保卡服务生态圈；结合全国统一的社会保险公共服务平台、智能公共就业服务信息化平台等建设，实现人社业务的线上化、移动化，线上线下一卡通用、一网通办；开放社保卡服务能力，支撑更多民生服务。

（二）基本原则。

一是统分结合共建。全国统一制定电子社保卡技术、管理和开放服务标准。部级建设全国社保卡服务平台，与各级人社业务系统通过金保工程业务专网互联，视需求与相关金融机构、社会服务机构建立总对总接口。地方各级人力资源社会保障部门建设本地应用平台，发展线上应用，实现全国线上联动服务。

二是线上线下融合。社保卡的线上线下应用体系、服务体系和管理体系有机契合，适应不同人群、多层次业务场景的多元化用卡需求。持卡人可依应用场景和个人偏好，选择使用实体社保卡或电子社保卡，通过线上用卡、线下用卡、线上线下结合用卡等方式，实现线上线下协同衔接。

三是服务渠道多样。充分借助各渠道端触达用户的能力，打造电子社保卡高效便民安全服务模式，支持持卡人在人力资源社会保障部门APP、政务服务APP、合作银行APP、规范的社会民生服务APP等多渠道申领电子社保卡，多渠道享受电子社保卡服务。

四是信息安全可溯。基于社保卡安全体系，健全电子社保卡安全机制，规范线上用卡业务流程，加强数据全生命周期安全管理，实现线上业务可信安全访问、接入安全管理、应用风险防控及安全可追溯，确保个人数据安全、线上业务安全和资金交易安全。

三、工作任务

（一）制定本地方案，确定建设模式。各地制定电子社保卡应用工作方案，明确工作推进时间表、路线图，配套制定本地电子社保卡服务事项目录、线上服务业务流程、业务系统接入规范、本地应用平台建设规范。结合本地实际情况，从"电子社保卡统一认证+地方原有线下支付结算"模式起步，进一步扩展实现"电子社保卡统一认证+统一线上支付结算"模式，并通过全省集中的电子社保卡应用平台或人社公共服务平台，实现线上应用集成。部分地区前期探索的社保卡线上绑卡形式，应于2019年4月底前升级为全国统一的电子社保卡；已建立本地支付平台的，应于2020年底前逐步切换至全国社保卡服务平台的统一支付结算模式。自发文之日起，各地不再新建电子社保卡签发、认证和支付平台。

（二）完善本地系统，对接全国平台。各地应改造用卡相关的人社业务系统，完善电子社保卡受理应用环境。新建的人社业务系统受理端和公共服务系统，要具备电子社保卡受理能力。申领签发、身份认证、缴费支付、费用结算等基础服务统一对接全国社保卡服务平台。已实现全国联网的线上公共服务事项，由部级相关系统统一对接授权渠道。属地线上公共服务事项，由本地电子社保卡应用平台或人社公共服务平台对接授权渠道。建立电子社保卡应用服务管理、安全风险应急处置等管理制度，实现规范监管。强化部省两级社保卡持卡人员基础信息库的动态更新机制，确保基础信息、状态信息的实时联动。

（三）全面开通应用，普及线上服务。各省（区、市）根据《社会保障卡应用目录》提出的102项用卡事项，结合各地区"一网通办"公共服务事项及其他可扩展的服务事项，制定和细化面向个人的电子社保卡应用目录，并加快开通落地，做到"应开尽开、能上尽上"。电子社保卡应用包括线上身份认证服务，如电子办事凭证、线上待遇资格认证、快速登录服务（网站、手机APP、自助一体机）等；线上个人信息查询服务，如社保参保信息、就业人才服务信息、个人就业信息、职业培训信息、职业资格信息、职业技能等级信息、创业担保贷款扶持信息查询等；线上业务申办服务，如就业创业服务、社保服务、劳动用工服务、调解仲裁服务、人才服务等；移动支付服务，如参保缴费、考试缴费、培训缴费、工伤医疗费移动支付等。继续完善经办服务场所社保卡用卡环境，补充部署二维码扫码设备,"持卡办事"与"扫码办事"并行互补。同步发展结合NFC手机读写第三代社保卡等方式,实现实体社保卡的线上应用。

(四)开放服务能力,支撑民生保障。建立以社保卡为载体的"一卡通"服务管理模式,发挥电子社保卡在"互联网+政务服务"和智慧城市建设中的支撑作用。一是向政务服务拓展,支持各级政务大厅、政务门户网站、政务APP等使用电子社保卡,实现身份认证和快速登录。支持医保移动支付(门诊、购药、住院)等就医一卡通应用。在政府与社会数据融合服务中,基于电子社保卡实现个人授权访问,保障个人信息安全。二是向金融服务拓展,探索社保卡银行账户线上应用、银行账户身份核验、信用服务等方面的合作。提供电子社保卡缴费支付服务,实现相关民生缴费和待遇发放的高效便捷。三是向智慧城市服务拓展,发挥社保卡身份凭证功能,与交通出行、公用事业、小额支付等场景结合,推进在入园、入馆、出行等方面的应用。

(五)规范渠道接入,强化安全保障。拓展签发、应用电子社保卡的渠道,特别是要积极、有序地借助规范的第三方渠道,引导群众方便、安全地领卡、用卡。各地要根据本地实际需求,确定授权接入的APP渠道及开通的业务功能,明确与第三方渠道合作的权益、范围、界限,并在人力资源社会保障部门政府网站权威发布授权访问的渠道APP列表。按照全国社保卡服务平台的安全要求,各授权渠道接入全国社保卡服务平台前,需按统一的测试规范通过功能接入测试和安全接入测试。各地要做好线上业务流程的安全设计,加强线上业务安全管控,实现线上业务的个人授权、部门授权、渠道授权,确保数据安全和应用安全。基于全国社保卡服务平台的线上业务访问动态风险防控机制,各地可根据风险提示,对存在风险隐患的业务及渠道组织整改,必要时暂停或终止相关服务。加快省级电子认证RA系统建设,为电子社保卡应用提供有效安全保障。

(六)实现多方合作,促进联动协同。各地应建立多部门合作、多渠道沟通机制,实现各部门、各渠道间的联动服务、宣传咨询、异常处置。积极联合本地区合作银行,探索电子社保卡在金融领域的创新应用,实现实体社保卡与电子社保卡的统筹管理与服务,协助现场领卡、补卡、换卡群众同步申领电子社保卡。加强对业务经办人员、社保卡服务人员和12333咨询服务人员的培训,提升服务能力。加强对群众的宣传,运用互联网手段,创新应用推广方式,通过统一标识、多维度宣传,打造电子社保卡品牌形象,引导群众知晓、申领、使用电子社保卡。

四、时间安排

利用2~3年时间,实现电子社保卡广泛应用,形成社保卡线上线下综合应用模式。

2019年,各地以身份认证、人社查询类业务为电子社保卡基础应用场景,逐步拓展至就业服务、参保缴费、就医购药结算等高频高黏性应用场景,探索集成其他民生服务应用。4月底,所有省份实现签发应用全国统一标准的电子社保卡,试点地区均开通移动支付服务;6月底,不低于5%的持卡人领取电子社保卡,所有省份均开通移动支付服务;9月底,所有地市实现签发应用全国统一标准的电子社保卡,不低于10%的持卡人领取电子社保卡;12月底,所有地市均开通移动支付服务。

2020年,不低于25%的持卡人领取电子社保卡,普遍应用于线上身份认证、就业人才服务、社保信息查询、人社业务缴费、就医购药结算等业务场景,完成向全国社保卡服务平台统一支付结算模式的切换。

2021年,形成实体社保卡与电子社保卡广泛协同并用的线上线下"一卡通"服务管理模式,为其他政务服务、金融服务、智慧城市服务领域深入应用电子社保卡提供全面支撑。

五、工作要求

（一）加强组织领导，完善工作机制。各省级人力资源社会保障部门主要负责同志要牵头规划、组织社保卡综合应用工作，并将电子社保卡应用作为其中重要内容，明确分工协作要求和管理机制。信息化综合管理机构要做好牵头组织和应用平台建设工作，业务经办机构要主动落实电子社保卡在本业务领域的应用，迅速铺开电子社保卡应用，实现社保卡线上线下融合发展局面。充分发挥试点地区的引领示范作用，广泛组织经验交流。

（二）加强资源投入，夯实基础保障。要积极争取电子社保卡建设资金，在年度预算中列入运维和推广费用，形成经费保障机制。各地要加强信息化队伍建设，提高技术和管理水平，加快社保卡、特别是第三代社保卡的发行，扩大覆盖范围，为电子社保卡的签发、应用奠定基础。

（三）加强运行维护，确保系统稳定。要做好电子社保卡应用平台、人社公共服务平台、用卡相关人社业务系统的运行保障工作，确保电子社保卡服务的规范性和稳定性，向持卡人提供7×24小时不间断的流畅优质服务。建立应急响应预案，及时解决突发问题，遇到重大问题及时向我部汇报。

2019年3月21日

人力资源社会保障部办公厅关于颁布劳动关系协调员等16个国家职业技能标准的通知

人社厅发〔2019〕47号

各省、自治区、直辖市及新疆生产建设兵团人力资源社会保障厅（局），国务院有关部委、直属机构人事劳动保障工作机构，有关行业组织人事劳动保障工作机构，中央军委政治工作部兵员和文职人员局：

根据《中华人民共和国劳动法》有关规定，我部组织制定了劳动关系协调员等16个国家职业技能标准，现予颁布施行。原相应国家职业技能标准同时废止。

2019年3月26日

16个国家职业技能标准目录

序号	职业编码	职业名称
1	4-07-03-02	劳动关系协调员
2	4-07-03-04	企业人力资源管理师
3	4-10-01-02	育婴员
4	4-10-01-03	保育员
5	6-11-02-10	无机化学反应生产工
6	6-11-02-15	有机合成工
7	6-11-03-02	尿素生产工
8	6-11-04-00	农药生产工

9	6-11-05-04	染料生产工
10	6-15-04-01	玻璃纤维及制品工
11	6-16-01-06	井下支护工
12	6-16-01-12	矿山救护工
13	6-18-02-01	铸造工
14	6-18-02-03	金属热处理工
15	6-28-02-06	压缩机操作工
16	6-28-03-03	工业废水处理工

注：以上职业技能标准内容可在我部官网查询。

人力资源社会保障部办公厅 市场监管总局办公厅 统计局办公室关于发布人工智能工程技术人员等职业信息的通知

人社厅发〔2019〕48号

各省、自治区、直辖市及新疆生产建设兵团人力资源社会保障厅（局）、市场监管局、统计局，国务院各部门、各直属机构、各中央企业、有关社会组织人事劳动保障工作机构，中央军委政治工作部兵员和文职人员局：

根据《中华人民共和国劳动法》有关规定，为贯彻落实《国务院关于推行终身职业技能培训制度的意见》提出的"紧跟新技术、新职业发展变化，建立职业分类动态调整机制，加快职业标准开发工作"要求，加快构建与国际接轨、符合我国国情的现代职业分类体系，我们面向社会公开征集新职业信息。经专家论证、社会公示等，确定了人工智能工程技术人员等13个新职业信息，调整变更了4个职业（工种）信息，新增了3个工种信息，现予发布。

2019年4月1日

人工智能工程技术人员等职业信息

一、新职业信息

（一）2-02-10-09 人工智能工程技术人员

定义：从事与人工智能相关算法、深度学习等多种技术的分析、研究、开发，并对人工智能系统进行设计、优化、运维、管理和应用的工程技术人员。

主要工作任务：

1. 分析、研究人工智能算法、深度学习及神经网络等技术；

2. 研究、开发、应用人工智能指令、算法及技术；

3. 规划、设计、开发基于人工智能算法的芯片；

4. 研发、应用、优化语言识别、语义识别、图像识别、生物特征识别等人工智能技术；

5. 设计、集成、管理、部署人工智能软硬件系统；

6. 设计、开发人工智能系统解决方案；

7. 提供人工智能相关技术咨询和技术服务。

（二）2-02-10-10 物联网工程技术人员

定义：从事物联网架构、平台、芯片、传感器、智能标签等技术的研究和开发，以及物联网工程的设计、测试、维护、管理和服务的工程技术人员。

主要工作任务：

1. 研究、应用物联网技术、体系结构、协议和标准；

2. 研究、设计、开发物联网专用芯片及软硬件系统；

3. 规划、研究、设计物联网解决方案；

4. 规划、设计、集成、部署物联网系统并指导工程实施；

5. 安装、调测、维护并保障物联网系统的正常运行；

6. 监控、管理和保障物联网系统安全；

7. 提供物联网系统的技术咨询和技术支持。

（三）2-02-10-11 大数据工程技术人员

定义：从事大数据采集、清洗、分析、治理、挖掘等技术研究，并加以利用、管理、维护和服务的工程技术人员。

主要工作任务：

1. 研究和开发大数据采集、清洗、存储及管理、分析及挖掘、展现及应用等有关技术；

2. 研究、应用大数据平台体系架构、技术和标准；

3. 设计、开发、集成、测试大数据软硬件系统；

4. 大数据采集、清洗、建模与分析；

5. 管理、维护并保障大数据系统稳定运行；

6. 监控、管理和保障大数据安全；

7. 提供大数据的技术咨询和技术服务。

（四）2-02-10-12 云计算工程技术人员

定义：从事云计算技术研究，云系统构建、部署、运维，云资源管理、应用和服务的工程技术人员。

主要工作任务：

1. 开发虚拟化、云平台、云资源管理和分发等云计算技术，以及大规模数据管理、分布式数据存储等相关技术；

2. 研究、应用云计算技术、体系架构、协议和标准；

3. 规划、设计、开发、集成、部署云计算系统；

4. 管理、维护并保障云计算系统的稳定运行；

5. 监控、保障云计算系统安全；

6. 提供云计算系统的技术咨询和技术服务。

（五）2-02-30-11 数字化管理师

定义：使用数字化智能移动办公平台，进行企业或组织的人员架构搭建、运营流程维护、工作流协同、大数据决策分析、上下游在线化连接，实现企业经营管理在线化、数字化的人员。

主要工作任务：

1. 制定数字化办公软件推进计划和实施方案，搭建企业及组织的人员架构，进行扁平透明可视化管理；

2. 进行数字化办公模块的搭建和运转流程的维护，实现高效安全沟通；

3. 制定企业及组织工作流协同机制，进行知识经验的沉淀和共享；

4. 进行业务流程和业务行为的在线化，实现企业的大数据决策分析；

5. 打通企业和组织的上下游信息通道，实现组织在线、沟通在线、协同在线、业务在线，降低成本，提升生产、销售效率。

（六）4-04-05-04 建筑信息模型技术

员 L①

定义：利用计算机软件进行工程实践过程中的模拟建造，以改进其全过程中工程工序的技术人员。

主要工作任务：

1. 负责项目中建筑、结构、暖通、给排水、电气专业等建筑信息模型的搭建、复核、维护管理工作；

2. 协同其他专业建模，并做碰撞检查；

3. 通过室内外渲染、虚拟漫游、建筑动画、虚拟施工周期等，进行建筑信息模型可视化设计；

4. 施工管理及后期运维。

（七）4-13-05-03　电子竞技运营师

定义：在电竞产业从事组织活动及内容运营的人员。

主要工作任务：

1. 进行电竞活动的整体策划和概念规划，设计并制定活动方案；

2. 维护线上、线下媒体渠道关系，对电竞活动的主题、品牌进行宣传、推广、协调及监督；

3. 分析评估电竞活动商业价值，确定活动赞助权益，并拓展与赞助商、承办商的合作；

4. 协调电竞活动的各项资源，组织电竞活动；

5. 制作和发布电竞活动的音视频内容，并评估发布效果；

6. 对电竞活动进行总结报告，对相关档案进行管理。

（八）4-13-99-00　电子竞技员

定义：从事不同类型电子竞技项目比赛、陪练、体验及活动表演的人员。

主要工作任务：

1. 参加电子竞技项目比赛；

2. 进行专业化的电子竞技项目训练活动；

3. 收集和研究电竞战队动态、电竞游戏内容，提供专业的电竞数据分析；

4. 参与电竞游戏的设计和策划，体验电竞游戏并提出建议；

5. 参与电竞活动的表演。

（九）4-99-00-00　无人机驾驶员

定义：通过远程控制设备，操控无人机完成既定飞行任务的人员。

主要工作任务：

1. 安装、调试无人机电机、动力设备、桨叶及相应任务设备等；

2. 根据任务规划航线；

3. 根据飞行环境和气象条件校对飞行参数；

4. 操控无人机完成既定飞行任务；

5. 整理并分析采集的数据；

6. 评价飞行结果和工作效果；

7. 检查、维护、整理无人机及任务设备。

（十）5-05-01-02　农业经理人 L

定义：在农民专业合作社等农业经济合作组织中，从事农业生产组织、设备作业、技术支持、产品加工与销售等管理服务的人员。

主要工作任务：

1. 搜集和分析农产品供求、客户需求数据等信息；

2. 编制生产、服务经营方案和作业计划；

3. 调度生产、服务人员，安排生产或服务项目；

4. 指导生产、服务人员执行作业标准；

5. 疏通营销渠道，维护客户关系；

6. 组织产品加工、运输、营销；

7. 评估生产、服务绩效，争取资金支持。

（十一）6-25-04-09　物联网安装调试员

定义：利用检测仪器和专用工具，安装、配置、调试物联网产品与设备的人员。

主要工作任务：

1. 检测物联网设备、感知模块、控制模块的质量；

2. 组装物联网设备及相关附件；

3. 连接物联网设备电路；

---

① "L" 代表绿色职业，下同。

4. 建立物联网设备与设备、设备与网络的连接;

5. 调整设备安装距离,优化物联网网络布局;

6. 配置物联网网关和短距传输模块参数;

7. 预防和解决物联网产品和网络系统中的网络瘫痪、中断等事件,确保物联网产品及网络的正常运行。

（十二）6-30-99-00　工业机器人系统操作员

定义：使用示教器、操作面板等人机交互设备及相关机械工具,对工业机器人、工业机器人工作站或系统进行装配、编程、调试、工艺参数更改、工装夹具更换及其他辅助作业的人员。

主要工作任务：

1. 按照工艺指导文件等相关文件的要求完成作业准备;

2. 按照装配图、电气图、工艺文件等相关文件的要求,使用工具、仪器等进行工业机器人工作站或系统装配;

3. 使用示教器、计算机、组态软件等相关软硬件工具,对工业机器人、可编程逻辑控制器、人机交互界面、电机等设备和视觉、位置等传感器进行程序编制、单元功能调试和生产联调;

4. 使用示教器、操作面板等人机交互设备,进行生产过程的参数设定与修改、菜单功能的选择与配置、程序的选择与切换;

5. 进行工业机器人系统工装夹具等装置的检查、确认、更换与复位;

6. 观察工业机器人工作站或系统的状态变化并做相应操作,遇到异常情况执行急停操作等;

7. 填写设备装调、操作等记录。

（十三）6-31-01-10　工业机器人系统运维员

定义：使用工具、量具、检测仪器及设备,对工业机器人、工业机器人工作站或系统进行数据采集、状态监测、故障分析与诊断、维修及预防性维护与保养作业的人员。

主要工作任务：

1. 对工业机器人本体、末端执行器、周边装置等机械系统进行常规性检查、诊断;

2. 对工业机器人电控系统、驱动系统、电源及线路等电气系统进行常规性检查、诊断;

3. 根据维护保养手册,对工业机器人、工业机器人工作站或系统进行零位校准、防尘、更换电池、更换润滑油等维护保养;

4. 使用测量设备采集工业机器人、工业机器人工作站或系统运行参数、工作状态等数据,进行监测;

5. 对工业机器人工作站或系统的故障进行分析、诊断与维修;

6. 编制工业机器人系统运行维护、维修报告。

二、调整变更职业（工种）信息

（一）"电子音乐编辑（2-10-02-06）"更改为："电子音乐制作师（2-10-02-06）"。

（二）"鉴定估价师（4-05-05-02）"下设的工种"二手车鉴定评估师"更改为："机动车鉴定评估师"。

（三）将"企业人力资源管理师"由第二大类"人力资源管理专业人员"职业下工种（未列）,恢复调整为第四大类"人力资源服务人员"小类下职业,职业编码为：4-07-03-04。

（四）"农业技术员（5-05-01-00）"的职业编码更改为：5-05-01-01。

三、新增工种信息

（一）在"家政服务员（4-10-01-06）"下增设"母婴护理员"工种。

（二）在"农业技术员（5-05-01-01）"下增设"茶园管理员"工种。

（三）在"经济昆虫产品加工工（5-05-06-06）"下增设"蜂产品品评员"工种。

人力资源社会保障部办公厅 水利部办公厅关于颁布河道修防工等4个国家职业技能标准的通知

人社厅发〔2019〕50号

各省、自治区、直辖市及新疆生产建设兵团人力资源社会保障厅（局），水利（水务）厅（局），各计划单列市水利（水务）局：

根据《中华人民共和国劳动法》有关规定，人力资源社会保障部、水利部共同制定了河道修防工等4个国家职业技能标准，现予颁布施行。原相应国家职业技能标准同时废止。

2019年4月9日

4个国家职业技能标准目录

序号	职业编码	职业名称
1	4-09-01-01	河道修防工
2	4-09-01-04	水工监测工
3	4-09-01-05	水工闸门运行工
4	4-09-02-01	水文勘测工

注：以上职业技能标准内容可在我部官网查询。

人力资源社会保障部办公厅 交通运输部办公厅 关于颁布筑路工等2个 国家职业技能标准的通知

人社厅发〔2019〕52号

各省、自治区、直辖市及新疆生产建设兵团人力资源社会保障厅（局），交通运输厅（局、委）：

根据《中华人民共和国劳动法》有关规定，人力资源社会保障部、交通运输部共同制定了筑路工等2个国家职业技能标准，现予颁布施行。原相应国家职业技能标准同时废止。

2019年4月4日

2个国家职业技能标准目录

序号	职业编码	职业名称
1	6-29-02-03	筑路工
2	6-29-02-05	桥隧工

注：以上职业技能标准内容可在我部官网查询。

人力资源社会保障部办公厅 自然资源部办公厅 交通运输部办公厅 关于颁布工程测量员 国家职业技能标准的通知

人社厅发〔2019〕53号

各省、自治区、直辖市及新疆生产建设兵团人力资源社会保障厅（局），自然资源主管部门，交通运输厅（局、委）：

根据《中华人民共和国劳动法》有关规定，人力资源社会保障部、自然资源部、交通运输部共同制定了工程测量员国家职业技能标准，现予颁布施行。原相应国家职业技能标准同时废止。

2019年4月12日

工程测量员国家职业技能标准目录

序号	职业编码	职业名称
1	4-08-03-04	工程测量员

注：以上职业技能标准内容可在我部官网查询。

人力资源社会保障部办公厅 自然资源部办公厅 关于颁布大地测量员等7个国家职业技能标准的通知

人社厅发〔2019〕54号

各省、自治区、直辖市及新疆生产建设兵团人力资源社会保障厅（局），自然资源主管部门：

根据《中华人民共和国劳动法》有关规定，人力资源社会保障部、自然资源部共同制定了大地测量员等7个国家职业技能标准，现予颁布施行。原相应国家职业技能标准同时废止。

2019年4月12日

7个国家职业技能标准目录

序号	职业编码	职业名称
1	4-08-03-01	大地测量员
2	4-08-03-02	摄影测量员
3	4-08-03-03	地图绘制员
4	4-08-03-05	不动产测绘员
5	4-08-07-01	地勘钻探工
6	4-08-07-02	地勘掘进工
7	4-08-07-03	物探工

注：以上职业技能标准内容可在我部官网查询。

人力资源社会保障部办公厅 粮食和储备局办公室 关于颁布（粮油）仓储管理员等4个 国家职业技能标准的通知

人社厅发〔2019〕56号

各省、自治区、直辖市及新疆生产建设兵团人力资源社会保障厅（局），粮食和物资储备局（粮食局），中国储备粮管理集团有限公司、中粮集团有限公司、中国供销集团有限公司：

根据《中华人民共和国劳动法》有关规定，人力资源社会保障部、粮食和储备局共同制定了（粮油）仓储管理员等4个国家职业技能标准，现予颁布施行。原相应国家职业技能标准同时废止。

2019年4月12日

4个国家职业技能标准目录

序号	职业编码	职业名称
1	4-02-06-01	（粮油）仓储管理员
2	6-01-01-01	制米工
3	6-01-01-02	制粉工
4	6-01-01-03	制油工

注：以上职业技能标准内容可在我部官网查询。

人力资源社会保障部办公厅中医药局办公室关于颁布中药炮制工等2个国家职业技能标准的通知

人社厅发〔2019〕57号

各省、自治区、直辖市及新疆生产建设兵团人力资源社会保障厅（局），卫生健康委（卫生计生委）、中医药管理局：

根据《中华人民共和国劳动法》有关规定，人力资源社会保障部、中医药局共同制定了中药炮制工等2个国家职业技能标准，现予颁布施行。原相应国家职业技能标准同时废止。

2019年4月11日

2个国家职业技能标准目录

序号	职业编码	职业名称
1	6-12-02-00	中药炮制工
2	6-12-03-00	药物制剂工

注：以上职业技能标准内容可在我部官网查询。

人力资源社会保障部办公厅 民政部办公厅关于颁布孤残儿童护理员等3个国家职业技能标准的通知

人社厅发〔2019〕58号

各省、自治区、直辖市及新疆生产建设兵团人力资源社会保障厅（局）、民政厅（局）：

根据《中华人民共和国劳动法》有关规定，人力资源社会保障部、民政部共同制定了孤残儿童护理员等3个国家职业技能标准，现予颁布施行。原相应国家职业技能标准同时废止。

2019年4月22日

3个国家职业技能标准目录

序号	职业编码	职业名称
1	4-10-01-04	孤残儿童护理员
2	6-21-06-02	矫形器装配工
3	6-21-06-03	假肢装配工

注：以上职业技能标准内容可在我部官网查询。

人力资源社会保障部办公厅公安部办公厅关于颁布保安员国家职业技能标准的通知

人社厅发〔2019〕60号

各省、自治区、直辖市及新疆生产建设兵团人力资源社会保障厅（局），公安厅（局）：

根据《中华人民共和国劳动法》有关规定，人力资源社会保障部、公安部共同制定了保安员国家职业技能标准，现予颁布施行。原相应国家职业技能标准同时废止。

2019年4月22日

保安员国家职业技能标准目录

序号	职业编码	职业名称
1	4-07-05-01	保安员

注：以上职业技能标准内容可在我部官网查询。

人力资源社会保障部办公厅 应急管理部办公厅 关于颁布消防设施操作员 国家职业技能标准的通知

人社厅发〔2019〕63号

各省、自治区、直辖市及新疆生产建设兵团人力资源社会保障厅（局），应急管理厅（局），消防救援总队：

根据《中华人民共和国劳动法》有关规定，人力资源社会保障部、应急管理部共同制定了消防设施操作员国家职业技能标准，现予颁布施行。原相应国家职业技能标准同时废止。

2019年5月10日

消防设施操作员国家职业技能标准目录

序号	职业编码	职业名称
1	4-07-05-04	消防设施操作员

注：以上职业技能标准内容可在我部官网查询。

人力资源社会保障部办公厅 财政部办公厅关于降低在京中央国家机关事业单位基本养老保险单位缴费比例的通知

人社厅发〔2019〕65号

党中央各部门人事、财务部门,国务院各部委、各直属机构人事、财务部门,全国人大常委会办公厅、全国政协办公厅、最高人民法院、最高人民检察院、各民主党派中央、各人民团体人事、财务部门:

为贯彻落实党中央、国务院决策部署,根据《国务院办公厅关于印发降低社会保险费率综合方案的通知》(国办发〔2019〕13号)精神,现就降低在京中央国家机关事业单位基本养老保险单位缴费比例有关事项通知如下:

一、降低养老保险单位缴费比例

自2019年5月1日起,在京中央国家机关事业单位基本养老保险(以下简称养老保险)单位缴费比例统一降至16%。

二、做好缴费政策衔接

降低养老保险单位缴费比例后,机关事业单位清算2019年4月30日之前的养老保险费,仍按原政策规定执行。

降低养老保险单位缴费比例,是完善养老保险制度、减轻部分单位缴费负担的重要举措,各部门和单位要统一思想,提高认识,切实加强领导,密切协同配合,精心组织实施,确保落实到位。

2019年4月30日

人力资源社会保障部办公厅关于在"三区三州"等深度贫困地区单独划定护士等职业资格考试合格标准有关事项的通知（试行）

人社厅发〔2019〕77号

各省、自治区、直辖市及新疆生产建设兵团人力资源社会保障厅（局）：

为进一步加大对"三区三州"等深度贫困地区的政策倾斜力度，做好人才人事扶贫工作，经商有关部门同意，护士执业资格、执业药师、社会工作者、审计专业技术资格、统计专业技术资格、高级会计师和一级翻译专业资格等考试（以下简称护士等职业资格考试）在"三区三州"等深度贫困地区单独划定合格标准（以下简称单独划线）。现就有关事项通知如下。

一、单独划定合格标准的原则和程序

在护士等职业资格考试全国合格标准公布后，"三区三州"所在地省级人力资源社会保障部门会同有关部门，按照单独划线通过率不高于全国或全省（区）平均通过率的原则，研究提出相应市、区、州的合格标准，按程序报人力资源社会保障部。人力资源社会保障部会同有关部门审核备案后，向社会公布。

二、证书申领

在"三区三州"等深度贫困地区相应市、区、州报名参加护士等职业资格考试的人员，未达到全国合格标准，但在规定的考试成绩有效期内，全部科目达到本市、区、州合格标准的，可申领当地有效的职业资格证书或成绩合格证明。

在实行单独划线区域之外报名参加护士等职业资格考试，到"三区三州"等深度贫困地区相应市、区、州工作的人员，在规定的考试成绩有效期内，全部科目达到当地合格标准的，可在合格标准公布之日起6个月内，向当地人力资源社会保障部门申领当地有效的职业资格证书或成绩合格证明。

三、证书发放和效力

（一）执业药师、社会工作者、审计（中初级）、统计（中初级）、一级翻译专业资格等考试单独划线的职业资格证书或成绩合格证明，由人力资源社会保障部统一印制，由当地人力资源社会保障部门负责发放，在"三区三州"等深度贫困地区相应市、区、州有效。

（二）护士执业资格、高级会计师、高级审计师、高级统计师等考试的成绩单或单独划线成绩合格证明，由省级人力资源社会保障部门、行业主管部门按照职责分工负责提供。

（三）单独划线的成绩合格证明，自颁发

之日起3年内,在"三区三州"等深度贫困地区相应市、区、州有效。

四、违纪违规行为处理

参加考试人员如有提供虚假证明材料或者以其他不正当手段,取得单独划线职业资格证书或者成绩合格证明等行为的,按照《专业技术人员资格考试违纪违规行为处理规定》(人力资源社会保障部令第31号)处理。

五、其他事项

本通知自印发之日起试行,试行期限至2021年。试行期满后有关事项另行通知。单独划线工作的具体实施范围由"三区三州"所在地省级人力资源社会保障部门会同有关部门研究确定后,报人力资源社会保障部备案。

2019年7月26日

人力资源社会保障部办公厅关于实施中国—日本社会保障协定的通知

人社厅发〔2019〕81号

各省、自治区、直辖市及新疆生产建设兵团人力资源社会保障厅（局）：

为有效解决中国、日本两国在对方国工作的人员双重缴纳社会保险费的问题，两国于2018年5月9日正式签署了《中华人民共和国政府和日本国政府社会保障协定》（以下简称《协定》）。为保证《协定》顺利实施，我部与日本主管机关于2019年4月18日签署了《关于实施中华人民共和国政府和日本国政府社会保障协定的行政协议》（以下简称《行政协议》）。双方商定，《协定》和《行政协议》于2019年9月1日正式生效。为确保《协定》和《行政协议》的贯彻执行，现就有关问题通知如下：

一、《协定》主要内容

（一）互免险种范围

中国为职工基本养老保险；日本为国民年金（国民年金基金除外）和厚生年金（厚生年金基金除外）。

（二）中方适用免除在日本缴纳相关社会保险费的人员

1. 派遣人员。指受雇于在中国领土上有经营场所的雇主，依其雇佣关系被该雇主派遣至日本领土上为其工作的人员。

2. 航海船舶上的雇员。指在悬挂中国船旗的航海船舶上受雇的人员，及通常居住在中国领土上，在悬挂日本船旗的航海船舶上受雇的人员。

3. 航空器上的雇员。指受雇于在中国领土上的雇主，在国际航线的航空器上工作的人员。

4. 外交领事机构人员、公务员。外交领事机构人员指《维也纳外交关系公约》和《维也纳领事关系公约》中定义的相关人员。公务员指中国派遣到日本领土上工作的公务员及按照中国法律规定同等对待的人员。

5. 例外。中日两国主管机关或经办机构可同意就特定人员或人群，对《协定》第五至八条作例外处理，条件是此人或此类人受中日两国任一国法律规定管辖。

6. 随行配偶和子女。派遣人员、公务员、例外人员的随行配偶和子女，可以免除日本国民年金（国民年金基金除外）缴费，条件是满足日本法律规定关于社会保障协定实施的要求。但是，应其配偶和子女申请，前述规定将不适用。

（三）日本适用免除在华缴纳相关社会保险费的人员

日本适用免除在华缴纳社会保险费的人员与中方1至5类适用人员的条件类同。

（四）派遣人员免除缴纳社会保险费的期限

派遣人员首次申请免除缴费期限最长为5

年。如派遣期限超过5年，经中日两国主管机关或经办机构同意，可予以延长。

（五）主管机关、经办机构

1. 主管机关：中国为人力资源社会保障部；日本为主管日本国民年金（国民年金基金除外）、厚生年金（厚生年金基金除外）制度的任何政府机关。

2. 经办机构：中国为人力资源社会保障部社会保险事业管理中心或该部指定的其他机构；日本为负责实施日本国民年金（国民年金基金除外）、厚生年金（厚生年金基金除外）制度的保险机构或其协会。

二、依据《协定》免除缴纳相关社会保险费的管理办法

（一）中方在日本人员办理免缴相关社会保险费《参保证明》的管理办法

已在中国国内按规定参加了职工基本养老保险，并按时足额缴纳保险费的人员，按照以下程序办理申请免除在日本缴纳相关社会保险费。

1. 个人申请人访问"国家社会保险公共服务平台"首页，实名注册用户信息。网址：http://si.12333.gov.cn。个人申请人登录国家平台，选择"境外免缴申请"服务，在线填写本人详细申请信息，保存并提交申请。

2. 派遣人员国内派出单位可申请注册单位用户，为本单位派出人员填写申请信息，保存并提交申请。

3. 部社保中心后台审核申请信息。符合条件的，于7个工作日内出具参保证明并邮寄给申请人。不符合条件的，说明理由。需要补充材料的，予以告知。

4. 部社保中心也受理申请人通过邮寄纸质申请材料方式提交的申请，审核通过后，出具参保证明。线下办理流程可在部门户网站查阅"中日社会保障协定参保证明线下申请办事指南"。

5. 申请人向日本经办机构提交《参保证明》，申请免除缴纳相应的社会保险费。

（二）日本在华人员免除缴纳相关社会保险费的管理办法

1. 日本在华人员向参保所在地社会保险经办机构提交由日本经办机构出具的《参保证明》，其参保所在地社会保险经办机构审核原件，留存复印件备案。核准信息后，依据其《参保证明》上规定的期限免除其相关社会保险缴费义务。

2. 凡不能提交《参保证明》的日本在华人员，各地社会保险经办机构应按《中华人民共和国社会保险法》和《在中国境内就业的外国人参加社会保险暂行办法》（人力资源社会保障部令第16号）的规定，督促其参加中国的社会保险。

3. 除《协定》规定的免缴职工基本养老保险外，日本在华人员应按社会保险法和部令第16号的规定，参加中国其他社会保险险种。

以上规定自《协定》生效之日起开始执行。各级人力资源社会保障部门要高度重视此项工作，积极稳妥推动贯彻落实。各地社会保险经办机构应按照《关于做好双边社会保障协定参保证明网上经办有关事项的通知》（人社险中心函〔2019〕32号）要求，做好宣传解释工作，推动社保协定参保证明网上办理。同时，要保证线上线下经办模式平稳过渡，最大程度方便群众办事。各地要本着如实、便捷的原则及时办理核准和免缴有关手续。在审核时要认真核对相关信息，防止欠费和虚假现象发生。各地在执行中如发现问题，请及时向我部报告。

附件：

1. 中华人民共和国政府和日本国政府社会保障协定

2. 关于实施中华人民共和国政府和日本国政府社会保障协定的行政协议

3. 中方《参保证明》（样表）（略）

4. 日方《参保证明》（样表）（略）

2019年8月27日

附件1

中华人民共和国政府和日本国政府社会保障协定

中华人民共和国政府和日本国政府，本着加强中华人民共和国和日本国（以下称缔约双方）友好关系之目的，愿促进在社会保障领域的互利合作，达成协议如下：

第一部分 总 则

第一条 定 义

一、为本协定之目的：

（一）"国民"

在中华人民共和国，系指具有中华人民共和国国籍的个人；

在日本国，系指日本国有关国籍的法律定义的日本国民。

（二）"法律规定"

在中华人民共和国，系指本协定第二条第一款第一项所包括的社会保险制度相关的法律、行政法规、部门规章、地方性法规和其他法律文件；

在日本国，系指本协定第二条第一款第二项所包括的日本年金制度相关的法律和规定。

（三）"主管机关"

在中华人民共和国，系指人力资源和社会保障部；

在日本国，系指主管本协定第二条第一款第二项中日本年金制度的任何政府机关。

（四）"经办机构"

在中华人民共和国，系指人力资源和社会保障部社会保险事业管理中心或该部指定的其他机构；

在日本国，系指负责实施第二条第一款第二项中日本年金制度的保险机构或其协会。

二、为本协定之目的，协定中未定义的词语应具有缔约双方各自适用法律规定赋予的含义。

第二条 法律适用范围

一、本协定适用于：

（一）在中华人民共和国，职工基本养老保险相关的法律规定。

（二）在日本国，下列日本年金制度相关的法律规定：

1. 国民年金（国民年金基金除外）；
2. 厚生年金（厚生年金基金除外）。

为本协定之目的，国民年金不包括全部或主要由国家财政支出的以提供过渡性或补充性福利为目的之老年福利年金或其他年金。

二、本条第一款所指法律规定不包括缔约一方与第三国在社会保障方面缔结的条约或国际协定，以及仅为具体实施这些条约或协定之目的的颁布的法律规定。

第三条 人员适用范围

本协定适用于正在或曾经受缔约一方法律规定管辖的所有人员，以及因这些人员而获得权益的家庭成员或遗属。

第四条 平等待遇

除非本协定另有规定，通常居住在缔约一

方领土上的第三条所提及人员，在适用该缔约方法律规定时，应享有与该缔约方国民平等的待遇。

但是，前述条款不影响日本法律规定关于通常居住在日本国境外的日本国民补充期限的规定。

第二部分 关于适用法律的规定

第五条 一般规定

除非本协定另有规定，在缔约一方领土上工作的雇员，就此项工作而言，仅受该缔约方法律规定管辖。

第六条 派遣人员

一、如雇员受缔约一方法律规定管辖并受雇于在该缔约方领土上有经营场所的雇主，依其雇佣关系被该雇主派遣至缔约另一方领土上为其工作，就此项雇佣关系而言，在第一个五年内仅受首先提及的缔约一方法律规定管辖，如同该雇员仍在首先提及的缔约一方领土上工作一样。

二、如本条第一款所提及的派遣期限超过五年，缔约双方主管机关或经办机构可同意该雇员仍然仅受首先提及的缔约一方法律规定管辖。

第七条 航海船舶和航空器上的雇员

一、在悬挂缔约任一方国家船旗的航海船舶上受雇的人员，如产生受缔约双方法律规定管辖的情况，将仅受首先提及的缔约一方法律规定管辖。

但是，如该人员通常居住在缔约另一方领土上，则仅受缔约另一方法律规定管辖。

二、在国际航线的航空器上工作的雇员，如产生受缔约双方法律规定管辖的情况，就此项雇佣关系而言，则仅受其雇主所在地领土所属的缔约一方法律规定管辖。

第八条 外交领事机构人员和公务员

一、本协定不影响一九六一年四月十八日签订的《维也纳外交关系公约》和一九六三年四月二十四日签订的《维也纳领事关系公约》的适用。

二、缔约一方派遣到缔约另一方领土上工作的公务员及按照该缔约方法律规定同等对待的人员，仅受首先提及的缔约一方法律规定管辖，如同其在首先提及的缔约一方领土上工作一样。

第九条 例外

缔约双方主管机关或经办机构可同意就特定人员或人群，对第五至八条作例外处理，条件是此人或此类人受缔约任一方法律规定管辖。

第十条 配偶和子女

在日本国领土上工作，且根据第六条、第八条第二款或第九条仅适用中华人民共和国法律规定的人员，其随行配偶和子女将免除受第二条第一款第二项第一目所包括年金制度相关的日本法律规定管辖，条件是满足日本法律规定关于社会保障协定实施的要求。但是，应其配偶和子女申请，前述规定将不适用。

第十一条 强制参保

第五至七条、第八条第二款和第十条仅适用缔约双方各自法律规定关于强制参保的规定。

第三部分 其他规定

第十二条 实施合作

一、缔约双方主管机关应：

（一）共同制定行政协议，确定实施本协定所必要的措施；

（二）指定实施本协定的联络机构；

（三）及时互相通报可能会影响本协定实施的各自法律规定变更情况。

二、缔约双方主管机关或经办机构应根据书面要求，在各自职权范围内，相互免费提供实施本协定所需的信息和协助。

第十三条 证明书出具

缔约一方经办机构或该缔约方主管机关根据第十二条第一款第二项指定的联络机构应根据申请出具证明书，证明该雇员受其法律规定管辖。

第十四条 交流语言和认证

一、本协定实施过程中，缔约一方主管机关和经办机构可直接用中文、日文或英文与对方或相关人员交流。

二、本协定实施过程中，缔约一方主管机关和经办机构不得因所提交的申请或文件是用中文、日文或英文写成而拒绝受理。

三、为实施本协定所提交的文件，特别是证明书，无须办理任何认证或其他类似手续。

第十五条 信息保密

一、缔约一方主管机关或经办机构应根据其法律和法规，向缔约另一方主管机关或经办机构传送实施本协定所必需的依据首先提及的缔约一方法律规定收集的个人信息。

二、缔约一方根据本条第一款规定向缔约另一方传送的个人信息，应仅用于本协定实施之目的，除非缔约另一方法律和法规有要求。缔约另一方接收到的信息应受该缔约方关于个人数据保密的法律和法规约束。

第十六条 争端解决

缔约双方主管机关或相关部门将协商解决关于本协定解释或适用方面的任何争端。

第十七条 标题

本协定各部分和各条标题仅为引用方便而设定，不影响本协定的解释。

第四部分 过渡和最终条款

第十八条 生效前的派遣

在适用第六条第一款时，若该人员在本协定生效前已经在缔约一方领土上工作，则第六条第一款所指的派遣期限应自本协定生效之日起计算。

第十九条 生 效

缔约双方将互换外交照会，通知已完成使本协定生效所必需的国内法律程序。本协定自照会交换完成当月后第四个月的第一天生效。

第二十条 期限和终止

本协定长期有效。缔约任一方可通过外交渠道以书面形式通知另一方终止本协定。本协定将自终止通知发出当月后第十二个月的最后一天终止。

下列代表，经各自政府授权，在本协定上签字，以昭信守。

本协定于二〇一八年五月九日在东京签订，一式两份，每份均用中文、日文和英文三种语言写成，三种文本同等作准。如对文本解释发生分歧，以英文本为准。

中华人民共和国政府　　日本国政府
　　代表　　　　　　　　代表

附件2

关于实施中华人民共和国政府和日本国政府社会保障协定的行政协议

中华人民共和国主管机关与日本国主管机关为实施于二〇一八年五月九日在东京签订的《中华人民共和国政府和日本国政府社会保障协定》（以下简称"协定"），依据协定第十二条第一款第一项，达成行政协议如下：

第一条 定义

本行政协议中的术语与协定中所使用的含义相同。

第二条 联络机构

一、依据协定第十二条第一款第二项，指定以下机构为联络机构：

（一）在中华人民共和国，系指人力资源和社会保障部社会保险事业管理中心；

（二）在日本国，

1. 对于国民年金和厚生年金保险第一类参保人员的厚生年金保险，系指厚生劳动大臣和日本年金机构；

2. 对于厚生年金保险第二类参保人员的厚生年金保险，系指国家公务员共济组合联合会；

3. 对于厚生年金保险第三类参保人员的厚生年金保险，系指地方公务员共济组合联合会；

4. 对于厚生年金保险第四类参保人员的厚生年金保险，系指日本私立学校振兴·共济事业团。

二、为本行政协议实施之目的，就日本年金制度相关问题，人力资源和社会保障部社会保险事业管理中心可与日本年金机构进行联系。

第三条 参保证明

一、在协定第六条、第七条、第八条第二款或第九条所述情况下，法律规定适用的缔约一方联络机构将依据协定第十三条出具参保证明，并注明有效期限。相关雇员可持该参保证明免除在缔约另一国强制参保的义务。

二、经缔约双方联络机构同意，本条第一款中所提及的出具参保证明的缔约一方联络机构将应缔约另一方联络机构要求，将所出具的参保证明的副本或包含的信息提供给缔约另一方联络机构。

三、依据协定第六条第二款，如需延长免除雇员在其工作地所在缔约一方的法律义务，则此延长免除期限原则上不超过五年。

四、在免除期限超过十年的特殊情形下，可以依据协定第九条给予最后一次延长。最后一次延长的期限和条件将由缔约双方主管机关或经办机构经过协商共同决定。

第四条 申请程序

一、首次免除期限申请程序

依据协定第六条第一款的首次免除期限申请程序由缔约一方经办机构或联络机构依据该缔约方的法律规定执行。

二、依据协定第六条第二款延长免除期限的申请程序和第九条例外的申请程序

发起申请程序的缔约一方经办机构或联络机构将把相关信息提供给缔约另一方经办机构或联络机构。首先提及的缔约一方联络机构将依据缔约双方主管机关或经办机构的共同决定

向雇员出具参保证明。

第五条　表格和具体程序

一、缔约双方联络机构将在主管机关的协助下共同决定关于执行协定的必要表格和具体程序。

二、本行政协议所附的表格是本协议不可分割的一部分。表格的变更不影响本行政协议的效力。如有需要，缔约双方联络机构将及时共同决定表格的变更。

第六条　统计数据交换

缔约双方联络机构将每年相互交换依据本行政协议第三条第一款出具的参保证明份数的统计数据。统计数据应当按照缔约双方联络机构约定的格式提供。

第七条　行政协助

一、为实施协定和本行政协议所必需的行政协助应当免费提供，但缔约双方主管机关和经办机构达成共识的情形除外。

二、缔约双方主管机关和经办机构代表将在必要时在约定的地点会面，讨论协定实施相关问题。

第八条　生效、终止、补充与修改

一、本行政协议于协定生效之日生效，直至协定终止之日。

二、经缔约双方主管机关同意，本行政协议可补充或修改。但是，如果联络机构名称更改，主管机关应书面通知对方，无需修改此行政协议。

第九条　法律义务

本行政协议只在协定及缔约双方各自法律规定框架内执行，不产生协定及缔约双方各自法律规定的框架以外的任何有法律约束力的新义务。

本行政协议于2019年4月18日签署，一式两份，每份均用中文、日文和英文写成，三种文本同等作准。如果对文本的解释产生任何歧义，以英文本为准。

中华人民共和国	日本国
主管机关代表	主管机关代表
人力资源和社会	警察厅
保障部	总务省
	财务省
	文部科学省
	厚生劳动省

人力资源社会保障部办公厅关于加强养老金产品管理有关问题的通知

人社厅发〔2019〕85号

各省、自治区、直辖市及新疆生产建设兵团人力资源社会保障厅（局），各计划单列市人力资源社会保障局，各企业年金基金投资管理人、托管人：

为进一步加强养老金产品管理，根据《企业年金基金管理办法》（人力资源社会保障部令第11号）、《人力资源社会保障部 财政部关于印发职业年金基金管理暂行办法的通知》（人社部发〔2016〕92号）和《人力资源社会保障部 银监会 证监会 保监会关于企业年金养老金产品有关问题的通知》（人社部发〔2013〕24号）等规定，现就有关问题通知如下：

一、人力资源社会保障部依照法律法规和审慎监管原则，对养老金产品实施监督管理。投资管理人申请发行、变更养老金产品，按本通知要求执行。

二、投资管理人可以面向企业年金基金、职业年金基金，以及其他经人力资源社会保障部认可的合格投资者定向销售养老金产品。同一养老金产品可以面向不同合格投资者销售。投资管理人应通过扩大已运作养老金产品的管理规模，不断提高投资效率。

企业年金计划、职业年金计划投资组合的投资管理人，可以将投资组合的委托投资资产投资于养老金产品。法人受托机构可以将受托管理的企业年金计划、职业年金计划基金资产，直接分配给养老金产品。

三、投资管理人向人力资源社会保障部申请备案养老金产品，应报送下列材料：

（一）养老金产品备案函（见附件1）；

（二）承诺书（见附件2）；

（三）养老金产品备案说明（见附件3）；

（四）养老金产品基本要素表（见附件4）；

（五）养老金产品投资管理合同；

（六）养老金产品投资说明书；

（七）养老金产品托管合同；

（八）注册登记业务规则（委托其他机构担任注册登记人的，应当提交委托代理协议书）；

（九）其他需要提供的材料。

四、发生人社部发〔2013〕24号文第三条第（五）款所列示的养老金产品变更情形，且投资管理人与托管人协商一致拟变更养老金产品的，应在告知份额持有人后，向人力资源社会保障部申请备案。备案时应提供下列材料：

（一）养老金产品变更备案函（见附件5）；

（二）养老金产品变更内容说明（见附件6）；

（三）养老金产品变更内容对照表（见附件7）；

（四）修改后的养老金产品投资管理合同或补充合同；

（五）修改后的养老金产品投资说明书；

（六）修改后的养老金产品托管合同或补充合同；

（七）修改后的注册登记业务规则。

投资管理人应当自备案确认之日起15日内，以书面送达或公告等方式通知份额持有人。

五、养老金产品发生以下变更情形的，投资管理人应当自变更生效之日起15日内以书面送达或者公告等方式通知份额持有人，并向人力资源社会保障部报告（格式见附件8）。

（一）调低养老金产品管理费率（含赎回费率）；

（二）变更投资经理；

（三）变更业绩比较基准；

（四）因法律法规修订而应当收取增加的费用；

（五）因法律法规修订而应当修改养老金产品投资管理合同。

六、养老金产品投资管理人和托管人，应当勤勉尽责，对申请备案材料的真实性、准确性、完整性承担责任。申请期间申请材料涉及的事项发生变化的，养老金产品投资管理人应及时向人力资源社会保障部提交更新材料。

七、存款型、基础设施债权投资计划型、信托产品型、优先股型、股权型养老金产品，可以采用分期发行方式。已备案确认但不符合上述类型要求的分期养老金产品应在3个月内依规向人力资源社会保障部申请变更或终止。

采用分期发行方式的养老金产品，应按照以下要求管理：

（一）养老金产品按照"××公司××分期××型养老金产品"的格式命名，各分期账户按照"××公司××分期××型养老金产品 N 期"（N=1、2、3…）的格式命名。其中，"××公司"指投资管理人简称，"××型"指显示投资方向的产品类型。已运作的分期养老金产品，可暂不变更名称。

（二）养老金产品合同条款统一适用于各分期账户，各分期账户运营管理均应遵循养老金产品合同要求。拟变更合同条款的，应对养老金产品合同进行整体变更，不得仅对某一个或几个分期账户进行变更。

（三）各分期账户独立运作，投资管理人委托托管人为各分期账户开立独立的托管账户、证券账户以及其他用于投资运作的账户，独立执行申购、赎回、份额计量、估值核算、净值发布、信息披露、终止清算等操作。

托管人应当以养老金产品的名义在其营业机构为各期养老金产品开立资金托管账户。资金托管账户名称为"××银行××公司××分期××型养老金产品 N 期（N=1、2、3…）资产"，"××银行"为养老金产品托管人的简称，"××公司"为养老金产品投资管理人的简称，"××公司××分期××型养老金产品"应当与养老金产品备案确认函中的名称一致。

（四）投资管理人应当自各分期账户运作之日起15日内，向人力资源社会保障部报送分期账户基本要素表（见附件9）。

（五）各分期账户管理费率（含赎回费率）变更的，应按本通知第四条、第五条的相关规定履行备案手续。

八、人力资源社会保障部按照人社部发〔2013〕24号的规定，对收到符合规定的养老金产品备案材料，做出确认通过或者不予通过的决定。不予通过的，说明理由并通知投资管理人。

养老金产品投资管理人在一个自然年度内发生3次养老金产品备案不予通过情形的，人力资源社会保障部将从第3次做出不予通过决定之日起，6个月内暂停受理其新养老金产品备案申请。

九、投资管理人应自养老金产品获得初次备案确认之日起12个月内进行募集。超期未募集养老金产品达到2只及以上的，人力资源社会保障部将暂停受理其新养老金产品备案申请。已运作单只养老金产品存续规模未达到5 000万元的，人力资源社会保障部将不再受理该投资管理人新的同类型养老金产品的备案申请。股权型、优先股型以及面向基本养老保险基金定向销售的养老金产品可以不受本条规定的限制。

投资管理人应当对本公司已备案但尚未募集的养老金产品进行梳理分析，客观评估有关情况，在本通知下发之日起 3 个月内向人力资源社会保障部提交注销有关养老金产品的申请及相关说明材料。逾期，除国家相关政策发生调整外，人力资源社会保障部不再受理关于注销养老金产品的申请。

养老金产品注销，特指对处于超期未募集状态的养老金产品或已不再具备募集条件的养老金产品进行的集中清理。

十、投资管理人资格发生转移的，应依规在企业年金基金投资管理业务移交期到期前，向人力资源社会保障部申请变更养老金产品发行主体；逾期未申请变更的，按人社部发〔2013〕24 号文中关于养老金产品终止情形处理。

十一、根据本通知申请养老金产品备案的，备案材料须经各有关方确认后加盖单位公章或合同专用章，并向人力资源社会保障部报送纸质材料和扫描件各一份。

投资管理人应根据市场环境、市场需求、投资策略等进行综合评估论证，依规申请发行养老金产品，履行相关备案手续，并按照养老金产品信息披露等监管要求，做好养老金产品运行管理，不断加强风险防控，切实落实风险管理责任，提升年金基金投资管理效率，保护投资者利益。人力资源社会保障部对养老金产品备案实行台账管理，并对养老金产品运行情况建立考核评价机制。考核评价内容包括但不限于养老金产品备案材料及申请程序的规范性，养老金产品运行管理的合规性，养老金产品信息披露职责履行情况等，相关考核评价内容将纳入对企业年金基金管理机构的整体考核评价。

附件：
1. 关于××养老金产品备案的函（略）
2. 承诺书（略）
3. 养老金产品备案说明（略）
4. 养老金产品基本要素表（略）
5. 关于××养老金产品变更备案的函（略）
6. 养老金产品变更内容说明（略）
7. 养老金产品变更内容对照表（略）
8. 关于××养老金产品变更的报告（略）
9. ××养老金产品分期账户基本要素表（略）

2019 年 8 月 28 日

人力资源社会保障部办公厅 民政部办公厅关于颁布养老护理员国家职业技能标准的通知

人社厅发〔2019〕92号

各省、自治区、直辖市及新疆生产建设兵团人力资源社会保障厅（局），民政厅（局）：

根据《中华人民共和国劳动法》有关规定，人力资源社会保障部、民政部共同制定了养老护理员国家职业技能标准，现予颁布施行。原相应国家职业技能标准同时废止。

2019年9月25日

养老护理员国家职业技能标准目录

序号	职业编码	职业名称
1	4-10-01-05	养老护理员

注：该职业技能标准内容可在我部官网查询。

人力资源社会保障部办公厅关于职工基本养老保险关系转移接续有关问题的补充通知

人社厅发〔2019〕94号

各省、自治区、直辖市及新疆生产建设兵团人力资源社会保障厅（局）：

为加强人社系统行风建设，提升服务水平，更好保障流动就业人员养老保险权益及基金安全，现就进一步做好职工基本养老保险关系转移接续工作有关问题补充通知如下：

一、参保人员跨省转移接续基本养老保险关系时，对在《人力资源社会保障部关于城镇企业职工基本养老保险关系转移接续若干问题的通知》（人社部规〔2016〕5号，简称部规5号）实施之前发生的超过3年（含3年）的一次性缴纳养老保险费，转出地社会保险经办机构（简称转出地）应当向转入地社会保险经办机构（简称转入地）提供书面承诺书（格式附后）。

二、参保人员跨省转移接续基本养老保险关系时，对在部规5号实施之后发生的超过3年（含3年）的一次性缴纳养老保险费，由转出地按照部规5号有关规定向转入地提供相关法律文书。相关法律文书是由人民法院、审计部门、实施劳动监察的行政部门或劳动人事争议仲裁委员会等部门在履行各自法定职责过程中形成且产生于一次性缴纳养老保险费之前，不得通过事后补办的方式开具。转出地和转入地应当根据各自职责审核相关材料的规范性和完整性，核对参保人员缴费及转移信息。

三、因地方自行出台一次性缴纳养老保险费政策或因无法提供有关材料造成无法转移的缴费年限和资金，转出地应自收到转入地联系函10个工作日内书面告知参保人员，并配合一次性缴纳养老保险费发生地（简称补缴发生地）妥善解决后续问题。对其余符合国家转移接续规定的养老保险缴费年限和资金，应做到应转尽转。

四、参保人员与用人单位劳动关系存续期间，因用人单位经批准暂缓缴纳社会保险费，导致出现一次性缴纳养老保险费的，在参保人员跨省转移接续养老保险关系时，转出地应向转入地提供缓缴协议、补缴欠费凭证等相关材料。转入地核实确认后应予办理。

五、社会保险费征收机构依据社会保险法等有关规定，受理参保人员投诉、举报，依法查处用人单位未按时足额缴纳养老保险费并责令补缴导致一次性缴纳养老保险费超过3年（含3年）的，在参保人员跨省转移接续基本养老保险关系时，由转出地负责提供社会保险费征收机构责令补缴时出具的相关文书，转入地核实确认后应予办理。

六、退役士兵根据《中共中央办公厅国务院办公厅印发〈关于解决部分退役士兵社会保险问题的意见〉的通知》的规定补缴养老保险费的，在跨省转移接续基本养老保险关系时，由转出地负责提供办理补缴养老保险费时退役军人事务部门出具的补缴认定等材料，转入地核实确认后应予办理，同时做好退役士兵人员标识。

七、参保人员重复领取职工基本养老保险待遇（包括企业职工基本养老保险待遇和机关事业单位工作人员基本养老保险待遇，下同）的，由社会保险经办机构与本人协商确定保留其中一个基本养老保险关系并继续领取待遇，其他的养老保险关系应予以清理，个人账户剩余部分一次性退还给本人，重复领取的基本养老保险待遇应予退还。本人不予退还的，从其被清理的养老保险个人账户余额中抵扣。养老保险个人账户余额不足以抵扣重复领取的基本养老保险待遇的，从继续发放的基本养老金中按照一定比例逐月进行抵扣，直至重复领取的基本养老保险待遇全部退还。《国务院办公厅关于转发人力资源社会保障部财政部城镇企业职工基本养老保险关系转移接续暂行办法的通知》（国办发〔2009〕66号）实施之前已经重复领取待遇的，仍按照《人力资源社会保障部关于贯彻落实国务院办公厅转发城镇企业职工基本养老保险关系转移接续暂行办法的通知》（人社部发〔2009〕187号）有关规定执行。

参保人员重复领取职工基本养老保险待遇和城乡居民基本养老保险待遇的，社会保险经办机构应终止并解除其城乡居民基本养老保险关系，除政府补贴外的个人账户余额退还本人。重复领取的城乡居民基本养老保险基础养老金应予退还；本人不予退还的，由社会保险经办机构从其城乡居民基本养老保险个人账户余额或者其继续领取的职工基本养老保险待遇中抵扣。

八、各级社会保险经办机构要统一使用全国社会保险关系转移系统办理养老保险关系转移接续业务、传递相关表单和文书，减少无谓证明材料。要提高线上经办业务能力，充分利用互联网、12333电话、手机APP等为参保人员提供快速便捷服务，努力实现"最多跑一次"。

各级人力资源社会保障部门养老保险跨层级、跨业务涉及的相关数据和材料要努力实现互联互通，对可实现信息共享的，不得要求参保单位或参保人员重复提供。跨省转移接续基本养老保险关系时一次性缴纳养老保险费需向转入地提供的书面承诺书、相关法律文书等，不得要求参保人员个人提供，原则上由转出地负责。其中，转出地与补缴发生地不一致的，由补缴发生地社会保险经办机构经由转出地提供。

九、各级社会保险经办机构要完善经办规定，规范经办流程，严格内部控制，确保依法依规转移接续参保人员养老保险关系。各省级社会保险经办机构应当认真核查转移接续业务中存在的一次性缴纳养老保险费情况，按季度利用大数据进行比对。发现疑似异常数据和业务的，应当进行核实和处理，并形成核实情况报告报部社保中心；未发现异常数据和业务的，作零报告。发现疑似转移接续造假案例的，应当在10个工作日内上报部社保中心进行核实。部社保中心按季度对养老保险关系转移接续业务进行抽查。

十、要加强对跨省转移接续基本养老保险关系业务的监管，严肃查处欺诈骗保、失职渎职等行为，防控基金风险。对地方违规出台一次性缴纳养老保险费政策的，按照国家有关规定严肃处理。对社会保险经办机构工作人员违规操作、提供不实书面承诺书、参与伪造相关法律文书等材料的，由人力资源社会保障行政部门责令改正，对直接负责的主管人员和其他责任人员依法依规给予处分。发现参保单位或参保人员通过伪造相关文书材料等方式办理养老保险参保缴费、转移接续基本养老保险关系的，由人力资源社会保障行政部门责令清退相应时间段养老保险关系，构成骗取养老保险待遇的，按照社会保险法等有关规定处理。

附件：一次性缴纳养老保险费书面承诺书（格式）（略）

2019年9月29日

人力资源社会保障部办公厅 财政部办公厅关于印发《就业补助资金使用监管暂行办法》的通知

人社厅发〔2019〕98号

各省、自治区、直辖市及新疆生产建设兵团人力资源社会保障厅（局）、财政厅（局）：

按照就业补助资金管理办法规定，财政部、人力资源社会保障部各司其职，开展就业补助资金监管工作。为加强就业补助资金管理，保障就业政策落实，确保资金规范运行，根据就业促进法、预算法等相关法律法规和就业创业有关政策规定，我们就人力资源社会保障部牵头工作，制定了《就业补助资金使用监管暂行办法》。现予印发，请遵照执行。

附件：就业补助资金使用监管暂行办法

2019年9月30日

附件

就业补助资金使用监管暂行办法

第一条 为加强就业补助资金管理，保障就业政策落实，确保资金规范运行，根据就业促进法、预算法等法律法规，国务院促进就业创业有关政策以及就业补助资金管理办法等，制定本办法。

第二条 本办法所称就业补助资金是指县级以上人民政府设立，由本级财政部门会同人力资源社会保障部门（以下简称人社部门）使用，通过一般公共预算安排用于促进就业创业的专项资金。

第三条 各地人社、财政部门要坚持预防为先、过程管控、事后监管、客观公正，对本级及下级就业补助资金使用情况加强监督管理。

第四条 各地人社、财政部门要严格执行资金管理规定，规范受理、审核、审批、支付流程，统一审核要件、标准、要求，加强对申请材料真实性的核实。健全财务制度，严格财务管理，建立分权制衡机制。对资金使用要全程记实，实现受理、审核、审批、拨付全程留痕可追溯。加强对工作人员政策、业务、财务、风险防控等培训，增强风险防范意识和能力。

第五条 就业补助资金使用监管的主要内容包括：

（一）就业补助资金预算执行情况；

（二）补贴政策清单、办理指南的制定情况、公开情况；

（三）补贴资金受理情况、审核情况、拨付情况，以及事中事后监管情况；

（四）资金管理制度、监管措施、内控机制等建立落实情况；

（五）资金支出绩效、结余等情况。

第六条 各地人社、财政部门要结合各自职能和工作需要，制定监管计划，采取自查互查、联合检查或委托第三方监管核查等方式，对就业补助资金使用情况进行监管。

第七条 各地要建立常态化监管制度，开展集中监管核查，监管核查的比重不低于上年度资金支出总额的5%。人力资源社会保障部牵头不定期集中开展就业补助资金监管核查或委托第三方机构抽查。

第八条 开展就业补助资金监管核查，至少应由2名以上工作人员共同进行。监管核查应听取被监管核查单位就业补助资金使用情况介绍，对被监管核查单位报送的文件、凭证、报表、账簿等资料以及通过信息系统调取的数据进行检查、分析、核对，必要时可向获得补贴资金的政策对象调查。监管核查结束后形成报告，评估就业补助资金使用状况及存在的问题。

第九条 各地人社、财政部门要加强协调配合，在接受监管核查时及时完整提供相关文件、台账、资料。严禁伪造、篡改、擅自销毁就业补助资金使用相关材料。对可能转移、隐匿、篡改、毁弃会计凭证、账簿、报表等有关资料的，监管核查组织单位可按程序先行登记封存。

第十条 对在监管核查中发现的就业补助资金使用机构及其工作人员存在滥用职权、玩忽职守、内外勾结、徇私舞弊等违法违纪行为的，应及时报告，依法依规查处。对证明烦琐、流程复杂、办理时限过长的，应及时纠正。

第十一条 建立健全容错纠错机制。对就业补助资金使用中的失误错误，按照"三个区分开来"的要求，坚持依纪依法、容纠并举，对已经尽职尽责、未谋取私利的，按程序甄别、审核后，可减轻或免除责任。

第十二条 对监管核查中发现的以不实承诺或欺诈、伪造证明材料或其他手段骗取就业补助资金支出的，要责令退回资金。涉及数额较大或不退回资金的相关单位、机构及个人，由人社、财政部门记入公共信用信息平台，实行联合惩戒。涉嫌违法犯罪的，依法移交相关部门。

第十三条 各地人社、财政部门要主动接受社会对就业补助资金使用的监督，健全投诉举报渠道。对受理的举报问题，要及时办理，举报人要求答复办理结果的，受理单位应予以反馈。受理办理举报问题应遵守保密规定，依法保护举报人合法权益。

第十四条 各地人社、财政部门对通过资金监管核查、资金管理机构内审、审计等部门专项检查、受理举报核实、媒体曝光等渠道发现的各类违规使用就业补助资金行为，要及时报告上级人社、财政行政部门。对涉嫌违法违纪或造成恶劣影响的，要及时依法依规给予处理和纠正，并上报人力资源社会保障部、财政部。

第十五条 本办法自印发之日起施行。

人力资源社会保障部办公厅关于颁布纺织纤维梳理工等46个国家职业技能标准的通知

人社厅发〔2019〕101号

各省、自治区、直辖市及新疆生产建设兵团人力资源社会保障厅（局），国务院有关部委、直属机构人事劳动保障工作机构，有关行业组织人事劳动保障工作机构，中央军委政治工作部兵员和文职人员局：

根据《中华人民共和国劳动法》有关规定，我部组织制定了纺织纤维梳理工等46个国家职业技能标准，现予颁布施行。原相应国家职业技能标准同时废止。

2019年11月4日

46个国家职业技能标准目录

序号	职业编码	职业名称
1	6-04-01-03	纺织纤维梳理工
2	6-04-01-04	并条工
3	6-04-02-01	纺纱工
4	6-04-02-02	缫丝工
5	6-04-03-01	整经工
6	6-04-03-03	织布工
7	6-04-06-01	印染前处理工
8	6-04-06-02	纺织染色工

9	6-04-06-03	印花工
10	6-04-06-05	印染后整理工
11	6-04-06-06	印染染化料配制工
12	6-05-01-01	服装制版师
13	6-10-02-01	炼焦煤制备工
14	6-10-02-02	炼焦工
15	6-15-01-02	水泥混凝土制品工
16	6-15-04-02	玻璃钢制品工
17	6-15-05-01	陶瓷原料准备工
18	6-15-05-04	陶瓷装饰工
19	6-17-01-05	高炉原料工
20	6-17-01-06	高炉炼铁工
21	6-17-01-07	高炉运转工
22	6-17-02-01	炼钢原料工
23	6-17-02-02	炼钢工
24	6-17-09-01	轧制原料工
25	6-17-09-02	金属轧制工
26	6-17-09-05	金属材热处理工
27	6-17-09-07	金属材精整工
28	6-18-01-12	冲压工
29	6-18-04-01	模具工
30	6-24-02-02	高低压电器及成套设备装配工
31	6-26-01-02	钟表及计时仪器制造工
32	6-28-01-01	锅炉运行值班员
33	6-28-01-04	燃气轮机值班员
34	6-28-01-05	发电集控值班员
35	6-28-01-11	锅炉操作工
36	6-28-01-14	变配电运行值班员
37	6-28-01-15	继电保护员

38	6-28-02-05	工业废气治理工
39	6-28-03-01	水生产处理工
40	6-29-01-04	钢筋工
41	6-29-01-05	架子工
42	6-29-02-11	电力电缆安装运维工
43	6-31-01-01	设备点检员
44	6-31-01-05	锅炉设备检修工
45	6-31-01-08	变电设备检修工
46	6-31-01-09	工程机械维修工

注：以上职业技能标准内容可在我部官网查询。

人力资源社会保障部办公厅关于印发《人力资源社会保障部关于在自由贸易试验区开展"证照分离"改革全覆盖试点的实施方案》的通知

人社厅发〔2019〕103号

各省、自治区、直辖市及新疆生产建设兵团人力资源社会保障厅（局），部属有关单位：

为贯彻落实《国务院关于在自由贸易试验区开展"证照分离"改革全覆盖试点的通知》（国发〔2019〕25号）精神和任务要求，我们制定了《人力资源社会保障部关于在自由贸易试验区开展"证照分离"改革全覆盖试点的实施方案》，现印发给你们，请认真遵照执行。

2019年11月27日

人力资源社会保障部关于在自由贸易试验区开展"证照分离"改革全覆盖试点的实施方案

为贯彻落实《国务院关于在自由贸易试验区开展"证照分离"改革全覆盖试点的通知》（国发〔2019〕25号）精神及相关任务要求，持续深化"放管服"改革，分类推进审批制度改革，创新和加强事中事后监管，现就法律、行政法规、国务院决定设定的，由人力资源社会保障部门实施的8项涉企经营许可事项制定如下实施方案。

一、民办职业培训学校设立、分立、合并、变更及终止审批

按照"实行告知承诺"方式进行改革，对承诺将在规定期限内具备法定条件的，经形式审查后当场作出审批决定。具体实施办法如下：

审批层级：自由贸易试验区县级以上人力资源社会保障部门。

许可条件：设立民办职业培训学校应当符

合当地教育发展需求,具备《中华人民共和国民办教育促进法》《中华人民共和国民办教育促进法实施条例》规定的条件。

申请材料清单:1. 申办报告。2. 举办者姓名、住址或名称、地址。3. 学校章程,首届学校理事会、董事会或者其他决策机构组成人员名单。4. 承诺书。

办理程序:1. 申请。举办者向自由贸易试验区相关职能部门提出申请。2. 告知。自由贸易试验区相关职能部门向举办者告知行政许可的法律依据、许可条件、需要提交的材料、承诺事项、事后监管措施以及法律责任等。3. 承诺。举办者签署承诺书。4. 审批。自由贸易试验区相关职能部门对举办者提交的材料及承诺事项进行形式审查,当场作出审批决定,同意的,发给办学许可证;不同意的,书面告知理由。

事中事后监管措施:1. 各自由贸易试验区涉及民办职业培训学校分立、合并、变更及终止的,须经审批机关批准。2. 加强对民办职业培训学校审批工作的管理,优化审批服务。3. 开展"双随机、一公开"监管,发现违法违规行为的,严格依法查处,并公开查处结果。4. 加强信用监管。向社会公布民办职业培训学校信用状况,对失信主体开展联合惩戒。

二、经营性中外合作职业技能培训机构设立、分立、合并、变更、终止审批

按照"实行告知承诺"方式进行改革,对承诺将在规定期限内具备法定条件的,经形式审查后当场作出审批决定。具体实施办法如下:

审批层级:自由贸易试验区省级人力资源社会保障部门。

许可条件:设立经营性中外合作职业技能培训机构应当具备《中华人民共和国中外合作办学条例》《中外合作职业技能培训办学管理办法》(劳动保障部令第27号,2015年根据《人力资源社会保障部关于修改部分规章的决定》修订)规定的条件。参照国家举办的同级同类教育机构的设置标准执行。

申请材料清单:1. 设立申请书。2. 合作协议。3. 中外合作办学机构的章程,首届理事会、董事会或者联合管理委员会组成人员名单。4. 承诺书。

办理程序:1. 申请。申请机构向自由贸易试验区相关职能部门提出申请。2. 告知。自由贸易试验区相关职能部门向申请机构告知行政许可的法律依据、许可条件、需要提交的材料、承诺事项、事后监管措施以及法律责任等。3. 承诺。申请机构签署承诺书。4. 审批。自由贸易试验区相关职能部门对申请机构提交的材料及承诺事项进行形式审查,当场作出审批决定,同意的,发给办学许可证;不同意的,书面告知理由。

事中事后监管措施:1. 各自由贸易试验区涉及经营性中外合作职业技能培训机构的分立、合并、变更、终止须报审批机关批准。2. 加强对经营性中外合作职业技能培训机构审批工作的管理,优化审批服务。3. 加强对经营性中外合作职业技能培训机构和办学项目的监督,定期对其办学水平和培训质量进行综合性评估和专项评估。4. 经营性中外合作职业技能培训机构应定期向审批机关递交年度办学报告和相关备案材料。5. 开展"双随机、一公开"监管,发现违法违规行为的,严格依法查处,并公开查处结果。6. 加强信用监管。向社会公布经营性中外合作职业技能培训机构信用状况,对失信主体开展联合惩戒。

三、人力资源服务许可

按照"实行告知承诺"方式进行改革,申请人承诺已具备法定条件的,经形式审查后当场作出审批决定。具体实施办法如下:

审批层级:自由贸易试验区县级以上人力资源社会保障部门。

许可条件:从事职业中介活动,应当具备下列条件:1. 有明确的机构章程和管理制度。2. 有开展业务必备的固定场所、办公设施。

3. 有一定数量具备相应职业资格的专职工作人员。4. 法律、行政法规规定的其他条件。

申请材料清单：申请从事职业中介活动，应当向自由贸易试验区相关职能部门提交设立申请书、工商营业执照（副本）、承诺书以及法律、行政法规规定的其他文件。

办理程序：1. 申请。申请人向自由贸易试验区相关职能部门提出申请。2. 告知。自由贸易试验区相关职能部门向申请人告知行政许可的法律依据、许可条件、需要提交的材料、承诺事项、人力资源服务机构承担的法律责任以及事后监管措施等。3. 承诺。申请人签署承诺书。4. 审批。自由贸易试验区相关职能部门对申请人提交的材料及承诺事项进行形式审查，当场作出审批决定，同意的，发给《人力资源服务许可证》；不同意的，书面告知理由。

事中事后监管措施：1. 在开展年度报告公示和"双随机、一公开"执法检查中，发现违法违规行为的，严格依法查处，并公开查处结果。2. 加强信用监管。向社会公布人力资源服务机构信用状况，对失信主体开展联合惩戒。

四、设立技工学校审批

按照"优化审批服务"方式进行改革，已经在申请设立普通技工学校时提供过的证明材料，在申请成立高级技工学校时不再重复提供。有条件的地区设立技工学校审批实现全程网上办理。具体实施办法如下：

审批层级：自由贸易试验区省级人力资源社会保障部门。

许可条件：根据《中华人民共和国教育法》《中华人民共和国职业教育法》等法律、行政法规规定，行政机关、企业事业单位、社会团体、其他社会组织及公民个人可依法申请举办技工学校，并需达到《关于印发技工院校设置标准（试行）的通知》（人社部发〔2012〕8号）规定的条件。

申请材料清单：1. 申办报告。2. 申办学校自评报告。3. 教学设备设施、师资能力等相关证明材料。4. 各地技工学校设立审批办法规定的其他申请材料。

办理程序：1. 申办受理。申请人向自由贸易试验区省级人力资源社会保障部门提交申请材料。2. 专家评审。自由贸易试验区省级人力资源社会保障部门组建专家组，按照技工学校评审细则的评分标准进行评审，作出专家评审意见。3. 复核公示。自由贸易试验区省级人力资源社会保障部门对专家评审意见进行复核，并对达到技工学校设置标准的进行公示。4. 批复。经评审合格并公示无异议后，由自由贸易试验区省级人力资源社会保障部门批复。

事中事后监管措施：1. 各自由贸易试验区新批准设立的普通技工学校、高级技工学校名单应及时报送人力资源社会保障部。2. 各自由贸易试验区技工学校涉及撤销、合并、变更管理体制等情形的，须经本省省级人力资源社会保障部门批准。

五、设立技师学院审批

按照"优化审批服务"方式进行改革，已经在申请设立高级技工学校时提供过的材料，在申请设立技师学院时不再重复提供。有条件的地区设立技师学院审批实现申请网上办理。该许可事项审批层级为自由贸易试验区所属省级人民政府，具体实施办法由自由贸易试验区所属省级人民政府自行制定。

六、企业年金基金管理机构资格认定、延续认定（国家级）

按照"优化审批服务"方式进行改革，每年更新发布存量情况，实时更新基金管理机构及资格变动情况。拟新增许可企业时，提前2个月在网上公布受理时间、受理条件、办理标准、本次增加数量等内容。按照国务院关于"放管服"改革和"互联网+监管"等的工作要求，结合年金市场发展情况，适时推进资格常规受理。具体实施办法如下：

审批层级：人力资源社会保障部。

许可条件：1. 企业年金基金管理机构资格认定（国家级）。申请人应当具备《企业年金基金管理机构资格认定暂行办法》（劳动保障部令第 24 号，2015 年根据《人力资源社会保障部关于修改部分规章的决定》修订，2016 年根据《国务院关于第二批清理规范 192 项国务院部门行政审批中介服务事项的决定》修订）中明确的受理条件。2. 企业年金基金管理机构资格延续认定（国家级）。《企业年金基金管理机构资格认定暂行办法》规定："企业年金基金管理机构的资格证书有效期为 3 年，期限届满前 3 个月应当向劳动保障部提出延续申请。"人力资源社会保障部每 3 年进行一次资格延续评审，根据申请报告、现场检查结果、市场评价情况、日常监管记录、有关监管部门意见等，由评审专家提出评审意见，监管部门根据评审专家意见分别作出资格延续、暂停开展新业务或取消管理资格的决定，同步在人力资源社会保障部网站公告。有下列情形之一的，应当办理企业年金基金管理机构资格的注销手续：（1）企业年金基金管理机构资格有效期届满未延续的；（2）企业年金基金管理机构依法解散、被依法撤销、被依法宣告破产或者被依法接管的；（3）企业年金基金管理机构资格被依法撤销的；（4）国家规定的应当注销企业年金基金管理机构资格的其他情形。

申请材料清单：1. 企业年金基金管理机构资格认定（国家级）：（1）资格申请表。（2）资源配置说明。（3）管理制度和流程。（4）申请人自律承诺书。（5）相关证明材料。（6）业务可行性报告。（材料范式见人力资源社会保障部官网通告。根据年金市场发展对不同资格机构数量需求不同，每次发布的通告内容会有调整）2. 企业年金基金管理机构资格延续认定（国家级）：企业年金基金管理机构需提供资格延续申请报告和申请人自律承诺书。（申请报告和自律承诺书范式见人力资源社会保障部官网通告）

办理程序：1. 企业年金基金管理机构资格认定（国家级）：（1）在人力资源社会保障部官网向社会发布通告。（2）申请单位在规定的时间、地点提交申请材料，审批部门初审申请材料，对不符合要求的不予受理，对材料不完整的通知补正，符合条件的发出受理通知书。（3）向行业主管部门函询申请机构近 3 年受处罚情况。（4）酌情组织现场检查。（5）组织专家评审。（6）依规按程序审定专家评审意见后，作出行政许可决定，并将结果在人力资源社会保障部官网上公告。2. 企业年金基金管理机构资格延续认定（国家级）：（1）在人力资源社会保障部官网向社会发布通告。（2）申请单位提交申请材料，审批部门初审申请材料，对材料不完整的通知补正，符合条件的发出受理通知书。（3）向行业主管部门函询申请机构近 3 年受处罚情况。（4）向自由贸易试验区人力资源社会保障部门以及部分委托人、相关管理机构等发出主体间评价表并汇总反馈情况。（5）酌情组织现场检查。（6）组织专家评审。（7）依规按程序审定专家评审意见后，作出行政许可决定，并将结果在人力资源社会保障部官网上公告。

事中事后监管措施：1. 开展"双随机、一公开"监管，发现违法违规行为的，严格依法查处，并公开查处结果。2. 加强年金基金管理合同和养老金产品备案规范，依规对年金基金管理机构的市场行为进行日常监管。3. 不断完善信息披露制度，推动年金管理信息系统建设。4. 推进与行业主管部门、自由贸易试验区人力资源社会保障部门的协同监管。5. 探索建立年金基金管理机构评价评级体系，完善资格"有进有出"机制。6. 支持行业协会发挥自律作用。

七、劳务派遣经营许可

按照"优化审批服务"方式进行改革，有条件的地区将省、设区的市级人力资源社会保障部门的审批权限下放至县级人力资源社会保障部门。鼓励有条件的地区开展网上许可。

具体实施办法如下：

审批层级：自由贸易试验区县级以上人力资源社会保障部门。

许可条件：1. 注册资本不得少于人民币二百万元。2. 有与开展业务相适应的固定的经营场所和设施。3. 有符合法律、行政法规规定的劳务派遣管理制度。4. 法律、行政法规规定的其他条件。

申请材料清单：1. 劳务派遣经营许可申请书。2. 营业执照或者《企业名称预先核准通知书》。3. 公司章程以及验资机构出具的验资报告或者财务审计报告。4. 经营场所的使用证明以及与开展业务相适应的办公设施设备、信息管理系统等清单。5. 法定代表人的身份证明。6. 劳务派遣管理制度，包括劳动合同、劳动报酬、社会保险、工作时间、休息休假、劳动纪律等与劳动者切身利益相关的规章制度文本，拟与用工单位签订的劳务派遣协议样本。对已与市场监管和公安部门建立数据共享机制的地区，申请人可以不再提供营业执照或《企业名称预先核准通知书》、法定代表人的身份证明。

办理程序：各自由贸易试验区人力资源社会保障部门结合本地实际作下列流程优化：1. 申请。申请人提交申请材料。2. 受理。申请材料不齐全或者不符合法定形式的，原则上应当场告知申请人需要补正的全部内容（现行办法根据行政许可法规定为5个工作日以内）。3. 审查。对申请材料进行审查，根据法定条件和程序，需要对申请材料的实质内容进行核实的，指派2名以上工作人员进行核查。4. 作出准予或不准予行政许可的决定。将许可机关作出是否准予行政许可的决定从现行的自受理之日起20个工作日内缩短为15个工作日内。准予行政许可的，颁发《劳务派遣经营许可证》。

事中事后监管措施：1. 劳务派遣年度经营情况报告。劳务派遣单位于每年3月31日前向许可机关提交上一年度劳务派遣经营情况报告，具备条件的自由贸易试验区应允许网上提交年度经营情况报告。许可机关对劳务派遣单位提交的年度经营情况报告进行核验，依法对劳务派遣单位进行监督，将核验结果和监督情况载入企业信用记录，按照有关规定向社会公示。2. 按照"双随机、一公开"要求随机抽查劳务派遣单位，并对有关工作中发现有违反劳动法律、行政法规行为的劳务派遣单位进行执法检查。3. 对存在严重违法行为或有多次违法记录的劳务派遣单位适当提高检查频次；对未发现违法行为、违法风险低的劳务派遣单位适当降低检查频次。对失信违法的劳务派遣单位开展联合惩戒。对违反劳动合同法有关劳务派遣规定，被责令限期改正逾期不改正的劳务派遣单位，依法处以罚款并吊销其《劳务派遣经营许可证》。

八、以技能为主的国外职业资格证书及发证机构资格审核和注册

按照"优化审批服务"方式进行改革，暂时调整适用《国务院对确需保留的行政审批项目设定行政许可的决定》中关于审批权限的规定，将审批权限由人力资源社会保障部下放至自由贸易试验区省级人力资源社会保障部门，有条件的自由贸易试验区实现申请、审批全程网上办理。具体实施办法如下：

审批层级：自由贸易试验区省级人力资源社会保障部门。

许可条件：1. 申请注册的国外职业资格证书应当在国际上具有广泛的影响和流通性，其职业种类和标准应符合我国职业资格证书体系发展的需要。开展引进工作的中外合作机构应具有相应的技术实力和可靠的资信，其活动不得以营利为目的。2. 境外机构及其驻华办事机构拟在中国境内开展国外职业资格认证或职业技能考试和发证活动的，必须与中国的职业资格实施机构、行业组织、社会团体或其他相应中国法人机构合作，且同一时期内中方合作机构原则上应为一家。3. 申请机构应当具备独立法人资格、明确的考试项目和考试章程、承办考试的必要条件。

申请材料清单：1. 机构资信证明类文件。（1）外方机构合法性证明材料，包括机构登记证书、机构章程、所属国开展认证的政府批准文件（如有）、银行资信证明。（2）中方机构合法性证明材料，包括营业执照或事业单位登记证书、机构章程、机构介绍。2. 申请注册职业资格的专业技术类文件。（1）职业标准或考试大纲。（2）证书等级规定及各等级证书样本。（3）各等级考试样卷。3. 考试组织实施类文件。（1）考试章程。（2）考务管理规则。（3）考点设置标准。4. 其他材料。（1）《国外职业资格证书及其发证机构资格审核注册表》。（2）中外合作机构之间的合作协议书（复印件）。（3）考试的可行性论证报告。上述材料如为外文版的，需同时提交中文译本，且申请人须保证中、外文版本内容一致。

办理程序：各自由贸易试验区省级人力资源社会保障部门可参照以下审核和注册流程，制定自由贸易试验区以技能为主的国外职业资格证书及发证机构资格审核和注册流程。1. 以技能为主的国外职业资格证书发证机构向人力资源社会保障部提出申请。2. 人力资源社会保障部受理后，组织专家进行审核论证。3. 人力资源社会保障部作出审批决定。同时，抄送各省级人力资源社会保障部门和有关行业主管部门人事劳动保障工作机构，委托其进行管理和监督。

事中事后监管措施：对以技能为主的国外职业资格证书发证机构的代表机构、中方合作机构采用"日常检查""专项检查"的形式，通过"双随机、一公开""重点监管""信用监管"的方式进行监管检查。对通过投诉举报等渠道反映问题多的机构实施重点监管。发现违法违规行为依法查处并公开结果。

人力资源社会保障部办公厅关于颁布工业固体废物处理处置工等24个国家职业技能标准的通知

人社厅发〔2019〕107号

各省、自治区、直辖市及新疆生产建设兵团人力资源社会保障厅（局），国务院有关部委、直属机构人事劳动保障工作机构，有关行业组织人事劳动保障工作机构，中央军委政治工作部兵员和文职人员局：

根据《中华人民共和国劳动法》有关规定，我部组织制定了工业固体废物处理处置工等24个国家职业技能标准，现予颁布施行。原相应国家职业技能标准同时废止。

2019年12月10日

24个国家职业技能标准目录

序号	职业编码	职业名称
1	4-09-07-02	工业固体废物处理处置工
2	4-10-01-06	家政服务员
3	6-02-06-01	酿酒师
4	6-02-06-02	酒精酿造工
5	6-02-06-03	白酒酿造工
6	6-02-06-04	啤酒酿造工
7	6-02-06-05	黄酒酿造工
8	6-02-06-06	果露酒酿造工

9	6-02-06-07	品酒师
10	6-06-03-01	手工木工
11	6-08-01-01	印前处理和制作员
12	6-08-01-02	印刷操作员
13	6-08-01-03	印后制作员
14	6-09-03-04	景泰蓝制作工
15	6-11-01-03	化工总控工
16	6-11-01-06	防腐蚀工
17	6-11-02-01	硫酸生产工
18	6-11-02-02	硝酸生产工
19	6-11-02-05	纯碱生产工
20	6-11-02-06	烧碱生产工
21	6-11-03-01	合成氨生产工
22	6-11-05-01	涂料生产工
23	6-28-02-03	工业气体生产工
24	6-29-01-03	混凝土工

注：以上职业技能标准内容可在人力资源社会保障部官网查询。

人力资源社会保障部办公厅 中国民用航空局综合司 关于颁布民航乘务员等3个国家职业技能标准的通知

人社厅发〔2019〕110号

各省、自治区、直辖市及新疆生产建设兵团人力资源社会保障厅（局），民航局各地区管理局、各航空运输公司、各机场公司：

根据《中华人民共和国劳动法》有关规定，人力资源社会保障部、民航局共同制定了民航乘务员等3个国家职业技能标准，现予颁布施行。原相应国家职业技能标准同时废止。

2019年12月17日

3个国家职业技能标准目录

序号	职业编码	职业名称
1	4-02-04-01	民航乘务员
2	4-02-04-03	机场运行指挥员
3	4-07-05-02	安检员

注：以上职业技能标准内容可在人力资源社会保障部官网查询。

人力资源社会保障部办公厅 国家邮政局办公室关于颁布快递员等2个国家职业技能标准的通知

人社厅发〔2019〕111号

各省、自治区、直辖市人力资源社会保障厅（局）、邮政管理局，新疆生产建设兵团人力资源社会保障局：

根据《中华人民共和国劳动法》有关规定，人力资源社会保障部、国家邮政局共同制定了快递员等2个国家职业技能标准，现予颁布施行。原相应国家职业技能标准同时废止。

2019年12月18日

2个国家职业技能标准目录

序号	职业编码	职业名称
1	4-02-07-08	快递员
2	4-02-07-09	快件处理员

注：以上职业技能标准内容可在人力资源社会保障部官网查询。

人力资源社会保障部办公厅 交通运输部办公厅 关于颁布水上救生员等4个国家职业技能标准的通知

人社厅发〔2019〕114号

各省、自治区、直辖市及新疆生产建设兵团人力资源社会保障厅（局）、交通运输厅（局、委）：

根据《中华人民共和国劳动法》有关规定，人力资源社会保障部、交通运输部共同制定了水上救生员等4个国家职业技能标准，现予颁布施行。原相应国家职业技能标准同时废止。

2019年12月20日

4个国家职业技能标准目录

序号	职业编码	职业名称
1	4-02-03-04	水上救生员
2	4-08-05-05	机动车检测工
3	6-29-03-10	轨道交通信号工
4	6-30-04-04	潜水员

注：以上职业技能标准内容可在人力资源社会保障部官网查询。

人力资源社会保障部办公厅 国家林业和草原局办公室 关于颁布林业有害生物防治员 国家职业技能标准的通知

人社厅发〔2019〕115号

各省、自治区、直辖市及新疆生产建设兵团人力资源社会保障厅（局）、林业和草原主管部门：

根据《中华人民共和国劳动法》有关规定，人力资源社会保障部、国家林业和草原局共同制定了林业有害生物防治员国家职业技能标准，现予颁布施行。原相应国家职业技能标准同时废止。

2019年12月24日

林业有害生物防治员国家职业技能标准目录

序号	职业编码	职业名称
1	5-05-02-02	林业有害生物防治员

注：该职业技能标准内容可在人力资源社会保障部官网查询。

人力资源社会保障部办公厅 中华全国供销合作总社办公厅 关于颁布纤维检验员等2个国家职业技能标准的通知

人社厅发〔2019〕116号

各省、自治区、直辖市及新疆生产建设兵团人力资源社会保障厅（局）、供销合作社：

根据《中华人民共和国劳动法》有关规定，人力资源社会保障部、供销合作总社共同制定了纤维检验员等2个国家职业技能标准，现予颁布施行。原相应国家职业技能标准同时废止。

2019年12月20日

2个国家职业技能标准目录

序号	职业编码	职业名称
1	4-08-05-02	纤维检验员
2	6-02-06-11	评茶员

注：以上职业技能标准内容可在人力资源社会保障部官网查询。

人力资源社会保障部办公厅 财政部办公厅关于做好职业技能提升行动专账资金使用管理工作的通知

人社厅发〔2019〕117号

各省、自治区、直辖市及新疆生产建设兵团人力资源社会保障厅（局）、财政厅（局）：

为全面贯彻落实《国务院办公厅关于印发职业技能提升行动方案（2019—2021年）的通知》（国办发〔2019〕24号）等文件精神，推动实施职业技能提升行动，现就进一步明确职业技能提升行动专账资金（以下简称专账资金）使用范围和管理有关事项通知如下：

一、关于企业职工培训

（一）各类企业职工（含在企业工作的劳务派遣人员）参加岗前培训、安全技能培训（含特种作业人员、特种设备作业人员）、在岗培训、岗位技能提升培训、转岗转业培训、脱产培训，参加岗位练兵、技能竞赛、在线学习和通用职业素质等综合性培训，参加初级工、中级工、高级工、技师、高级技师培训，按规定给予职业培训补贴。企业组织一线在职职工参加高技能人才、高技能领军人才、产业紧缺人才境外培训，按规定给予职业培训补贴。上述培训补贴不含差旅费、交通费、食宿费、获奖人员奖金和工杂等其他费用。

（二）企业在职职工（含见习期）参加新型学徒制培训的，给予企业每人每年4 000元以上的职业培训补贴。培养成本高和急需紧缺职业（工种）的企业新型学徒制培训，可提高补贴标准。

（三）企业、农民专业合作社和扶贫车间等各类生产经营主体吸纳贫困劳动力就业并开展以工代训，以及参保企业吸纳就业困难人员、零就业家庭成员就业并开展以工代训的，给予一定期限的职业培训补贴，最长不超过6个月。

（四）大力支持受经济影响困难企业、高危行业企业、平台企业（电商企业）以及新业态企业开展就业技能培训、岗位技能提升培训和转岗转业培训，按规定给予职业培训补贴。

二、关于就业重点群体以及贫困劳动力职业技能培训和创业培训

（一）对贫困家庭子女、贫困劳动力、城乡未继续升学初高中毕业生（以下称"两后生"）、农村转移就业劳动者、下岗失业人员和转岗职工、退役军人、残疾人开展免费职业技能培训。对参加贫困村创业致富带头人培训的，按规定给予职业培训补贴。对贫困劳动力、就业困难人员、零就业家庭成员、"两后生"中的农村学员和城市低保家庭学员，在培训期间通过就业补助资金同时给予生活费（含交通费）补贴。

（二）毕业年度高校毕业生和离校2年内未就业高校毕业生（含技师学院）参加职业技能培训和创业培训，按规定给予职业培训补贴。

（三）农民参加新型职业农民培育工程、农村实用人才带头人素质提升和职业农民技能培训等，按规定给予职业培训补贴。

三、关于开展项目制培训

对企业开展培训或者培训机构开展项目制培训的，可先行拨付一定比例的培训补贴资金，具体比例由各省（区、市）财政、人社部门根据实际情况确定。

四、关于调整完善职业培训补贴政策

（一）各地可根据实际情况，提高通用职业素质、求职能力等综合性培训、创业培训、新产业新职业新技能培训和技能含量高、实训耗材量大的培训补贴标准。

（二）符合条件的劳动者在户籍地、常住地、培训地、求职就业地参加培训后取得证书（职业资格证书、职业技能等级证书、专项职业能力证书、特种作业操作证、特种设备作业人员证、培训合格证书等，以下简称证书）的，给予职业培训补贴，原则上每人每年可享受不超过3次（同一职业同一等级一年内不可重复享受）。

（三）对同一职业（工种）同一技能等级通过初次职业技能鉴定并取得证书（不含培训合格证书）的参训人员，给予职业技能鉴定补贴。对纳入重点产业职业资格和职业技能等级认定指导目录的，各地可根据实际情况，适当提高补贴标准。

（四）省级人力资源社会保障部门、财政部门可在规定的原则下，结合实际调整享受职业培训补贴、生活费补贴人员范围和条件要求，可将确有就业能力和培训需求、未按月领取城镇职工基本养老金的人员（年龄不设上限）纳入政策范围。

（五）市（地）以上人力资源社会保障部门、财政部门可在规定的原则下结合实际提高职业培训补贴标准。县级以上政府可对有关部门各类培训资金和项目进行整合，解决资金渠道和使用管理分散问题。

五、其他有关事项

（一）职业技能提升行动期间，优先使用职业技能提升行动专账资金开展各类职业技能培训。根据实际工作情况，各地可对本地专账资金调剂使用，适当向培训需求量大、培训任务重、培训工作好的地区倾斜。建立专账资金与培训工作绩效考核机制，提高资金使用效率。

（二）各地要认真贯彻落实"放管服"改革，进一步精简享受补贴证明材料，简化培训补贴申领程序，优化培训资金管理流程，为各类劳动者享受培训补贴提供"最多跑一次""一次办好"等便捷服务。

（三）各地要依法加强资金监管，保障专账资金使用安全。对以虚假培训等套取、骗取资金的依法依纪严惩，对培训工作中出现的失误和问题要区分不同情况对待，保护工作落实层面干事担当的积极性。

2019年12月25日

人力资源社会保障部办公厅 交通运输部办公厅 国家铁路局综合司关于颁布轨道列车司机国家职业技能标准的通知

人社厅发〔2019〕121号

各省、自治区、直辖市及新疆生产建设兵团人力资源社会保障厅（局）、交通运输厅（局、委），中国国家铁路集团有限公司、国家能源投资集团有限责任公司、中国中铁股份有限公司、中国铁建股份有限公司：

根据《中华人民共和国劳动法》有关规定，人力资源社会保障部、交通运输部、国家铁路局共同制定了轨道列车司机国家职业技能标准，现予颁布施行。原相应国家职业技能标准同时废止。

2019年12月20日

轨道列车司机国家职业技能标准目录

序号	职业编码	职业名称
1	4-02-01-01	轨道列车司机

注：该职业技能标准内容可在人力资源社会保障部官网查询。

人力资源社会保障部办公厅关于机关事业单位养老保险关系转移接续办法实施后相关政策衔接问题的复函

人社厅函〔2019〕19号

北京市人力资源和社会保障局：

你局关于机关事业单位养老保险关系转移接续办法实施后相关政策衔接的请示（京人社养文〔2018〕187号）收悉。经商财政部，现答复如下：

考虑到机关事业单位已经全面实施养老保险制度改革，对于2014年10月1日以后，公务员及参公管理的单位工作人员办理了正式调动或辞职、辞退手续离开机关事业单位的，应按照《人力资源社会保障部 财政部关于机关事业单位基本养老保险关系和职业年金转移接续有关问题的通知》（人社部规〔2017〕1号）相关规定补记职业年金，不再执行《劳动和社会保障部 财政部 人事部 中央机构编制委员会办公室关于职工在机关事业单位与企业之间流动时社会保险关系处理意见的通知》（劳社部发〔2001〕13号）中的基本养老保险个人账户一次性补贴政策。

2019年1月23日

人力资源社会保障部办公厅关于进一步开展人力资源服务机构助力脱贫攻坚行动的通知

人社厅函〔2019〕54号

各省、自治区、直辖市及新疆生产建设兵团人力资源社会保障厅（局）：

为深入学习贯彻习近平总书记关于扶贫工作的重要论述，全面贯彻党中央、国务院打赢脱贫攻坚战的决策部署，扎实做好精准扶贫各项工作，人力资源社会保障部决定进一步开展人力资源服务机构助力脱贫攻坚行动，加强贫困地区人力资源市场建设，发挥人力资源服务机构在助力脱贫攻坚、提高劳务组织化程度中的重要作用，现将有关事项通知如下。

一、总体要求

坚持以习近平新时代中国特色社会主义思想和党的十九大精神为指导，全面贯彻习近平总书记关于扶贫工作的重要论述，充分认识扶贫工作的重要意义，按照中央关于打好脱贫攻坚战的要求，落实部党组打赢人社扶贫攻坚战三年行动方案，坚持精准扶贫精准脱贫基本方略，充分发挥人力资源服务机构的职能优势，更加聚焦贫困地区特别是"三区三州"等深度贫困地区人力资源市场建设，更加聚焦东西部协作等人力资源流动开发重大课题，努力扩大劳务输出规模，着力提升劳务协作的组织化程度和就业质量，创新方式，精准施策，为打好打赢脱贫攻坚战贡献力量。

二、具体措施

（一）开展人力资源服务机构劳务组织提升行动。各地要依托东西部扶贫协作机制、对口支援机制，发挥人力资源服务机构等市场力量优势，针对贫困地区特别是"三区三州"等深度贫困地区努力扩大劳务输出规模，促进贫困劳动力转移就业，着力提升劳务协作的组织化程度和就业质量。对人力资源服务机构等市场主体开展贫困劳动力有组织劳务输出的，可通过就业创业服务补助购买基本服务成果。

（二）开展人力资源服务机构精准对接行动。各地要充分发挥人力资源服务机构的作用，进一步加强与贫困地区扶贫部门、贫困劳动力需求对接，加强人力资源市场供求信息监测，广泛搜集适合贫困劳动力的岗位信息，建立贫困劳动力就业需求数据库，为贫困劳动力提供精准对接服务。鼓励人力资源服务机构深入贫困地区，实施定点服务和上门服务。

（三）开展人力资源服务机构专场招聘行动。各地要充分发动各级人力资源服务产业园、人力资源服务机构举办扶贫专场招聘会，发动有招聘需求的用人单位提供招聘信息，针对贫困劳动力的不同需求，提供有针对性的个性化服务。各地要组织人力资源服务机构为贫困劳动者送政策、送信息，特别是要让贫困劳动者掌握获取就业创业政策和招聘岗位的信息。

（四）开展人力资源服务机构创业指导行动。各地要依托人力资源服务机构，促进创业带动就业，进一步组织专家、企业家、创投人士深入贫困地区，为开展电商、农产品加工、手工艺制作等项目提供创业指导、融资、跟踪扶持等服务，通过创业带动贫困劳动力就业。

（五）开展人力资源服务机构技能扶贫行动。各地要积极依托人力资源服务机构开展贫困劳动力职业指导，组织人力资源服务机构联合技工院校、职业培训机构和企业面向贫困劳动力开展职业技能培训，推行项目制培训，针对有劳动能力、有就业意愿的贫困劳动力，采取定岗定向等培训模式，增强培训内容与市场需求的匹配度，增强劳务组织化输出质量。

（六）开展贫困地区人力资源市场援助行动。按照实施区域协调发展战略和建立统一开放市场有关要求，聚焦贫困地区特别是"三区三州"等深度贫困地区人力资源市场建设，大力实施"西部和东北地区人力资源市场建设援助计划"，鼓励各省（区、市）对省内贫困地区开展人力资源市场建设援助计划，开展对口交流合作，建立跨区域交流机制，加强贫困地区人力资源服务机构与发达地区人力资源服务机构合作，建立常态化合作机制。支持鼓励东部省份引导人力资源服务机构到贫困地区设立分支机构，加强人力资源服务机构合作，加强劳务对接，参与劳务协作，切实提高劳务组织化程度。

三、组织实施

（一）加强组织领导。打赢脱贫攻坚战是一项重大的政治任务。各地要深刻领会习近平总书记对脱贫攻坚工作的重要指示精神，提高政治站位，强化政治自觉，进一步增强"四个意识"，自觉做到"两个维护"，以坚决的态度、强烈的担当、顽强的韧性、有力的举措，进一步做好人力资源服务机构助力脱贫攻坚工作。要加强组织领导，强化责任落实，将人力资源服务机构助力脱贫攻坚工作纳入各级人社部门综合考评体系，专题研究部署，定期推动落实。要健全工作机制，加强与扶贫、财政等部门协同配合，形成工作合力，提高工作效率，支持鼓励经营性人力资源服务机构积极参与各项行动。

（二）加大工作力度。各地要坚持目标导向、问题导向，进一步完善工作措施、加大工作调度，加强人力资源市场建设，大力发展人力资源服务业，充分发挥人力资源服务机构在助力脱贫攻坚中的作用。要结合实际，制定针对性强、操作性强的人力资源服务机构助力脱贫攻坚行动实施方案，找准工作的切入点和着力点，全力推动人力资源服务机构助力脱贫攻坚"六项行动措施"落地生根，取得实效。要进一步严格财务纪律，规范资金管理。

（三）营造良好环境。建立正面激励机制，将参与助力脱贫攻坚机构与享受优惠政策、评选诚信机构及龙头企业挂钩。要及时总结人力资源服务机构助力脱贫攻坚好经验好做法，对涌现出的先进典型，采取多种形式、多种渠道，大力宣传推广，引导更多人力资源服务机构积极参与助力脱贫攻坚行动，确保人社部门、行业协会、人力资源服务机构形成工作合力。

各地在推动工作中的典型做法和成效及时报告我部。

2019年3月6日

人力资源社会保障部办公厅关于动员组织各类专家助力脱贫攻坚活动的通知

人社厅函〔2019〕69号

各省、自治区、直辖市及新疆生产建设兵团人力资源社会保障厅（局），北京市人才工作局、中共海南省委人才发展局：

为全面落实中央关于打赢脱贫攻坚战三年行动的部署要求，坚持精准扶贫精准脱贫基本方略，进一步加大人才扶贫支持力度，现就动员组织各类专家助力脱贫攻坚活动通知如下：

一、充分认识专家助力脱贫攻坚的重要作用。习近平总书记强调要坚持大扶贫格局，注重扶贫同扶志、扶智相结合。各类专家是人才队伍中的骨干，在助力脱贫攻坚中发挥着解决关键技术、培养急需人才、转化实用成果、促进社会进步的重要作用。要深入贯彻落实习近平新时代中国特色社会主义思想和习近平总书记关于脱贫攻坚的重要论述精神，充分认识专家助力脱贫攻坚的重要作用，总结专家服务基层工作的经验和做法，鼓励引导各类专家向贫困地区流动，为脱贫攻坚提供人才智力支撑。

二、动员组织各类专家汇聚脱贫攻坚主战场。要采取多种方式，把各方面优秀专家汇聚到脱贫攻坚战中来。坚持需求导向，注重从各类专家比较集中的高等院校、科研院所和大中型国有企事业单位邀选，重点是包括两院院士、享受国务院政府特殊津贴专家、百千万人才工程人选、回国（来华）定居专家、高层次留学回国人才、优秀博士后研究人员等在内的国家、省级重点联系专家，以及其他贫困地区脱贫攻坚急需的高层次专家。要以国家和省定贫困县（村）为主要帮扶对象，重点是14个集中连片特困地区，特别是"三区三州"等深度贫困地区。

三、发挥专家优势围绕脱贫重点精准发力。充分发挥各类专家专业优势，精准助力脱贫攻坚。发挥专家技术优势，帮助贫困地区解决一批发展中的关键技术难题；发挥专家产业带动优势，帮助贫困地区群众就业创业；发挥专家专业优势，帮助贫困地区推动乡村建设、修复生态环境；发挥医疗专家专长，提高贫困地区人民群众医疗保障水平；发挥专家人才培养优势，帮助贫困地区培养一批实用骨干人才；发挥专家报国奉献热情，助推社会民生发展，补好扶贫短板。

四、丰富专家扶贫形式体现特色化和多样性。专家扶贫要充分考虑专家所长和扶贫需要，注重特色化，体现多样性。可结合贫困地区实际，组织开展专题培训、田间讲学、技术指导、决策咨询、项目合作、义演义诊等各具特色的专家服务团活动；可选派贫困地区专业技术骨干赴东部发达地区进修培训；可牵线搭桥，让贫困地区企业与发达地区企业建立产业合作、技术支持关系。服务活动不限时间、方式多样，尽力创造让专家各展所长、让群众受益的良好工作条件，以贫困群众所需为目的，使人才扶贫更有特色。

五、加大政策保障力度引导专家服务贫困地区。一是在享受国务院政府特殊津贴专家选拔、国家百千万人才工程选拔培训等项目中，向服务贫困地区的专家倾斜。在脱贫攻坚中做出突出贡献的专家，同等条件下优先纳入地方人才选拔培养项目。二是专家所在单位要积极支持，专家扶贫期间的业绩贡献作为晋升职称的重要依据，鼓励对专家往来贫困地区的交通及工作生活费用给予补助。三是贫困地区应采取多种手段，对专家领办、联办、协办高新技术企业给予重点扶持。四是加强对专家的政治引领。要把脱贫攻坚主战场打造成对专家政治引领和政治吸纳的大熔炉，帮助专家提升政治品质、思想认识，激发专家爱国情怀和奉献精神，建功立业新时代。

六、组织面向贫困地区的示范性专家服务团。我部每年实施不少于60个重点示范性专家服务团，组织2 000名左右专家赴贫困地区助力脱贫攻坚。示范性服务团包括高级专家服务团、博士后科技服务团、海外赤子为国服务团、新疆西藏特培专家服务团等，服务团重点服务贫困地区，特别是"三区三州"等深度贫困地区，对示范性服务团，我部给予专项经费支持。各地要组织实施好示范性服务团，做好需求摸底和专家对接。同时，组织动员各类专家，针对本地贫困地区脱贫需要，开展更深入更大规模的服务基层活动。

七、在贫困地区建设国家级专家服务基地。对贫困地区特别是"三区三州"等深度贫困地区申报的国家级专家服务基地优先纳入支持范围，适当予以政策倾斜，对入选的国家级专家服务基地，给予专项经费支持。各地要充分发挥已建专家服务基地等各级各类人才公共服务平台作用，积极开展深入贫困地区的服务活动，有计划地联系一批本地脱贫攻坚急需的专家，储备专家资源，发挥平台作用，注重实际效果。

八、加强急需紧缺人才培养培训。充分发挥专家在扶志扶智方面的作用，我部每年在贫困地区或围绕扶贫主题举办不少于50期高研班，培养培训服务脱贫攻坚的专业技术人员3 000人以上，培训经费全部由我部承担。高研班邀请对口专家学者授课，帮助贫困地区人才增素质，帮助贫困地区群众长志气，打造一支用得上、干得好、留得住的专业技术人才队伍。各地要承办组织好高研班，选派贫困地区专业技术骨干参加培训。同时，我部还将深入开展新疆、西藏专业技术人才特殊培养工作，助力两区深度贫困地区脱贫，两区人力资源社会保障部门要做好学员选调管理工作。

九、鼓励支持东部地区专家对口支援西部贫困地区。东部经济较发达地区要按照中央加强东西部扶贫协作工作的指导意见，把人才支持作为东西部扶贫协作和对口支援的重点，大力开展专家对口支援西部贫困地区活动。东部地区可组织本地区专家赴西部贫困地区开展服务团活动；鼓励支持西部地区人才培养培训基地建设；鼓励推动各类人才双向培养锻炼交流。西部贫困地区要积极主动向东部地区学习发展经验，选派青年骨干进修培训，并为东部专家赴西部扶贫创造好的工作生活环境。

十、健全完善专家助力脱贫攻坚的长效机制。各级人力资源社会保障部门要进一步健全专家助力脱贫攻坚的政策措施，不断完善持续发展的长效机制。认真总结专家服务工作经验，不断探索专家助力脱贫攻坚的新做法，积极推动服务活动规范化、常态化。要注重调动贫困地区群众和基层专业技术人员的积极性、主动性，提高自我发展能力，注重培育内在活力。

各地人力资源社会保障部门要进一步提高政治站位，增强政治自觉，加强组织领导，强化责任落实，逐步形成稳定支持的工作机制。要切实减轻基层负担，统筹整合资源，精准助力脱贫。要加大宣传力度，重点宣传报道典型经验和先进事迹。工作中发现的问题和建议请及时向我部报告。

2019年3月27日

五、联合发文

国家发展改革委 商务部 教育部 人力资源社会保障部 全国妇联印发关于开展家政服务业提质扩容"领跑者"行动试点工作的通知

发改社会〔2019〕1182号

各省、自治区、直辖市及计划单列市、新疆生产建设兵团发展改革委、商务厅（局）、教育厅（局）、人力资源社会保障厅（局）、妇联：

为贯彻落实《国务院办公厅关于促进家政服务业提质扩容的意见》（国办发〔2019〕30号，以下简称《意见》），促进形成示范引领效应，推进家政服务业高质量发展，国家发展改革委、商务部、教育部、人力资源社会保障部、全国妇联决定组织开展家政服务业提质扩容"领跑者"行动试点工作。现将有关事项通知如下。

一、总体要求

（一）指导思想。

以习近平新时代中国特色社会主义思想为指导，全面贯彻党的十九大和十九届二中、三中全会精神，坚持新发展理念，坚持高质量发展，坚持以人民为中心，以供给侧结构性改革为主线，持续推进"放管服"改革，繁荣家政服务市场，扩大有效供给，完善培训体系，加强诚信建设，推动家政服务业提质扩容，让人民群众有更多获得感、幸福感、安全感。

（二）基本原则。

——降本优质。中央（省级）各部门提供政策清单，激发试点地区积极性；试点城市提供政策清单，降低企业运营成本；企业提供优质服务，多方共同推动家政服务业提质扩容。

——自愿参加。试点不搞"点球式"支持，鼓励有积极性的城市自愿申报，鼓励有实力、信用好、有参与意愿的企业按照给定条件自愿申请。

——公开透明。中央（省级）部门和试点城市人民政府提供的政策清单向社会公开，示范企业的服务内容、价格目录、服务标准向社会公开，接受社会监督。

——竞争择优。优先考虑积极性高、敢于政策创新、为家政行业发展提供政策支持的城市；优先推介实力雄厚、服务优质、诚实守信的企业。

（三）主要目标。

推动试点地区出台一批可持续、可复制的政策措施，培育一批竞争力强、服务质量高、经济社会效益好的家政企业，加强家政行业信用体系建设，健全家政人才培训体系，实现试点地区家政服务实训能力全覆盖。促进家政服务业质量进一步提高，基本实现专业化、规模化、网络化、规范化发展。

二、试点任务

（一）试点城市主要任务。

1. 营造良好市场环境。试点地区要以供给侧结构性改革为主线，深入推进"放管服"改革。推动家政进社区，促进居民就近享有便捷服务。与贫困县、大城市或家政龙头企业签订劳务对接协议。把家政服务纳入产教融合实训基地重点培训内容。实施品牌战略，培育一批家政服务知名品牌。推动家政服务业与相关产业融合发展。

2. 深入开展家政培训提升行动。试点地区要制定培训计划，至少有1所本科高校和若干职业院校（含技工院校，下同）开设家政服务相关专业。以当地家政服务龙头企业、职业院校、本科高校、专业培训机构等为依托开展"家政培训提升行动"。统筹推进"春潮行动""工会技能培训促就业行动""巾帼家政服务专项培训工程"等。建设一批以家政服务相关专业为特色的产教融合实训基地。利用各类技能实训基地政策支持家政劳务输出基地建设。

3. 规范行业发展。制定或者修改完善家政服务领域规范性文件、法规、规章和标准。推广使用家政服务合同规范文本，明确家政服务三方权利义务关系。参照上海等城市的先进经验建立覆盖全域的家政持证上岗模式，统一为每一位合格的家政从业人员免费发放"居家上门服务证"。对家政企业开展考核评价并进行动态监管。发挥家政服务行业协会、消费者权益保护组织等作用，建立家政服务纠纷调解机制。建立家政服务员跟踪评价制度和信用记录管理制度，开发企业信用监管APP，开展社会化家政服务企业评价工作。

（二）示范企业主要任务。

1. 完善培训体系。要主动参加"家政培训提升行动"。参与编制家政服务培训标准及大纲，将在岗人员回炉培训纳入员工日常管理，将职业道德培养、法治教育等纳入培训课程。职业技能课程重点向老年服务、病患护理、母婴照料等领域倾斜，适度拓展心理学、医学、营养学、沟通技巧等基础知识。符合条件的家政企业积极创办家政服务类职业院校。

2. 提高服务质量。开展优质服务承诺，公开服务质量信息。要公开服务项目和收费标准，与消费者签订家政服务协议，明确服务内容清单和服务要求，严格执行服务内容、标准、规范，保证服务质量。要创新家政服务供给方式，积极运用互联网等信息技术提高管理和服务信息化水平。自觉接受第三方考核评价。

3. 承担公益责任。要发挥在脱贫攻坚中的积极作用，结合"百城万村"家政扶贫工作、家政服务劳务对接扶贫行动，积极吸纳贫困地区富余劳动力，推动就业脱贫。对接当地"时间银行"，接受安排志愿者从事适宜志愿服务活动，并提供必要支持。研究制定企业标准，并积极向社会推广。

三、试点时间、数量、条件和程序

（一）试点时间。2019—2020年。

（二）试点数量。遴选全国家政服务业提质扩容"领跑者"行动若干试点城市和示范企业。

（三）申报条件。

1. 试点城市是地级市或县（区）级行政区域，并且出具承诺函，提供支持本地区家政服务业发展的政策包（附件2），中央（省级）各部门对试点地区进行适当支持（附件1）。已开展家庭服务体系建设或已建设家政劳务输出基地的城市可优先考虑。

2. 示范企业优先考虑员工制家政企业，兼顾非员工制家政企业。企业需从事家政服务行业3年以上或者现有至少5个连锁门店。企业需登记取得营业执照（或民办非企业单位登记证书），愿意提供相应服务（附件3），运营状况稳定，财务状况良好，无违法情况，无不良信用记录并参加家政信用体系建设，有清晰的商业模式，深度参与校企合作，可持续发展能力强。对信用评价等级较高的企业优先考虑。

(四)申报程序。

1. 制定工作方案。试点城市和示范企业要分别制定工作方案,申报试点城市和示范企业应根据实际,全面推进工作任务,包括但不限于本通知列举的具体事项,鼓励各地和企业发挥主观能动性,积极推动政策和实践创新。

2. 地方初审。试点城市方案需经城市地方人民政府审议同意后,由各地发展改革部门、商务主管部门逐级报送省级发展改革部门、商务主管部门,由省级发展改革部门、商务主管部门会同有关部门审核。示范企业方案需经试点地区发展改革部门、商务主管部门会同有关部门初审后,逐级报送省级发展改革、商务等部门审核。每个省(区、市)原则上可推荐若干个试点城市和5家左右示范企业。

3. 确定名单。国家发展改革委、商务部会同教育部、人力资源社会保障部、全国妇联将根据申报情况,组织评审,及时公布试点城市和示范企业名单。国家发展改革委、商务部与试点城市签订试点工作承诺书,试点城市与示范企业签订服务承诺书。

四、工作要求

(一)加强组织领导。各省(区、市)发展改革、商务部门是试点工作的牵头部门,要会同教育、人力资源社会保障、妇联等部门切实加强组织领导,把创建试点示范摆上重要工作日程,落实责任人,细化工作方案,抓紧组织开展创建工作。意愿申报试点的地区要抓紧成立专班,组织开展方案编制和审核筛选工作,并按程序尽快申报。

(二)明确工作进度。省级发展改革、商务会同有关部门对本地区申报材料进行初审,于2019年7月20日前将申报材料联合上报国家发展改革委、商务部,电子版同步报送联系人邮箱。

申报材料需包括:(1)省级发展改革、商务等部门关于开展试点工作的请示;(2)试点城市和示范企业工作方案(附件4);(3)试点城市政策承诺函;(4)试点城市和示范企业家政培训提升行动计划表(附件5、6);(5)试点城市人民政府同意申报的会议纪要。

(三)加强事中事后监管。试点城市和示范企业要根据工作计划,及时通报进展情况,每年向国家发展改革委、商务部提交进展情况报告,并同时抄报省级发展改革、商务等部门。国家发展改革委、商务部会同有关部门将建立试点工作评价机制,适时组织督导评估,对试点地区实行动态管理,及时总结有益经验和典型做法,并向全国推广,确保试点工作取得实效。

附件:

1. 中央(省级)部门提供的政策清单
2. 城市人民政府提供的政策清单
3. 示范企业服务清单
4. 工作方案参考模板(略)
5. 试点地区家政培训提升行动计划表(略)
6. 示范企业家政培训提升行动计划表(略)

2019年7月5日

附件1

中央（省级）部门支持政策清单

1. 对每个试点城市支持一个家政类产教融合校企合作项目，安排中央预算内投资予以支持。

2. 支持试点地区符合条件的家政企业建设培育为产教融合型企业。

3. 安排服务业发展资金支持建设家政服务信用体系。

4. 保障按时足额拨付家政服务工程、巾帼家政服务专项培训工程等培训补贴资金。

5. 从失业保险基金结余资金支持试点城市家政服务培训。

6. 推动试点地区本科院校或职业院校增设家政服务相关专业，扩大家政服务相关专业招生规模。

7. 推动试点地区家政示范企业与有关院校组建职业教育集团。

8. 支持开展1+X证书制度试点。

9. 支持院校企业引进国际先进课程设计和教学管理体系。

10. 全国信用信息共享平台优先向试点城市的示范企业充分共享金融、税务、司法等可公开信用信息。

11. 五一劳动奖章、五一巾帼标兵、三八红旗手（集体）、青年文明号等评选表彰向试点地区家政从业人员倾斜。

附件2

城市人民政府提供的政策清单

一、必选项

（一）"放管服"改革政策。

1. 鼓励家政企业在社区设置服务网点，其租赁场地不受用房性质限制。

2. 企业对闲置厂房、社区用房等设施进行改造和利用，举办社区家政服务网点或家政培训基地。

3. 以较低成本向家政企业提供闲置厂房、社区用房等作为家政服务培训基地。

4. 制定或者修改完善家政服务领域规范性文件、法规、规章和标准。

5. 表彰并组织当地媒体对家政示范企业和优秀家政服务人员进行大力宣传。

（二）财税金融政策。

1. 合理降低家政企业进驻社区的场地租金，水电等费用执行居民价格。

2. 为辖区内家政服务员提供免费上岗前初次体检。

3. 运用投资、基金等组合工具支持家政

企业融资。

4. 支持依托政府投资建设的城乡社区综合服务设施（场地）设立家政服务网点，并适当减免租赁费用。

（三）教育培训支持政策。

1. 支持本区域本科高校或职业院校增设家政服务相关专业，扩大家政服务相关专业招生规模。

2. 支持本区域符合条件的家政示范企业开办家政服务类职业院校。

3. 将家政服务纳入当地各类职业技能实训基地重要培训内容。

4. 支持本区域职业院校、本科高校和家政示范企业开展联合办学。

5. 有计划组织线上线下家政服务专场招聘会，搭建企业与劳动力供需对接平台。

6. 率先启动"家政培训提升行动"，开展各类培训活动，每年培训家政服务业和家政经理人不少于_____人次。

7. 优化简化培训补贴申领流程，适当提高补贴标准。

8. 为员工制家政企业人员提供免费的岗前培训和"回炉"培训。

二、自选项

（一）改善家政从业人员居住条件。

1. 以合适方式支持有条件的员工制家政企业建立职工集体宿舍。园区配建职工宿舍优先面向员工制家政企业职工。

2. 将符合当地公租房保障条件的从业人员纳入保障范围，合理确定保障方式和标准，鼓励集中配租。

3. 支持家政服务从业人员通过市场租房居住，政府对符合条件的给予租赁补贴。

4. 大中型以上城市可利用城市现有设施改造作为员工制家政服务人员集体宿舍。

（二）其他政策。

1. 打造一批社区家政示范项目，统一标准和标识，统筹设置家政、养老、托育等服务内容，通过政府购买服务的方式予以支持。

2. 为家政服务人员购买商业保险，组织家政企业和从业人员统一投保。

3. 向有资质的培训机构、职业院校、普通本科高校和家政示范企业等，购买家政服务培训项目。

4. 实行积分落户政策的城市对在世界技能大赛等比赛中获得重大奖励，以及国家级一类、二类职业技能大赛中获奖的家政服务人员给予照顾。

附件3

示范企业服务清单

一、必选项

1. 开展在岗培训、脱产培训、业务研修、技能竞赛等，将在岗人员回炉培训纳入员工日常管理。

2. 开展"家政培训提升行动"，倡导标准化岗位技能培训，每年家政服务人员_____人次。

3. 家政服务人员培训合格后100%持证上门。

4. 引进消化国际先进课程设计和教学管理体系，优化课程体系，将职业道德培养、法治教育等纳入家政培养培训课程，适度拓展心理学、医学、营养学、沟通技巧等基础知识。

5. 积极申报产教融合型企业，与有关职业院校组建职业教育集团，深度参与技术技能人才培养。

6. 公开服务项目和收费项目，使用家政服务合同示范文本。

7. 组织家政从业人员做好健康体检，加强管理和监督。

8. 开展第三方认证和优质服务承诺，公开服务质量信息。

9. 积极纳入家政信用体系建设，共享企业、从业人员、消费者的基础信息和信用信息。

10. 参保雇主责任险，为员工投保意外伤害保险、职业责任保险。

二、自选项

1. 积极招用化解过剩产能企业失业人员、毕业年度高校毕业生等，每年解决就业_____人。

2. 培训并招用试点地区及其他地区贫困劳动力，每年实现精准脱贫_____人。

3. 为家政从业人员申请公租房、租房补贴等，提供集中申请办理等服务。

4. 建立职工集体宿舍或培训学校。

教育部办公厅等十四部门关于印发《职业院校全面开展职业培训 促进就业创业行动计划》的通知

教职成厅〔2019〕5号

各省、自治区、直辖市教育厅（教委）、人力资源社会保障厅（局）、发展改革委、工业和信息化主管部门、财政厅（局）、住房城乡建设厅（委）、农业农村（农牧）厅（局、委）、退役军人事务厅（局）、国资委、扶贫办、总工会、团委、妇联、残联，新疆生产建设兵团教育局、人力资源社会保障局、发展改革委、工业和信息化委、财务局、住房城乡建设局、农业农村局、退役军人事务局、国资委、扶贫办、工会、团委、妇联、残联，行业职业教育教学指导委员会，有关单位：

为贯彻落实《国家职业教育改革实施方案》《国务院办公厅关于印发职业技能提升行动方案（2019—2021年）的通知》要求，教育部等十四部门研究制定了《职业院校全面开展职业培训 促进就业创业行动计划》。现印发给你们，请结合实际，加强协同配合，认真贯彻执行。

2019年10月16日

职业院校全面开展职业培训 促进就业创业行动计划

实施学历教育与培训并举是职业院校（含技工院校，下同）的法定职责。职业院校面向全体劳动者广泛开展职业培训，既有利于支持和促进就业创业，也有利于学校提升人才培养质量和办学能力，是深化职业教育改革发展的重要内容。当前，职业院校开展学历教育和培训"一条腿长一条腿短"的现象普遍存在，面向社会开展培训还存在学校和教师的主动性不高、课程及资源不足、针对性和适用性不够、教师实践教学能力不强等问题，仍然是职业教育发展的薄弱环节。为深入贯彻全国教育大会精神，落实《国家职业教育改革实施方案》《国务院办公厅关于印发职业技能提升行动方案（2019—2021年）的通知》要求，推动职业院校全面开展职业培训，提高劳动者素质和职业技能水平，提升职业教育服务发展、促进就业创业能力，特制定本行动计划。

一、总体要求

（一）指导思想。以习近平新时代中国特色社会主义思想为指导，全面贯彻党的十九大精神，认真落实党中央、国务院决策部署，充分发挥职业教育资源优势，以健全政行企校多方协同的培训机制为突破口，增强院校和教师主动性，调动参训人员积极性，面向全体劳动者特别是重点人群及技术技能人才紧缺领域开展大规模、高质量的职业培训，加快形成学历教育与培训并举并重的办学格局，为实现更高质量和更充分就业提供有力支持。

（二）基本原则。坚持注重实效，促进就业。围绕服务稳定和扩大就业，紧贴区域、行业企业和个人发展的实际需求，保障培训的针对性和实用性。坚持扩大规模，提升质量。支持职业院校敞开校门，面向社会广泛开展培训，推动学历教育与培训相互融合、相互促进。坚持统筹资源，协同推进。加强部门之间统筹协同、产教之间融合联动，形成共同推进职业培训工作合力。坚持完善机制，激发动力。健全培训激励和保障制度，创造更加规范和更有吸引力的培训环境。

（三）行动目标。到2022年，职业院校面向社会广泛开展职业培训，培训理念更加先进，培训层次更加完善，培训课程资源更加丰富，培训类型与形式更加多样；政府引导、行业参与、校企合作的多方协同培训机制基本建立，培训能力和服务就业创业能力显著增强；职业院校成为开展职业培训的重要阵地，学历教育与培训并举并重的职业教育办学格局基本形成。具体目标：

1. 职业院校年承担补贴性培训达到较大规模；开展各类职业培训年均达到5000万人次以上。

2. 重点培育一批校企深度合作共建的高水平实训基地、创业孵化器和企业大学。

3. 建设一大批面向重点人群、学习内容和形式灵活多样的培训资源库，开发遴选一大批重点领域的典型培训项目，培养一大批能够同时承担学历教育和培训任务的教师，适应"双岗"需要的教师占专业课教师总数60%。

二、行动措施

（一）广泛开展企业职工技能培训。推动职业院校联合行业企业面向人工智能、大数据、云计算、物联网、工业互联网、建筑新技术应用、智能建筑、智慧城市等领域，大力开展新技术技能培训。通过开展现代学徒制、职业技能竞赛、在线学习等方式，促进企业职工岗位技术技能水平提升。鼓励职业院校联合行业组织、大型企业组建职工培训集团，发挥各方资源优势，共同开展补贴性培训、中小微企业职工培训和市场化社会培训。支持职业院校与企业合作共建企业大学、职工培训中心、继续教育基地。结合学校专业优势，以岗位技术规范为标准，以技术和知识更新调整为重点，加大对困难企业职工转岗转业培训力度。支持职业院校服务中国企业"走出去"，积极开展涉外培训。

（二）积极开展面向重点人群的就业创业培训。鼓励职业院校积极开发面向高校毕业生、退役军人、农民工、去产能分流职工、建档立卡贫困劳动力、残疾人等重点人群的就业创业培训项目。支持职业院校承担春潮行动、雨露计划、求学圆梦计划等政府组织的和工青妇等群团组织开展的培训任务。支持职业院校与行业企业合作开设大学生、退役军人就业技能训练班，开展先进制造业、战略性新兴产业、现代服务业及人才紧缺领域的技术技能培训。加强适应残疾人特点的民间工艺、医疗按摩等领域培训。鼓励涉农职业院校送培训下乡，把技术技能送到田间地头和养殖农牧场，深入开展技能扶贫，服务脱贫攻坚和乡村振兴，大力培育高素质农民和农村实用人才。支持职业院校开发具有专业特色的创业课程，建设创业孵化器，对自谋职业和具有创业意向的参训人员进行创业意识、创业知识、创业能力等方面的培训。

（三）大力开展失业人员再就业培训。支

持职业院校对接当地人力资源社会保障部门及工青妇等群团组织，面向长期失业青年、农村留守妇女、大龄失业人员等，开发周期短、需求大、易就业的培训项目。职业院校要大力开展家政、养老、护工、育婴、电商、快递、手工等领域初级技能培训，使失业人员掌握一技之长。支持职业院校承担巾帼家政服务培训任务。要突出帮、教、扶等特点，积极联系合作企业，择优推荐工作，提供培训就业一体化服务，努力实现培训即招工、培训即就业。

（四）做好职业指导和就业服务。职业院校要引导参训人员增强市场就业意识，帮助其树立正确的职业观、择业观和创业观。加强就业有关法律法规、职业道德、职业素养、求职技巧等方面的教育。对农村和边远地区、少数民族地区的大龄参训人员，要增加普通话、常用现代化设施（工具、软件）运用等基本技能方面的培训。职业院校要密切与人力资源服务机构、行业企业的合作，共同开展招聘会、就业创业指导、政策宣传等多样化就业服务，为参训人员提供有效的就业信息。

（五）推进培训资源建设和模式改革。职业院校要深入开展培训需求调研，提升培训项目设计开发能力，增强培训项目设计的针对性。积极会同行业企业建设一批培训资源开发中心，面向重点人群、新技术、新领域等开发一批重点培训项目，共同研究制订培训方案、培训标准、课程标准等，开发分级分类的培训课程资源包。积极开发微课、慕课、VR（虚拟现实技术）等数字化培训资源，完善专业教学资源库，进一步扩大优质资源覆盖面。要加强大数据技术的应用，多渠道整合培训资源，鼓励共建共享。突出"短平快"等特点，探索推行"互联网+培训"模式，通过智慧课堂、移动APP（应用程序）、线上线下相结合等，开展碎片化、灵活性、实时性培训。鼓励职业院校通过"企业学区""移动教室""大篷车""小马扎"等方式，把培训送到车间和群众家门口。

（六）加强培训师资队伍建设。落实好职业院校教师定期到企业实践制度，鼓励教师参与企业培训、技术研发等活动，提升实践教学能力。充分利用学校实习实训基地、产教融合型企业等，对专业教师进行针对性培训，培养一大批适应"双岗"需要的教师，使教师能驾驭学校、企业"两个讲台"。健全职业院校自主聘任企业兼职教师制度。鼓励职业院校聘请劳动模范、能工巧匠、企业技术人才、高技能人才等担任兼职教师，承担培训任务。完善教师工作绩效考核办法，将培训服务课时量和培训成效等作为教师工作绩效考核的重要内容。

（七）支持多方合作共建培训实训基地。支持职业院校在现有实训基地基础上，建设一批标准化培训实训基地。产教融合型企业要加大对培训实训基地建设支持力度，并积极承担各类培训项目。按照培训项目与产业需求对接、培训内容与职业标准（评价规范）对接、培训过程与生产过程对接的要求，支持校企合作建设一批集实践教学、社会培训、真实生产和技术服务于一体的高水平就业创业实训基地。各地教育行政部门、人力资源社会保障部门要推动当地公共实训基地面向职业院校和城乡各类劳动者提供技能训练、技能鉴定、创业孵化、师资培训等服务。

（八）完善职业院校开展培训的激励政策。支持职业院校开展补贴性培训。推动职业院校培训量计算标准化、规范化，可按一定比例折算成全日制学生培养工作量，与绩效工资总量增长挂钩。各级人力资源社会保障、财政部门要充分考虑职业院校承担培训任务情况，合理核定绩效工资总量和水平。对承担任务较重的职业院校，在原总量基础上及时核增所需绩效工资总量。指导职业院校按规定的程序和办法搞活内部分配，在内部分配时向承担培训任务的一线教师倾斜。允许职业院校将一定比例的培训收入纳入学校公用经费。鼓励支持职业院校按同类专业（群）组建培训联合体，互聘教师开展培训。

（九）健全参训人员的支持鼓励政策。全

面落实职业培训补贴、生活费补贴政策，确保符合条件的参训人员应享尽享。加快推进"学历证书+若干职业技能等级证书"（简称1+X证书）制度试点工作，鼓励参训人员获取职业技能等级证书和职业资格证书。依托职业教育国家"学分银行"试点，对职业技能等级证书等所体现的培训成果进行登记和储存，计入个人学习账号，为学习成果认定、积累与转换奠定基础。鼓励符合条件的参训人员接受学历教育，培训成果按规定兑换学分，免修相应课程。职业院校要实施精准培训，切实提高参训人员的就业创业能力，帮助其用好就业创业支持政策。

（十）建立培训评价与考核机制。以参训人员的技术技能水平、就业创业能力和质量等为核心，建立培训绩效考核体系。将面向社会开展培训情况作为职业院校办学能力考核评价的重要指标和职业教育项目安排的重要依据。各地要结合实际对落实本行动计划积极主动、面向社会开展培训成效明显的职业院校，在安排职业教育财政补助及有关基础设施建设资金、遴选相关试点项目方面，给予倾斜支持。完善职业院校培训工作标准体系和管理制度，对职业院校开展培训工作进行评估和督导，落实督导报告、公报、约谈、限期整改、奖惩等制度。

三、行动要求

（一）加强组织领导。各地教育、人力资源社会保障、发展改革、工业和信息化、财政、住房城乡建设、农业农村、退役军人、国资委、扶贫、工会、共青团、妇联、残联等部门要加强沟通协作，积极支持职业院校承担本部门（行业）及相关领域的培训项目，共同帮助职业院校协调解决开展培训工作中遇到的实际困难和问题。各地教育行政部门、职业院校要高度重视培训工作，切实将职业培训摆在与学历教育同等重要的地位。职业院校要把开展培训工作作为一把手工程，成立专门负责培训的机构，配备专人负责。开展1+X证书制度试点的院校要发挥示范引领作用，主动承担有关培训任务。

（二）强化实施管理。各地要根据本行动计划内容，结合实际制定好落实方案、年度计划，逐级分解任务、明确目标、落实责任，确定时间表和任务书。各地教育行政部门要会同有关部门加强对本地区职业院校开展培训工作的日常指导、检查与跟踪。各行业职业教育教学指导委员会要推动行业部门、行业组织引导和督促相关企业参与行动计划的实施。建立行动计划进展情况上报制度，各地要分行业领域、分培训对象做好培训数据整理汇总工作，定期将本地区职业院校开展培训工作进展情况报送教育部。教育部将汇总整理各地落实方案和年度计划、进展情况，组织编制职业院校开展职业培训情况年度报告，定期向社会发布，同时做好监督管理、检查指导工作。

（三）注重宣传引导。各地和各职业院校要加大对培训工作的宣传力度，通过职业教育活动周、全民终身学习活动周等，面向城乡各类劳动者加大对培训有关政策、项目的宣传力度，帮助企业、劳动者了解熟悉政策，用足用好政策。要积极运用各种媒体，广泛宣传介绍职业院校开展的各类培训项目，特别要加强对重点人群的宣传。要扎实做好职业院校开展职业培训的经验和典型的总结推广工作。

财政部 税务总局 人力资源社会保障部 国务院扶贫办关于进一步支持和促进重点群体创业就业有关税收政策的通知

财税〔2019〕22号

各省、自治区、直辖市、计划单列市财政厅（局）、人力资源社会保障厅（局）、扶贫办，国家税务总局各省、自治区、直辖市、计划单列市税务局，新疆生产建设兵团财政局、人力资源社会保障局、扶贫办：

为进一步支持和促进重点群体创业就业，现将有关税收政策通知如下：

一、建档立卡贫困人口、持《就业创业证》（注明"自主创业税收政策"或"毕业年度内自主创业税收政策"）或《就业失业登记证》（注明"自主创业税收政策"）的人员，从事个体经营的，自办理个体工商户登记当月起，在3年（36个月，下同）内按每户每年12 000元为限额依次扣减其当年实际应缴纳的增值税、城市维护建设税、教育费附加、地方教育附加和个人所得税。限额标准最高可上浮20%，各省、自治区、直辖市人民政府可根据本地区实际情况在此幅度内确定具体限额标准。

纳税人年度应缴纳税款小于上述扣减限额的，减免税额以其实际缴纳的税款为限；大于上述扣减限额的，以上述扣减限额为限。

上述人员具体包括：1. 纳入全国扶贫开发信息系统的建档立卡贫困人口；2. 在人力资源社会保障部门公共就业服务机构登记失业半年以上的人员；3. 零就业家庭、享受城市居民最低生活保障家庭劳动年龄内的登记失业人员；4. 毕业年度内高校毕业生。高校毕业生是指实施高等学历教育的普通高等学校、成人高等学校应届毕业的学生；毕业年度是指毕业所在自然年，即1月1日至12月31日。

二、企业招用建档立卡贫困人口，以及在人力资源社会保障部门公共就业服务机构登记失业半年以上且持《就业创业证》或《就业失业登记证》（注明"企业吸纳税收政策"）的人员，与其签订1年以上期限劳动合同并依法缴纳社会保险费的，自签订劳动合同并缴纳社会保险当月起，在3年内按实际招用人数予以定额依次扣减增值税、城市维护建设税、教育费附加、地方教育附加和企业所得税优惠。定额标准为每人每年6 000元，最高可上浮30%，各省、自治区、直辖市人民政府可根据本地区实际情况在此幅度内确定具体定额标准。城市维护建设税、教育费附加、地方教育附加的计税依据是享受本项税收优惠政策前的增值税应纳税额。

按上述标准计算的税收扣减额应在企业当年实际应缴纳的增值税、城市维护建设税、教育费附加、地方教育附加和企业所得税税额中扣减，当年扣减不完的，不得结转下年使用。

本通知所称企业是指属于增值税纳税人或企业所得税纳税人的企业等单位。

三、国务院扶贫办在每年1月15日前将建档立卡贫困人口名单及相关信息提供给人力资源社会保障部、税务总局,税务总局将相关信息转发给各省、自治区、直辖市税务部门。人力资源社会保障部门依托全国扶贫开发信息系统核实建档立卡贫困人口身份信息。

四、企业招用就业人员既可以适用本通知规定的税收优惠政策,又可以适用其他扶持就业专项税收优惠政策的,企业可以选择适用最优惠的政策,但不得重复享受。

五、本通知规定的税收政策执行期限为2019年1月1日至2021年12月31日。纳税人在2021年12月31日享受本通知规定税收优惠政策未满3年的,可继续享受至3年期满为止。《财政部 税务总局 人力资源社会保障部关于继续实施支持和促进重点群体创业就业有关税收政策的通知》(财税〔2017〕49号)自2019年1月1日起停止执行。

本通知所述人员,以前年度已享受重点群体创业就业税收优惠政策满3年的,不得再享受本通知规定的税收优惠政策;以前年度享受重点群体创业就业税收优惠政策未满3年且符合本通知规定条件的,可按本通知规定享受优惠至3年期满。

各地财政、税务、人力资源社会保障部门、扶贫办要加强领导、周密部署,把大力支持和促进重点群体创业就业工作作为一项重要任务,主动做好政策宣传和解释工作,加强部门间的协调配合,确保政策落实到位。同时,要密切关注税收政策的执行情况,对发现的问题及时逐级向财政部、税务总局、人力资源社会保障部、国务院扶贫办反映。

2019年2月2日

财政部 退役军人部 人力资源社会保障部 医保局 民政部 税务总局关于解决部分退役士兵社会保险问题中央财政补助资金有关事项的通知

财社〔2019〕81号

各省、自治区、直辖市财政厅（局）、退役军人事务厅（局）、人力资源社会保障厅（局）、医疗保障局、民政厅（局），税务总局各省、自治区、直辖市和计划单列市税务局，新疆生产建设兵团财政局、退役军人事务局、人力资源社会保障局、医疗保障局、民政局：

为贯彻落实《中共中央办公厅 国务院办公厅印发〈关于解决部分退役士兵社会保险问题的意见〉的通知》（以下称《通知》），妥善解决部分退役士兵基本养老保险和基本医疗保险未参保和中断缴费问题，规范中央财政补助资金使用管理，现将有关事项通知如下：

一、政府补助范围

以政府安排工作方式退出现役的退役士兵，在《通知》实施前，未参加基本养老保险和基本医疗保险或参保后缴费中断的，可以按不超过本人军龄的年限补缴。

退役士兵参加基本养老保险和基本医疗保险所需缴费，原则上单位缴费部分由所在单位负担，个人缴费部分由个人负担。原单位已不存在或缴纳确有困难的，由原单位上级主管部门负责补缴；上级主管部门不存在或无力缴纳的，由安置地退役军人事务主管部门申请财政资金解决。

二、中央财政补助范围及标准

退役士兵补缴基本养老保险单位缴费部分所需政府补助资金，中央财政对中西部兵员大省、中西部非兵员大省、东部兵员大省、东部非兵员大省分别按照50%、40%、30%、20%的比例给予补助。1978年以来，累计接收符合政府安排工作条件的退役士兵达40万人以上的，认定为兵员大省。

退役士兵补缴基本医疗保险单位缴费部分所需政府补助资金，由地方财政承担。退役士兵个人属于最低生活保障对象、特困人员的，地方政府对其补缴基本养老保险和基本医疗保险个人缴费予以适当补助，所需资金由地方财政承担。

三、中央财政补助资金预拨和结算

中央财政补助资金实行先预拨后结算的补助方式。2019年起，中央财政根据各地工作进展情况预拨补助资金，2022年结算剩余补助资金。鼓励各地加快工作进度，对提前完成工作任务的，中央财政将及时结算补助资金。

部分退役士兵基本养老保险补缴工作完成

后，地方各级退役军人部门应会同人力资源社会保障、财政部门按要求逐级汇总上报《部分退役士兵补缴基本养老保险中央财政补助资金结算申请表》（附件1）和《部分退役士兵补缴基本养老保险情况统计表》（附件2）。2022年4月1日前，各省（区、市）退役军人事务部门应会同人力资源社会保障、财政部门向退役军人部上报中央财政补助资金结算申请报告及附件1。结算申请报告应包括：本地基本养老保险补缴工作开展情况；基本养老保险补缴人数、补缴年限、补缴金额；地方财政补助资金安排及中央财政补助资金分配使用情况；申请结算的补助资金；工作中存在的问题及建议等。退役军人部对各省（区、市）的结算申请报告及其附件进行审核后向财政部提出结算建议，财政部根据退役军人部审核情况结算中央财政补助资金。

四、补助资金使用管理

各省（区、市）财政部门在收到中央财政预拨资金预算后，应及时将资金预算分解下达到市（区）、县（市）财政部门或安排用于省级退役军人事务部门办理的退役士兵基本养老保险补缴工作。地方各级财政部门应统筹使用中央和地方安排的财政补助资金，做好退役士兵基本养老保险补缴工作，对补缴所需资金不得挂账处理，切实保障退役士兵养老保险权益。

对《通知》出台前，已经开展部分退役士兵基本养老保险补缴工作的地区，中央财政按照本通知规定安排和结算补助资金。退役士兵基本养老保险补缴工作完成后，各地可根据本地实际将中央财政补助资金统筹用于其他支出。

五、监督检查

退役军人部、人力资源社会保障部、财政部将对各省（区、市）中央财政补助资金安排使用情况进行专项检查。各级财政、退役军人事务、人力资源社会保障等部门及其工作人员在退役士兵补缴基本养老保险中央财政补助资金使用管理工作中，存在虚报退役士兵补缴人数和补助金额、挤占挪用补助资金、贪污浪费以及其他滥用职权、玩忽职守、徇私舞弊等违法违纪行为的，按照《中华人民共和国预算法》《中华人民共和国公务员法》《中华人民共和国监察法》《财政违纪行为处分条例》等有关规定追究相关部门和个人责任；涉嫌犯罪的，移送司法机关处理。

六、有关工作要求

各地各有关部门要各司其职、密切配合，最迟于2021年底前完成部分退役士兵基本养老保险补缴工作。退役军人事务部门要做好人员摸排、身份审核确认、补助资金审核申请等工作，并切实承担起统筹协调责任。人力资源社会保障、医保、税务部门要根据部门职责，做好历史参保记录核查、费用补缴和征收、参保权益确认等工作。民政部门要积极协助做好最低生活保障对象、特困人员等身份确认工作。财政部门要及时安排拨付基本养老保险和基本医疗保险补缴所需补助资金，切实做好资金保障，会同相关部门加强资金管理，确保资金使用安全、规范、高效。

附件：

1. 部分退役士兵补缴基本养老保险中央财政补助资金结算申请表（略）
2. 部分退役士兵补缴基本养老保险情况统计表（略）

2019年7月5日

住房和城乡建设部 人力资源社会保障部关于印发建筑工人实名制管理办法（试行）的通知

建市〔2019〕18号

各省、自治区住房和城乡建设厅、人力资源社会保障厅，直辖市住房和城乡建设（管）委、人力资源社会保障局，新疆生产建设兵团住房和城乡建设局、人力资源社会保障局：

为贯彻落实《国务院办公厅关于全面治理拖欠农民工工资问题的意见》（国办发〔2016〕1号）、《国务院办公厅关于促进建筑业持续健康发展的意见》（国办发〔2017〕19号）要求，住房和城乡建设部、人力资源社会保障部制定了《建筑工人实名制管理办法（试行）》。现印发给你们，请结合本地区实际，认真贯彻执行。

2019年2月17日

建筑工人实名制管理办法（试行）

第一条 为规范建筑市场秩序，加强建筑工人管理，维护建筑工人和建筑企业合法权益，保障工程质量和安全生产，培育专业型、技能型建筑产业工人队伍，促进建筑业持续健康发展，依据建筑法、劳动合同法、《国务院办公厅关于全面治理拖欠农民工工资问题的意见》（国办发〔2016〕1号）和《国务院办公厅关于促进建筑业持续健康发展的意见》（国办发〔2017〕19号）等法律法规及规范性文件，制定本办法。

第二条 本办法所称建筑工人实名制是指对建筑企业所招用建筑工人的从业、培训、技能和权益保障等以真实身份信息认证方式进行综合管理的制度。

第三条 本办法适用于房屋建筑和市政基础设施工程。

第四条 住房和城乡建设部、人力资源社会保障部负责制定全国建筑工人实名制管理规定，对各地实施建筑工人实名制管理工作进行指导和监督；负责组织实施全国建筑工人管理服务信息平台的规划、建设和管理，制定全国建筑工人管理服务信息平台数据标准。

第五条 省（自治区、直辖市）级以下住房和城乡建设部门、人力资源社会保障部门负责本行政区域建筑工人实名制管理工作，制定建筑工人实名制管理制度，督促建筑企业在施工现场全面落实建筑工人实名制管理工作的各项要求；负责建立完善本行政区域建筑工人实名制管理平台，确保各项数据的完整、及时、准确，实现与全国建筑工人管理服务信息平台联通、共享。

第六条 建设单位应与建筑企业约定实施建筑工人实名制管理的相关内容，督促建筑企业落实建筑工人实名制管理的各项措施，为建筑企业实行建筑工人实名制管理创造条件，按照工程进度将建筑工人工资按时足额付至建筑企业在银行开设的工资专用账户。

第七条 建筑企业应承担施工现场建筑工人实名制管理职责，制定本企业建筑工人实名制管理制度，配备专（兼）职建筑工人实名制管理人员，通过信息化手段将相关数据实时、准确、完整上传至相关部门的建筑工人实名制管理平台。

总承包企业（包括施工总承包、工程总承包以及依法与建设单位直接签订合同的专业承包企业，下同）对所承接工程项目的建筑工人实名制管理负总责，分包企业对其招用的建筑工人实名制管理负直接责任，配合总承包企业做好相关工作。

第八条 全面实行建筑业农民工实名制管理制度，坚持建筑企业与农民工先签订劳动合同后进场施工。建筑企业应与招用的建筑工人依法签订劳动合同，对其进行基本安全培训，并在相关建筑工人实名制管理平台上登记，方可允许其进入施工现场从事与建筑作业相关的活动。

第九条 项目负责人、技术负责人、质量负责人、安全负责人、劳务负责人等项目管理人员应承担所承接项目的建筑工人实名制管理相应责任。进入施工现场的建设单位、承包单位、监理单位的项目管理人员及建筑工人均纳入建筑工人实名制管理范畴。

第十条 建筑工人应配合有关部门和所在建筑企业的实名制管理工作，进场作业前须依法签订劳动合同并接受基本安全培训。

第十一条 建筑工人实名制信息由基本信息、从业信息、诚信信息等内容组成。

基本信息应包括建筑工人和项目管理人员的身份证信息、文化程度、工种（专业）、技能（职称或岗位证书）等级和基本安全培训等信息。

从业信息应包括工作岗位、劳动合同签订、考勤、工资支付和从业记录等信息。

诚信信息应包括诚信评价、举报投诉、良好及不良行为记录等信息。

第十二条 总承包企业应以真实身份信息为基础，采集进入施工现场的建筑工人和项目管理人员的基本信息，并及时核实、实时更新；真实完整记录建筑工人工作岗位、劳动合同签订情况、考勤、工资支付等从业信息，建立建筑工人实名制管理台账；按项目所在地建筑工人实名制管理要求，将采集的建筑工人信息及时上传相关部门。

已录入全国建筑工人管理服务信息平台的建筑工人，1年以上（含1年）无数据更新的，再次从事建筑作业时，建筑企业应对其重新进行基本安全培训，记录相关信息，否则不得进入施工现场上岗作业。

第十三条 建筑企业应配备实现建筑工人实名制管理所必需的硬件设施设备，施工现场原则上实施封闭式管理，设立进出场门禁系统，采用人脸、指纹、虹膜等生物识别技术进行电子打卡；不具备封闭式管理条件的工程项目，应采用移动定位、电子围栏等技术实施考勤管理。相关电子考勤和图像、影像等电子档案保存期限不少于2年。

实施建筑工人实名制管理所需费用可列入安全文明施工费和管理费。

第十四条 建筑企业应依法按劳动合同约定，通过农民工工资专用账户按月足额将工资直接发放给建筑工人，并按规定在施工现场显著位置设置"建筑工人维权告示牌"，公开相关信息。

第十五条 各级住房和城乡建设部门、人

力资源社会保障部门、建筑企业、系统平台开发应用等单位应制定制度，采取措施，确保建筑工人实名制管理相关数据信息安全，以及建筑工人实名制信息的真实性、完整性，不得漏报、瞒报。

第十六条　各级住房和城乡建设部门、人力资源社会保障部门应加强与相关部门的数据共享，通过数据运用分析，利用新媒体和信息化技术渠道，建立建筑工人权益保障预警机制，切实保障建筑工人合法权益，提高服务建筑工人的能力。

第十七条　各级住房和城乡建设部门、人力资源社会保障部门应对下级部门落实建筑工人实名制管理情况进行监督检查，对于发现的问题要责令限期整改；拒不整改或整改不到位的，要约谈相关责任人；约谈后仍拒不整改或整改不到位的，列入重点监管范围并提请有关部门进行问责。

第十八条　各级住房和城乡建设部门应按照"双随机、一公开"的要求，加强对本行政区域施工现场建筑工人实名制管理制度落实情况的日常检查，对涉及建筑工人实名制管理相关投诉举报事项进行调查处理。对涉及不依法签订劳动合同、欠薪等侵害建筑工人劳动保障权益的，由人力资源社会保障部门会同住房和城乡建设部门依法处理；对涉及其他部门职能的违法问题或案件线索，应按职责分工及时移送处理。

第十九条　各级住房和城乡建设部门可将建筑工人实名制管理列入标准化工地考核内容。建筑工人实名制信息可作为有关部门处理建筑工人劳动纠纷的依据。各有关部门应制定激励办法，对切实落实建筑工人实名制管理的建筑企业给予支持，一定时期内未发生工资拖欠的，可减免农民工工资保证金。

第二十条　各级住房和城乡建设部门对在监督检查中发现的企业及个人弄虚作假、漏报瞒报等违规行为，应予以纠正、限期整改，录入建筑工人实名制管理平台并及时上传相关部门。拒不整改或整改不到位的，可通过曝光、核查企业资质等方式进行处理，存在工资拖欠的，可提高农民工工资保证金缴纳比例，并将相关不良行为记入企业或个人信用档案，通过全国建筑市场监管公共服务平台向社会公布。

第二十一条　严禁各级住房和城乡建设部门、人力资源社会保障部门借推行建筑工人实名制管理的名义，指定建筑企业采购相关产品；不得巧立名目乱收费，增加企业额外负担。对违规要求建筑企业强制使用某款产品或乱收费用的，要立即予以纠正；情节严重的依法提请有关部门进行问责，构成犯罪的，依法追究刑事责任。

第二十二条　各级住房和城乡建设部门、人力资源社会保障部门应结合本地实际情况，制定本办法实施细则。

第二十三条　本办法由住房和城乡建设部、人力资源社会保障部负责解释。

第二十四条　本办法自2019年3月1日起施行。

国家卫生健康委 国家发展改革委 民政部 财政部 人力资源社会保障部 生态环境部 应急部 国务院扶贫办 国家医保局 全国总工会关于印发尘肺病防治攻坚行动方案的通知

国卫职健发〔2019〕46号

各省、自治区、直辖市人民政府,国务院各部委、各直属机构:

为加强尘肺病预防控制和尘肺病患者救治救助工作,切实保障劳动者职业健康权益,国家卫生健康委等10部门联合制定了《尘肺病防治攻坚行动方案》。经国务院同意,现印发给你们,请认真贯彻执行。

2019年7月11日

尘肺病防治攻坚行动方案

为贯彻落实党中央、国务院领导同志重要批示精神和《国家职业病防治规划(2016—2020年)》有关要求,解决当前尘肺病防治工作中存在的重点和难点问题,坚决遏制尘肺病高发势头,保障劳动者职业健康权益,特制定本行动方案。

一、总体要求

(一)指导思想。以习近平新时代中国特色社会主义思想为指导,认真贯彻落实党的十九大和十九届二中、三中全会精神,以及习近平总书记在全国卫生与健康大会上的重要讲话精神,坚持以人民健康为中心,贯彻预防为主、防治结合的方针,按照"摸清底数,加强预防,控制增量,保障存量"的思路,动员各方力量,实施分类管理、分级负责、综合治理,有效加强尘肺病预防控制,大力开展尘肺病患者救治救助工作,切实保障劳动者职业健康权益。

(二)基本原则。

——政府领导,部门协作。地方各级人民政府要将尘肺病等职业病防治工作纳入本地区国民经济和社会发展规划，加强领导，保障投入。各有关部门要加强协调，密切合作，立足本部门职责，积极落实防治措施。

——预防为主，防治结合。用人单位要依法落实尘肺病防治主体责任，采取有效措施改善作业环境，预防和控制粉尘危害。地方人民政府要加强对尘肺病诊断和治疗工作的管理，采取多种措施救助尘肺病患者，防止"因病致贫、因病返贫"。

——分类指导，落实责任。根据不同行业的粉尘危害特点，采取科学、有效的综合防治措施。落实地方政府领导责任，细化防治任务，并具体落实到县级人民政府及相关部门。

——综合施策，强化考核。将尘肺病防治与健康扶贫工作紧密结合，中央、地方和用人单位共同投入防治资金，坚持标本兼治，完善尘肺病防治体系，将尘肺病防治工作纳入政府目标考核内容。

（三）行动目标。到2020年底，摸清用人单位粉尘危害基本情况和报告职业性尘肺病患者健康状况。煤矿、非煤矿山、冶金、建材等尘肺病易发高发行业的粉尘危害专项治理工作取得明显成效，纳入治理范围的用人单位粉尘危害申报率达到95%以上，粉尘浓度定期检测率达到95%以上，接尘劳动者在岗期间职业健康检查率达到95%以上，主要负责人、职业健康管理人员和劳动者培训率达到95%以上。尘肺病患者救治救助水平明显提高；稳步提高被归因诊断为职业性尘肺病患者的保障水平。煤矿、非煤矿山、冶金、建材等重点行业用人单位劳动者工伤保险覆盖率达到80%以上。职业健康监督执法能力有较大提高，基本建成职业健康监督执法网络，地市、县有职业健康监督执法力量，乡镇和街道有专兼职执法人员或协管员。煤矿、非煤矿山、冶金、建材等重点行业新增建设项目职业病防护设施"三同时"实施率达到95%以上，用人单位监督检查覆盖率达到95%以上，职业健康违法违规行为明显减少。职业病防治技术支撑能力有较大提升，初步建成国家、省、地市、县四级职业病防治技术支撑网络。尘肺病防治目标与脱贫攻坚任务同步完成。

二、重点任务

（一）粉尘危害专项治理行动。按照"摸清底数、突出重点、淘汰落后、综合治理"的路径，深入开展尘肺病易发高发行业领域的专项治理工作，督促用人单位落实粉尘防控主体责任，确保实现治理目标。

1. 开展粉尘危害专项调查。按照属地管理原则，组织开展专项调查，全面掌握用人单位粉尘危害基本信息及其地区、行业、岗位、人群分布情况，建立粉尘危害基础数据库，2020年底前完成调查工作。（国家卫生健康委负责，地方人民政府落实）

2. 集中开展煤矿、非煤矿山、冶金等重点行业粉尘危害专项治理工作。组织印发治理工作指南和技术指南，明确治理目标、任务、步骤和要求，以及不同行业领域重点环节、重点岗位的防尘工程措施、检查要点，加强对治理工作的具体指导，推动用人单位从生产工艺、防护设施和个体防护等方面入手进行整治，控制和消除粉尘危害。（国家卫生健康委负责，地方人民政府落实）

3. 对2017年部署开展的水泥行业安全生产和职业健康执法专项行动，继续按照要求推进实施，突出对包装和装车环节的治理改造，确保所有水泥生产企业在2019年底前实现既定治理目标。（国家卫生健康委、应急部按职责分工负责，地方人民政府落实）

4. 对已经开展过粉尘危害专项治理的陶瓷生产、耐火材料制造、石棉开采、石材加工、石英砂加工、玉石加工、宝石加工等行业领域，通过组织"回头看"，巩固提高治理成效。（国家卫生健康委负责，地方人民政府落实）

5. 对不具备安全生产条件或不满足环保要求的矿山、水泥、冶金、陶瓷、石材加工等用人单位，坚决依法责令停产整顿，对整治无望的提请地方政府依法予以关闭。（应急部、

国家煤矿安监局、生态环境部按职责分工负责，地方人民政府落实）

（二）尘肺病患者救治救助行动。

1. 加强尘肺病监测、筛查和随访。在现有重点职业病监测方案基础上，增加目标疾病病种，将《职业病分类和目录》中的13种尘肺病全部纳入重点职业病监测内容；加强尘肺病主动监测，开展呼吸类疾病就诊患者尘肺病筛查试点；对所有诊断为尘肺病的患者建立档案，实现一人一档。对已报告尘肺病患者进行随访和回顾性调查，掌握其健康状况。通过职业病信息管理系统逐级上报相关信息，汇总至中国疾病预防控制中心，同时各级卫生健康行政部门统计汇总后报送本级人民政府。（国家卫生健康委负责，财政部配合，地方人民政府落实）

2. 对诊断为尘肺病的患者实施分类救治救助。

——对于已经诊断为职业性尘肺病且已参加工伤保险的患者，严格按照现有政策规定落实各项保障措施；对于已经诊断为职业性尘肺病、未参加工伤保险，但相关用人单位仍存在的患者，由用人单位按照国家有关规定承担其医疗和生活保障费用。依法开展法律援助，为诊断为职业性尘肺病的患者提供优质便捷的法律服务。（人力资源社会保障部、国家卫生健康委、司法部、国资委按职责分工负责，地方人民政府落实）

——对于已经诊断为职业性尘肺病，但没有参加工伤保险且相关用人单位已不存在等特殊情况，以及因缺少职业病诊断所需资料、仅诊断为尘肺病的患者，将符合条件的纳入救助范围，统筹基本医保、大病保险、医疗救助三项制度，做好资助参保工作，实施综合医疗保障，梯次减轻患者负担；对基本生活有困难的，全面落实生活帮扶措施。医疗保障部门、人力资源社会保障部门要按照程序将符合条件的尘肺病治疗药品和治疗技术纳入基本医疗保险和工伤保险的支付范围。（国家卫生健康委、人力资源社会保障部、民政部、国家医保局按职责分工负责，地方人民政府落实）

3. 实施尘肺病重点行业工伤保险扩面专项行动。定期了解粉尘危害基础数据库信息更新情况，及时将相关用人单位劳动者纳入工伤保险统筹范围。（人力资源社会保障部负责，国家卫生健康委配合，地方人民政府落实）

（三）职业健康监管执法行动。

1. 按照监管任务与监管力量相匹配的原则，加强职业健康监管队伍建设，重点充实地市、县两级职业健康监管执法人员。2019年完善职业健康监管执法装备配备标准，重点加强地市、县两级执法装备投入，保障监管执法需要。强化对职业健康监管执法人员法律法规、行政执法、专业知识等方面的培训，到2019年底前，职业健康监管执法人员培训率达到100%。（国家卫生健康委负责，国家发展改革委配合，地方人民政府落实）

2. 加强对煤矿、非煤矿山、冶金、建材等重点行业领域新建、改建、扩建项目职业病防护设施"三同时"的监督检查，对违反规定拒不整改的，严厉处罚、公开曝光，并依法将其纳入"黑名单"管理，强化震慑作用，确保这些重点行业领域新增建设项目"三同时"实施率达到95%以上。（国家卫生健康委负责，地方人民政府落实）

3. 按照分类分级监管原则，强化对粉尘危害风险高的用人单位的监督检查。对作业场所粉尘浓度严重超标但未采取有效工程或个体防护措施的，要进行重点监督，加大执法频次，依法从严处罚。对于粉尘浓度严重超标且整改无望的企业，要依法予以关闭。到2020年底前，煤矿、非煤矿山、冶金、建材等重点行业监督检查覆盖率达到95%以上，职业健康违法违规行为明显减少。（国家卫生健康委负责，地方人民政府落实）

（四）用人单位主体责任落实行动。

1. 用人单位要设置或者指定职业健康管理机构（或组织）。煤矿、非煤矿山、冶金、建材等粉尘危害严重的用人单位，必须配备专职管理人员，负责粉尘防治日常管理工作。

2. 用人单位必须依法及时、如实申报粉尘危害项目，按照要求开展粉尘日常监测和定期检测工作，加强防尘设施设备的维护管理，为劳动者配发合格有效的防尘口罩或防护面具。

3. 用人单位必须依法与劳动者签订劳动合同，告知劳动者粉尘危害及防护知识，为劳动者缴纳工伤保险；依法组织劳动者进行上岗前、在岗期间和离岗时的职业健康检查，为劳动者建立个人职业健康监护档案，对在岗期间职业健康检查发现有职业健康禁忌的，及时调离相关工作岗位。

4. 以健康企业建设为载体，推动企业提升粉尘危害防治水平。在重点行业推行平等协商和签订劳动安全卫生专项集体合同制度，督促用人单位认真履行职业病防治责任和义务。到2020年底前，重点行业用人单位劳动者工伤保险覆盖率达到80%以上，重点行业企业普遍依法与劳动者签订劳动合同。

（以上由国家卫生健康委、人力资源社会保障部、税务总局、全国总工会按职责分工负责，地方人民政府落实）

（五）防治技术能力提升行动。

1. 建立完善国家、省、地市、县四级支撑网络。在充分调研论证的基础上，制定出台以防治尘肺病为重点的职业病防治技术支撑体系建设指导意见，进一步整合各级职业病防治院所、疾控中心和医疗卫生机构的资源和力量，明确国家级、省级、地市级、县级支撑机构的职责、功能和建设目标、任务，到2020年底前，试点建设或命名一批支撑机构。（国家卫生健康委负责，国家发展改革委配合，地方人民政府落实）

2. 按照"地市能诊断，县区能体检，镇街有康复站，村居有康复点"的目标，加强基层尘肺病诊治康复能力建设。到2020年底前，每个地市至少确定1家医疗卫生机构承担职业病诊断；粉尘危害企业或者接触粉尘危害劳动者较多的县区至少确定1家医疗卫生机构承担职业健康检查，配备高千伏X光摄影仪或数字化直接成像（DR）系统等仪器设备，并根据工作需要装备移动式体检车。在重点地区开展尘肺病康复站（点）试点工作，常住尘肺病患者达到100人的乡镇，依托乡镇卫生院或社区卫生服务中心建立尘肺病康复站，设置氧疗室、治疗室、教育室、抢救室等用房，配备心电图机、吸氧装置、呼吸机等医疗设备，备齐治疗尘肺病常用药物；常住尘肺病患者达到10人的村居，依托村卫生室建立尘肺病康复点，配备制氧机等设备和医疗床位，备有常用药物。（国家卫生健康委负责，国家发展改革委配合，地方人民政府落实）

三、保障措施

（一）加强组织领导。国务院防治重大疾病工作部际联席会议相关成员单位要按照职责分工，主动研究尘肺病防治工作中的重大问题，认真组织落实本方案确定的任务措施，建立工作台账，互通信息，密切配合，切实抓好落实。国务院委托国家卫生健康委与各省级人民政府签订目标责任书，开展专项督导检查，保障如期完成攻坚行动目标。

落实地方政府责任，将尘肺病防治纳入政府议事日程，成立主要领导负责的防治工作领导小组，将尘肺病防治作为脱贫攻坚的重要内容，明确目标与责任，建立工作台账，研究落实各项防治措施，及时协调解决防治工作中的重大问题。省级、地市级、县级人民政府逐级签订目标责任书，层层压实责任，督促落实各项防治工作。地方各级人民政府、各有关部门要根据本方案的要求，结合实际制订本地区、本部门的实施计划和方案。（以上由国务院防治重大疾病工作部际联席会议相关成员单位、各省级人民政府落实）

（二）完善法规标准。研究完善《职业病防治法》《尘肺病防治条例》等相关法律法规，健全高危粉尘等特殊作业管理以及职业健康检查、职业病诊断与鉴定、职业卫生技术服务等制度。完善职业病报告、职业健康管理、尘肺病等重点职业病监测和职业健康风险评估等技术规范。修改完善粉尘危害工程控制、个

体防护、健康监护以及职业病诊断等国家职业卫生标准。（国家卫生健康委、人力资源社会保障部、司法部按职责分工负责）

（三）强化人才保障。加强疾病预防控制机构、职业病防治院所、综合性医院和专科医院职业病科等队伍建设，着力提高地市、县、乡三级职业健康服务能力。严格从事职业病诊断的医师管理，强化专业培训和继续教育，发展壮大诊断医师队伍。按照逐级分类培训原则，组织对职业卫生技术人员开展防治知识和基本操作技能培训，提高业务水平。引导普通高校、职业院校加强职业健康相关学科专业建设，重点加强对临床医学、预防医学等与职业健康相关专业人才的培养。（国家卫生健康委、教育部、人力资源社会保障部按职责分工负责，地方人民政府落实）

（四）营造良好氛围。动员组织全社会力量共同参与尘肺病防治工作，充分运用广播、电视、报纸等传统媒体以及微博、微信等新媒体，采用劳动者喜闻乐见的语言和方式，广泛开展尘肺病防治法治宣传教育、健康教育和科普宣传，普及粉尘危害防治知识和相关法律法规。加强舆论引导，积极宣传报道各地区、各部门的先进经验和典型做法，营造有利于攻坚行动开展的浓厚氛围。（国家卫生健康委负责，司法部、人力资源社会保障部、广电总局、全国总工会配合，地方人民政府落实）

各级卫生健康行政部门会同有关部门制订监督检查方案，开展定期和不定期监督检查，对工作内容和实施效果进行综合评估，并予以通报。国家卫生健康委将会同有关部门制订考核评估办法，分别于2019年和2020年适时组织评估，抽查各地各行业落实情况和实施效果，评估结果向国务院报告。

附表：尘肺病防治攻坚行动具体工作目标和责任分解一览表

附表

尘肺病防治攻坚行动具体工作目标和责任分解一览表

重点任务	行动目标	指标要求		责任部门
		2019年	2020年	
一、粉尘危害专项治理行动	摸清用人单位粉尘危害基本情况；煤矿、非煤矿山、冶金、建材等尘肺病易发高发行业专项治理取得明显成效	1.研究出台专项调查技术方案，启动专项调查工作。2.纳入治理范围的用人单位粉尘危害申报率达到80%以上，粉尘危害定期检测率达到80%以上，接尘劳动者在岗期间职业健康检查率达到80%以上，主要负责人、职业健康管理人员和劳动者培训率达到80%以上。3.不具备安全生产条件、不满足环保要求的矿山、水泥、冶金、陶瓷、石材加工等用人单位明显减少	1.完成粉尘危害专项调查工作。2.纳入治理范围的用人单位粉尘危害申报率达到95%以上，粉尘浓度定期检测率达到95%以上，接尘劳动者在岗期间职业健康检查率达到95%以上，主要负责人、职业健康管理人员和劳动者培训率达到95%以上。3.不具备安全生产条件、不满足环保要求的矿山、水泥、冶金、陶瓷、石材加工等用人单位大幅减少	国家卫生健康委、生态环境部、应急部、国家煤矿安监局按职责分工负责

续表

重点任务	行动目标	指标要求		责任部门
		2019 年	2020 年	
二、尘肺病患者救治救助行动	摸清报告职业性尘肺病患者的健康状况；尘肺病患者的工伤保险保障和救治救助水平明显提高	将《职业病分类和目录》中的 13 种尘肺病全部纳入重点职业病监测内容，开展尘肺病主动监测与筛查试点工作	1. 摸清报告职业性尘肺病患者的健康状况。2. 尘肺病患者救治救助水平明显提高，稳步提高被归因诊断为职业性尘肺病患者的保障水平	国家卫生健康委、人力资源社会保障部、财政部、民政部、司法部、国资委、国家医保局按职责分工负责
三、职业健康监管执法行动	职业健康监管队伍和执法装备得到加强；职业健康监管执法力度加大，职业健康违法违规行为明显减少	1. 完善职业健康监管执法装备配备标准。2. 煤矿、非煤矿山、冶金、建材等重点行业领域新增建设项目职业病防护设施"三同时"实施率达到 95% 以上。3. 煤矿、非煤矿山、冶金、建材等重点行业领域监督检查覆盖率达到 60% 以上，职业健康违法违规行为明显减少。4. 职业健康监管执法人员培训率达到 100%	1. 职业健康监督执法能力有较大提高，基本建成职业健康监督执法网络，地市、县有监督执法力量，乡镇和街道有专兼职执法人员或协管员。2. 煤矿、非煤矿山、冶金、建材等重点行业领域新增建设项目职业病防护设施"三同时"实施率达到 95% 以上。3. 煤矿、非煤矿山、冶金、建材等重点行业领域监督检查覆盖率达到 95% 以上，职业健康违法违规行为大幅减少	国家卫生健康委、国家发展改革委按职责分工负责
四、用人单位主体责任落实行动	用人单位尘肺病防治主体责任得到进一步落实，尘肺病防治管理水平得到提升	1. 重点行业企业劳动合同签订率不断提高。2. 劳动者依法参加工伤保险覆盖率达到 70% 以上	1. 重点行业企业普遍依法与劳动者签订劳动合同。2. 劳动者依法参加工伤保险覆盖率达到 80% 以上	国家卫生健康委、人力资源社会保障部、税务总局、全国总工会按职责分工负责
五、防治技术能力提升行动	职业病防治技术支撑能力有较大提升；基层尘肺病诊治康复能力得到加强，实现"地市能诊断，县区能体检，镇街有康复站，村居有康复点"的目标	1. 在充分调研论证的基础上，出台以防治尘肺病为重点的职业病防治技术支撑体系建设指导意见。2. 在常住尘肺病患者达到 100 人的乡镇，依托乡镇卫生院或社区卫生服务中心试点建立尘肺病康复站	1. 试点创建和命名一批职业病防治技术支撑机构。2. 每个地市至少确定 1 家医疗卫生机构承担职业病诊断。3. 粉尘危害企业或者接触粉尘危害劳动者较多的县区至少确定 1 家医疗卫生机构承担职业健康检查。4. 在常住尘肺病患者达到 10 人的村居，依托村卫生室试点建立尘肺病康复点	国家卫生健康委、国家发展改革委按职责分工负责

国家卫生健康委员会 财政部 人力资源和社会保障部 国家市场监督管理总局 国家中医药管理局关于加强医疗护理员培训和规范管理工作的通知

国卫医发〔2019〕49号

各省、自治区、直辖市及新疆生产建设兵团卫生健康委、财政（务）厅（局）、人力资源社会保障厅（局）、市场监管主管部门、中医药管理局：

为全面实施健康中国战略和贯彻落实《关于促进健康服务业发展的若干意见》《关于促进护理服务业改革与发展的指导意见》，增加护理服务业人力资源供给，扩大社会就业岗位，不断满足人民群众多样化、差异化的健康服务需求，现就加强医疗护理员培训和规范管理有关工作通知如下：

一、高度重视医疗护理员培训和规范管理工作

习近平总书记在党的十九大报告中强调，要实施健康中国战略，为人民群众提供全方位全周期健康服务。要积极应对人口老龄化，加快推进老龄事业和产业发展。要增进民生福祉，完善职业教育和培训体系，建设技能型劳动者大军。护理服务是实施健康中国战略的重要内容，对促进健康老龄化和提升人民群众健康水平发挥了积极作用。加强医疗护理员培训和管理是加快发展护理服务业、增加护理服务供给的关键环节，有利于精准对接人民群众多样化、多层次的健康需求，对稳增长、促改革、调结构、惠民生，促进就业创业，决胜全面建成小康社会具有重要意义。

二、开展医疗护理员培训

（一）医疗护理员定义。根据《中华人民共和国职业分类大典（2015年版）》，医疗护理员是医疗辅助服务人员之一，主要从事辅助护理等工作。其不属于医疗机构卫生专业技术人员。

（二）培训对象及条件。1.培训对象：拟从事医疗护理员工作或者正在从事医疗护理员工作的人员，积极支持农村转移劳动力、城镇登记失业人员、贫困劳动力等人群参加培训。2.培训对象条件：年龄在18周岁及以上，身体健康、品行良好、有责任心、尊重关心爱护服务对象，具有一定的文化程度和沟通能力。

（三）培训管理。要充分发挥市场在资源配置中的决定性作用，各地可以依托辖区内具备一定条件的高等医学院校、职业院校（含技工院校）、行业学会、医疗机构、职业培训机构等承担医疗护理员培训工作。要按照《医疗护理员培训大纲（试行）》（见附件）积极开展培训，提高从业人员对患者提供辅助

护理服务的职业技能。强化职业素质培训，将职业道德、法律安全意识以及保护服务对象隐私等纳入培训全过程，注重德技兼修。对符合条件的人员按照规定落实职业培训补贴等促进就业创业扶持政策。

三、加强医疗护理员的规范管理

（一）规范聘用，明晰责任。医疗机构应当使用培训合格的医疗护理员从事相应工作，合法、规范用工。医疗机构可直接使用医疗护理员，并按照劳动保障相关法律法规规定，明确双方权利和义务，为其提供必要的职业卫生防护用品等；也可与劳务派遣机构、取得劳务派遣行政许可的家政服务机构签订协议，由其派遣医疗护理员并进行管理，在合同中明确双方机构管理职责和赔偿责任承担主体。

（二）明确职责，保障质量。在医疗机构内，医疗护理员应当在医务人员的指导下，对服务对象提供生活照护、辅助活动等服务；在社会和家庭中可以提供生活照护等服务。严禁医疗护理员从事医疗护理专业技术性工作，切实保障医疗质量和安全。

（三）加强管理，维护权益。聘用医疗护理员的医疗机构要建立相应管理制度，明确医疗护理员的工作职责和职业守则，制订服务规范。要指定专职部门和人员负责管理，定期对医疗护理员进行在岗培训和能力评估，以工作质量和服务对象满意度为主要指标，开展服务质量监督考核，进一步规范服务行为，提高服务水平。有资质的劳务派遣机构、家政服务机构要建立健全医疗护理员管理和派遣制度，并依法缴纳社会保险费，保障其工资福利待遇等合法权益。

四、有关要求

（一）加强组织实施。各地要高度重视加强医疗护理员培训和规范管理工作对推动健康服务业发展、积极应对人口老龄化和扩大社会就业的重要意义。要加强组织领导和统筹协调，结合实际制订具体实施办法。要加强部门间沟通协调，形成合力共同推动各项工作落实到位。

（二）明确部门分工。卫生健康行政部门、中医药主管部门要会同人力资源社会保障部门对医疗机构内医疗护理员聘用和管理工作进行指导和监督，积极推动培训和规范管理各项任务的有效落实。人力资源社会保障部门、财政部门要按照规定落实促进就业创业扶持政策，将符合条件的培训对象纳入职业培训补贴范围。市场监管部门要配合人力资源社会保障部门、卫生健康行政部门等依法加强对登记注册的劳务派遣机构、家政服务机构的监督管理。

（三）及时总结评估。各地要积极创新医疗护理员培训和管理的政策措施，鼓励有条件的地区先行先试，探索建立医疗护理员分级管理机制，拓宽职业发展路径。要及时研究出现的问题和困难，总结经验做法，以点带面，逐步推广。同时适时对发展医疗护理员队伍的政策措施和实施效果进行评估，不断调整完善相关政策，积极扩大护理服务业人员队伍，拓宽社会就业渠道，不断满足群众和社会需求。

附件：医疗护理员培训大纲（试行）

2019 年 7 月 26 日

附件

医疗护理员培训大纲（试行）

根据服务对象和服务内容不同，医疗护理员的培训大纲分为三类。

一、以患者为主要服务对象的医疗护理员培训大纲

（一）培训对象。

拟从事或正在从事医疗护理员工作的人员。

（二）培训方式及时间。

采用理论和实践相结合的培训方式。培训总时间不少于120学时，其中理论培训不少于40学时，实践培训不少于80学时。

（三）培训目标。

1. 了解相关法律法规、规章制度。
2. 具备良好的职业道德、协作意识和人文关怀素养。
3. 熟悉医疗机构规章制度和护理员岗位职责。
4. 掌握生活照护的基本知识和技能。
5. 掌握消毒隔离的基本知识和技术。
6. 掌握沟通的基本技巧和方法。
7. 具备安全意识，掌握安全防护、急救的基本知识和技术。
8. 掌握中药等常用药物服用的基本知识和方法。
9. 掌握体温、脉搏、呼吸、血压等生命体征正常值。

（四）培训内容。

1. 理论培训内容。

（1）法律法规。《中华人民共和国劳动法》、《中华人民共和国劳动合同法》、《中华人民共和国消防法》、《中华人民共和国传染病防治法》等相关法律法规。

（2）规章制度。《医疗机构管理条例》、《医院感染管理办法》、《医疗废物管理条例》、医疗机构工作相关规章制度等。

（3）职业道德和工作规范。护理员的职业道德和职业礼仪、护理员的岗位职责和行为规范、人文关怀，服务对象的权利和义务等。

（4）生活照护。饮食照护、清洁照护、睡眠照护、排痰照护、排泄照护、移动照护（如卧位摆放、更换体位、搬运转运等）的内容、方法、标准和注意事项等；进食、睡眠、排泄、移动等异常情况及处理；压力性损伤预防。

（5）消毒隔离。手卫生、穿脱隔离衣、戴（脱）手套/口罩/帽子的方法、垃圾分类与管理、职业安全与防护、环境与物品的清洁和消毒。

（6）沟通。沟通的技巧与方法、特殊服务对象的沟通技巧。

（7）安全与急救。患者安全防护（跌倒/坠床、意识障碍、误吸、噎食、烫伤、压力性损伤、管路滑脱等）；保护用具的使用与观察；停电火灾应急预案；纠纷预防；初级急救知识、心肺复苏术（CPR）。

（8）体温、脉搏、呼吸、血压等生命体征正常值。

（9）基本康复锻炼。功能位摆放、肢体被动活动等。

（10）安宁疗护内容及照护要点。

（11）中药服用基本知识和中药饮片的煎煮方法及注意事项。

2. 实践培训内容。

（1）饮食照护。餐前准备、协助进食（水），进食（水）后的观察注意事项。

（2）清洁照护。头面部、手、足清洁，口腔清洁（含活动性义齿）、床上洗头、沐浴、床上擦浴、修剪指（趾）甲、会阴清洁；协助穿脱、更换衣裤，床单位整理与更换、卧床病人更换床单。

（3）睡眠照护。睡眠环境的准备、促进睡眠的方法。

（4）排痰照护。叩背等协助排痰方法及注意事项。

（5）排泄照护。协助如厕、床上使用便器、更换纸尿裤/尿垫、协助留取大小便标本。

（6）移动照护。常用卧位摆放（平卧位、侧卧位、半卧位、半坐位等）；协助更换体位、协助上下床、搬运法、轮椅及平车转运法、辅助用具使用（轮椅、拐杖、助行器）。

（7）消毒隔离。手卫生、穿脱隔离衣、戴（脱）手套/帽子/口罩、环境及物品的清洁与消毒。

（8）沟通技巧。

（9）安全与急救。患者安全防护（跌倒/坠床、噎食、误吸、烫伤、压力性损伤、管路滑脱等），保护用具的使用；灭火器等消防器材的使用；初级急救技术、心肺复苏术（CPR）。

（10）协助身体活动、协助功能位摆放、协助肢体被动活动。

二、以老年患者为主要服务对象的医疗护理员培训大纲

（一）培训对象。

拟从事或正在从事医疗护理员工作的人员。

（二）培训方式及时间。

采用理论和实践相结合的培训方式。培训总时间不少于150学时，其中理论培训不少于50学时，实践培训不少于100学时。

（三）培训目标。

在达到以患者为主要服务对象的医疗护理员培训目标的基础上，还应达到以下目标。

1. 了解《中华人民共和国老年人权益保障法》。

2. 熟悉护理院（站）、护理中心、医养结合机构等相关规章制度、护理员岗位职责。

3. 熟悉老年人的常见疾病及照护要求。

4. 掌握老年人的生理、心理特点。

5. 掌握老年人生活照护特点。

6. 掌握老年人营养需求和进食原则。

7. 掌握老年人常见疾病使用药物的注意事项。

8. 掌握老年人沟通技巧和方法。

（四）培训内容。

1. 理论培训内容。

（1）《中华人民共和国老年人权益保障法》；护理院（站）、护理中心、医养结合机构等相关规章制度和护理员岗位职责。

（2）老年人的生理、心理特点。

（3）老年人的常见疾病及照护要求。

（4）老年人的生活照护内容及要求。

（5）跌倒/坠床、意识障碍、吞咽障碍、视力/听力障碍、睡眠障碍、大小便失禁、便秘、压力性损伤、营养失调、疼痛、坠积性肺炎等情况的表现、预防和照护措施。

（6）老年人的饮食种类、营养需求、进食原则、注意事项。

（7）老年人常见疾病使用药物的注意事项。

（8）老年人沟通技巧和方法，常见心理问题的应对，异常心理行为的识别和应对措施。

（9）老年人终末期安宁疗护相关知识。

2. 实践培训内容。

（1）义齿摘取、佩戴、清洗和存放。

（2）协助老年人进食/水，观察并记录异常。

（3）模拟体验，感受老年人的生活行为，给予老年人照护措施。

（4）热水袋等保暖物品和设施的使用方法及注意事项。

(5) 对意识障碍、吞咽障碍、视力/听力障碍、睡眠障碍、大小便失禁、便秘、压力性损伤、营养失调、疼痛等情况进行照护和安全防护，预防跌倒、坠床、呛咳、噎食、烫伤、管路滑脱、坠积性肺炎、触电、走失等意外情况。

三、以孕产妇和新生儿患者为主要服务对象的医疗护理员培训大纲

（一）培训对象。

拟从事或正在从事医疗护理员工作的人员。

（二）培训方式及时间。

采用理论和实践相结合的培训方式。培训总时间不少于150学时，其中理论培训不少于50学时，实践培训不少于100学时。

（三）培训目标。

在达到以患者为主要服务对象的医疗护理员培训目标的基础上，还应达到以下目标。

1. 了解《中华人民共和国母婴保健法》。

2. 熟悉产科常见疾病的临床表现和照护要点。

3. 了解产科围产期、产褥期的照护特点，常见并发症的预防和注意事项。

4. 熟悉综合医院产科、妇产医院、妇幼保健院等机构相关规章制度和护理员岗位职责。

5. 掌握产妇的生理、心理变化。

6. 掌握产妇产褥期营养膳食和生活照护。

7. 掌握产褥期产妇焦虑、抑郁等心理问题的识别、预防和应对措施。

8. 掌握新生儿的日常照护。

9. 掌握新生儿的喂养相关知识和母乳喂养技巧。

10. 掌握新生儿意外伤害的预防和应对措施。

11. 熟悉新生儿的生理特点、常见疾病临床表现及照护要点。

（四）培训内容。

1. 理论培训内容。

（1）《中华人民共和国母婴保健法》；综合医院产科、妇产医院、妇幼保健院等机构的规章制度和护理员岗位职责。

（2）产妇的生理、心理变化特点。

（3）产科常见疾病（如多胎妊娠、妊娠高血压疾病、妊娠期糖尿病、羊水量异常、前置胎盘、胎盘早期剥离、胎膜早破、早产、产后出血等）的临床表现特点和照护注意要点。

（4）围产期、产褥期的照护特点，常见并发症的预防和注意事项。

（5）产妇焦虑、抑郁等心理问题表现、预防和处理。

（6）营养学基础知识；产妇产褥期食谱、营养膳食指导；会阴清洁、产褥期卫生指导。

（7）新生儿生理特点；生长和发育；新生儿黄疸、尿布疹、脐炎、湿疹、便秘、腹泻等常见疾病相关知识和照护要点。

（8）新生儿日常照护；居室环境、新生儿衣着、新生儿包裹、睡眠、抱姿；眼、鼻、耳、口腔、指甲、脐部、臀部照护；尿布和纸尿裤的使用；新生儿沐浴、新生儿抚触；新生儿用品清洁、消毒等。

（9）新生儿喂养（母乳、人工、混合喂养）；母乳喂养的方法技巧；母乳喂养常见问题与处理。

（10）新生儿窒息、跌落、烫伤等意外伤害的预防和应对措施。

2. 实践培训内容。

（1）产妇膳食食谱制订及饮食指导。

（2）会阴清洁、坐浴。

（3）腹带的使用。

（4）孕产妇围产期、产褥期常见并发症的预防和注意事项。

（5）新生儿穿衣、包裹、抱姿。

（6）协助新生儿沐浴；沐浴前准备工作；眼、鼻、耳、口腔、指甲、脐部、臀部照护；更换尿布/纸尿裤；新生儿抚触。

（7）协助母乳喂养（包括哺乳姿势、托乳房方法、含接姿势等）。

（8）新生儿人工喂养的方法；配奶用物的准备和清洁消毒等。

（9）新生儿窒息、跌落、烫伤等意外伤害的预防和应对措施。

国家卫生健康委 中央编办 国家发展改革委 教育部 财政部 人力资源社会保障部 国家中医药局关于做好农村订单定向免费培养医学生就业安置和履约管理工作的通知

国卫科教发〔2019〕56号

各省、自治区、直辖市卫生健康委、编办、发展改革委、教育厅（教委）、财政厅（局）、人力资源社会保障厅（局）、中医药管理局，新疆生产建设兵团卫生健康委、编办、发展改革委、教育局、财务局、人力资源社会保障局：

为深入贯彻党的十九大精神和全国卫生与健康大会精神，落实《中共中央办公厅关于培育和践行社会主义核心价值观的意见》、《国务院关于印发社会信用体系建设规划纲要（2014—2020年）的通知》（国发〔2014〕21号）、《国务院关于建立完善守信联合激励和失信联合惩戒制度加快推进社会诚信建设的指导意见》（国发〔2016〕33号）、《国务院办公厅关于改革完善全科医生培养与使用激励机制的意见》（国办发〔2018〕3号）、教育部等6部门《关于进一步做好农村订单定向医学生免费培养工作的意见》（教高〔2015〕6号，以下简称教育部等6部门《意见》）等文件要求，现就加强农村订单定向免费培养医学生（以下简称定向医学生）就业安置和履约管理通知如下：

一、加强组织领导

实施农村订单定向医学生免费培养是深化医改、加强全科医生队伍建设的重大举措，是现阶段提升农村基层医疗卫生队伍整体素质和水平、推动建立分级诊疗制度的治本之策，是推动城乡区域协调发展、保障和改善民生的重要内容，是乡村振兴和脱贫攻坚工作的有机组成部分。各地、各部门要认真贯彻落实党的十九大报告关于"加强基层医疗卫生服务体系和全科医生队伍建设"的要求，按照国家总体部署，将定向医学生就业安置和履约管理情况作为深化医改的重点任务，纳入年度重点工作目标责任制考核，加强组织领导，密切协调配合，增强服务意识，强化宣传引导，施行精准管理，共同做好定向医学生就业安置和履约管理工作，充分发挥已完成5年本科医学教育和3年全科专业住院医师规范化培训定向医学生在农村基层医疗卫生服务工作中的重要作用。（国家卫生健康委、中央编办、国家发展改革委、教育部、财政部、人力资源社会保障部、国家中医药局负责，排在第一位的为牵头单位，下同）

二、做好就业安置工作

定向医学生在录取后、获得入学通知书前，须与培养学校和定向就业所在地的县级卫生健康行政部门（含中医药管理部门，下同）、人力资源社会保障部门签署协议，承诺毕业后到定向农村基层医疗卫生机构服务6年。县级卫生健康行政部门和人力资源社会保障部门应当对其做好政策宣传解读，清晰告知其享有的权利和应当履行的义务。

对于文件印发之日已入学的定向医学生，其就业工作按照教育部等6部门《意见》精神和原就业协议，并结合本省（区、市）有关政策规定执行。经双方协商一致，原签约县级卫生健康行政部门和人力资源社会保障部门也可根据本文件精神与其签署补充协议，补充约定双方义务。

省级卫生健康行政部门要积极争取当地机构编制部门支持，在当地编制总量内，按照规定程序，妥善解决定向医学毕业生就业安置问题，已出台相关政策的省份按照各地有关编制政策规定执行。（国家卫生健康委、国家中医药局、人力资源社会保障部、中央编办负责）

各地应当将定向医学生作为急需紧缺专业技术人才，在签约县域内优先安排到服务人口多、全科医疗需求大、全科医生较为短缺以及贫困地区农村基层医疗卫生机构（指乡镇卫生院、村卫生室，下同）全科医疗岗位服务，充分发挥其在全科医疗工作中的优势与作用，做实做细家庭医生签约服务。各地要按照协议约定及《国务院办公厅关于改革完善全科医生培养与使用激励机制的意见》要求落实倾斜政策。对当年到中西部地区报到的定向医学生（含延迟毕业的），由县级人力资源社会保障、卫生健康等部门按照有关规定采取面试、考察等方式进行专项招聘，办理事业单位正式工作人员聘用手续，订立聘用合同，具体办法由省级人力资源社会保障、卫生健康等部门共同确定。

定向医学生在协议规定的服务期内，确有特殊原因，经用人单位同意、县级卫生健康行政部门批准，并报县级人力资源社会保障部门备案，可在县域行政辖区范围内的农村基层医疗卫生机构之间流动；经流动双方县级卫生健康、人力资源社会保障部门同意，并报省级卫生健康、人力资源社会保障部门备案，定向医学生可以在本省份内跨县域农村基层医疗卫生机构之间调整，鼓励和引导人才向艰苦边远地区和基层一线流动。（人力资源社会保障部、国家卫生健康委、国家中医药局负责）

三、落实薪酬和社会保障等相关待遇

对按协议到农村基层医疗卫生机构工作的定向医学生，县级人力资源社会保障、财政、卫生健康行政部门及其所在的农村基层医疗卫生机构要按照国家政策，落实有关工资福利和社会保障待遇，并结合实际提供必要的工作生活条件和周转住房。用人单位应当按规定为其职工申请办理社会保险登记并申报缴纳社会保险费。

定向医学生履约报到就业后，须按照规定参加3年全科专业（含中医全科，下同）住院医师规范化培训。定向医学生作为单位委派人员参加全科专业住院医师规范化培训，委派单位和培训基地要确保定向医学生在规范化培训期间的相关待遇，培训期间原人事、工资关系不变，委派单位应当保障其培训期间的工资待遇（包含岗位工资、薪级工资、国家规定的津贴补贴及相关社会保障等）。国家扶贫开发工作重点县和连片特困地区县委派单位保障定向医学生培训期间待遇确有困难的，经县级卫生健康行政部门申请、省级卫生健康行政部门同意后，可由培训基地参照面向社会招收的培训对象予以补助，相关工作纳入培训基地健康扶贫的重要内容，具体办法由省级卫生健康行政部门确定。（人力资源社会保障部、国家卫生健康委、国家中医药局负责）

定向医学生按规定参加医师资格考试，考试合格者按相关规定注册为全科医师或全科助理医师。对经全科专业住院医师规范化培训合格并在农村基层医疗卫生机构工作的定向医学生,在职称晋升、岗位聘用等方面,与临床医学、中医硕士专业学位研究生同等对待,落实工资等相关待遇;可直接参加中级职称考试,考试通过的直接聘任中级职称,职称晋升按照国家有关规定可放宽外语要求,不对论文、科研作硬性规定;符合国家或地方特岗全科医生岗位要求者,可按规定纳入全科医生特岗计划;符合条件的按规定享受艰苦边远地区津贴、乡镇工作补贴等工资倾斜政策;有条件的地区可实行"县管乡用"(县级医疗卫生机构聘用管理、乡镇卫生院使用)。(国家卫生健康委、人力资源社会保障部、国家中医药局负责)

四、强化履约管理

将定向医学生的违约行为诚信管理作为协议的重要内容。省级卫生健康行政部门会同人力资源社会保障等部门建立定向医学生诚信档案,并将违约记录等相关材料归入其个人人事档案,违约名单于每年12月底前报国家卫生健康委、人力资源社会保障部、教育部、国家中医药局等相关主管部门,国家主管部门或由其委托有关行业组织建立信息共享机制,作为全国各级医疗卫生机构等行政事业单位工作人员公开招录(招聘)、住院医师规范化培训和专科医师规范化培训招收以及研究生招生录取的个人诚信评价的重要依据。有关医疗卫生机构等行政事业单位招录(招聘)、研究生招生单位招生、住院医师规范化培训基地和专科医师规范化培训基地招收时,应当根据相关部门提供的诚信档案,加强诚信状况审查,严格录取标准。定向医学生违约情况纳入卫生健康信用信息管理平台,纳入医师定期考核和医德综合评价;经过住院医师规范化培训后违约或未按照规定退还已享受的免费教育费用及违约金等恶意违约者,将通过"信用中国网站"向全国公示,实行失信联合惩戒。定向医学生违约的,其住院医师规范化培训或助理全科医生培训年限不计入服务期。(国家卫生健康委、

国家发展改革委、教育部、人力资源社会保障部、国家中医药局负责)

定向医学生因生病、应征入伍等原因不能履行协议的,须提出暂缓履行协议申请,经省级卫生健康行政部门同意后,暂缓履约。待情况允许,经省级卫生健康行政部门核实后可继续履行协议。无生病等特殊原因或不可抗力等双方约定或其他合法解约事由,签约的行政机关应当不同意应届定向医学生毕业前解约。定向医学生在校期间如确因身体原因不适合从事临床医疗工作需终止协议的,应当按照规定退还已享受的免费教育费用,并由所在学校根据当年高考成绩将其调整到符合录取条件的除临床医学类、中医学类、中西医结合类、口腔医学类外的专业。定向医学生毕业当年因生病不适合从医等特殊原因不能履行协议的,须经省级卫生健康行政部门批准,并按规定退还已享受的免费教育费用,解除协议。(国家卫生健康委、教育部、国家中医药局负责)

违约定向医学生未按协议规定退还教育培养及违约金等费用的,由县级卫生健康行政部门通过法律途径追缴,并上缴同级国库,纳入一般公共预算管理。(国家卫生健康委、教育部、财政部、国家中医药局负责)

对服务期满、愿意继续留在基层医疗卫生机构工作的定向医学生,各地要予以鼓励,所在单位要在住房安排等方面予以倾斜,并为其继续服务农村基层提供相应便利和有效支持。服务期满,对自主择业的应予同意。(人力资源社会保障部、国家卫生健康委、国家中医药局负责)

完善信用信息修复机制。已经违约的定向医学生,经原签约地县级卫生健康、人力资源社会保障部门同意,愿意按照原协议继续履行约定服务,或服从省级卫生健康、人力资源社会保障部门安排,到省域内其他农村基层医疗卫生机构服务至少6年的,服务期满后,对其信用信息记录进行及时修复,并将相关情况说明归入个人人事档案,不再纳入违约名单,已缴纳的教育培训费用和违约金不予返还。(国

家卫生健康委、国家发展改革委、人力资源社会保障部、国家中医药局负责）

各地、各部门要按照教育部等6部门《意见》和本通知精神，建立定期会商机制，确保定向医学生就业安置和履约管理各项政策措施落到实处，保障定向医学生合法权益。对未按照规定落实定向医学生就业工作或相关待遇的签约县卫生健康、人力资源社会保障行政部门，上级主管部门应当责令其限期整改，情节严重的由省级卫生健康行政部门会同人力资源社会保障行政部门予以公开通报，纳入政务诚信和社会诚信失信管理，6年内国家和省级有关部门将不再为失信县安排各类卫生健康人才支持项目，并由有关部门依照相关规定追究相关人员责任。省级卫生健康行政部门会同人力资源社会保障等部门结合定向医学生意愿及基层实际需求，公开招聘到农村基层医疗卫生机构。

各地县级人力资源社会保障、卫生健康行政部门在每年12月底前，将当年定向医学生就业安置和履约管理工作落实情况分别逐级上报至人力资源社会保障部、国家卫生健康委、教育部、国家中医药局备案。国家卫生健康委会同各有关部门加强对各地工作的指导和考核，并适时向各省（区、市）人民政府通报情况。对于定向医学生就业安置和履约管理工作落实不力的地方，将酌情减少该省份人才培养计划。（国家卫生健康委、教育部、人力资源社会保障部、国家中医药局分别负责）

本通知自印发之日起实施。教育部等6部门《意见》中与本通知不相符的内容，以本通知为准，其他规定继续执行。专科层次农村订单定向医学生免费培养以及东部地区省、市在当地财政支持下开展农村订单定向医学生免费培养工作的，其定向医学生培养、就业安置与履约管理工作可参照教育部等6部门《意见》和本通知要求执行，具体办法由当地省级卫生健康行政部门会同有关部门制定。

2019年9月11日

国家卫生健康委 国家发展改革委 教育部 民政部 财政部 人力资源社会保障部 国家医保局 国家中医药局关于建立完善老年健康服务体系的指导意见

国卫老龄发〔2019〕61号

各省、自治区、直辖市人民政府，国务院各部委、各直属机构：

当前，我国老年人口规模持续扩大，对健康服务的需求愈发迫切，为解决老年健康服务体系不健全，有效供给不足，发展不平衡不充分的问题，建立完善符合我国国情的老年健康服务体系，满足老年人日益增长的健康服务需求，根据《"健康中国2030"规划纲要》，经国务院同意，现提出如下意见。

一、总体要求

（一）指导思想。以习近平新时代中国特色社会主义思想为指导，全面贯彻党的十九大和十九届二中、三中全会精神，深入贯彻落实全国卫生与健康大会精神，以维护老年人健康权益为中心，以满足老年人健康服务需求为导向，大力发展老年健康事业，着力构建包括健康教育、预防保健、疾病诊治、康复护理、长期照护、安宁疗护的综合连续、覆盖城乡的老年健康服务体系，努力提高老年人健康水平，实现健康老龄化，建设健康中国。

（二）基本原则。

健康引领，全程服务。以大卫生、大健康的理念引领老年健康服务体系建设，将健康融入所有政策，着眼生命全过程，对影响健康的因素进行干预，提供综合连续的全程服务。

兜底保障，公平可及。以基层为重点，提高服务效能，保障经济困难的失能（含失智）、计划生育特殊家庭老年人的基本健康服务。促进资源优化配置，逐步缩小城乡、区域差距，促进老年健康服务公平可及。

政策支持，激发活力。履行政府在制定规划和政策、引导投入等方面的职责，发挥市场在资源配置中的决定性作用，激发市场活力，鼓励社会参与，满足多层次、多样化的老年健康服务需求。

统筹资源，共建共享。统筹政府各部门、社会各方面资源，动员引导全社会广泛参与，共同促进老年健康服务发展，实现共建共享。

（三）主要目标。到2022年，老年健康相关制度、标准、规范基本建立，老年健康服务机构数量显著增加，服务内容更加丰富，服务质量明显提升，服务队伍更加壮大，服务资源配置更趋合理，综合连续、覆盖城乡的老年健康服务体系基本建立，老年人的健康服务需求得到基本满足。

二、主要任务

（一）加强健康教育。利用多种方式和媒体媒介，面向老年人及其照护者开展健康教育活动，内容包括营养膳食、运动健身、心理健康、伤害预防、疾病预防、合理用药、康复护理、生命教育和中医养生保健等，促进老年人形成健康生活方式，提高老年人健康素养。积极开展中医药膳食疗科普等活动，推广中医传统运动项目，加强中医药健康养生养老文化宣传。开展老年健康宣传周等活动，宣传老年健康科学知识和相关政策，营造关心支持老年健康的社会氛围。老年大学和老年教育机构要将健康教育纳入课程体系和教学内容。依托社区服务中心、基层老龄协会、老年大学等，鼓励老年人积极参与社会活动，自觉主动维护身心健康。（国家卫生健康委、教育部、工业和信息化部、民政部、农业农村部、广电总局、体育总局、国家中医药局、中国老龄协会按职责分工负责）

（二）加强预防保健。建立健全老年健康危险因素干预、疾病早发现早诊断早治疗、失能预防三级预防体系。落实国家基本公共卫生服务项目，加强老年人健康管理，提供生活方式和健康状况评估、体格检查、辅助检查和健康指导服务，将老年人健康管理作为基本公共卫生服务项目绩效评价的重要内容，把老年人满意度作为重要评价指标，县（市、区）卫生健康行政部门要落实对绩效评价的主体责任，每年组织开展一次绩效评价。以老年人为重点，做实家庭医生签约服务。开展老年人营养改善行动，监测、评价和改善老年人营养状况。加强老年人群重点慢性病的早期筛查、早期干预及分类管理，积极开展阿尔茨海默病、帕金森病等神经退行性疾病的早期筛查和健康指导。实施失能预防项目，宣传失能预防核心信息，降低老年人失能发生率。加强适老环境建设和改造，减少老年人意外伤害。重视老年人心理健康，完善精神障碍类疾病的早期预防及干预机制，针对抑郁、焦虑等常见精神障碍和心理行为问题，开展心理健康状况评估和随访管理，为老年人特别是有特殊困难的老年人提供心理辅导、情绪纾解、悲伤抚慰等心理关怀服务。（国家卫生健康委、工业和信息化部、民政部、财政部、住房城乡建设部、国家中医药局按职责分工负责）

（三）加强疾病诊治。完善老年医疗资源布局，建立健全以基层医疗卫生机构为基础，老年医院和综合性医院老年医学科为核心，相关教学科研机构为支撑的老年医疗服务网络。有条件的二级及以上综合性医院要开设老年医学科，到2022年，二级及以上综合性医院设立老年医学科的比例达到50%。各地可根据实际，加大老年医院建设力度。重视老年人综合评估和老年综合征诊治，推动老年医疗服务从以疾病为中心的单病种模式向以患者为中心的多病共治模式转变。强化老年人用药保障，开展老年人用药使用监测，加强老年人用药指导，建立老年慢性疾病长期处方制度。开展社区和居家中医药健康服务，促进优质中医药资源向社区、家庭延伸。

全面落实老年人医疗服务优待政策，医疗机构普遍建立老年人挂号、就医绿色通道，优化老年人就医流程，为老年人看病就医提供便利服务。开展老年友善医疗卫生机构创建活动，推动医疗卫生机构开展适老化改造，开展老年友善服务，到2022年，80%以上的综合性医院、康复医院、护理院和基层医疗卫生机构成为老年友善医疗卫生机构。鼓励医疗卫生机构为居家失能老年人提供家庭病床、巡诊等上门医疗服务。（国家卫生健康委、国家发展改革委、财政部、国家中医药局按职责分工负责）

（四）加强康复和护理服务。充分发挥康复医疗在老年医疗服务中的作用，为老年患者提供早期、系统、专业、连续的康复医疗服务。大力发展老年护理服务，建立完善以机构为支撑、社区为依托、居家为基础的老年护理服务网络。开展中医特色老年人康复、护理服务。加强护理、康复医疗机构建设，鼓励医疗资源丰富的地区将部分公立医疗机构转型为护理、康复医疗机构，鼓励二级及以上综合性医院设立康复医学科，提高基层医疗卫生机构的康复、护理床位占比。支持农村医疗卫生机构利用现有富余编制床位开设康复、护理床位。到2022年，基层医疗卫生机构护理床位占比达到30%。（国家卫生健康委、国家发展改革委、民政部、财政部、国家中医药局按职责分工负责）

（五）加强长期照护服务。探索建立从居家、社区到专业机构的失能老年人长期照护服务模式。实施基本公共卫生服务项目，为失能老年人上门开展健康评估和健康服务。通过政府购买服务等方式，支持社区嵌入式为老服务机构发展。依托护理院（站）、护理中心、社区卫生服务中心、乡镇卫生院等医疗卫生机构以及具备提供长期照护服务能力的社区日间照料中心、乡镇敬老院等养老机构，为失能老年人提供长期照护服务。鼓励各地通过公建民营、政府购买服务、发放运营补贴等方式，支持各类医养结合机构接收经济困难的高龄失能老年人。

增加从事失能老年人护理工作的护士数量，鼓励退休护士从事失能老年人护理指导、培训和服务等工作。进一步开展职业技能培训和就业指导服务，充实长期照护服务队伍。面向居家失能老年人照护者开展应急救护和照护技能培训，提高家庭照护者的照护能力和水平。（国家卫生健康委、教育部、民政部、财政部、人力资源社会保障部按职责分工负责）

（六）加强安宁疗护服务。根据医疗机构的功能和定位，推动相应医疗卫生机构，按照患者"充分知情、自愿选择"的原则开展安宁疗护服务，开设安宁疗护病区或床位，有条件的地方可建设安宁疗护中心，加快安宁疗护机构标准化、规范化建设。积极开展社区和居家安宁疗护服务。探索建立机构、社区和居家安宁疗护相结合的工作机制，形成畅通合理的转诊制度。制定安宁疗护进入和用药指南。营利性医疗机构可自行确定安宁疗护服务内容和收费标准。非营利性医疗机构提供的安宁疗护服务，属于治疗、护理、检查检验等医疗服务的，按现有项目收费；属于关怀慰藉、生活照料等非医疗服务的，不作为医疗服务价格项目管理，收费标准由医疗机构自主确定。

建立完善安宁疗护多学科服务模式，为疾病终末期患者提供疼痛及其他症状控制、舒适照护等服务，对患者及家属提供心理支持和人文关怀。加强对公众的宣传教育，将生命教育纳入中小学校健康课程，推动安宁疗护理念得到社会广泛认可和接受。认真总结安宁疗护试点经验，稳步扩大试点。（国家卫生健康委、国家发展改革委、教育部、国家医保局按职责分工负责）

三、保障措施

（一）强化标准建设。制定老年人健康干预及评价标准。建立健全长期照护服务标准和管理规范，制定长期照护专业人员职业技能标准。制定老年医疗、康复、护理、安宁疗护等老年健康服务机构基本标准和服务规范，制定综合医院老年医学科建设和管理指南，制定老年友善医疗卫生机构标准。研究完善上门医疗护理和家庭病床服务的内容、标准、规范及收费和支付政策，建立健全保障机制，鼓励相关机构投保责任险、医疗意外险、人身意外险等，防范应对执业风险和人身安全风险，适当提高上门服务人员的待遇水平。（国家卫生健康委、民政部、人力资源社会保障部、市场监管总局、国家医保局、银保监会、中国残联按职责分工负责）

（二）强化政策支持。各地要积极出台实施扶持政策，在土地供应、政府购买服务等方面对老年健康服务发展予以支持和倾斜。鼓励社会力量举办老年医院、康复医院、护理院、安宁疗护中心等。加大对贫困地区老年健康服务机构建设的支持力度，推动实现城乡、区域老年健康服务均等化。全面建立经济困难的高龄、失能老年人补贴制度，并做好与长期护理保险制度的衔接。研究建立稳定可持续的筹资

机制，推动形成符合国情的长期护理保险制度框架。（国家发展改革委、民政部、财政部、国家医保局、银保监会按职责分工负责）

（三）强化学科发展。推进老年医学研究中心、国家老年疾病临床医学研究中心等创新基地建设，打造高水平的技术创新与成果转化基地。加强老年健康相关科学研究，通过各级财政科技计划支持老年健康相关预防、诊断、治疗技术和产品研发。加强老年健康相关适宜技术研发与推广。引导普通高校和职业院校开设老年医学、药学、护理、康复、心理、安宁疗护等相关专业和课程，开展学历教育。（教育部、科技部、国家卫生健康委、国家中医药局按职责分工负责）

（四）强化队伍建设。加强老年健康人才培养，支持开展老年健康服务相关从业人员的继续教育，壮大老年健康人才队伍。加强老年健康促进、老年医学及其相关专业人员培训，建立培训机制，建设培训基地，提高相关人员的服务能力和水平。扩大老年护理服务队伍，补齐服务短板，到2022年基本满足老年人护理服务需求。完善老年健康相关职业资格认证制度和以技术技能价值激励为导向的薪酬分配体系，拓宽职业发展前景。（国家卫生健康委、教育部、民政部、人力资源社会保障部、国家中医药局按职责分工负责）

（五）强化信息支撑。充分利用人工智能等技术，研发可穿戴的老年人健康支持技术和设备，探索开展远程实时查看、实时定位、健康监测、紧急救助呼叫等服务。加强老年健康服务相关信息系统建设，促进各类健康数据的汇集和融合，整合信息资源，实现信息共享。积极探索"互联网+老年健康"服务模式，推动线上线下结合，开展一批智慧健康服务示范项目。（国家卫生健康委、工业和信息化部、民政部按职责分工负责）

（六）强化组织保障。建立政府主导、部门协作、社会参与的工作机制，各地各有关部门要高度重视老年健康服务体系建设，将其纳入经济社会发展相关规划，纳入深化医药卫生体制改革和促进养老、健康服务业发展的总体部署，结合实际制定老年健康服务体系建设的具体规划和实施办法。

2019年10月28日

应急管理部 人力资源社会保障部关于印发《注册安全工程师职业资格制度规定》和《注册安全工程师职业资格考试实施办法》的通知

应急〔2019〕8号

国务院各部委、各直属机构,各省、自治区、直辖市及新疆生产建设兵团应急管理厅(局)、人力资源社会保障厅(局),各中央企业:

为贯彻落实《中华人民共和国安全生产法》《中共中央 国务院关于推进安全生产领域改革发展的意见》和《国家职业资格目录》有关要求,完善注册安全工程师职业资格制度,经商住房城乡建设部、交通运输部同意,现将《注册安全工程师职业资格制度规定》《注册安全工程师职业资格考试实施办法》印发给你们。

自《注册安全工程师职业资格制度规定》《注册安全工程师职业资格考试实施办法》施行之日起,原人事部、国家安全生产监督管理局发布的《注册安全工程师执业资格制度暂行规定》(人发〔2002〕87号)和《注册安全工程师执业资格考试实施办法》(国人部发〔2003〕13号),原人事部、国家安全生产监督管理总局发布的《关于实施〈注册安全工程师执业资格制度暂行规定〉补充规定的通知》(国人部发〔2007〕121号)同时废止。

2019年1月25日

注册安全工程师职业资格制度规定

第一章 总 则

第一条 为加强安全生产专业技术人才队伍建设,提高安全生产专业技术人才能力素质,维护人民群众生命财产安全,根据《中华人民共和国安全生产法》《注册安全工程师分类管理办法》(安监总人事〔2017〕118号)和国家职业资格制度有关规定,制定本规定。

第二条 本规定所称注册安全工程师,是指通过职业资格考试取得中华人民共和国注册安全工程师职业资格证书（以下简称注册安全工程师职业资格证书），经注册后从事安全生产管理、安全工程技术工作或提供安全生产专业服务的专业技术人员。

第三条 国家设置注册安全工程师准入类职业资格，纳入国家职业资格目录。

第四条 注册安全工程师级别设置为：高级、中级、初级。高级注册安全工程师评价和管理办法另行制定。

各级别注册安全工程师中英文名称分别为：

高级注册安全工程师 Senior Certified Safety Engineer

中级注册安全工程师 Intermediate Certified Safety Engineer

初级注册安全工程师 Assistant Certified Safety Engineer

第五条 注册安全工程师专业类别划分为：煤矿安全、金属非金属矿山安全、化工安全、金属冶炼安全、建筑施工安全、道路运输安全、其他安全（不包括消防安全）。

第六条 应急管理部、人力资源社会保障部共同制定注册安全工程师职业资格制度，并按照职责分工负责注册安全工程师职业资格制度的实施与监管。

各省、自治区、直辖市应急管理、人力资源社会保障部门，按照职责分工负责本行政区域内注册安全工程师职业资格制度的实施与监管。

第二章 考 试

第七条 中级注册安全工程师职业资格考试全国统一大纲、统一命题、统一组织。

初级注册安全工程师职业资格考试全国统一大纲，各省、自治区、直辖市自主命题并组织实施，一般应按照专业类别考试。

第八条 应急管理部或其授权的机构负责拟定注册安全工程师职业资格考试科目；组织编制中级注册安全工程师职业资格考试公共科目和专业科目（建筑施工安全、道路运输安全类别专业科目除外）的考试大纲，组织相应科目命审题工作；会同国务院有关行业主管部门或其授权的机构编制初级注册安全工程师职业资格考试大纲。

住房城乡建设部、交通运输部或其授权的机构分别负责组织拟定建筑施工安全、道路运输安全类别中级注册安全工程师职业资格考试专业科目的考试大纲，组织相应科目命审题工作。

人力资源社会保障部负责审定考试科目、考试大纲，负责中级注册安全工程师职业资格考试的考务工作，会同应急管理部确定中级注册安全工程师职业资格考试合格标准。

第九条 各省、自治区、直辖市应急管理、人力资源社会保障部门，会同有关行业主管部门，按照全国统一的考试大纲和相关规定组织实施初级注册安全工程师职业资格考试，确定考试合格标准。

第十条 凡遵守中华人民共和国宪法、法律、法规，具有良好的业务素质和道德品行，具备下列条件之一者，可以申请参加中级注册安全工程师职业资格考试：

（一）具有安全工程及相关专业大学专科学历，从事安全生产业务满5年；或具有其他专业大学专科学历，从事安全生产业务满7年。

（二）具有安全工程及相关专业大学本科学历，从事安全生产业务满3年；或具有其他专业大学本科学历，从事安全生产业务满5年。

（三）具有安全工程及相关专业第二学士学位，从事安全生产业务满2年；或具有其他专业第二学士学位，从事安全生产业务满3年。

（四）具有安全工程及相关专业硕士学位，从事安全生产业务满1年；或具有其他专业硕士学位，从事安全生产业务满2年。

（五）具有博士学位，从事安全生产业务满1年。

（六）取得初级注册安全工程师职业资格后，从事安全生产业务满3年。

第十一条 凡遵守中华人民共和国宪法、法律、法规，具有良好的业务素质和道德品行，具备下列条件之一者，可以申请参加初级注册安全工程师职业资格考试：

（一）具有安全工程及相关专业中专学历，从事安全生产业务满4年；或具有其他专业中专学历，从事安全生产业务满5年。

（二）具有安全工程及相关专业大学专科学历，从事安全生产业务满2年；或具有其他专业大学专科学历，从事安全生产业务满3年。

（三）具有大学本科及以上学历，从事安全生产业务。

第十二条 中级注册安全工程师职业资格考试合格者，由各省、自治区、直辖市人力资源社会保障部门颁发注册安全工程师职业资格证书（中级）。该证书由人力资源社会保障部统一印制，应急管理部、人力资源社会保障部共同用印，在全国范围有效。

第十三条 初级注册安全工程师职业资格考试合格者，由各省、自治区、直辖市人力资源社会保障部门颁发注册安全工程师职业资格证书（初级）。该证书由各省、自治区、直辖市应急管理、人力资源社会保障部门共同用印，原则上在所在行政区域内有效。各地可根据实际情况制定跨区域认可办法。

第十四条 对以不正当手段取得注册安全工程师职业资格证书的，按照国家专业技术人员资格考试违纪违规行为处理规定进行处理。

第三章 注　册

第十五条 国家对注册安全工程师职业资格实行执业注册管理制度，按照专业类别进行注册。取得注册安全工程师职业资格证书的人员，经注册后方可以注册安全工程师名义执业。

第十六条 住房城乡建设部、交通运输部或其授权的机构按照职责分工，分别负责相应范围内建筑施工安全、道路运输安全类别中级注册安全工程师的注册初审工作。

各省、自治区、直辖市应急管理部门和经应急管理部授权的机构，负责其他中级注册安全工程师的注册初审工作。

应急管理部负责中级注册安全工程师的注册终审工作，具体工作由中国安全生产科学研究院实施。终审通过的建筑施工安全、道路运输安全类别中级注册安全工程师名单分别抄送住房城乡建设部、交通运输部。

第十七条 申请注册的人员，必须同时具备下列基本条件：

（一）取得注册安全工程师职业资格证书；

（二）遵纪守法，恪守职业道德；

（三）受聘于生产经营单位安全生产管理、安全工程技术类岗位或安全生产专业服务机构从事安全生产专业服务；

（四）具有完全民事行为能力，年龄不超过70周岁。

第十八条 申请中级注册安全工程师初始注册的，应当自取得中级注册安全工程师职业资格证书之日起5年内由本人向注册初审机构提出。

本规定施行前取得注册安全工程师执业资格证书，申请初始注册的，应当在本规定施行之日起5年内由本人向注册初审机构提出。

超过规定时间申请初始注册的，按逾期初始注册办理。

准予注册的申请人，由应急管理部核发中级注册安全工程师注册证书（纸质或电子证书）。

第十九条 中级注册安全工程师注册有效期为5年。有效期满前3个月，需要延续注册的，应向注册初审机构提出延续注册申请。有效期满未延续注册的，可根据需要申请重新注册。

第二十条 中级注册安全工程师在注册有效期内变更注册的，须及时向注册初审机构提出申请。

第二十一条 中级注册安全工程师初始注册、延续注册、变更注册、重新注册和逾期初始注册的具体要求按相关规定执行。

第二十二条 以不正当手段取得注册证书的，由发证机构撤销其注册证书，5年内不予重新注册；构成犯罪的，依法追究刑事责任。

第二十三条 注册安全工程师注册有关情况应当由注册证书发证机构向社会公布，促进信息共享。

第二十四条 初级注册安全工程师注册管理办法由各省、自治区、直辖市应急管理部门会同有关部门依法制定。

第四章 执 业

第二十五条 注册安全工程师在执业活动中，必须遵纪守法，恪守职业道德和从业规范，诚信执业，主动接受有关主管部门的监督检查，加强行业自律。

第二十六条 注册安全工程师不得同时受聘于两个或两个以上单位执业，不得允许他人以本人名义执业，不得出租出借证书。违反上述规定的，由发证机构撤销其注册证书，5年内不予重新注册；构成犯罪的，依法追究刑事责任。

第二十七条 注册安全工程师的执业范围包括：

（一）安全生产管理；

（二）安全生产技术；

（三）生产安全事故调查与分析；

（四）安全评估评价、咨询、论证、检测、检验、教育、培训及其他安全生产专业服务。

中级注册安全工程师按照专业类别可在各类规模的危险物品生产、储存以及矿山、金属冶炼等单位中执业，初级注册安全工程师的执业单位规模由各地结合实际依法制定。

各专业类别注册安全工程师执业行业见附表。

第二十八条 注册安全工程师应在本人执业成果文件上签字，并承担相应责任。

第五章 权利和义务

第二十九条 注册安全工程师享有下列权利：

（一）按规定使用注册安全工程师称谓和本人注册证书；

（二）从事规定范围内的执业活动；

（三）对执业中发现的不符合相关法律、法规和技术规范要求的情形提出意见和建议，并向相关行业主管部门报告；

（四）参加继续教育；

（五）获得相应的劳动报酬；

（六）对侵犯本人权利的行为进行申诉；

（七）法律、法规规定的其他权利。

第三十条 注册安全工程师应当履行下列义务：

（一）遵守国家有关安全生产的法律、法规和标准；

（二）遵守职业道德，客观、公正执业，不弄虚作假，并承担在相应报告上签署意见的法律责任；

（三）维护国家、集体、公众的利益和受聘单位的合法权益；

（四）严格保守在执业中知悉的单位、个人技术和商业秘密。

第三十一条 取得注册安全工程师注册证书的人员，应当按照国家专业技术人员继续教育的有关规定接受继续教育，更新专业知识，提高业务水平。

第六章 附 则

第三十二条 本规定施行前取得的注册安全工程师执业资格证书、注册助理安全工程师资格证书，分别与按照本规定取得的中级、初级注册安全工程师职业资格证书效用等同。

第三十三条 专业技术人员取得中级注册安全工程师、初级注册安全工程师职业资格，即视其具备工程师、助理工程师职称，并可作为申报高一级职称的条件。

第三十四条 加强注册安全工程师国际交

业资格考试的平稳过渡,新旧制度衔接按以下要求进行:

原制度文件规定有效期内的各科目合格成绩有效期顺延,按照新制度规定的 4 年为一个周期进行管理。《安全生产法及相关法律知识》《安全生产管理知识》《安全生产技术》《安全生产事故案例分析》科目合格成绩分别对应《安全生产法律法规》《安全生产管理》《安全生产技术基础》《安全生产专业实务》科目合格成绩。

第十四条 本办法自 2019 年 3 月 1 日起施行。

应急管理部 人力资源和社会保障部 教育部 财政部 国家煤矿安全监察局关于高危行业领域安全技能提升行动计划的实施意见

应急〔2019〕107号

各省、自治区、直辖市及新疆生产建设兵团应急管理厅（局）、人力资源和社会保障厅（局）、教育厅（局）、财政厅（局）、煤矿安全培训主管部门，各省级煤矿安全监察局，有关中央企业，各有关单位：

按照《国务院办公厅关于印发职业技能提升行动方案（2019—2021年）的通知》（国办发〔2019〕24号）要求，为认真实施高危行业领域安全技能提升行动计划，现提出以下意见。

一、目标任务

从现在开始至2021年底，重点在化工危险化学品、煤矿、非煤矿山、金属冶炼、烟花爆竹等高危行业企业（以下简称高危企业）实施安全技能提升行动计划，推动从业人员安全技能水平大幅度提升。

——高危企业在岗和新招录从业人员100%培训考核合格后上岗；特种作业人员100%持证上岗；高危企业班组长普遍接受安全技能提升培训，其中取得职业资格证书或职业技能等级证书或接受相关专业中职及以上学历教育的人员比例提高20个百分点以上；化工危险化学品、煤矿、金属非金属地下矿山、金属冶炼、石油天然气开采企业从业人员中取得职业资格证书或职业技能等级证书的比例达到30%以上。

——遴选培育50个以上具有辐射引领作用的安全技能实训和特种作业人员实操考试示范基地、50个以上安全生产教育培训示范职业院校（含技工院校，下同）、100家以上安全生产产教融合型企业；安全技能培训基础进一步夯实，培训供给能力和质量大幅度提升。

——安全技能培训制度机制更加完善，以企业为主体、各类机构积极参与、劳动者踊跃参加、部门协调配合、政府激励推动的高危行业领域安全技能培训格局初步形成。

二、有针对性地开展安全技能提升培训

（一）开展在岗员工安全技能提升培训。高危企业是安全技能提升培训的责任主体，企业主要负责人要组织制定并推动实施安全技能提升培训计划。培训计划要覆盖全员，将被派遣劳动者、外包施工队伍人员纳入统一管理和培训。要围绕提升职工基本技能水平和操作规程执行、岗位风险管控、安全隐患排查及初始应急处置的能力，构建针对性培训课程体系和考核标准。要分岗位对全体员工考核一遍，考

核不合格的，按照新上岗人员培训标准离岗培训，考核合格后再上岗。企业要制定计划，2021年底前安排10%以上的重点岗位职工完成职业技能晋级培训，取得职业资格证书或职业技能等级证书后，按照有关规定给予职业培训补贴或参保职工技能提升补贴。

（二）严把新上岗员工安全技能培训关。高危企业新上岗人员安全生产与工伤预防培训不得少于72学时，考核合格后方可上岗；要建立健全并严格落实师带徒制度，出徒后方可独立上岗。要加大从职业院校招收新员工力度，逐步提高从业人员中高中阶段及以上文化程度的招收比例。工作岗位调整或离岗3个月以上重新上岗的人员要接受针对性安全培训，考核合格方可重新上岗。人力资源社会保障、教育、财政部门要会同应急管理、煤矿安监部门在危险化学品"两重点一重大"装置操作、矿山井下作业、石油天然气钻井作业、油气管道带压开孔、金属冶炼煤气作业等风险偏高的技能操作型岗位新招录员工中，推行企业新型学徒制，实行"入企即入校"企校合作培养培训，按规定给予职业培训补贴。

（三）实施班组长安全技能提升专项培训。各省级应急管理、煤矿安全培训主管部门要统筹制定总体方案，明确目标进度、培训内容、考核形式、实施主体、保障措施等，2021年底前将高危企业班组长轮训一遍。实行企业内安全培训、职业技能培训等学习成果互认。各级应急管理、煤矿安全培训主管部门要会同教育、人力资源社会保障部门搭建校企合作平台，推动职业院校设置安全管理相关专业，通过"文化素质+职业技能"等多种方式面向高危班组长招生，由校企共研培养方案，根据企业生产特点灵活安排学习，推行面向真实生产环境的任务式培养模式，实施"学历证书+若干职业技能等级证书制度"试点。对于符合条件人员，按规定给予职业培训补贴。

（四）强化特种作业人员安全技能培训考试。各企业要依法明确从事特种作业岗位的人员，新任用或招录特种作业人员要参加专门的安全技能培训，考试合格后持证上岗。严格危险化学品和新申请煤矿安全作业的特种作业人员须具备高中阶段及以上文化程度，严格特种作业人员理论和实际操作培训课时要求，不具备实际操作条件的机构不得承担培训任务，鼓励企业建立特种作业人员培训考试点。应急管理部门、煤矿安全培训主管部门要组织实施特种作业实操考点创优提升计划，取消以问答代替实际操作的培训和考试方式。结合培训内容、培训时长、考核结果、物价水平等因素，确定特种作业人员安全技能培训补贴。

（五）将安全生产知识贯穿各类人员职业培训全过程。人力资源社会保障部门要把安全生产与工伤预防内容编入各类人员职业技能标准和培训教材，明确培训课时要求，考核评价中涉及安全生产的关键技能不合格的，则技能考核成绩不及格。教育、人力资源社会保障部门要在职业院校相关专业教学标准中增加安全生产知识，作为必修内容。应急管理部门要提供专家、内容资源等支持，会同人力资源社会保障和教育部门组织编制培训大纲和有关教材。

三、提高安全技能培训供给质量

（一）重点提升企业安全技能培训能力。鼓励有能力的企业设立职工培训中心、编制课程体系、建立考核标准和题库，自主组织安全技能培训考核；其他不具备能力的企业要委托有能力的企业或机构，提供长期、量身定制的培训考核服务。强化规划布局和经费投入，支持在高危企业集中的地区新建或提升改造一批具有辐射引领作用的高水平安全生产和技能实训基地，其中2021年底前实现省级以上化工园区都有具备实训条件的专业机构、其他化工园区都有自建共建或委托具备实训条件的专业机构提供安全技能培训服务。应急管理、煤矿安全培训主管部门要遴选一批安全技能培训示范企业，推荐纳入产教融合型企业，按规定给予政策激励。

（二）推动职业院校开展安全技能培训。

应急管理、人力资源社会保障和教育部门要联合遴选公布一批安全技能提升培训能力和意愿较强的示范职业院校,引导强化高危行业安全技能培训供给,开展化工危险化学品产业工人培养试点。应急管理部门要会同有关部门经常举办高危行业产教融合对接洽谈活动,推动一批化工园区与职业院校建立产教联盟,推动一批职业院校在高危企业设立分校区,推动一批高危企业依托职业院校设置职工培训机构、实训基地。应急管理部门、煤矿安全培训主管部门要共建一批安全生产特色职业院校,支持职业院校申报特种作业人员考试点。鼓励社会培训机构开展安全技能提升培训,落实同等支持政策。

(三)建设安全生产网络平台和机制。应急管理部门要引导各类力量参与,建设企业安全生产网络学院和高危行业分院,建立完善课程超市和自主选学机制。建立高危行业安全技能学习培训学分银行制度,有序开展学习成果的认定、积累、转换,制定线上学习课时按比例计入培训总课时的标准,逐步实现理论知识更新再培训以线上培训为主。探索为每位高危企业从业人员建立安全技能培训学习个人终身账号和档案,存储个人学习、培训、从业等信息,一人一档、终身有效,使培训和考核过程可追溯。推动现代模拟实训考试技术应用,防止过度虚拟化。

(四)强化专兼职师资队伍建设。高危企业要建立健全内部培训师选拔、考核和退出机制,大力推动管理、技术人员和能工巧匠上讲台,并给予授课技巧培训和基本课件、通用案例等支持,逐步实现企业在岗培训以企业内训师承担为主。省级以上应急管理部门要公开遴选、择优公布若干区域性、专业性安全技能培训师资研修基地。各培训机构要制定师资培养培训计划,并组织教师每年到企业实践或调研,提高授课针对性和感染力。

(五)规范培训考核标准体系。应急管理部门、煤矿安全培训主管部门要发挥标准在安全技能培训中的基础性作用,加快构建培训机构标准、实训条件标准体系。推广结构化、模块化的矩阵培训方法和职业培训包制度,提升培训规范性、系统性。按照看得懂、记得住、用得上原则,开发分层次、分专业、分岗位的教材体系,倡导使用新型活页式、工作手册式教材,鼓励企业编写企业内部培训教材。建设安全生产数字资源库,推动安全培训课件、事故案例、电子教材等资源共建共享。

四、强化保障措施

(一)强化组织领导保障。各省级应急管理部门要会同人力资源社会保障、教育、财政、煤矿安全培训主管部门研究制定本地区高危行业领域安全技能提升行动计划实施方案。要建立工作抽查评估和情况通报机制,将方案实施情况纳入对下级政府安全生产和消防综合考核内容,作为安全生产标准化达标评审必要条件。发挥行业协会在促进校企合作对接、培训考试标准建设等方面的作用。注重总结经验、推广典型,层层培育示范企业、示范院校、示范基地。强化政策解读和宣传,适时举办全国性安全技能竞赛,营造良好工作氛围。

(二)落实职业培训补贴政策。要将高危行业领域安全技能提升行动计划中相关内容纳入职业技能提升行动,细化有关资金补贴条件和具体标准。高危企业要在职工教育培训经费和安全生产费用预算中配套安排安全技能培训资金,用于一般从业人员安全技能培训;落实企业职工教育经费税前扣除限额提高至工资薪金总额8%的税收政策。依法从工伤保险基金提取工伤预防费用于工伤预防的宣传培训。推动安全生产责任险保险机构为参保企业提供安全技能培训服务。通过现有渠道安排资金,对安全技能实训基地建设、培训教材开发、师资培训、数字资源建设等给予支持。省级应急管理部门、煤矿安全培训主管部门要会同人力资源社会保障部门建立完善安全技能培训机构管理制度,将符合条件的安全技能培训机构名单,纳入人力资源社会保障部门统一目录清单管理;要建立安全技能培训实名制管理平台,及时向人力资源社会保障部门推送补贴性培训人员信息，减少企业及个人报送纸质材料，提高审核拨付补贴资金工作效率。

（三）加大执法检查力度。各级应急管理部门、煤矿安监部门要把企业安全培训纳入年度执法计划，规范安全培训执法程序和方法，将抽查企业培训计划、持证情况、抽考安全生产常识作为培训执法重要内容，发现应持证未持证或未经培训就上岗的人员，依法责令企业限期改正并予以处罚。发现不按统一的培训大纲组织教学培训、不按统一题库进行考试等行为的安全培训和考试机构，要依法严肃处理。

2019年10月28日

国家税务总局 人力资源社会保障部 国务院扶贫办 教育部关于实施支持和促进重点群体创业就业有关税收政策具体操作问题的公告

国家税务总局公告 2019 年第 10 号

为贯彻落实《财政部 税务总局 人力资源社会保障部 国务院扶贫办关于进一步支持和促进重点群体创业就业有关税收政策的通知》（财税〔2019〕22号）精神，现就具体操作问题公告如下：

一、重点群体个体经营税收政策

（一）申请

1. 建档立卡贫困人口从事个体经营的，向主管税务机关申报纳税时享受优惠。

2. 登记失业半年以上的人员，零就业家庭、享受城市居民最低生活保障家庭劳动年龄的登记失业人员，以及毕业年度内高校毕业生，可持《就业创业证》（或《就业失业登记证》，下同）、个体工商户登记执照（未完成"两证整合"的还须持《税务登记证》）向创业地县以上（含县级，下同）人力资源社会保障部门提出申请。县以上人力资源社会保障部门应当按照财税〔2019〕22号文件的规定，核实其是否享受过重点群体创业就业税收优惠政策。对符合财税〔2019〕22号文件规定条件的人员在《就业创业证》上注明"自主创业税收政策"或"毕业年度内自主创业税收政策"。

（二）税款减免顺序及额度

重点群体从事个体经营的，按照财税〔2019〕22号文件第一条的规定，在年度减免税限额内，依次扣减增值税、城市维护建设税、教育费附加、地方教育附加和个人所得税。城市维护建设税、教育费附加、地方教育附加的计税依据是享受本项税收优惠政策前的增值税应纳税额。

纳税人的实际经营期不足1年的，应当以实际月数换算其减免税限额。换算公式为：减免税限额＝年度减免税限额÷12×实际经营月数。

纳税人实际应缴纳的增值税、城市维护建设税、教育费附加、地方教育附加和个人所得税小于减免税限额的，以实际应缴纳的增值税、城市维护建设税、教育费附加、地方教育附加和个人所得税税额为限；实际应缴纳的增值税、城市维护建设税、教育费附加、地方教育附加和个人所得税大于减免税限额的，以减免税限额为限。

（三）税收减免管理

登记失业半年以上的人员，零就业家庭、城市低保家庭的登记失业人员，以及毕业年度内高校毕业生享受本项税收优惠的，由其留存

《就业创业证》（注明"自主创业税收政策"或"毕业年度内自主创业税收政策"）备查，建档立卡贫困人口无需留存资料备查。

二、企业招用重点群体税收政策

（一）申请

享受招用重点群体就业税收优惠政策的企业，持下列材料向县以上人力资源社会保障部门递交申请：

1. 招用人员持有的《就业创业证》（建档立卡贫困人口不需提供）。

2. 企业与招用重点群体签订的劳动合同（副本），企业依法为重点群体缴纳的社会保险记录。通过内部信息共享、数据比对等方式审核的地方，可不再要求企业提供缴纳社会保险记录。

县以上人力资源社会保障部门接到企业报送的材料后，重点核实以下情况：

1. 招用人员是否属于享受税收优惠政策的人员范围，以前是否已享受过重点群体创业就业税收优惠政策。

2. 企业是否与招用人员签订了1年以上期限劳动合同，并依法为招用人员缴纳社会保险。

核实后，对持有《就业创业证》的重点群体，在其《就业创业证》上注明"企业吸纳税收政策"；对符合条件的企业核发《企业吸纳重点群体就业认定证明》。

招用人员发生变化的，应向人力资源社会保障部门办理变更申请。

本公告所称企业是指属于增值税纳税人或企业所得税纳税人的企业等单位。

（二）税款减免顺序及额度

1. 纳税人按本单位招用重点群体的人数及其实际工作月数核算本单位减免税总额，在减免税总额内每月依次扣减增值税、城市维护建设税、教育费附加和地方教育附加。城市维护建设税、教育费附加、地方教育附加的计税依据是享受本项税收优惠政策前的增值税应纳税额。

纳税人实际应缴纳的增值税、城市维护建设税、教育费附加和地方教育附加小于核算的减免税总额的，以实际应缴纳的增值税、城市维护建设税、教育费附加、地方教育附加为限；实际应缴纳的增值税、城市维护建设税、教育费附加和地方教育附加大于核算的减免税总额的，以核算的减免税总额为限。纳税年度终了，如果纳税人实际减免的增值税、城市维护建设税、教育费附加和地方教育附加小于核算的减免税总额，纳税人在企业所得税汇算清缴时，以差额部分扣减企业所得税。当年扣减不完的，不再结转以后年度扣减。

享受优惠政策当年，重点群体人员工作不满1年的，应当以实际月数换算其减免税总额。

减免税总额=Σ每名重点群体人员本年度在本企业工作月数÷12×具体定额标准

2. 第2年及以后年度当年新招用人员、原招用人员及其工作时间按上述程序和办法执行。计算每名重点群体人员享受税收优惠政策的期限最长不超过36个月。

（三）税收减免管理

企业招用重点群体享受本项优惠的，由企业留存以下材料备查：

1. 享受税收优惠政策的登记失业半年以上的人员，零就业家庭、城市低保家庭的登记失业人员，以及毕业年度内高校毕业生的《就业创业证》（注明"企业吸纳税收政策"）。

2. 县以上人力资源社会保障部门核发的《企业吸纳重点群体就业认定证明》。

3.《重点群体人员本年度实际工作时间表》（见附件）。

三、凭《就业创业证》享受上述优惠政策的人员，按以下规定申领《就业创业证》

（一）失业人员在常住地公共就业服务机构进行失业登记，申领《就业创业证》。对其中的零就业家庭、城市低保家庭的登记失业人员，公共就业服务机构应在其《就业创业证》

上予以注明。

（二）毕业年度内高校毕业生在校期间凭学生证向公共就业服务机构申领《就业创业证》，或委托所在高校就业指导中心向公共就业服务机构代为申领《就业创业证》；毕业年度内高校毕业生离校后可凭毕业证直接向公共就业服务机构按规定申领《就业创业证》。

四、税收优惠政策管理

（一）严格各项凭证的审核发放。任何单位或个人不得伪造、涂改、转让、出租相关凭证，违者将依法予以惩处；对出借、转让《就业创业证》的人员，主管人力资源社会保障部门要收回其《就业创业证》并记录在案；对采取上述手段已经获取减免税的企业和个人，主管税务机关要追缴其已减免的税款，并依法予以处理。

（二）《就业创业证》采用实名制，限持证者本人使用。创业人员从事个体经营的，《就业创业证》由本人保管；被用人单位招用的，享受税收优惠政策期间，证件由用人单位保管。《就业创业证》由人力资源社会保障部统一样式，各省、自治区、直辖市人力资源社会保障部门负责印制，作为审核劳动者就业失业状况和享受政策情况的有效凭证。

（三）《企业吸纳重点群体就业认定证明》由人力资源社会保障部统一样式，各省、自治区、直辖市人力资源社会保障部门统一印制，统一编号备案，相关信息由当地人力资源社会保障部门按需提供给税务部门。

（四）县以上人力资源社会保障、税务部门及扶贫办要建立劳动者就业信息交换和协查制度。人力资源社会保障部建立全国《就业创业证》查询系统（http://jyjc.mohrss.gov.cn），供各级人力资源社会保障、财政、税务部门查询《就业创业证》信息。国务院扶贫办建立全国统一的全国扶贫开发信息系统，供各级扶贫办、人力资源社会保障、财政、税务部门查询建档立卡贫困人口身份等相关信息。

（五）各级税务机关对《就业创业证》或建档立卡贫困人口身份有疑问的，可提请同级人力资源社会保障部门、扶贫办予以协查，同级人力资源社会保障部门、扶贫办应根据具体情况规定合理的工作时限，并在时限内将协查结果通报提请协查的税务机关。

五、本公告自2019年1月1日起施行

《国家税务总局　财政部　人力资源社会保障部　教育部　民政部关于继续实施支持和促进重点群体创业就业有关税收政策具体操作问题的公告》（国家税务总局公告2017年第27号）同时废止。

特此公告。

附件：重点群体人员本年度实际工作时间表（样表）（略）

2019年2月26日

市场监管总局 人力资源社会保障部关于印发《注册计量师职业资格制度规定》《注册计量师职业资格考试实施办法》的通知

国市监计量〔2019〕197号

各省、自治区、直辖市及新疆生产建设兵团市场监管局（厅、委）、人力资源社会保障厅（局）：

为加强对计量专业技术人员的职业准入管理，进一步规范注册计量师管理权责，促进注册计量师队伍建设和发展，根据《中华人民共和国计量法》《中华人民共和国计量法实施细则》和国家职业资格制度等有关规定，市场监管总局、人力资源社会保障部在原注册计量师资格制度基础上，制定了《注册计量师职业资格制度规定》《注册计量师职业资格考试实施办法》。现印发给你们，请遵照执行。

2019年10月15日

注册计量师职业资格制度规定

第一章 总 则

第一条 为加强计量专业技术人员管理，提高计量专业技术人员素质，保障全国量值传递的准确可靠，根据《中华人民共和国计量法》《中华人民共和国计量法实施细则》和国家职业资格制度有关规定，制定本规定。

第二条 本规定适用于从事计量检定、校准、检验、测试等计量技术工作（以下简称计量技术工作）的专业技术人员。

第三条 国家设置注册计量师准入类职业资格制度，纳入国家职业资格目录。

法定计量检定机构和市场监管部门授权技术机构中执行计量检定任务的专业技术人员，依据计量法律、法规有关规定，需经考试取得相应级别注册计量师职业资格证书并注册后，方可从事规定范围内的计量技术工作。

其他从事计量技术工作的专业技术人员，可根据需要取得注册计量师职业资格证书，作为具有相应能力的证明。

第四条 注册计量师分为一级注册计量师

和二级注册计量师。

一级注册计量师英文译为Level 1 Certified Metrology Engineer，二级注册计量师英文译为Level 2 Certified Metrology Engineer。

第五条 市场监管总局、人力资源社会保障部共同制定注册计量师职业资格制度，并按照职责分工对该制度的实施进行指导、监督和检查。

各省、自治区、直辖市市场监管部门和人力资源社会保障部门，按照职责分工负责本行政区域内注册计量师职业资格制度的实施与监管。

第二章 考 试

第六条 注册计量师职业资格实行全国统一大纲、统一命题、统一组织的考试制度，原则上每年举行一次。

第七条 市场监管总局负责拟定注册计量师职业资格考试科目和考试大纲，组织命题、审题和主观题阅卷工作，并提出考试合格标准建议。

第八条 人力资源社会保障部负责审定注册计量师职业资格考试科目和考试大纲，组织实施注册计量师职业资格考试考务工作，会同市场监管总局确定合格标准，对考试工作进行指导、监督、检查。

第九条 凡遵守中华人民共和国宪法、法律、法规，恪守职业道德，诚实守信，从事计量技术工作，符合注册计量师职业资格考试报名条件的中华人民共和国公民，均可申请参加相应级别注册计量师的考试。香港、澳门、台湾居民和外籍人员按照国家有关规定执行。

第十条 一级注册计量师职业资格考试报名条件：

（一）取得理学或工学门类专业大学专科学历，工作满6年，其中从事计量技术工作满4年；

（二）取得理学或工学门类专业大学本科学历，工作满4年，其中从事计量技术工作满3年；

（三）取得理学或工学门类专业双学士学位或研究生班毕业，工作满3年，其中从事计量技术工作满2年；

（四）取得理学或工学门类专业硕士学位，工作满2年，其中从事计量技术工作满1年；

（五）取得理学或工学门类专业博士学位，从事计量技术工作满1年；

（六）取得其他学科门类专业相应学历、学位的人员，其工作年限和从事计量技术工作的最低年限相应增加1年。

第十一条 二级注册计量师职业资格考试报名条件：

取得中专及以上学历或学位，从事计量技术工作满1年。

第十二条 注册计量师职业资格考试合格，由各省、自治区、直辖市人力资源社会保障部门颁发相应级别注册计量师职业资格证书。该证书由人力资源社会保障部统一印制，市场监管总局与人力资源社会保障部共同用印，在全国范围内有效。

第十三条 以不正当手段取得注册计量师职业资格证书的，按照专业技术人员资格考试违纪违规行为处理规定进行处理。

第三章 注 册

第十四条 国家对法定计量检定机构和市场监管部门授权技术机构中执行计量检定任务的注册计量师实行注册管理。取得注册计量师职业资格证书的人员，需经注册取得《注册计量师注册证》（以下简称《注册证》）后，方可开展相应的计量检定活动。

第十五条 市场监管总局为一级注册计量师的注册审批机构。

各省、自治区、直辖市市场监管部门为二级注册计量师的注册审批机构。

第十六条 申请注册者，必须同时具备下列条件：

（一）取得注册计量师职业资格证书；

（二）遵纪守法，恪守职业道德；

（三）受聘于国家依法设置的计量检定机构或各级市场监管部门依法授权的计量技术机构；

（四）取得所申请注册的《计量专业项目考核合格证》（原各级质量技术监督部门颁发《计量检定员证》中核准的专业项目可视同计量专业项目考核合格证明）。

第十七条 《注册证》注册有效期为 5 年。《注册证》在有效期限内是注册计量师的执业凭证，由注册计量师本人保管和使用。

第十八条 申请人以欺骗、贿赂等不正当手段取得《注册证》的，应当予以撤销，当事人在 3 年内不得再次申请注册；构成犯罪的，依法追究刑事责任。

第十九条 注册审批机构应当定期向社会公布相应级别注册计量师注册的有关情况。

第四章 执 业

第二十条 注册计量师应当依据国家计量法律、法规的规定，在工作单位计量技术工作资质规定的业务范围内，开展相应的执业活动。

第二十一条 一级注册计量师执业范围：开展计量标准器具和工作计量器具的检定、校准以及其他计量技术工作，出具计量技术报告或相关证书，指导和培训本专业其他计量技术人员开展量值传递工作。

第二十二条 二级注册计量师执业范围：开展计量标准器具的检定和工作计量器具的检定、校准以及其他计量技术工作，出具计量技术报告或相关证书。

第二十三条 一级注册计量师应当具备以下能力：

（一）有丰富的计量技术工作经验，熟悉国家计量法律、法规、规章及相关法律规定，熟练运用计量基本知识，进行测量不确定度分析与评定；

（二）熟悉本专业计量技术，了解国际相关标准或技术规范，以及计量技术发展前沿情况，具有计量技术课题研究能力和解决本领域复杂、疑难技术问题的能力；

（三）熟练掌握本领域计量技术规范，具有建立、使用和维护相关计量基准、计量标准，开展量值传递以及出具计量技术报告或相关证书的能力；能够指导本专业二级注册计量师开展量值传递工作。

第二十四条 二级注册计量师应当具备以下能力：

（一）有一定的计量技术工作经验，熟悉国家计量法律、法规、规章及相关法律规定，掌握计量基础知识，具有正确使用和表述测量不确定度的能力；

（二）熟悉本专业计量技术，熟练掌握本领域计量技术法规，具有建立、使用和维护相关计量标准，开展量值传递以及出具计量技术报告或相关证书的能力。

第二十五条 因注册计量师出具的计量技术报告或相关证书不符合国家有关法律、法规、规章和技术规范要求，给用户造成经济损失的，按照有关法律法规进行处理。

第二十六条 注册计量师应当按照国家专业技术人员继续教育的有关规定接受继续教育，更新专业知识，提高业务水平。

第五章 权利与义务

第二十七条 注册计量师享有下列权利：

（一）使用相应级别注册计量师称谓；

（二）在注册的工作单位和规定范围内依法从事计量技术工作，履行岗位职责；

（三）参加继续教育；

（四）获得相应的劳动报酬；

（五）在相关计量技术工作文件上签字；

（六）对侵犯本人权利的行为进行申诉。

第二十八条 注册计量师应当履行下列义务：

（一）遵守法律、法规和有关管理规定，恪守职业道德；

（二）执行计量法律、法规、规章及有关技术规范；

（三）保证计量技术工作的真实、可靠，

以及原始数据和有关技术资料的准确、真实、完整,并承担相应责任;

(四)保守在计量技术工作中知悉的国家秘密和他人的技术或商业秘密。

第六章 附 则

第二十九条 专业技术人员取得一级注册计量师职业资格,可认定其具备工程师职称;取得二级注册计量师职业资格,可按照工程技术人员职称制度有关要求,认定其具备助理工程师或技术员职称。专业技术人员取得注册计量师职业资格,可作为申报高一级职称的条件。

第三十条 注册计量师的注册管理以及继续教育等具体办法,由市场监管总局另行制定。

第三十一条 原各级质量技术监督部门颁发的《计量检定员证》继续有效。

第三十二条 本规定自发布之日起施行。原人事部、原质检总局印发的《注册计量师制度暂行规定》《注册计量师资格考试实施办法》《注册计量师资格考核认定办法》(国人部发〔2006〕40号)同时废止。根据国人部发〔2006〕40号文件取得的一级注册计量师、二级注册计量师职业资格证书继续有效。

注册计量师职业资格考试实施办法

第一条 人力资源社会保障部、市场监管总局共同委托人力资源社会保障部人事考试中心承担注册计量师职业资格考试的具体考务工作。市场监管总局委托具备相应能力的单位承担注册计量师职业资格考试工作的命题、审题和主观题阅卷等具体工作。

各省、自治区、直辖市市场监管和人力资源社会保障部门共同负责本地区考试组织工作,具体职责分工由各地协商确定。

第二条 一级注册计量师职业资格考试设《计量法律法规及综合知识》《测量数据处理与计量专业实务》《计量专业案例分析》3个科目。

第三条 二级注册计量师职业资格考试设《计量法律法规及综合知识》《计量专业实务与案例分析》2个科目。

第四条 参加一级注册计量师职业资格考试的人员,在连续3个考试年度内,参加各科目考试并合格,方可取得一级注册计量师职业资格证书;

参加二级注册计量师职业资格考试的人员,在连续2个考试年度内,参加各科目考试并合格,方可取得二级注册计量师职业资格证书。

第五条 已取得工程系列或自然科学研究系列高级职称的人员,参加一级注册计量师职业资格考试时,可免试《计量法律法规及综合知识》科目,只参加《测量数据处理与计量专业实务》《计量专业案例分析》科目考试。免试科目的人员须在连续2个考试年度内通过应试科目,方可取得一级注册计量师职业资格证书。

取得原各级质量技术监督部门颁发的《计量检定员证》的人员,参加二级注册计量师职业资格考试时,可免试《计量专业实务与案例分析》科目,只参加《计量法律法规及综合知识》科目考试。免试科目的人员须在1个考试年度内通过应试科目,方可取得二级注册计量师职业资格证书。

第六条 符合注册计量师职业资格考试报名条件的报考人员,按照当地人事考试机构规定的程序和要求完成报名。参加考试人员凭准考证和有效证件在指定的日期、时间和地点参加考试。

中央和国家机关各部门及所属单位、中央管理企业的专业技术人员按属地原则报名参加考试。

第七条 注册计量师职业资格考试考点原则上设在省会城市和直辖市的大、中专院校或高考定点学校。

第八条 注册计量师职业资格考试坚持考试与培训分开的原则。凡参与考试工作（包括命题、审题与组织管理等）的人员，不得参加考试，也不得参加或者举办与考试内容有关的培训。应考人员参加培训坚持自愿原则。

第九条 考试实施机构及其工作人员，应当严格执行国家人事考试工作人员纪律规定和考试工作的各项规章制度，遵守考试工作纪律，切实做好从考试试题的命制到使用等各环节的安全保密工作，严防泄密。

第十条 对违反考试工作纪律和有关规定的人员，按照国家专业技术人员资格考试违纪违规行为处理规定处理。

国家医保局 人力资源社会保障部关于印发《国家基本医疗保险、工伤保险和生育保险药品目录》的通知

医保发〔2019〕46号

各省、自治区、直辖市及新疆生产建设兵团医疗保障局、人力资源社会保障厅（局）：

按照党中央、国务院决策部署，为进一步提高参保人员用药保障水平，规范医疗保险、工伤保险和生育保险用药管理，根据《中华人民共和国社会保险法》及相关文件要求，按照《2019年国家医保药品目录调整工作方案》，国家医疗保障局、人力资源社会保障部组织专家调整制定了《国家基本医疗保险、工伤保险和生育保险药品目录》（以下简称《药品目录》）。

《药品目录》是基本医疗保险、工伤保险和生育保险基金支付药品费用的标准。《药品目录》分为凡例、西药、中成药、协议期内谈判药品、中药饮片五部分。凡例是对《药品目录》的编排格式、名称剂型规范、限定支付范围等内容的解释和说明；西药部分包括了化学药品和生物制品；中成药部分包含了中成药和民族药；协议期内谈判药品部分包括了尚处于谈判协议有效期内的药品；中药饮片部分包括基金予以支付的饮片范围以及地方不得调整纳入基金支付的饮片范围。为提高医保基金的使用效益，《药品目录》对部分药品的医保支付范围进行了限定。

现将《药品目录》印发给你们，请遵照执行，并就有关事宜通知如下：

一、严格支付管理

各省级医疗保障部门和人力资源社会保障部门要加强指导、做好统筹协调，逐步推进省域范围内医疗保险、工伤保险和生育保险药品管理政策趋向统一。对有通过一致性评价仿制药的目录新准入药品，以及有仿制药的协议到期谈判药品，医疗保障部门原则上按照通过一致性评价的仿制药价格水平对原研药和通过一致性评价仿制药制定统一的支付标准。

各统筹地区医疗保障部门应在省级医疗保障部门的指导下，根据医保基金的负担能力和管理要求，制定《药品目录》甲乙类药品相应的支付办法。对规定有限定支付范围的药品，要制定审核支付细则，并加强临床依据的核查。

参照国家卫生健康委办公厅、国家中医药局办公室印发的《关于印发第一批国家重点监控合理用药药品目录（化药和生物制品）的通知》（国卫办医函〔2019〕558号）的要求，由具有相应资质的医师开具的中成药处方和中药饮片处方，基金方可按规定支付。各统筹地区要建立医保协议医师制度，加强对医师开具处方资格的核定管理。

二、明确地方权限

各地应严格执行《药品目录》，不得自行制定目录或用变通的方法增加目录内药品，也不得自行调整目录内药品的限定支付范围。对于原省级药品目录内按规定调增的乙类药品，应在3年内逐步消化。消化过程中，各省应优先将纳入国家重点监控范围的药品调整出支付范围。

对于经国家有关部门批准上市的民族药品，可由各省级医疗保障部门牵头，会同人力资源社会保障部门根据当地的基金负担能力及用药需求，经相应的专家评审程序纳入本省（区、市）基金支付范围。各省调整民族药品的情况应报国家医疗保障局备案后向社会公开。

《药品目录》中的中药饮片是从有国家标准的中药饮片中经专家评审产生的。对于其他有国家或地方标准的中药饮片，可由各省级医疗保障部门牵头，会同人力资源社会保障部门根据当地的基金负担能力及用药需求，经相应的专家评审程序纳入本省（区、市）基金支付范围，但不得增加目录中规定的不予支付的饮片。

对于经省级药品监督管理部门批准的治疗性医院制剂，可由省级医疗保障部门牵头，会同人力资源社会保障部门根据当地的基金负担能力及用药需求，经相应的专家评审程序，制定纳入本省（区、市）基金支付范围的医院制剂目录，并按照有关规定限于特定医疗机构使用。

《药品目录》中的中药饮片、各省（区、市）调整的民族药品、中药饮片和医院制剂的支付管理办法由省级医疗保障部门自行制定。

三、做好落地实施

各省级医疗保障部门要及时按规定将《药品目录》内药品纳入当地药品集中采购范围，并根据辖区内医疗机构和零售药店药品使用情况，及时更新完善信息系统药品数据库，建立完善全国统一的药品数据库，实现西药、中成药、中药饮片、医院制剂的编码统一管理。

各统筹地区要结合《药品目录》管理规定以及相关部门制定的处方管理办法、临床技术操作规范、临床诊疗指南和药物临床应用指导原则等，完善智能监控系统，将定点医药机构执行使用《药品目录》情况纳入定点服务协议管理和考核范围。

四、谈判准入药品

国家医疗保障局将对经专家评审确定的拟谈判药品按相关程序进行谈判，达成协议的纳入医保基金支付范围，具体名单及相关要求另行发布。

各地在《药品目录》组织落实过程中，遇有重大问题应及时分别向国家医疗保障局、人力资源社会保障部报告。本目录自2020年1月1日起正式实施，《人力资源社会保障部关于印发国家基本医疗保险、工伤保险和生育保险药品目录（2017年版）的通知》（人社部发〔2017〕15号）同时废止。

附件：国家基本医疗保险、工伤保险和生育保险药品目录（略）

2019年8月19日

国家邮政局办公室　人力资源社会保障部办公厅关于加强快递从业人员职业技能培训的通知

国邮办函〔2019〕255号

各省、自治区、直辖市邮政管理局、人力资源社会保障厅（局），各主要快递企业：

为深入实施快递人才素质提升工程，大力推进终身职业技能培训制度，根据《国务院关于促进快递业发展的若干意见》（国发〔2015〕61号）、《国务院办公厅关于印发职业技能提升行动方案（2019—2021年）的通知》（国办发〔2019〕24号），结合行业实际，现就加强快递从业人员职业技能培训通知如下：

一、切实提高思想认识

近年来，我国快递从业人员总体规模不断壮大，服务水平逐渐提升，为促进快递业改革发展、方便人民群众生活生产做出了积极贡献。但与新时代经济社会发展和人民群众对更好快递服务的需求相比，快递从业人员总体上还存在着职业技能不强、职业素质不高等突出问题，迫切需要通过开展大规模职业技能培训予以提升。要提高政治站位，充分认识职业技能培训对于支撑快递业高质量发展、扩大就业创业、便利人民群众的重要意义，将加强快递从业人员职业技能培训和学习贯彻习近平总书记关心关爱"快递小哥"的重要指示精神结合起来，和保持就业稳定、缓解就业结构性矛盾结合起来，大规模开展快递从业人员职业技能培训，加快建设知识型、技能型、创新型劳动者大军。

二、认真落实重点工作

（一）明确培训重点内容。坚持需求导向，加强职业技能、通用职业素质等综合性培训，将职业道德、职业规范、工匠精神、质量意识、法律意识和相关法律法规、安全环保和健康卫生、就业指导等内容贯穿职业技能培训全过程。坚持问题导向，强化收寄验视、实名收寄、过机安检、服务规范、作业规程、绿色环保、车辆安全驾驶等方面的技能培训。适应产业转型升级需要，加大快递业服务先进制造业、现代农业、跨境电子商务等新技能培训力度。针对快递业新生代农民工多、返乡创业人员多、城乡未继续升学初高中毕业生多、退役军人多的特点，深入实施新生代农民工职业技能提升计划和返乡创业培训计划以及劳动预备培训、就业技能培训、职业技能提升培训等专项培训，全面提升职业技能和就业创业能力。

（二）发挥企业主体作用。快递企业要制定职工培训计划，聚焦新产业、新技能要求，开展适应岗位需求和发展需要的技能培训，广泛组织开展岗前培训、在岗培训、脱产培训，开展岗位练兵、技能竞赛、在线学习等活动，大力开展高技能人才培训。发挥快递行业协会、龙头快递企业和行业培训机构作用，引导帮助中小微快递企业开展职工培训。鼓励快递企业与参训职工协商一致灵活调整工作时间，保障职工参训期间应有的工资福利待遇。加大中、高级职业技能培训力度，引导快递企业职工通过培训实现技能等级提升，进而实现职业发展和工资待遇水平提升。

（三）有效增加培训供给。支持主要快递企业设立职工培训中心、兴办技工教育。鼓励快递企业与邮政行业人才培养基地共建实训中心、教学工厂等，积极建设培育一批产教融合型企业。支持快递企业设立高技能人才培训基地和技能大师工作室。推动职业院校扩大培训规模，充分发挥技工院校高技能人才培养的主阵地作用。支持快递行业协会、行业培训组织和评价机构开展快递职业技能培训和评价工作，提高培训质量和评价效果。

（四）创新培训方式方法。大力推广"工学一体化""职业培训包""互联网+"等先进培训方式，鼓励建设互联网培训平台，积极推进快递职业技能培训资源共建共享。加强快递职业技能培训师资、教材建设，推动职业院校和培训机构实行专兼职教师制度，加快快递职业技能培训教材开发工作。全面推行企业新型学徒制、现代学徒制培训。推进产教融合、校企合作，推动学校培养与企业用人的有效衔接。

（五）推进培训评价衔接。加快快递员、快件处理员等快递业国家职业标准颁布及制修订。加强快递新职业新工种的研究开发，探索专项职业能力考核。建立职业技能等级认定制度，为快递从业人员提供便利的培训和评价服务。推动快递工程领域高技能人才与工程技术人才职业发展贯通。支持快递企业按规定自主开展职工职业技能等级评价工作，鼓励快递企业设立首席技师、特级技师等，提升快递技能人才职业发展空间。

三、扎实抓好组织保障

各级邮政管理部门、人力资源社会保障部门要把加强快递从业人员职业技能培训作为重要民生工程，纳入职业技能提升行动，加强组织领导，形成工作合力，强化工作调度、过程跟踪，推动任务落实。要将快递员、快件处理员等职业纳入政府补贴培训目录。结合地方实际，协调安排经费，对快递职业技能培训教材开发、师资培训、职业技能竞赛等基础性工作给予支持。快递企业要按有关规定足额提取和使用职工教育经费，其中60%以上用于一线职工培训。要大力弘扬和培育工匠精神、"小蜜蜂"精神，加强快递技能人才激励表彰工作，积极开展各类职业技能竞赛活动，充分展现新时代快递从业人员的风采，营造技能成才的良好环境。

2019年7月31日

国家卫生健康委　民政部　国家发展改革委　教育部　财政部　人力资源社会保障部　自然资源部　住房城乡建设部　市场监管总局　国家医保局　国家中医药局　全国老龄办关于深入推进医养结合发展的若干意见

国卫老龄发〔2019〕60号

各省、自治区、直辖市人民政府，国务院各部委、各直属机构：

党中央、国务院高度重视医养结合工作，党的十八大以来作出一系列重大决策部署，医养结合的政策体系不断完善、服务能力不断提升，人民群众获得感不断增强。但是，当前仍存在医疗卫生与养老服务需进一步衔接、医养结合服务质量有待提高、相关支持政策措施需进一步完善等问题。为贯彻落实党中央、国务院决策部署，深入推进医养结合发展，鼓励社会力量积极参与，进一步完善居家为基础、社区为依托、机构为补充、医养相结合的养老服务体系，更好满足老年人健康养老服务需求，经国务院同意，现提出如下意见：

一、强化医疗卫生与养老服务衔接

（一）深化医养签约合作。制定医养签约服务规范，进一步规范医疗卫生机构和养老机构合作。按照方便就近、互惠互利的原则，鼓励养老机构与周边的医疗卫生机构开展多种形式的签约合作，双方签订合作协议，明确合作内容、方式、费用及双方责任，签约医疗卫生机构要在服务资源、合作机制等方面积极予以支持。各地要为医养签约合作创造良好政策环境，加大支持力度。养老机构也可通过服务外包、委托经营等方式，由医疗卫生机构为入住老年人提供医疗卫生服务。鼓励养老机构与周边的康复医院（康复医疗中心）、护理院（护理中心）、安宁疗护中心等接续性医疗机构紧密对接，建立协作机制。养老机构中具备条件的医疗机构可与签约医疗卫生机构建立双向转诊机制，严格按照医疗卫生机构出入院标准和双向转诊指征，为老年人提供连续、全流程的医疗卫生服务。（国家卫生健康委、民政部、国家中医药局按职责分工负责，地方各级人民政府负责）

（二）合理规划设置有关机构。实施社区医养结合能力提升工程，社区卫生服务机构、乡镇卫生院或社区养老机构、敬老院利用现有资源，内部改扩建一批社区（乡镇）医养结合服务设施，重点为社区（乡镇）失能（含失智，下同）老年人提供集中或居家医养结合服务。城区新建社区卫生服务机构可内部建设社区医养结合服务设施。有条件的基层医疗卫生机构可设置康复、护理、安宁疗护病床和养老床位，因地制宜开展家庭病床服务。发挥中医药在治未病、慢性病管理、疾病治疗和康复中的独特作用，推广中医药适宜技术产品和服务，增强社区中医药医养结合服务能力。

有条件的地方可探索医疗卫生和养老服务资源整合、服务衔接，完善硬件设施，充实人员队伍，重点为失能的特困老年人提供医养结合服务。农村地区可探索乡镇卫生院与敬老院、村卫生室与农村幸福院统筹规划，毗邻建设。（国家卫生健康委、民政部、国家发展改革委、财政部、自然资源部、住房城乡建设部、农业农村部、国家中医药局按职责分工负责，地方各级人民政府负责）

（三）加强医养结合信息化支撑。充分利用现有健康、养老等信息平台，打造覆盖家庭、社区和机构的智慧健康养老服务网络，推动老年人的健康和养老信息共享、深度开发和合理利用。实施智慧健康养老产业发展行动计划，支持研发医疗辅助、家庭照护、安防监控、残障辅助、情感陪护等智能服务机器人，大力发展健康管理、健康检测监测、健康服务、智能康复辅具等智慧健康养老产品和服务。推进面向医养结合机构（指同时具备医疗卫生资质和养老服务能力的医疗卫生机构或养老机构）的远程医疗建设。

完善居民电子健康档案并加强管理，在老年人免费健康体检结束后1个月内告知其体检结果及健康指导建议，以历年体检结果为基础，为老年人建立连续性电子健康档案并提供针对性的健康管理服务（含中医药健康管理服务）。（国家卫生健康委、工业和信息化部、民政部、国家中医药局按职责分工负责，地方各级人民政府负责）

二、推进医养结合机构"放管服"改革

（四）简化医养结合机构审批登记。各地要认真贯彻落实国家卫生健康委等部门《关于做好医养结合机构审批登记工作的通知》（国卫办老龄发〔2019〕17号）要求，优化医养结合机构审批流程和环境。养老机构举办二级及以下医疗机构的（不含急救中心、急救站、临床检验中心、中外合资合作医疗机构、港澳台独资医疗机构），设置审批与执业登记"两证合一"。医疗卫生机构利用现有资源提供养老服务的，涉及建设、消防、食品安全、卫生防疫等有关条件，可依据医疗卫生机构已具备的上述相应资质直接进行登记备案，简化手续。（国家卫生健康委、民政部、国家发展改革委、住房城乡建设部、市场监管总局、国家中医药局按职责分工负责，地方各级人民政府负责）

（五）鼓励社会力量举办医养结合机构。政府对社会办医养结合机构区域总量不作规划限制。按照"非禁即入"原则，不得设置并全面清理取消没有法律法规依据和不合理的前置审批事项，没有法律法规依据不得限制社会办医养结合机构的经营性质。涉及同层级相关行政部门的，当地政务服务机构应当实行"一个窗口"办理，并一次性告知审批事项及流程、受理条件、材料清单、办理时限等内容。支持社会力量通过市场化运作方式举办医养结合机构，并按规定享受税费、投融资、用地等有关优惠政策。各地可采取公建民营、民办公助等方式支持社会力量为老年人提供多层次、多样化医养结合服务，鼓励地方结合实际制定多种优惠支持政策。支持社会办大型医养结合机构走集团化、连锁化发展道路。鼓励保险公司、信托投资公司等金融机构作为投资主体举办医养结合机构。（国家卫生健康委、国家发展改革委、民政部、财政部、自然资源部、住房城乡建设部、人民银行、税务总局、市场监管总局、银保监会、证监会、国家中医药局按职责分工负责，地方各级人民政府负责）

（六）加强医养结合服务监管。医养结合服务的监管由卫生健康行政部门（含中医药主管部门，下同）牵头负责、民政部门配合。医养结合机构中的医疗卫生机构和养老机构分别由卫生健康行政部门和民政部门负责进行行业监管。国家卫生健康委会同民政部等部门制定监管和考核办法，加大对医养结合服务质量考核检查力度，把医疗床位和家庭病床增加等情况纳入考核。研究制定医养结合机构服务指南和管理指南。各医养结合机构要严格执行医疗卫生及养老服务相关法律、法规、规章和标准、规范，建立健全相关规章制度和人员岗位责任制度，严格落实消防安全责任和各项安全制度。（国家卫生健康委、民政部、应急部、国家中医药局按职责分工负责，地方各级人民政府负责）

三、加大政府支持力度

（七）减轻税费负担。落实各项税费优惠政策，经认定为非营利组织的社会办医养结合机构，对其符合条件的非营利性收入免征企业所得税，对其自用的房产、土地，按规定享受房产税、城镇土地使用税优惠政策。符合条件的医养结合机构享受小微企业等财税优惠政策。对在社区提供日间照料、康复护理等服务的机构，符合条件的按规定给予税费减免、资金支持、水电气热价格优惠等扶持。对医养结合机构按规定实行行政事业性收费优惠政策。（财政部、税务总局、国家发展改革委、市场监管总局按职责分工负责，地方各级人民政府负责）

（八）强化投入支持。各地要加大政府购买服务力度，支持符合条件的社会办医养结合机构承接当地公共卫生、基本医疗和基本养老等服务。用于社会福利事业的彩票公益金要适当支持开展医养结合服务。（财政部、国家发展改革委、国家卫生健康委、民政部按职责分工负责，地方各级人民政府负责）

（九）加强土地供应保障。各地在编制国土空间规划时，要统筹考虑医养结合发展，做好用地规划布局，切实保障医养结合机构建设发展用地。非营利性医养结合机构可依法使用国有划拨土地，营利性医养结合机构应当以有偿方式用地。鼓励地方完善社区综合服务设施运维长效机制，对使用综合服务设施开展医养结合服务的，予以无偿或低偿使用。鼓励符合规划用途的农村集体建设用地依法用于医养结合机构建设。

在不改变规划条件的前提下，允许盘活利用城镇现有空闲商业用房、厂房、校舍、办公用房、培训设施及其他设施提供医养结合服务，并适用过渡期政策，五年内继续按原用途和权利类型使用土地；五年期满及涉及转让需办理相关用地手续的，可按新用途、新权利类型、市场价，以协议方式办理用地手续。由非营利性机构使用的，原划拨土地可继续划拨使用。（自然资源部、住房城乡建设部、财政部、农业农村部、国家卫生健康委、民政部按职责分工负责，地方各级人民政府负责）

（十）拓宽投融资渠道。鼓励社会办医养结合机构中的养老机构以股权融资、项目融资等方式筹集开办资金和发展资金。鼓励金融机构根据医养结合特点，创新金融产品和金融服务，拓展多元化投融资渠道，发挥"投、贷、债、租、证"协同作用，加大金融对医养结合领域的支持力度。鼓励地方探索完善抵押贷款政策，拓宽信贷担保物范围。（人民银行、银保监会、证监会、国家发展改革委、自然资源部、国家卫生健康委、民政部按职责分工负责，地方各级人民政府负责）

四、优化保障政策

（十一）完善公立医疗机构开展养老服务的价格政策。收费标准原则上应当以实际服务成本为基础，综合市场供求状况、群众承受能力等因素核定。充分发挥价格的杠杆调节作用，提高公立医疗机构开展养老服务的积极性，具备招标条件的，鼓励通过招标方式确定收费标准。（国家发展改革委、市场监管总局按职责分工负责，地方各级人民政府负责）

（十二）支持开展上门服务。研究出台上门医疗卫生服务的内容、标准、规范，完善上门医疗服务收费政策。建立健全保障机制，适当提高上门服务人员的待遇水平。提供上门服务的机构要投保责任险、医疗意外险、人身意外险等，防范应对执业风险和人身安全风险。建立老年慢性病用药长期处方制度。家庭医生签约服务团队要为签约老年人提供基本医疗、公共卫生等基础性签约服务及个性化服务。（国家卫生健康委、财政部、国家医保局、人力资源社会保障部、国家中医药局按职责分工负责，地方各级人民政府负责）

（十三）加大保险支持和监管力度。将符合条件的医养结合机构中的医疗机构按规定纳入城乡居民基本医疗保险定点范围，正式运营3个月后即可提出定点申请，定点评估完成时限不得超过3个月时间。对符合规定的转诊住院患者可以连续计算医保起付线，积极推进按病种、按疾病诊断相关分组（DRG）、按床日等多元复合的医保支付方式。鼓励有条件的地方按规定逐步增加纳入基本医疗保险支付范围的医疗康复项目。

厘清医疗卫生服务和养老服务的支付边界，基本医疗保险基金只能用于支付符合基本医疗保障范围的疾病诊治、医疗护理、医疗康复等医疗卫生服务费用，不得用于支付生活照护等养老服务费用。实行长期护理保险制度的地区，失能老年人长期护理费用由长期护理保险按规定支付。加快推进长期护理保险试点。

支持商业保险机构大力发展医养保险，针对老年人风险特征和需求特点，开发专属产品，增加老年人可选择的商业保险品种并按规定报批报备，重点发展老年人疾病保险、医疗保险和意外伤害保险。鼓励深入社区为老年人购买商业保险提供全流程服务。研究引入寿险赔付责任与护理支付责任的转换机制，支持被保险人在生前失能时提前获得保险金给付，用于护理费用支出。加快发展包括商业长期护理保险在内的多种老年护理保险产品，满足老年人护理保障需求。（国家医保局、发展改革委、银保监会按职责分工负责，地方各级人民政府负责）

五、加强队伍建设

（十四）扩大医养结合服务队伍。将医养结合人才队伍建设分别纳入卫生健康和养老服务发展规划。鼓励引导普通高校、职业院校（含技工院校）增设相关专业和课程，加强老年医学、康复、护理、健康管理、社工、老年服务与管理等专业人才培养，扩大相关专业招生规模。统筹现有资源，设立一批医养结合培训基地，探索普通高校、职业院校、科研机构、行业学会协会与医养结合机构协同培养培训模式。各地要制定培训计划，分级分类对相关专业技术人员及服务人员进行专业技能培训和安全常识培训，医养结合机构要优先招聘培训合格的医疗护理员和养老护理员。

充分发挥社会公益组织作用，加大对助老志愿服务项目和组织的培育和支持力度，鼓励志愿服务组织与医养结合机构结对开展服务，通过开展志愿服务给予老年人更多关爱照顾。鼓励医疗机构、养老机构及其他专业机构为老年人家庭成员及家政服务等从业人员提供照护和应急救护培训。（教育部、人力资源社会保障部、国家发展改革委、国家卫生健康委、民政部、共青团中央、全国妇联、中国红十字会按职责分工负责，地方各级人民政府负责）

（十五）支持医务人员从事医养结合服务。实施医师执业地点区域注册制度，支持医务人员到医养结合机构执业。建立医养结合机构医务人员进修轮训机制，提高其服务能力和水平。鼓励退休医务人员到医养结合机构执业。各地要出台支持政策，引导职业院校护理及相关专业毕业生到医养结合机构执业。医养结合机构中的医务人员享有与其他医疗卫生机构同等的职称评定、专业技术人员继续教育等待遇，医养结合机构没有条件为医务人员提供继续教育培训的，各地卫生健康行政部门可统筹安排有条件的单位集中组织培训。（国家卫生健康委、人力资源社会保障部、教育部按职责分工负责，地方各级人民政府负责）

各地、各有关部门要高度重视，加强沟通协调，形成工作合力。各级卫生健康行政部门要会同民政等部门加强监督检查和考核评估。

在创建医养结合示范省的基础上,继续开展医养结合试点示范县(市、区)和机构创建,对落实政策积极主动、成绩突出的地区和机构,在安排财政补助方面给予倾斜支持,发挥其示范带动作用,推动全国医养结合工作深入健康发展。

2019年10月23日

文献卷

人力资源和社会保障
大事记

2019年人力资源和社会保障大事记

一月

1月2日 张纪南同志参加《告台湾同胞书》发表40周年纪念会。

张纪南同志列席国务院第36次常务会议。

1月3日 汤涛同志参加国家制造强国建设领导小组第一次会议和国家集成电路产业发展领导小组第一次会议。

1月4日 张纪南同志主持召开第32次党组会，传达学习中央农村工作会议、全国扶贫开发工作会议精神，研究贯彻落实措施，审议《关于提高就业扶贫劳务组织化程度的报告（送审稿）》《人力资源社会保障部扶贫挂职干部管理暂行办法（送审稿）》。耿文清、邱小平、汤涛、游钧、张义珍同志参加。

张纪南同志主持召开第18次部务会，审议《人力资源社会保障部 财政部关于2019年调整退休人员基本养老金的通知（送审稿）》《职业资格证书制度改革总体方案（送审稿）》。耿文清、邱小平、汤涛、游钧、张义珍同志参加。

张义珍同志出席全国人力资源服务标准化技术委员会第二届三次会议并讲话。

1月8日 张纪南同志出席2018年度国家科学技术奖励大会。

邱小平同志主持研究国务院农民工工作领导小组会议暨保障农民工工资支付工作电视电话会议筹备工作。

汤涛同志到全国人大预算工作委员会汇报本部部门预算和有关社保政策情况。

汤涛同志到中国航天科技集团第一研究院211厂调研高技能人才队伍建设等工作，并与高技能人才代表座谈，详细了解技术工人待遇和高技能人才培养、评价、使用、激励、技能竞赛以及企业职工培训等情况。

1月8日至9日 游钧同志赴广东省深圳市、东莞市开展人社信息化工作调研，实地考察人社服务机构和相关技术企业，调研社保信息化建设、社保卡应用、公共服务创新应用等工作。

1月8日 张义珍同志先后参加国务院妇儿工委七届一次全体会议和国务院安全生产委员会全体会议。

1月9日 张纪南同志列席国务院第37次常务会议，就保障农民工工资支付工作情况作汇报。邱小平同志列席。

张纪南同志主持召开第33次党组会，传达学习习近平总书记在中央政治局民主生活会上的重要讲话、中央政治局民主生活会情况通报精神，审议《关于进一步激励干部新时代新担当新作为的实施意见（送审稿）》。耿文清、邱小平、汤涛、张义珍同志参加。

耿文清同志主持召开行风建设工作调度会，听取部相关单位主要负责同志行风建设有关情况汇报，部署下一步工作。

张义珍同志主持召开部党组2018年度民主生活会征求意见座谈会。

1月10日 张纪南同志就贯彻落实中央经济工作会议精神接受中央电视台专访。

邱小平同志参加中央人才工作协调小组办公室召开的2019年院士退休工作协调会。

汤涛同志参加韩正同志主持召开的医疗保

障工作座谈会。

游钧同志在广东省广州市主持召开全国工伤保险工作座谈会并讲话。

1月11日　张纪南同志参加十九届中央纪委第三次全体会议。

张纪南同志出席国务院农民工工作领导小组会议暨保障农民工工资支付工作电视电话会议并总结2018年工作、部署2019年任务。邱小平同志出席。

1月11日至13日　耿文清同志参加十九届中央纪委第三次全体会议。

1月11日　邱小平同志参加全国人大教科文卫委员会召开的执业医师法修改工作有关会议。

汤涛同志到国务院参加社会办医座谈会。

1月14日　张纪南同志参加国务院第2次全体会议。

张纪南同志主持召开部党组传达贯彻十九届中央纪委第三次全体会议精神扩大会并讲话。耿文清同志传达习近平总书记在十九届中央纪委第三次全体会议上的重要讲话及赵乐际同志所作工作报告精神。邱小平、汤涛、游钧、张义珍同志出席。

张义珍同志参加全国组织部长会议。

1月15日　张纪南、邱小平同志参加中央政法工作会议。

张纪南同志参加中央密码工作领导小组会议。

邱小平同志参加中央保密委员会全体会议。

汤涛同志出席中国博士后科学基金会第六届理事会第五次会议并讲话。

1月16日　邱小平同志出席国新办专题新闻发布会，介绍人力资源社会保障部门贯彻落实中央经济工作会议精神情况，并回答记者提问。

1月16日至17日　张义珍同志赴云南省昆明市参加就业援助月推进活动，并调研困难人员就业、公共就业服务和人社服务窗口作风建设等情况。随后，到怒江州开展"三支一扶"人员新春慰问和就业扶贫调研。

1月17日　张纪南同志主持召开高技能人才座谈会。胡春华同志出席会议并讲话。汤涛同志报告第十四届中华技能大奖和全国技能手评选表彰工作情况。

1月17日至20日　耿文清同志带队赴安徽省调研，深入了解安徽省及淮北市、宿州市人社部门全面加强系统行风建设、党风廉政建设及人社扶贫等工作情况。

1月17日　邱小平同志主持召开第十四届高技能人才表彰大会，对30名中华技能大奖获得者和300名全国技术能手予以表彰。汤涛同志出席会议并讲话。邱小平、汤涛同志及中央和国家机关有关部门负责同志向获奖代表颁发奖章。

1月18日　邱小平同志出席国务院政策例行吹风会，介绍保障农民工工资支付工作有关情况，并回答记者提问。

1月18日至19日　张义珍同志在四川省成都市主持召开第九批援藏干部人才选派计划协调会。

1月19日　邱小平同志参加国家民委委员全体会议并发言。

1月21日至22日　汤涛同志赴山西省天镇县调研技能扶贫和人事人才扶贫工作。其间，到贾家屯乡贾家屯村和夏家屯村慰问贫困户，看望部挂职干部，实地察看天镇保姆大学、县光伏扶贫监控中心和航通农产品公司，召开人社扶贫专题座谈会。

1月21日至26日　张义珍同志赴瑞士出席世界经济论坛2019年年会，并介绍中国技能开发、终生职业技能培训体系等工作情况。

1月23日　张纪南同志列席中央全面深化改革委员会第六次会议。

耿文清同志主持召开人社窗口单位业务技能练兵比武活动动员部署会。

1月23日至24日　邱小平同志带队赴河南省开展全国总工会春节前送温暖活动，走访慰问当地困难企业，实地调研困难职工帮扶中心、职工服务中心并深入部分困难劳模和困难职工家中看望慰问。其间，听取河南省保障农民工工资支付工作情况汇报，深入部分建筑施工现场实地调研并慰问农民工代表。

汤涛、游钧同志先后参加全国人大财经委召开的2019年计划初步审查会。

1月24日　汤涛同志参加国务院教育督导委员会第五次会议。

1月25日　张纪南同志参加中华人民共和国成立70周年庆祝活动领导小组第1次会议。

汤涛同志参加行业协会商会与行政机关脱钩联合工作组第四次会议。

游钧同志到国家税务总局、中国铁路总公司调研。

1月26日　张纪南同志主持中央第十巡视组向人力资源社会保障部党组反馈脱贫攻坚专项巡视情况会议并作表态讲话。中央巡视工作领导小组成员杨晓超出席反馈会议，对抓好巡视整改工作提出要求。会前，中央第十巡视组向张纪南同志书面传达了习近平总书记关于巡视工作的重要指示精神。会上，中央第十巡视组组长吴海英向人力资源社会保障部党组领导班子反馈了巡视情况。中央第十巡视组副组长及有关同志，中央巡视工作领导小组办公室、中央纪委国家监委有关监督检查室、中央组织部有关局负责同志，耿文清、邱小平、汤涛、张义珍同志出席会议。

张纪南同志主持召开第35次党组会，传达学习习近平总书记重要讲话精神和关于巡视工作的重要指示精神，研究贯彻落实措施；审议《中共人力资源和社会保障部党组关于2018年干部选拔任用工作情况的报告（送审稿）》；听取关于2018年机关党建述职评议考核和党员民主评议情况的汇报、关于司级干部2018年度考核等次有关情况的汇报。耿文清、邱小平、汤涛、张义珍同志参加。

1月28日　张纪南同志主持召开部党组2018年度民主生活会。耿文清、邱小平、汤涛、游钧、张义珍同志参加。

邱小平同志召集有关单位研究脱贫攻坚专项巡视整改工作，梳理整改任务分工清单。

1月29日　张纪南同志参加中央教育工作领导小组第3次会议。

张纪南同志主持召开第36次党组会，审议《2019年人力资源和社会保障工作要点（送审稿）》《降低社会保险费率综合方案（送审稿）》，听取关于2018年预算管理和2019年预算编制情况的汇报，审议《人力资源社会保障部2019年度二、三类会议计划（送审稿）》《人力资源社会保障部2019年外事活动计划（送审稿）》《人力资源社会保障部2019年度培训班计划（送审稿）》《人力资源社会保障部2019年度评比表彰工作计划（送审稿）》。耿文清、邱小平、游钧、张义珍同志参加。

耿文清、邱小平、游钧同志出席人力资源社会保障部离退休干部春节团拜会。张义珍同志代表部党组致辞。部老领导郑斯林、张柏林、张汉夫、王建伦、李有慰、戴光前、步正发、杨志明、杨士秋、袁彦鹏同志出席。

汤涛同志出席国务院推进政府职能转变和"放管服"改革协调小组第2次全体会议。

1月30日　张纪南同志列席国务院第38次常务会议。

张纪南同志出席第46届世界技能大赛工作领导小组第一次全体会议并发言。会议学习习近平总书记重要讲话精神，听取大赛筹办工作前期进展情况汇报，审议重点工作方案和部门职责分工，对筹办工作进行动员部署。汤涛同志汇报筹办进展情况和下一步考虑。

游钧同志主持召开2018年度社保形势分析会，并部署巡视反馈问题整改工作。

1月31日　张纪南、汤涛同志参加中央人才工作协调小组第46次会议。

张纪南、张义珍同志参加2019年中央和国家机关党的工作暨纪检工作会议。

张纪南同志出席人力资源社会保障部2018年度总结表彰大会暨部党组年度考核、干部选拔任用"一报告两评议"会议并讲话。耿文清同志主持会议，邱小平、汤涛、游钧同志出席。

邱小平同志出席外交部2019年新年招待会。

二月

2月1日　张纪南、游钧同志参加韩正、胡春华同志召开的研究降低社保费率综合方案有关会议。

张纪南、汤涛同志前往航天科技集团公司中国空间技术研究院看望慰问中科院院士、空间技术专家杨孟飞和中华技能大奖获得者王连友，并听取有关工作建议。

邱小平同志参加国务院扶贫开发领导小组第六次会议。

2月2日　张纪南同志主持召开第37次党组会，审议《中共人力资源和社会保障部党组关于脱贫攻坚专项巡视整改工作方案（送审稿）》；传达学习2019年中央和国家机关党的工作暨纪检工作会议精神，研究贯彻落实措施；审议《人力资源社会保障部2018年全面从严治党工作形势分析（送审稿）》《中共人力资源和社会保障部党组关于加强和改进部直属机关党支部建设的意见（送审稿）》。耿文清、邱小平、汤涛、游钧、张义珍同志参加。

张义珍同志陪同国务院副秘书长丁向阳到中国就业培训技术指导中心专题调研职业技能等级认定工作，并主持召开部分职业培训机构和技工院校负责人座谈会。

2月3日　张纪南同志到人民大会堂参加2019年春节团拜会。

2月11日　张纪南同志列席国务院第39次常务会议。

张纪南同志主持召开第38次党组会，听取关于进一步健全脱贫攻坚领导体制和工作机制情况的汇报，审议《关于实施稳就业特别职业培训计划的意见（送审稿）》。耿文清、邱小平、汤涛、游钧、张义珍同志参加。

张纪南同志主持召开第19次部务会，审议《人力资源社会保障部办公厅关于推进失业保险金"畅通领、安全办"的通知（送审稿）》。耿文清、邱小平、汤涛、游钧、张义珍同志参加。

邱小平同志出席人力资源社会保障部脱贫攻坚巡视整改大学习大讨论大反思活动动员会，对活动进行动员部署、提出要求。张义珍同志主持会议。

2月11日至13日　张义珍同志在安徽省出席2019年"春风行动"暨安徽省"2+N"招聘活动启动仪式，并开展就业形势和就业扶贫调研。其间，主持召开就业形势座谈会，分别听取安徽省和合肥市、滁州市及部分企业节后就业形势汇报；实地走访调研安徽省人才服务中心、省创业服务云平台、江淮集团等单位节后用工情况，听取对人社工作的意见建议；实地走访滁州市全椒县马厂镇复兴村就业扶贫驿站，听取对就业扶贫工作的意见建议。

2月13日　邱小平同志参加国务院领导同志主持召开的研究区域医疗中心建设有关会议。

2月13日至14日　邱小平同志出席中华全国总工会第十七届执行委员会第二次全体会议和主席团第三次、第四次全体会议。

2月14日　张义珍同志主持召开就业扶贫专项组2019年第1次会议，研究讨论《就业扶贫专项组脱贫攻坚专项巡视整改方案（稿）》和《就业扶贫专项组2019年工作安排（稿）》。

2月15日　张纪南同志主持召开第39次党组会，听取关于成立人力资源社会保障部党组脱贫攻坚巡视整改工作领导小组、进一步健全完善脱贫攻坚领导体制和工作机制、人力资源社会保障部扶贫工作领导小组办公室内设机构主要职责和工作规则的汇报，传达学习《中共中央关于加强党的政治建设的意见》《中国共产党重大事项请示报告条例》，研究贯彻落实措施。耿文清、邱小平、汤涛、游钧、张义珍同志参加。

汤涛同志参加国务院职业教育工作部际联席会议。

2月18日　邱小平同志主持召开部扶贫工作领导小组办公室会议并讲话。

汤涛同志出席北京推进科技创新中心建设办公室第五次会议。

2月19日　张纪南同志列席中央网络安全和信息化委员会第2次会议。

汤涛同志出席中央文化体制改革和发展工作领导小组第五次会议。

汤涛同志出席人才人事扶贫专项组会议和技能扶贫专项组会议并讲话。

游钧同志主持召开一季度社会保险形势分析会和社会保险扶贫专项组工作会议。

2月20日　张纪南同志列席国务院第40次常务会议。

张纪南同志参加党和国家领导同志接见探月工程嫦娥四号任务参研参试人员代表活动。

张纪南同志主持召开培训就业专题会，研究大规模开展职业技能培训有关工作。汤涛、张义珍同志出席。

2月20日至21日　耿文清同志在浙江省杭州市出席全国人社系统纪检监察干部培训班开班式并授课。

2月20日　汤涛同志先后出席中华职业教育社第十一届理事会第四次理事长会议和第十二次全国代表大会。

2月21日　张纪南、邱小平同志参加国务院扶贫开发领导小组召开的脱贫攻坚专项巡视整改工作电视电话会议。

张纪南同志主持召开"一带一路"国际技能大赛组委会第一次全体会议并讲话。汤涛同志出席会议并发言。

张纪南同志主持召开就业专题会，研究春节后就业形势。张义珍同志出席。

张义珍同志主持召开国际劳工组织成立百年直播活动筹备工作领导小组会议，听取工作进展情况汇报。

2月22日　张纪南同志列席中央政治局第十三次集体学习。

张纪南同志主持召开第40次党组会，传达学习习近平总书记在东西部扶贫协作座谈会和深度贫困地区脱贫攻坚座谈会上的重要讲话精神，审议《中共人力资源和社会保障部党组关于脱贫攻坚专项巡视整改工作方案（修改稿）》。耿文清、邱小平、汤涛、游钧、张义珍同志参加。

张纪南同志主持召开第20次部务会，审议《人力资源社会保障部　财政部　发展改革委　工业和信息化部关于失业保险支持企业稳定就业岗位的通知（送审稿）》。耿文清、邱小平、汤涛、游钧、张义珍同志参加。

2月25日　张纪南同志出席人力资源社会保障部脱贫攻坚专项巡视整改工作推进会并讲话。邱小平同志主持会议并发言，耿文清、汤涛、游钧、张义珍同志出席并发言。

张纪南同志参加办公厅党总支"春节见闻"座谈会，对做好办公厅工作提出要求。

邱小平同志参加国务院各部门负责人及办公厅主任会议。

汤涛同志参加媒体深度融合工作推进会。

2月26日　张纪南同志参加中央军民融合发展委员会第3次会议。

张纪南同志出席部人才工作领导小组2019年第一次会议并讲话。会议深入学习近平总书记关于人才工作重要论述精神，落实中央人才工作协调小组第46次会议部署，总结2018年部人才工作，研究部署2019年工作任务。汤涛同志主持会议。

邱小平同志参加全国清理拖欠民营企业中小企业账款工作电视电话会议。

汤涛同志会见中国驻俄罗斯喀山总领馆吴颖钦总领事，商谈参加第45届世界技能大赛和筹办第46届世界技能大赛有关工作。

汤涛同志与中国残联有关负责同志交流残疾人职业技能培训和竞赛工作。

游钧同志在云南省昆明市出席全国社会保险扶贫推进暨城乡居民养老保险工作会议并讲话。会议学习贯彻习近平总书记关于脱贫攻坚专项巡视的重要讲话精神，通报人力资源社会保障部脱贫攻坚专项巡视整改工作推进会情况，对中央巡视的13个省份人社扶贫情况进行调度，重点研究部署社会保险扶贫问题巡视整改工作。随后，主持召开内蒙古、湖北、广西、贵州、云南、宁夏6省区人社扶贫工作座谈会，听取人社扶贫工作进展情况汇报和对部人社相关工作的意见建议。

2月27日 邱小平同志主持召开部宣传工作领导小组会议，传达学习全国宣传部长会议精神，部署贯彻落实工作。

游钧同志出席全国社会保险局长会议并讲话。会议总结2018年社保工作成绩，分析当前形势，部署推动2019年社保各项工作。

2月28日 张纪南同志主持召开专题会，研究两会集中采访有关安排。邱小平同志参加。

汤涛同志参加京津冀协同发展领导小组第二次全体会议。

三月

3月1日 张纪南同志主持召开第41次党组会，认真学习领会习近平总书记关于治理拖欠农民工工资问题的重要批示精神，研究贯彻落实措施；审议《中共人力资源和社会保障部党组脱贫攻坚专项巡视整改专题民主生活会工作方案（送审稿）》《人力资源社会保障部2019年直属机关党的建设工作要点（送审稿）》；研究党组成员分工调整。耿文清、邱小平、游钧同志参加。

张纪南同志参加中华人民共和国成立70周年庆祝活动有关筹备工作会议。

汤涛同志赴上海出席第46届世界技能大赛组委会第一次全体会议并传达第46届世界技能大赛工作领导小组第一次全体会议精神。同日，巡视第45届世界技能大赛新增项目全国选拔赛和网站设计与开发集中阶段性考核赛场，视察网站设计与开发项目中国集训基地。

游钧同志参加粤港澳大湾区建设领导小组第二次全体会议。

3月2日 国务院决定：免去张义珍的人力资源和社会保障部副部长职务。

3月5日 张纪南同志列席十三届全国人大二次会议开幕会。同日，到全国人大青海省代表团全体会议听取意见。

汤涛同志分别主持召开人才人事扶贫专项组、技能扶贫专项组巡视整改工作推进会。

3月6日 张纪南同志主持召开解决企业工资拖欠问题部际联席会议全体会议并讲话。邱小平同志和部际联席会议成员单位负责同志出席。

张纪南同志主持召开两会"部长通道"集中采访专题会议。邱小平同志出席。

张纪南同志参加中华人民共和国成立70周年庆祝活动领导小组第2次会议。

3月7日 张纪南同志到全国人大广东省代表团全体会议听取意见。

邱小平同志到全国人大辽宁省代表团全体会议听取意见。同日，参加全国政协总工会界别联组会议。

汤涛同志参加全国政协农工界别联组会议。

游钧同志参加全国政协社会福利和社会保障界别联组会议。

3月8日 张纪南同志列席十三届全国人大二次会议第二次全体会议。

3月10日 汤涛同志列席全国政协十三届二次会议第三次全体会议。

3月11日 邱小平同志参加全国政协十三届二次会议医卫组协商会议。同日，列席全国政协十三届二次会议第四次全体会议。

汤涛同志参加全国政协十三届二次会议无党派组协商会议。

游钧同志参加全国政协十三届二次会议教育组协商会议。同日，参加中央退役军人事务工作领导小组第2次会议。

3月12日 张纪南同志列席十三届全国人大二次会议第三次全体会议。同日，列席解放军和武警部队代表团第三次全体会议。

张纪南同志接受两会"部长通道"记者采访。

邱小平同志主持召开根治拖欠农民工工资立法部门座谈会，听取司法部、发展改革委、财政部、住房城乡建设部等部门对根治拖欠农民工工资立法的基本思路和主要举措，研究讨论《工资支付保障条例（初稿）》。

邱小平同志主持召开脱贫攻坚专项巡视整改工作调度会，通报近期工作情况，听取各专项组意见建议，研究提出4月底前拟完成或能够取得阶段性成效的整改问题。

3月13日　张纪南同志主持召开第42次党组会，审议《人力资源社会保障部2018年贯彻落实〈法治政府建设实施纲要（2015—2020年）〉情况的报告（送审稿）》，听取2018年度人力资源社会保障部选人用人"一报告两评议"有关情况的汇报。耿文清、邱小平、汤涛、游钧同志参加。

张纪南同志主持召开第21次部务会，审议《2019年技工院校师资能力提升计划项目工作方案（送审稿）》。耿文清、邱小平、汤涛、游钧同志参加。

耿文清同志会见宁波市人力资源社会保障局有关负责同志，听取宁波市人社工作特别是党风廉政建设、行风建设情况汇报。

邱小平同志列席全国政协十三届二次会议闭幕会。

3月14日　张纪南同志在部机关接见"人社服务标兵"代表并合影。耿文清、邱小平、汤涛、游钧同志参加。

耿文清同志主持召开"人社服务标兵"先进事迹座谈会。邱小平、汤涛、游钧同志出席。会后，耿文清、邱小平、汤涛、游钧同志出席"人社服务标兵"先进事迹宣讲暨人社大讲堂活动。

邱小平同志主持召开根治拖欠农民工工资问题座谈会。

3月15日　张纪南同志列席十三届全国人大二次会议闭幕会。

耿文清、邱小平同志出席定点扶贫一季度工作调度会并讲话。

汤涛同志先后参加新型城镇化工作部际联席会议第六次会议和支持赣南原中央苏区振兴发展部际联席会议第六次会议。

汤涛同志与发展改革委有关负责同志就支持国家级贫困县就业和社会保障公共服务平台建设工作进行座谈。

游钧同志主持召开会议，与国家税务总局有关负责同志就社会保险费征管职责划转下一步工作安排进行会商。

3月18日　张纪南同志参加学校思想政治理论课教师座谈会。

张纪南同志主持部党组中心组学习（扩大）会，学习贯彻全国两会精神，研究贯彻落实措施并讲话。耿文清、邱小平、游钧同志出席会议并发言。随后，张纪南同志主持召开会议，专题研究部机关学习贯彻全国两会精神有关工作安排。耿文清、邱小平同志参加。

3月19日　张纪南同志列席中央全面深化改革委员会第七次会议。

邱小平同志参加第24届冬奥会工作领导小组全体会议。

邱小平同志主持召开落实《国家综合性消防救援队伍职业保障办法》相关配套政策推进会，传达国务院领导同志有关指示精神，听取中央组织部等15个部门以及人力资源社会保障部相关司局工作进展汇报，部署下一步工作。

3月20日　张纪南同志列席国务院第41次常务会议。

3月20日至21日　耿文清、邱小平、游钧同志出席全国人社系统2019年党风廉政建设工作座谈会。

3月20日　邱小平同志参加全国巡视工作会议暨十九届中央第三轮巡视动员部署会。

汤涛同志到国务院参加研究家政服务提质扩容有关会议。

游钧同志主持召开就业优先政策专家研讨会，邀请发展改革委、国务院发展研究中心、中国人民大学、中国劳动和社会保障科学研究院等单位的专家学者，研究分析就业优先政策，并就抓好贯彻实施工作听取意见建议。

3月21日　张纪南同志到国家税务总局参加李克强总理主持召开的座谈会。

3月21日至23日　张纪南同志带队赴广东省就做好稳就业、大规模职业技能培训、人社扶贫等重点工作开展调研。其间，实地考察广东省机械技师学院、广州市北京街政务服务中心、肇庆市海归人才创新创业示范基地、肇庆市端砚文化村技能大师工作室、肇庆市中杰鞋业有限公司，主持召开人社工作座谈会、职业技能培训工作座谈会、就业和人社扶贫工作座谈会，深入了解有关工作情况，听取意见建议。

3月21日　游钧同志主持召开第二届全国创业就业服务展示交流活动筹备工作领导小组第一次会议。

3月22日　张纪南同志在广州市代表人力资源社会保障部和广东省人民政府签署《深化人力资源社会保障合作　推进粤港澳大湾区建设战略合作协议》。

汤涛同志参加推进政府职能转变和"放管服"改革协调小组专题会议。

3月25日　张纪南同志主持召开第43次党组会，听取关于人社系统国家勋章和国家荣誉称号初步建议人选推荐有关情况的汇报。耿文清、邱小平、汤涛、游钧同志参加。

张纪南同志主持召开第22次部务会，审议《2019年人力资源和社会保障事业发展计划（送审稿）》，听取关于2019年"三支一扶"人员能力提升专项计划和职业技能等级认定第三方评价机构有关情况的汇报。耿文清、邱小平、汤涛、游钧同志参加。

邱小平同志到国务院参加贯彻落实习近平总书记重要批示加强重点领域信访工作会议，并围绕人社领域突出矛盾和化解措施发言。

邱小平同志出席"三区三州"深度贫困地区市县人力资源社会保障局局长示范培训班开班式并讲话。

汤涛同志参加中央组织部召开的学习习近平总书记重要指示精神暨第五批全国干部学习培训教材出版座谈会。

3月26日　张纪南同志列席国务院第42次常务会议，就《降低社会保险费率综合方案（送审稿）》作汇报。游钧同志列席。

3月26日至27日　邱小平同志带队赴青海省开展人社扶贫工作专项调研。其间，到海东市、黄南州实地考察就业扶贫车间、职业技术学校等，走访慰问贫困户、看望慰问扶贫干部，召开扶贫工作座谈会、扶贫干部座谈会，深入了解有关工作情况，听取意见建议。

3月26日　汤涛同志参加中央新疆工作协调小组专题会议并发言。

3月27日至31日　耿文清同志带队赴四川省凉山州调研人社扶贫工作及其廉政风险防控情况。其间，听取省、州、县人社扶贫工作有关情况汇报，走村入户了解贫困群众生产生活和享受人社扶贫政策情况，到基层人社公共服务平台了解为贫困群众服务情况，到企业调研人社部门支持企业吸纳贫困劳动力就业、提供人才服务等情况，并召开座谈会听取意见建议，研究解决办法。

3月27日　汤涛同志到国务院参加研究职业技能提升行动方案、第三方评价机构遴选、"放管服"改革等工作的有关会议。

汤涛同志参加中国融通资产管理集团公司成立大会。

3月28日　邱小平同志在青海省西宁市召开根治拖欠农民工工资问题征求意见座谈会，实地调研建设项目农民工工资清欠工作和人社服务窗口行风建设情况。

汤涛同志先后参加全国政协十三届二次会议提案交办会和全国工程建设项目审批制度改革工作电视电话会议。

游钧同志在广东省珠海市出席全国人力资源社会保障网络安全和信息化工作座谈会并讲话。

3月29日　邱小平同志主持召开"三区三州"深度贫困地区市县人社局长座谈会，就进一步推进人社扶贫工作座谈交流并提出要求。

邱小平同志主持召开国家协调劳动关系三方会议第二十四次会议。

汤涛同志参加2019年度博士后创新人才

支持计划专家评审会并讲话。

3月30日 汤涛同志参加2019年共和国部长义务植树活动。

四月

4月1日 张纪南同志主持召开第44次党组会，审议《大规模职业技能培训行动方案（2019—2021年）（送审稿）》《部党组脱贫攻坚专项巡视整改专题民主生活会对照检查材料（送审稿）》，听取关于2019年中央财政就业补助资金分配测算方案有关情况的汇报。耿文清、邱小平、汤涛、游钧同志参加。

张纪南同志主持召开第23次部务会，审议《人力资源社会保障部2019年度委托研究项目计划（送审稿）》。耿文清、邱小平、汤涛、游钧同志参加。

张纪南同志主持召开部扶贫工作领导小组暨脱贫攻坚巡视整改工作领导小组会议，审议《2019年扶贫工作重点任务及分工（送审稿）》，听取关于脱贫攻坚巡视整改工作督办情况的汇报。耿文清、邱小平、汤涛、游钧同志参加。

邱小平同志参加解决形式主义突出问题为基层减负专项工作机制第一次会议。

4月2日 张纪南同志陪同李克强总理会见第十四次全国民政会议全体代表并参加合影。

邱小平同志参加中央教育工作领导小组专题会。

4月2日至3日 邱小平同志出席第十四次全国民政会议并宣读表彰决定。

汤涛同志在河南省许昌市出席全国专业技术人才工作座谈会并讲话，研究部署2019年专业技术人才重点工作和人才人事扶贫推进工作。随后，在河南省调研人社扶贫工作，实地考察许昌许继集团有限公司、信阳涉外职业技术学院、田铺乡人力资源社会保障服务所、田铺大湾村等，调研劳务输出、返乡农民工创业、贫困户转移就业、职业技能培训、基层服务平台建设等工作开展情况，召开专题座谈会，听取意见建议。

4月2日 游钧同志参加全国人大常委会中小企业促进法执法检查组第一次全体会议，汇报人力资源社会保障部贯彻实施中小企业促进法的情况。

4月3日 张纪南同志列席国务院第43次常务会议。

张纪南同志参加国务院降低社会保险费率工作会议，并就降低社会保险费率综合方案作说明。游钧同志参加。

游钧同志主持召开社保扶贫专项组第十一次会议，研究推动贫困人口基本养老保险应保尽保工作。

4月4日 张纪南同志主持召开行风建设工作专题会并讲话。耿文清同志参加。

邱小平同志赴四川省凉山州参加在四川木里森林火灾扑救中英勇牺牲烈士悼念活动。

汤涛同志参加全国深化职业教育改革电视电话会议并发言。

汤涛同志参加中央统一战线工作领导小组专题会议，审议《全国民族团结进步表彰大会模范集体和模范个人评选表彰工作方案》。

游钧同志出席国新办政策吹风会，介绍和解读《降低社会保险费率综合方案》有关情况并答记者问。

4月8日 张纪南、汤涛同志参加胡春华同志主持召开的大规模职业技能培训专题会，研究修改《大规模职业技能培训行动方案（2019—2021年）（稿）》。

4月9日 张纪南同志到全国人才流动中心调研，了解窗口服务、证明事项清理、流动党员之家建设等工作。

邱小平同志参加国务院残疾人工作委员会第二次会议。

汤涛同志参加国务院学位委员会第三十五次会议。

4月9日至10日 游钧同志在重庆市先后出席全国人力资源和社会保障法治工作座谈会、全国人社法治知识竞赛总决赛并讲话，随后在重庆市调研就业创业和降低养老保险费率工作。

4月10日至12日　游钧同志赴贵州省参加全国易地扶贫搬迁后续扶持工作现场会。其间，到贵州省人力资源社会保障厅、凯里市调研降低社保费率政策落实情况。

4月11日　张纪南同志出席共商共建共享劳动世界美好未来对话会议并致辞。邱小平同志主持会议。

张纪南同志主持召开第45次党组会，传达学习习近平总书记在中央机构编制委员会第一次会议上的重要讲话精神，审议《中共人力资源和社会保障部党组重大事项请示报告办法（送审稿）》。耿文清、邱小平、汤涛同志参加。

张纪南同志先后主持召开专题会，研究修改《大规模职业技能培训行动方案（2019—2021年）（稿）》，汤涛同志参加；研究全国构建和谐劳动关系先进表彰会议有关工作，邱小平同志参加。

邱小平同志参加十三届全国人大二次会议代表建议交办会。

汤涛同志与中央组织部人才局有关负责同志就高技能人才表彰激励等工作进行座谈。

4月12日　邱小平同志参加政协第十三届全国委员会第二十次双周协商座谈会。

汤涛同志参加全国绿化委员会全体会议。

4月13日至14日　汤涛同志赴西藏自治区拉萨市就技能扶贫、人才人事扶贫、援助西藏技师学院建设等工作开展调研。

4月15日　张纪南同志主持召开降低社保费率工作进展情况座谈会，游钧同志作汇报。

汤涛同志与财政部有关负责同志就落实中央巡视整改要求、解决职业培训资金管理分散问题、加强培训项目资金统筹以及推进大规模职业技能培训等工作进行座谈。

4月16日　张纪南同志主持召开部党组脱贫攻坚专项巡视整改专题民主生活会。耿文清、邱小平、汤涛、游钧同志参加。

张纪南同志主持召开第46次党组会，耿文清、邱小平、汤涛、游钧同志参加。

汤涛同志参加交通强国建设纲要起草组第三次全体会议。

4月17日　张纪南同志列席国务院第44次常务会议。

4月18日　张纪南同志与中央统战部有关负责同志商谈国家表彰奖励事宜。邱小平同志参加。

汤涛同志参加医学人才培养和社会办医有关工作会议。

游钧同志到北方工业大学出席"2019年北京市民营企业招聘月"校园招聘会，主持召开民营企业暨高校毕业生座谈会。

4月19日　张纪南同志列席中央政治局第十四次集体学习。

汤涛同志主持召开2019年全国"三支一扶"工作领导小组会议暨统筹实施基层服务项目协调小组会议。

4月20日　张纪南同志参加中华人民共和国成立70周年庆祝活动领导小组第3次会议。

4月22日　张纪南同志列席中央财经委员会第4次会议。

张纪南同志主持召开第47次党组会，传达学习习近平总书记在解决"两不愁三保障"突出问题座谈会上的重要讲话精神，审议《打赢人力资源社会保障扶贫攻坚战三年行动2019、2020年实施方案（送审稿）》《关于中央第十巡视组对中共人力资源和社会保障部党组脱贫攻坚专项巡视反馈意见整改落实进展情况的报告（送审稿）》，讨论报送中央的有关报告，听取关于人力资源社会保障部第九届全国"人民满意的公务员（集体）"拟推荐对象有关情况的汇报。耿文清、邱小平、汤涛、游钧同志参加。

张纪南同志主持召开第24次部务会，审议《人力资源社会保障部　发展改革委　财政部　国务院扶贫办关于做好易地扶贫搬迁就业帮扶工作的通知（送审稿）》《人力资源社会保障部关于废止〈社会保险登记管理暂行办法〉的决定（送审稿）》。耿文清、邱小平、汤涛、游钧同志参加。

邱小平同志出席2019年部保密委员会扩大会议暨建议提案交办会并讲话，对保密工作、建议提案办理工作、政务运转工作提出要求。

汤涛同志参加推进海南全面深化改革开放领导小组第二次全体会议。

4月23日　张纪南同志参加国务院第二次廉政工作会议。

邱小平同志出席全国人力资源和社会保障宣传工作座谈会并讲话。

4月23日至25日　汤涛同志赴湖南省长沙市出席全国职业能力建设工作座谈会并讲话，到衡阳市调研技能扶贫等工作，实地考察衡阳技师学院、祁东县人力资源服务大厅、湖南衡缘物流有限公司和祁东县风石堰镇衫铺村扶贫车间。

4月23日　游钧同志出席2019年庆祝"五一"国际劳动节暨全国五一劳动奖和全国工人先锋号表彰大会。

4月24日至26日　张纪南同志带队赴四川省甘孜州调研深度贫困地区人社扶贫工作，调研四川省就业创业、落实大规模开展职业技能培训等重点工作。其间，主持召开人社扶贫工作座谈会，实地考察创新创业服务机构、技能扶贫现场教学点、基层公共服务平台等，深入了解有关工作情况，听取意见建议。

4月24日　邱小平同志赴广东省深圳市主持根治拖欠农民工工资问题座谈会，听取人社、财政、住建等相关部门和企业代表意见建议。

游钧同志参加解决"两不愁三保障"突出问题和考核整改工作电视电话会议。

4月25日　邱小平同志主持召开国家勋章和国家荣誉称号部分初步建议人选归口评审会。

4月26日　耿文清同志出席驻部纪检监察组脱贫攻坚专项巡视整改专题民主生活会并提出工作要求。

游钧同志参加全国政协第二十一次双周协商座谈会。

游钧同志主持召开部网络安全和信息化领导小组会议，总结部网信工作情况，研究部署2019年重点任务。

4月27日　张纪南同志主持召开专题会议，研究《关于使用1 000亿元失业保险基金结余实施职业技能提升行动的汇报（稿）》和职业技能提升行动方案。汤涛、游钧同志参加。

4月29日　汤涛同志主持召开会议，研究一季度人社事业发展计划执行、"十四五"规划编制启动、推进区域协调发展等工作。

4月30日　张纪南同志列席国务院第45次常务会议，就关于使用1 000亿元失业保险基金结余实施职业技能提升行动作汇报。汤涛同志列席。

张纪南同志主持召开第48次党组会，传达学习中央有关文件。耿文清、邱小平、汤涛同志参加。

五月

5月5日　张纪南同志列席国务院第46次常务会议。

张纪南同志主持召开根治拖欠农民工工资问题专题会，研究《关于根治拖欠农民工工资问题的汇报》《保障农民工工资支付暂行条例（初稿）》。邱小平同志参加。

张纪南同志主持召开部长碰头会，研究《关于人社重点工作安排的汇报》。耿文清、邱小平、汤涛、游钧同志参加。

5月6日　邱小平同志参加中央和国家机关解决形式主义突出问题为基层减负工作推进会。同日，参加国务院医改领导小组全体会议。

汤涛同志参加职业技能评价放管服改革工作专题会议。同日，参加全国人大常委会就业促进法执法检查组第一次全体会议。

5月6日至7日　汤涛同志赴四川省隆昌市调研县以下事业单位管理岗位职员等级晋升

制度试点工作。

5月6日　游钧同志参加完善养老保险基金中央调剂制度会议。

5月7日　张纪南同志参加全国公安工作会议。

游钧同志参加第六届全国社会保障基金理事大会第二次会议。同日，参加自贸协定谈判部际联席会议第一次全体会议和世贸组织改革谈判部际联席会议第一次全体会议。

5月8日　张纪南同志列席国务院第47次常务会议。

邱小平同志参加国务院国有企业改革领导小组第二次会议。

汤涛同志赴重庆市出席"一带一路"国际技能大赛组委会第二次全体会议并讲话。会后，实地考察重庆五一技师学院新校区、重庆职业技能公共实训基地、重庆人力资源服务产业园和"一带一路"国际技能大赛执委会办公室，并听取"一带一路"国际技能大赛筹备工作汇报。随后，实地考察"一带一路"国际技能大赛比赛场地、开闭幕式场地和外方人员住宿酒店。

5月8日至12日　游钧同志参加全国人大常委会副委员长张春贤带队的就业促进法执法检查组，赴广东省进行执法检查。5月10日晚、11日晚，游钧同志分别在东莞市、深圳市主持召开企业座谈会，了解外部环境变化对企业生产经营和用工的影响，听取意见建议。

5月9日　邱小平同志参加研究推动家政服务业提质扩容有关政策会议。

5月10日　张纪南同志参加李克强总理主持召开的减税降费企业负责人座谈会。

汤涛同志出席国务院政策例行吹风会，介绍和解读职业技能提升行动并答记者问。

5月13日　张纪南同志列席中共中央政治局会议。

张纪南同志参加全国就业创业工作暨普通高等学校毕业生就业创业工作电视电话会议，并就全力做好稳定和扩大就业工作发言。游钧同志参加。

5月14日　张纪南同志参加中央农村工作领导小组第4次会议。

汤涛同志参加全国政协"创新驱动发展"专题协商会。

游钧同志列席国务院第48次常务会议。

5月15日　张纪南同志参加亚洲文明对话大会开幕式。

邱小平同志参加胡春华同志主持召开的研究根治拖欠农民工工资问题会议并汇报有关工作。同日，参加中央农村工作领导小组办公室召开的深入学习贯彻《习近平关于"三农"工作论述摘编》座谈会。

汤涛同志赴江苏省苏州市出席全国人力资源流动管理工作座谈会并讲话。

5月16日　张纪南同志主持召开第49次党组会，传达学习习近平总书记在第二届"一带一路"国际合作高峰论坛开幕式上的主旨演讲、在中央政治局第十四次集体学习和纪念五四运动100周年大会上的重要讲话、在中央政治局会议上关于一季度经济形势的重要讲话精神；传达学习习近平总书记关于力戒形式主义官僚主义重要论述和《中共中央办公厅关于解决形式主义突出问题为基层减负的通知》精神，研究贯彻落实措施。耿文清、邱小平、汤涛同志参加。

张纪南同志主持召开第25次部务会，书面审议《2019年技工院校一体化师资培训班工作方案（送审稿）》。耿文清、邱小平、汤涛同志参加。

张纪南同志主持召开专题会议，研究推进职业技能提升行动相关工作。汤涛同志参加。

邱小平同志与海南省有关负责同志就表彰奖励工作进行座谈。

游钧同志出席第六次全国自强模范暨助残先进表彰大会并宣读表彰决定。

5月17日　张纪南同志参加2019年全国医改工作电视电话会议。

邱小平同志参加深化收费公路制度改革取消高速公路省界收费站工作领导小组会议。

汤涛同志参加基本公共服务标准体系建设部际联席会议第一次会议。

游钧同志赴安徽省金寨县开展调研，实地考察安徽金寨技师学院和就业扶贫项目，走访贫困户，并向村幼儿园捐赠体育健身器材。

5月19日　汤涛同志出席2019年全国科技活动周暨北京科技周启动仪式。

5月20日　游钧同志赴湖北省武汉市调研第二届全国创业就业服务展示交流活动筹备工作情况，实地考察武汉市百步亭社区、多牛世界时尚创业产业园，并召开部省筹备工作对接会，听取有关情况汇报，对筹备工作提出要求。同时，对湖北省贯彻落实降低社保费率工作进展情况进行督导。

5月20日至23日　游钧同志参加全国人大常委会副委员长张春贤带队的就业促进法执法检查组，赴云南省进行执法检查。

5月21日　汤涛同志出席人力资源和社会保障"十四五"规划编制工作启动会并讲话。同日，主持召开人才人事扶贫专项组工作推进会，专题研究部署近期人才人事扶贫工作。

5月22日　张纪南同志列席国务院第49次常务会议。

耿文清同志在部黄金海岸培训中心为全国社会保险基金监督检查证换证培训班作"坚持全面从严治党，维护社保基金安全"专题授课。

邱小平同志参加全国厂务公开协调小组第23次会议。

汤涛同志参加国务院2019年立法工作会议。

5月23日　张纪南同志参加国务院就业工作领导小组召开的部署推进职业技能提升行动电视电话会议并作工作部署。汤涛同志参加。

5月23日至24日　张纪南同志赴山东省就落实职业技能提升行动、推进人社信息化等工作开展调研。

5月23日　邱小平、汤涛同志分别会见吉林省人力资源社会保障厅有关负责同志，听取吉林省人社扶贫攻坚、治理拖欠农民工工资问题汇报；听取职业技能培训、技工教育、公共实训基地、技能人才评价方面的汇报，并就有关问题进行交流。

邱小平同志会见德国法定工伤保险同业总会总干事约阿西姆·伯乐尔一行，就双方在工伤保险等领域深化合作进行交流。

5月24日　张纪南同志参加李克强总理在山东省济南市主持召开的部分地方减税降费工作座谈会。

汤涛同志召集技能扶贫工作专班专题研究近期技能扶贫工作。

5月26日　游钧同志参加中央退役军人事务工作领导小组第3次会议。

5月27日至28日　张纪南同志赴重庆市出席"一带一路"国际技能大赛开幕式并致辞，到比赛现场巡馆。随后，就职业技能培训、大学生就业创业、人力资源服务等工作开展调研。

5月27日　邱小平同志参加全国政协视察团全体会议并就"推进医疗联合体建设和发展"介绍有关情况。

邱小平同志出席第三期全国"公安楷模"发布活动，陪同赵克志同志会见全国"公安楷模"和公安英模代表。

汤涛同志主持召开会议，研究《2018年度人力资源和社会保障事业发展统计公报（送审稿）》及发布有关工作。

游钧同志参加全国人大常委会中小企业促进法执法检查组第二次全体会议。

5月28日　邱小平同志参加中央新疆工作协调小组专题会。

汤涛同志参加国务院全民健身工作部际联席会议。

游钧同志参加中国安能建设集团有限公司挂牌仪式。

5月29日　张纪南同志列席中央全面深化改革委员会第八次会议。

张纪南同志列席国务院第50次常务会议。

5月29日至31日 汤涛同志赴重庆市巡视"一带一路"国际技能大赛并出席闭幕式，随后就职业能力建设等工作开展调研。

5月30日 张纪南同志主持召开第50次党组会，审议《人力资源社会保障部 财政部关于进一步支持"三区三州"等深度贫困地区人力资源社会保障扶贫攻坚工作的通知（送审稿）》；传达学习《党政领导干部选拔任用工作条例》和中央组织部学习贯彻条例座谈会精神，研究贯彻落实措施；书面审议《"中国农民工发展"劳动论坛方案（送审稿）》。耿文清、邱小平、游钧同志参加。

张纪南同志主持召开专题会议，研究支持新就业形态的政策措施。邱小平、游钧同志参加。

邱小平同志出席全国总工会第十七届执行委员会第三次主席会议。

5月31日 张纪南同志参加"不忘初心、牢记使命"主题教育工作会议。

六月

6月3日 张纪南同志主持召开专题会，研究部"不忘初心、牢记使命"主题教育方案。耿文清、邱小平同志参加。

张纪南同志主持召开第51次党组会，传达学习"不忘初心、牢记使命"主题教育工作会议精神，审议《部开展"不忘初心、牢记使命"主题教育实施方案（送审稿）》《部开展"不忘初心、牢记使命"主题教育工作方案（送审稿）》；传达学习《中国共产党党组工作条例》，审议《部党组工作规则（修订稿）》《部工作规则（修订稿）》；传达学习中央有关文件精神。耿文清、邱小平、汤涛、游钧同志参加。

张纪南同志主持召开第108届国际劳工大会中国三方代表团行前会并讲话。

汤涛同志到国务院参加社会培训评价组织有关工作会议。

6月4日 游钧同志主持召开会议，传达李克强总理重要批示精神，研究就业优先政策落实情况汇报稿、促进高校毕业生就业文件，审定就业创业服务展示交流活动工作方案。

6月5日 张纪南同志列席国务院第51次常务会议。

张纪南同志参加中央教育工作领导小组第4次会议。

邱小平同志参加国务院扶贫开发领导小组第七次会议。

游钧同志主持召开新业态从业人员职业伤害保障工作座谈会。

6月6日 张纪南同志参加李克强总理主持召开的国务院振兴东北地区等老工业基地领导小组第一次会议。

张纪南同志主持召开部"不忘初心、牢记使命"主题教育动员大会并讲话。中央主题教育第十二指导组组长全哲洙出席并讲话。耿文清、邱小平、汤涛、游钧同志参加。

张纪南同志先后主持召开专题会，研究就业优先政策落实情况汇报稿，汤涛、游钧同志参加；研究完善社保政策支持新业态发展情况汇报稿，游钧同志参加。

耿文清同志在"不忘初心、牢记使命"主题教育实施方案解读会上就实施方案有关问题作说明。邱小平同志主持会议。

汤涛同志与中央组织部干部一局负责同志就中央单位第九批援藏和第四批援青干部人才培训送行有关工作进行座谈。

6月10日 张纪南同志参加中华人民共和国成立70周年庆祝活动领导小组第4次会议。

张纪南同志列席国务院第52次常务会议。

耿文清同志主持部党组中心组集体学习，深入学习习近平总书记在"不忘初心、牢记使命"主题教育工作会议上的重要讲话、《中共中央关于加强党的政治建设的意见》《关于加强和改进中央和国家机关党的建设的意见》《中国共产党党组工作条例》《中国共产党党员教育管理工作条例》、党的十九大报告和党章。邱小平、汤涛、游钧同志参加。

汤涛同志与中央组织部人才局有关负责同

志就海外高层次人才政策和服务有关工作进行座谈。

汤涛同志主持召开第46届世界技能大赛筹办工作对接会,听取上海市人力资源社会保障局有关世界技能大赛筹办工作汇报,部署下一步工作。

6月10日至13日　汤涛同志赴陕西省西安市出席全国人事考试工作座谈会,并就紫阳县事业单位管理岗位职员等级晋升制度试点、技能扶贫和人才人事扶贫等工作开展调研。

6月11日　张纪南同志主持部党组中心组集体学习,深入学习习近平总书记关于社会建设民生保障和人社工作重要论述摘编,对照中央和国家机关党的政治建设重点督查情况通报和2018年国务院大督查对人力资源社会保障部的反馈意见,检视部机关党的政治建设和抓业务工作落实方面存在的问题。耿文清、邱小平、游钧同志参加。

6月12日　张纪南同志主持召开专题会议,研究"不忘初心、牢记使命"主题教育5个方面专项整治工作和部党组理论中心组学习有关安排。耿文清、邱小平同志参加。

6月12日至13日　张纪南同志赴湖北省武汉市出席第二届全国创业就业服务展示交流活动,并就就业创业、职业技能培训等工作开展调研。游钧同志参加。

6月12日　耿文清同志出席部"不忘初心、牢记使命"主题教育领导小组办公室会议并讲话。邱小平同志主持会议。

游钧同志在湖北省武汉市出席就业政策座谈会并讲话。

6月13日　邱小平同志参加中央政法委员会第十八次全体会议暨中央司法体制改革领导小组专题会议。

邱小平同志主持召开会议,研究2018年度保障农民工工资支付考核工作,并对下一阶段通报及组织约谈等后续工作提出具体要求。

游钧同志在湖北省武汉市出席"互联网+就业"研讨活动并致辞。

6月14日　张纪南同志主持部党组中心组集体学习,深入学习习近平总书记关于以人民为中心重要论述摘编。耿文清、邱小平、游钧同志参加。

张纪南同志主持召开部党组中心组集体学习暨职业技能提升行动领导小组第一次会议,深入学习习近平总书记关于职业技能培训和人才队伍建设的重要论述。耿文清、邱小平、汤涛、游钧同志参加。

张纪南同志主持召开第52次党组会,耿文清、邱小平、汤涛、游钧同志参加。

张纪南同志主持召开第26次部务会,审议《职称评审管理暂行规定(送审稿)》。耿文清、邱小平、汤涛、游钧同志参加。

汤涛同志参加国务院领导同志主持召开的听取促进社会领域服务消费意见建议有关会议。

6月15日　张纪南同志主持部党组中心组集体学习,深入学习习近平总书记关于降低社保费率、改革完善养老保险制度的重要论述。耿文清、邱小平、汤涛、游钧同志参加。

6月15日至19日　邱小平同志带队赴西藏自治区开展"不忘初心、牢记使命"主题教育集中调研。其间,参加西藏自治区深度贫困地区脱贫攻坚现场推进暨深化对口援藏扶贫工作会议。

6月16日至20日　张纪南同志率团出席第108届国际劳工大会并访问瑞士。其间,以"共商共建共享劳动世界的美好未来"为题作大会发言,会见国际劳工组织总干事盖·莱德、阿根廷生产和劳工部长丹特·西卡、瑞士联邦经济教育和研究部大使瓦拉薇·波切尔,参访有关企业实地了解校企合作、开展双元制培训的情况。

6月17日　汤涛同志列席全国政协第十三届全国委员会常务委员会第七次会议开幕式。

汤涛同志到国务院参加研究粤港澳大湾区有关政策措施会议。

6月17日至20日　游钧同志赴江苏省开展"不忘初心、牢记使命"主题教育集中调研，了解机关党的政治建设、稳就业攻坚行动、降费率专项行动推进情况。

6月19日　汤涛同志列席国务院第53次常务会议。

6月20日　国务院决定：任命张义全为人力资源和社会保障部副部长。

汤涛同志出席第45届世界技能大赛集训冲刺视频动员会并讲话。

6月21日　张纪南同志参加中央"不忘初心、牢记使命"主题教育领导小组第二次会议。

张纪南同志主持召开部党组理论学习中心组集体学习（扩大）会，围绕脱贫攻坚和治欠保支专题深入开展学习研讨，谈认识体会，检视人社扶贫和治欠保支工作中存在的突出问题，提出整改落实打算。邱小平、汤涛、张义全同志参加。

汤涛同志与中央组织部有关负责同志就提升高技能人才评选表彰层次及高技能人才培养、评价等工作进行座谈。

游钧同志参加中央统一战线工作领导小组2019年第五次专题会议。

6月23日　张纪南同志主持召开部党组理论学习中心组集体学习（扩大）会，围绕稳就业专题深入开展学习研讨。耿文清、邱小平、汤涛、游钧、张义全同志参加。

6月24日　张纪南同志列席中央政治局第十五次集体学习。

张纪南同志主持召开第53次党组会，传达学习中央有关通报，听取关于部属事业单位"三定"规定修订有关问题的汇报。耿文清、邱小平、汤涛、游钧、张义全同志参加。

张纪南同志主持召开专题会议，听取2018年度省级政府保障农民工工资支付情况考核工作汇报。邱小平同志参加。

汤涛同志出席部职业技能提升行动专题培训班开班式并授课。

6月24日至28日　汤涛同志陪同孙春兰同志赴德国参加中德职教创新对话论坛并考察德国职业教育工作。

6月25日　张纪南同志参加全国深化"放管服"改革优化营商环境电视电话会议。邱小平、游钧、张义全同志在部分会场参加。

6月25日至26日　邱小平同志赴浙江省宁波市出席全国人社窗口单位业务技能练兵比武省际邀请赛和交流推进会并讲话。

6月25日　游钧同志陪同韩正同志赴北京市就企业减税降费情况开展调研。

游钧同志主持召开新业态从业人员职业伤害保障试点工作领导小组会议。

6月26日　张纪南、游钧同志列席国务院第54次常务会议。

张纪南同志主持召开部主题教育领导小组第二次会议，传达学习中央主题教育领导小组通知精神，听取部主题教育领导小组办公室关于6月工作总结和7月工作打算的汇报，审议问题清单和"检视问题、改进工作"推进会工作方案。耿文清、张义全同志参加。

游钧同志出席长江流域重点水域禁捕工作电视电话会议。

6月27日至28日　张纪南同志带队赴河北省、北京市开展"不忘初心、牢记使命"主题教育集中调研，实地了解稳就业、降低社会保险费率、实施职业技能提升行动、人力资源服务等工作推进情况，重点就人社工作推进、干部作风建设等方面突出矛盾问题，听取基层干部和群众意见建议。

6月27日　邱小平同志到审计署参加中央经济责任审计工作部际联席会议第八次全体会议。

游钧同志主持召开会议，听取关于降低社保费率、健全养老保险约束激励机制专题研究等工作进展情况汇报，部署下一步工作。

6月28日　邱小平同志参加全国政务公开领导小组第二次全体会议。

游钧同志参加全国国有企业退休人员社会化管理工作电视电话会议。

6月29日　汤涛同志出席全国人才流动中心流动人才党委庆祝建党98周年暨流动人才党员"两优一先"表彰大会并讲话。

七月

7月1日 张纪南同志主持召开第54次党组会,传达学习习近平总书记在中央政治局第十五次集体学习时的重要讲话精神、习近平总书记在中央有关报告上的重要批示精神、赵乐际同志"不忘初心、牢记使命"主题教育专题党课精神、中央有关文件精神,听取关于2018年人社扶贫工作考核情况的汇报。耿文清、邱小平、汤涛、游钧、张义全同志参加。

张纪南同志主持召开部党组理论学习中心组集体学习(扩大)会,围绕人社系统行风建设专题深入开展学习研讨,谈认识体会,检视人社系统行风建设工作中存在的突出问题,提出整改落实的打算。耿文清、邱小平、汤涛、游钧、张义全同志参加。

7月1日至2日 邱小平同志主持召开座谈会,听取各省(区、市)及新疆生产建设兵团人力资源社会保障厅(局)有关同志对《保障农民工工资支付条例(草案征求意见稿)》的意见建议。

7月1日至4日 汤涛同志带队赴甘肃省兰州市、临夏州、定西市开展"不忘初心、牢记使命"主题教育集中调研,实地了解人社系统党风廉政建设、人社扶贫、根治农民工欠薪、减税降费、技能培训和行风建设等工作推进情况。

7月1日至2日 游钧同志赴河北省秦皇岛市出席就业扶贫培训班开班式,并以"实施就业扶贫 助力脱贫攻坚"为主题授课。其间,主持召开就业扶贫座谈会,听取意见建议。

7月2日 张纪南同志与组织关系所在的办公厅第二党支部党员进行座谈。

7月3日 张纪南同志列席国务院第55次常务会议。

7月3日至7日 耿文清同志带队赴青海省果洛州开展"不忘初心、牢记使命"主题教育集中调研,实地了解人社系统党风廉政建设、人社扶贫、根治农民工欠薪、减税降费、技能培训和行风建设等工作推进情况。

7月3日 游钧同志主持召开"听民声、访民情"稳就业走访调研活动汇报交流会,听取部内12个调研组有关调研情况汇报。

7月4日 张纪南同志会见山西省有关负责同志,就定点帮扶天镇县进行座谈,听取天镇县脱贫攻坚汇报,对定点帮扶天镇县提出要求。张义全同志参加。

7月4日至5日 汤涛同志赴辽宁省大连市出席第二十届中国海外学子创业周活动,并就人才工作进行调研。

7月5日 张纪南同志参加深化党和国家机构改革总结会议。

游钧同志出席北京市第二届"创业北京"创业创新大赛决赛活动,观摩参赛项目展示路演,为获奖选手颁奖并致辞。

张义全同志参加全国双拥工作领导小组第三十次全体会议。

7月8日 张纪南同志参加国务院任命的国家工作人员宪法宣誓仪式观礼。张义全同志参加宣誓。

张纪南同志主持召开第55次党组会,听取关于重点改革任务进展情况的汇报,传达学习习近平总书记在深化党和国家机构改革总结会议上的重要讲话精神和中央有关文件精神,审议《人力资源社会保障部关于建立健全谈心谈话制度的实施意见(送审稿)》。耿文清、汤涛、游钧、张义全同志参加。

邱小平同志参加国务院领导同志主持召开的研究国家石油天然气管网公司组建有关工作会议。

7月9日 张纪南同志参加中央和国家机关党的建设工作会议第一次全体会议。张义全同志全程参会。

张纪南同志参加李克强总理主持召开的国家应对气候变化及节能减排工作领导小组第一次会议。

7月9日至10日 汤涛同志赴江苏省出席第十一届苏州国际精英创业周活动。

7月10日 张纪南同志列席国务院第56

次常务会议，就降低社保费率有关情况作汇报。游钧同志列席。

张纪南同志主持召开部主题教育领导小组第三次会议，学习习近平总书记在中央和国家机关党的建设工作会议上的重要讲话精神，听取领导小组办公室关于贯彻落实中央和国家机关党的建设工作会议精神初步建议的汇报。耿文清、邱小平、张义全同志参加。

汤涛同志赴上海市出席世界技能博物馆首批展品交接仪式。

游钧同志参加全国老龄工作委员会全体会议。

7月11日　张纪南同志参加全国构建和谐劳动关系先进表彰会并宣读表彰决定。邱小平同志参加。

张纪南同志主持召开部党组理论学习中心组集体学习（扩大）会，围绕党的政治建设深入开展专题学习研讨。耿文清、汤涛、游钧、张义全同志参加。

7月11日至12日　邱小平同志赴江苏省扬州市出席全国乡村产业振兴推进会。

7月11日　游钧同志参加国务院推进政府职能转变和"放管服"改革协调小组专题会议。

7月12日　张纪南同志参加全面停止军队有偿服务工作总结表彰大会并宣读表彰决定。

汤涛同志出席共同推进广西建设面向东盟的金融开放门户座谈会。

汤涛同志参加留学人员和专家服务中心党委与北京科技大学党委联合开展的"不忘初心、牢记使命，更好为高层次人才服务"主题党日活动。

汤涛同志会见西藏自治区人力资源社会保障厅有关负责同志，听取西藏技师学院建设等工作情况汇报。

游钧同志参加2019年上半年经济形势和做好下半年经济工作建议部门征求意见会。

张义全同志参加中央"不忘初心、牢记使命"主题教育领导小组第三次会议。

7月13日至16日　汤涛同志赴新疆和田地区参加第七次全国对口支援新疆工作会议。

7月15日　张纪南同志参加李克强总理主持召开的经济形势专家和企业家座谈会。

张纪南同志主持召开第56次党组会，审议《全国人社系统2017—2019年度优质服务窗口和优质服务先进个人评选表彰工作方案（送审稿）》，传达学习中央有关文件精神。耿文清、邱小平、张义全同志参加。

张纪南同志主持召开第27次部务会，审议有关文件。耿文清、邱小平、张义全同志参加。

7月16日　张纪南同志参加胡春华同志主持召开的有关会议，汇报研究基本养老金合理调整机制方案、就业优先政策落实情况、完善社会保障政策支持新业态发展有关情况。游钧同志参加。

张纪南同志以"以初心使命为根本动力，自觉践行以人民为中心的发展思想"为题讲主题教育专题党课。全国"人社服务标兵"代表作先进事迹宣讲。耿文清同志主持，邱小平、游钧、张义全同志参加。

7月17日　张纪南同志列席中共国务院党组第8次会议，列席国务院第57次常务会议。

汤涛同志主持召开北京地区博士后公寓管理与服务工作会议，研究调整北京地区博士后公寓租金、完善博士后公寓管理制度等工作，部署安排下一步工作。随后，出席驻部审计局与部相关单位的审计调研座谈会并讲话。

汤涛同志参加中央文化体制改革和发展工作领导小组第六次会议。

游钧同志参加全国禁毒工作电视电话会议。

张义全同志出席部直属机关党校2019年春季班毕业典礼并讲话。

7月18日　耿文清同志参加中央纪委国家监委"不忘初心、牢记使命"主题教育学习工作交流会。

邱小平同志参加全国户籍制度改革推进电

视电话会议。

汤涛同志出席职业技能提升行动地市人社局长培训班并为学员授课。

7月18日至19日 张义全同志主持部党支部书记示范培训会，邀请中央党校（国家行政学院）张旭东、沈传亮教授分别进行专题授课。

7月19日 张纪南同志主持召开信息化建设专题会，研究人社信息化工作、建设人力资源社会保障监测指挥平台有关事项。汤涛、游钧、张义全同志参加。

游钧同志出席国新办政策吹风会，介绍降低社会保险费率有关情况并答记者问。

7月20日 游钧同志出席全国劳动和社会保障科研工作座谈会并讲话。

7月22日 张纪南同志主持召开部主题教育领导小组第四次会议，学习习近平总书记在内蒙古考察并指导开展"不忘初心、牢记使命"主题教育时的重要讲话精神，审议部主题教育"我为群众办实事"清单。耿文清、汤涛、游钧、张义全同志参加。

张纪南同志主持召开第57次党组会，研究调整部领导分工。耿文清、汤涛、游钧、张义全同志参加。

汤涛同志出席中央单位第九批援藏和第四批援青干部人才培训班并作动员讲话。

游钧同志以"坚持以人民为中心、全力做好稳就业工作"为题，给分管单位党员干部讲主题教育专题党课。

7月23日 张纪南同志参加中华人民共和国成立70周年庆祝活动领导小组第5次会议。

汤涛同志参加全国政协"加强农村基本公共文化服务建设"专题协商会并发言。

7月24日 国务院决定：免去邱小平的人力资源和社会保障部副部长职务。

张纪南同志列席中共国务院党组第9次会议，列席国务院第58次常务会议。

汤涛同志赴吉林省延吉市出席高技能领军人才座谈会并讲话。

游钧同志列席中央全面深化改革委员会第九次会议。

7月25日 张纪南同志赴上海市出席第46届世界技能大赛组委会第二次全体会议并讲话。汤涛同志参加。同日，张纪南、汤涛同志就稳就业、落实职业技能提升行动等重点工作进行调研，实地考察上海市就业促进中心、北斗西虹桥基地。

游钧同志参加中央教育工作领导小组第5次会议。

游钧同志出席就业工作电视电话会议并讲话，通报近期就业工作有关情况，部署三季度就业创业工作。

张义全同志参加国务院推进政府职能转变和"放管服"改革协调小组第3次全体会议。

7月26日 张纪南同志参加全国退役军人工作会议第一次全体会议并宣读表彰决定。

张纪南同志参加中央网络安全和信息化委员会专题会议。

汤涛同志出席并主持中央单位第九批援藏和第四批援青干部人才培训班结业式。

游钧同志参加全国人大常委会就业促进法执法检查组第二次全体会议。

7月26日至27日 游钧同志参加全国退役军人工作会议。

7月26日 张义全同志参加政协第十三届全国委员会第二十六次双周协商会。

7月28日 汤涛同志出席"从脱贫攻坚到乡村振兴——农业科技人才支持"百千万人才工程创新大讲堂开幕式并致辞。

7月29日 张纪南同志参加党外人士座谈会。

7月29日至30日 汤涛同志带队赴青海省为第四批援青干部人才送行，出席第三、第四批援青干部人才轮换交接大会并讲话。其间，到青海省人才交流中心、海北州海晏县民间艺人工作室等地开展实地调研。

7月29日 游钧同志参加全国基础教育工作会议。

7月30日 张纪南同志列席中央政治局

第十六次集体学习。

张纪南同志主持召开第58次党组会，研究部"不忘初心、牢记使命"主题教育期间主要工作安排。耿文清、游钧、张义全同志参加。

张纪南同志主持召开第28次部务会，审议《城乡居民基本养老保险经办规程（修订稿）》《全国就业创业工作先进集体和先进个人评选表彰工作方案（送审稿）》。耿文清、游钧、张义全同志参加。

7月31日 张纪南同志列席国务院第59次常务会议，就就业优先政策落实情况作汇报。游钧同志列席。

张纪南同志主持召开职业技能提升行动领导小组第二次专题推进会，研究部署职业技能提升行动组织实施等相关工作。汤涛同志参加。

游钧同志出席推动实施就业优先政策重点建议办理座谈会，向全国人大代表汇报相关工作情况并听取意见建议。

八月

8月1日 张纪南同志主持召开部"不忘初心、牢记使命"主题教育"检视问题、改进工作"推进会并讲话。耿文清、汤涛、游钧、张义全同志出席会议并发言。

张纪南同志主持召开第59次党组会，耿文清、汤涛、游钧、张义全同志参加。

8月2日 汤涛同志赴太原市出席山西省"人人持证、技能社会"推进会暨首届全省职业技能大赛启动仪式并讲话。

游钧同志与银保监会有关负责同志就养老保险第三支柱有关问题进行座谈。

张义全同志主持召开支持"三区三州"等深度贫困地区人社扶贫攻坚推进视频会并讲话。

8月3日至9日 耿文清同志带队赴西藏自治区拉萨市、那曲市、昌都市，就加强人社系统党的政治建设、实施稳就业、降费率、职业技能提升、人社扶贫、治欠保支和行风建设专项行动等开展调研。

8月5日至7日 张纪南同志赴山西省天镇县，结合深入开展"不忘初心、牢记使命"主题教育，就定点扶贫工作开展调研，并考察职业技能提升行动开展情况。

8月14日 张纪南同志主持召开部主题教育领导小组第五次会议，听取部专项整治工作进展情况汇报，研究部署下一步工作。耿文清、汤涛、游钧、张义全同志参加。

张纪南同志主持召开部党组"对照党章党规找差距"专题会议，传达学习中央纪委、中央主题教育领导小组有关通报精神，组织党组同志对照党章党规查摆问题。耿文清、汤涛、游钧、张义全同志参加。

张纪南同志主持召开第60次党组会，审议《中共人力资源社会保障部党组"不忘初心、牢记使命"专题民主生活会工作方案（送审稿）》和《人力资源社会保障部关于开好"不忘初心、牢记使命"专题民主生活会的通知（送审稿）》。耿文清、汤涛、游钧、张义全同志参加。

张纪南同志主持召开第29次部务会，审议《关于改革完善技能人才评价制度的意见（送审稿）》。耿文清、汤涛、游钧、张义全同志参加。

8月15日 汤涛同志到中央组织部，与干部一局有关负责同志研究县以下事业单位管理岗位职员等级晋升制度试点、全国事业单位人事管理工作座谈会筹备等有关工作。

8月15日至16日 游钧同志赴河南省周口市出席部分省份返乡创业工作经验交流会，实地考察鹿邑县返乡创业园区和企业，听取会议交流发言并就全力推进返乡创业工作提出要求。

8月16日 张纪南同志列席国务院第60次常务会议。

张纪南同志主持召开第61次党组会，听取关于2019年上半年人力资源和社会保障事业发展计划执行情况的汇报。耿文清、汤涛、张义全同志参加。

张纪南同志主持召开第30次部务会，审议《人力资源和社会保障基本情况调查制度（修订稿）》《人力资源和社会保障监测指挥平台建设方案（送审稿）》《国家级人力资源服务产业园管理办法（送审稿）》，听取关于2019年新建国家级人力资源服务产业园有关情况的汇报。耿文清、汤涛、张义全同志参加。

汤涛同志出席第45届世界技能大赛参赛行前动员会议并作动员讲话。

张义全同志参加"不忘初心、牢记使命——中央和国家机关定点扶贫工作成果展"。

8月17日　游钧同志在郑州市出席河南省返乡创业工作经验交流会并讲话。

8月18日　张义全同志参加中央第十二指导组召集的各部门主题教育领导小组办公室主任会议。

8月19日至20日　张纪南同志陪同李克强总理赴黑龙江省考察，并参加李克强总理主持召开的部分省份稳就业工作座谈会。

8月19日　汤涛同志主持召开会议，传达学习第七次全国对口支援新疆工作会议精神，部署下一步贯彻落实重点工作。

张义全同志参加2019年中国医师节先进典型报告会。

8月20日　汤涛同志参加中央教育工作领导小组第6次会议。

张义全同志在全国政协机关主持召开赴俄罗斯出席第45届世界技能大赛闭幕式高访团组出访筹备工作汇报会，介绍出席大赛相关情况和筹备工作情况。

8月21日　张纪南同志列席国务院第61次常务会议。

张纪南同志主持召开第62次党组会，传达学习部分省份稳就业工作座谈会精神，研究部署当前就业有关工作；审议《关于促进劳动力和人才社会性流动体制机制改革的意见（送审稿）》《中共人力资源社会保障部党组"不忘初心、牢记使命"专题民主生活会检视剖析材料（送审稿）》。耿文清、游钧、张义全同志参加。

张纪南同志主持召开第31次部务会，审议《人力资源社会保障部　财政部关于规范企业职工基本养老保险省级统筹制度的通知（送审稿）》《保障农民工工资支付条例（送审稿）》。耿文清、游钧、张义全同志参加。

汤涛同志主持召开参加第45届世界技能大赛代表团行前会。

8月21日至29日　汤涛同志率团赴俄罗斯喀山出席第45届世界技能大赛开闭幕式及世界技能大会、部长峰会、闭幕会议。在俄期间，对56个参赛项目赛场逐一进行巡视，与俄罗斯劳动和社会保护部副部长以及瑞士教育、研究和创新部副国务秘书进行了工作会谈。

8月22日　张纪南同志参加中央"不忘初心、牢记使命"主题教育领导小组第五次会议。

张纪南同志参加深化党和国家机构改革协调小组第四次会议。

游钧同志主持召开国务院第六次大督查第八督查组（山东组）碰头会，听取各专题组准备情况汇报，研究实地督查方案并提出工作要求。

8月23日　张纪南同志参加党和国家功勋荣誉表彰工作委员会第3次会议。

张纪南同志主持召开第63次党组会，传达学习汪洋、尤权同志在第七次全国对口支援新疆工作会议上的讲话精神和中央有关文件精神。耿文清、游钧、张义全同志参加。

张纪南同志主持召开第32次部务会，审议《部规章、规范性文件设定的拟保留证明事项材料清单、第二批拟取消证明事项材料清单（送审稿）》《人力资源社会保障部　财政部　国家税务总局关于失业保险基金省级统筹的指导意见（送审稿）》。耿文清、游钧、张义全同志参加。

张义全同志主持召开二十国集团劳工就业部长会代表团行前会，就参会事宜提出要求。

8月25日至29日　张纪南同志陪同全国政协副主席汪永清赴俄罗斯喀山出席第45届世界技能大赛闭幕式及会旗交接仪式。在俄期间，代表团会见了俄副总理戈利科娃、鞑靼斯坦共和国总统明尼哈诺夫及国务委员会主席穆哈梅特申、世界技能组织主席巴特利及候任主席德高伊，出席中国上海作为下届世界技能大赛主办城市的相关活动，看望慰问中国代表团参赛选手，考察喀山联邦大学、喀山信息通信技术学校及工业园和先进制造企业，并瞻仰参观中共六大会址常设展览馆。

8月26日　游钧同志列席政协第十三届全国委员会常务委员会第八次会议开幕会。

游钧同志参加中央财经委员会第5次会议。

张义全同志到国务院参加研究中医药大会筹备有关工作会议。

8月27日　耿文清同志以"严格遵纪守法，努力完成脱贫攻坚任务"为题，为部定点扶贫县基层党支部书记、致富带头人培训班作专题讲座。

8月28日　游钧同志列席国务院第62次常务会议。

张义全同志列席政协第十三届全国委员会常务委员会第八次会议闭幕会。

8月29日　耿文清同志出席部"不忘初心、牢记使命"主题教育警示教育报告会并以"学习《中国共产党纪律处分条例》，做遵守党纪的模范"为题作专题辅导。张义全同志主持会议。

张义全同志出席第五届全国非公有制经济人士优秀中国特色社会主义事业建设者表彰大会并宣读表彰决定。

8月30日　张纪南同志主持召开第64次党组会，耿文清、汤涛、游钧、张义全同志参加。

张纪南同志主持召开第33次部务会，审议《事业单位人事管理回避规定（送审稿）》《人力资源社会保障部重大决策程序暂行规定（送审稿）》。耿文清、汤涛、游钧、张义全同志参加。

游钧同志与湖南省有关负责同志就支持湖南就业和养老保险工作进行座谈。

张义全同志参加国务院深化医药卫生体制改革领导小组会议。

8月31日　游钧同志参加国务院金融委会议。

九月

9月1日至2日　张义全同志赴日本出席二十国集团劳工就业部长会。

9月2日　张纪南同志出席中国红十字会第十一次全国会员代表大会开幕式并宣读表彰决定。

张纪南同志参加李克强总理主持召开的国家杰出青年科学基金工作座谈会。

汤涛同志参加国家科技体制改革和创新体系建设领导小组专题会议。

游钧同志参加国务院第六次大督查培训暨动员部署会，并代表第八督查组发言。

9月2日至12日　游钧同志率国务院第六次大督查第八督查组赴山东省济南市、潍坊市、青岛市开展实地督查。

9月3日　张纪南、游钧同志参加胡春华同志主持召开的稳就业工作专题会。

9月4日　张纪南同志参加国务院第3次全体会议，列席国务院第63次常务会议。

9月5日　张纪南同志主持召开部党组"不忘初心、牢记使命"专题民主生活会。耿文清、汤涛、游钧、张义全同志参加。

张纪南同志会见浙江省宁波市人力资源社会保障局有关负责同志，听取关于人社系统业务技能练兵比武全国赛筹备工作的汇报。

耿文清同志参加中央纪委机关"不忘初心、牢记使命"主题教育总结大会。

9月6日　张纪南同志主持召开部"不忘初心、牢记使命"主题教育总结大会。中央第十二指导组有关同志，耿文清、汤涛、张义全同志出席。

9月7日　张纪南同志参加中央"不忘初

心、牢记使命"主题教育第一批总结暨第二批部署会议。

张纪南同志参加审看中华人民共和国成立70周年庆祝活动第一次联合演练。

9月7日至11日 张义全同志赴湖南省开展2019年脱贫攻坚督查。

9月9日 张纪南同志参加中央全面深化改革委员会第十次会议，并就《关于促进劳动力和人才社会性流动体制机制改革的意见（送审稿）》作汇报说明。

9月9日至10日 汤涛同志赴西藏自治区出席西藏少数民族专业技术人才特殊培养工作座谈会并讲话。其间，就西藏人才队伍建设问题到拉萨市、林芝市调研。

9月10日 张纪南同志出席庆祝2019年教师节暨全国教育系统先进集体和先进个人表彰大会。

张纪南同志参加中央层面整治形式主义为基层减负专项工作机制第二次会议。

9月11日 张纪南同志列席国务院第64次常务会议。

张纪南同志主持召开专题会议，研究中华人民共和国成立70周年庆祝活动新闻发布会有关安排。

汤涛同志参加中央退役军人事务工作领导小组第4次会议。

9月12日 张纪南同志主持会议，对在2018年度省级政府保障农民工工资支付工作考核中被评为C级的湖南、陕西、辽宁三省政府分管负责同志进行约谈。张义全同志参加。

张纪南同志主持召开第65次党组会，传达学习习近平总书记近期有关重要讲话和批示精神、习近平总书记在中央全面深化改革委员会第十次会议上关于劳动力人才社会性流动等重要指示精神和中央领导同志关于稳就业工作的重要指示批示精神，审议《人力资源社会保障部关于建立全国统一的社会保险公共服务平台的指导意见（送审稿）》，学习讨论中央有关文件。耿文清、汤涛、游钧、张义全同志参加。

张纪南同志主持召开第34次部务会，听取关于重庆市筹建中国（重庆）康养高技能人才培训基地有关情况的汇报，书面审议《人力资源社会保障部2019年度委托研究项目追加计划（送审稿）》。耿文清、汤涛、游钧、张义全同志参加。

张纪南同志主持召开专题会议，研究第45届世界技能大赛后续有关工作。汤涛同志参加。

汤涛同志到中央党校（国家行政学院）参加省部级国土空间规划专题研讨班座谈会。

9月15日 张纪南同志参加审看中华人民共和国成立70周年庆祝活动第二次演练。

9月15日至22日 游钧同志率团访问法国并赴巴西出席金砖国家劳工就业部长会。访法期间，与法国社会团结和卫生部国务秘书克里斯泰勒·迪博共同签署《关于实施中华人民共和国政府和法兰西共和国政府社会保障协定的行政协议》；会见法国国家养老保险总局局长和诺·维纳，就社保体系可持续发展、信息技术在社保经办服务中的运用等进行交流。访巴期间，出席金砖国家劳工就业部长会，并就包容的劳动世界未来、劳动力市场数据管理等议题发言；与巴西国家、地区和城市的社保专家就社保经办数字化等问题进行交流，并考察经办大厅等。

9月15日 张义全同志到中央电视台参加2019年全国脱贫攻坚奖颁奖活动，并为获奖者颁奖。

9月17日 汤涛同志出席技能人员职业资格改革暨全国职业技能等级认定工作管理人员培训班开班式并讲话。

9月18日 张纪南同志主持召开专题会，研究贯彻落实习近平总书记近期对科技工作九项重要指示精神的具体措施建议和新形势下海外引才工作。汤涛同志参加。

汤涛同志主持召开职业资格改革工作座谈会，研究水平评价类技能人员职业资格退出目录有关工作。随后，听取云南省人力资源社保障厅有关负责同志关于 2019 年"三区三州"职业技能大赛筹备工作汇报，并对下一步工作提出要求。

9 月 18 日至 20 日　汤涛同志赴宁夏回族自治区银川市出席全国专家服务工作座谈会，对做好专家服务工作及人才扶贫工作提出要求。会后，到固原市调研专业技术人才等工作，听取意见建议。

9 月 19 日　张纪南同志主持召开专题会，研究中华人民共和国成立 70 周年庆祝活动新闻发布会有关安排。

9 月 19 日至 22 日　耿文清同志带队赴云南省迪庆州就人社扶贫工作开展和政策落实以及廉政风险防控情况进行调研，听取意见建议。

9 月 19 日　张义全同志带队赴保利集团公司开展国有企业改革重点工作任务落实情况督查，听取保利集团改革工作情况汇报，对下一步工作提出要求。

张义全同志参加国务院推进政府职能转变和"放管服"改革协调小组专题会议。

9 月 20 日　张纪南同志参加中央政协工作会议第一次全体会议。张义全同志全程参加。

汤涛同志主持召开第 45 届世界技能大赛参赛总结大会暨第 4 届中国青年技能营开营仪式筹备会，研究部署会务工作。

9 月 21 日　张义全同志出席中央企业先进集体和劳动模范表彰大会，并宣读表彰决定。

9 月 22 日　张纪南同志参加审看中华人民共和国成立 70 周年庆祝活动第三次演练。

9 月 23 日　张纪南、张义全同志到北京展览馆参加"伟大历程　辉煌成就——庆祝中华人民共和国成立 70 周年大型成就展"开幕式。

张纪南同志主持召开第 45 届世界技能大赛参赛总结大会。胡春华同志出席会议，宣读习近平总书记对我国选手在世界技能大赛取得佳绩作出的重要指示和李克强总理批示并讲话。耿文清、汤涛、游钧、张义全同志参加。

张纪南同志出席第 45 届世界技能大赛参赛总结大会暨第 4 届中国青年技能营开营仪式并讲话。汤涛同志主持。游钧同志宣读表扬决定。耿文清、张义全同志出席。会上，对获奖选手和为参赛工作做出突出贡献的单位及个人予以表扬和奖励。

汤涛同志先后参加国务院领导同志主持召开的专题研究高职、技校扩招及深化职教改革工作有关会议和国家科技体制改革和创新体系建设领导小组会议。

9 月 24 日　张纪南同志列席中央政治局第十七次集体学习。

张纪南同志主持召开第 66 次党组（扩大）会，传达学习习近平总书记关于第 45 届世界技能大赛重要指示和李克强总理批示精神。耿文清、游钧、张义全同志参加。

张纪南同志出席人力资源社会保障部庆祝中华人民共和国成立 70 周年"同升国旗、同唱国歌"活动。耿文清、游钧、张义全同志参加。

张纪南同志出席人力资源社会保障部司处级干部宪法宣誓仪式，监誓并讲话。张义全同志主持。耿文清、游钧同志参加。

9 月 25 日　耿文清同志主持召开行风建设工作第六次调度会，总结 2019 年前三季度行风建设工作进展，安排部署下一步工作。

游钧同志参加全国人大常委会高等教育法执法检查组第二次全体会议。

游钧同志礼节性会见德国驻华大使葛策，就人口老龄化与人工智能等对社会保障制度的影响进行交流，并共同签署《关于中华人民共和国政府和德意志联邦共和国政府青年实习交流计划的实施方案》。

张义全同志参加"最美奋斗者"表彰大会，并出席"最美奋斗者"发布仪式录制活动。

9 月 26 日　张纪南同志列席国务院第 65 次常务会议。

张纪南同志出席庆祝中华人民共和国成立

70周年"满足人民新期待,在发展中保障和改善民生"新闻发布会,介绍就业和社会保障工作取得的成就,并就技能人才发展和就业工作答记者问。

游钧同志主持召开落实习近平总书记和中央领导同志关于去产能、处置"僵尸企业"职工安置重要批示专题会议,研究工作方案和下一步工作安排。

张义全同志主持召开会议,就做好组织全国先进模范人物代表出席中华人民共和国成立70周年观礼工作作出部署。

张义全同志参加中央和国家机关有关部委清理规范"一票否决"和签订责任状事项工作推进会。

9月27日 游钧同志到财政部出席全国划转部分国有资本充实社保基金工作任务部署会并讲话。

游钧同志到国铁集团出席全国铁路先进集体、劳动模范和先进工作者表彰大会并宣读表彰决定。

张义全同志参加全国民族团结进步表彰大会。

9月29日 张纪南同志参加国家勋章和国家荣誉称号颁授仪式。

张纪南、张义全同志参加庆祝中华人民共和国成立70周年文艺晚会。

耿文清同志出席第三季度定点扶贫工作调度会并讲话,张义全同志主持。

汤涛同志出席推进职业技能提升行动和"三区三州"职业技能大赛工作电视电话会议并讲话。

张义全同志参加中央农村工作领导小组第6次会议。

9月30日 张纪南同志参加烈士纪念日向人民英雄敬献花篮仪式。

张纪南、耿文清同志参加庆祝中华人民共和国成立70周年招待会。

张纪南同志主持召开第67次部党组会,审议《人力资源社会保障部关于在全系统深入学习贯彻落实习近平总书记对技能人才工作重要指示精神的通知(送审稿)》,传达学习习近平总书记在中央政协工作会议暨庆祝中国人民政治协商会议成立70周年大会上和在中央政治局第十七次集体学习时的重要讲话精神,传达学习中央纪委国家监委贯彻习近平总书记重要批示精神、深入落实中央八项规定精神电视电话会议精神。耿文清、汤涛、游钧、张义全同志参加。

汤涛同志主持召开部人才人事扶贫专项组第五次推进会暨《关于鼓励引导人才向艰苦边远地区和基层一线流动的意见》分工落实协调会,对下一步做好人才人事扶贫工作、推动《意见》落实提出要求。

张义全同志到国谊宾馆与来京参加庆祝中华人民共和国成立70周年观礼活动的全国先进模范人物代表座谈并讲话。

十月

10月1日 张纪南、耿文清、汤涛、游钧、张义全同志参加中华人民共和国成立70周年庆祝大会和联欢活动。

10月8日 张纪南同志列席国务院第66次常务会议。

张纪南同志参加中华人民共和国成立70周年庆祝活动领导小组全体会议。

汤涛同志与审计署有关负责同志商谈职业技能提升行动审计等有关工作。

游钧同志参加全国"敬老月"主题宣传活动。

张义全同志听取部相关单位和北京市人力资源社会保障局关于北京市开展筹备和服务保障中华人民共和国成立70周年庆祝活动表彰工作有关情况的汇报。

张义全同志出席部直属机关党校2019年秋季班开学典礼并讲话。

10月9日 张纪南同志主持召开专题会,研究健全激励约束机制完善养老保险政策体系问题。游钧同志参加。

汤涛同志主持召开职业技能提升行动专班会议,研究部署职业技能提升行动有关工作,并对做好第四季度工作提出具体要求。

游钧同志参加全国干部监督工作会议全体会议。

张义全同志参加国务院扶贫开发领导小组第八次会议。

10月10日 张纪南同志参加中央农村工作会议文件起草组全体会议。

汤涛同志主持召开会议，研究《人力资源社会保障部关于贯彻落实习近平总书记对技能人才工作重要指示精神的工作实施方案（稿）》。

汤涛同志主持召开技能扶贫专项组第五次会议，听取近期技能扶贫工作汇报，对进一步学习贯彻习近平总书记对技能人才工作重要指示精神，推动做好技能扶贫整改等各项工作提出要求。

游钧同志出席基本养老保险基金投资管理工作座谈会暨委托省份联席会议并讲话。

张义全同志出席"一带一路"框架下残疾人事务主题活动开幕式，并参观2019年中国国际福祉博览会暨中国国际康复博览会。

10月11日 张纪南同志参加李克强总理主持召开的国家能源委员会第一次会议。

10月11日至12日 耿文清同志赴河北省秦皇岛市出席全国派驻人力资源社会保障厅（局）纪检监察组纪检监察业务培训班并授课。

10月11日 汤涛同志出席全国组织系统人才工作者培训班并讲话。

游钧同志参加政协第十三届全国委员会第28次双周协商座谈会并介绍就业有关工作。

游钧同志主持召开会议，研究三季度就业形势分析、青年就业见习、跨省务工贫困劳动力稳就业等工作。

10月12日 张纪南同志主持召开第68次党组会，传达学习习近平总书记在庆祝中华人民共和国成立70周年之际发表的系列重要讲话精神和中央有关通报，审议《基本养老金合理调整机制方案（送审稿）》，听取关于调整部巡视工作领导小组及其办公室组成人员有关情况的汇报。汤涛、游钧、张义全同志参加。

张纪南同志主持召开第35次部务会，书面审议《关于新增"全国人社厅（局）长座谈会"为三类会议有关情况的报告》。汤涛、游钧、张义全同志参加。

张纪南同志主持召开部扶贫工作领导小组暨脱贫攻坚巡视整改工作领导小组第三次会议，听取人社扶贫攻坚行动暨脱贫攻坚专项巡视整改进展情况的汇报。汤涛、游钧、张义全同志参加。

张纪南同志带领部党员干部代表到北京大兴国际机场开展主题党日活动。汤涛、张义全同志参加。

10月13日 张义全同志参加前三季度经济形势分析部门征求意见会。

10月14日 张纪南同志在陕西省西安市参加李克强总理主持召开的部分省政府主要负责人经济形势座谈会。

10月14日至15日 汤涛同志赴浙江省杭州市参加第五届中国"互联网+"大学生创新创业大赛全国总决赛系列活动。其间，就技能人才工作到浙江建设技师学院等地开展调研。

张义全同志带队赴内蒙古自治区开展国有企业改革重点工作任务落实情况专项督查。其间，听取自治区和呼和浩特市政府有关工作情况汇报，到内蒙古电力公司等地开展实地督查，召开企业座谈会听取意见建议，与自治区有关负责同志进行工作交流。

10月15日 张纪南同志在陕西省西安市就稳就业、落实职业技能提升行动、高层次人才培养等重点工作开展调研。其间，实地考察中国西安人才市场、西安技师学院、中国西部科技创新港等。

10月15日至19日 耿文清同志赴比利时出席世界社会保障论坛，并在世界社会保障峰会上发言。其间，会见马来西亚人力资源部部长和比利时安特卫普省省长，分别与对方商谈社会保障等方面的合作；访问比利时社会保障总局及欧盟就业、社会事务和融合总司，了解比利时和欧盟在维护社保基金安全和反欺诈方面的经验做法。

10月15日　游钧同志赴重庆市参加2019中新双边合作机制会议，与新加坡教育部长王乙康共同签署《中华人民共和国政府与新加坡共和国政府关于青年实习交流计划的协议》。

10月16日　张纪南同志参加庆祝中华人民共和国成立70周年活动筹备工作总结大会。

张纪南同志列席国务院第67次常务会议。

汤涛同志出席京津冀人社事业协同发展第三次部省（市）联席会议并讲话。

10月17日　张纪南同志参加李克强总理主持召开的研究部署筹备中央经济工作会议有关工作会议。

汤涛同志赴安徽省金寨县就技能扶贫、职业技能提升行动等工作开展调研。其间，到斑竹园镇漆店村走访慰问贫困户，实地考察六安技师学院和金寨技师学院，并召开座谈会，听取意见建议。

游钧同志到全国就业政策培训班与学员座谈，并以"当前就业形势和做好稳就业工作"为题授课。

游钧同志参加全国人大财经委召开的2019年前三季度经济形势分析会并发言。

张义全同志参加2019年全国脱贫攻坚奖表彰大会暨脱贫攻坚先进事迹报告会。

10月18日　张纪南同志会见入选"2019年人社扶贫典型事例"地方人社部门代表和有关个人代表并座谈。张义全同志主持。

张纪南同志主持召开专题会，研究三季度就业形势及下一步工作措施和去产能、处置"僵尸企业"职工安置工作。游钧同志参加。

张义全同志出席"2019年人社扶贫典型事例"展示宣讲活动并致辞。

10月21日　张纪南同志主持召开第69次党组会，传达学习习近平总书记关于脱贫攻坚工作重要指示和李克强总理批示精神。耿文清、汤涛、游钧、张义全同志参加。

张纪南同志主持召开第36次部务会，审议《社会保险领域严重失信人名单管理暂行办法（送审稿）》。耿文清、汤涛、游钧、张义全同志参加。

张纪南同志主持召开职业技能提升行动领导小组第三次会议，听取关于职业技能提升行动进展情况和年底前主要工作打算的汇报，听取贯彻落实《人力资源社会保障部关于在全系统深入学习贯彻落实习近平总书记对技能人才工作重要指示精神的通知》情况的汇报，研究讨论《关于贯彻落实习近平总书记对技能人才工作重要指示精神工作实施方案》《中华人民共和国第一届职业技能大赛工作方案》。汤涛、游钧同志参加。

游钧同志与中央组织部有关负责同志到部机关视察中央和国家机关公务员考试报名技术保障及电话服务现场。

张义全同志参加进一步做好清理拖欠民营企业中小企业账款工作全国电视电话会。

10月22日　汤涛同志参加中央统一战线工作领导小组第六次专题会。

10月22日、24日　张义全同志参加中央和国家机关推进新时代机关党建高质量发展研讨班。

10月23日　张纪南、游钧同志列席国务院第68次常务会议。

张纪南同志会见巴西公民和社会行动部部长奥斯马尔·特拉一行，双方就加强青年就业和技能提升等方面合作进行深入交流。

汤涛同志参加中央文化体制改革和发展工作领导小组第七次会议。

张义全同志赴湖北省宜昌市出席全国农民工工资支付保障制度推进会并讲话。

10月24日　张纪南同志列席中央政治局第十八次集体学习。

汤涛同志主持召开会议，研究讨论《关于贯彻落实习近平总书记对技能人才工作重要指示精神工作实施方案》和深入推动职业技能提升行动、做好技工院校招生等工作，部署下一阶段的重点工作。

10月24日至25日　游钧同志赴宁夏回族自治区银川市出席创业引领者专项活动暨第二届全国创业培训讲师大赛颁奖仪式。其间，调研基层公共就业服务平台建设和企业用工情况等工作。

10月24日　张义全同志出席全国公安机关中华人民共和国成立70周年大庆安保维稳工作总结表彰大会慰问演出。

10月25日　汤涛同志与参加2019年深度贫困地区技工院校校长高级研修活动的学员座谈交流。同日，出席第45届世界技能大赛先进事迹视频报告会并讲话。

张义全同志出席全国中医药大会并宣读表彰决定。

10月26日　汤涛同志赴河南省郑州市出席第二届中国河南招才引智创新发展大会开幕式并致辞。随后，出席黄河流域生态保护与修复全国博士后学术论坛并致辞。

10月27日　汤涛同志赴浙江省嘉兴市参加第六届全国残疾人职业技能大赛暨第三届全国残疾人展能节活动。其间，调研技工教育、职业培训等工作。

10月28日至31日　张纪南同志参加党的十九届四中全会。

10月28日　汤涛同志与教育部有关负责同志就职业教育法修订、技工院校扩招、推进职业培训、职业技能竞赛等工作进行座谈。

游钧同志参加全国人大财经委组织召开的企业破产法（修改）起草工作座谈会，研究讨论起草工作安排，对企业破产法修改提出意见建议。

10月29日　汤涛同志主持召开会议，研究2019年"三区三州"职业技能大赛筹备、全国技能大赛方案、第46届世界技能大赛筹备工作。

汤涛同志出席第十批省市援疆干部人才选派计划协调会并主持全体会议。

10月30日　汤涛同志赴天津大港油田出席"技能中国行2019——走进中国石油"活动。其间，调研中石油职工技能培训、技能等级认定等工作。

游钧同志出席2020届全国普通高校毕业生就业创业工作网络视频会议并讲话。

10月31日　耿文清同志赴浙江省宁波市象山县调研职业培训、社会保险基金管理和人事考试廉政风险防范工作。

10月31日至11月1日　汤涛同志赴江西省赣州市出席第4届中国青年技能营活动。其间，就企业技能人才培养和技工院校发展情况开展调研，实地考察赢家时装有限公司、赣州技师学院和宁都高级技工学校。

10月31日　张义全同志参加第四次清理拖欠民营企业中小企业账款工作月度会商会议。

十一月

11月1日　张纪南同志出席在浙江省宁波市召开的全国人力资源社会保障厅（局）长座谈会并讲话。耿文清、张义全同志参加。

11月1日至2日　张纪南同志在宁波市就促进就业创业、技能人才培养、人社系统行风建设等重点工作开展调研，实地考察海天塑机集团、欧琳集团、鄞州区行政服务中心、宁波人力资源大厦、甬江人才创新中心等。耿文清同志参加。

11月1日　耿文清同志在宁波市主持召开人社服务标兵座谈会。

11月2日　张纪南、耿文清、张义全同志出席2019年度人社系统窗口单位业务技能练兵比武全国赛决赛，并为获奖者颁奖。

11月4日　张纪南同志主持召开第70次党组会，传达学习党的十九届四中全会精神，听取关于举办中华人民共和国职业技能大赛有关情况的汇报，审议《关于以党的政治建设为统领全面提高机关党的建设质量实施意见（送审稿）》及配套措施，听取关于追授王晓东同志"全国人力资源社会保障系统先进工作者"称号有关情况的汇报。耿文清、汤涛、游钧、张义全同志参加。

张纪南同志主持召开第37次部务会，审

议《事业单位工作人员培训规定（送审稿）》。耿文清、汤涛、游钧、张义全同志参加。

张纪南同志会见中央和国家机关工委党的政治建设重点督查第七督查组全体同志。张义全同志参加。

张纪南同志主持召开专题会，研究建立并推动养老保险第三支柱发展有关问题。游钧同志参加。

张义全同志主持召开与中央和国家机关工委党的政治建设重点督查第七督查组见面会。

11月5日　张纪南同志参加中央"不忘初心、牢记使命"主题教育领导小组第六次会议。

游钧同志主持召开会议，听取健全激励约束机制、完善养老保险政策体系、延迟退休年龄、建立并推动养老保险第三支柱发展等工作汇报。

张义全同志出席深入学习贯彻习近平总书记为国家综合性消防救援队伍授旗训词精神座谈会。

11月6日　张纪南同志列席国务院第69次常务会议。

汤涛同志赴四川省成都市出席人社系统对口支援四省藏区工作座谈会并讲话。其间，到四川理工技师学院等地调研技能人才工作。

游钧同志参加粤港澳大湾区建设领导小组会议。

11月6日至7日　张义全同志赴河北省就有关文件落实情况开展督查。

11月7日　张纪南同志参加学习贯彻党的十九届四中全会精神中央宣讲团动员会。

汤涛同志赴广东省珠海市出席2019年"博新计划"珠海横琴创新创业峰会并讲话。其间，到珠海格力电器等地调研人才工作。

11月8日　张纪南同志参加学习贯彻党的十九届四中全会精神备课会。

汤涛同志参加全国推进产业工人队伍建设改革工作电视电话会。

汤涛同志主持中央机关及其直属机构2020年考试录用公务员笔试考务工作部署视频会。

游钧同志参加国务院推进政府职能转变和"放管服"改革协调小组专题会。

张义全同志参加外交部建部70周年纪念大会。

11月11日　张纪南同志主持召开第71次党组会，审议《为干部职工办实事清单（送审稿）》《中共人力资源社会保障部党组巡视工作实施办法（试行）（修订稿）》和《中共人力资源社会保障部党组巡视工作规划（2019—2022年）（送审稿）》，书面审议《人力资源社会保障部出国（境）培训管理办法（试行）（送审稿）》。耿文清、汤涛、游钧、张义全同志参加。

张纪南同志主持召开第38次部务会，书面审议《关于"最美基层高校毕业生"综合评议情况的报告》。耿文清、汤涛、游钧、张义全同志参加。

11月11日至14日　汤涛同志赴云南省出席2019年"三区三州"职业技能大赛暨技能中国行2019——走进"三区三州"技能展示交流活动。其间，主持召开"三区三州"职业技能大赛组委会全体会议、"三区三州"技能扶贫工作座谈会，并调研技能扶贫等工作。

11月11日　游钧同志到国务院参加研究就业政策和民生保障措施有关会议。

11月12日　张纪南同志参加李克强总理主持召开的经济形势专家和企业家座谈会。

张义全同志参加国务院国有企业改革领导小组第三次会议。

11月13日　张纪南同志列席国务院第70次常务会议。

张义全同志到司法部审议《保障农民工工资支付条例（草案）》。

11月14日至15日　张纪南同志赴江西省南昌市参加李克强总理主持召开的部分省份经济形势和保障基本民生座谈会，并陪同调研人社工作。

游钧同志赴上海市出席稳就业暨高校毕业

生就业工作座谈会并讲话。其间，调研新业态就业、社保便民服务等工作。

11月14日　张义全同志参加国家科技体制改革和创新体系建设领导小组第七次会议。

张义全同志就做好2020年有关国家表彰奖励工作，与部分省市人力资源社会保障厅（局）有关同志进行座谈。

11月15日　张纪南同志到江西电子信息技师学院，与师生面对面互动交流，宣讲党的十九届四中全会精神。

汤涛同志到国务院参加研究社会培训评价组织有关工作专题会。

张义全同志会见新加坡总理公署部长兼全国职工总会秘书长黄志明一行，就社会保障制度、技能培训等议题进行座谈。

11月16日　张纪南同志在江西省南昌市就党的十九届四中全会精神作宣讲报告。

11月17日至18日　汤涛同志赴河南省郑州市出席2019年中国技能大赛——第三届全国智能制造应用技术技能大赛决赛开幕式并讲话。其间，实地调研中国中原人力资源服务产业园区、中国中铁工程装备集团。

11月18日　张纪南同志主持召开第72次党组会，听取关于开展部属各单位2019年度考核工作有关安排的汇报，审议《人力资源社会保障部2019年度党建述职评议考核工作实施方案（送审稿）》，听取关于中共人力资源社会保障部直属机关第三届委员会和纪律检查委员会组成人员候选人预备人选的汇报，书面审议《人力资源社会保障部部属事业单位领导人员管理暂行办法（送审稿）》。耿文清、游钧、张义全同志参加。

11月18日至20日　张义全同志赴重庆市开展人社扶贫包省指导工作。其间，主持召开部分省市人社扶贫工作座谈会，到石柱县开展人社扶贫调研。

11月19日　汤涛同志参加纪念中国老科学技术工作者协会成立30周年座谈会。

11月20日　张纪南同志列席国务院第71次常务会议。

张纪南同志主持召开专题会，研究失业保险"千亿稳岗计划"，听取关于全国技能大赛工作方案征求意见有关情况的汇报，研究关于加快推进技能人才发展的报告。汤涛、游钧同志参加。

汤涛同志参加中央统一战线工作领导小组第七次专题会。

11月21日　张纪南同志参加李克强总理同主要国际经济金融机构负责人举行的第四次"1+6"圆桌对话会。

11月21日至24日　耿文清同志赴江苏省开展中央机关2020年度公务员录用、公开遴选和公开选调公务员考试现场巡考。其间，分别在南京市、徐州市、扬州市主持召开考务工作廉政风险防控工作座谈会。

11月21日　汤涛同志出席2019年中国技能大赛——第二届全国农业行业职业技能大赛开幕式并现场观摩比赛。

游钧同志主持召开就业扶贫和社保扶贫专项工作会，听取就业扶贫、社保扶贫巡视整改及2019年以来工作进展情况汇报，研究部署下一步工作。

游钧同志与国家税务总局有关负责同志就下一步持续推进社会保险费征管职责划转工作进行会商。

游钧同志会见来访的国际劳工组织总干事盖·莱德，并共同签署《促进南南合作为重点的发展合作伙伴协议修订文本》。

张义全同志赴四川省成都市出席深化构建和谐劳动关系综合配套改革试点启动会。

11月22日　汤涛同志出席部分省市推进职业能力建设工作座谈会并讲话。

游钧同志参加中央网络安全和信息化委员会专题会议。

游钧同志主持召开三季度就业和社保工作形势分析会，研究三季度及2020年就业和社保工作面临形势及工作措施。

张义全同志主持召开全国人社系统2017—2019年度优质服务窗口和先进个人评比表彰工作领导小组第二次会议，审议评比表彰复审工作。

11月23日　汤涛同志赴天津市出席2019年中国技能大赛——第十一届全国交通运输行业职业技能大赛活动。

汤涛同志在天津市开展中央机关2020年度公务员录用、公开遴选和公开选调公务员考试现场巡考。

11月24日　汤涛同志在天津市出席全国职业技能提升行动服务周启动仪式并讲话。

11月25日　张纪南同志参加中央农村工作领导小组第7次会议。

张纪南同志参加李克强总理主持召开的研究部署"十四五"规划编制专题会议。

11月25日至29日　游钧同志率团赴瑞士日内瓦出席中华人民共和国人力资源和社会保障部与国际劳工组织第十次备忘录联合委员会会议和国际劳工组织"全球社会保护周"活动。其间，访问瑞士苏黎世社会保障中心。

11月26日　张纪南同志参加中央全面深化改革委员会第十一次会议。

11月26日至27日　张纪南同志主持召开部党组学习贯彻党的十九届四中全会精神暨推进机关党的政治建设扩大会。耿文清、汤涛、张义全同志参加。

11月27日　张纪南同志列席国务院第72次常务会议。

汤涛同志会见国家体育总局有关负责同志，商谈体育协会脱钩有关人事管理政策。

11月28日　张纪南同志出席部直属机关第三次党员代表大会开幕式并讲话。耿文清、汤涛同志出席会议。张义全同志代表部直属机关第二届党委、纪委作工作报告。

汤涛同志在上海市会见世界技能组织秘书处全体成员。

11月29日　张纪南同志列席中央政治局第十九次集体学习。

张纪南同志主持召开专题会，研究保障农民工工资支付工作。张义全同志参加。

汤涛同志在上海市会见世界技能组织首席执行官大卫·霍伊，商谈第46届世界技能大赛筹办工作。

张义全同志与北京市东城区有关负责同志就与驻地共建共享有序发展进行座谈。

十二月

12月2日　张纪南、游钧同志参加胡春华同志主持召开的研究稳就业有关工作专题会议。

张纪南同志主持召开第73次党组会，听取全国人社系统2017—2019年度优质服务窗口和优质服务先进个人拟表彰对象有关情况的汇报，审议《人力资源社会保障部2019年度司级干部和基层党建考核工作方案（送审稿）》和《2019年度特色党建和业务工作评选活动实施方案（送审稿）》。耿文清、汤涛、游钧、张义全同志参加。

汤涛同志参加"证照分离"改革全覆盖试点工作培训动员部署电视电话会议。

汤涛同志与江西省宁都县有关负责同志座谈，研究宁都县请人力资源社会保障部支持事项，部署下一步对口支援工作。

12月3日　张纪南同志参加国务院任命的国家工作人员宪法宣誓仪式观礼。

汤涛同志参加中央教育工作领导小组第7次会议。

游钧同志参加全国市域社会治理现代化工作会议。

12月4日　张纪南同志列席国务院第73次常务会议，就进一步做好稳就业工作作汇报。游钧同志列席。

张纪南同志参加党外人士座谈会。

游钧同志主持召开稳就业专题调研活动汇报交流会，听取12个调研组有关调研情况汇报。

张义全同志赴江苏省南京市主持召开部分省市人力资源社会保障厅（局）长座谈会，听取对全国人力资源和社会保障工作会议报告稿的意见建议。

12月5日　游钧同志参加中央退役军人事务工作领导小组第5次会议。

12月6日　汤涛同志参加上海推进科技创新中心建设办公室第十一次全体会议。

12月6日至7日　汤涛同志赴安徽省合肥市参加第一届全国技工院校学生创业创新大赛决赛有关活动，并到阜阳技师学院、淮河能源控股集团调研校企合作，以及职业技能提升行动和职业技能等级认定试点等工作的开展情况。

12月9日　张纪南同志主持召开部扶贫工作领导小组暨脱贫攻坚专项巡视整改工作领导小组第四次会议，听取关于迎接脱贫攻坚专项巡视"回头看"和2019年脱贫攻坚成效考核工作情况的汇报。耿文清、汤涛、游钧、张义全同志参加。

张纪南同志主持召开第74次党组会，审议《中共人力资源社会保障部党组关于配合中央脱贫攻坚专项巡视"回头看"工作方案（送审稿）》《人力资源社会保障部部属事业单位人事管理办法（送审稿）》《人力资源社会保障部干部选拔任用工作暂行办法（送审稿）》，听取关于加快推进技能人才发展有关情况和建议的汇报，传达学习中央有关文件。耿文清、汤涛、游钧、张义全同志参加。

张纪南同志主持召开第39次部务会，审议《从京外调配人员工作管理规定（送审稿）》，并书面审议《人力资源社会保障部行政规范性文件合法性审核和清理办法（送审稿）》。耿文清、汤涛、游钧、张义全同志参加。

游钧同志参加国家石油天然气管网集团有限公司成立大会。

张义全同志出席全国党校（行政学院）校（院）长会议。

12月10日至12日　张纪南同志参加中央经济工作会议。

12月10日　汤涛同志会见中国电力企业联合会电力行业职业技能鉴定指导中心有关负责同志，就行业技能人才评价、职业技能竞赛工作进行交流。

游钧同志出席公共就业创业服务培训班开班式，与各地人社、教育、高校参训学员围绕高校毕业生就业创业工作进行座谈，并就高校毕业生等青年就业形势和任务进行授课。

张义全同志带队分别与人民日报社有关负责同志、新华社有关负责同志就进一步做好人社领域宣传工作进行座谈。

12月12日　张纪南同志列席国务院第74次常务会议。

游钧同志赴安徽省合肥市出席全国失业保险工作座谈会并讲话。会后，在合肥市调研援企稳岗工作，与享受失业保险稳岗返还企业座谈交流。

张义全同志出席全国模范劳动关系和谐企业演讲活动。

12月13日　张纪南同志出席全国农民工工作暨保障农民工工资支付工作电视电话会议并讲话，总结2019年有关工作、部署2020年任务。

张纪南同志主持召开第75次党组会暨党组中心组集体学习，传达学习中央经济工作会议精神。汤涛、游钧、张义全同志参加。

12月13日至15日　耿文清同志赴安徽省金寨县开展脱贫攻坚工作督导检查。其间，深入金寨技师学院、花石乡大湾村、油坊店乡东莲村等地考察调研，分别召开县、乡村脱贫攻坚工作座谈会，并慰问贫困户和部在金寨挂职扶贫干部。

12月13日　汤涛同志出席全国事业单位人事管理工作座谈会并讲话。

游钧同志出席全国政协第十次重点关切问题情况通报会并介绍多层次养老保险体系顶层建设情况。

游钧同志会见斐济就业、生产力和产业关系、青年和体育部长帕尔文·库马尔一行，就青年就业创业、职业技能培训等议题进行交流。

张义全同志赴江苏省南京市参加南京大屠杀死难者国家公祭仪式。

12月14日至15日　张义全同志赴山西省天镇县开展定点扶贫工作调研。其间，深入天镇县人社扶贫技能培训基地、万家乐移民小区、逯家湾镇瓦窑口村等地考察调研，召开脱贫攻坚工作座谈会，并慰问贫困户和部在天镇挂职扶贫干部。

12月16日　张纪南同志参加全国离退休干部先进集体和先进个人表彰大会。

游钧同志主持召开会议，研究2019年底全国厅局长会议有关工作以及2020年就业工作抓手、失业保险结余基金用于职业培训等工作。

12月17日　张纪南同志参加中央教育工作领导小组第8次会议。

汤涛同志专题研究职业技能提升行动工作，分析面临的问题及挑战，研究下一步工作安排和2020年工作思路及任务。

汤涛同志听取第46届世界技能大赛筹办工作对接系列会议有关情况汇报，研究大赛筹办工作。

张义全同志参加国务院扶贫开发领导小组第九次会议。

12月18日　张纪南同志列席国务院第75次常务会议。

张纪南同志到中央党校（国家行政学院）就"坚持以人民为中心的发展思想，不断推进就业和社会保障事业改革发展"授课。

汤涛同志参加国务院自由贸易试验区工作部际联席会议第六次全体会议。

游钧同志出席中华人民共和国人力资源和社会保障部与国际劳工组织"提升中国机构能力，实现全民社会保护"项目启动会并致辞。

12月18日至19日　游钧同志赴贵州省遵义市出席全国就业工作座谈会暨就业扶贫、农民工返乡创业工作推进会并讲话。

12月18日　张义全同志赴内蒙古自治区出席追授王晓东同志荣誉称号暨王晓东同志先进事迹报告会，追授王晓东同志"全国人社系统先进工作者"称号，慰问王晓东同志家属并颁发奖章、荣誉证书。

张义全同志主持召开会议，专题研究中央脱贫攻坚专项巡视"回头看"部党组汇报材料。

12月19日　张纪南同志参加胡春华同志主持召开的有关会议，汇报使用失业保险基金结余稳就业有关情况。汤涛同志参加。

张纪南同志主持召开第76次党组会，审议《关于脱贫攻坚专项巡视整改工作情况的汇报（送审稿）》《关于脱贫攻坚干部队伍建设巡视整改情况的汇报（送审稿）》和《全国人力资源社会保障工作会议报告稿（送审稿）》。耿文清、汤涛、张义全同志参加。

张义全同志主持召开迎接中央脱贫攻坚专项巡视"回头看"工作动员会。

12月20日至21日　张纪南同志参加中央农村工作会议。张义全同志全程参加。

12月20日　汤涛同志参加十三届全国政协第三十二次双周协商座谈会，就引进海外人才需重视的问题和对策进行互动交流。

汤涛同志赴山东省济南市出席全国城乡社区建设部际联席会议组织召开的城乡社区治理督查工作反馈会，就山东省城乡社区治理工作提出意见建议。

游钧同志在上海市出席社会保障卡20周年座谈会并讲话。

张义全同志参加全国扶贫开发工作会议。

12月22日　张纪南同志主持中央第十巡视组对人力资源社会保障部党组开展脱贫攻坚专项巡视"回头看"见面沟通会并作表态发言。中央第十巡视组组长马森述讲话，通报中央脱贫攻坚专项巡视"回头看"的主要任务、工作安排及有关要求。耿文清、汤涛、游钧、张义全同志参加。

12月23日至25日　张纪南同志陪同李克强总理赴四川省成都市考察，出席第八次中日韩领导人会议、第七届中日韩工商峰会、中日韩合作20周年纪念活动、双边高层会晤等系列活动。

12月23日　张义全同志出席全国档案工作暨表彰先进会议并宣读表彰决定。

12月24日　汤涛同志出席"最美基层高

校毕业生"发布仪式并为获奖者颁奖。

12月26日至27日 张纪南同志出席全国人力资源社会保障工作会议暨优质服务窗口表彰大会并作工作报告。会议总结2019年工作，分析形势，研究部署2020年重点任务，并表彰全国人社系统优质服务窗口先进集体及先进个人。耿文清、汤涛、游钧、张义全同志出席会议并发言。其间，召开人力资源社会保障部党组成员分省指导推动地方人社扶贫工作对接座谈会和人社系统优质服务先进个人代表座谈会，交流工作情况，听取意见建议，研究进一步做好人社扶贫和行风建设的工作措施。

12月26日 汤涛同志参加国务院推进政府职能转变和"放管服"改革协调小组会议，汇报水平评价类技能人员职业资格退出目录有关考虑。

张义全同志出席第九次全国财政系统先进集体和先进工作者表彰大会并宣读表彰决定。

12月27日 张纪南同志出席社会保障卡创新应用服务合作协议签约仪式。游钧同志代表人力资源社会保障部与工商银行等11家金融机构和互联网公司签署社会保障卡创新应用服务合作协议。

张纪南同志主持人力资源社会保障部党组脱贫攻坚专项巡视整改进展情况汇报会并作汇报。耿文清、汤涛、游钧、张义全同志参加。

耿文清、张义全同志陪同中央第十巡视组调研人社扶贫信息系统。

汤涛同志主持召开上海2021年第46届世界技能大赛筹办工作对接会，与上海市人力资源社会保障局对接相关工作，并提出工作要求。

12月28日 张纪南同志参加党和国家功勋荣誉表彰工作委员会第4次会议。

12月30日 张纪南同志列席国务院第76次常务会议，就水平评价类技能人员职业资格退出目录有关考虑作汇报。汤涛同志列席。

张纪南同志带队赴北京市东城区调研稳就业、实施职业技能提升行动、系统行风建设、根治欠薪等工作。其间，实地考察东城区人力资源社会保障局政务服务大厅，主持召开北京市和东城区人力资源社会保障局及有关基层人力资源社会保障公共服务机构负责同志座谈会，听取意见建议。

张义全同志主持召开青年干部学习实践成果交流会并讲话。

12月31日 张纪南同志主持召开第77次党组会，传达学习中央农村工作会议、全国扶贫开发工作会议精神和《中国共产党农村工作条例》以及中央有关文件精神。耿文清、汤涛、张义全同志参加。

张纪南同志主持召开第40次部务会，审议《人力资源社会保障部关于修改部分规章的决定（送审稿）》《全民社会保障信息化工程——金保工程二期（中央本级）投资概算调整方案（送审稿）》。耿文清、汤涛、张义全同志参加。

游钧同志出席全国法院"基本解决执行难"工作总结表彰大会并宣读表彰决定。